3.2.97 v. Roi

Sogyal Rinpoche

Das tibetische Buch vom Leben und vom Sterben

Sogyal Rinpoche

Das tibetische Buch vom Leben und vom Sterben

Ein Schlüssel zum tieferen Verständnis von Leben und Tod

Mit einem Vorwort des Dalai Lama

Otto Wilhelm Barth Verlag

Ich widme dieses Buch Jamyang Khyentse Chökyi Lodrö, Dudjom Rinpoche, Dilgo Khyentse Rinpoche, Khyentse Sangyum Khandro Tsering Chödrön und all meinen geliebten Meistern, die die Inspiration meines Lebens waren. Möge dieses Buch ein Leitfaden zur Erleuchtung werden. Möge es von den Lebenden, für die Sterbenden und für die Toten gelesen werden. Möge es allen, die es lesen, hilfreich sein und sie auf ihrer Reise zur Erleuchtung anspornen.

Einzig berechtigte Übersetzung aus dem Englischen
von Thomas Geist

Redaktion: Patrick Gaffney/Andrew Harvey

18. Auflage 1996
Titel der Originalausgabe: «The Tibetan Book of Living and Dying».

Published by arrangement with Harper San Francisco,
a division of HarperCollins Publisher, Inc., San Francisco, California, U.S.A.
Deutschsprachige Rechte beim Scherz Verlag, Bern, München, Wien,
für den Otto Wilhelm Barth Verlag.

Inhalt

Dritter Teil: Tod und Wiedergeburt

Vierter Teil: Schlußbetrachtungen

Anhang

Vorwort S. H. des XIV. Dalai Lama

In diesem zeitgemäßen Buch zeigt Sogyal Rinpoche auf, wie wir Sinn in unserem Leben finden können, wie wir den Tod anzunehmen lernen und wie wir Sterbenden und bereits Verstorbenen helfen können.

Der Tod ist ein natürlicher Teil des Lebens, und wir alle müssen uns ihm früher oder später stellen. Ich sehe zwei Möglichkeiten, wie wir mit dem Tod umgehen können, solange wir noch leben. Wir können ihn entweder ignorieren, oder wir können uns der Aussicht auf unseren eigenen Tod stellen und beginnen – indem wir uns eingehend mit ihm befassen – das Leiden, das er uns bringen kann, zu vermindern. Wir können ihn aber in keinem Falle umgehen.

Als Buddhist sehe ich im Tod einen normalen Prozeß. Ich akzeptiere ihn als Realität, der ich solange ausgesetzt bin, wie ich mich in weltlicher Existenz befinde. Da ich weiß, daß ich mich dem Tod nicht entziehen kann, sehe ich keinen Sinn darin, mich vor ihm zu fürchten. Ich sehe den Tod eher so, wie wenn man Kleider wechselt, wenn sie alt und abgetragen sind, und nicht als letztes Ende. Doch der Tod ist nicht vorherzusehen: Wir wissen weder wann noch wie er uns ereilen wird. Daher ist es klug, sich auf ihn vorzubereiten, bevor es soweit ist.

Natürlich wünschen sich die meisten von uns einen friedlichen Tod; es ist auch klar, daß wir nicht auf einen friedlichen Tod hoffen können, wenn unser Leben voller Gewalt ist oder unser Geist die meiste Zeit von Emotionen wie Zorn, Anhaften oder Furcht besessen ist. Wenn wir also gut zu sterben wünschen, müssen wir lernen, gut zu leben: Wenn wir auf einen friedvollen Tod hoffen, dann müssen wir in unserem Geist und in unserer Lebensführung den Frieden kultivieren.

Wie Sie in diesem Buch lesen, ist die Erfahrung des Todesmoments aus buddhistischer Sicht von großer Bedeutung. Obwohl das Wie und Wo unserer Wiedergeburt hauptsächlich von karmischen Kräften bestimmt wird, kann der Zustand unseres Geistes zum Zeitpunkt des Todes doch die Qualität unserer nächsten Wiedergeburt beeinflussen. Wenn wir uns bemühen, einen heilsamen Geisteszustand zu erzeugen, können wir im Moment des Todes – trotz der großen Vielfalt von unterschiedlichem Karma, das wir angesammelt haben mögen – ein heilsames Karma aktivieren und stärken und auf diese Weise zu einer glücklichen Wiedergeburt gelangen.

Der Todesmoment bringt gleichzeitig auch die tiefsten und heilsamsten inneren Erfahrungen zum Vorschein. Durch wiederholtes Vertrautwerden mit dem Todesprozeß in der Meditation kann ein erfahrener Praktizierender den eigenen Tod nutzen, um große spirituelle Verwirklichung zu erreichen. Aus diesem Grund konzentrieren sich erfahrene Praktizierende auf ihre spirituelle Praxis, wenn sie sterben. Ein Anzeichen für ihre Verwirklichung ist die Tatsache, daß ihr Körper oft lange Zeit nach dem klinischen Tod nicht in den Zustand der Verwesung übergeht.

Nicht weniger wichtig als die Vorbereitung auf unseren eigenen Tod ist es, anderen zu helfen, gut zu sterben. Als Neugeborene waren wir alle vollkommen hilflos, und ohne die Güte und Fürsorge anderer hätten wir nicht überleben können. Da Sterbende oft ähnlich hilflos sind, liegt es an uns, sie von Angst und Schmerz zu befreien und es ihnen – so gut wir können – zu ermöglichen, gefaßt zu sterben.

In diesem Zusammenhang ist es am wichtigsten, alles zu verhindern, was den Geist des Sterbenden noch mehr verstören könnte, als er ohnehin schon sein mag. Unser Hauptziel in der Unterstützung von Sterbenden muß es sein, ihnen Gelassenheit zu bringen, und hierzu gibt es viele Möglichkeiten. Man kann einen sterbenden Menschen, der mit spiritueller Praxis vertraut ist, ermutigen und inspirieren, wenn man ihn an seine Praxis erinnert; aber auch schon unser sanfter Trost kann eine friedliche, entspannte Haltung im Geist des Sterbenden bewirken.

Tod und Sterben sind auch ein Begegnungsfeld für den tibetischen Buddhismus und die moderne Wissenschaft. Ich glaube, beide Traditionen haben einander viel zu geben, sowohl was ihr jeweiliges Verständnis angeht als auch in praktischen Fragen. Sogyal Rinpoche ist in einer besonderen Position, diese Begegnung zu erleichtern; er ist in der tibetischen Tradition geboren und aufgewachsen und hat Unterweisungen von einigen unserer größten Lamas erhalten. Gleichzeitig hat er auch eine moderne Ausbildung genossen und so viele Jahre im Westen gelebt und gelehrt, daß er mit dem westlichen Denken sehr vertraut geworden ist.

Dieses Buch geht nicht nur theoretisch auf Fragen im Zusammenhang mit Tod und Sterben ein, sondern bietet dem Leser auch praktische Methoden zum Verständnis von Leben und Tod und für eine ruhige und inspirierende Vorbereitung auf den Tod – für sich und für andere.

2. Juni 1992

Vorwort des Autors

Ich wurde in Tibet geboren und kam im Alter von sechs Monaten in das Kloster meines Meisters Jamyang Khyentse Chökyi Lodrö in der Provinz Kham. In Tibet haben wir eine einzigartige Methode, die Wiedergeburten verstorbener großer Meister zu erkennen. Sie werden bereits sehr jung ausgewählt und erhalten eine ganz besondere Erziehung, die sie befähigen soll, in der Zukunft wieder als Lehrer zu wirken. Ich erhielt den Namen Sogyal, obwohl mein Meister mich erst zu einem späteren Zeitpunkt als die Reinkarnation von Tertön Sogyal erkannte, einem berühmten Mystiker, der einer seiner eigenen Lehrer und Meister des 13. Dalai Lama gewesen war.

Mein Meister Jamyang Khyentse war für einen Tibeter recht groß gewachsen und in einer Menschenmenge überragte er die anderen stets um Hauptеslänge. Er hatte silbergraues, sehr kurzgeschnittenes Haar, gütige Augen, die humorvoll leuchteten, und seine Ohren waren lang wie die des Buddha. Am auffallendsten aber war wohl seine Präsenz. Sein Blick und seine Haltung machten jedem deutlich, daß man hier einem weisen und heiligen Mann begegnete. Er hatte eine tiefe, volle, wohlklingende Stimme, und wenn er lehrte, neigte er seinen Kopf leicht nach hinten, und die Lehren flossen in einem Strom von Redegewandtheit und Poesie nur so aus ihm heraus. Trotz des Respekts, ja der Ehrfurcht, die er erweckte, war er in allem, was er tat, bescheiden.

Jamyang Khyentse war das Fundament meines Lebens, und er ist die Inspiration für dieses Buch. Er war die Inkarnation eines Meisters, der die Praxis des Buddhismus in unserem Lande verwandelt hatte. In Tibet ist es niemals genug gewesen, nur dem Namen nach eine Inkarnation zu sein; man mußte sich den Respekt durch eigene Gelehrsamkeit und spirituelle Praxis erst einmal verdienen. Mein Meister verbrachte Jahre in zurückgezogener Meditation, und es gibt viele Wundergeschichten über ihn. Er hatte ein tiefes Wissen und war spirituell hoch verwirklicht. Ich entdeckte später, daß er eine Enzyklopädie der Weisheit war: Er wußte die

Antwort auf praktisch jede Frage, die einem nur einfallen konnte. In Tibet gab es viele spirituelle Traditionen, und Jamyang Khyentse galt in allen als Autorität. Er war für jeden, der ihm begegnete oder von ihm hörte, die Verkörperung des tibetischen Buddhismus, das lebendige Beispiel eines Menschen, der die Lehren verwirklicht und die Praxis vollendet hat.

Ich habe gehört, wie mein Meister sagte, ich würde seine Arbeit weiterführen helfen, und zweifellos behandelte er mich wie seinen eigenen Sohn. Ich weiß, daß alles, was ich in meiner Arbeit bisher erreicht habe – daß es mir gelungen ist, meine Zuhörer wirklich zu berühren –, ein Ausdruck seines Segens ist.

All meine frühesten Erinnerungen ranken sich um ihn. Er war die Umgebung, in der ich aufwachsen durfte, und seine Gegenwart bestimmte meine Kindheit. Er war wie ein Vater für mich. Er gewährte mir alles, um das ich bat. Seine spirituelle Gefährtin, Khandro Tsering Chödrön, die auch gleichzeitig meine Tante ist, sagte oft: «Stör Rinpoche nicht, er ist bestimmt beschäftigt.»[1] Ich wollte aber immer in seiner Nähe sein, und er hatte mich gern um sich. Ich habe ihn dauernd mit Fragen gelöchert, und er hat sie mir alle geduldig beantwortet. Ich war ein freches Kind, das kein Lehrer bändigen konnte. Wann immer mein Lehrer mich schlagen wollte, bin ich zu meinem Meister gerannt und habe mich hinter ihm versteckt. Keiner hätte sich getraut, mich dorthin zu verfolgen. Wenn ich so einer Bestrafung entgehen konnte, war ich stolz und zufrieden mit mir, er aber lachte nur. Eines Tages sprach mein Lehrer mit ihm, ohne daß ich davon wußte. Er erklärte, daß es zu meinem eigenen Besten so nicht weitergehen könne. Das nächste Mal, als ich wieder mein Heil in der Flucht suchte und mich hinter meinem Meister versteckte, kam mein Lehrer mir nach, machte drei Niederwerfungen vor meinem Meister und zog mich dann aus meinem schützenden Versteck hervor. Ich kann mich noch heute gut erinnern, daß es mir damals, als ich aus dem Raum gezerrt wurde, sehr seltsam vorkam, daß mein Lehrer gar keine Angst mehr vor meinem Meister zu haben schien.

Jamyang Khyentse lebte in dem Raum, in dem seine frühere Inkarnation ihre Visionen gehabt und die Renaissance von Kultur und Spiritualität ins Leben gerufen hatte, die im vergangenen Jahrhundert ganz Osttibet beeinflußt hatte. Es war ein wunderbarer Raum, nicht besonders groß, aber mit einer magischen Atmosphäre, voll mit sakralen Objekten, Bildern und Büchern. Die anderen nannten ihn «Himmel der Buddhas» oder «Raum der Ermächtigung», und wenn es einen Ort in Tibet gibt, an den ich mich genau erinnere, dann ist es dieses Zimmer. Mein Meister saß auf einem niedrigen Sitz aus Holz und Leder, und ich saß neben ihm. Ich aß nur aus seiner Schale oder gar nicht. In dem kleinen Schlafgemach nebenan gab es eine Veranda, aber es war immer recht dunkel, und stets stand ein Kessel mit heißem Tee auf einem kleinen Ofen in der Ecke. Gewöhnlich schlief ich in einem kleinen Bett, das am Fußende seines Bettes stand. Ein Geräusch, das ich stets in Erinnerung behalten werde, ist das Klicken der Perlen seiner Mālā, des buddhistischen Rosenkranzes, wenn er leise seine Gebete rezitierte. Wenn ich einschlief, saß er da und praktizierte, und wenn ich morgens aufwachte, saß er schon wieder da und praktizierte, floß über von Segen und Kraft. Wenn ich meine Augen aufschlug und ihn so sitzen sah, erfüllte mich ein warmes, behagliches Glück, eine solche Atmosphäre des Friedens umgab ihn stets.

Als ich dann älter wurde, ließ Jamyang Khyentse mich Zeremonien leiten, während er als Vorsänger agierte. Ich wohnte allen Unterweisungen und Einweihungen bei, die er anderen gab; aber es sind nicht so sehr die Einzelheiten, an die ich mich heute noch erinnere, eher die Atmosphäre. Für mich war er der Buddha, da gab es für mich überhaupt keinen Zweifel. Und alle anderen sahen ihn genauso. Wenn er Einweihungen gab, waren seine Schüler so von Ehrfurcht erfüllt, daß sie ihm kaum ins Gesicht zu sehen wagten. Einigen erschien er tatsächlich in der Form seines Vorgängers oder in verschiedenen Buddha- oder Bodhisattva-Formen.[2] Jeder nannte ihn Rinpoche, «Kostbarer», ein Titel, mit dem man einen Meister anspricht; und wenn er zugegen war, wurde kein anderer Lehrer so angesprochen. Seine Präsenz war so beeindruckend, daß viele ihn ehrfürchtig den «Ur-Buddha»[3] nannten.

Wäre ich meinem Meister Jamyang Khyentse nicht begegnet, wäre ich ein völlig anderer Mensch geworden. Seine Warmherzigkeit, seine Weisheit und sein Mitgefühl machten ihn zur Verkörperung der heiligen Wahrheit der Lehren, und er hat sie praktisch anwendbar und lebendig werden lassen. Wenn ich diese Atmosphäre meines Meisters mit anderen teile, können auch sie die tiefe Empfindung spüren, die er in mir geweckt hat. Was Jamyang Khyentse in mir erweckt hat? – Ein unerschütterliches Vertrauen in die Lehren und eine Überzeugung von der zentralen und dramatischen Bedeutung des Meisters. Was immer ich an Verständnis habe, verdanke ich nur ihm. Das ist etwas, das ich niemals vergelten kann; aber ich kann es an andere weitergeben.

Während meiner ganzen Kindheit sah ich die Liebe, die Jamyang Khyentse in der Gemeinschaft ausstrahlte, ganz besonders in seiner Fürsorge für die Sterbenden und die Verstorbenen. In Tibet war ein Lama nicht nur ein spiritueller Lehrer, sondern gleichzeitig auch ein weiser Mann, ein Therapeut, ein Pfarrer, ein Arzt und spiritueller Heiler, der den Kranken und Sterbenden beistand. Später lernte ich selbst die besonderen Techniken der Führung Sterbender und bereits Verstorbener, die mit dem «Tibetischen Totenbuch» in Verbindung stehen. Aber die eindrucksvollsten Lektionen über den Tod und das Leben erhielt ich durch das, was ich beobachtete, wenn mein Meister Sterbende mit unendlichem Mitgefühl, Weisheit und Verständnis leitete.

Ich bete darum, daß dieses Buch der Welt etwas von seiner großen Weisheit und seinem Mitgefühl vermittelt und daß dadurch Sie, wo immer Sie sich befinden, die Präsenz seiner Weisheit spüren und eine lebendige Verbindung zu ihm finden können.

Erster Teil

Leben

1. Im Spiegel des Todes

Meine erste Begegnung mit dem Tod hatte ich im Alter von sieben Jahren, als wir uns eben darauf vorbereiteten, das östliche Hochland zu verlassen, um nach Zentraltibet aufzubrechen.

Samten war einer der persönlichen Betreuer meines Meisters, ein wunderbarer Mönch, der immer gütig zu mir gewesen war. Er hatte ein strahlendes, pausbäckiges Gesicht, immer bereit zu einem Lächeln. Jeder im Kloster liebte ihn, weil er so gutmütig war. Mein Meister lehrte jeden Tag, gab Initiationen und leitete Rituale und Übungen. Gegen Ende des Tages versammelte ich dann meine Freunde und spielte mit ihnen die Ereignisse des Tages in kleinen Theaterstücken nach. Samten besorgte mir dafür immer die Gewänder, die mein Meister zu den verschiedenen Anlässen getragen hatte. Niemals hat er mir etwas ausgeschlagen.

Doch eines Tages wurde Samten plötzlich sehr krank, und bald war klar, daß er nicht mehr lange leben würde. Wir mußten unsere Abreise verschieben. Die folgenden zwei Wochen werde ich niemals vergessen. Der strenge Geruch des Todes hing wie eine Wolke über allem, und immer, wenn ich an damals zurückdenke, kommt mir dieser Geruch wieder in Erinnerung. Das Kloster war durchdrungen von einem intensiven Gewahrsein des Todes, das jedoch niemals morbide oder beängstigend war. In der Gegenwart meines Meisters gewann Samtens Tod eine besondere Bedeutung. Er wurde zu einer Lehre für uns alle.

Samten lag auf einem Bett am Fenster eines kleinen Tempels in der Residenz meines Meisters. Ich wußte, daß er im Sterben lag, und ab und zu ging ich zu ihm und saß an seiner Seite. Er konnte schon nicht mehr sprechen und die Veränderung in seinem Gesicht, das jetzt hager und eingefallen war, machte mich sehr betroffen. Ich begriff, daß er uns verlassen mußte und wir ihn niemals wiedersehen würden. Ich fühlte mich unendlich allein.

Samten hatte keinen leichten Tod. Die Laute seines mühevollen Atmens verfolgten uns überallhin, und wir konnten den Verfall seines Körpers riechen. Das Kloster war überwältigend still, bis auf sein Atmen. Alles konzentrierte sich auf Samten. Aber obwohl er in seinem langen Sterben sehr viel zu leiden hatte, war für alle sichtbar, daß er im tiefsten Innern Frieden und Vertrauen besaß. Zuerst war mir dies unerklärlich, aber schließlich erkannte ich, daß sein Glaube, seine Schulung und die Präsenz unseres Meisters ihm diese innere Sicherheit gaben. Und obwohl ich immer noch traurig war, war ich mir gewiß: Da unser Meister zugegen war, würde alles gut werden, denn er war in der Lage, Samten zur Befreiung zu verhelfen. Später erfuhr ich, daß es der Traum eines jeden Praktizierenden ist, im Beisein seines Meisters zu sterben und das Glück zu haben, von ihm durch den Tod geleitet zu werden.

Als mein Meister Jamyang Khyentse den Mönch Samten ruhig durch den Sterbeprozeß führte, machte er ihn mit jeder Stufe vertraut, die er gerade durchlief. Ich war beeindruckt von der Präzision des Wissens meines Meisters und von dem Vertrauen und dem Frieden, die er ausstrahlte. In seiner friedvollen Präsenz und Zuversicht schöpften selbst die Ängstlichen Mut. Jamyang Khyentse bewies in diesen Tagen wieder, daß er keinerlei Angst vor dem Tod hatte. Nicht, daß er den Tod jemals leichtgenommen hätte. Oft genug hatte er uns gesagt, daß er großen Respekt vor ihm habe und uns ermahnt, dem Tod niemals naiv oder selbstgefällig zu begegnen. Woran lag es also, daß mein Meister dem Tod auf eine Art entgegentreten konnte, die zugleich nüchtern und leichtherzig, ganz praktisch und dennoch unerklärlich sorglos war? Diese Frage faszinierte mich und nahm mich ganz in Anspruch.

Samtens Tod erschütterte mich. Im Alter von sieben Jahren hatte ich einen ersten Vorgeschmack von der ungeheuren Kraft der Tradition erhalten, von der ich ein Teil war, und ich begann, den Sinn und Zweck spiritueller Praxis zu begreifen. Durch Praxis hatte Samten zu einer Annahme seines Todes gefunden und zu dem klaren Verständnis, daß Leiden und Schmerz Teil eines tiefen, natürlichen Reinigungsprozesses sind. Durch Praxis hatte mein Meister sein umfassendes Wissen über den Tod erworben und auch die präzise «Technologie», wie man Menschen durch den Todesprozeß führen kann.

Nachdem Samten gestorben war, machten wir uns auf nach Lhasa, der Hauptstadt Tibets; es wurde eine beschwerliche, dreimonatige Reise zu Pferde. Von dort führte uns unsere Pilgerreise zu den heiligen Orten Süd- und Zentraltibets, zu den Orten der Mystiker, Gelehrten und Könige, die seit dem siebten Jahrhundert dazu beigetragen hatten, den Buddhismus in Tibet heimisch zu machen. Mein Meister war die Emanation vieler

Meister aus allen Traditionen und genoß ein so hohes Ansehen, daß wir überall begeistert empfangen wurden.

Für mich war die Reise ungeheuer aufregend, und noch heute denke ich gern daran zurück. Wir gingen bei Dämmerung zu Bett und standen schon vor Tagesanbruch auf, um das ganze Tageslicht zu nutzen. Beim ersten Morgengrauen brachen schon einige der Yaks auf, die die Lasten trugen. Dann wurden die Zelte abgebrochen; das Küchenzelt und das Zelt meines Meisters blieben immer bis zuletzt stehen. Ein Kundschafter ritt voraus und suchte einen geeigneten Platz für unseren nächsten Halt. Gegen Mittag schlugen wir dann dort für den Rest des Tages und die Nacht unser Lager wieder auf. Ich liebte es besonders, am Fluß zu kampieren und dem Klang des Wassers zu lauschen, oder gemütlich im Zelt zu sitzen und den Regen aufs Dach prasseln zu hören.

Wir waren eine eher kleine Gruppe mit insgesamt etwa 30 Zelten. Während des Tages ritt ich auf einem goldfarbenen Pferd neben meinem Meister her, und während wir ritten, gab er mir Belehrungen, erzählte Geschichten, praktizierte und verfaßte sogar eine Reihe von Praktiken ganz speziell für mich. Eines Tages – wir näherten uns gerade dem heiligen See von Yamdrok Tso und unser Blick fiel zum erstenmal auf das türkise Schimmern seines Wassers – begann ein anderer Lama aus unserer Gruppe sich dem Tod zu nähern: Lama Tseten.

Der Tod von Lama Tseten sollte eine weitere intensive Unterweisung für mich werden. Er war der Tutor der spirituellen Gefährtin meines Meisters, Khandro Tsering Chödrön, die heute noch lebt. Viele Tibeter sehen in ihr das Beispiel einer idealen Praktizierenden, einer Meisterin im verborgenen, die durch die Einfachheit ihrer liebevollen Präsenz lehrt. Für mich ist sie die Verkörperung von Hingabe schlechthin. Lama Tseten nun war ein äußerst menschenfreundlicher, großväterlich wirkender Charakter. Er war mehr als sechzig Jahre alt, groß, grauhaarig, und er strahlte eine unbeschwerte Güte aus. Darüber hinaus galt er als tief verwirklichter Praktizierender der Meditation, und schon seine bloße Nähe hatte in mir stets ein Gefühl von Frieden und ruhiger Heiterkeit geweckt. Ab und zu schimpfte er wohl auch mit mir, und dann hatte ich Angst vor ihm, aber auch wenn er manchmal streng war, verlor er doch niemals seine Warmherzigkeit.

Lama Tsetens Sterben war wirklich außergewöhnlich. Obwohl ganz in der Nähe ein Kloster war, weigerte er sich, dorthin gebracht zu werden. Er sagte, er wolle ihnen dort nicht die Umstände machen, seinen Leichnam beseitigen zu müssen. Wir schlugen also wie gewöhnlich unser Lager auf, indem wir die Zelte im Kreis aufstellten. Khandro kümmerte sich um Lama Tseten, der ja ihr Lehrer war, und pflegte ihn. Ich war mit ihr allein bei ihm im Zelt, als er sie plötzlich zu sich rief: Er hatte eine liebevolle Art, sie mit dem Kosenamen «A-mi» zu rufen, was in seinem Dialekt soviel wie «mein Kind» bedeutet. «A-mi», sagte er sanft, «komm her. Es ist jetzt soweit. Ich habe keinen weiteren Rat mehr für dich. Bleib wie du bist, ich bin zufrieden mit dir. Diene deinem Meister weiter so liebevoll wie bisher.»

Augenblicklich sprang sie auf, um aus dem Zelt zu laufen, aber er erwischte sie beim Ärmel. «Wo willst du hin?» fragte er. «Ich will Rinpoche holen», antwortete sie. «Stör ihn nicht, das ist nicht nötig», sagte er lächelnd. «Letztlich ist man vom Meister nie getrennt.» Dann richtete er seinen Blick in den Himmel und starb. Khandro befreite sich aus seinem Griff und eilte hinaus, Jamyang Khyentse zu rufen. Ich saß einfach nur da, unfähig, mich zu bewegen.

Ich war überaus verwundert, wie jemand im Angesicht des Todes ein solches Vertrauen besitzen konnte. Lama Tseten hätte seinen Meister zur Seite haben können, um ihm zu helfen – etwas, wonach sich jeder andere gesehnt hätte –, aber er hielt es nicht für nötig. Heute verstehe ich: Er hatte die Präsenz des Meisters in sich selbst gefunden. Jamyang Khyentse war ständig bei ihm, in seinem Geist und in seinem Herzen; nicht für einen Augenblick fühlte er sich von ihm getrennt.

Khandro kehrte mit unserem Meister zurück. Ich werde niemals den Augenblick vergessen, als er das Zelt betrat und sich dabei ein wenig bückte. Er warf einen kurzen Blick auf Lama Tsetens Gesicht, wobei er ihm tief in die Augen blickte, und dann begann er zu schmunzeln. Er hatte ihn, als Zeichen seiner Zuneigung, immer «La Gen», «alter Lama» genannt. «La Gen», sagte er nun, «bleib nicht in diesem Zustand!» Er konnte – wie ich heute weiß – erkennen, daß Lama Tseten in einem ganz besonderen Meditationszustand verharrte, in dem der Praktizierende die Natur seines Geistes mit dem Raum der Wahrheit verschmelzen läßt. «Du weißt doch, La Gen, wenn du diese Übung machst, können subtile Hindernisse auftreten. Komm, laß mich dich führen.» Wie versteinert beobachtete ich, was dann geschah, und hätte ich es nicht selbst miterlebt, ich würde es niemals geglaubt haben. *Lama Tseten erwachte wieder zum Leben.* Mein Meister setzte sich an seine Seite und führte ihn durch das Phowa, die Praxis, in der das Bewußtsein im Augenblick unmittelbar vor dem Tod geleitet wird. Es gibt viele Variationen dieser Praxis; jene, die er damals benutzte, gipfelt darin, daß der Meister dreimal die Silbe «A» ausstößt. Als mein Meister das erste «A» ertönen ließ, konnten wir deutlich Lama Tsetens begleitende Stimme vernehmen. Beim zweiten Mal war seine Stimme schon kaum mehr zu hören und beim dritten Mal war er still – er war gegangen.

Samtens Tod hatte mich den Sinn spiritueller Praxis verstehen lassen; Lama Tsetens Tod zeigte mir, daß Praktizierende seines Kalibers ihre außergewöhnlichen Qualitäten nicht selten zu Lebzeiten verbergen. Manchmal zeigen sie sie tatsächlich nur ein einziges Mal: im Augenblick des Todes. Obwohl ich noch ein Kind war, verstand ich, daß es zwischen dem Tod von Samten und dem Tod von Lama Tseten einen eindrucksvollen Unterschied gab. Im einen Fall hatte es sich um den Tod eines einfachen, guten Mönches gehandelt, der in seinem Leben praktiziert hatte, im anderen Fall aber war ein sehr viel tiefer verwirklichter Praktizierender gestorben. Samten starb gewöhnlich und unter Schmerzen, doch mit dem Vertrauen seines Glaubens; Lama Tsetens Tod war eine Demonstration spiritueller Meisterschaft.

Bald nach Lama Tsetens Beerdigung erreichten wir das Kloster von Yamdrok. Wie üblich schlief ich im selben Zimmer wie mein Meister, und ich erinnere mich gut, daß ich an diesem Abend furchtsam die Schatten der flackernden Butterlampen an der Wand beobachtete. Während alle anderen tief und fest schliefen, lag ich die ganze Nacht wach und weinte. In jener Nacht habe ich begriffen, daß der Tod Wirklichkeit ist und daß auch ich sterben werde. Als ich so auf meinem Bett lag und darüber nachdachte, daß der Tod real ist und daß auch ich würde sterben müssen, begann ich allmählich, diese Tatsache zu akzeptieren, und gleichzeitig keimte der ernsthafte Entschluß in mir auf, mein Leben der spirituellen Praxis zu widmen.

So wurde ich schon sehr früh mit dem Tod und seiner Tragweite konfrontiert. Nie hätte ich mir damals aber träumen lassen, wie viele Tode mir – einer nach dem anderen – noch begegnen sollten: Der Tod in Form des tragischen Verlustes meines Heimatlandes Tibet nach der Besetzung durch die Chinesen, der Tod, den das Exil bedeutet, der Tod, alles zu verlieren, was meine Familie besessen hatte. Meine Familie Lakar Tsang hatte zu den reichsten in ganz Tibet gehört. Seit dem 14. Jahrhundert hatte sie zu den wichtigsten Gönnern des Buddhismus gehört und war berühmt für ihre tatkräftige Unterstützung sowohl der Lehren des Buddha insgesamt als auch der Arbeit der großen Meister.[1]

Der erschütterndste Tod stand mir jedoch noch bevor. Es war der meines Meisters Jamyang Khyentse. Mit ihm, so empfand ich, verlor ich die

Grundlage meiner Existenz. Er starb im Jahr 1959, im Jahr der größten Katastrophe für Tibet. Für die Tibeter war der Tod meines Meisters ein zweiter vernichtender Schlag; und mit ihm ging in Tibet eine Ära zu Ende.

Der Tod in der modernen Welt

Als ich dann in den Westen kam, war ich schockiert, wie grundlegend sich die hier vorherrschende Einstellung zum Tod von der Sicht, mit der ich aufgewachsen war, unterschied. Trotz aller technologischen Errungenschaften besitzt die moderne westliche Zivilisation kein wirkliches Verständnis vom Tod, von den Vorgängen beim Sterben oder von dem, was nach dem Tod geschieht.

Ich begriff, daß die Menschen heutzutage lernen, den Tod zu verdrängen, und daher im Sterben nichts als Vernichtung und Verlust sehen. Daraus folgt, daß die meisten Menschen den Tod entweder vollständig leugnen oder in Angst vor ihm leben. Bloß über den Tod zu sprechen, wird schon als morbid angesehen, und viele Menschen glauben, daß sie allein durch Erwähnung des Todes das Risiko eingehen, ihn auf sich zu ziehen.

Andere sehen dem Tod mit einer naiven, gedankenlosen Zuversicht entgegen. Sie denken, aus irgendwelchen unbekannten Gründen werde schon alles gutgehen, und man müsse sich keinerlei Sorgen machen. Wenn ich an diese Menschen denke, werde ich immer an den Ausspruch eines tibetischen Meisters erinnert: «Die Menschen nehmen den Tod oft zu leicht und denken: ‹Was soll's, der Tod ereilt schließlich jeden. Was ist schon dabei, er ist etwas ganz Natürliches, es wird schon werden.› Das ist eine nette Theorie – bis man dann stirbt.»[2]

Von diesen beiden Einstellungen sieht die eine den Tod als etwas, vor dem man sich hastig in Sicherheit bringen muß, die andere meint, es komme schon alles von selbst in Ordnung. Wie weit entfernt sind doch beide von einem Verständnis der wahren Bedeutung des Todes!

Alle großen spirituellen Traditionen der Welt, das Christentum selbstverständlich eingeschlossen, haben uns erklärt, daß der Tod nicht das Ende ist. Alle haben die Vision eines wie auch immer gearteten Lebens danach, das unserem jetzigen Leben erst seine wahre Bedeutung verleiht. Aber trotz dieser Lehren ist die moderne Zivilisation in weiten Teilen eine spirituelle Wüste – die Mehrheit glaubt, dieses Leben sei alles. Ohne einen wirklichen, authentischen Glauben an ein Leben danach führen die meisten Menschen ein Leben ohne jeden letzten Sinn.

Ich bin zu der Überzeugung gelangt, daß die katastrophalen Folgen einer Verdrängung des Todes weit über das Individuum hinausreichen: Sie betreffen den ganzen Planeten. In seinem eigensinnigen Glauben, dies Leben sei das einzige, hat der moderne Mensch keine Langzeitvisionen entwickelt. Nichts hält ihn mehr davon ab, den Planeten aus kurzfristigem Eigeninteresse auszuplündern und auf eine Weise selbstsüchtig zu leben, die sich für die Zukunft als fatal erweisen könnte. Wie viele Warnungen, wie die folgende des früheren brasilianischen Umweltministers, in dessen Verantwortungsbereich auch der Regenwald im Amazonas-Gebiet lag, brauchen wir eigentlich noch?

> «Die moderne Industriegesellschaft ist eine fanatische Religion. Wir demolieren, vergiften und zerstören alle Lebenssysteme auf diesem Planeten. Wir zeichnen Schuldscheine, die unsere Kinder nicht werden einlösen können ... Wir handeln, als seien wir die letzte Generation auf diesem Planeten. Ohne einen radikalen Wandel in unseren Herzen, in unserem Geist und in unserer Vision wird die Erde enden wie die Venus: tot und verkohlt.»[3]

Angst vor dem Tod und Ignoranz gegenüber einem Leben danach sind der Treibstoff für die Umweltzerstörung, die unser aller Leben bedroht. Muß es daher nicht zutiefst beunruhigen, daß die Menschen nicht lernen, was der Tod wirklich ist und wie man friedlich stirbt, daß niemand ihnen Hoffnung gibt auf das, was hinter dem Tod steht und daher letztlich auch hinter dem Leben? Was könnte paradoxer sein als die Tatsache, daß junge Menschen in jedem nur erdenklichen Fach hoch gebildet sind, außer in diesem einen, das den Schlüssel für den Sinn des Lebens enthält und möglicherweise sogar für unser aller Überleben?

Es hat mich schon immer fasziniert, daß manche buddhistische Meister den Menschen, die sie um Belehrungen bitten, eine einfache Frage stellen: Glaubst du an ein Leben nach dem Tod? Philosophische Lehrmeinungen interessieren sie dabei nicht, sie wollen ausschließlich wissen, was man tief im Herzen spürt. Die Meister wissen, daß Menschen, die an ein Weiterleben glauben, eine ganz andere Lebenseinstellung haben. Sie besitzen einen entschiedenen Sinn für persönliche Verantwortung und Ethik. Menschen, die nicht an ein Leben danach glauben, machen sich kaum Gedanken über die Konsequenzen ihres Tuns und schaffen eine Gesellschaft, die fast ausschließlich auf Kurzzeitergebnisse fixiert ist – und das ist es, was die Meister am meisten beunruhigt. Könnte darin nicht auch der tiefere Grund für die Brutalität und Oberflächlichkeit der Welt liegen, die wir uns geschaffen haben und in der wir jetzt leben – eine Welt, in der aufrichtiges Mitgefühl selten geworden ist?

Manchmal denke ich, daß die blühendsten und mächtigsten Länder der entwickelten Welt dem Wohnort der Götter gleichen, wie er in den buddhistischen Lehren beschrieben wird. Wie es heißt, leben die Götter in sagenhaftem Luxus, schwelgen in allen nur denkbaren Sinnesfreuden, ohne jemals auch nur einen einzigen Gedanken an die spirituelle Dimension des Lebens zu verschwenden. Alles scheint wunderbar, bis ihr Tod naht und unerwartete Zeichen von Verfall sichtbar werden. Dann wagen sich die Gefährtinnen und Liebhaber nicht mehr in ihre Nähe, sondern werfen aus der Entfernung Blumen auf sie, mit beiläufigen Gebeten, daß sie doch wieder als Götter geboren werden mögen. Keine Erinnerung an Glück oder Bequemlichkeit kann ihnen dann noch Schutz vor dem Leiden bieten, das ihnen bevorsteht – im Gegenteil, es macht alles nur noch grausamer. Die Götter sterben, von allen verlassen, einen einsamen, elenden Tod.

Das Schicksal der Götter erinnert an die Art, wie die Alten, Kranken und Sterbenden heutzutage behandelt werden. Unsere Gesellschaft ist jugend-, sex- und machtbesessen; Alter und Verfall werden einfach verdrängt. Ist es nicht erschreckend, daß wir alte Menschen fallenlassen, sobald sie «nutzlos» geworden sind, weil ihr Arbeitsleben beendet ist? Ist es nicht beunruhigend, daß wir sie in Altersheime verbannen, wo sie dann einsam und verlassen sterben?

Ist es nicht auch langsam an der Zeit, daß wir die Art und Weise überdenken, mit der wir Menschen mit tödlichen Krankheiten wie AIDS und Krebs nicht selten behandeln? Ich habe einige Menschen kennengelernt, die an AIDS starben, und ich habe gesehen, wie sie selbst von ihren Freunden als Ausgestoßene behandelt wurden. Ich habe miterlebt, wie der Makel, der diesen Krankheiten anhaftet, sie hat verzweifeln lassen, weil die Welt ihnen das Gefühl gab, sie seien ekelhaft und ihr Leben eigentlich schon zu Ende.

Selbst wenn ein Mensch stirbt, den wir lieben, können wir häufig nicht helfen, weil wir einfach nicht wissen wie; und später, nach seinem Tod, bestärkt uns gewöhnlich kaum jemand darin, uns noch weiter gehende Gedanken um die Zukunft und ein eventuelles Fortdauern dieses Menschen zu machen oder gar Mittel und Wege zu suchen, wie wir ihm auch dann noch helfen können. Tatsächlich gibt man sich mit jedem Gedanken in diese Richtung dem Vorwurf der Unvernunft oder der Lächerlichkeit preis.

Dies alles führt uns mit schmerzlicher Klarheit vor Augen, daß wir dringend einen fundamentalen Wandel in unserer Einstellung zu Tod und Sterben herbeiführen müssen – heute mehr denn jemals zuvor. Glücklicherweise beginnen sich die Haltungen bereits zu verändern. Die Hospizbewegung zum Beispiel leistet hervorragende Arbeit in bezug auf praktische und emotionale Unterstützung für Sterbende. Das allein ist allerdings noch nicht genug; sterbende Menschen brauchen zwar dringend Liebe und Fürsorge, aber das ist noch nicht alles. Sie müssen außerdem einen wirklichen Sinn im Tod und im Leben entdecken. Was sonst könnte ihnen wirklichen Trost geben? Wahre Hilfe für Sterbende muß daher immer auch das Angebot spiritueller Betreuung beinhalten, denn nur mit spirituellem Wissen können wir uns dem Tod wirklich stellen und ihn tatsächlich verstehen.

Die Art und Weise, wie das Thema Tod in den letzten Jahren von Pionieren wie Elisabeth Kübler-Ross und Raymond Moody im Westen offen angegangen wurde, hat mir Mut gemacht. Im Hinblick auf die Sterbebegleitung hat Elisabeth Kübler-Ross gezeigt, daß mit bedingungsloser Liebe und einer aufgeklärteren Vision Sterben eine friedvolle, ja verwandelnde Erfahrung sein kann. Die wissenschaftlichen Untersuchungen der verschiedenen Aspekte der Nahtod-Erfahrung, angeregt durch die mutige Arbeit von Raymond Moody, haben die Menschheit um die lebendige und starke Hoffnung bereichert, daß das Leben mit dem Tod nicht zu Ende ist, sondern daß es in der Tat ein «Leben nach dem Leben» gibt.

Einige Menschen haben allerdings die volle Bedeutung dieser Entdekkungen in bezug auf Tod und Sterben nicht richtig verstanden. Dadurch kann es zu Extremen bis hin zu einer Verherrlichung des Todes kommen, und ich habe von tragischen Fällen gehört, in denen junge Menschen Selbstmord begingen, weil sie glaubten, der Tod sei etwas Wunderbares und ein Ausweg aus der bedrängenden Enge ihres Lebens. Ob wir den Tod nun fürchten und verdrängen oder ob wir ihn verklären – in beiden Fällen trivialisieren wir ihn. Sowohl Verzweiflung als auch Euphorie sind Ausflüchte. Der Tod ist weder deprimierend noch spannend, er ist einfach eine Tatsache des Lebens.

Es ist eine traurige Tatsache, daß die meisten von uns ihr Leben erst dann zu würdigen beginnen, wenn es ans Sterben geht. Ich muß häufig an die Worte des großen buddhistischen Meisters Padmasambhava denken: «Die, die glauben, sie hätten noch eine Menge Zeit, bereiten sich erst vor, wenn der Tod naht. Dann werden sie plötzlich von Reue überwältigt. Aber ist es dann nicht zu spät?» Ist es nicht ein äußerst beunruhigendes

Zeichen, daß die meisten Menschen der modernen Welt dem Tod genauso unvorbereitet begegnen wie zuvor ihrem Leben?

Die Reise durch Leben und Tod

Nach der Lehre des Buddha können wir unser Leben jederzeit nutzen, um uns auf den Tod vorzubereiten. Wir müssen nicht erst warten, bis der schmerzliche Tod eines geliebten Menschen oder der Schock einer unheilbaren Krankheit uns zwingt, unser Leben näher anzuschauen. Auch sind wir nicht dazu verdammt, unvorbereitet in den Tod zu gehen und etwas völlig Unbekanntem zu begegnen. Wir können hier und jetzt anfangen, in unserem Leben Sinn zu finden. Wir können aus jedem Augenblick eine Gelegenheit machen, uns zu ändern und uns – mit friedvollem Geist und offenem Herzen – sorgfältig auf den Tod und die Ewigkeit vorzubereiten.

Der Buddhismus sieht Leben und Tod als eine Ganzheit, wobei der Tod ein neues Kapitel im Leben einleitet. Der Tod ist ein Spiegel, in dem der ganze Sinn des Lebens reflektiert wird. Diese Sicht steht im Mittelpunkt der ältesten Schule des tibetischen Buddhismus. Viele werden schon vom «Tibetischen Totenbuch» gehört haben. Ich möchte mit meinem Buch das «Tibetische Totenbuch» erläutern und es erweitern, indem ich neben dem Tod auch das Leben behandle und im Detail auf die ganze Lehre eingehe, von der das «Tibetische Totenbuch» nur ein Teil ist. Dieser wunderbare alte Lehrzyklus stellt uns die Ganzheit von Leben und Tod als eine Reihe andauernd sich verändernder Übergangsrealitäten vor, die «Bardos» genannt werden. Mit dem Wort «Bardo» wird gewöhnlich ein bestimmter Zwischenzustand bezeichnet, nämlich der Zeitraum, der zwischen Tod und Wiedergeburt liegt. In Wirklichkeit aber finden Bardos kontinuierlich sowohl im Leben als auch im Tod statt. Es sind Momente, in denen es eher als sonst möglich ist, zur Befreiung oder Erleuchtung zu gelangen.

Die Bardos sind besonders kraftvolle Gelegenheiten zur Befreiung, denn gewisse Momente, so sagen die Lehren, sind machtvoller als andere, mit viel mehr Potential aufgeladen, und was immer man dann tut, zeitigt starke und weitreichende Wirkungen. Ich stelle mir einen Bardo wie den Moment des Herantretens an einen Abgrund vor. In einem Augenblick von solcher Qualität würde zum Beispiel ein Meister seinen Schüler in die essentielle, ursprüngliche und innerste Natur seines Geistes einführen.

Der mächtigste und energiegeladenste dieser Momente ist jedoch der Augenblick des Todes.

Vom tibetisch-buddhistischen Standpunkt läßt sich unsere ganze Existenz in vier kontinuierlich miteinander verbundene Realitäten einteilen: 1. Leben, 2. Sterben und Tod, 3. die Phase nach dem Tod und 4. Wiedergeburt. Sie sind als die vier Bardos bekannt: 1. der natürliche Bardo dieses Lebens, 2. der schmerzvolle Bardo des Sterbens, 3. der lichtvolle Bardo der Dharmatā und 4. der karmische Bardo des Werdens.

Wegen der ungeheuren und allumfassenden Tiefe der Bardo-Lehren wurde dieses Buch sehr sorgfältig gegliedert. Der Leser wird Stufe für Stufe durch die sich entfaltende Vision einer Reise durch Leben und Tod geleitet. Unsere Untersuchung beginnt notwendigerweise mit einem direkten Nachdenken über die Bedeutung des Todes und über die vielen Facetten der Wahrheit von der Vergänglichkeit. Diese Reflexionen befähigen uns, vollen Nutzen aus unserem Leben zu ziehen, solange wir noch Zeit haben; und sie führen dazu, daß wir sterben können, ohne Bedauern zu empfinden und ohne uns vorwerfen zu müssen, unser Leben verschwendet zu haben. Wie Tibets berühmter Heiliger und Poet Milarepa sagte: «Meine Religion ist es, ohne Bedauern zu leben – und zu sterben.»

Eine eingehende Kontemplation der verborgenen Botschaft der Vergänglichkeit – dessen also, was tatsächlich hinter Veränderung und Tod steht – führt uns direkt ins Herz der alten und machtvollen tibetischen Lehren: die Einführung in die essentielle «Natur des Geistes». Die Natur des Geistes – wir könnten sie auch unser innerstes Wesen nennen – ist die Wahrheit, nach der wir alle suchen. Ihre Verwirklichung ist der Schlüssel zum Verständnis von Leben und Tod. Denn im Moment des Todes stirbt der gewöhnliche Geist mitsamt seinen Verblendungen, und in dieser Lücke enthüllt sich die grenzenlose, himmelsgleiche Natur des Geistes. Diese essentielle Natur ist der Hintergrund für die Gesamtheit von Leben und Tod – sie ist wie der Himmel, der das ganze Universum umfaßt.

Die Lehren lassen keinen Zweifel: Wenn wir nur den groben Aspekt des Geistes kennen, der sich im Tod auflöst, bleiben wir ohne eine Vorstellung dessen, was weitergeht, ohne Wissen um die Dimension der tieferen Wirklichkeit der Natur des Geistes. Es ist daher wesentlich, uns mit dieser Natur vertraut zu machen, solange wir noch leben. Nur dann werden wir vorbereitet sein, wenn sie sich spontan und machtvoll im Moment des Todes enthüllt, und fähig sein, sie wiederzuerkennen, «so natürlich, wie ein Kind in die Arme seiner Mutter läuft» – und in diesem Zustand verbleibend, endlich befreit zu sein.

Eine Beschreibung der Natur des Geistes führt uns dann ganz natürlich zu einer vollständigen Anleitung zur Meditation, denn Meditation ist der einzige Weg, wie wir die Natur des Geistes immer wieder neu entdekken und schrittweise stabilisieren können. Daran schließen sich Erklärungen zur Natur menschlicher Entwicklung, zu Wiedergeburt und Karma an, um dem Leser den umfassenden Sinnzusammenhang unserer Reise durch Leben und Tod deutlich zu machen.

An diesem Punkt wird der Leser bereits genug Verständnis erworben haben, um zuversichtlich zum eigentlichen Herzstück des Buches zu kommen: einer aus vielen Quellen zusammengestellten, umfassenden Darstellung der vier Bardos und der verschiedenen Stadien des Sterbevorganges und des Todes. Anweisungen, praktische Ratschläge und spirituelle Praktiken, die uns selbst und anderen helfen, durch Leben und Sterben, den Tod und die Erfahrungen nach dem Tode zu gehen, werden im Detail vorgestellt. Das Buch schließt mit einer Vision, wie die Bardo-Lehren uns helfen können, die tiefste Natur des menschlichen Geistes und des Universums zu begreifen.

Meine Schüler fragen mich häufig: Woher können wir wissen, was diese Bardos wirklich sind, und woher kommt die erstaunliche Präzision der Bardo-Lehren und ihr unglaublich klares Wissen um jeden Abschnitt des Sterbevorganges, des Todes und der Wiedergeburt? Die Antwort mag für viele Leser anfangs schwer nachzuvollziehen sein, weil die Vorstellung, die sich der Westen heute vom Geist macht, eine extrem begrenzte ist.

Ungeachtet großer Durchbrüche, die in den letzten Jahren, vor allem auf den Gebieten der Wissenschaften, die sich mit dem Zusammenhang von Körper und Geist befassen, sowie im Bereich der transpersonalen Psychologie erzielt werden konnten, reduziert die Mehrzahl der Wissenschaftler den Geist noch immer auf physische beziehungsweise chemische Prozesse im Gehirn. Diese Ansicht widerspricht dem Zeugnis der Erfahrung von Heiligen und Mystikern aller Religionen seit Tausenden von Jahren.

Aus welcher Quelle schöpfend und kraft welcher Autorität kann ein Buch wie dieses geschrieben werden? Die buddhistische «Wissenschaft vom Inneren» gründet, wie es ein amerikanischer Gelehrter ausdrückte, auf «einer genauen und umfassenden Kenntnis der Realität, auf einem bereits überprüften tiefen Verständnis des Selbst und der Umgebung, mit anderen Worten auf der vollständigen Erleuchtung des Buddha».[4] Die Quelle der Bardo-Lehren ist der erleuchtete Geist, der vollkommen erwachte Buddha-Geist, erfahren, erläutert und übertragen durch eine lange Reihe von Meistern, die sich bis zum Ur-Buddha zurückerstreckt. Ihre sorgfältigen, genauen, man könnte fast sagen wissenschaftlichen Forschungen und Formulierungen dessen, was sie über den Geist durch viele Jahrhunderte hindurch herausgefunden haben, liefern uns eines der vollständigsten Bilder von Leben und Tod, die je entstanden sind. Inspiriert durch Jamyang Khyentse und meine anderen großen Meister, möchte ich den Versuch wagen, dieses vollständige Bild nun dem Westen zu vermitteln.

Während vieler Jahre der Kontemplation, des Lehrens und Praktizierens sowie der Klärung vieler Fragen mit meinen Meistern habe ich dieses Buch als Quintessenz der Herzensanweisungen all meiner Meister, als ein neues Tibetisches Buch des Todes und ein Tibetisches Buch des Lebens geschrieben.

Ich wünsche mir, daß es ein Handbuch wird, ein Führer, ein Nachschlagewerk und eine Quelle der Inspiration. Ich möchte allen Lesern den Rat geben, dieses Buch wieder und wieder zu lesen und es auf sich wirken zu lassen; nur auf diese Weise können seine vielen Bedeutungsebenen ausgelotet werden. Je mehr man es benutzt, desto tiefer werden seine Wirkungen spürbar und desto klarer wird die Tiefe der Weisheit, die durch diese Lehren übertragen wird.

Die Bardo-Lehren zeigen uns deutlich, was geschieht, wenn wir uns auf den Tod vorbereiten, und welche Folgen es hat, wenn wir es versäumen. Die Alternativen könnten klarer nicht sein. Wenn wir uns weigern, den Tod zu akzeptieren, solange wir noch am Leben sind, werden wir in diesem Leben, im Tod und danach einen hohen Preis zahlen müssen. Die Folgen einer solchen Weigerung werden sowohl dieses als auch kommende Leben ihres Sinns berauben. Wir werden nicht in der Lage sein, unser Leben voll und ganz zu leben, weil wir in dem Aspekt von uns gefangenbleiben, der sterben muß. Diese Ignoranz wird uns die Grundlage für unseren weiteren Weg zur Erleuchtung entziehen und uns endlos an den Bereich der Illusion fesseln, den unkontrollierten Kreislauf von Geburt und Tod, den Ozean des Leidens, den die Buddhisten Samsāra[5] nennen.

Die grundlegende Botschaft der buddhistischen Lehren lautet jedoch: Wenn wir vorbereitet sind, liegt überwältigende Hoffnung sowohl im Leben als auch im Tod. Die Lehren enthüllen uns die Möglichkeit einer gewaltigen und letztlich grenzenlosen Freiheit. Es liegt an uns, hier und jetzt – in unserem Leben – nach dieser Freiheit zu streben. Sie wird es uns ermöglichen, Selbstbestimmung in unserem Tod und weiterhin auch in unserer Geburt zu verwirklichen. Für jemanden, der praktiziert und sich vorbereitet hat, kommt der Tod nicht als Niederlage, sondern als Triumph – als glorreichster Augenblick und Krönung des Lebens.

2. Vergänglichkeit

Der Tod lauert auf uns in allen Ecken. Wir mögen unseren Blick ohn' Unterlaß hierhin wenden und dorthin, wie in einem verdächtigen Lande ... Wäre es denn möglich, daß man sich der Gedanken an den Tod entschlagen kann und daß es nicht alle Augenblicke scheine, als habe er uns beim Kragen gepackt ... so bin ich der Mann nicht, der sich lange bedenken würde ... Aber Torheit wär's zu denken, damit frei durchzukommen! Man geht, man kommt, man springt, man tanzt, vom Tode hört man kein Wort. Alles recht gut! Aber kommt er dann auch zu ihnen selbst oder zu ihren Weibern, Kindern und Freunden und überrascht sie unter welcher Gestalt er mag, was setzt es da nicht für Not und Elend, was für ein Geheule, was für Wut, welche Verzweiflung! ...

Um damit anzufangen, ihm seinen großen Vorteil über uns abzugewinnen, müssen wir eine der gewöhnlichen ganz entgegengesetzte Methode einschlagen. Benehmen wir ihm das Fremde, machen wir seine Bekanntschaft, halten wir mit ihm Umgang und lassen uns nichts so oft vor den Gedanken vorbeieilen als den Tod ... Es ist ungewiß, wo uns der Tod erwartet; erwarten wir ihn also allenthalben! Sinnen auf den Tod ist sinnen auf Freiheit. Wer sterben gelernt hat, versteht das Dienen nicht mehr.

Montaigne[1]

Warum ist es so ungeheuer schwierig, den Tod und die Freiheit zu üben? Und warum eigentlich haben wir eine derartige Angst vor dem Tod, daß wir uns weigern, uns überhaupt mit ihm zu befassen? Irgendwo tief innen wissen wir, daß wir der Begegnung mit dem Tod nicht ständig ausweichen können. Wir wissen, um mit Milarepa zu sprechen: «Dies Ding, das wir Leichnam nennen und so sehr fürchten, lebt mit uns hier und jetzt.» Je länger wir die Konfrontation mit dem Tod hinausschieben, je mehr wir ihn ignorieren, desto größer werden die Angst und Unsicherheit, die uns heimsuchen. Je mehr wir versuchen, vor dieser Angst zu fliehen, desto überwältigender wird sie.

Der Tod *ist* ein tiefes Geheimnis; zwei Dinge können wir aber über ihn sagen: *Es ist absolut gewiß, daß wir sterben werden,* und *es ist unsicher, wann oder wie wir sterben werden.* Die einzige Sicherheit, die wir also haben, ist die Unsicherheit bezüglich unserer Todesstunde. Das ist unsere Ausrede, um die direkte Auseinandersetzung mit dem Tod aufzuschieben. Wir sind wie Kinder, die sich beim Versteckspielen die Augen zuhalten und glauben, niemand könne sie sehen.

Warum leben wir in solch panischer Angst vor dem Tod? Weil es unser instinktives Verlangen ist, zu leben und am Leben zu bleiben, und weil wir den Tod für das grausame Ende all dessen halten, was uns so vertraut ist. Wir ahnen, daß wir in etwas gänzlich Unbekanntes gestoßen werden und uns völlig verändern, wenn wir sterben. Wir stellen uns vor, daß wir uns verloren und verwirrt an erschreckend unbekannten Orten wiederfinden. Wir malen uns aus, es sei wie das Aufwachen in einem völlig fremden Land, allein und gequält von Angst; wir kennen weder das Land noch die Sprache, wir haben kein Geld, keine Kontakte, keinen Ausweis und keine Freunde . . .

Vielleicht ist aber die eigentliche Ursache unserer Angst die Tatsache, daß wir nicht wissen, wer wir wirklich sind. Wir glauben an eine persönliche, einzigartige und unabhängige Identität. Wagen wir es aber, diese Identität zu untersuchen, dann finden wir heraus, daß sie völlig abhängig ist von einer endlosen Reihe von Dingen: von unserem Namen, unserer «Biographie», von Partner, Familie, Heim, Beruf, Freunden, Kreditkarten . . . Auf diese brüchigen und vergänglichen Stützen bauen wir unsere Sicherheit. Wenn uns all das genommen würde, wüßten wir dann noch, wer wir wirklich sind?

Ohne diese vertrauten Requisiten sind wir nur noch wir selbst: eine Person, die wir nicht kennen, ein verdächtiger Fremdling, mit dem wir zwar schon die ganze Zeit zusammenleben, dem wir aber nie zu begegnen wagten. Haben wir nicht aus eben diesem Grund versucht, jeden Augenblick unserer Zeit mit Lärm und Aktivität zu füllen – egal wie trivial oder öde –, um sicherzustellen, daß wir nur ja niemals mit diesem Fremden in der Stille allein sein müssen?

Deutet das nicht auf etwas grundlegend Tragisches in unserer Art zu leben hin? Wir leben in einer neurotischen Märchenwelt unter einer angenommenen Identität, die nicht wirklicher ist als die Ersatz-Schildkröte aus *Alice im Wunderland.* Fasziniert vom Abenteuer des Bauens, haben wir das Haus unseres Lebens auf Sand errichtet. Diese Welt kann wunderbar überzeugend scheinen, bis der Tod die Illusion zerschlägt und uns aus unseren Schlupflöchern treibt. Was wird dann aus uns werden, wenn wir keine Ahnung von einer tieferen Wirklichkeit haben?

Wenn wir sterben, lassen wir alles zurück, vor allem unseren Körper, den wir so sehr geschätzt haben, auf den wir uns blind verlassen haben und den wir so angestrengt am Leben zu halten versucht haben. Aber auch unser Geist ist um keine Spur verläßlicher als unser Körper. Schauen Sie sich Ihren Geist einmal für nur wenige Minuten an. Sie werden sehen, er ist wie ein Floh: andauernd hüpft er hin und her. Sie werden herausfinden, daß Gedanken ohne jede Ursache erscheinen und ohne Verbindung sind. Mitgerissen vom Chaos des jeweiligen Augenblicks, sind wir das Opfer der Unbeständigkeit unseres Geistes. Wenn das der einzige Bewußtseinszustand ist, den wir kennen, dann wäre es ein absurdes Glücksspiel, uns im Augenblick des Todes auf diesen Geist verlassen zu wollen.

Die große Täuschung

> Die Geburt des Menschen ist die Geburt seiner Not. Je länger er lebt, desto törichter wird er, denn immer drängender wird sein ängstliches Bemühen, dem unvermeidlichen Tod zu entweichen. Wie bitter das ist! Er lebt im Streben nach dem, was immer außer Reichweite bleibt! Sein Durst nach Überleben in der Zukunft macht ihn unfähig, in der Gegenwart zu leben.
>
> Chuang-tzu

Nach dem Tod meines Meisters kam ich in den Genuß einer engen Verbindung mit Dudjom Rinpoche, einem der bedeutendsten zeitgenössischen Meditationsmeister, Mystiker und Yogis. Eines Tages fuhr er mit seiner Frau durch Frankreich, und sie bewunderten die Landschaft. Als sie an einem langgezogenen Friedhof vorbeikamen, auf dem alles frisch gestrichen und mit Blumen geschmückt war, sagte Dudjom Rinpoches Frau: «Rinpoche, sieh doch nur, wie hier im Westen alles so adrett und sauber ist. Selbst die Orte, wo sie die Leichen aufbewahren, sind makellos. In Asien sind selbst die Wohnhäuser oft nicht annähernd so sauber.»

«Ach ja», antwortete er, «dies ist ein wirklich zivilisiertes Land. Selbst für die Körper der Toten haben sie wunderbare Häuser. Aber ist dir noch nicht aufgefallen, daß auch in ihren anderen schönen Häusern oft nur lebende Leichname wohnen?»

Immer wenn mir diese Geschichte in den Sinn kommt, muß ich daran denken, wie hohl und fruchtlos das Leben sein kann, wenn es auf den falschen Glauben an Kontinuität und Dauerhaftigkeit gegründet ist. Wenn wir auf diese Weise leben, dann werden wir, wie Dudjom Rinpoche es ausdrückte, unbewußt – lebende Leichname.

Wir Menschen leben oft sehr oberflächlich, wie nach einem vorbestimmten Plan. Unsere Jugend verbringen wir mit Ausbildung; dann finden wir einen Job, begegnen jemandem, heiraten und haben Kinder. Wir bauen oder kaufen uns ein Haus, versuchen Karriere zu machen, träumen von einem Haus auf dem Land oder von einem Zweitwagen. Wir fahren mit unseren Freunden in Urlaub. Wir machen Pläne für die Zeit, wenn wir in Rente gehen. Das größte Dilemma, mit dem wir uns konfrontiert sehen, besteht aus Fragen wie «Wohin fahren wir im nächsten Urlaub?» oder «Wen laden wir zu Weihnachten ein?». Unser Leben ist monoton und belanglos, verschwendet in Trivialitäten, weil wir nichts Besseres zu kennen scheinen.

Unser Leben ist so hektisch, daß ein Nachdenken über den Tod das letzte ist, wofür wir Zeit haben. Wir ersticken unsere geheime Angst vor Vergänglichkeit, indem wir uns mit immer mehr Gütern umgeben, mit immer mehr Dingen, mit immer mehr Bequemlichkeit, bis wir schließlich zu Sklaven all dieser Umstände werden. Unsere gesamte Zeit und Energie erschöpfen sich in ihrem Unterhalt. Schon bald besteht unser einziges Lebensziel darin, alles so sicher und überschaubar wie nur möglich zu halten. Wenn Veränderungen eintreten, finden wir als Gegenmittel ganz schnell schlaue, kurzfristige Lösungen. Und so geht unser Leben dahin, bis uns eine schwere Krankheit oder ein Schicksalsschlag aus unserer Betäubung reißt.

Es ist nun aber nicht etwa so, daß wir nur den Tod ignorieren, der Gestaltung unseres Leben hingegen viel mehr Zeit und ernsthafte Gedanken widmen würden. Man denke nur an die Menschen, die ein ganzes Leben lang arbeiten, dann in den Ruhestand versetzt werden und nun, da sie alt geworden sind und dem Tod entgegensehen, nichts mit sich anzufangen wissen. Obwohl wir dauernd tönen, wie wichtig es sei, praktisch zu denken, bedeutet «praktisch denken» im Westen oft nichts anderes als sich ignorant und – oft genug – auf selbstsüchtige Weise kurzsichtig zu verhalten. Diese engstirnige Ausrichtung auf nichts anderes als *dieses* Leben ist *die* große Täuschung; sie ist die Quelle für den menschenverachtenden und zerstörerischen Materialismus der modernen Welt. Niemand spricht über den Tod, und niemand spricht über das Leben danach, weil wir in dem Glauben erzogen werden, daß solches Gerede nur unser sogenanntes «Vorankommen» in der Welt behindern würde.

Wenn es aber unser tiefstes Verlangen ist, zu leben und am Leben zu bleiben, warum bestehen wir dann blind darauf, daß der Tod das Ende ist? Warum erwägen und untersuchen wir nicht zumindest die Möglichkeit eines Weiterlebens nach dem Tode? Wenn wir so pragmatisch sind, wie wir immer vorgeben, warum fragen wir uns dann nicht ernstlich, wo unsere wirkliche Zukunft liegt? Immerhin lebt kaum jemand länger als vielleicht hundert Jahre. Und danach erstreckt sich die ganze Ewigkeit – das Unbekannte ...

Aktive Faulheit

Es gibt eine alte tibetische Geschichte, die ich sehr mag. Sie heißt: «Der Vater von ‹Berühmt wie der Mond›»: Einem sehr armen Mann war es, nachdem er lange Zeit hart dafür gearbeitet hatte, schließlich gelungen, einen ganzen Sack Getreide zusammenzutragen. Er war sehr mit sich zufrieden, und als er nach Hause kam, hängte er, um das Getreide vor Ratten und Dieben zu schützen, den Sack mit einem Seil an einen der Dachbalken seiner Hütte. Dann legte er sich als zusätzliche Vorsichtsmaßnahme für die Nacht noch darunter zum Schlafen. Als er so dalag, begannen seine Gedanken zu schweifen: «Den meisten Gewinn mache ich, wenn ich das Getreide in möglichst kleinen Mengen verkaufe. Mit diesem Geld kann ich dann mehr Getreide kaufen, noch mehr Gewinn machen ... und in nicht allzulanger Zeit werde ich reich sein und in unserem Dorf etwas gelten. Die Mädchen werden hinter mir her sein, ich werde eine schöne Frau finden, heiraten, und bald werden wir dann auch ein Kind haben ... Es wird sicher ein Sohn ... Wie, um alles in der Welt sollen wir ihn nur nennen?» In diesem Moment fiel sein Blick zufällig durch das kleine Fenster der Hütte auf den gerade aufgehenden Mond.

«Was für ein Zeichen!» dachte er. «Wie glückverheißend! Das soll sein Name sein. Ich nenne ihn ‹Berühmt wie der Mond› ...» Während er von seinen Spekulationen ganz in Anspruch genommen war, hatte eine Ratte ihren Weg zu dem Sack mit Getreide gefunden und begonnen, das Seil durchzunagen. In dem Augenblick, als die Worte «Berühmt wie der

Mond» über seine Lippen kamen, fiel der Sack von der Decke und erschlug ihn auf der Stelle. «Berühmt wie der Mond» wurde nie geboren.

Wie viele von uns werden, wie der Mann in der Geschichte, fortgetragen von etwas, das ich «aktive Faulheit» nenne? Natürlich gibt es verschiedene Arten von Faulheit: östliche und westliche. Den östlichen Stil der Faulheit findet man hauptsächlich in Asien, manchmal bis zur Perfektion entwickelt. Er besteht – überspitzt gesagt – darin, den ganzen Tag in der Sonne herumzusitzen, nichts zu tun, jede Art von Arbeit und sinnvoller Aktivität möglichst zu vermeiden, statt dessen unglaubliche Mengen Tee zu trinken, Musik aus dem Radio dudeln zu lassen und mit Freunden zu tratschen. Westliche Faulheit ist eine ganz andere. Sie besteht darin, das Leben mit zwanghaften Aktivitäten so vollzustopfen, daß keine Zeit mehr bleibt, sich um die wirklich wichtigen Dinge zu kümmern.

Wenn wir unser Leben anschauen, dann sehen wir deutlich, wie viele unwichtige Dinge, sogenannte Verantwortlichkeiten, sich ansammeln und es anfüllen. Ein Meister beschreibt diesen Zustand mit dem Bild «Im Traum einen Haushalt führen». Wir behaupten immer, uns Zeit für die wichtigen Dinge des Lebens nehmen zu wollen, aber nie finden wir diese Zeit. Schon wenn wir morgens aufstehen, gibt es so viel zu tun: Fenster öffnen, Bett machen, duschen, Zähne putzen, Hund oder Katze füttern, Abwasch vom vorigen Abend erledigen, merken, daß Zucker oder Kaffee ausgegangen sind, also einkaufen gehen, Frühstück machen – die Liste ist endlos. Hilflos sehen wir, wie unser Tag sich mit Telefonanrufen und belanglosen Unternehmungen anfüllt, mit so vielen Verantwortlichkeiten – oder sollten wir sie besser Unverantwortlichkeiten nennen?

Unser Leben scheint *uns* zu leben, eine bizarre Eigendynamik zu besitzen, die uns davonträgt; am Ende haben wir das Gefühl, gar keine Wahl und keinerlei Kontrolle mehr zu haben. Natürlich fühlen wir uns manchmal schlecht deswegen, haben Alpträume und wachen schweißgebadet auf mit der Frage: «Was mache ich eigentlich mit meinem Leben?» Diese Ängste dauern aber meist nur bis zum Frühstück; dann nehmen wir wieder unsere Aktentasche, und es geht weiter wie gehabt.

Dazu fällt mir ein, was der indische Heilige Ramakrishna zu einem seiner Schüler sagte: «Würdest du nur ein Zehntel der Zeit, die du den Ablenkungen widmest – wie hinter Frauen her sein oder Geld verdienen –, für die spirituelle Praxis verwenden, dann wärest du in ein paar Jahren erleuchtet!» Um die Jahrhundertwende lebte ein tibetischer Meister namens Mipham – eine Art Leonardo da Vinci des Himālaya –, dem man sogar die Erfindung einer Uhr, einer Kanone und eines Flugzeugs zuschreibt. Sobald diese Dinge aber fertig konstruiert waren, zerstörte er sie wieder, weil sie, wie er sagte, ja doch bloß Ursache für zusätzliche Zerstreuung würden.

Das tibetische Wort für Körper ist *Lü*; es bezeichnet «etwas, das man zurückläßt» – wie Gepäck. Jedesmal, wenn wir *Lü* sagen, erinnert es uns daran, daß wir bloß Reisende sind, die vorübergehend Herberge in diesem Leben und in diesem Körper genommen haben. Wohl auch deshalb haben in Tibet die Menschen nicht ihre ganze Zeit damit verbracht, die äußeren Umstände komfortabler zu gestalten. Sie waren schon zufrieden, wenn sie genug zu essen, etwas zum Anziehen und ein Dach über dem Kopf hatten. Besessen zu versuchen, die äußeren Umstände zu verbessern, so wie wir es tun, kann zum Selbstzweck werden und zu sinnloser Ablenkung. Würde irgend jemand, der recht bei Sinnen ist, auf die Idee kommen, jedesmal, wenn er ein Hotelzimmer nimmt, den Raum in mühevoller Arbeit umzugestalten? Ich liebe den folgenden Ratschlag von Patrul Rinpoche:

> Folge dem Beispiel einer alten Kuh:
> Sie ist es zufrieden, in der Scheune zu schlafen.
> Du mußt essen, schlafen und scheißen –
> das ist unvermeidlich.
> Darüber hinaus braucht dich nichts zu kümmern.

Manchmal denke ich, die größte Errungenschaft der modernen Kultur ist ihre brillante Verkaufsstrategie von Samsāra und seinen sinnlosen Zerstreuungen. Die moderne Gesellschaft scheint mir eine einzige Verherrlichung all der Dinge, die von der Wahrheit wegführen, die es schwermachen, für die Wahrheit zu leben, und die die Menschen entmutigen, auch nur an die Existenz einer Wahrheit zu glauben. Man bedenke, daß dies alles einer Zivilisation entspringt, die behauptet, das Leben zu verehren, ihm aber in Wirklichkeit jeden wahren Sinn raubt; die endlos und wortreich davon spricht, die Menschen glücklich machen zu wollen, ihnen aber den Weg zur Quelle wahrer Freude versperrt.

Das moderne Samsāra bezieht seine Kraft aus Angst und Depression, die es pflegt und in denen es uns alle erzieht. Diese Stimmung wird sorgsam genährt und gehegt von einer Konsum-Maschinerie, die unsere Gier ständig aufrechterhalten muß, um weiterlaufen zu können. Samsāra ist bestens organisiert, vielseitig und raffiniert; es springt uns aus jedem Winkel mit seiner Propaganda an und schafft eine nahezu unentrinnbare Atmosphäre der Abhängigkeit. Je mehr wir zu entkommen versuchen, desto tiefer scheinen wir uns in seine Netze zu verstricken, die es so genial auszulegen versteht. Wie Jikme Lingpa, ein tibetischer Meister des achtzehnten Jahrhunderts, sagte: «Gebannt von der schieren Vielfalt der Wahrnehmungen, irren die Wesen endlos umher im Teufelskreis von Samsāra.»

Besessen von falschen Hoffnungen, Träumen und Wünschen, die Glück versprechen, aber zu Leiden führen, gleichen wir Menschen, die sich verdurstend durch eine endlose Wüste schleppen. Und alles, was Samsāra uns zu trinken anbietet, ist ein Glas Salzwasser, um uns noch durstiger zu machen.

Sich dem Tod stellen

Wenn uns das klargeworden ist, sollten wir dann nicht auf Gyalse Rinpoche hören, wenn er sagt:

> Für die Zukunft planen
> gleicht dem Fischen in einem trockenen Loch;
> nie läuft etwas, wie du es dir wünschst,
> also gib all dein ehrgeiziges Planen auf.
> Wenn du unbedingt an etwas denken mußt –
> dann denk an die Ungewißheit deiner Todesstunde.

Für die Tibeter ist Neujahr das wichtigste Fest des Jahres. Sie feiern es wie Weihnachten, Ostern, Erntedank und Geburtstag in einem. Patrul Rinpoche war ein großer Meister, dessen Leben voll war von ausgefallenen Episoden, wie er die Lehren zum Leben erweckt hatte. Statt wie alle anderen fröhlich den Neujahrstag zu feiern und den Leuten ein «Gutes Neues Jahr» zu wünschen, pflegte Patrul Rinpoche an diesem Tag zu weinen. Als er gefragt wurde, warum, antwortete er, daß nun wieder ein weiteres Jahr verstrichen sei, das so viele Menschen ihrem Tod näher gebracht habe, die immer noch nicht darauf vorbereitet seien.

Denken wir nur an eine Situation, die uns sicher allen schon passiert ist. Wir gehen die Straße entlang, sind in Gedanken vertieft, erwägen wichtige Dinge oder lauschen einfach der Musik aus unserem Walkman. Plötzlich rast ein Auto vorbei und überfährt uns um ein Haar. Schalten

Sie den Fernseher an oder schauen Sie in eine Zeitung: Überall werden Sie dem Tod begegnen. Haben die Opfer dieser Flugzeugabstürze oder Autounfälle mit ihrem Tod gerechnet? Sie haben das Leben für genauso selbstverständlich gehalten wie wir. Wie oft müssen wir hören, daß ein Bekannter oder ein Freund unerwartet gestorben ist! Wir müssen nicht einmal krank werden, um zu sterben: Unser Körper kann plötzlich aufhören zu funktionieren, kaputtgehen wie unser Auto. Es kann uns an einem Tag noch ganz gutgehen und am nächsten schon werden wir plötzlich krank und sterben. Milarepa sang:

> Solange du stark und gesund bist,
> denkst du niemals an kommende Krankheit;
> mit jäher Wucht aber trifft sie
> wie ein Blitz dich aus heiterem Himmel.
> Beschäftigt mit weltlichen Dingen,
> denkst du nicht an das Nahen des Todes;
> geschwind aber kommt er wie Donner,
> der um dich wütet und tobt.[2]

Wir müssen uns von Zeit zu Zeit aufrütteln und uns wirklich fragen: «Wenn ich heute nacht sterben müßte, was dann?» Wir wissen weder, ob wir morgen aufwachen, noch wo. Wenn du ausatmest und nicht wieder einatmen kannst, bist du tot. So einfach ist das. Wie ein tibetisches Sprichwort sagt: «Der morgige Tag oder das nächste Leben – was zuerst kommt, wissen wir nie.»

Einige der berühmten Meister einer kontemplativen Tradition Tibets pflegten abends, wenn sie sich schlafen legten, ihre Tasse sorgfältig zu säubern und sie dann umgekehrt neben ihr Bett zu stellen, da sie ja nicht sicher sein konnten, ob sie am Morgen wieder aufwachen und überhaupt noch einmal eine Verwendung für sie haben würden. Jeden Augenblick lebten sie mit der Möglichkeit ihres baldigen Todes.

In der Nähe von Jikme Lingpas Einsiedelei gab es einen Teich, der schwer zu überqueren war. Einige seiner Schüler boten an, eine Brücke zu bauen, aber er entgegnete: «Was soll das für einen Sinn haben? Wer weiß, ob ich morgen überhaupt noch am Leben bin?»

Einige Meister versuchen mit noch drastischeren Bildern die Erkenntnis der Zerbrechlichkeit des Lebens in uns zu wecken: Sie weisen uns an, uns selbst als einen zum Tode verurteilten Gefangenen auf seinem letzten Weg von der Zelle zur Hinrichtung vorzustellen, oder als einen Fisch, der im Netz zappelt, oder als ein Tier, das im Schlachthaus auf sein Ende wartet.

Andere ermutigen ihre Schüler, sich als Teil einer ruhigen und strukturierten Kontemplation lebendige Szenarien ihres eigenen Todes vorzustellen: die Empfindungen, die Schmerzen, die Panik, die Hilflosigkeit, die Trauer ihrer Lieben, die Einsicht, was sie aus ihrem Leben gemacht oder nicht gemacht haben.

> Der Körper liegt flach auf dem Sterbebett,
> Stimmen wispern letzte Worte,
> im Geist vergeht eine letzte Erinnerung:
> Wann wird dieses Drama dir geschehen?[3]

Es ist wichtig, wieder und wieder in Ruhe darüber nachzudenken, daß *der Tod wirklich ist und ohne Warnung kommt.* Sei nicht wie die Taube in einem tibetischen Sprichwort, die die ganze Nacht über eifrig an ihrem Nest baut, und dann von der Morgendämmerung überrascht wird, bevor sie Zeit zum Schlafen gefunden hat. Drakpa Gyaltsen, ein wichtiger Meister des zwölften Jahrhunderts, drückte es so aus: «Die Menschen verbringen ihre ganze Zeit mit Vorbereiten, Vorbereiten, Vorbereiten – um dann dem nächsten Leben gänzlich unvorbereitet zu begegnen.»

Das Leben ernst nehmen

Vielleicht kennen nur die, die sich der Zerbrechlichkeit des Lebens bewußt sind, auch wirklich seinen Wert. Als ich einmal an einer Konferenz über Tod und Sterben in England teilnahm, wurden die Teilnehmer von der BBC interviewt. Die Reporter sprachen auch mit einer Frau, die kurz vor ihrem Tod stand. Sie war außer sich vor Angst, denn sie hatte niemals daran gedacht, daß der Tod wirklich sei. Jetzt wußte sie es besser. Sie hatte nur eine einzige Botschaft für alle, die sie überleben würden, nämlich das Leben und den Tod ernst zu nehmen.

Das Leben ernst nehmen bedeutet nicht, daß wir unser ganzes Leben meditierend verbringen müssen, als würden wir im Himālaya oder im alten Tibet leben. In der modernen Welt müssen wir arbeiten und unseren Unterhalt verdienen, aber wir sollten uns nicht in eine Neun-bis-fünf-Uhr-Alltagsroutine verstricken, in der wir ohne jede Perspektive eines tieferen Sinns des Lebens dahintreiben. Unsere Aufgabe sollte es sein, eine

Balance, einen mittleren Weg zu finden. Wir müssen lernen, uns nicht mit unwesentlichen Aktivitäten und Beschäftigungen zu überfordern, sondern unser Leben mehr und mehr zu vereinfachen. *Der Schlüssel zu einer glücklichen Ausgewogenheit im modernen Leben ist Einfachheit.*

Im Buddhismus ist genau das gemeint, wenn von Disziplin gesprochen wird. Das tibetische Wort für Disziplin ist *tsul trim. Tsul* bedeutet «angemessen» oder «gerecht, richtig», und *trim* heißt «Regel» oder «Art». Disziplin bedeutet also zu tun, was angemessen oder passend ist, und in einer übermäßig komplizierten Zeit bedeutet das, unser Leben zu vereinfachen.

Das Ergebnis ist geistiger Friede. Sie haben mehr Zeit, sich geistigen Dingen zu widmen und das Wissen zu erwerben, das nur in spiritueller Wahrheit zu finden ist, und das Ihnen hilft, sich dem Tod zu stellen.

Leider tun das nur wenige von uns. Vielleicht sollten wir uns schon jetzt die Frage stellen: «Was habe ich in meinem Leben wirklich erreicht?» Damit meine ich: Wieviel haben wir in bezug auf Leben und Tod wirklich verstanden? Die Berichte in den Studien zu Nahtod-Erlebnissen, wie sie in den Büchern von Kenneth Ring und anderen erschienen sind, haben mich sehr inspiriert. Die Mehrzahl derjenigen, die Unfälle mit beinahe tödlichem Ausgang überlebt haben oder andere Nahtod-Erlebnisse hatten, beschreiben einen «panoramischen Lebensrückblick». Mit unheimlicher Lebendigkeit und Genauigkeit durchlebten sie alle Begebenheiten ihres Lebens noch einmal. Manchmal erlebten sie sogar die Wirkungen, die ihre Taten auf andere gehabt hatten und empfanden die Emotionen, die ihre Handlungen verursacht hatten. Ein Mann berichtete Kenneth Ring:

> Ich erkannte, daß es Dinge gibt, die zu lernen und zu erkennen jeder Mensch auf die Erde gesandt wird, zum Beispiel mehr Liebe mitzuteilen, liebevoller miteinander umzugehen. Zu entdecken, daß das Wichtigste menschliche Beziehungen und Liebe sind und nicht materielle Güter. Und zu erkennen, daß alles, was man in seinem Leben tut, gespeichert bleibt. Auch wenn man etwas unbewußt tut und es unerkannt vorbeigehen sollte, so kommt es irgendwann doch wieder zum Vorschein.[4]

Manchmal findet dieser Lebensrückblick angesichts einer strahlenden Präsenz, eines «Wesens aus Licht» statt. Was bei den verschiedenen Zeugnissen von Begegnungen mit diesem «Wesen» auffällt, ist die Tatsache, daß es die einzig wesentlichen Aufgaben im Leben enthüllt, nämlich «andere lieben zu lernen und Wissen zu erlangen». Jemand berichtete Raymond Moody: «Als das Licht erschien, fragte es mich als erstes: ‹Hast du etwas getan, was mir zeigt, was du aus deinem Leben gemacht hast?› ... Während der ganzen Zeit betonte es die Wichtigkeit von Liebe ... Es schien auch allen Dingen im Zusammenhang mit Erkenntnis viel Bedeutung beizumessen.»[5] Ein anderer Mann erzählte Kenneth Ring: «Ich wurde gefragt – allerdings ohne Worte, es war eine ausschließlich mentale Kommunikation –, was ich getan hätte, um der menschlichen Gemeinschaft zu nutzen oder ihren Fortschritt zu fördern.»[6]

Was wir in unserem Leben getan haben, formt uns zu dem, der wir sind, wenn wir sterben. Und alles, wirklich alles, zählt.

Herbstwolken

In seinem Kloster in Nepal war der älteste Schüler meines Meisters, der große Dilgo Khyentse Rinpoche, zum Ende einer Belehrung gekommen. Er war einer der bedeutendsten Lehrer unserer Zeit, Lehrer des Dalai Lama und vieler anderer Meister, die in ihm eine unerschöpfliche Quelle von Weisheit und Mitgefühl sahen. Wir alle schauten auf zu diesem gütig leuchtenden Berg von einem Mann, der gleichzeitig Gelehrter, Poet und Mystiker war und zweiundzwanzig Jahre seines Lebens im Retreat verbracht hatte. Er machte eine Pause und blickte in die Ferne:

> Ich bin nun achtundsiebzig Jahre alt und habe in meinem Leben so viel gesehen. So viele junge Menschen sind gestorben, so viele Menschen in meinem Alter und so viele, die älter waren als ich. So viele Menschen, die an der Spitze standen, sind tief gefallen. So viele Menschen, die unten waren, sind an die Spitze aufgestiegen. So viele Länder haben sich verändert. Es hat soviel Aufruhr und Katastrophen gegeben, so viele Kriege und Seuchen, soviel grauenhafte Zerstörung überall in der Welt. Und doch sind all diese Veränderungen nicht wirklicher als ein Traum. Wenn du tief genug schaust, erkennst du, daß nichts dauerhaft und beständig ist, nichts – nicht einmal das kleinste Härchen auf deinem Körper. Und das ist keine bloße Theorie, sondern etwas, was du wirklich selbst erkennen und mit deinen eigenen Augen sehen kannst.

Ich habe mich oft gefragt: «Warum verändert sich alles?» Und ich kann immer nur die eine Antwort finden: *Weil das Leben eben so ist.* Nichts, überhaupt nichts hat dauerhaften Charakter. Der Buddha sagte:

> Unser ganzes Dasein ist flüchtig
> wie Wolken im Herbst;
> Geburt und Tod der Wesen
> erscheinen wie Bewegungen im Tanz.
> Ein Leben gleicht dem Blitz am Himmel,
> es rauscht vorbei
> wie ein Sturzbach den Berg hinab.

Einer der Hauptgründe, warum wir so viel Angst haben, uns dem Tod zu stellen, liegt darin, daß wir die Wahrheit der Vergänglichkeit ignorieren. Wir wünschen verzweifelt, alles möge so weitergehen wie bisher; und deswegen müssen wir fest daran glauben, daß die Dinge so bleiben, wie sie sind. Aber das ist nur Selbstbetrug. Und wie wir nur zu häufig entdekken müssen, hat Glauben wenig oder nichts mit der Wirklichkeit zu tun. Dieser Trug mit seinen Mißverständnissen, seinen Ideen und Annahmen ist das wacklige Fundament, auf das wir unser Leben bauen. Gleichgültig, wie oft die Wahrheit sich einmischt, wir ziehen es mit verzweifeltem Mut vor, unsere Illusion aufrechtzuerhalten.

Für uns ist Wandel gleichbedeutend mit Verlust und Leiden. Und wenn sich Veränderung einstellt, versuchen wir uns so gut wie möglich zu betäuben. Stur und ohne nachzufragen, halten wir an der Annahme fest, daß Dauerhaftigkeit Sicherheit verleihe, Vergänglichkeit hingegen nicht. Tatsächlich aber gleicht Vergänglichkeit bestimmten Leuten, denen wir im Leben manchmal begegnen: Anfangs finden wir sie schwierig und irritierend, aber bei näherer Bekanntschaft sind sie viel freundlicher und angenehmer, als wir uns je hätten vorstellen können.

Denken Sie doch einmal über Folgendes nach: Die Erkenntnis der Vergänglichkeit ist paradoxerweise das einzige, woran wir uns halten können, vielleicht unser einziger dauerhafter Besitz. Sie ist wie Himmel und Erde. Egal, wieviel sich auch um uns herum ändert oder zusammenbricht – Himmel und Erde bleiben stabil. Nehmen wir einmal an, wir gehen durch eine schwere emotionale Krise, unser ganzes Leben scheint sich in seine Bestandteile aufzulösen, unser Partner verläßt uns plötzlich ohne Vorwarnung. Die Erde ist immer noch da; der Himmel ist immer noch da. Natürlich, sogar die Erde bebt hin und wieder – wie um uns zu erinnern, daß wir nichts für selbstverständlich nehmen dürfen …

Auch der Buddha ist gestorben. Sein Tod war eine Lehre, um die Naiven, die Trägen und die Selbstzufriedenen aufzuschrecken, um uns zu der Wahrheit zu erwecken, daß *alles* vergänglich ist und der Tod eine unausweichliche Tatsache des Lebens. Als sein Tod nahte, sagte der Buddha:

> Von allen Spuren
> ist die des Elefanten die größte.
> Von allen Achtsamkeitsmeditationen
> ist die über den Tod die höchste.[7]

Wann immer wir die Perspektive verlieren oder der Faulheit zum Opfer fallen, rüttelt uns die Reflexion über Vergänglichkeit und Tod auf und führt uns zurück zur Wahrheit:

> Was geboren ist, wird sterben,
> was zusammengetragen wurde, wird zerstreut,
> was sich angehäuft hat, wird erschöpft,
> was aufgebaut wurde, wird zusammenbrechen,
> und was hoch war, wird niedrig werden.

Das ganze Universum, das sagen uns neuerdings auch die Wissenschaftler, ist nichts als Veränderung, Aktivität und Prozeß – eine Totalität von Flux, die der Urgrund aller Dinge ist:

> Jede subatomare Interaktion besteht aus der Vernichtung der ursprünglichen Partikel und der Entstehung neuer subatomarer Teilchen. Die subatomare Welt ist ein andauernder Tanz von Schöpfung und Vernichtung, von Masse zu Energie, von Energie zu Masse. Flüchtige Formen blitzen plötzlich in die Existenz und wieder aus ihr heraus und schaffen eine niemals endende, immer neu sich schaffende Wirklichkeit.[8]

Was ist unser Leben anderes als dieser Tanz flüchtiger Formen? Verändert sich nicht alles andauernd: Die Blätter an den Bäumen im Park, das Licht im Zimmer, während Sie dies lesen, die Jahreszeiten, das Wetter, die Tageszeit, die Menschen, die auf der Straße an Ihnen vorbeilaufen? Und was ist mit uns selbst? Scheint nicht alles, was wir in der Vergangenheit getan haben, heute wie ein Traum? Die Freunde, mit denen wir aufgewachsen sind, die Lieblingsplätze der Kindheit, die Ansichten und

Meinungen, die wir einst mit so sturer Leidenschaft vertreten haben: All das haben wir hinter uns gelassen.

Jetzt – ebendieser Moment, da Sie dies Buch lesen, erscheint Ihnen lebendig real. Aber auch diese Seite ist bald nur mehr Erinnerung. Die Zellen in unserem Körper sterben, die Neuronen in unserem Hirn zerfallen, selbst unser Gesichtsausdruck ändert sich ständig, je nach unserer Stimmung. Was wir unseren Charakter nennen, ist lediglich ein Bewußtseinsstrom, nicht mehr. Heute fühlen wir uns wohl, weil alles gut läuft; morgen fühlen wir uns elend. Wohin ist das Wohlgefühl gegangen? Neue Einflüsse haben von uns Besitz ergriffen, als die Umstände sich änderten: Wir sind vergänglich, die Einflüsse sind vergänglich, und nirgendwo gibt es etwas Solides oder Dauerhaftes, auf das wir uns verlassen könnten.

Was könnte unvorhersagbarer sein als unsere Gedanken und Emotionen: Haben Sie auch nur die geringste Vorstellung davon, was Sie als nächstes denken oder fühlen? Unser Geist ist in der Tat so substanzlos, so vergänglich und so flüchtig wie ein Traum. Schauen Sie einen Gedanken an: Er kommt, er bleibt, und er geht. Der vergangene Gedanke ist vorbei, der zukünftige noch nicht aufgetaucht und selbst der gegenwärtige Gedanke ist, sobald wir ihn erfahren, schon vorbei, Vergangenheit.

Das einzige, was wir wirklich haben, ist das Hier und Jetzt.

Wenn ich über Vergänglichkeit lehre, kommt hin und wieder jemand zu mir und sagt: «Das ist doch nichts Neues! Das ist doch alles selbstverständlich! Das war mir immer schon klar.» Dann entgegne ich: «Haben Sie die Wahrheit der Vergänglichkeit tatsächlich verstanden und verwirklicht? Haben Sie sie tatsächlich so in jeden Ihrer Gedanken, Atemzüge und Bewegungen integriert, daß sich Ihr Leben geändert hat? Stellen Sie sich selbst zwei Fragen: Erinnere ich mich in jedem Augenblick, daß ich sterben werde, so wie jeder und alles andere auch, und behandle ich aus dieser Erkenntnis heraus alle Lebewesen jederzeit mit Mitgefühl? Ist mein Verständnis von Tod und Vergänglichkeit so akut und dringlich geworden, daß ich jede Sekunde dem Streben nach Erleuchtung widme? Erst wenn Sie beide Fragen mit ‹ja› beantworten können, haben Sie Vergänglichkeit wirklich verstanden.»

3. Reflexion und Wandel

Während meiner Kindheit in Tibet hörte ich die Geschichte von Krisha Gotami, einer jungen Frau, die das Glück hatte, zur Zeit des Buddha zu leben. Als ihr einziges Kind ein Jahr alt war, wurde es krank und starb. Von Trauer überwältigt, den kleinen Körper fest umklammernd, irrte sie durch die Straßen und flehte jeden um eine Medizin an, die ihrem Kind das Leben hätte wiedergeben können. Einige ignorierten sie, andere lachten sie aus, wieder andere hielten sie für verrückt. Schließlich traf sie einen weisen, alten Mann, der ihr sagte, daß der einzige Mensch auf der Welt, der ein solches Wunder vollbringen könne, der Buddha sei.

Also ging sie zum Buddha, legte ihm den Körper ihres Kindes zu Füßen und erzählte ihre Geschichte. Der Buddha hörte sie mit unendlichem Mitgefühl an. Dann sagte er sanft: «Es gibt nur ein Mittel gegen dein Leid: Geh hinunter in die Stadt und bring mir ein Senfkorn aus einem Haus, in dem es niemals einen Todesfall gegeben hat!»

Krisha Gotami war erleichtert und machte sich sofort auf in die Stadt. Beim ersten Haus, das sie sah, klopfte sie an und sagte: «Der Buddha hat mir aufgetragen, aus einem Haus, das den Tod nie gesehen hat, ein Senfkorn zu bringen.» – «In diesem Haus sind viele Menschen gestorben», wurde ihr bedeutet. Sie ging zum nächsten Haus. «In unserer Familie hat es zahllose Todesfälle gegeben», sagte man ihr. Und so war es auch im dritten und im vierten Haus, bis sie in der ganzen Stadt gefragt hatte und erkannte, daß der Auftrag des Buddha nicht zu erfüllen war.

Da brachte sie den Körper ihres Kindes zum Friedhof, nahm endlich Abschied und kehrte zum Buddha zurück. «Hast du die Senfsamen?» fragte er sie. «Nein», antwortete sie. «Ich fange an zu verstehen, was Ihr mich lehren wolltet. Trauer hat mich geblendet und mich glauben gemacht, nur ich allein hätte unter dem Zugriff des Todes zu leiden.» – «Warum bist du zurückgekehrt?» fragte der Buddha. Und sie erwiderte «Um Euch zu bitten, mich die Wahrheit zu lehren – über den Tod und was jenseits des Todes liegt, und ob es in mir etwas gibt, das nicht stirbt.»

Der Buddha begann, sie zu unterrichten: «Wenn du die Wahrheit von Leben und Tod verstehen willst, mußt du ohne Unterlaß über folgendes nachdenken: Nur *ein* Gesetz im Universum ändert sich niemals – daß alle Dinge sich wandeln und nichts dauerhaft ist. Der Tod deines Kindes hat dir geholfen zu verstehen, daß der Bereich, in dem wir leben – Samsāra –, ein Ozean unerträglichen Leidens ist. Es gibt nur einen Weg, der aus Samsāras unaufhörlichem Kreislauf von Geburt und Tod hinausführt – den Pfad der Befreiung. Da der Schmerz dich jetzt bereit gemacht hat zu lernen, und sich dein Herz der Wahrheit zu öffnen beginnt, werde ich ihn dir zeigen.»

Krisha Gotami kniete vor ihm nieder und folgte dem Buddha dann für den Rest ihres Lebens. Gegen Ende ihrer Tage, so heißt es, habe sie Erleuchtung erlangt.

Den Tod annehmen

Die Geschichte von Krisha Gotami zeigt uns etwas, was wir wieder und wieder beobachten können: Die Begegnung mit dem Tod kann ein wirkliches Erwachen bewirken, eine Transformation unserer gesamten Einstellung zum Leben.

Nehmen wir zum Beispiel die Nahtod-Erfahrungen. Eine ihrer vielleicht bedeutendsten Offenbarungen ist die Tatsache, daß sich das Leben derjenigen stark verändert hat, die solche Erlebnisse hatten. Forscher haben eine erstaunliche Bandbreite an Nachwirkungen und Veränderungen festgestellt: verringerte Angst und eine größere Akzeptanz des Todes, vermehrtes Interesse daran, anderen zu helfen, eine tiefere Vision der Bedeutung von Liebe, weniger Interesse an materiellen Belangen, zunehmenden Glauben an eine spirituelle Dimension und einen spirituellen Sinn des Lebens, und größere Offenheit für den Glauben an ein Leben danach. Ein Mann berichtete Kenneth Ring:

> Ich habe mich von jemandem, der umherirrte und im Leben nur nach materiellem Reichtum suchte, verwandelt in einen Menschen, der eine tiefe Motivation, einen Sinn im Leben, eine eindeutige Richtung und eine übermächtige Überzeugung gefunden hat, daß am Ende des Lebens ein Lohn wartet. An die Stelle meiner Gier nach Besitz trat ein Durst nach spirituellem Verständnis und ein leidenschaftliches Begehren, mich für die Verbesserung der Welt einzusetzen.[1]

Eine Frau erzählte Margot Grey, einer britischen Nahtod-Forscherin:

> Was ich langsam zu spüren begann, war ein vertieftes Empfinden für Liebe und die Fähigkeit, Liebe mitzuteilen, die Fähigkeit, Freude und Befriedigung an den kleinsten und unbedeutendsten Dingen in mir zu finden ... Ich entwickelte ein großes Mitgefühl für Menschen, die krank waren und dem Tod entgegensahen, und ich wollte sie so gern wissen und irgendwie erkennen lassen, daß der Todesprozeß nichts anderes ist als die Erweiterung des Lebens.[2]

Wir wissen alle, daß lebensbedrohende Krisen, wie etwa schwere Krankheiten, persönliche Transformationen von entsprechender Tiefe auslösen können. Freda Naylor, eine Ärztin, die mutig bis zu ihrem Tod Tagebuch über ihr Krebsleiden geführt hat, schrieb:

> Ich hatte Erfahrungen, für die ich dem Krebs dankbar sein muß, weil ich sie sonst niemals gemacht hätte: Demut, ein Ins-Reine-Kommen mit meiner eigenen Sterblichkeit, Wissen um meine innere Stärke, die mich immer wieder überrascht, und weitere Erkenntnisse über mich selbst, die ich erst entdeckt habe, als ich gezwungen war, meine eingefahrenen Gleise zu verlassen, neue Prioritäten zu setzen und vorwärts zu schreiten.[3]

Wenn wir mit einer solchen Bescheidenheit, Offenheit und aufrichtigen Annahme unseres Todes wirklich neue Werte finden und uns weiterentwickeln können, dann werden wir sehr viel empfänglicher für spirituelle Anweisung und Praxis. Diese Empfänglichkeit kann uns dann sogar eine weitere, wunderbare Möglichkeit eröffnen: Die Möglichkeit echter Heilung.

Ich erinnere mich an eine Amerikanerin mittleren Alters, die 1976 in New York Dudjom Rinpoche aufsuchte, dessen Übersetzer ich zu der Zeit war. Am Buddhismus war sie nicht sonderlich interessiert, hatte aber gehört, daß ein großer Meister in der Stadt war. Sie war todkrank und in ihrer Verzweiflung bereit, es mit allem zu versuchen, sogar mit einem tibetischen Meister!

Sie kam ins Zimmer und setzte sich Dudjom Rinpoche gegenüber. Sie schluchzte: «Mein Arzt hat mir nur noch einige Monate gegeben. Können Sie mir helfen? Ich sterbe.»

Zu ihrer Verblüffung begann Dudjom Rinpoche gütig und mitfühlend zu lächeln. Dann sagte er sanft: «Wissen Sie nicht, daß wir alle sterben? Es ist nur eine Frage der Zeit. Manche sterben eben eher als andere.» Mit diesen wenigen Worten half er ihr, die Universalität des Todes zu erkennen und einzusehen, daß ihr bevorstehender Tod nichts Außergewöhnliches war. Das minderte ihre Angst. Dann sprach er über Sterben und das Annehmen des Todes. Er sprach auch über die Hoffnung, die im Tod liegt. Am Ende lehrte er sie eine Heilpraxis, die sie mit Enthusiasmus aufnahm.

Sie hatte nicht nur ihren Tod anzunehmen gelernt, sondern durch ihre mit Entschlossenheit ausgeübte Praxis wurde sie schließlich sogar geheilt. Ich habe von vielen Menschen gehört, bei denen eine unheilbare Krankheit diagnostiziert worden war und denen man nur mehr eine kurze Lebensspanne einräumte. Indem sie sich aber in die Einsamkeit zurückzogen, eine spirituelle Praxis übten und sich mit sich selbst und der Tatsache ihres Todes aufrichtig auseinandersetzten, wurden sie geheilt. Das bedeutet: Wenn wir den Tod annehmen, unsere Haltung dem Leben gegenüber verändern und die grundlegende Verbindung von Leben und Tod begreifen, kann daraus eine ganz besondere Möglichkeit zur Heilung erwachsen.

Tibetische Buddhisten glauben, daß Krankheiten wie Krebs Warnungen sein können, die uns erinnern sollen, daß wir tiefe Bereiche unseres Seins – wie etwa unsere spirituellen Bedürfnisse – vernachlässigt haben.[4] Wenn wir diese Warnung ernst nehmen und die Richtung unseres Lebens grundlegend ändern, gibt es berechtigte Hoffnung auf Heilung nicht nur unseres Körpers, sondern unseres gesamten Seins.

Ein Wandel in der Tiefe des Herzens

Über Vergänglichkeit nachzudenken, so wie es Krisha Gotami getan hatte, bedeutet, in der Tiefe des Herzens zur Erkenntnis der Wahrheit geführt zu werden, die im folgenden Gedicht des zeitgenössischen Meisters Nyoshul Khenpo ausgedrückt wird:

> Die Natur von allem ist illusorisch und flüchtig.
> Wesen mit dualistischer Sicht halten Leiden für Glück,
> denen vergleichbar, die Honig vom Rasiermesser schlecken.
> Wer an konkreter Wirklichkeit festhält, ist bemitleidenswert:
> Richtet das Gewahrsein nach innen, Freunde meines Herzens.[5]

Wie schwierig kann es aber sein, das Gewahrsein nach innen zu richten! Wie leicht lassen wir uns doch von alten Gewohnheiten und eingefahrenen Verhaltensmustern beherrschen! Obwohl sie uns, wie es in Nyoshul Khenpos Gedicht anklingt, nichts als Leiden bringen, akzeptieren wir sie mit beinahe fatalistischer Resignation, weil wir so sehr daran gewöhnt sind, ihnen nachzugeben. *Wir idealisieren die Freiheit, aber unseren Gewohnheiten sind wir sklavisch ergeben.*

Dennoch kann uns Reflexion langsam zur Weisheit bringen. Wir können lernen zu erkennen, wie wir immer wieder in feste, sich wiederholende Verhaltensmuster verfallen, und wir können beginnen, uns nach einem Ausweg zu sehnen. Natürlich kann es passieren, daß wir wieder und wieder in unsere Gewohnheiten zurückfallen, aber wir können uns auch langsam von ihnen lösen und uns ändern. Das folgende Gedicht geht uns alle an. Sein Titel lautet «Autobiographie in fünf Kapiteln»[6]:

1.
Ich gehe die Straße entlang.
Da ist ein tiefes Loch im Gehsteig.
Ich falle hinein.
Ich bin verloren . . . Ich bin ohne Hoffnung.
Es ist nicht meine Schuld.
Es dauert endlos, wieder herauszukommen.

2.
Ich gehe dieselbe Straße entlang.
Da ist ein tiefes Loch im Gehsteig.
Ich tue so, als sähe ich es nicht.
Ich falle wieder hinein.
Ich kann nicht glauben, schon wieder am gleichen Ort zu sein.
Aber es ist nicht meine Schuld.
Immer noch dauert es sehr lange, herauszukommen.

3.
Ich gehe dieselbe Straße entlang.
Da ist ein tiefes Loch im Gehsteig.
Ich sehe es.
Ich falle immer noch hinein . . . aus Gewohnheit.
Meine Augen sind offen.
Ich weiß, wo ich bin.

Es ist meine eigene Schuld.
Ich komme sofort heraus.

4.
Ich gehe dieselbe Straße entlang.
Da ist ein tiefes Loch im Gehsteig.
Ich gehe darum herum.

5.
Ich gehe eine andere Straße.

Der Sinn des Nachdenkens über den Tod liegt in einer umfassenden Veränderung in der Tiefe unseres Herzens. Wir lernen, dem «Loch im Gehsteig» auszuweichen und schließlich «eine andere Straße zu gehen». Häufig wird dafür eine Phase tiefer Kontemplation in Zurückgezogenheit nötig sein, denn nur so können sich uns wirklich die Augen öffnen für das, was wir aus unserem Leben machen. Den Tod anzuschauen, muß nicht morbide oder beängstigend sein. Warum nicht dann über den Tod nachdenken, wenn wir wirklich inspiriert sind, entspannt und bequem im Bett liegen, im Urlaub sind oder wenn wir gerade gute Musik hören? Warum nicht über den Tod nachdenken, wenn wir glücklich sind, bei guter Gesundheit, voller Vertrauen und uns wohl fühlen?

Wir haben doch sicher alle schon Zeiten erlebt, in denen wir ganz natürlich zur Innenschau neigen. Diese Gelegenheiten sollten wir nutzen, denn es sind Momente, in denen wir eine machtvolle Erfahrung machen können, die die Kraft hat, unsere ganze Sicht der Welt schnell zu verwandeln. Es sind Augenblicke, in denen frühere Überzeugungen und Meinungen wie von selbst abfallen und uns völlig verwandelt zurücklassen.

Kontemplation über den Tod wird uns ein tieferes Empfinden für das geben, was wir «Entsagung» nennen, *nge jung* auf Tibetisch. *Nge* bedeutet «tatsächlich» oder «definitiv» und *jung* heißt «herauskommen», «sich erheben» oder «geboren werden». Als Ergebnis eines häufigen und tiefen Nachdenkens über den Tod werden wir uns – häufig mit einem Gefühl des Überdrusses – aus unseren gewohnten Verhaltensmustern erheben. Wir werden eine zunehmende Bereitschaft entwickeln, sie loszulassen, und schließlich werden wir uns ganz von ihnen befreien, so leicht – sagen die Meister – «wie man ein Haar aus einem Stück Butter zieht».

Diese Entsagung, zu der wir gelangen, enthält sowohl Freude als auch Trauer: Trauer, weil wir die Vergeblichkeit unserer alten Wege erkennen,

Freude wegen der größeren Vision, die sich zu entfalten beginnt, sobald wir die alten Gewohnheiten loslassen. Es handelt sich hierbei um keine gewöhnliche Freude. Es ist eine Freude, die eine neue und tiefe Kraft hervorbringt, Vertrauen und eine bleibende Inspiration, die aus der Erkenntnis kommt, daß wir nicht zu unseren Gewohnheiten verdammt sind, daß wir uns tatsächlich von ihnen lösen, uns verändern und immer freier werden können.

Der Herzschlag des Todes

Es gäbe nicht die geringste Möglichkeit, den Tod näher kennenzulernen, wenn er nur ein einziges Mal einträte. Aber zum Glück ist das Leben nichts anderes als ein andauernder Tanz von Geburt und Tod, der Tanz des ewigen Wandels. Jedesmal, wenn ich das Rauschen eines Gebirgsbachs höre, die Brandung des Meeres oder meinen eigenen Herzschlag – immer höre ich den Klang der Vergänglichkeit. Diese Veränderungen, diese kleinen Tode sind unsere lebendige Verbindung mit dem Tod. Sie sind der Puls des Todes, sein Herzschlag, der uns drängt, alles, woran wir hängen, loszulassen.

Wir müssen mit diesen Veränderungen im Leben arbeiten: Das ist der einzige Weg, sich wirklich auf den Tod vorzubereiten. Das Leben mag angefüllt sein mit Schmerz, Leid und Schwierigkeiten, doch all dies sind Gelegenheiten, ein gefühlsmäßiges Akzeptieren des Todes zu entwickeln. Halten wir die Dinge für dauerhaft, schließen wir die Möglichkeit aus, von Veränderungen zu lernen. Wir werden dann verstockt und beginnen zu greifen und festzuhalten. Dies Greifen und Festhalten ist die Quelle all unserer Probleme.

Da Vergänglichkeit für uns gleichbedeutend ist mit Schmerz, klammern wir uns verzweifelt an die Dinge, obwohl sie sich ständig ändern. Wir haben Angst loszulassen, wir haben Angst, wirklich zu leben, weil *leben lernen loslassen lernen bedeutet.* Es liegt eine tragische Komik in unserem krampfhaften Festhalten: Es ist nicht nur vergeblich, sondern es beschert uns genau den Schmerz, den wir um jeden Preis vermeiden wollen.

Die Absicht hinter dem Greifen ist nicht unbedingt schlecht. Es ist an sich nichts falsch an dem Wunsch, glücklich zu sein; weil aber das, wonach wir greifen, von Natur aus ungreifbar ist, schaffen wir uns immer nur Frustration und Leiden. Die Tibeter sagen, man kann sich dieselben schmutzigen Hände nicht zweimal im selben Wasser eines Flusses waschen, und: «Wie sehr du eine Handvoll Sand auch pressen magst – du wirst niemals Öl daraus gewinnen.»

Sich die Vergänglichkeit wirklich zu Herzen zu nehmen, bedeutet: Langsam Freiheit gewinnen von der Idee des klammernden Greifens, von unserem falschen und zerstörerischen Glauben an Dauerhaftigkeit und von unserer verzweifelten Gier nach Sicherheit, auf die wir alles bauen. Langsam dämmert uns, daß all die Mühen, die wir uns im Greifen nach dem Ungreifbaren gemacht haben, letztlich unnötig und vergeblich gewesen sind. Anfangs mag das schmerzlich zu akzeptieren sein, weil es uns so wenig vertraut ist. Aber indem wir wieder und wieder darüber reflektieren, wird in unserem Herzen und in unserem Geist eine zunehmende Verwandlung stattfinden. Loslassen fühlt sich immer natürlicher an und wird leichter und leichter. Dies mag, je nach dem Grad unserer Verstocktheit, lange dauern, aber wenn wir wirklich nachdenken und eine Haltung des Loslassens entwickeln, wird sich die Art und Weise, wie wir alles sehen, entscheidend verändern.

Über Vergänglichkeit nur zu kontemplieren, reicht allerdings nicht aus: Sie müssen in Ihrem Leben damit arbeiten. Wenn schon das Studium der Medizin Theorie und Praxis erfordert, dann das Leben sicher erst recht. Und das Praktikum des Lebens findet hier und jetzt statt – im Laboratorium des Wandels. Wenn Veränderungen eintreten, lernen wir, sie mit einem neuen Verständnis zu sehen, und obwohl sie weiterhin stattfinden wie zuvor, hat sich doch in uns etwas geändert. Die ganze Situation ist sehr viel entspannter geworden, weniger bedrängend und leidhaft. Selbst die Erschütterungen durch die Veränderungen, die wir erleben, können uns nicht mehr so erschrecken. Mit jedem weiteren Wandel erkennen wir ein wenig mehr, entwickeln uns ein wenig weiter, und unsere Einstellung zum Leben wird tiefer und offener.

Mit Veränderung umgehen

Machen wir einmal ein Experiment: Nehmen Sie eine Münze in die Hand und stellen Sie sich vor, sie sei etwas, an dem Sie sehr hängen. Halten Sie sie fest in der Faust und strecken Sie dann den Arm aus, die Handfläche nach unten. Wenn Sie jetzt die Faust öffnen, verlieren Sie, was Sie umklammern. Darum halten Sie fest.

Es gibt aber eine andere Möglichkeit: Sie können loslassen und dennoch behalten. Drehen Sie einfach die Hand um. Wenn Sie die Faust jetzt öffnen, bleibt die Münze einfach auf Ihrer Handfläche liegen. Sie lassen los, doch die Münze bleibt Ihnen trotzdem. Es gibt also einen Weg, Vergänglichkeit zu akzeptieren und gleichzeitig das Leben zu genießen – nämlich ohne Greifen.

Denken wir einmal daran, was Beziehungen häufig so schwierig macht: Manche Menschen merken erst, wenn die Trennung droht, wie sehr sie ihren Partner wirklich lieben. Dann klammern sie sich noch fester an ihn. Aber je fester sie sich klammern, um so mehr entgleitet ihnen der Partner und um so zerbrechlicher wird die Beziehung. Wir wollen Glück, aber die Art, wie wir es zu erlangen suchen, ist häufig so plump und ungeschickt, daß wir uns nur noch mehr Probleme bescheren. Gewöhnlich glauben wir, wir müßten zupacken, um das zu erlangen, wovon wir uns Glück versprechen. Wir fragen uns: Wie kann man etwas genießen, wenn man es nicht besitzt? Wie oft wird Anhaften für Liebe gehalten! Selbst in guten Beziehungen wird die Liebe durch Anhaften, mit all seiner Unsicherheit, seinem Besitzergreifen und Stolz getrübt. Und wenn die Liebe dann vorüber ist, sind alles, was Ihnen davon bleibt – Ihr Souvenir sozusagen –, die Narben des Anhaftens.

Was können wir nun tun, um Anhaften zu überwinden? Wir müssen das Wesen der Vergänglichkeit erkennen. Mit dieser Erkenntnis lösen wir uns langsam aus seinem Griff. Wir nähern uns einer Haltung, welche die Meister eine rechte Einstellung zum Wandel nennen. Dann fühlen wir uns wie der Himmel, der gelassen zusieht, wie die Wolken vorbeiziehen, oder frei wie Quecksilber: Quecksilber hat die Eigenschaft, rein zu bleiben, auch wenn es auf die Erde fällt; es mischt sich niemals mit dem Staub. Wenn wir den Anweisungen der Meister zu folgen versuchen und langsam frei vom Anhaften werden, wird großes Mitgefühl in uns geweckt. Die Wolken zwanghaften Greifens reißen auf und verziehen sich, und die Sonne unseres aufrichtig mitfühlenden Herzens geht auf.

Der Geist des Kriegers

Obwohl wir in dem Glauben erzogen worden sind, daß uns nichts bleibt, wenn wir loslassen, beweist das Leben selbst doch immer wieder das Gegenteil: Loslassen ist der einzige Weg zu wahrer Freiheit.

So, wie die Felsen nicht zerbrechen, wenn die Wellen an die Küste schlagen, sondern zu schönen Formen geschliffen werden, so kann Veränderung auch unseren Charakter formen und unsere harten Kanten glatt schleifen. Durch die Erosion der Vergänglichkeit entwickeln wir eine sanfte und dennoch unerschütterliche Gemütsruhe. Unser Selbstvertrauen wächst und wird schließlich so stark, daß wir ganz natürlich Güte und Mitgefühl auszustrahlen beginnen, und damit anderen Freude bringen. Das ist es, was den Tod überdauert: ein grundlegendes Gutsein, das in jedem von uns liegt. Unser ganzes Leben ist eine Aufforderung, dieses Gutsein zu entdecken, und eine stetige Übung, es zu verwirklichen.

Jedesmal also, wenn uns die Verluste und Täuschungen des Lebens Vergänglichkeit lehren, bringen sie uns der Wahrheit ein Stück näher. Auch wenn Sie aus großer Höhe fallen: es gibt nur einen möglichen Landeplatz, den Boden, den Boden der Wahrheit. Und wenn Sie aus Ihrer Praxis ein gewisses Verständnis gewonnen haben, dann ist das Fallen keine Katastrophe mehr, sondern es läßt Sie Ihre innere Zuflucht entdekken.

Gerade Schwierigkeiten und Hindernisse können sich – richtig verstanden und genutzt – häufig als unerwartete Quellen der Kraft erweisen. In den Lebensgeschichten der Meister kann man oft finden, daß sie niemals ihre große, innere Stärke entdeckt hätten, wenn Schwierigkeiten und Hindernisse sie nicht dazu gezwungen hätten. So war es auch bei Gesar, dem großen Krieger-König Tibets, dessen Taten das größte Epos der tibetischen Literatur inspiriert haben. Gesar bedeutet «der Unbezwingbare». Sobald Gesar geboren war, versuchte sein Onkel Trotung mit allen erdenklichen Mitteln, ihn zu töten. Aber mit jedem Versuch wurde Gesar stärker. Es war also eigentlich den Ränken Trotungs zu verdanken, daß Gesar so stark werden konnte. Daraus ist ein tibetisches Sprichwort entstanden: *Trotung tro ma tung na, Gesar ge mi sar*, was bedeutet: Wäre Trotung nicht so bösartig gewesen, hätte Gesar niemals so groß werden können.

Für die Tibeter ist Gesar nicht nur ein martialischer, sondern auch ein spiritueller Krieger. Ein spiritueller Krieger zu sein bedeutet, eine besondere Art von Mut zu entwickeln, eine Courage, die intelligent, sanft und furchtlos zugleich ist. Spirituelle Krieger kennen die Furcht sehr wohl, sind aber mutig genug, dem Leiden nicht auszuweichen, mit ihren grundlegenden Ängsten umzugehen und ohne zu zögern aus Schwierigkeiten zu lernen. Wie Chögyam Trungpa Rinpoche erklärt, bedeutet ein spiritueller Krieger zu werden, daß «wir unseren kleinkarierten Kampf um Sicherheit für eine weitaus größere Vision von Furchtlosigkeit, Offenheit und echtem Heldentum eintauschen».[7] Um in das transformierende

Kraftfeld dieser viel umfassenderen Vision eintreten zu können, müssen wir lernen, in der Veränderung zu Hause zu sein und uns die Vergänglichkeit zum Freund zu machen.

Die Botschaft der Vergänglichkeit: Hoffnung, die im Tode liegt

Schauen wir noch tiefer in die Vergänglichkeit, werden wir eine weitere Botschaft entdecken, einen weiteren Aspekt großer Hoffnung, der uns die Augen öffnet für die grundlegende Natur des Universums und unsere außergewöhnliche Beziehung zu ihm. Wenn alles vergänglich ist, dann ist alles auch «leer» im folgenden Sinne: Nichts hat eine dauerhafte, stabile und inhärente Existenz; alle Dinge existieren – richtig gesehen und verstanden – nicht unabhängig, sondern sind wechselseitig voneinander abhängig. Der Buddha verglich das Universum mit einem riesigen Netz aus zahllosen, schimmernden Edelsteinen mit unzähligen Facetten. Jedes Juwel reflektiert in sich jedes andere im gesamten Netz und alle sind sie eins.

Denken Sie sich eine Welle im Ozean. Auf eine Weise betrachtet, scheint sie eine unterscheidbare Identität zu besitzen: Anfang und Ende, Geburt und Tod. Auf andere Weise betrachtet, existiert die Welle nicht wirklich, sondern ist einfach das Verhalten von Wasser, «leer» von eigenständiger Identität, aber «voll» von Wasser. Wenn Sie wirklich über die Welle nachdenken, erkennen Sie, daß sie von Wind und Wasser zeitweilig hervorgerufen wird und abhängig ist von einer Reihe sich dauernd verändernder Bedingungen. Sie verstehen dann auch, daß jede Welle mit jeder anderen verbunden ist.

Wenn Sie wirklich hinschauen, hat nichts eine eigenständige «inhärente» Existenz, und diese Abwesenheit unabhängigen Seins nennen wir «Leere». Wenn Sie sich zum Beispiel einen Baum vorstellen, denken Sie an ein fest umrissenes Objekt, und auf einer bestimmten Ebene – wie bei der Welle – ist er das auch. Aber wenn Sie den Baum näher betrachten, erkennen Sie, daß er letztlich keinerlei unabhängige Existenz besitzt. Wenn Sie über ihn kontemplieren, werden Sie herausfinden, daß er sich in ein äußerst subtiles Netz von Beziehungen auflöst, das das ganze Universum umfaßt. Der Regen, der auf seine Blätter fällt, der Wind, der ihn wiegt, die Erde, die ihn nährt und hält, die Jahreszeiten und das Wetter, das Licht von Sonne, Mond und Sternen – alles hat teil an diesem Baum.

Wenn Sie noch tiefer über den Baum nachdenken, werden Sie sehen, daß alles im ganzen Universum dazu beiträgt, den Baum zu dem zu machen, was er ist. Er kann zu keinem Zeitpunkt von allem anderen getrennt werden, und jeden Augenblick wandelt sich seine Natur auf subtile Art und Weise. Genau das meinen wir, wenn wir sagen, Dinge seien leer: Sie haben keine unabhängige Existenz.

Auch die moderne Wissenschaft berichtet uns von einer außergewöhnlichen Bandbreite an wechselseitigen Bezogenheiten. Die Ökologen wissen, daß das Verbrennen eines Baumes im Regenwald des Amazonas in gewisser Weise die Luft in Paris verändert, daß das Flattern eines Schmetterlings in Yucatan das Leben eines Farns auf den Hebriden beeinflußt. Die Biologen beginnen, den fantastischen und komplexen Tanz der Gene zu entschlüsseln, die Persönlichkeit und Identität erzeugen – ein Tanz, der weit in die Vergangenheit reicht und zeigt, daß jede sogenannte «Identität» aus einem Wirbel verschiedenster Einflüsse zusammengesetzt ist. Physiker haben uns die Welt der Elementarteilchen vorgestellt; eine Welt, die auf erstaunliche Weise Buddhas Bild vom schimmernden Netz gleicht, als das sich das Universum entfaltet. So wie die Juwelen in diesem Netz, existieren alle Partikel potentiell als verschiedene Kombinationen anderer Partikeln.

Wenn wir also uns selbst und die uns umgebenden Dinge betrachten, die wir für so solide, stabil und beständig gehalten haben, finden wir, daß sie nicht mehr Wirklichkeit besitzen als ein Traum. Der Buddha hat gesagt:

> Erkenne alle Dinge als so beschaffen:
> wie eine Luftspiegelung, ein Luftschloß,
> ein Traum, eine Erscheinung –
> ohne Essenz, aber mit wahrnehmbaren Eigenschaften.
> Erkenne alle Dinge als so beschaffen:
> wie die Spiegelung des Mondes in einem klaren See,
> ohne daß der Mond in den See gefahren wäre.
> Erkenne alle Dinge als so beschaffen:
> wie der Widerhall von Musik, Klängen und Stimmen,
> in einem Echo, das selbst keine Melodie enthält.
> Erkenne alle Dinge als so beschaffen:
> wie eines Magiers Illusion
> von Pferden, Ochsen, Karren und anderem,
> ist nichts so, wie es erscheint.[8]

Die Kontemplation dieser traumgleichen Qualität der Wirklichkeit darf uns aber auf keinen Fall kalt, hoffnungslos oder verbittert werden lassen. Im Gegenteil, sie kann in uns einen warmherzigen Humor erwecken, ein sanftes, starkes Mitgefühl, von dem wir kaum ahnen, daß wir es besitzen. Auf diese Weise entsteht immer mehr Großzügigkeit allen Dingen und allen Lebewesen gegenüber. Der große tibetische Heilige Milarepa sagte: «Wenn du die Leerheit erkennst, hast du Mitgefühl.» Wenn wir durch Kontemplation die Leerheit und wechselseitige Bezogenheit aller Dinge einschließlich uns selbst wirklich erkannt haben, dann erscheint die Welt in einem helleren, frischeren und funkelnderen Licht, wie das unendlich spiegelnde Netz aus Juwelen, von dem der Buddha gesprochen hat. Wir müssen uns nicht mehr verteidigen und schützen, und es wird zunehmend leichter, das zu tun, was ein tibetischer Meister rät:

> Erkenne stets die traumgleiche Qualität des Lebens und vermindere Anhaften und Abneigung. Übe Güte an allen Wesen. Sei liebevoll und mitfühlend, gleich, was andere dir zufügen. Was sie tun, zählt nicht mehr so sehr, wenn du es als Traum sehen kannst. Der Trick besteht darin, während des Traumes gute Absichten zu hegen. Das ist das Wesentliche. Das ist wahre Spiritualität.[9]

Wahre Spiritualität bedeutet also, uns bewußt zu sein, daß wir in wechselseitigen Beziehungen mit allem und jedem anderen stehen. Selbst unsere kleinsten und unwichtigsten Gedanken, Worte und Taten haben reale Konsequenzen im gesamten Universum. Wirf einen Stein in einen Teich – er läßt Bewegungen über die ganze Oberfläche des Wassers wandern. Die Kreise verschmelzen ineinander und erzeugen neue. Alles ist unauflösbar ineinander verwoben: Wir kommen zu der Erkenntnis, daß wir für alles, was wir denken, sagen oder tun, verantwortlich sind. Wir sind wirklich verantwortlich für uns selbst, jeden und alles andere – das ganze Universum. Der Dalai Lama hat diesen Tatbestand folgendermaßen ausgedrückt:

> In der heutigen vernetzten Welt können Individuen und Nationen viele ihrer Probleme nicht mehr eigenständig lösen. Wir brauchen einander. Wir müssen daher ein Gefühl universeller Verantwortung entwickeln . . . Es ist unsere individuelle und kollektive Verantwortung, die Familie der Lebewesen auf diesem Planeten zu schützen und zu erhalten, ihre schwachen Mitglieder zu stützen und schützend für die Umwelt zu sorgen, in der wir alle leben.[10]

Das Unveränderliche

Die Vergänglichkeit hat uns bereits viele Wahrheiten enthüllt, aber einen letzten Schatz hält sie noch für uns bereit. Er liegt größtenteils vor uns verborgen, unerwartet und unerkannt und ist doch unser ureigenster Besitz.

Der Dichter Rainer Maria Rilke hat sinngemäß gesagt, daß unsere tiefsten Ängste wie Drachen sind, die unsere größten Schätze bewachen. Wir beginnen allmählich, die Angst, daß nichts wirklich und dauerhaft ist, die die Vergänglichkeit in uns wachruft, als unseren besten Freund zu erkennen. Drängt sie uns doch zu der Frage: Wenn alles stirbt und sich verändert, was ist dann wirklich wahr? Gibt es etwas hinter den Erscheinungen, eine grenzenlose und unendliche Weite, in der dieser ganze Tanz von Vergänglichkeit und Wandel stattfindet? Gibt es nicht doch etwas Verläßliches, was den sogenannten Tod überlebt?

Wenn wir uns von diesen Fragen ganz und gar einnehmen lassen und darüber nachdenken, werden wir langsam eine tiefgründige Verwandlung unserer gesamten Anschauung erleben. Mit fortgesetzter Kontemplation und Übung im Loslassen, entdecken wir in uns «etwas», das wir nicht benennen, beschreiben oder in Konzepte fassen können, «etwas» – so beginnen wir zu begreifen –, das hinter allen Veränderungen und Toden der Welt steht. Die kleinlichen Begierden und Zerstreuungen, zu denen unser besessenes Greifen nach Dauer uns verdammt hat, beginnen sich aufzulösen und abzufallen.

Wenn das geschieht, erhaschen wir immer wieder aufblitzende Schimmer der ungeheuren Dimension, die hinter der Wahrheit der Vergänglichkeit liegt. Es ist, als hätten wir unser ganzes Leben in einem Flugzeug auf dem Weg durch dunkle Wolken und Turbulenzen verbracht, und plötzlich erheben wir uns über all das und schweben im klaren, grenzenlosen Himmel. Inspiriert und belebt durch diesen Aufstieg in eine neue Dimension von Freiheit, entdecken wir eine Tiefe des Friedens, der Freude und des Vertrauens in uns, die uns mit Staunen erfüllt und eine Gewißheit entstehen läßt, daß es in uns «etwas» gibt, das durch nichts zerstört oder verändert werden kann und nicht dem Tod unterworfen ist. Milarepa schrieb:

> Die Angst vor dem Tod
> hat mich in die Einsamkeit der Berge getrieben.
> Wieder und wieder habe ich

über die Ungewißheit der Todesstunde meditiert
und so die Festung der unsterblichen,
unendlichen Natur des Geistes erobert.
Jetzt ist es mit aller Angst vor dem Tod
aus und vorbei.[11]

Schrittweise werden wir der ruhigen und himmelgleichen Präsenz in uns gewahr, die Milarepa die unsterbliche, unendliche Natur des Geistes nennt. Wenn dieses neue Gewahrsein lebendig und nahezu dauerhaft geworden ist, tritt etwas ein, das die Upanischaden «eine Wende im Angelpunkt des Bewußtseins» nennen, eine persönliche, völlig außerhalb aller Konzepte liegende Offenbarung dessen, was wir sind, warum wir sind und wie wir handeln sollten. Dies gipfelt letztlich in nichts weniger als einem neuen Leben, einer Neugeburt, man könnte fast sagen: einer Wiederauferstehung.

Welch ein wunderbares und Heilung verheißendes Geheimnis ist es doch, daß wir durch stetige, furchtlose Kontemplation der Wahrheit von Wandel und Vergänglichkeit schließlich voll Dankbarkeit und Freude der unwandelbaren und unsterblichen Natur unseres Geistes begegnen!

4. Die Natur des Geistes

Eingesperrt in einen dunklen, engen Käfig, den wir uns selbst gebaut haben und den wir für das ganze Universum halten, können sich nur sehr wenige von uns eine andere Dimension von Wirklichkeit überhaupt vorstellen. Patrul Rinpoche erzählt die Geschichte von einem alten Frosch, der sein ganzes Leben in einem Brunnenloch gelebt hatte. Eines Tages kam ein Frosch vom Meer zu Besuch.

«Wo kommst du her?» fragte der Brunnenfrosch.

«Vom großen Ozean», erwiderte der andere.

«Wie groß ist dein Ozean?»

«Er ist riesig!»

«Etwa ein Viertel meines Brunnens?»

«Größer.»

«Größer? Du meinst – halb so groß?»

«Nein, noch größer.»

«Ist er etwa . . . genauso groß wie dieser Brunnen?»

«Kein Vergleich!»

«Das ist unmöglich! Das muß ich selber sehen.»

So machten sie sich auf zum Meer. Als der Brunnenfrosch den Ozean erblickte, war der Schock so groß, daß ihm der Kopf in Stücke sprang.

Die meisten meiner Kindheitserinnerungen aus Tibet sind verblaßt, aber zwei Momente sind mir unauslöschlich im Gedächtnis geblieben – die Augenblicke, in denen mein Meister Jamyang Khyentse mich in die essentielle, ursprüngliche und innerste Natur meines Geistes einführte.

Ich habe anfangs gezögert, diese persönlichen Erfahrungen hier zu offenbaren, unter anderem auch, weil dies in Tibet völlig unüblich ist. Aber meine Schüler und Freunde waren der Meinung, daß eine Beschreibung dieser Erlebnisse anderen helfen würde, und sie haben mich immer wieder gedrängt, sie doch niederzuschreiben.

Das erste dieser Ereignisse trug sich zu, als ich sechs oder sieben Jahre alt war. Es geschah in dem Raum, in dem Jamyang Khyentse lebte, vor der großen Statue seiner vorherigen Inkarnation, Jamyang Khyentse Wangpo. Es war eine ernst wirkende, ehrfurchtgebietende Figur, und dieser Eindruck wurde noch verstärkt, wenn die Flamme der Butterlampe davor flackerte und Lichtreflexe über das Gesicht sandte. Bevor ich wußte, wie mir geschah, tat mein Meister etwas in Tibet ganz und gar Ungewöhnliches. Er umarmte mich plötzlich und hob mich hoch. Dann gab er mir einen dicken Kuß auf die Wange. Für einen langen Augenblick fiel mein Geist vollständig von mir ab, und ich war eingehüllt von einer unglaublichen Zärtlichkeit, von Wärme, Vertrauen und Kraft.

Beim nächsten Mal war es ein formellerer Akt. Es geschah in einer Höhle in Lhodrak Kharchu, in der der große Heilige und Vater des tibetischen Buddhismus, Padmasambhava, meditiert hatte. Auf einer Pilgerreise durch Südtibet hatten wir hier haltgemacht. Zu dieser Zeit war ich etwa neun Jahre alt. Mein Meister hatte mich holen lassen und befahl mir, mich vor ihn zu setzen. Wir waren allein. Er sagte: «Ich werde dich jetzt in die essentielle Natur des Geistes einführen.» Er nahm Glocke und Handtrommel und rezitierte die Anrufung aller Meister der Übertragungslinie, vom Ur-Buddha bis hin zu seinem eigenen Meister. Dann geschah die Einführung. Plötzlich überraschte er mich mit der Frage: «Was ist Geist?», wobei er mir tief in die Augen starrte. Ich war völlig verblüfft. Mein Geist zersprang. Keine Worte, keine Begriffe, keine Gedanken blieben zurück, nichts, was man Geist hätte nennen können.

Was war in diesem erstaunlichen Augenblick geschehen? Die vergangenen Gedanken waren gestorben, zukünftige noch nicht entstanden; der Strom meiner Gedanken war glatt durchschnitten. In diesem Schock hatte sich eine Lücke aufgetan und in dieser Lücke war ein reines, unmittelbares Gewahrsein der Gegenwart ohne jedes Festhalten sichtbar geworden, einfach, nackt und grundlegend. Doch diese nackte Einfachheit strahlte die Wärme unermeßlichen Mitgefühls aus.

Wieviel ließe sich über diesen Moment noch sagen! Mein Meister hatte offensichtlich eine Frage gestellt, aber ich wußte, er erwartete keine Antwort. Und bevor ich überhaupt nach einer Antwort suchen konnte, wußte ich bereits, daß keine zu finden war. Ich saß wie vom Donner gerührt völlig verblüfft da, und in mir stieg eine tiefe, glühende Gewißheit auf, wie ich sie nie zuvor gekannt hatte.

Im selben Augenblick, als mein Meister gefragt hatte: «Was ist Geist?», schien es mir, als ob jedermann sowieso längst wisse, daß es so etwas wie Geist gar nicht gibt, und ich würde es als Letzter von allen herausfinden. Wie lächerlich schien es, überhaupt nach einem Geist zu suchen.

Die Einführung durch meinen Meister hatte tief in mir einen Samen gelegt. Später erkannte ich, daß dies die Methode der Einführung gewesen war, wie sie in unserer Übertragungslinie üblich ist. Daß ich dies damals noch nicht wußte, machte das Geschehen so unerwartet und erstaunlich und ließ es um so machtvoller wirken.

In unserer Tradition wird gesagt, daß «drei authentische Dinge» gegeben sein müssen, damit jemand in die Natur des Geistes eingeführt werden kann: der Segen eines authentischen Meisters, die Hingabe eines authentischen Schülers und die authentische Übertragungslinie der Methode der Einführung. Der Präsident der Vereinigten Staaten kann Sie ebensowenig in die Natur Ihres Geistes einführen wie Ihr Vater oder Ihre Mutter. Gleichgültig, wieviel Macht jemand besitzt oder wie sehr er Sie liebt, in die Natur des Geistes kann man nur von jemandem eingeführt werden, der sie selbst vollkommen verwirklicht hat und der den Segen und die Erfahrung der Linie hält.

Der Schüler muß seinerseits die Offenheit, die Weite der Vision, die Bereitschaft, den Enthusiasmus und die Ehrfurcht in sich finden und ständig wach halten, die die gesamte Atmosphäre seines Geistes verwandeln und die ihn überhaupt erst für die Einführung in die Natur des Geistes bereit machen. Genau das ist mit Hingabe gemeint. Ohne diese Grundhaltung kann der Schüler nicht erkennen, selbst wenn der Meister ihm eine Einführung geben würde. Eine Einführung in die Natur des Geistes ist nur dann möglich, wenn sowohl Meister als auch Schüler gemeinsam in die Erfahrung eintreten; nur in einer solchen Begegnung von Geist zu Geist und von Herz zu Herz wird der Schüler zur Erkenntnis der innersten Essenz gelangen.

Auch die Methode ist von grundlegender Bedeutung. Es ist genau die Methode, die sich durch Tausende von Jahren der Erprobung bewährt hat und durch die die Meister der Vergangenheit ihrerseits Verwirklichung erlangt haben.

Daß mein Meister mir die Einführung so spontan und in so jungen Jahren gegeben hatte, war äußerst ungewöhnlich. Normalerweise wird die Einführung zu einem sehr viel späteren Zeitpunkt gegeben, nachdem der Schüler die vorbereitende Schulung von Meditation und innerer Reinigung durchlaufen hat. Denn erst diese Vorbereitung bringt Herz und Geist des Schülers zur Reife und macht ihn für das direkte Verständnis der Wahrheit empfänglich. In dem machtvollen Moment der Einführung kann der Meister dann seine Verwirklichung der Natur des Geistes – das, was wir seinen «Weisheitsgeist» nennen – in den Geist des nunmehr authentisch empfänglichen Schülers projizieren. Der Meister zeigt ihm hierbei tatsächlich, was Buddhaschaft in Wirklichkeit *ist.* Mit anderen Worten: Er erweckt den Schüler zur lebendigen Gegenwart der Erleuchtung, die in ihm liegt. In dieser Erfahrung verschmelzen der Buddha, die Natur des Geistes und der Weisheitsgeist des Meisters und werden als Einheit gesehen. Ohne den Schatten eines Zweifels erkennt der Schüler nun in einer Woge von Dankbarkeit, daß es zwischen Schüler und Lehrer, zwischen dem Weisheitsgeist des Meisters und der Natur des Geistes des Schülers nicht die geringste Trennung gibt, daß es sie nie gegeben hat und niemals geben wird.

Dudjom Rinpoche schrieb in der berühmten Deklaration seiner Verwirklichung:

Da reines Gewahrsein des Jetzt der wahre Buddha ist,
finden wir in Offenheit und Zufriedenheit den Meister
in unserem Herzen.
Wenn wir erkennen, daß dieser unendliche Geist das Wesen
des Meisters ist,
dann gibt es keinen Grund für verhaftete, fordernde,
weinerliche Gebete oder klagendes Getue.
Indem wir uns einfach entspannen in diesem unverfälschten,
offenen und natürlichen Zustand,
erlangen wir den Segen absichtsloser Selbst-Befreiung von
allem, was entsteht.[1]

Wenn du erkannt hast, daß die Natur deines Geistes identisch ist mit der des Meisters, ist ein Gefühl des Getrenntseins von ihm nicht mehr möglich. Weil der Meister eins ist mit der Natur deines Geistes, ist er – so wie sie – stets gegenwärtig. Ich habe von Lama Tseten berichtet, der starb, als ich noch ein Kind war. Als man seinen Lehrer persönlich an sein Sterbebett rufen wollte, hatte er gesagt: «Das ist nicht nötig, letztlich ist man vom Meister nie getrennt.» Wenn du, wie Lama Tseten, die Untrennbarkeit vom Meister erkannt hast, fühlst du grenzenlose Dankbarkeit und Ehrfurcht. Dudjom Rinpoche nennt diese Empfindung «die Verehrung der Sicht» – eine Hingabe, die ganz natürlich und von selbst aus der Erkenntnis der Natur des Geistes entspringt.

In den Belehrungen und Initiationen meiner anderen Meister folgten noch viele weitere Momente der Einführung für mich. Nachdem Jamyang Khyentse gestorben war, nahm sich Dudjom Rinpoche liebevoll meiner an. Ich diente ihm mehrere Jahre lang als Übersetzer, und damit begann ein neuer Abschnitt in meinem Leben.

Dudjom Rinpoche war einer der berühmtesten Meister und Mystiker Tibets und ein anerkannter Gelehrter und Autor. Jamyang Khyentse hatte Dudjom Rinpoche immer als einen wunderbaren Lehrer und den lebendigen Stellvertreter Padmasambhavas in unserer Zeit geschildert. Ich hatte daher bereits einen tiefen Respekt vor ihm, noch bevor ich ihm persönlich begegnete oder seine Belehrungen gehört hatte. Nach dem Tod meines Meisters machte ich im Alter von etwa 20 Jahren einen Höflichkeitsbesuch bei Dudjom Rinpoche, dessen Haus hoch in den Bergen des Himālaya lag. Als ich ankam, war eine seiner ersten amerikanischen Schülerinnen anwesend, um Belehrungen zu erhalten. Sie war ziemlich frustriert, weil niemand unter den Anwesenden gut genug Englisch sprach, um für sie die Ausführungen zur Natur des Geistes zu übersetzen. Als er mich hereinkommen sah, sagte Dudjom Rinpoche: «Oh! Gut, daß du da bist! Kannst du für sie übersetzen?» Also setzte ich mich hin und begann zu übersetzen. In einer Sitzung von etwa einer Stunde gab er eine erstaunliche, alles umfassende Belehrung. Ich war so bewegt und inspiriert, daß mir Tränen in den Augen standen. Das war es also, was Jamyang Khyentse damals gemeint hatte.

Sofort danach bat ich Dudjom Rinpoche, mir Belehrungen zu geben. Ich fand mich nun jeden Nachmittag in seinem Haus ein und verbrachte mehrere Stunden mit ihm. Er war von recht kleiner Statur, hatte ein schönes, sanftes Gesicht, feine Hände und eine zarte, fast weibliche Präsenz. Er trug seine langen Haare nach Art eines Yogi zu einem Knoten zusammengebunden, und seine Augen funkelten stets in einer Art heimlichen Vergnügens. Seine Stimme war sanft und ein klein wenig heiser und klang wie das Mitgefühl selbst. Dudjom Rinpoche saß gewöhnlich auf einem niedrigen, von einem tibetischen Teppich bedeckten Sitz und ich zu seinen Füßen. Ich werde ihn immer in Erinnerung behalten, wie er so im Licht der Nachmittagssonne saß, die durch das Fenster hinter ihm ins Zimmer fiel.

Dann, eines Tages, während er mir Belehrungen gab und mit mir praktizierte, machte ich eine erstaunliche Erfahrung. Alles, was ich in den Lehren gehört hatte, schien auf einmal mir selbst zu widerfahren – alle materiellen Phänomene um uns lösten sich auf. Ich wurde sehr aufgeregt und stammelte: «Rinpoche, Rinpoche ... jetzt passiert es!» Nie werde ich den Ausdruck des Mitgefühls auf seinem Gesicht vergessen, als er sich zu mir neigte und mich beruhigte: «Es ist schon in Ordnung ... Alles ist in Ordnung. Reg dich nicht auf. Am Ende ist es weder gut noch schlecht ...» Staunen und Verzückung hatten mich beinahe davongetragen, aber Dudjom Rinpoche wußte, daß gute Erfahrungen zwar nützliche Meilensteine auf dem Pfad sein können, aber zu Fallen werden, wenn man sie festhalten möchte. Man muß über sie hinaus zu einer tieferen und stabileren Grundlage gelangen. Zu dieser grundlegenden Erdung hatten seine weisen Worte mich geführt.

Dudjom Rinpoche inspirierte durch die Belehrungen, die er gab, wieder und wieder die Erkenntnis der Natur des Geistes; die Worte selbst entzündeten einen Schimmer der tatsächlichen Erfahrung. Viele Jahre gab er mir täglich die Belehrungen zur Natur des Geistes, die «aufzeigende Anweisungen» genannt werden. Obwohl ich die wesentliche Schulung durch meinen Meister Jamyang Khyentse als Samen bereits erhalten hatte, war es Dudjom Rinpoche, der diesen Samen nährte und schließlich zum Aufgehen brachte. Und als ich dann selbst zu lehren begann, war es sein Beispiel, das mich inspirierte.

Der Geist und die Natur des Geistes

Die noch immer revolutionäre Einsicht des Buddhismus lautet: *Leben und Tod sind im Geist, und nirgendwo sonst.* Der Geist ist die universale Basis aller Erfahrung – der Schöpfer von Glück und Unglück, der Schöpfer auch dessen, was wir Leben und Tod nennen.

Es gibt verschiedene Aspekte des Geistes; die beiden wichtigsten möchte ich hier vorstellen. Der erste ist der gewöhnliche Geist, im Tibetischen *Sem* genannt. Ein Meister definierte diese Ebene folgendermaßen: «Das, was unterscheidendes Gewahrsein besitzt, was Dualität erlebt, etwas Äußeres ergreift oder abweist, ist der Geist. Er ist das, was sich mit etwas ‹Anderem› verbindet – mit ‹Etwas›, das als getrennt vom Wahrnehmenden erfahren wird.»[2] Sem ist der diskursive, dualistische, denkende Geist, der nur in Verbindung mit projizierten und falsch wahrgenommenen äußeren Bezugspunkten funktionieren kann.

Sem ist also der Geist, der denkt, plant, begehrt, manipuliert, der im Zorn auflodert, der Wogen von negativen Gedanken und Emotionen erschafft, in ihnen schwelgt und fortwährend seine eigene «Existenz» beweisen, sichern und bewerten muß, indem er Erfahrung fragmentiert, konzeptualisiert und verfestigt. Der gewöhnliche Geist ist die unbeständige und widerstandslose Beute äußerer Einflüsse, gewohnheitsmäßiger

Tendenzen und Konditionierungen. Die Meister vergleichen Sem mit einer Kerzenflamme in einem offenen Durchgang – allen Winden der Umstände hilflos ausgeliefert.

Aus einem bestimmten Blickwinkel betrachtet, ist Sem flackernd, instabil, greifend und ständig mit Nebensächlichkeiten und Interpretationen beschäftigt. Seine Energie wird verzehrt durch das Projizieren nach außen. Mir kommt er manchmal vor wie eine mexikanische Springbohne oder wie ein Affe, der ruhelos von Ast zu Ast hüpft. Von einer anderen Warte aus gesehen, besitzt der gewöhnliche Geist allerdings eine unechte, dumpfe Stabilität, eine selbstgefällige und sich selbst schützende Trägheit: die bleierne Ruhe eingefahrener Gewohnheiten. Sem ist so durchtrieben wie ein verlogener Politiker, skeptisch, mißtrauisch, meisterhaft in Betrügerei und Arglist, «genial», wie Jamyang Khyentse schrieb, «im Spiel der Täuschung». In der Erfahrung dieses chaotischen, verwirrten, undisziplinierten und sich ständig wiederholenden Sem – dem gewöhnlichen Geist – durchleben wir wieder und wieder Wandel und Tod.

Es gibt aber auch die wahre Natur des Geistes, seine innerste Essenz, die von Wandel und Tod ganz und gar unberührt bleibt. Zur Zeit liegt sie in unserem eigenen, gewöhnlichen Geist – in Sem – verborgen, ist verhüllt und verdeckt von der mentalen Geschäftigkeit unserer Gedanken und Emotionen. Aber so wie Wolken von einem starken Wind davongeblasen werden können und die strahlende Sonne und den weit offenen Himmel enthüllen, so kann, unter gewissen Umständen, eine besondere Inspiration Einblicke in diese Natur des Geistes auslösen. Diese Einblicke sind von unterschiedlicher Tiefe und haben viele Grade, aber jeder erhellt unser Verständnis und bringt mehr Sinn und Freiheit. Das ist möglich, *weil die Natur des Geistes der Ursprung des Verstehens selbst ist.* Auf Tibetisch heißt diese Natur des Geistes *Rigpa:* ursprüngliches, reines Gewahrsein, das gleichzeitig intelligent, erkennend, strahlend und stets wach ist. Man könnte es das Wissen des Wissens selbst nennen.[3]

Wir dürfen aber keinesfalls den Fehler machen anzunehmen, daß die Natur des Geistes sich ausschließlich auf unseren Geist beschränkt. Tatsächlich ist sie die Natur von allem. Es kann nicht oft genug betont werden: die Natur des eigenen Geistes erkennen bedeutet, die Natur von allem zu erkennen. Heilige und Mystiker aller Zeiten haben ihre Erkenntnisse und Verwirklichung mit verschiedenen Namen geschmückt, ihnen viele Gesichter und Interpretationen verliehen; aber alle erfahren gleichermaßen die essentielle Natur des Geistes. Christen und Juden nennen sie «Gott», Hindus nennen sie «das Selbst», «Shiva», «Brahman» und

«Vishnu», Sufi-Mystiker nennen sie «die verborgene Essenz», und Buddhisten «Buddha-Natur». Im Herzen aller Religionen liegt die Gewißheit, daß es eine grundlegende Wahrheit gibt, und daß dieses Leben eine geheiligte Möglichkeit ist, sich zu entwickeln und diese Wahrheit zu erkennen und zu verwirklichen.

Wenn man das Wort «Buddha» hört, denkt man unwillkürlich an den indischen Prinzen Gautama Siddhārtha, der im sechsten Jahrhundert vor Christus Erleuchtung erlangt hat und den spirituellen Pfad lehrte, der heute als Buddhismus bekannt ist und dem Millionen Menschen in ganz Asien folgen. Das Wort «Buddha» hat jedoch eine viel tiefere Bedeutung: Es bezeichnet einen Menschen – *jeden* Menschen – der vollständig aus der Unwissenheit erwacht ist und sich dem Potential seiner Weisheit geöffnet hat. Ein Buddha ist jemand, der Leiden und Frustration endgültig ein Ende gesetzt und dauerhaftes, unsterbliches Glück und Frieden gefunden hat.

In unserer skeptischen Zeit mag dieser Zustand für viele fantastisch und wie ein Traum erscheinen oder als etwas, das weit außerhalb unserer Reichweite liegt. Es ist daher wichtig, sich immer wieder zu vergegenwärtigen, daß Buddha ein Mensch wie du und ich gewesen ist. Er hat niemals Göttlichkeit für sich beansprucht, er wußte lediglich, daß er die Buddha-Natur, den Samen der Erleuchtung, in sich trug – und alle anderen Wesen auch. Buddha-Natur ist das Geburtsrecht eines jeden Lebewesens, und ich sage immer: «Unsere Buddha-Natur ist genausogut wie die Buddha-Natur eines jeden Buddha.» Das ist die gute Nachricht, die uns der Buddha mit seiner Erleuchtung in Bodhgayā hat zukommen lassen und die viele Menschen so inspirierend finden. Seine Botschaft, *daß Erleuchtung von jedem erlangt werden kann,* enthält immense Hoffnung: Durch Übung können auch wir Erleuchtung erlangen. Wäre das nicht eine Tatsache, dann hätten nicht unzählige Menschen bis zum heutigen Tag erleuchtet werden können.

Es heißt, daß der Buddha nach seiner Erleuchtung auch uns die Natur des Geistes zeigen wollte, daß er all das mit uns teilen wollte, was er selbst verwirklicht hatte. In seinem unendlichen Mitgefühl erkannte er aber gleichzeitig auch, wie schwer es uns fallen würde zu verstehen.

Denn obwohl wir dieselbe innere Natur besitzen wie der Buddha, haben wir sie doch nicht erkannt, weil sie so verschlossen und eingehüllt ist in unseren individuellen, gewöhnlichen Geist. Stellen Sie sich eine leere Vase vor: Der Raum innen ist der gleiche wie der Raum außen. Nur die zerbrechlichen Wände der Vase trennen den einen vom anderen. Unser

Buddha-Geist ist eingeschlossen von den Wänden unseres gewöhnlichen Geistes. Aber wenn wir Erleuchtung erlangen, dann ist es, als ob die Vase zerspringt. Der Raum «innen» verschmilzt augenblicklich mit dem Raum «außen». Sie werden eins. In diesem Moment erkennen wir: Sie sind niemals getrennt oder verschieden gewesen, sie waren immer schon dasselbe.

Der Himmel und die Wolken

Wie immer unser Leben auch aussehen mag, unsere Buddha-Natur ist unser ureigenster Besitz. Und sie ist immer vollkommen. Weder können die Buddhas in ihrer unendlichen Weisheit sie verbessern, noch können die begrenzten Wesen in ihrer scheinbar unendlichen Verwirrtheit sie verderben. Unsere wahre Natur ließe sich mit dem Himmel vergleichen und die Verwirrtheit des gewöhnlichen Geistes mit den Wolken. An manchen Tagen ist der Himmel vollständig von Wolken verhangen. Wenn wir unten auf der Erde stehen und nach oben schauen, ist es schwer zu glauben, daß es etwas anderes als Wolken geben kann. Aber wir müssen nur in einem Flugzeug aufsteigen, um über der Wolkendecke die grenzenlose Weite des klaren, blauen Himmels zu entdecken. Von dort oben erscheinen die Wolken, die wir für alles gehalten haben, so unbedeutend und ganz weit unten.

Wir sollten uns immer zu erinnern versuchen, daß die Wolken nicht der Himmel sind. Ohne ihm zu «gehören», hängen sie auf fast schon lächerliche Weise einfach dort und ziehen vorbei. Sie können den Himmel niemals in irgendeiner Weise verschmutzen oder beflecken.

Wo genau befindet sich nun diese Buddha-Natur? Sie liegt in dieser himmelgleichen Natur unseres Geistes. Ganz offen, frei und grenzenlos ist sie so grundsätzlich einfach, daß sie niemals verkompliziert, verdorben oder verschmutzt werden kann – so rein, daß sie selbst über die Konzepte von Reinheit und Unreinheit hinausgeht. Diese Natur als himmelgleich zu bezeichnen, ist natürlich nur eine Metapher, die uns helfen soll, ihre allumfassende Unbegrenztheit zu verstehen. Die Buddha-Natur besitzt jedoch eine Eigenschaft, die der Himmel niemals haben kann: die strahlende Klarheit des Gewahrseins. Es heißt:

> Es ist einfach dein makelloses, gegenwärtiges Gewahrsein,
> erkennend und leer, nackt und wach.

Dudjom Rinpoche schrieb:

> Kein Wort kann es beschreiben,
> kein Beispiel kann es verdeutlichen.
> Samsāra macht es nicht schlechter,
> Nirvāna macht es nicht besser.
> Es wurde niemals geboren,
> es hat niemals aufgehört.
> Es wurde niemals befreit,
> es war niemals verblendet.
> Es hat niemals existiert,
> es war niemals nicht-existent.
> Es hat keinerlei Grenzen,
> es fällt in keine Kategorie.

Nyoshul Khen Rinpoche sagt:

> Tiefgründig und still, frei von Vielschichtigkeit,
> nicht-zusammengesetzte, lichte Klarheit,
> jenseits von Geist und konzeptuellen Vorstellungen –
> dies ist die Tiefe des Geistes der Siegreichen.
> Hierin gibt es nichts zu beseitigen
> und nichts hinzuzufügen.
> Es ist einfach das Makellose,
> das natürlich sich selbst schaut.[4]

Die vier Hindernisse

Warum ist es für viele Menschen so schwierig, die Tiefe der Natur des Geistes auch nur zu ahnen? Warum scheint diese Vorstellung so vielen befremdlich und unwahrscheinlich? Die Lehren sprechen von vier Hindernissen, die uns davon abhalten, die Natur unseres Geistes hier und jetzt zu erkennen:

1. Die Natur des Geistes ist einfach zu *nah*, um von uns erkannt zu werden. So, wie wir unfähig sind, unser eigenes Gesicht zu sehen, ist es für den Geist schwierig, in seine eigene Natur zu schauen.

2. Sie ist zu *tiefgründig*, um von uns erfaßt werden zu können. Hätten wir auch nur eine Ahnung davon, wie tief sie wirklich ist, würden wir sie bis zu einem gewissen Grad bereits erkennen.

3. Sie ist zu *einfach*, als daß wir es glauben könnten. In Wirklichkeit ist alles, was wir zu tun haben, im nackten, reinen Gewahrsein der stets gegenwärtigen Natur des Geistes zu ruhen.

4. Sie ist zu *wunderbar*, als daß wir uns auf sie einstellen könnten. Ihre bloße Weite ist zu immens, um von unserem engen Denken verkraftet werden zu können. Wir können es einfach nicht glauben. Wir können uns nicht einmal vorstellen, daß Erleuchtung die wahre Natur unseres Geistes ist.

Wenn diese vier Hindernisse schon in einer Kultur wie Tibet galten – die sich doch überwiegend dem Streben nach Erleuchtung widmete –, um wieviel schärfer und treffender muß ihre Wahrheit für die moderne Zivilisation gelten, die sich weitgehend dem Kult der Verblendung verschrieben hat? Die moderne Welt kennt keine allgemeine Information über die Natur des Geistes. Schriftsteller und Intellektuelle erwähnen sie so gut wie nie; moderne Philosophen sprechen niemals direkt von ihr; die Mehrzahl der Wissenschaftler verneint schon die bloße Möglichkeit ihrer Existenz. Sie spielt keinerlei Rolle in der modernen Kultur: Niemand besingt sie, niemand spricht von ihr in Theaterstücken, und sie kommt nicht ins Fernsehprogramm. Wir werden tatsächlich in dem Glauben erzogen, daß ausschließlich das existiert, was wir mit unseren gewöhnlichen Sinnen wahrnehmen können.

Trotz dieser massiven und nahezu allumfassenden Leugnung ihrer Existenz erhaschen wir dennoch hin und wieder flüchtige Schimmer dieser Natur des Geistes – inspiriert vielleicht von einem schönen Musikstück, von dem ruhigen Glück, das wir manchmal in der Natur empfinden, aber auch von den allergewöhnlichsten Alltagserlebnissen. Sie können auftreten, während man einfach zuschaut, wie der Schnee sachte fällt, wie die Sonne hinter einem Berg aufgeht, oder wie ein Sonnenstrahl auf geheimnisvoll bewegende Weise ins Zimmer fällt. Solche Augenblicke der Einsicht, des Friedens und der Glückseligkeit erleben wir alle, und sie bleiben uns seltsam in Erinnerung.

Ich denke, daß wir diese Einblicke manchmal sogar beinahe verstehen, aber die moderne Gesellschaft gibt uns keinen Rahmen oder Sinnzusammenhang, in dem wir sie begreifen könnten. Schlimmer noch: Statt uns zu ermutigen, diesen Einblicken nachzugehen und nach ihrem Ursprung zu forschen, gibt man uns – sowohl unterschwellig als auch ganz offen – zu verstehen, solche Dinge besser zu unterdrücken. Wir wissen, daß uns niemand ernst nehmen würde, wenn wir versuchen sollten, sie mitzuteilen. Daher unterdrücken wir, was eigentlich zur größten Offenbarung unseres Lebens werden könnte, wenn wir es nur erkennen würden. Es ist vielleicht der dunkelste und beunruhigendste Aspekt der modernen Zivilisation, daß sie das, was wir in Wirklichkeit sind, nicht zur Kenntnis nimmt und sogar unterdrückt.

Nach innen schauen

Nehmen wir einmal an, wir machten eine vollkommene Umkehr und hörten auf, nur in eine Richtung zu schauen. Man hat uns gelehrt, unser ganzes Leben der Jagd nach Gedanken und Projektionen zu widmen. Selbst wenn über den «Geist» gesprochen wird, bleibt doch alles beschränkt auf Gedanken und Emotionen. Wenn unsere Wissenschaftler das untersuchen, was sie für den Geist halten, haben sie nur seine Projektionen im Auge. Niemand schaut je in den Geist – den Grund aller Entfaltungen – selbst. Und wie schon Padmasambhava sagte, hat das tragische Konsequenzen:

> Obwohl das, was gemeinhin «Geist» genannt wird, allgemein geachtet und viel diskutiert wird,
> ist er dennoch nicht verstanden, oder falsch verstanden, oder nur einseitig verstanden worden.
> Und weil er nicht korrekt verstanden wurde, so, wie er von sich aus ist,
> entsteht die unermeßliche Anzahl philosophischer Ideen und Behauptungen.
> Mehr noch – da die gewöhnlichen Menschen ihn nicht verstehen,
> erkennen sie auch nicht ihre eigene Natur,
> und wandern unaufhörlich in den Sechs Daseinsbereichen der Drei Welten umher und erfahren so Leiden.
> Den eigenen Geist nicht zu verstehen, ist daher ein tragischer Fehler.[5]

Wie können wir die Situation umkehren? Ganz einfach. Unser Geist hat zwei Haltungen: Er kann nach außen schauen oder nach innen. Schauen wir jetzt einmal nach innen. Der Unterschied, den diese kleine Veränderung in der Orientierung herbeiführen kann, ist enorm. Diese kleine Richtungsänderung kann möglicherweise sogar die drohenden Weltkatastrophen abwenden. Wenn sehr viel mehr Menschen die Natur ihres Geistes kennen würden, wäre ihnen auch die wunderbare Natur der Welt bewußt, in der sie leben, und sie würden mutig und bestimmt für ihren Schutz eintreten. Es ist interessant, daß der tibetische Ausdruck für «Buddhist» *nangpa* lautet. *Nang* heißt «innen» und *pa* «jemand»; es bedeutet also: jemand mit Ein-sicht, jemand mit Innenschau, jemand, der die Wahrheit nicht außen sucht, sondern in sich, in der Natur seines Geistes. Alle Lehren und Übungen des Buddhismus zielen auf diesen einen Punkt hin: in die Natur des Geistes zu blicken und dadurch die Angst vor dem Tod zu überwinden und die Wahrheit des Lebens zu entdecken.

Nach innen zu schauen, wird uns große Feinfühligkeit und großen Mut abverlangen – nichts weniger als einen völligen Wandel in unserer gesamten Lebenseinstellung und unserem Verständnis des Geistes. Wir sind so süchtig danach, nach außen zu schauen, daß wir den Kontakt mit unserem Inneren fast vollständig verloren haben. Wir fürchten uns davor, nach innen zu blicken, weil die Gesellschaft uns keinerlei Vorstellung vermittelt, was wir dort finden werden. Wir können sogar glauben, daß ein solcher Eindruck das Risiko des Wahnsinns in sich birgt. Diese Furcht ist einer der letzten und wirksamsten Tricks des Ego, uns von der Entdekkung unserer wahren Natur abzuhalten.

Wir stopfen also unser Leben mit Hektik voll, um das geringste Risiko auszuschalten, uns selbst anschauen zu müssen. Selbst die bloße Vorstellung von Meditation kann Menschen schon erschrecken. Unter Begriffen wie «Ichlosigkeit» oder «Leere» stellen sie sich Erfahrungen vor, die sich anfühlen, als würde man aus der Schleuse eines Raumschiffs gestoßen und müßte für immer in einem dunklen, kalten Vakuum dahintreiben. Nichts könnte weiter von der Wahrheit entfernt sein! Aber in einer Welt, die sich der Ablenkung verschrieben hat, haben Schweigen und Stille etwas Erschreckendes. Wir schützen uns vor ihnen durch Lärm und irrwitzige Geschäftigkeit. In die Natur unseres eigenen Geistes zu schauen, ist das Letzte, was wir wagen würden.

Manchmal denke ich, wir wollen überhaupt nicht fragen, wer wir wirklich sind, aus Angst, wir könnten eine andere Wirklichkeit entdecken als die uns vertraute. Was würde eine solche Entdeckung aus unserem bisherigen Leben machen? Wie würden Freunde und Kollegen auf das reagieren, was wir dann wüßten? Was würden wir mit dem neuen Wissen anfangen? Mit Wissen kommt Verantwortung. Mancher Gefangene zieht es vor, nicht zu fliehen – selbst wenn seine Zellentür offensteht.

Das Versprechen der Erleuchtung

In der modernen Welt gibt es nur wenige Beispiele von Menschen, die die Eigenschaften einer Verwirklichung der Natur des Geistes verkörpern. Das macht es uns schwer, uns Erleuchtung oder einen erleuchteten Menschen vorzustellen, und noch schwerer, den Gedanken zu wagen, wir selbst könnten Erleuchtung erlangen.

Trotz der feierlichen Lobpreisungen des Werts des menschlichen Lebens und der individuellen Freiheit, behandelt die Gesellschaft in ihrer einseitigen Besessenheit von Macht, Sex und Geld sowie der damit verbundenen Notwendigkeit, sich jeden Augenblick von jeglichem Kontakt mit dem Tod oder dem wirklichen Leben abzulenken, uns als wertlose Objekte. Wenn wir von unserem tiefen Potential hören oder es erahnen, können wir es einfach nicht glauben. Und wenn wir die Möglichkeit spiritueller Transformation überhaupt zugestehen, dann scheint sie uns nur möglich für die großen Heiligen und spirituellen Meister der Vergangenheit. Der Dalai Lama spricht häufig von einem Mangel an Selbstachtung, der Unfähigkeit, sich selbst zu lieben, die er bei vielen Menschen der modernen Welt gesehen hat. Hinter all unseren Einstellungen steckt die neurotische Überzeugung von unserer eigenen Unzulänglichkeit. Dieser Zustand läßt keine Hoffnung auf Erwachen zu, und er widerspricht auf tragische Weise der zentralen Wahrheit der Lehren des Buddha, daß wir alle im Innersten bereits vollkommen sind.

Aber selbst wenn wir glauben würden, daß Erleuchtung vielleicht möglich ist, würde schon ein Blick auf den Aufruhr aus Unsicherheit, Haß, Gier, Eifersucht, Mißgunst, Grausamkeit, Lüsternheit und Angst unseres gewöhnlichen Geistes ausreichen, unsere vage Hoffnung auf Erleuchtung ein für allemal zunichte zu machen, es sei denn, wir wissen um die Natur des Geistes und daß diese Natur ohne jeden Zweifel verwirklicht werden kann.

Erleuchtung ist zweifellos real, und es gibt immer wieder erleuchtete Meister auf dieser Welt. Wenn wir einem von ihnen tatsächlich begegnen, werden wir bis in die Tiefen unseres Herzens erschüttert und bewegt. Dann erkennen wir, daß Worte wie «Erleuchtung» und «Weisheit», die wir bis dahin für bloße Ideen gehalten haben, tatsächlich wirkliche Zustände beschreiben. Die heutige Welt hat, trotz ihrer Gefahren, doch auch höchst interessante Aspekte. Das moderne Bewußtsein öffnet sich langsam verschiedenen Dimensionen der Wirklichkeit. Man kann große Lehrer wie den Dalai Lama oder Mutter Teresa im Fernsehen sehen. Viele Meister aus dem Osten lehren jetzt regelmäßig im Westen, und Bücher aus allen mystischen Traditionen gewinnen eine wachsende Leserschaft. Die verzweifelte Lage auf unserem Planeten zeigt den Menschen zunehmend die Notwendigkeit einer Transformation auf globaler Ebene.

Erleuchtung ist real, und jeder von uns, wer immer wir auch sein mögen, kann unter geeigneten Umständen und mit der richtigen Schulung die Natur des Geistes verwirklichen und so das Unvergängliche und ewig Reine in sich selbst finden. Dieses Versprechen aller mystischen Traditionen der Welt ist in Abertausenden von Menschen bis zum heutigen Tag in Erfüllung gegangen.

Das Wunderbare an dieser Verheißung ist, daß sie nicht exotisch, fantastisch oder nur einer Elite zugänglich ist, sondern daß sie für die ganze Menschheit gilt. Und wenn wir die Natur des Geistes verwirklichen, so sagen die Meister, erweist sie sich als ganz unerwartet gewöhnlich. Spirituelle Wahrheit ist nichts Kompliziertes oder Esoterisches, sie ist einfach tiefgründiger, *gesunder* Menschenverstand. Wenn wir die Natur des Geistes erkennen, fallen die Schichten der Verwirrung ab. Wir «werden» nicht zu einem Buddha, sondern hören allmählich einfach auf, verblendet zu sein. Ein Buddha zu sein, bedeutet nicht etwa, sich in eine Art allmächtigen, spirituellen «Supermann» zu verwandeln, sondern – endlich – ein wahrer Mensch zu sein.

In einer der größten buddhistischen Traditionen wird die Natur des Geistes «Weisheit der Gewöhnlichkeit» genannt. Ich kann es nicht oft genug sagen: Unsere wahre Natur und die Natur aller Lebewesen ist nichts Außergewöhnliches. Ironischerweise ist es die sogenannte gewöhnliche Welt, die außergewöhnlich ist: die fantastische und komplizierte Halluzination der verblendeten Sicht von Samsāra. Dieses «Außergewöhnliche» macht uns blind für die «gewöhnliche», natürliche, uns innewohnende Natur des Geistes. Angenommen, die Buddhas würden uns jetzt sehen: Wie traurig und verwundert müßten sie über die tödliche Genialität und verwickelte Kompliziertheit unserer Verwirrung sein.

Eben weil wir so kompliziert sind, können wir manchmal die Natur des Geistes nicht erkennen, selbst wenn sie uns von einem Meister demonstriert wird – sie ist zu einfach für uns. Unser gewöhnlicher Geist redet uns ein, daß das doch nicht alles sein kann, daß da doch noch mehr kommen muß. Es sollte mit Sicherheit «glorreicher» sein, mit Lichtern, die im Raum um uns aufflammen, Engeln mit goldenem Haar, die niederschweben, um uns zu begrüßen, und einer geheimnisvollen Stimme aus dem Nichts, die erklärt: «Jetzt hast du die Natur deines Geistes erkannt!» Ein solches Schauspiel gibt es nicht.

Weil wir in unserer Kultur den Intellekt überbewerten, glauben wir, Erleuchtung verlange überdurchschnittliche Intelligenz. Tatsächlich sind viele Arten von Intelligenz nur zusätzliche Hindernisse. Ein tibetisches Sprichwort sagt: «Wenn du zu schlau sein willst, liegst du schnell total daneben.» Patrul Rinpoche hat erklärt: «Der logische Geist scheint interessant, doch ist er der Keim der Verblendung.» Menschen können derartig besessen sein von ihren eigenen Theorien, daß sie den Sinn von allem verdrehen. In Tibet sagen wir, «Theorien sind wie Flicken auf einem Mantel – eines Tages fallen sie einfach ab». Hierzu möchte ich eine ermutigende Geschichte erzählen:

Ein großer Meister des letzten Jahrhunderts hatte einen Schüler, der äußerst schwer von Begriff war. Der Meister hatte ihm wieder und wieder Belehrungen gegeben und versucht, ihn in die Natur des Geistes einzuführen. Doch der Schüler hatte nichts begriffen. Schließlich wurde es dem Meister zuviel und zornig sagte er: «Ich wünsche, daß du diesen Sack mit Gerste auf den Gipfel des Berges dort schleppst. Aber du darfst unterwegs auf keinen Fall anhalten und Pause machen – bis du auf dem Gipfel angekommen bist.» Der Schüler war ein einfacher Mann, aber er besaß unerschütterliche Hingabe und Vertrauen in seinen Meister, also tat er genau wie ihm geheißen. Der Sack war schwer. Er schulterte ihn und machte sich auf, den Berg zu besteigen. Er ging und ging, und der Sack wurde ihm schwerer und schwerer, aber er wagte nicht, anzuhalten. Er brauchte sehr lange für den Aufstieg. Als er schließlich auf dem Gipfel angekommen war, ließ er den Sack fallen und sank, von Erschöpfung überwältigt, völlig entspannt zu Boden. Er spürte die frische Bergluft auf seinem Gesicht. Sein ganzer Widerstand hatte sich aufgelöst und mit ihm sein gewöhnlicher Geist; alles schien einfach stillzustehen. In diesem Augenblick erkannte er plötzlich die Natur seines Geistes. «Ah! Das also hat mein Meister mir die ganze Zeit zeigen wollen», dachte er. Er rannte zurück, den Berg hinab und stürzte – gegen jede Höflichkeit – in das Zimmer seines Meisters. «Ich glaube, ich hab's endlich begriffen ... Ich habe wirklich verstanden!» Sein Meister lächelte wissend: «Soso, die Bergwanderung war also interessant?»

Wer immer Sie auch sind, auch Sie können erleben, was der Schüler auf dem Berg erfuhr, und diese Erfahrung wird Ihnen die Furchtlosigkeit verleihen, sich Leben und Tod zu stellen. Was aber ist der beste, schnellste und wirkungsvollste Weg, um dorthin zu gelangen? Der erste Schritt ist die Praxis der Meditation. Die Meditation reinigt langsam den gewöhnlichen Geist, entlarvt ihn und erschöpft all seine Gewohnheiten und Illusionen. Dann können Sie – im richtigen Moment – erkennen, wer Sie wirklich sind.

5. Den Geist heimbringen

Vor mehr als 2500 Jahren kam ein Mensch, der schon seit unendlich vielen Leben auf der Suche nach der Wahrheit war, an einen stillen Ort in Nordindien und setzte sich unter einen Baum. Mit unerschütterlicher Entschlossenheit blieb er unter diesem Baum sitzen und schwor, nicht eher aufzustehen, als bis er die Wahrheit gefunden habe. Gegen Abend, so heißt es, habe er alle dunklen Kräfte der Verblendung besiegt; und früh am nächsten Morgen, als der Morgenstern am dämmernden Himmel aufging, wurde dieser Mensch für seine schier endlose Geduld, Disziplin und makellose Konzentration belohnt, indem er das letztendliche Ziel menschlicher Existenz erlangte – die Erleuchtung. In diesem geheiligten Augenblick erschauerte selbst die Erde, als sei sie «trunken vor Glückseligkeit», und die Schriften erzählen uns von diesem Augenblick: «Nirgendwo war mehr jemand zornig, krank oder traurig, niemand tat Böses, niemand war stolz; die Welt war ganz still geworden, als sei sie endlich vollkommen.» Dieser Mensch ist als der Buddha bekannt geworden.

Hier folgt die wunderschöne Beschreibung von Buddhas Erleuchtung durch den vietnamesischen Zen-Meister Thich Nhat Hanh:

> Gautama hatte die Empfindung, als sei ein Gefängnis, das ihn Tausende von Lebzeiten umschlossen hatte, nun aufgebrochen. Unwissenheit war der Wärter dieses Gefängnisses gewesen. Unwissenheit hatte seinen Geist verdunkelt, so, wie die stürmischen Wolken den Mond und die Sterne verbergen. Von endlosen Wogen täuschender Gedanken getrübt, hatte der Geist die Wirklichkeit in Subjekt und Objekt geteilt, in Selbst und Andere, Sein und Nichtsein, Geburt und Tod. Und aus diesen Unterscheidungen entstanden die falschen Sichtweisen – die Gefängnisse von Empfindung, Begierde, Ergreifen und Werden. Das Erleiden von Geburt, Alter, Krankheit und Tod machte die Gefängnismauern nur noch dicker. Es gab nur eins zu tun: den Gefäng-

niswärter zu ergreifen und in sein wahres Gesicht zu schauen. Der Gefängniswärter war die Unwissenheit. Und das Mittel, die Unwissenheit zu überwinden, war der Edle Achtfache Pfad. War der Gefängniswärter erst fort, dann würde auch das Gefängnis verschwinden und niemals wieder aufgebaut werden.[1]

Der Buddha hatte gesehen, daß das Nichtwissen um unsere wahre Natur die Wurzel aller Qualen von Samsāra ist, und daß die Wurzel für diese Unwissenheit wiederum die gewohnheitsmäßige Tendenz des Geistes zu Abgelenktheit ist. Mit der Ablenkung des Geistes Schluß zu machen, bedeutet also, mit Samsāra selbst Schluß zu machen. Und der Schlüssel hierzu, so hatte er erkannt, liegt darin, den Geist zurückzubringen zu seiner wahren Natur, ihn heimzubringen durch die Praxis der Meditation.

Der Buddha saß bescheiden und in heiterer Würde auf der Erde, den Himmel über sich und um sich, als wolle er uns demonstrieren, daß wir in der Meditation mit einer offenen, himmelgleichen Geisteshaltung sitzen, gleichzeitig aber präsent und geerdet am Boden bleiben. Der Himmel ist unsere absolute Natur, die keine Grenzen kennt und unermeßlich ist, und der Boden ist unsere Wirklichkeit, unsere relative, gewöhnliche Bedingtheit. Die Haltung, die wir in der Meditation einnehmen, zeigt, daß wir das Absolute und das Relative, oben und unten, Himmel und Erde verbinden; wie die zwei Schwingen eines Vogels symbolisiert sie die innige Verbundenheit der himmelgleichen unsterblichen Natur des Geistes mit dem Boden unserer flüchtigen, sterblichen Existenz.

Meditation zu erlernen, ist das größe Geschenk, das Sie sich in diesem Leben machen können. Denn nur durch Meditation können Sie sich aufmachen zur Entdeckung Ihrer wahren Natur. Und nur in ihr werden Sie die Stabilität und das Vertrauen finden, die nötig sind, um gut zu leben und gut zu sterben. Meditation ist der Weg, der zur Erleuchtung führt.

Schulung des Geistes

Es gibt so viele Möglichkeiten, Meditation vorzustellen, und ich habe sie wohl schon tausende Male gelehrt, aber jedesmal ist sie wieder anders, jedesmal ist sie unmittelbar und frisch.

Glücklicherweise leben wir in einer Zeit, in der überall auf der Welt viele Menschen langsam mit Meditation vertraut werden. Sie findet zunehmend Anerkennung als eine Übung, die kulturelle und religiöse

Grenzen überschreitet, und die denen, die sie üben, einen direkten Kontakt mit der Wahrheit ihres Seins ermöglicht. Meditation ist eine Praxis, die die Dogmen der Religionen überschreitet und gleichzeitig die Essenz aller Religion ist.

Normalerweise sind wir von unserem wahren Selbst abgelenkt und vergeuden unser Leben in endlosem Tun. Meditation dagegen ist der Weg, der uns zu uns selbst zurückführt und auf dem wir – jenseits aller Gewohnheitsmuster – unser wahres Wesen erfahren und spüren können. Wir verbringen unser Leben in intensivem und angstvollem Kampf, in einem Strudel aus Hektik und Aggression, in ehrgeiziger Konkurrenz, in Greifen, Verlangen und Besitzenwollen und belasten uns unaufhörlich mit sinnlosen Aktivitäten und Vorhaben. Meditation ist das genaue Gegenteil. Meditation bedeutet, aus unseren «normalen» Handlungsmustern vollständig auszubrechen, denn sie ist ein Zustand ohne alle Sorgen und Bedenken, in dem es keinerlei Wettbewerb gibt, keine Gier, irgend etwas ergreifen oder besitzen zu wollen, keinen angstvollen Kampf und keinen Zwang, irgend etwas erreichen zu müssen. Meditation ist ein Zustand ohne Ehrgeiz, in dem es weder Annehmen noch Ablehnen gibt, weder Hoffnung noch Furcht; ein Zustand, in dem sich langsam alle Emotionen und Konzepte, die uns schon so lange gefangengehalten haben, auflösen in den Raum natürlicher Einfachheit.

Die buddhistischen Meditationsmeister wissen, wie flexibel und beeinflußbar der Geist ist. Wenn wir ihn schulen, ist alles möglich. Tatsächlich sind wir ja bereits perfekt von und für Samsāra trainiert: Wir haben Übung darin, eifersüchtig zu werden, festzuhalten, ängstlich, traurig, verzweifelt und gierig zu sein, wir sind geübt, mit Ärger auf alles zu reagieren, was uns provoziert. Wir sind tatsächlich schon so gut trainiert, daß diese negativen Emotionen ganz spontan entstehen, ohne daß wir auch nur versuchen müßten, sie hervorzurufen.

Alles ist daher eine Frage der Übung und der Macht der Gewohnheit. Widmen wir den Geist der Verwirrung, wird er – und das wissen wir alle nur zu gut, wenn wir ehrlich sind – ein dunkler Meister der Verblendung, genial im Erzeugen von Süchten, geschickt und von perverser Geschmeidigkeit in seinen sklavischen Abhängigkeiten. Widmen wir ihn aber der Meditation und dem Ziel, sich selbst von Täuschung zu befreien, werden wir erleben, daß sich unser Geist im Laufe der Zeit mit Geduld, Disziplin und der rechten Übung allmählich selbst zu entwirren beginnt und zu seiner ihm innewohnenden Glückseligkeit und Klarheit findet.

Den Geist zu «schulen» bedeutet hier keinesfalls, ihn gewaltsam zu unterdrücken oder einer Gehirnwäsche zu unterziehen. Geistesschulung heißt zuerst einmal, direkt und klar zu erkennen, wie der Geist arbeitet; ein Wissen, das man aus den spirituellen Lehren in Verbindung mit persönlicher Erfahrung in der Meditationspraxis gewinnt. Dieses Verständnis können wir dann nutzen, um den Geist zu zähmen und geschickt mit ihm umzugehen: ihn immer geschmeidiger zu machen, damit wir endlich Herr unseres eigenen Geistes werden und ihn schließlich voll und ganz auf wirklich nutzbringende Weise einsetzen können.

Shāntideva, der berühmte buddhistische Meister des achten Jahrhunderts, sagte:

> Wenn der Elefant des Geistes mit dem Seil der Achtsamkeit rundum gebunden ist,
> verschwindet alle Furcht, und vollständiges Glück entsteht.
> Alle Feinde: all die Tiger, Löwen, Elefanten, Bären und Schlangen (unserer Emotionen)[2]
> und alle Wächter der Höllen, der Dämonen und Schrecknisse,
> sind gebunden durch die Meisterung deines Geistes;
> Indem dieser eine Geist gezähmt wird, sind sie alle unterworfen.
> Denn aus dem Geist entstehen alle Ängste und unendlich viele Sorgen.[3]

So wie ein Schriftsteller die spontane Freiheit des Ausdrucks erst nach Jahren oft zermürbenden Lernens erreicht, und so wie die natürliche Anmut einer Tänzerin das Ergebnis enormer, geduldiger Mühen ist, so werden wir die Meditation, wenn wir erst verstanden haben, wohin sie uns führen kann, zur größten Aufgabe unseres Lebens machen – eine Aufgabe, die ein Höchstmaß an Durchhaltevermögen, Enthusiasmus, Intelligenz und Disziplin erfordert.

Das Herz der Meditation

Sinn und Zweck der Meditation ist es, in uns die himmelsgleiche Natur unseres Geistes zu erwecken und uns das zu zeigen, was wir in Wirklichkeit sind: das unveränderliche, reine Gewahrsein, das Leben und Tod letztlich zugrunde liegt.

In der Stille und Ruhe der Meditation erhalten wir einen Einblick in diese tiefe, innere Natur, die wir vor ewigen Zeiten in der Abgelenktheit und hektischen Geschäftigkeit unseres Geistes aus den Augen verloren haben, und kehren zu ihr zurück. Ist es nicht erstaunlich, daß unser Geist kaum länger als ein paar Augenblicke stillhalten kann, ohne sofort wieder nach Zerstreuung zu suchen? Er ist so ruhelos und beschäftigt, daß ich manchmal denke, das Leben in einer modernen Großstadt ist den Qualen der Wesen im Zwischenzustand nach dem Tod sehr ähnlich, in dem das Bewußtsein, wie man sagt, durch ständige Ruhelosigkeit gequält wird. Einige Experten behaupten, bis zu 13 Prozent der Menschen in den Vereinigten Staaten würden unter irgendeiner Geisteskrankheit leiden. Was sagt das über unsere Lebensweise?

Wir bestehen aus so vielen verschiedenen Bruchstücken, daß wir weder wissen, wer wir wirklich sind, noch mit welchem unserer Aspekte wir uns identifizieren sollen. So viele widersprüchliche Stimmen, Gebote und Gefühle kämpfen um die Vorherrschaft über unser Innenleben, daß wir in kleine Stückchen zerfallen sind, in alle Richtungen verstreut – und niemand ist daheim. Meditation bedeutet also, den Geist heimbringen.

In den Lehren des Buddha heißt es, daß es drei Dinge gibt, die entscheiden, ob deine Meditation bloß ein Mittel zu zeitweiliger Entspannung, Frieden und Glückseligkeit ist, oder ob sie zu einer kraftvollen Ursache für deine Erleuchtung und die anderer wird. Diese drei nennen wir «das Gute am Anfang, das Gute in der Mitte, und das Gute am Ende».

Das *Gute am Anfang* entspringt aus dem Bewußtsein, das wir und alle fühlenden Wesen als innerste Essenz die Buddha-Natur haben. Dies zu erkennen bedeutet, frei von Unwissenheit zu sein und das Leiden ein für allemal zu beenden. Jedesmal, wenn wir mit unserer Meditationsübung beginnen, lassen wir uns von dieser Tatsache anrühren und inspirieren uns mit der Motivation, unsere Übung und unser Leben der Erleuchtung aller Wesen darzubringen – im Sinne des Gebets, das alle Buddhas der Vergangenheit gesprochen haben:

Durch die Macht und die Wahrheit dieser Übung:
Mögen alle Wesen Glück erfahren und die Ursachen von Glück;
mögen alle frei sein von Leid und den Ursachen von Leid;
mögen alle niemals getrennt sein vom höchsten Glück, das frei ist von Leid;
mögen alle in Gleichmut leben, ohne allzuviel Anhaften und allzuviel Abneigung,
und mögen sie leben im Wissen um die Gleichheit von allem, was lebt.

Das *Gute in der Mitte* ist die Geisteshaltung, mit der wir ins Herz der Meditationspraxis eintreten, inspiriert von der Erkenntnis der Natur des Geistes, aus der eine Haltung des Nichtgreifens entsteht, frei von irgendwelchen begrifflichen Bezugspunkten, sowie mit dem Bewußtsein, daß alle Dinge letztendlich «leer», illusorisch und traumgleich sind.

Das *Gute am Ende* ist die Art und Weise, wie wir unsere Meditation beenden, indem wir all ihren Verdienst darbringen und mit Inbrunst bitten: «Was immer sich an Verdienst aus dieser Praxis ergeben hat, möge es zur Erleuchtung aller Wesen beitragen; möge es ein Tropfen werden im Ozean der Aktivität aller Buddhas, in ihrer unermüdlichen Arbeit für die Befreiung aller Wesen.» Verdienst ist das, was an positiver Kraft und Nutzen, an Frieden und Glück von Ihrer Praxis ausstrahlt. Sie bringen diesen Verdienst auf lange Sicht dem letztendlichen Wohl der Lebewesen, ihrer Erleuchtung dar. Unmittelbarer widmen Sie ihn dem Frieden in der Welt, auf daß alle Wesen restlos frei von Not und Krankheit sein mögen und Wohlsein und dauerhaftes Glück erfahren.

Im Wissen um die illusorische und traumgleiche Natur der Wirklichkeit reflektieren Sie dann darüber, daß im tiefsten Sinne sowohl Sie, der Sie Ihre Praxis darbringen, als auch die, denen Sie sie darbringen, sowie der Akt des Darbringens selbst inhärent «leer» und illusorisch sind. Es heißt in den Lehren, dies besiegele die Meditation und garantiere, daß nichts von ihrer reinen Kraft verlorengehen oder versickern könne. So stellen Sie sicher, daß nichts vom Verdienst Ihrer Praxis je vergeudet wird.

Diese drei erhabenen Prinzipien – die Motivation, die Haltung des Nichtgreifens und die Widmung – machen Ihre Meditation zu einer wirkungsvollen Ursache für Erleuchtung, und der große tibetische Meister Longchenpa hat sie so wunderbar beschrieben als «das Herz, das Augenlicht und die Lebenskraft wahrer Praxis». Wie Nyoshul Khenpo sagt: «Um völlige Erleuchtung zu erlangen, ist mehr nicht nötig, aber weniger ist unzureichend.»

Die Übung der Achtsamkeit

Meditation bedeutet also, den Geist heimzubringen, und dies wird zunächst durch die Übung der Achtsamkeit erreicht.

Einst kam eine alte Frau zum Buddha und fragte ihn, wie sie meditieren solle. Er wies sie an, sich jeder Bewegung ihrer Hände bewußt zu sein, wenn sie Wasser aus dem Brunnen schöpfte, denn er wußte: wenn sie darauf achten würde, wäre sie bald in jenem Zustand wacher und weit offener Ruhe, der Meditation ist.

Die Übung der Achtsamkeit – den zerstreuten Geist heimzubringen und so die verschiedenen Aspekte unseres Seins in der Konzentration zu sammeln – wird «Friedvolles Ruhen» oder «Ruhiges Verweilen» genannt. Dies «Ruhige Verweilen» erfüllt drei Dinge. Erstens werden all unsere aufgesplitterten Aspekte, die sich bekämpft haben, zur Ruhe gebracht, miteinander versöhnt und aufgelöst. In diesem Zur-Ruhe-Kommen beginnen wir, uns selbst besser zu verstehen, und haben gelegentlich sogar schon einen Schimmer unserer grundlegenden Natur.

Zweitens löst die Übung der Achtsamkeit unsere Negativität, Aggressivität und die anderen stürmischen Gefühle auf, deren Kraft sich vielleicht schon über viele Leben angesammelt hat. Statt diese Emotionen zu unterdrücken oder in ihnen zu schwelgen, ist es hier wichtig, ihnen – wie auch Ihren Gedanken und überhaupt allem, was entsteht – mit Akzeptanz und Großzügigkeit zu begegnen, so offen und weitherzig zu sein, wie nur möglich. Die tibetischen Meister sagen, diese weise Art der Großzügigkeit vermittle ein Gefühl grenzenlosen Raumes, so warm und behaglich, daß man sich davon eingehüllt und beschützt fühlt wie von einem Gewebe aus Sonnenlicht.

Wenn Sie offen und achtsam bleiben und eine der hier beschriebenen Techniken anwenden, um Ihren Geist immer besser zu sammeln, wird Ihre Negativität allmählich aufgelöst. Sie beginnen, sich mit sich selbst wohl zu fühlen, Sie fühlen sich, wie man so sagt, «wohl in Ihrer Haut». Daraus ergeben sich Entspannung und tiefe Gelassenheit. Ich halte diese Praxis für die wirksamste Form von Therapie und Selbstheilung.

Drittens enthüllt und offenbart diese Praxis Ihre essentielle Gutherzigkeit, weil sie die Unfreundlichkeit und das Verletzende von Ihnen nimmt. Erst wenn wir die Böswilligkeit in uns selbst beseitigt haben, können wir für andere wirklich von Nutzen sein. Indem wir also durch die Praxis langsam unsere Boshaftigkeit loswerden, lassen wir unser gutes Herz, das grundlegende Gutsein unserer wahren Natur, aufscheinen und zu dem warmen, inneren Klima werden, das unser wahres Wesen zum Erblühen bringt.

Dies macht deutlich, warum ich Meditation als echte Friedensarbeit bezeichne, als wahre Praxis der Aggressions- und Gewaltlosigkeit und als die eigentliche und umfassendste Abrüstung.

Natürlicher, großer Friede

Wenn ich Meditation lehre, beginne ich oft, indem ich sage: «Bring deinen Geist heim – laß los – und entspanne dich.»

Die gesamte Meditation kann in diese drei wesentlichen Punkte verdichtet werden: Bring deinen Geist heim, laß los und entspanne dich. In jeder dieser Phasen klingen verschiedenste Bedeutungsebenen an:

Den Geist heimbringen bedeutet, ihn durch die Übung der Achtsamkeit in den Zustand «Ruhigen Verweilens» zu bringen. Im tiefsten Sinne bedeutet den Geist heimbringen, ihn nach innen zu wenden und in der Natur des Geistes zu ruhen. Das ist die höchste Meditation.

Loslassen bedeutet, den Geist aus dem Gefängnis des Greifens zu befreien, weil Sie erkannt haben, daß alle Angst und Verzweiflung aus der Begierde des greifenden Geistes entstehen. Auf einer tieferen Ebene inspirieren die Erkenntnis und Gewißheit, die aus Ihrem wachsenden Verständnis der Natur des Geistes entstehen, eine tiefe und natürliche Großzügigkeit, die es Ihnen ermöglicht, alles Greifen vom Herzen her zu lösen, es sich selbst befreien und einfach in der Atmosphäre der Meditation hinwegschmelzen zu lassen.

Sich entspannen schließlich bedeutet weitherzig sein, die Verkrampftheit des Geistes zu entspannen. Im tieferen Sinne entspannen Sie sich in die wahre Natur Ihres Geistes, in den Zustand von Rigpa. Die tibetische Formulierung, die diesen Prozeß beschreibt, vermittelt die Idee von «Entspannen auf der Grundlage von Rigpa» – so, als würde man eine Handvoll Sand auf eine ebene Fläche schütten, auf der jedes Körnchen ganz von selbst zur Ruhe kommt. So entspannen Sie sich in Ihre wahre Natur, indem Sie alle Gedanken und Emotionen einfach in den Zustand der Natur des Geistes sich setzen und auflösen lassen.

Immer wieder, wenn ich meditiere, inspiriert mich das folgende Gedicht von Nyoshul Khenpo:

> Laß ruhen in großem, natürlichem Frieden
> diesen erschöpften Geist,
> hilflos geschlagen von Karma und neurotischen Gedanken,
> wie von der unbarmherzigen Gewalt der wütenden Wogen
> im unendlichen Ozean von Samsāra.

Seien Sie vor allem gelassen, so natürlich und weit offen wie nur möglich. Entschlüpfen Sie ganz leise den Fesseln Ihres gewohnheitsgebundenen, ängstlichen Selbst. Lösen Sie alles Greifen und entspannen Sie sich in Ihre wahre Natur. Stellen Sie sich Ihre gewöhnliche, emotionsgeladene und gedankengeplagte Persönlichkeit wie einen Block aus Eis oder ein Stück Butter vor, das in der Sonne liegt. Wenn Sie sich hart und kalt fühlen, dann lassen Sie diesen Zustand im Sonnenlicht Ihrer Meditation sich auflösen und einfach dahinschmelzen. Lassen Sie den Frieden an sich arbeiten und Sie befähigen, Ihren zerstreuten Geist in die Achtsamkeit des «Ruhigen Verweilens» zu sammeln und in Ihnen das Gewahrsein und die Einsicht des «Klaren Sehens» zu wecken. Und Sie werden erleben, wie Ihre Negativität entwaffnet wird, Ihre Aggressivität sich verflüchtigt und Ihre Verwirrung sich langsam, wie Nebel, in den ungeheuren und makellosen Raum Ihrer absoluten Natur hinein auflöst.[4]

Still sitzend, den Körper ruhig, schweigend, den Geist in Frieden, lassen Sie Ihre Gedanken und Emotionen – was immer auch erscheint – kommen und gehen, ohne an irgend etwas festzuhalten.

Wie fühlt sich dieser Zustand an? Dudjom Rinpoche hat ihn folgendermaßen beschrieben: «Stell dir einen Mann vor, der nach einem langen, harten Arbeitstag auf dem Acker endlich nach Hause kommt und sich in seinen Lieblingssessel vor dem Kaminfeuer fallen läßt. Er hat den ganzen Tag geschuftet und weiß, daß getan ist, was zu tun war; jetzt braucht er sich um nichts mehr Gedanken zu machen, nichts ist unerledigt geblieben, er kann also alle Sorgen und Gedanken fahren lassen – zufrieden, einfach nur zu sein.»

Wenn Sie meditieren, ist es entscheidend, das richtige innere Klima zu schaffen. Alles Mühen und Kämpfen kommt davon, nicht offen zu sein, und daher ist es für das Gelingen Ihrer Meditation von entscheidender Bedeutung, die richtigen inneren Umstände zu schaffen. In einer geistigen Atmosphäre von Humor, Offenheit und Großzügigkeit entsteht Meditation ganz mühelos.

Wenn ich meditiere, benutze ich manchmal gar keine spezielle Methode. Ich erlaube einfach meinem Geist zu ruhen, und besonders wenn ich inspiriert bin, gelingt es mir recht schnell, ihn heimzubringen und zu entspannen. Ich sitze still und ruhe in der Natur des Geistes; ich zweifle oder frage nicht, ob ich nun im «richtigen» Geisteszustand bin oder nicht. Da gibt es keinerlei Anstrengung, sondern nur tiefes Verstehen, Wachheit und unerschütterliche Gewißheit. Wenn ich in der Natur des Geistes ruhe, ist der gewöhnliche Geist nicht länger vorhanden. Es ist nicht mehr nötig, ein Gefühl des Seins aufrechtzuerhalten oder zu bestätigen – ich *bin* einfach. Ein Urvertrauen ist da, und es gibt nichts Besonderes zu tun.

Methoden in der Meditation

Wenn Ihr Geist in der Lage ist, sich von selbst zu setzen, und wenn Sie sich dadurch inspiriert fühlen, einfach in seinem reinen Gewahrsein zu ruhen, dann brauchen Sie keine Methode zur Meditation. Es könnte sich sogar als ungeschickt erweisen, in einem solchen Zustand eine Methode anwenden zu wollen. Die meisten von uns finden es allerdings schwierig, direkt in diesen Zustand zu gelangen. Wir sind einfach nicht in der Lage, ihn zu wecken, und unser Geist ist so aufgewühlt und zerstreut, daß wir ein angemessenes Mittel – eine Methode – brauchen, um in diesen Zustand zu kommen.

«Angemessen» heißt, daß Sie bei der Arbeit an sich selbst immer wieder folgende Aspekte zusammenbringen: Ihr Verständnis der essentiellen Natur Ihres Geistes, die Vertrautheit mit Ihren eigenen verschiedenen und wechselnden Launen, und die Einsicht, die Sie durch Ihre Praxis gewonnen haben. Indem Sie diese Dinge zusammenbringen, lernen Sie die Kunst, die jeweils angemessene Methode für eine bestimmte Situation oder ein spezielles Problem anzuwenden, und so die Atmosphäre Ihres Geistes umzuwandeln.

Aber vergessen Sie nicht: die Methode ist immer nur das Mittel, niemals die Meditation selbst. Indem Sie eine Methode auf geschickte Art anwenden, erreichen Sie die Vollkommenheit des reinen Zustandes vollständiger Präsenz – wahre Meditation. Es gibt hierzu ein aufschlußreiches tibetisches Sprichwort: *Gompa ma yin, kompa yin*, was bedeutet: «Es gibt keine ‹Meditation›, lediglich ein ‹Sich-daran-Gewöhnen›.» Das heißt, Meditation ist nichts anderes, als mit der *Praxis* der Meditation vertraut zu werden. Man sagt auch: «Meditation bedeutet nicht, sich abzumühen, sondern ganz natürlich in ihr aufzugehen.» Wenn Sie eine Methode kontinuierlich üben, wird Meditation langsam entstehen. Meditation ist nicht etwas, das Sie «tun» können; sie muß sich spontan ereignen, und das geht nur, wenn wir die Praxis vervollkommnet haben.

Damit Meditation geschehen kann, müssen ruhige und günstige Umstände geschaffen werden. Bevor wir Meisterschaft über unseren Geist erlangen können, müssen wir zuerst seine Umgebung beruhigen. Im Augenblick gleicht unser Geist der Flamme einer Kerze: er ist unruhig, flakkernd, wechselhaft und ungeschützt den Windstößen unserer Gedanken und Emotionen ausgesetzt. Die Flamme wird nur dann ruhig und stetig brennen können, wenn wir die sie umgebende Luft beruhigen. In ähnlicher Weise können wir erst dann einen Schimmer der Natur unseres Geistes haben und beginnen, in ihr zu ruhen, wenn wir die Turbulenzen unserer Gedanken und Emotionen zur Ruhe gebracht haben. Andererseits werden sich, sobald wir Stabilität in unserer Meditation gefunden haben, Geräusche und Störungen jedweder Art wesentlich weniger auswirken.

Im Westen neigen die Menschen dazu, an dem hängenzubleiben, was ich «Technologie der Meditation» nenne. Die moderne Welt ist ohnehin fasziniert von Mechanismen und Maschinen aller Art und süchtig nach pragmatischen Formeln. Aber das Wichtigste bei der Meditation ist nicht die Technik, sondern ihr Geist: eine geschickte, inspirierte und kreative Art, zu praktizieren, die man auch die «Haltung» nennen könnte.

Die Haltung

Die Meister sagen: «Wenn du günstige Bedingungen in deinem Körper und deiner Umgebung schaffst, dann entstehen Meditation und Verwirklichung ganz automatisch.» Über die Haltung zu sprechen, ist nicht etwa esoterische Pedanterie: Sinn und Zweck einer richtigen Haltung ist es, ein inspirierendes Milieu für Ihre Meditation und somit für das Erwecken von Rigpa zu erzeugen. Es besteht eine Verbindung zwischen Körperhaltung und geistiger Einstellung. Da Körper und Geist miteinander verbunden sind, entsteht Meditation auf natürliche Weise, wenn Ihre Haltung und Ihre Einstellung inspiriert sind. Wenn Sie sitzen, und Ihr Geist nicht ganz in Übereinstimmung mit Ihrem Körper ist – wenn Sie zum Beispiel ängstlich oder sorgenvoll mit etwas beschäftigt sind –, fühlen Sie sich auch körperlich unbequem und Schwierigkeiten treten leichter auf. Wenn jedoch Ihr Geist in einem ruhigen, inspirierten Zustand ist, wird davon auch Ihre Körperhaltung beeinflußt, und Sie können viel natürlicher und müheloser sitzen. Es ist daher äußerst wichtig, die Haltung des Körpers mit dem Vertrauen zu verbinden, das entsteht, wenn Sie die Natur des Geistes erkennen.

Die Haltung, die ich erläutern werde, mag sich etwas von anderen unterscheiden, an die Sie vielleicht gewöhnt sind. Es ist die Haltung, die aus den Lehren des Dzogchen stammt, und die auch meine Meister mich gelehrt haben; ich empfinde sie als äußerst wirkungsvoll.

In den Dzogchen-Lehren heißt es, daß Ihre *Sicht und Körperhaltung* wie ein Berg sein sollen. Ihre Sicht ist die Summe Ihres gesamten Verständnisses und Ihrer Einsicht in die Natur des Geistes, die Sie in die Meditation einbringen. Diese Sicht überträgt sich in Ihre Haltung und inspiriert Sie, und so drücken Sie Ihr innerstes Wesen durch die Art aus, wie Sie sitzen.

Sitzen Sie also wie ein Berg – mit all der standhaften und unerschütterlichen Majestät eines Berges. Wie heftig auch die Stürme ihn umtoben, wie dicht sich auch die dunklen Wolken um seinen Gipfel ballen – ein Berg ruht immer vollkommen entspannt und natürlich gelassen in sich selbst. Sitzen Sie wie ein Berg und lassen Sie Ihren Geist sich erheben, lassen Sie ihn gleiten und schweben.

Was die Körperhaltung angeht, ist es am wichtigsten, den Rücken gerade zu halten wie «einen Pfeil» oder «einen Stapel Goldmünzen». Die «innere Energie» oder *Prāna* kann dann leicht durch die feinstofflichen Kanäle des Körpers fließen, und Ihr Geist wird seinen wahren Ruhezustand finden. Aber erzwingen Sie nichts. Der untere Teil der Wirbelsäule hat eine natürliche Biegung; Ihr Rücken sollte entspannt, aber aufrecht sein. Lassen Sie den Kopf ausgewogen und bequem auf dem Nacken ruhen. Ihre Schultern und der Oberkörper tragen die Kraft und Anmut der Haltung, und sie sollten im Gleichgewicht gehalten werden, ohne jegliche Spannung.

Sitzen Sie mit gekreuzten Beinen. Sie müssen aber nicht in der «vollen Lotos-Haltung» sitzen, was mehr bei fortgeschrittenen Yoga-Praktiken betont wird. Die gekreuzten Beine symbolisieren die Einheit von Leben und Tod, gut und schlecht, angemessenen Mitteln und Weisheit, dem männlichen und dem weiblichen Prinzip, Samsāra und Nirvāna; sie drücken den Humor der Nicht-Dualität aus. Vielleicht sitzen Sie aber auch lieber mit entspannten Beinen auf einem Stuhl. Halten Sie aber auf jeden Fall den Rücken gerade.[5]

In meiner Tradition sollen die Augen offen gehalten werden – dies ist ein sehr wichtiger Punkt. Wenn Sie empfindlich auf äußere Einflüsse reagieren, kann es jedoch zu Beginn Ihrer Praxis hilfreich sein, die Augen für eine Weile zu schließen und sich still nach innen zu wenden.

Wenn Sie dann fühlen, daß Sie zur Ruhe gekommen sind, öffnen Sie die Augen nach und nach wieder, und Sie werden merken, daß Ihr Blick friedvoller und ruhiger geworden ist. Dann sehen Sie nach unten, entlang Ihrer Nasenlinie, in einem Winkel von ungefähr 45 Grad vor sich auf den Boden. Ein allgemeiner praktischer Ratschlag besteht darin, den Blick zu senken, wenn der Geist aufgewühlt ist, ihn aber aufwärts zu richten, sobald er schläfrig und dumpf ist.

Ist Ihr Geist einmal ruhig und die Klarheit der Einsicht beginnt zu entstehen, werden Sie sich freier fühlen, den Blick zu heben, die Augen weiter zu öffnen und in den Raum vor sich zu schauen. Diese Art des Schauens wird in der Dzogchen-Praxis empfohlen.

In den Dzogchen-Lehren wird gesagt, daß *der Blick und die Meditation* wie die große Weite des Ozeans sein sollen: allumfassend, offen und grenzenlos. So wie Ihre Sicht untrennbar mit Ihrer Haltung verbunden ist, inspiriert Ihre Meditation Ihren Blick und sie verschmelzen zu einer Einheit.

Fixieren Sie den Blick also nicht auf irgend etwas Bestimmtes; wenden Sie sich statt dessen mehr nach innen und lassen Sie den Blick sich ausdehnen und immer offener und großzügiger werden. Sie werden dann feststellen, daß er immer weiter wird und daß in ihm mehr Mitgefühl, Gleichmut und Ausgewogenheit liegen.

Der tibetische Name für den Buddha des Mitgefühls ist Chenrezig. *Chen* bedeutet «Auge», *re* ist der «Augenwinkel» und *zig* heißt «sehen». Damit wird ausgedrückt, daß Chenrezig mit seinen mitfühlenden Augen die Bedürfnisse aller Lebewesen sieht. Richten Sie so das Mitgefühl, das aus Ihrer Meditation ausstrahlt, behutsam und sanft durch die Augen nach außen, so daß Ihr Blick zum Blick des Mitgefühls selbst wird – allumfassend und weit wie der Ozean.

Es gibt mehrere Gründe dafür, die Augen offen zu lassen. Mit offenen Augen werden Sie weniger leicht einschlafen. Und schließlich ist Meditation ja auch kein Mittel, um vor der Welt davonzulaufen oder in die trance-ähnlichen Erfahrungen eines veränderten Bewußtseinszustandes zu flüchten. Im Gegenteil, sie ist ein direkter Weg, uns zu einem tieferen Verständnis unserer selbst und zu einem angemessenen Umgang mit dem Leben und der Welt zu verhelfen.

Darum lassen Sie in der Meditation die Augen offen. Statt das Leben auszugrenzen, bleiben Sie offen und in Frieden mit allem. Lassen Sie alle Sinne – Hören, Sehen, Fühlen – ganz offen, natürlich, so wie sie sind, ohne nach ihren Wahrnehmungen zu greifen. Wie Dudjom Rinpoche sagt: «Obwohl verschiedene Formen gesehen werden, sind sie ihrem Wesen nach leer; in der Leerheit sieht man jedoch Formen. Obwohl verschiedene Klänge gehört werden, sind sie wesenhaft leer; in der Leerheit werden jedoch Klänge gehört. Auch die verschiedenen Gedanken, die entstehen, sind leer, jedoch werden in der Leere Gedanken wahrgenommen.» Was Sie auch sehen, was Sie auch hören, lassen Sie es, wie es ist, ohne zu greifen. Lassen Sie das Hören im Hören, das Sehen im Sehen, ohne Ihre Wahrnehmungen festhalten zu wollen.

Der besonderen Lichtheits-Praxis des Dzogchen zufolge befindet sich alles Licht unserer Weisheitsenergie im Herzzentrum, und dieses ist durch «Weisheitskanäle» mit den Augen verbunden. Die Augen sind also die «Tore» dieses Lichts, und man hält sie geöffnet, um diese Weisheitskanäle nicht zu blockieren.[6]

Lassen Sie den Mund leicht geöffnet, wenn Sie meditieren, als würden Sie gerade ein tiefes, enspannendes «Aaaah» sagen. Wenn Sie dies tun und hauptsächlich durch den Mund atmen, dann, so heißt es, entstehen die karmischen Winde, die diskursive Gedanken und Hindernisse in Ihrem Geist und Ihrer Meditation erzeugen können, weniger leicht.

Lassen Sie die Hände bequem auf den Knien ruhen. Diese Position nennt man «Geist in behaglicher Gelassenheit». In dieser Haltung drückt sich ein spielerischer Humor aus, ein Funken tiefer Hoffnung, gegründet auf das heimliche Verständnis, daß wir alle die Buddha-Natur besitzen. Indem Sie also diese Haltung einnehmen, ahmen Sie spielerisch einen Buddha nach; damit erkennen Sie Ihre eigene Buddha-Natur an und ermutigen sich, sie wahrhaftig zum Vorschein kommen zu lassen. Sie beginnen tatsächlich, sich als potentieller Buddha zu respektieren. Zur selben Zeit sind Sie sich Ihrer relativen Bedingtheit sehr wohl bewußt. Aber da Sie sich durch das freudige Vertrauen in Ihre eigene Buddha-Natur haben inspirieren lassen, können Sie Ihre negativen Aspekte leichter akzeptieren und freundlicher und humorvoller mit ihnen umgehen. Die Meditation lädt Sie ein, die Selbstachtung, Würde und tiefe Bescheidenheit des Buddha zu empfinden, der Sie ja sind. Ich sage oft, daß es schon genug ist, sich einfach von diesem freudigen Vertrauen inspirieren zu lassen: Aus diesem Verstehen und Vertrauen wird Meditation ganz natürlich entstehen.

Drei Meditationsmethoden

Der Buddha lehrte 84000 verschiedene Arten, negative Emotionen zu zähmen und zur Ruhe zu bringen, und der Buddhismus kennt unzählige Meditationsmethoden. Ich stelle hier drei davon vor, die ich als besonders wirkungsvoll für die heutige Zeit empfunden habe, und die jeder nutzbringend anwenden kann. Es handelt sich um das «Beobachten» des Atems, die Ausrichtung auf ein Objekt und die Rezitation eines Mantra.

I. Den Atem «beobachten»

Die erste Methode ist uralt und in allen Schulen des Buddhismus zu finden. Hier geht es darum, die Aufmerksamkeit sanft und achtsam auf dem Atem ruhen zu lassen.

Atem ist Leben, der einfachste und grundlegendste Ausdruck unseres Lebens. Im Judentum steht *Ruah*, Atem, für den Geist Gottes, der die Schöpfung inspiriert, und auch im Christentum besteht eine tiefe Verbindung zwischen dem Heiligen Geist, ohne den nichts leben könnte, und dem Atem. In den Lehren des Buddha gilt der Atem, oder Prāna auf Sanskrit, als das «Fahrzeug des Geistes», weil Prāna unserem Geist Beweglichkeit verleiht. Wenn Sie also den Geist beruhigen, indem Sie geschickt mit dem Atem arbeiten, schulen und zähmen Sie ihn gleichzeitig ganz automatisch. Haben wir nicht alle schon einmal die Erfahrung gemacht, wie entspannend es inmitten des hektischen und stressigen Lebens manchmal sein kann, für ein paar Minuten allein zu sein und einfach tief und ruhig ein- und auszuatmen? Schon eine so einfache Übung kann uns sehr helfen.

Wenn Sie meditieren, atmen Sie ganz natürlich, so wie immer. Richten Sie die Aufmerksamkeit sanft auf das Ausatmen. Wenn Sie ausatmen, fließen Sie einfach mit dem Atem. Jedesmal, wenn Sie ausatmen, lassen Sie los und befreien all Ihr Greifen und Festhalten. Stellen Sie sich vor, daß sich Ihr Atem in den allumfassenden Raum der Wahrheit auflöst. Jedesmal, wenn Sie ausgeatmet haben und bevor Sie wieder einatmen, finden Sie eine ganz natürliche Lücke – wenn das Greifen sich löst. Ruhen Sie in dieser Lücke, in diesem offenen Raum. Und wenn Sie dann ganz natürlich wieder einatmen, konzentrieren Sie sich nicht speziell auf das Einatmen, sondern lassen den Geist wieder in der Lücke ruhen, die sich aufgetan hat.

Es ist wichtig, daß Sie sich während der Übung nicht auf mentales Kommentieren, Analysieren oder inneres Geschwätz einlassen. Verwechseln Sie den ständigen Kommentar in Ihrem Geist («Jetzt atme ich ein, jetzt atme ich aus ...») nicht mit Achtsamkeit; wichtig ist die reine Präsenz.

Konzentrieren Sie sich auch nicht zu sehr auf den Atem; widmen Sie ihm etwa 25 Prozent Ihrer Aufmerksamkeit, die restlichen 75 Prozent

Padmasambhava, der »kostbare Meister« oder »Guru Rinpoche«, ist der Begründer des Tibetischen Buddhismus und gilt als der spezielle Buddha unserer Zeit. Es ist überliefert, daß er beim Anblick dieser Statue, die im 8. Jh. in Samye/Tibet geschaffen wurde, bemerkte: »Sie sieht aus wie ich«, worauf er sie segnete und sagte: »Jetzt ist sie genau wie ich!«

bleiben ruhig, weit offen und entspannt. Je achtsamer Sie dem Atem gegenüber werden, desto mehr sind Sie in der Gegenwart; Sie bringen die Fragmente, in die Sie zersplittert werden, wieder zu einer Ganzheit zusammen.

Indem Sie dann darüber hinausgehen, den Atem zu «beobachten», identifizieren Sie sich allmählich mit ihm, als würden Sie selbst zum Atem. Langsam werden der Atem, das Atmen und der Atmende eins – Dualität und Trennung lösen sich auf. Dieser einfache Prozeß der Achtsamkeit wird Ihre Gedanken und Emotionen filtern. Dann schält sich etwas ab wie eine alte Haut, und Sie werden frei.

Manche Menschen können sich allerdings in der Atembeobachtung nicht entspannen, fühlen sich mit dieser Übung nicht wohl und empfinden sie als beengend. Für sie kann die nächste Technik hilfreich sein.

II. Die Ausrichtung auf ein Objekt

Eine zweite Methode, die von vielen als sehr hilfreich empfunden wird, besteht darin, den Geist sanft auf einem Objekt ruhen zu lassen. Sie können einen Gegenstand von natürlicher Schönheit nehmen, der ein Gefühl der Inspiration in Ihnen erweckt, zum Beispiel eine Blume oder einen Kristall. Allerdings ist ein Objekt, das die Wahrheit verkörpert, wie ein Bild von Buddha oder Christus oder ganz besonders ein Bild Ihres Meisters oder Ihrer Meisterin von ganz besonderer Kraft. Ihr Meister ist Ihre *lebendige Verbindung* zur Wahrheit, und eben wegen dieser persönlichen Beziehung verbindet Sie der bloße Anblick seines Gesichtes mit der Inspiration und der Wahrheit Ihrer eigenen Natur.

Viele Menschen spüren eine ganz besondere Verbindung mit dem Bild der sogenannten «Sieht-aus-wie-ich-Statue» von Padmasambhava, die im achten Jahrhundert nach seinem lebenden Vorbild gefertigt und dann von ihm selbst gesegnet worden ist. Padmasambhava hat mit der enormen Kraft seiner spirituellen Persönlichkeit die Lehren des Buddha nach Tibet gebracht. Er ist als der «zweite Buddha» bekannt und wird von den Tibetern liebevoll «Guru Rinpoche», «kostbarer Meister», genannt.

Dilgo Khyentse Rinpoche hat gesagt: «Es hat viele unvergleichliche Meister in Indien und in Tibet, dem Land des ewigen Schnees, gegeben; von ihnen allein bringt jedoch Padmasambhava den Wesen dieses schwierigen Zeitalters am meisten Mitgefühl und Segen entgegen. Er verkörpert das Mitgefühl und die Weisheit aller Buddhas. Eine seiner Eigenschaften ist, daß er die Kraft besitzt, seinen Segen augenblicklich jedem zu gewähren, der ihn darum bittet; und welches Anliegen man auch haben mag – er hat die Kraft, unseren Wunsch augenblicklich zu erfüllen.»

Stellen Sie mit diesem Wissen sein Bild in Augenhöhe vor sich auf und richten Sie Ihre Aufmerksamkeit ruhig auf sein Gesicht, besonders auf den Ausdruck seiner Augen. Es ist eine tiefe Stille und Präsenz in seinem Blick, die Sie aus dem Foto fast anspringen und Sie in den Zustand eines Gewahrseins ohne Haften bringen können, den Zustand der Meditation. Dann lassen Sie den Geist einfach still und friedlich bei Padmasambhava.

III. Rezitation eines Mantra

Eine dritte Technik, die im tibetischen Buddhismus sehr häufig angewendet wird (wie auch im Sufismus, orthodoxen Christentum und Hinduismus), ist das Zusammenbringen des Geistes mit dem Klang eines Mantra. Die Definition von Mantra lautet «Das, was den Geist schützt». Das, was den Geist vor Negativität schützt, oder was Sie vor Ihrem eigenen Geist schützt, wird Mantra genannt.

Wenn Sie nervös, desorientiert oder emotional unstabil sind, kann das inspirierende Singen oder Rezitieren eines Mantra Ihren Zustand völlig verändern, indem es Energie und Atmosphäre des Geistes verwandelt. Wie ist das möglich? Ein Mantra ist die Essenz von Klang und die Verkörperung der Wahrheit in der Form von Klang. Jede Silbe ist durchdrungen von spiritueller Kraft, verdichtet eine tiefe spirituelle Wahrheit. Ein Mantra bringt den Segen der Sprache aller Buddhas zum Schwingen. Man sagt auch, daß der Geist auf der feinstofflichen Energie des Atems (Prāna) «reitet», die durch die feinstofflichen Kanäle des Körpers zirkuliert. Wenn Sie also ein Mantra singen, laden Sie den Atem und damit auch diese Energie mit der Kraft des Mantra auf und arbeiten auf diese Weise direkt mit dem Geist und dem feinstofflichen Körper.

Das Mantra, das ich meinen Schülern empfehle, lautet OM AH HUM VAJRA GURU PADMA SIDDHI HUM (die Tibeter sprechen es *Om Ah Hung Benza Guru Pema Siddhi Hung*). Das ist das Mantra von Padmasambhava, das Mantra aller Buddhas, Meister und verwirklichten Wesen, und es ist außerordentlich kraftvoll und wirksam für Frieden, Heilung, Transformation und als Schutz in diesem von Gewalt geschüttelten, chaotischen Zeitalter.[7] Rezitieren Sie das Mantra ganz leicht, mit tiefer Aufmerksamkeit, und lassen Sie Atem, Mantra und Gewahrsein langsam eins werden. Oder singen Sie es in einer inspirierenden Melodie und ruhen Sie dann in der ganz besonderen Stille, die manchmal darauf folgt.

Selbst nach einem ganzen Leben an Erfahrung mit dieser Praxis, versetzt mich die Kraft des Mantra manchmal immer noch in Erstaunen. Vor einigen Jahren leitete ich in Lyon einen Kurs mit dreihundert Menschen, hauptsächlich Hausfrauen und Therapeuten. Ich hatte schon den ganzen Tag gelehrt, aber sie schienen ihre Zeit mit mir wirklich ausnutzen zu wollen und stellten mir pausenlos eine Frage nach der anderen. Gegen Ende des Nachmittags war ich völlig ausgelaugt, und eine schwere, dumpfe Atmosphäre hatte sich über den Raum gelegt. Da sang ich ein Mantra, genau das Mantra, das ich oben vorgestellt habe. Die Wirkung war erstaunlich: In ein paar Augenblicken war meine ganze Energie wiederhergestellt, die Atmosphäre um uns hatte sich gewandelt und das gesamte Publikum schien wieder freudig und inspiriert. Ähnliche Erfahrungen habe ich immer und immer wieder gemacht, und daher weiß ich, daß es nicht nur ein zufälliges «Wunder» war!

Der Geist in der Meditation

Was soll man «tun» mit dem Geist in der Meditation? Überhaupt nichts. Lassen Sie ihn einfach, wie er ist. Ein Meister beschrieb Meditation als «Geist, schwebend im Raum, nirgendwo».

Ein bekanntes Sprichwort sagt: «Wenn der Geist ungekünstelt bleibt, ist er von selbst glückselig, so wie Wasser, das nicht aufgewühlt wird, von Natur aus durchsichtig und klar ist.» Ich vergleiche den Geist in der Meditation oft mit einem Gefäß voll schlammigen Wassers: Je weniger wir das Wasser aufrühren, desto mehr Teilchen sinken auf den Grund und um so offensichtlicher wird die natürliche Klarheit des Wassers. Auch die Natur des Geistes ist so beschaffen, daß er – in seinem unveränderten und natürlichen Zustand belassen – von selbst zu seiner eigenen, wahren Natur von Glückseligkeit und Klarheit findet.

Hüten Sie sich also davor, dem Geist etwas vorzuschreiben oder ihn einzuengen. Wenn Sie meditieren, sollten Sie sich nicht um Kontrolle mühen und auch keinen Versuch machen, friedvoll zu sein. Seien Sie nicht übermäßig feierlich, weil Sie glauben, an einem besonderen Ritual teilzunehmen; lassen Sie selbst die Vorstellung fallen, daß Sie überhaupt meditieren. Lassen Sie den Körper, wie er ist, und den Atem sich selbst finden. Fühlen Sie sich wie der Himmel, der das ganze Universum hält.

Eine feine Ausgewogenheit

Wie in allen Künsten, muß es auch in der Meditation eine feine Ausgewogenheit zwischen Entspannung und Wachheit geben. Einst übte ein Mönch namens Shrona mit einem der engsten Schüler des Buddha Meditation. Er hatte große Schwierigkeiten, die richtige Geisteshaltung zu finden. Erst machte er so große Anstrengungen, sich zu konzentrieren, daß er schließlich Kopfschmerzen bekam. Daraufhin entspannte er seinen Geist so sehr, daß er einschlief. Schließlich wandte er sich hilfesuchend an den Buddha. Der Buddha wußte, daß Shrona ein berühmter Musiker gewesen war, bevor er Mönch wurde, und so fragte er ihn: «Hast du nicht die Vina gespielt, als du noch Laie warst?»

Shrona nickte.

«Wann hatte deine Vina den besten Klang? Wenn du die Saiten sehr straff gespannt hattest, oder wenn sie eher locker waren?»

«Weder noch. Sie mußten genau die richtige Spannung haben, weder zu fest, noch zu locker.»

«Nun, mit deinem Geist verhält es sich ganz genauso.»

Eine der größten Meisterinnen Tibets, Ma Chik Lap Drön, sagte: «Auf wache Weise wach; auf entspannte Weise entspannt. Das ist der entscheidende Punkt in der Sicht der Meditation.» Erwecke deine Wachheit, sei aber gleichzeitig entspannt – so entspannt, daß du nicht einmal mehr an der Vorstellung von Entspannung festhältst.

Gedanken und Emotionen: Die Wellen und der Ozean

Häufig kommen Menschen zu mir, die gerade anfangen zu meditieren, und sagen, daß ihre Gedanken regelrecht verrückt spielen und wilder geworden seien als jemals zuvor. Ich beruhige sie dann und erkläre ihnen, daß dies ein gutes Zeichen ist. Es bedeutet nämlich überhaupt nicht, daß ihre Gedanken wilder geworden wären, sondern nur, daß sie selber ruhiger geworden sind, und daß ihnen endlich bewußt wird, wie lärmend ihre Gedanken schon immer gewesen sind. Lassen Sie sich also nicht entmutigen, geben Sie nicht auf! Was immer auch erscheint, bleiben Sie einfach präsent, kehren Sie zum Atem zurück – selbst inmitten aller Verwirrung.

In den traditionellen Meditationsanweisungen heißt es, daß die Gedanken am Anfang ununterbrochen erscheinen und sich überstürzen wie ein Wasserfall. Wenn Sie die Meditation allmählich vervollkommnen, werden die Gedanken wie Wasser, das durch eine tiefe, enge Schlucht fließt; später sind sie wie ein großer Fluß, der sich gemächlich dem Meer entgegenwindet; und schließlich ähnelt der Geist einem glatten, stillen Ozean, nur hier und da von kleinen Wellen gekräuselt.

Manche Menschen denken, daß sie keinerlei Gedanken oder Emotionen haben dürften, wenn sie meditieren; und wenn dann doch welche auftauchen, ärgern sie sich über sich selbst und machen sich Vorwürfe, weil sie glauben, versagt zu haben. Das ist völlig falsch. Ein tibetisches Sprichwort sagt: «Es ist ein bißchen viel verlangt, wenn man Fleisch ohne Knochen und Tee ohne Blätter haben möchte.» Solange Sie einen Geist haben, wird es auch Gedanken und Emotionen geben.

So wie der Ozean Wellen hat oder die Sonne Strahlen, so sind Gedanken und Emotionen die dem Geist eigene Strahlung. Der Ozean hat Wellen, er läßt sich aber von ihnen nicht besonders stören. Wellen gehören zur Natur des Ozeans. Sie erheben sich, doch wohin gehen sie? Zurück in den Ozean. Und wo kommen die Wellen her? Aus dem Ozean. Gleichermaßen sind Gedanken und Emotionen die Strahlung und der Ausdruck der Natur des Geistes selbst. Sie entstehen aus dem Geist, und wohin lösen sie sich auf? Zurück in den Geist. Was immer auch erscheint, sehen Sie es nicht als besonderes Problem. Wenn Sie nicht impulsiv reagieren, sondern einfach geduldig bleiben, wird es wieder in seiner essentiellen Natur zur Ruhe kommen.

Wenn Sie dieses Verständnis besitzen, wird das Auftauchen von Gedanken Ihre Übung nur noch stärken. Wenn Sie sie aber nicht als das erkennen, was sie eigentlich sind – die Strahlung der Natur Ihres Geistes –, dann werden genau dieselben Gedanken der Keim der Verwirrung. Bewahren Sie also eine weite, offene und mitfühlende Einstellung gegenüber Ihren Gedanken und Emotionen, denn sie gehören ja tatsächlich zur Familie, zur Familie Ihres Geistes. Dudjom Rinpoche sagte oft, Sie sollten sich ihnen gegenüber verhalten «wie ein weiser, alter Mann, der einem Kind beim Spielen zuschaut».

Oft fragen wir uns, wie wir mit unserer Negativität oder bestimmten störenden Emotionen umgehen können. In der offenen Weite der Meditation können Sie Ihre Gedanken und Emotionen mit einer völlig unvoreingenommenen Haltung anschauen. Wenn sich Ihre Einstellung ändert, verwandelt sich die gesamte Atmosphäre Ihres Geistes bis hin zu Ihren Gedanken und Emotionen. Wenn Sie umgänglicher werden, werden sie es auch; wenn Sie keine Schwierigkeiten mit ihnen haben, dann haben Ihre Gedanken und Emotionen auch keine mehr mit Ihnen.

Was für Gedanken und Emotionen sich auch immer einstellen mögen, lassen Sie sie einfach entstehen und wieder vergehen wie Wellen im Ozean. Was immer Sie denken, lassen Sie die Gedanken auftauchen und wieder verschwinden, ohne irgendeinen Zwang. Greifen Sie nicht nach ihnen, füttern Sie sie nicht und schwelgen Sie nicht in ihnen; haften Sie nicht an ihnen und versuchen Sie nicht, sie zu verfestigen. Folgen Sie den Gedanken weder, noch laden Sie sie ein. Seien Sie wie der Ozean, der seine Wellen betrachtet, oder wie der Himmel, der auf die Wolken, die durch ihn hindurchziehen, hinabschaut.

Sie werden bald merken, daß Gedanken kommen und gehen wie der Wind. Das Geheimnis ist, nicht über die Gedanken nachzudenken, sondern sie einfach fließen zu lassen, gleichzeitig aber den Geist «frei von Nachgedanken» zu halten. Im gewöhnlichen Geist empfinden wir den Strom der Gedanken als kontinuierlich, aber das entspricht nicht den Tatsachen. Sie können selbst feststellen, daß es eine Lücke zwischen den Gedanken gibt. Wenn der eine Gedanke vorüber und der nächste noch nicht entstanden ist, gibt es immer eine Lücke – und in ihr enthüllt sich Rigpa, die Natur des Geistes. Es ist daher die Aufgabe der Meditation, den Gedankenfluß so weit zu verlangsamen, daß diese Lücke deutlicher wird.

Mein Meister hatte einen vornehmen indischen Diplomaten und Schriftsteller namens Apa Pant zum Schüler. Er war indischer Botschafter in verschiedenen Hauptstädten der Welt und Repräsentant der indischen Regierung in der tibetischen Hauptstadt Lhasa sowie zeitweise in Sikkim gewesen. Er praktizierte Meditation und Yoga, und jedesmal, wenn er meinem Meister begegnete, fragte er: «Wie soll ich meditieren?» Er folgte damit einer asiatischen Tradition, nach der der Schüler seinem Meister eine einfache, aber grundlegende Frage immer wieder stellt.

Apa Pant hat die folgende Geschichte selbst erzählt. Eines Tages schaute unser Meister Jamyang Khyentse sich «Lama-Tänze» vor dem Tempel des Königspalastes in Gangtok, der Hauptstadt Sikkims, an und amüsierte sich gerade über die Späße des Atsara, des Clowns, der zwischen den Tänzen für Erheiterung sorgt. Apa Pant gab keine Ruhe und fragte wieder und wieder, wie er meditieren solle. Schließlich antwortete mein Meister, in einem Ton, der Apa Pant spüren ließ, daß er es ihm nun ein für allemal klarmachen werde: «Schau, es ist so: Wenn ein vergangener Gedanke aufgehört hat und ein zukünftiger Gedanke noch nicht entstanden ist, gibt es da nicht eine Lücke?»

«Ja», sagte Apa Pant.

«Nun gut, verlängere sie! Das ist Meditation.»

Erfahrungen

Im Lauf Ihrer Praxis werden Sie viele verschiedene Erfahrungen machen, sowohl gute als auch schlechte. So, wie ein Raum mit vielen Türen und Fenstern dem Wind viele Möglichkeiten bietet, hereinzuwehen, so ist es nur natürlich, daß mit der Öffnung Ihres Geistes viele Erfahrungen auftreten. Sie mögen Zustände von Glückseligkeit, Klarheit oder Abwesenheit von Gedanken erfahren. In gewisser Hinsicht sind das recht gute Erfahrungen, die einen Fortschritt in Ihrer Meditation anzeigen. Wenn Sie nämlich Glückseligkeit erfahren, ist das ein Zeichen, daß sich Begierde vorübergehend aufgelöst hat; wenn Sie echte Klarheit erfahren, zeigt das an, daß Aggression für eine Weile aufgehört hat; wenn Sie die Abwesenheit von Gedanken erfahren, ist das ein Zeichen, daß Ihre Unwissenheit zeitweilig gestorben ist. Für sich genommen sind das gute Erfahrungen, aber wenn Sie daran hängenbleiben, werden sie zu Hindernissen. Erfahrungen sind selbst keine Verwirklichungen, aber wenn wir nicht an ihnen kleben bleiben, werden sie zu dem, was sie eigentlich sind: Rohstoff für die Erleuchtung.

Negative Erfahrungen werden am ehesten mißverstanden, weil wir sie gewöhnlich als schlechte Zeichen deuten. Tatsächlich aber sind die schlechten Erfahrungen unserer Praxis ein versteckter Segen. Versuchen Sie nicht wie gewöhnlich mit Widerwillen auf sie zu reagieren, sondern erkennen Sie sie als das, was sie eigentlich sind – bloße Erfahrungen, illusorisch und traumgleich. Die Erkenntnis der wahren Natur der Erfahrungen bewahrt Sie vor der Gefahr oder dem möglichen Schaden, die sie mit sich bringen, und so kann selbst eine negative Erfahrung zur Quelle großer Inspiration und Erfüllung werden. Es gibt unzählige Geschichten, wie Meister auf diese Weise mit negativen Erfahrungen umgingen und sie so zu Katalysatoren ihrer Verwirklichung machten.

In der Tradition heißt es, daß für einen echten Praktizierenden nicht die negativen Erfahrungen die wahren Hindernisse darstellen, sondern die positiven. Wenn alles gut läuft, müssen Sie besonders vorsichtig und achtsam sein, um nicht selbstzufrieden oder zu zuversichtlich zu werden. Erinnern Sie sich an das, was Dudjom Rinpoche zu mir gesagt hat, als ich mitten in einer überwältigenden Erfahrung steckte: «Reg dich nicht so auf. Am Ende ist es weder gut noch schlecht.» Er sah, daß ich begonnen hatte, die Erfahrung festhalten zu wollen: *dieses Anhaften* muß, wie jedes andere auch, durchschnitten werden. Was wir in der Meditation wie auch im Leben lernen müssen, ist frei zu bleiben vom Anhaften an gute Erfahrungen und frei von Abneigung gegen schlechte.

Dudjom Rinpoche warnt uns vor einer weiteren Falle:

> Andererseits kannst du in der Meditation einen trüben, halbbewußten, abgehobenen Zustand erleben, eine verträumte Dumpfheit, als hättest du einen Sack über dem Kopf. Dies ist nichts anderes als eine Art vernebelter, geistloser Stagnation. Wie kommst du aus diesem Zustand wieder heraus? Mach dich wach, strecke deinen Rücken, atme die abgestandene Luft aus deinen Lungen aus und richte dein Gewahrsein in den klaren Raum, um deinen Geist zu erfrischen. Würdest du in diesem Zustand der Stagnation verharren, könntest du dich nicht weiterentwickeln. Wann immer dieser Rückschlag also auftritt, bereinige ihn wieder und wieder. Es ist wichtig, so aufmerksam und wachsam zu sein, wie nur irgend möglich.»

Welche Methode Sie auch anwenden – lassen Sie sie fallen oder sich einfach von selbst auflösen, wenn Sie merken, daß Sie ganz natürlich in einen Zustand wachen, weiten und lebendigen Friedens gelangt sind. Dann verweilen Sie einfach still darin, ohne Ablenkung und ohne noch irgendeine Methode zu Hilfe zu nehmen. Die Methode hat ihren Zweck bereits erfüllt. Wenn Sie jedoch abschweifen oder abgelenkt werden, dann kehren Sie wieder zu der Technik zurück, die sich als wirksam erwiesen hat, um sich wieder in den Zustand der Meditation zurückzubringen.

Die wahre Größe der Meditation ist nicht in irgendeiner Methode zu finden. Sie liegt in einer kontinuierlichen und lebendigen Erfahrung von Präsenz und Glückseligkeit, in Klarheit, Frieden und – am wichtigsten von allem – in der völligen Abwesenheit jeden Greifens. Wenn das Greifen in Ihnen abnimmt, ist das ein Zeichen, daß Sie freier von sich selbst zu werden beginnen. Und je mehr Sie diese Freiheit erfahren, ein desto deutlicheres Zeichen ist es dafür, daß sich Ihr Ich sowie Hoffnung und Furcht, die es am Leben erhalten, auflösen, und daß Sie der unendlich großzügigen «Weisheit der Ichlosigkeit» immer näher kommen. Wenn Sie in dieser Weisheit Ihre Heimat gefunden haben, gibt es keine Grenze mehr zwischen «ich» und «du», «diesem» und «jenem», «innen» und «außen»; Sie haben endlich Ihr wahres Zuhause gefunden, den Zustand der Nicht-Dualität.[8]

Pausen machen

Oft fragen nun die Leute: «Wie lange soll ich meditieren? Und wann? Soll ich zwanzig Minuten morgens und abends üben, oder ist es besser, mehrere kurze Sitzungen über den Tag zu verteilen?» Ja, es ist gut, zwanzig Minuten zu praktizieren, obwohl das nicht heißen soll, zwanzig Minuten seien die Grenze. Ich habe in den Schriften nirgends etwas von zwanzig Minuten gelesen. Ich denke, diese Maßeinheit ist im Westen entstanden, und ich nenne sie daher «westliche Meditations-Standardzeit». Es geht nicht darum, wie lange Sie üben, sondern ob die Übung Sie tatsächlich in einen Zustand von Achtsamkeit und Präsenz bringt, einen Zustand, in dem Sie ein bißchen offener sind und in der Lage, mit Ihrer Herz-Essenz in Kontakt zu kommen. Fünf Minuten waches Sitzen sind wesentlich besser als zwanzig Minuten Dösen!

Dudjom Rinpoche hat immer gesagt, daß Anfänger in kurzen Sitzungen meditieren sollten. Üben Sie vier oder fünf Minuten und entspannen Sie sich dann für etwa eine Minute. Lassen Sie während dieser Pause die Methode los, aber auf keinen Fall Ihre Achtsamkeit. Manchmal, wenn Sie mit der Übung zu kämpfen hatten, kann es geschehen, daß merkwürdigerweise genau in dem Moment, in dem Sie die Methode fahrenlassen, Meditation tatsächlich geschieht – sofern Sie achtsam und präsent bleiben. Darum ist die Pause ein genauso wichtiger Teil der Meditation wie das Sitzen selbst. Manchmal sage ich meinen Schülern, die Probleme mit ihrer Übung haben, daß sie während der Pause meditieren und während ihrer Meditation Pause machen sollen!

Sitzen Sie für kurze Zeit, und machen Sie dann eine kurze Pause, nur für etwa eine halbe bis eine Minute. Bleiben Sie aber achtsam bei allem was Sie tun, damit Sie nicht aus der Präsenz mit ihrer natürlichen Gelassenheit herausfallen. Dann konzentrieren Sie sich und sitzen wieder. Wenn Sie viele solcher kurzen Sitzungen machen, können die Pausen Ihre Meditation realer und inspirierender machen; sie werden die unbeholfene, ermüdende Verkrampftheit und unnatürliche Feierlichkeit aus Ihrer Übung nehmen und Ihnen mehr und mehr Sammlung und Gelassenheit bringen. Durch dieses Wechselspiel von Pausen und Sitzungen wird allmählich die Grenze zwischen Meditation und Alltagsleben brüchig, der Gegensatz zwischen ihnen löst sich auf, und Sie werden sich zunehmend ohne Ablenkung in natürlicher, reiner Präsenz finden. Wie Dudjom Rinpoche zu sagen pflegte: «Selbst wenn der Meditierende die Meditation verlassen mag – die Meditation wird den Meditierenden nicht mehr verlassen.»

Integration: Meditation im Handeln

Mir ist aufgefallen, daß den Menschen, die sich heute einer spirituellen Praxis widmen, eines wirklich fehlt: das Wissen, wie sie die Meditationspraxis in ihr Alltagsleben integrieren können. Ich kann es nicht deutlich genug sagen: Die Integration der Meditation ins Handeln ist die ganze Grundlage und Sinn und Zweck der Meditation. Die Allgegenwart von Gewalt und Streß, die Herausforderungen und Ablenkungen des modernen Lebens lassen diese Integration nur noch dringlicher werden.

Manche Leute beklagen sich bei mir: «Ich meditiere seit zwölf Jahren, aber irgendwie habe ich mich nicht verändert. Ich bin immer noch derselbe – warum?» Weil ein Abgrund zwischen ihrer spirituellen Praxis und ihrem Alltagsleben klafft. Sie scheinen zu zwei verschiedenen Welten zu gehören, die sich nicht im geringsten gegenseitig inspirieren. Ich erinnere mich an einen Lehrer, den ich in Tibet in der Schule hatte. Er konnte brillant die Regeln der tibetischen Grammatik erklären, aber kaum einen fehlerlosen Satz schreiben!

Wie nun können wir diese Integration erreichen, diese Durchdringung des Alltags mit dem ruhigen Humor und der großzügigen Gelassenheit der Meditation? Das geht nicht ohne regelmäßige Übung. Denn nur durch echte Übung beginnen wir, die Ruhe der Natur unseres Geistes ununterbrochen zu spüren, und erlangen so die Fähigkeit, diese Erfahrung in unserem Alltagsleben aufrechtzuerhalten.

Ich rate meinen Schülern immer, nicht zu schnell aus der Meditation herauszukommen: Lassen Sie den Frieden der Meditationsübung für einige Minuten in Ihr Leben einfließen. Mein Meister Dudjom Rinpoche riet: «Spring nicht gleich auf und eile weg, sondern vermische deine Achtsamkeit mit dem Alltag. Sei wie ein Mann mit einem Schädelbruch, der immer auf der Hut ist und sorgsam bedacht, nirgends anzustoßen.»

Es ist wichtig, nach der Meditation nicht gleich wieder unserer gewohnten Neigung, die Dinge als solide wahrzunehmen, nachzugeben. Wenn Sie in den Alltag zurückkehren, lassen Sie die Weisheit und Einsicht, das Mitgefühl und den Humor, die Geschmeidigkeit, Weite und Gelassenheit, die die Meditation in Ihnen wachgerufen haben, Ihre Alltagserfahrung durchdringen. Meditation erweckt die Erkenntnis in Ihnen, daß die Natur von allem illusorisch und traumgleich ist; halten Sie dieses Gewahrsein selbst im dicksten Samsāra aufrecht. Ein großer Meister sagte: «Nach der Meditationspraxis sei ein Kind der Illusion.»

Dudjom Rinpoche gibt folgenden Rat: «In gewissem Sinn ist alles traumgleich und illusorisch, aber dennoch machst du alles voller Humor weiter. Wenn du zum Beispiel gehst, dann schreite ohne unnötige Feierlichkeit oder Befangenheit leichten Herzens dem offenen Raum der Wahrheit entgegen. Wenn du sitzt, sei die Festung der Wahrheit. Wenn du ißt, füttere deine Negativitäten und Täuschungen in den Bauch der Leerheit, löse sie auf im allumfassenden Raum. Und wenn du zur Toilette gehst, stell dir vor, daß alle deine Verblendungen und Blockaden gereinigt und herausgespült werden.»

Was also wirklich zählt, ist nicht die Übung des Sitzens selbst, sondern vielmehr der Geisteszustand, in dem Sie sich nach der Meditation befinden. Diesen ruhigen und zentrierten Geisteszustand sollten Sie in allem, was Sie tun, aufrechterhalten. Mir gefällt die Zen-Geschichte, in der ein Schüler seinen Meister fragt:

«Meister, wie setzt Ihr Erleuchtung in die Tat um? Wie praktiziert Ihr sie im Alltag?»

«Indem ich esse und indem ich schlafe», antwortete der Meister.

«Aber Meister, jeder ißt, und jeder schläft.»

«Aber nicht jeder ißt, wenn er ißt, und nicht jeder schläft, wenn er schläft.»

Daraus leitet sich der bekannte Zen-Spruch ab: «Wenn ich esse, esse ich; wenn ich schlafe, schlafe ich.»

Zu essen, wenn du ißt, und zu schlafen, wenn du schläfst, bedeutet, in allen Handlungen vollständig präsent zu sein, ohne daß die Ablenkungen des Ego uns davon abhalten, ganz und gar da zu sein. Das ist Integration. Und wenn Sie das wirklich erreichen wollen, dürfen Sie Meditation nicht nur als gelegentliche Medizin oder Therapie ausüben, sondern müssen sie als Ihr täglich Brot betrachten. Deshalb läßt sich die Kraft zu dieser Integration auch besonders gut in der Atmosphäre einer Meditationsklausur entwickeln, weit weg vom Streß des modernen Großstadtlebens.

Viel zu oft kommen Menschen zur Meditation in der Hoffnung auf außergewöhnliche Ergebnisse. Sie erwarten Visionen, Lichterscheinungen oder übernatürliche Ereignisse. Wenn solche Dinge dann nicht eintreten, sind sie schwer enttäuscht. Das wirkliche Wunder der Meditation ist aber gewöhnlicher und viel nützlicher. Es ist eine subtile Transformation, und diese Verwandlung findet nicht nur in Ihrem Geist und Ihren Emotionen statt, sondern tatsächlich auch in Ihrem Körper. Sie ist äußerst heilsam. Wissenschaftler und Ärzte haben entdeckt, daß sogar die Körperzellen voller Freude sind, wenn man guter Laune ist; und daß umgekehrt die Körperzellen bösartig werden können, wenn der Geist in einem eher negativen Zustand ist. Ihr gesamter Gesundheitszustand ist innig verknüpft mit dem Zustand Ihres Geistes und Ihrer ganzen Art zu sein.

Inspiration

Ich habe gesagt, daß Meditation der Weg zur Erleuchtung ist und die größte Aufgabe dieses Lebens. Und wann immer ich über Meditation spreche, betone ich die Notwendigkeit, sie mit entschiedener Disziplin und einsgerichteter Hingabe zu praktizieren; gleichzeitig spreche ich stets davon, wie wichtig es ist, sie so inspiriert und kreativ wie nur irgend möglich zu üben. In gewisser Hinsicht ist Meditation eine Kunst, und man sollte sie mit der Freude und dem schöpferischen Erfindungsreichtum eines Künstlers angehen.

Wir sind voll genialer Ideen und Erfindungsgeist, wenn es darum geht, in der Welt des ehrgeizigen Wettkampfes und der Neurosen zu leben. Die gleiche Fülle an Inspiration sollten wir der Suche nach unserem inneren Frieden widmen. Es gibt so viele Möglichkeiten, den Zugang zur Meditation so freudvoll wie nur möglich zu gestalten. Sie finden vielleicht ein Musikstück, das Sie berührt und das Sie nutzen können, um Ihr Herz und Ihren Geist zu öffnen. Sie können Gedichte sammeln oder Zitate aus den Lehren, die Sie über die Jahre inspiriert haben, und diese immer wieder zur Hand nehmen, um Ihren Geist zu erheben. Ich zum Beispiel liebe die tibetische Thangka-Malerei und schöpfe Kraft aus ihrer Schönheit. Auch Sie können Bilder finden, die ein erhebendes Gefühl in Ihnen hervorrufen, und Ihr Zimmer damit schmücken. Hören Sie sich eine Kassette mit der Belehrung eines großen Meisters an, oder einen spirituellen Gesang. Schon mit nur einer Blume, einem Räucherstäbchen, einer Kerze, einem Photo eines erleuchteten Meisters, der Statue einer Gottheit oder eines Buddha können Sie aus dem Ort, an dem Sie meditieren, ein schlichtes Paradies machen. Sie können das gewöhnlichste Zimmer in ein intimes

Heiligtum verwandeln, in eine Umgebung, in der Sie Tag für Tag Ihrem wahren Selbst begegnen, mit all der Freude und fröhlichen Festlichkeit eines Wiedersehens alter Freunde.

Wenn sich Meditation in Ihrer Stadtwohnung nicht natürlich einstellt, seien Sie erfinderisch und gehen Sie hinaus in die Natur. Die Natur ist eine nie versiegende Quelle der Inspiration. Gehen Sie – um Ihren Geist zu beruhigen – zur Dämmerung im Park spazieren. Oder betrachten Sie den Tau auf einer Rose im Garten. Legen Sie sich auf die Erde, schauen Sie in den Himmel und lassen Sie Ihren Geist sich in seine Weite hinein öffnen. Lassen Sie den äußeren Himmel einen Himmel in Ihnen erwekken. Rasten Sie an einem Fluß und mischen Sie Ihren Geist mit seiner Strömung, werden Sie eins mit seinem unaufhörlichen Klang. Setzen Sie sich an einen Wasserfall und lassen Sie sein heilsames Lachen Ihren Geist reinigen. Gehen Sie am Meeresstrand spazieren und spüren Sie die salzige Brise voll und frisch im Gesicht. Erfreuen Sie sich an der Schönheit des Mondlichts und lassen Sie sich davon ins Gleichgewicht bringen. Ruhen Sie an einem See oder in einem Garten, atmen Sie ruhig und lassen Sie den Geist still werden mit dem langsamen, majestätischen Aufgehen des Mondes in einer wolkenlosen Nacht.

Alles kann Einladung zur Meditation sein. Ein Lächeln, ein Gesicht in der U-Bahn, der Anblick einer kleinen Blume, die aus einem Riß im Beton wächst, der reiche Faltenwurf eines Stoffes im Schaufenster, das Sonnenlicht auf einer Blume auf der Fensterbank. Seien Sie wach für jedes Zeichen von Schönheit und Anmut. Bringen Sie jede Freude dar, seien Sie sich immer der «Botschaft, die ständig aus der Stille kommt»[9] bewußt.

So werden Sie langsam zum Meister Ihrer eigenen Glückseligkeit, zum Alchimisten Ihrer eigenen Freude. Sie haben alle Mittel und Rezepte stets zur Hand, durch die Sie jeden Ihrer Atemzüge und jede Bewegung mit Heiterkeit, Licht und Inspiration zu tränken vermögen. Was zeichnet jemanden aus, der wahrhaft einen spirituellen Weg geht? Es ist jemand, der immer in der Gegenwart seines wahren Selbst lebt, ein Mensch, der die Quellen tiefster Inspiration gefunden hat und sich unaufhörlich an ihnen labt. Lewis Thompson, ein moderner englischer Schriftsteller, schrieb: «Christus lebte als größter Poet die Wahrheit so leidenschaftlich, daß jede seiner Gesten – gleichzeitig reine Tat und vollkommenes Symbol – das Transzendente verkörpert.»[10]

Das Transzendente zu verkörpern, dafür sind wir auf dieser Welt.

6. Evolution, Karma und Wiedergeburt

Es heißt, daß der Buddha in jener folgenschweren Nacht, als er Erleuchtung erlangte, verschiedene Stufen des Erwachens durchlaufen habe. In der ersten wandte er seinen Geist, der «gesammelt und gereinigt, ohne Makel, frei von Verblendung, geschmeidig, flexibel, einsgerichtet und unerschütterlich» geworden war, auf die Erinnerung seiner früheren Leben. Folgendes hat er uns über diese Erfahrung zu berichten:

> Ich erinnerte mich an viele früher durchlebte Existenzen: eine Geburt, zwei, fünf . . . fünfzig, hundert . . . hunderttausende, in verschiedenen Weltzeitaltern. Ich wußte alles über diese verschiedenen Leben: wann sie stattgefunden hatten, wie mein Name gewesen war, wer meine Eltern gewesen und was ich getan hatte. Ich durchlebte nochmals das Gute und Schlechte sowie den Tod eines jeden Lebens und kam wieder und wieder ins Leben zurück. Auf diese Weise erinnerte ich mich unzähliger vergangener Existenzen mit all ihren Eigenarten und den genauen Umständen. Dieses Wissen erlangte ich in der ersten Nachtwache.[1]

Seit den Anfängen der Geschichte hat der feste Glaube an Wiedergeburt und an ein Weiterleben nach dem Tod einen zentralen Platz in fast allen Weltreligionen eingenommen. Der Glaube an Wiedergeburt war auch im frühen Christentum noch verbreitet und überlebte in verschiedenen Ausformungen bis ins Mittelalter. Origenes, einer der einflußreichsten Kirchenväter, glaubte an eine «Vorexistenz der Seelen». Er schrieb im dritten Jahrhundert: «Jede Seele kommt gestärkt durch die Siege oder geschwächt durch die Niederlagen aus vergangenen Leben in diese Welt.» Obwohl das Christentum den Glauben an Reinkarnation bald ablehnte, lassen sich seine Spuren noch im Denken der ganzen Renaissance nachweisen. Sie finden sich in den Werken großer romantischer Poeten wie Blake und Shelley und ganz unvermutet auch bei einer Persönlichkeit wie dem Romancier Balzac. Nach dem Aufkommen des Interesses an östlichen Religionen Ende des 19. Jahrhunderts im Abendland, haben dort viele Menschen begonnen, sich mit dem hinduistischen und buddhistischen Wissen um die Wiedergeburt zu befassen. So schrieb zum Beispiel der amerikanische Industrielle Henry Ford:

> Ich wandte mich der Theorie der Reinkarnation im Alter von sechsundzwanzig Jahren zu. Religion hatte mir nichts Wesentliches zu bieten. Selbst meine Arbeit konnte mich nicht restlos befriedigen. Arbeit ist fruchtlos, wenn man die Erfahrungen aus einem Leben nicht im nächsten nutzen kann. Als ich die Reinkarnation entdeckte ... war die Zeit nicht mehr begrenzt. Ich war nicht mehr Sklave der Uhr ... Ich würde anderen gern von der Ruhe Mitteilung machen, die uns eine langfristige Sicht des Lebens verleiht.[2]

Erst 1982 ergab eine Meinungsumfrage, daß beinahe jeder vierte Amerikaner an Reinkarnation glaubt.[3] Ein erstaunliches Ergebnis, wenn man bedenkt, wie weitgehend unsere materialistische und wissenschaftliche Philosophie beinahe jeden Aspekt des Lebens beherrscht.

Die meisten Menschen haben aber nur eine äußerst vage Vorstellung von einem Leben nach dem Tod und überhaupt keine Ahnung mehr, wie ein solches Leben tatsächlich aussehen könnte. Immer wieder habe ich von Menschen gehört, daß sie einfach nicht an etwas glauben können, für das es keinen Beweis gebe. Aber daß ein solches Leben *nicht* existiert, ist doch wohl auch nicht ausreichend bewiesen, oder? Um mit Voltaire zu sprechen: «Alles in allem wäre es auch nicht überraschender, zweimal geboren zu werden, als es das eine Mal schon ist.»

«Wenn wir wirklich schon einmal gelebt haben», werde ich oft gefragt, «warum erinnern wir uns nicht daran?» Warum aber sollte die Tatsache, daß wir uns an ein früheres Leben nicht erinnern, beweisen, daß es ein solches Leben nicht gegeben hat? Schließlich sind die Erlebnisse unserer Kindheit, die Erfahrungen von gestern, oder von vor einer Stunde – obwohl sie so lebendig waren als sie uns widerfuhren – aus unserer Erinnerung schon fast wieder verschwunden, als hätten sie niemals stattgefunden. Wenn wir uns schon nicht einmal mehr erinnern können, was wir letzten Montag gedacht oder getan haben, wie um alles in der Welt können wir annehmen, es sei leicht oder normal, uns an das zu erinnern, was wir in einem vergangenen Leben getan haben.

Manchmal necke ich die Leute und frage: «Was macht Sie so sicher, daß es kein Leben nach dem Tod gibt? Welchen Beweis haben Sie? Was ist, wenn Sie es bis zu Ihrem Tode leugnen und nachher feststellen müssen, daß es doch existiert? Was machen Sie dann? Engen Sie sich durch die Überzeugung, daß es so etwas nicht gibt, nicht ein? Wäre es nicht sinnvoller, sich im Zweifelsfall eher für die Möglichkeit eines Weiterlebens nach dem Tod zu entscheiden, oder zumindest offen dafür zu bleiben, selbst wenn es Ihre sogenannten konkreten Beweise nicht gibt? Was wäre überhaupt ein konkreter Beweis für ein Leben nach dem Tod?»

Man sollte sich ruhig auch einmal folgende Frage stellen: Warum glauben alle großen Religionen an ein Leben danach, und warum haben Hunderte Millionen von Menschen, einschließlich der größten Philosophen und Weisen Asiens, zu allen Zeiten diesem Glauben einen wesentlichen Platz in ihrem Leben eingeräumt? Waren alle diese Menschen einfach nur verblendet?

Aber zurück zum konkreten Beweis. Die Tatsache, daß wir nie von Tibet gehört haben, oder daß wir nicht selbst dort gewesen sind, beweist nicht, daß es Tibet nicht gibt. Wer in Europa hätte je geglaubt, daß es Amerika gibt, bevor dieser riesige Kontinent «entdeckt» wurde? Selbst nach seiner Entdeckung bezweifelte man noch die Tatsache seiner Existenz. Ich glaube, es ist einfach unsere unglaublich begrenzte Sicht des Lebens, die uns hindert, die Möglichkeit einer Wiedergeburt zu akzeptieren oder auch nur ernsthaft in Erwägung zu ziehen.

Zum Glück ist das jedoch noch nicht das Ende der Geschichte. Diejenigen unter uns, die sich einer spirituellen Disziplin widmen – wie etwa der Meditation –, lernen eine ganze Menge über ihren eigenen Geist, was sie bisher nicht wußten. Wenn sich nämlich unser Bewußtsein der Existenz der außerordentlichen, weiten und bis dahin unvorstellbaren Natur des Geistes zu öffnen beginnt, erhalten wir Einblicke in eine völlig andersartige Dimension, in der sich alle früheren Überzeugungen in bezug auf unsere Identität und unsere Sicht der Wirklichkeit, die wir so gut zu kennen glaubten, auflösen, und in der die Möglichkeit von weiteren Leben zumindest wahrscheinlich wird. Wir beginnen zu verstehen, daß alles, was die Meister über Leben und Tod sowie das Leben nach dem Tode lehren, Wirklichkeit ist.

Einige «Beweise» für Wiedergeburt

Eine Menge neuerer Veröffentlichungen über Zeugnisse von Menschen, die behaupten, sich an vergangene Leben erinnern zu können, steht heutzutage zur Verfügung. Um zu einem ernsthaften Verständnis von Wiedergeburt zu gelangen, schlage ich vor, dieses Material mit einem unvoreingenommenen Geist, aber gleichzeitig mit gesunder Skepsis zu studieren.

Von den vielen Berichten über Wiedergeburt, die ich hier anführen könnte, hat mich einer besonders fasziniert. Es ist die Geschichte eines älteren Engländers aus Norfolk namens Arthur Flowerdew, der seit seinem zwölften Lebensjahr unerklärliche, aber ganz lebendige geistige Bilder einer großen Stadt inmitten einer Wüste hatte. Eines der Bilder, die besonders oft vor seinem geistigen Auge erschienen, zeigte einen Tempel, der offensichtlich in eine Felswand gehauen worden war. Diese fremdartigen Bilder kamen wieder und wieder, ganz besonders dann, wenn er mit den rosa- und orangefarbenen Kieseln an der Küste in der Nähe seines Hauses spielte. Je älter er wurde, desto klarer wurden die Bilder: Er sah mehr Gebäude, die Lage der Straßen, Soldaten sowie den Zugang der Stadt durch eine enge Schlucht.

Arthur Flowerdew war bereits erwachsen, als er eines Tages zufällig eine Fernsehdokumentation über die antike Stadt Petra in Jordanien sah. Zu seinem Erstaunen war das genau jener Ort, den er seit so vielen Jahren aus seinen geistigen Bildern kannte. Er versicherte später, nie ein Buch über Petra gelesen zu haben. Seine Visionen wurden recht bekannt und ein Auftritt in einer Sendung der BBC brachte seinen Fall der Regierung von Jordanien zur Kenntnis. Sie luden ihn und ein Team der BBC nach Jordanien ein, um seine Reaktion auf Petra zu dokumentieren. Sein einziger Auslandsaufenthalt bis dahin war eine kurze Reise an die französische Küste gewesen.

Bevor die Expedition aufbrach, wurde Arthur Flowerdew einem Archäologen vorgestellt, der eine weltbekannte Autorität auf dem Gebiet Petra war und auch ein Buch über diese Stadt des Altertums veröffentlicht hatte. Dieser Archäologe stellte ihm sehr detaillierte Fragen und war überrascht von der Präzision seines Wissens, von dem einiges nur archäologischen Fachleuten mit Spezialisierung auf diesem besonderen Gebiet hätte bekannt sein können. Die BBC ließ Arthur Flowerdew die Stadt vor der Abreise beschreiben, um seinen Bericht später mit dem vergleichen zu können, was man in Jordanien selbst entdecken würde. Flowerdew konzentrierte sich auf drei Orte seiner Visionen von Petra: einen eigenartigen, vulkanisch geformten Felsen in den Außenbezirken der Stadt, einen kleinen Tempel, von dem er annahm, daß er dort im letzten Jahrhundert vor Christus getötet worden sei, und eine ungewöhnliche Struktur in der Stadt selbst, die den Archäologen zwar bekannt war, deren Zweck sie sich aber nicht erklären konnten. Der Petra-Experte konnte sich an den geschilderten Felsen nicht erinnern und bezweifelte seine Existenz. Als er Arthur Flowerdew ein Photo des Teils der Stadt zeigte, in der der Tempel gestanden hatte, versetzte dieser ihn in Erstaunen, indem er fast genau den korrekten Standort bezeichnete. Dann erklärte der ältere Herr ganz ruhig die genaue Funktion des Gebäuderests, für den die Archäologen keinen Verwendungszweck gefunden hatten, als den besonderen Wachraum, in dem er als Soldat vor zweitausend Jahren Dienst getan hatte.

Eine erstaunliche Zahl seiner Beschreibungen stellte sich als richtig heraus. Als sich die Expedition Petra näherte, konnte Arthur Flowerdew auch den von ihm beschriebenen Felsen zeigen. In der Stadt selbst ging er geradewegs zu besagtem Wachraum, ohne auch nur einen Blick auf die Karte zu werfen, und demonstrierte, wie seine Konstruktion einem merkwürdigen Wachablösungssystem gedient hatte. Schließlich ging er zu dem Ort, an dem er, wie er gesagt hatte, im ersten Jahrhundert vor Christus vom Speer eines Feindes getötet worden war. Er zeigte auch Lage und Zweck einiger bisher noch nicht ausgegrabener Grundrisse vor Ort auf.

Der Archäologe und Petra-Experte, der Arthur Flowerdew begleitete, konnte sich das unheimliche Wissen dieses unscheinbaren Engländers über die Stadt nicht erklären. Er sagte:

> «Er gab Details an, und ein Großteil davon stimmt weitestgehend mit den bekannten archäologischen und historischen Tatsachen überein. Es würde die Möglichkeiten seines Intellekts und seines Gedächtnisses bei weitem überschreiten, ein Gewebe von Täuschungen dieser Größenordnung aufrechtzuerhalten – zumindest gilt das für die Tatsachen, die er mir berichtet hat. Ich glaube nicht, daß er ein Scharlatan ist. Ich glaube, er hat nicht das Zeug zu einem Betrug von diesen Ausmaßen.»[4]

Was, außer dem Konzept der Wiedergeburt, könnte Arthur Flowerdews erstaunliches Wissen erklären? Man könnte einwenden, daß er Bücher über Petra gelesen habe, oder daß er sein Wissen sogar durch Telepathie erhalten habe; dennoch bleibt die Tatsache bestehen, daß einige seiner Informationen nicht einmal den Experten bekannt gewesen waren.

Darüber hinaus gibt es auch faszinierende Fälle von Kindern, die sich ganz unmittelbar an Einzelheiten eines früheren Lebens erinnern. Viele dieser Fälle sind von Dr. Ian Stevenson von der University of Virginia zusammengetragen worden.[5] Ein besonders aufsehenerregender Fall von Erinnerung eines Kindes an ein vergangenes Leben kam auch dem Dalai Lama zu Ohren, der extra einen Vertreter entsandte, um das Mädchen zu befragen und ihren Fall zu prüfen.[6]

Das Mädchen hieß Kamaljit Kour und war die Tochter eines Lehrers aus einer Sikh-Familie im indischen Punjab. Eines Tages besuchte sie mit ihrem Vater den Markt in einem nahe gelegenen Dorf. Plötzlich drängte sie ihn, sie doch in ein anderes Dorf zu bringen. Ihr Vater war überrascht und fragte sie nach dem Grund. «Ich habe hier nichts zu suchen», antwortete sie. «Ich bin hier nicht zu Hause. Bitte bring mich in dieses Dorf. Eine meiner Schulfreundinnen und ich waren mit dem Fahrrad unterwegs, als uns ein Bus anfuhr. Meine Freundin war sofort tot. Ich war an Kopf, Ohren und Nase verletzt. Man hat mich vom Unfallort weggebracht und erst einmal auf eine Bank vor einem kleinen Gerichtsgebäude gelegt. Dann kam ich ins Hospital des Dorfes. Meine Wunden bluteten sehr und meine Verwandten und Freunde wurden gerufen. Da mir im Dorfkrankenhaus nicht geholfen werden konnte, entschlossen sie sich, mich nach Ambala zu bringen. Als die Ärzte dort sagten, man könne mir nicht helfen, bat ich meine Verwandten, mich heimzubringen.» Ihr Vater war schockiert und wollte ihr nicht glauben, aber als sie weiter darauf bestand, fand er sich schließlich bereit, sie zu dem Dorf zu bringen, obwohl er die ganze Sache immer noch für die Laune eines Kindes hielt.

Wie versprochen, machten sich Vater und Tochter zusammen auf den Weg zu besagtem Dorf. Sie erkannte es bereits von weitem und zeigte ihm die Stelle, wo sie vom Bus angefahren worden war. Dann bestand sie darauf, eine Rikscha zu nehmen, und sagte dem Fahrer ohne zu zögern, wohin er fahren solle. Als sie sich einer Häusergruppe näherten, erklärte sie, hier gelebt zu haben und ließ die Rikscha anhalten. Das kleine Mädchen und ihr verwirrter Vater gingen zu dem Haus, das nach ihrer Aussage ihrer früheren Familie gehörte. Da ihr Vater die Geschichte immer noch nicht glaubte, fragte er die Nachbarn, ob es eine Familie nach der Beschreibung seiner Tochter gäbe, die eine Tochter bei einem Unfall verloren hätte. Sie bestätigten die Geschichte und berichteten dem völlig verblüfften Vater, daß Rishma, die Tochter der Familie, mit sechzehn Jahren verunglückt und auf dem Transport vom Krankenhaus nach Hause gestorben war.

Der Vater war einem Nervenzusammenbruch nahe und bat Kamaljit inständig, mit ihm heimzukommen. Sie aber ging direkt zu dem Haus und bat um ein Photo aus ihrer damaligen Schulzeit, das sie mit Entzücken betrachtete. Als Rishmas Großvater und ihre Onkel eintrafen, erkannte sie alle und wußte auch ihre Namen. Sie führten ihren Vater durch das ganze Haus und zeigte ihm unter anderem, welches ihr Zimmer gewesen war. Dann fragte sie nach ihren Schulbüchern, ihren zwei silbernen Armreifen, ihren beiden Schleifen und ihrem neuen dunkelroten Kleid. Eine Tante bestätigte, daß Rishma all diese Dinge tatsächlich besessen hatte. Im Haus ihres Onkels, zu dem sie den Weg ebenfalls ganz genau wußte, erkannte sie weitere Gegenstände. Am nächsten Tag traf sie alle früheren Verwandten, und als es Zeit wurde, den Bus nach Hause zu nehmen, weigerte sie sich mit ihrem Vater zu gehen und eröffnete ihm, daß sie bleiben werde. Schließlich überredete er sie aber doch, mit ihm heimzukommen.

Die Familie begann nun, die Geschichte zu rekonstruieren. Kamaljit Kour war zehn Monate nach dem Tod von Rishma geboren worden. Obwohl das kleine Mädchen noch nicht zur Schule ging, tat sie oft, als ob sie lese. Sie kannte auch die Namen all der Schulkameraden auf Rishmas Klassenfoto. Auch hatte Kamaljit Kour immer dunkelrote Kleider tragen wollen. Ihre Eltern fanden heraus, daß Rishma kurz vor ihrem Tod ein solches Kleid geschenkt bekommen hatte, auf das sie sehr stolz war, das sie aber nicht mehr hatte tragen können. Das Letzte, woran sich Kamaljit Kour aus ihrem vorherigen Leben erinnerte, war, wie auf dem Weg vom Krankenhaus die Lichter im Auto ausgegangen waren; das muß der Augenblick ihres Todes gewesen sein.

Ich kann mir vorstellen, daß diese Geschichte manchem unglaubwürdig erscheinen wird. So ließe sich vielleicht einwenden, die Familie des kleinen Mädchens habe sie eventuell aus selbstsüchtigen Gründen zu einer Reinkarnation von Rishma aufgebaut. Rishmas Familie waren immerhin reiche Bauern, allerdings war Kamaljit Kours Familie selbst nicht arm; sie besaßen eines der besseren Häuser ihres Dorfes mit Innenhof und Garten. Was für die Geschichte spricht, ist die Tatsache, daß Kamaljit Kours Familie die ganze Angelegenheit eher peinlich war und sie sich immer sorgten, «was wohl die Nachbarn denken». Am überzeugendsten finde ich es aber, daß Rishmas Familie, die sich nicht sehr um Religion gekümmert hatte und nicht einmal wußte, ob der Glaube an Reinkarnation von den Sikhs überhaupt akzeptiert wird, über alle Zweifel davon überzeugt war, daß Kamaljit Kour in der Tat ihre Rishma war.

Jedem, der sich ernsthaft mit der Möglichkeit eines Lebens nach dem

Tod auseinandersetzen will, möchte ich raten, sich mit den sehr bewegenden Zeugnissen der Nahtod-Erfahrungen zu beschäftigen. Erstaunlich viele derjenigen, die eine solche Erfahrung überlebt haben, waren danach überzeugt, daß sich das Leben über den Tod hinaus fortsetzt. Viele von ihnen hingen keinerlei religiösem Glauben an oder hatten vorher irgendwelche spirituellen Erfahrungen gehabt:

> Ich bin jetzt vollkommen und ohne den geringsten Zweifel davon überzeugt, daß es ein Leben nach dem Tod gibt, und ich habe keine Angst mehr, zu sterben – wirklich nicht. Manche meiner Bekannten sind so furchtsam, haben soviel Angst. Ich amüsiere mich immer, wenn ich höre, wie Menschen ein Leben nach dem Tode in Zweifel ziehen. Es wird ja manchmal gesagt: «Wenn du tot bist, ist alles vorbei.» Ich denke dann bei mir: «Wenn die wüßten . . .»[7]
>
> Was damals mit mir geschehen ist, war das außergewöhnlichste Erlebnis, das ich je hatte. Es hat mich erkennen lassen, daß es ein Leben nach dem Tod gibt.[8]
>
> Ich weiß, daß es nach dem Tod ein Weiterleben gibt! Niemand kann meinen Glauben daran erschüttern. Ich habe keine Zweifel – es ist friedvoll und es gibt nichts zu befürchten. Ich weiß nicht, was jenseits von dem liegt, was ich erfahren habe, aber für mich war das genug . . .
>
> Es hat mir eine Antwort gegeben auf etwas, was sich wohl jeder irgendwann im Leben fragen muß. Ja, es gibt ein Leben danach! Wunderbarer als alles, was wir uns jetzt vorstellen können! Wenn du das einmal erfahren hast, kann dem nichts mehr gleichkommen. Du weißt einfach![9]

Die Studien zu diesem Thema zeigen auch, daß Menschen nach Nahtod-Erfahrungen zu mehr Offenheit neigen und den Glauben an Reinkarnation akzeptieren.

Könnten nicht auch die erstaunlichen Talente mancher «Wunderkinder» für Musik oder Mathematik auf ihre Entwicklung in früheren Leben zurückgeführt werden? Man bedenke, daß Mozart bereits im Alter von sechs Jahren Menuette komponiert hat und mit acht Sonaten schrieb.[10]

Wenn ein Leben nach dem Tod tatsächlich existiert, warum ist es dann so schwer, sich daran zu erinnern? Im «Mythos von Er» schlägt Plato eine «Erklärung» für diesen Gedächtnisschwund vor. Ein Krieger namens Er war nach einer Schlacht für tot gehalten worden und muß wohl so etwas wie eine Nahtod-Erfahrung gehabt haben. Er sah während seines «Todes» viele Dinge und erhielt den Befehl, zur Erde zurückzukehren, um anderen mitzuteilen, wie es nach dem Tod weitergeht. Kurz bevor er zurückkehrte, sah er jene, die auf die Geburt vorbereitet wurden, in schrecklicher, erstickender Hitze über das «Feld der Vergessenheit» ziehen, eine Wüste, entblößt von Bäumen und allem, was die Erde trägt. «Als es Abend wurde», so erzählt Plato, «lagerten sie beim Fluß Sorglos, dessen Wasser kein Gefäß halten kann. Ein gewisses Maß nun von diesem Wasser sei jedem notwendig zu trinken; die aber durch Vernunft nicht bewahrt wurden, tränken über das Maß, und wie einer getrunken habe, vergesse er alles.»[11] Ihm selbst wurde es nicht erlaubt, von jenem Wasser zu trinken, und als er, just zu dem Zeitpunkt, als man gerade mit der Verbrennung seines Leichnams beginnen wollte, erwachte, konnte er sich noch an alles erinnern, was er gesehen und gehört hatte.

Gibt es ein kosmisches Gesetz, das es uns nahezu unmöglich macht, uns zu erinnern, wo und wie wir vorher gelebt haben? Oder ist es die schiere Menge, Bandbreite und Intensität unserer Erfahrungen, die jede Erinnerung an vergangene Leben überlagert? Was würde es uns nützen, so frage ich mich manchmal, wenn wir uns an all das erinnern könnten? Vielleicht würde uns das nur noch mehr verwirren.

Die Kontinuität des Geistes

Aus buddhistischer Sicht ist das Hauptargument zum «Beweis» von Wiedergeburt auf ein profundes Verständnis der Kontinuität von Geist gegründet. Wo kommt Bewußtsein her? Es kann schließlich nicht aus dem Nichts entstehen. Ein Augenblick von Bewußtsein kann nicht erzeugt werden ohne den Augenblick von Bewußtsein, der diesem direkt vorausgeht. Seine Heiligkeit der Dalai Lama erklärt den komplexen Prozeß folgendermaßen:

> Die Basis für die buddhistische Annahme der Wiedergeburt ist hauptsächlich die Kontinuität des Bewußtseins. Nehmen Sie die materielle Welt als Beispiel: Alle Elemente in unserem gegenwärtigen Universum, bis hin zur mikrokosmischen Ebene, können – so nehmen wir gewöhnlich an – zurückverfolgt werden zu einem Ursprung, einem Ausgangspunkt, an dem alle Elemente der materiellen Welt verdichtet waren zu dem, was wir technisch «Raum-Partikeln» nennen. Diese Partikeln sind aber wiederum das Ergebnis der Auflösung eines vor-

ausgegangenen Universums. Wir finden also keinen Anfang, sondern einen kontinuierlichen Kreislauf, in dem sich das Universum entwickelt, auflöst und wieder ins Sein tritt.

Mit dem Geist verhält es sich ähnlich. Die Tatsache, daß wir etwas «Geist» oder «Bewußtsein» Genanntes besitzen, ist recht offensichtlich, da unsere Erfahrung seine Existenz bezeugt. Außerdem ist es – wiederum durch Erfahrung bestätigt – offensichtlich, daß dies Geist oder Bewußtsein Genannte der Veränderung unterliegt, wenn es jeweils verschiedenen Bedingungen und Umständen ausgesetzt ist. Diese Anfälligkeit für Veränderung zeigt uns, daß es seine Natur ist, von Augenblick zu Augenblick neu zu entstehen.

Eine weitere, offensichtliche Tatsache besteht darin, daß zumindest die groben Ebenen von «Geist und Bewußtsein» aufs engste mit physiologischen Abläufen im Körper verbunden und tatsächlich von ihnen abhängig sind. Es muß aber eine Basis, Energie oder Quelle geben, die es dem Geist ermöglicht, in der Interaktion mit materiellen Partikeln bewußte Lebewesen hervorzubringen.

Genau wie bei der Materie, muß auch diese Energiequelle in der Vergangenheit zu finden sein. Wenn wir also unseren gegenwärtigen Geist oder unser Bewußtsein zurückverfolgen, um zu einem Ursprung zu gelangen, entdecken wir, daß wir diesen Ursprung des Geistes – wieder genau wie im Falle des materiellen Universums – bis in eine Dimension der Grenzenlosigkeit zurückverfolgen können, die anfanglos ist.

Es muß daher eine Aufeinanderfolge von Wiedergeburten geben, die diese Kontinuität des Geistes zuläßt.

Der Buddhismus glaubt an universelle Kausalität, daß alles Ursachen und Bedingungen unterliegt und ständiger Veränderung unterworfen ist. Einem göttlichen Schöpfer wird hierbei ebensowenig Platz eingeräumt wie sich selbst erschaffenden Lebewesen. Alles entsteht vielmehr als Folge von Ursachen und Bedingungen. Ebenso kommt Geist oder Bewußtsein nur als das Ergebnis seiner vorausgehenden Momente zustande.

Wenn wir von Ursachen und Bedingungen sprechen, unterscheiden wir zwei grundlegende Arten: substantielle Ursachen, der Stoff, aus dem etwas entsteht, sowie kooperative Faktoren, die zu seiner Verursachung beitragen. Im Falle von Körper und Geist kann der eine zwar den anderen beeinflussen, aber niemals kann einer zur Substanz des anderen werden ... Geist und Materie sind zwar voneinander abhängig, können aber niemals substantielle Ursache füreinander sein.

Auf dieser Grundlage akzeptiert der Buddhismus das Konzept der Wiedergeburt.[12]

Die meisten Menschen verbinden mit dem Begriff «Wiedergeburt» die Vorstellung, daß es da irgendein «Ding» geben müsse, das wiedergeboren wird, das also von Leben zu Leben reist. Im Buddhismus glauben wir aber nicht an ein unabhängiges oder unveränderliches Wesen wie eine Seele oder ein Ich, das den Tod des Körpers überleben würde. Für die Kontinuität von Leben zu Leben sorgt keine Wesenheit, sondern, wie wir glauben, die absolute, feinste Ebene von Bewußtsein. Der Dalai Lama erklärt dies folgendermaßen:

> Gemäß der buddhistischen Erklärung ist das Bewußtsein das letztendliche kreative Prinzip. Wir unterscheiden verschiedene Ebenen von Bewußtsein. Was wir das innerste subtile Bewußtsein nennen, ist andauernd vorhanden. Die Kontinuität dieses Bewußtseins ist beinahe etwas Permanentes wie die Raum-Partikeln; was im physischen Bereich die Raum-Partikeln sind, ist im Bereich des Bewußtseins das Klare Licht ... Dieses Klare Licht mit seiner besonderen Energie ist die Verbindung zum Bewußtsein.[13]

Der genaue Vorgang der Wiedergeburt wird mit folgendem Beispiel gut verdeutlicht:

> Die Wiedergeburtsexistenzen einer Wiedergeburtenfolge sind nicht wie die Perlen eines Perlenhalsbands durch eine Schnur, die «Seele» verbunden, die sich durch alle Perlen hindurchzieht, sondern sind eher aufeinandergetürmten Würfeln ähnlich: Jeder Würfel ist separat, trägt aber den nächsthöheren und ist mit ihm funktionell verbunden. Zwischen den Würfeln besteht keine Identität, sondern Bedingtheit.[14]

In den buddhistischen Schriften findet sich ein Bericht, der diesen Prozeß der Bedingtheit sehr deutlich erklärt. Der buddhistische Weise Nāgasena erklärt sie dem König Milinda in einer Reihe berühmter Antworten auf Fragen, die ihm der König stellt.

Der König fragte Nāgasena: «Wenn jemand wiedergeboren wird, ist er derselbe, der gerade gestorben ist, oder ist er von diesem verschieden?»

Nāgasena antwortete: «Er ist weder derselbe noch verschieden ...

Sage mir, wenn ein Mann eine Lampe entzündet, kann sie dann die ganze Nacht Licht spenden?»

«Ja.»

«Ist dann die Flamme, die während der ersten Nachtwache brennt, dieselbe, wie die, die in der zweiten ... oder der letzten Nachtwache brennt?»

«Nein.»

«Bedeutet das, daß eine Lampe in der ersten Nachtwache brennt, eine andere in der zweiten und wieder eine andere in der dritten?»

«Nein, durch diese eine Lampe scheint das Licht die ganze Nacht.»

«Wiedergeburt ist ganz ähnlich: Ein Phänomen entsteht, und ein anderes hört gleichzeitg auf. Daher ist der erste Akt von Bewußtsein in der neuen Existenz weder derselbe, wie der letzte Akt des Bewußtseins in der vergangenen Existenz, noch ist er von diesem verschieden.»

Der König bittet um ein weiteres Beispiel, das die genaue Natur dieser Abhängigkeit erklärt, und Nāgasena vergleicht sie mit Milch: Joghurt, Butter oder Sahne, die man aus Milch erzeugen kann, sind niemals dasselbe wie die Milch, hängen aber für ihre Herstellung ganz und gar von ihr ab.

Dann fragt der König: «Wenn es kein Wesen gibt, das von Leben zu Leben, von Körper zu Körper geht, sind wir damit nicht frei von allen negativen Handlungen, die wir in vergangenen Leben begangen haben?»

Nāgasena gab folgendes Beispiel: Ein Mann stiehlt einem anderen Mangos aus dem Garten. Die Mangos, die er stiehlt, sind nicht dieselben Mangos, die der Bestohlene einst besessen und gepflanzt hat, warum also sollte der Dieb Strafe verdienen? Warum er sie doch verdient, erklärt Nāgasena folgendermaßen: Die gestohlenen Mangos konnten nur deshalb wachsen, weil der Besitzer vorher Mangos gepflanzt hatte. Auf gleiche Weise sind unsere in einem Leben begangenen Handlungen, reine wie unreine, der Grund für unsere Verbindung mit einem anderen Leben, und wir sind nicht frei von ihren Ergebnissen.

Karma

In der zweiten Wache der Nacht seiner Erleuchtung erlangte der Buddha ein weiteres Wissen, das seine Kenntnis der Wiedergeburt ergänzte: das Wissen um Karma, das natürliche Gesetz von Ursache und Wirkung.

> Mit dem himmlischen Auge, dem klaren, über menschliche Grenzen hinausreichenden, sah ich, wie die Wesen vergehen und (wieder) erstehen, sah ich hohe und niedrige, glänzende und unscheinbare, wie ihnen je nach ihren Taten (*kamma*) eine günstige oder schlechte Wiederverkörperung zuteil geworden war.[15]

Die reale, treibende Kraft hinter der Wiedergeburt ist das, was Karma (Pāli: *kamma*) genannt wird. Karma wird im Westen oft als Schicksal oder Vorherbestimmung interpretiert und damit völlig mißverstanden. Am besten sieht man es als das unfehlbare Gesetz von Ursache und Wirkung, das das gesamte Universum regiert. Karma bedeutet wörtlich «Handlung», und es bezeichnet sowohl die Kraft, die in unseren Handlungen verborgen liegt, als auch die Ergebnisse, die unsere Handlungen hervorbringen.

Es gibt viele Arten von Karma: internationales und nationales Karma, das Karma einer Stadt und individuelles Karma. Alle Arten sind auf komplexe Weise ineinander verstrickt und können in ihrer ganzen Vielschichtigkeit nur von einem erleuchteten Wesen durchschaut werden.

Was ist Karma denn nun wirklich? Ganz einfach formuliert, bedeutet es, daß alles, was wir tun – mit Körper, Rede oder Geist – entsprechende Ergebnisse hervorbringt. Selbst die kleinste Handlung trägt bereits all ihre Konsequenzen in sich. Die Meister sagen: Selbst eine winzige Menge Gift kann töten, und ein kleiner Same kann zu einem riesigen Baum werden. Der Buddha lehrte: «Übersieh negative Handlungen niemals, nur weil sie vielleicht klein sein mögen; wie klein ein Funke auch sein mag, er kann einen Heuschober von der Größe eines Berges in Flammen aufgehen lassen.» Ebenso sagte er: «Schau niemals auf gute Handlungen herab, nur weil sie vielleicht klein sein mögen; selbst kleinste Tropfen Wasser füllen schließlich auch den größten Behälter.» Karma zerfällt nicht wie äußere Dinge, noch wird es je außer Funktion gesetzt. «Zeit, Feuer oder Wasser» können es nicht vernichten. Seine Energie wird niemals vergehen – bis es zur Reife gelangt.

Obwohl die Ergebnisse unserer Handlungen jetzt noch nicht gereift sein mögen: Sobald sich die passenden Umstände ergeben, werden sie in jedem Falle zur Reife gelangen. Gewöhnlich vergessen wir, was wir tun, und die Ergebnisse unserer Handlungen holen uns erst lange Zeit später ein. Bis dahin sind wir schon nicht mehr in der Lage, sie noch mit ihren Ursachen in Verbindung zu bringen. Stell dir einen Adler vor, schlägt Jikme Lingpa vor. Er fliegt so hoch oben am Himmel, daß auf dem Boden kein Schatten auf ihn hinweist. Plötzlich erspäht er eine Beute, setzt zum Sturzflug an, um zuzuschlagen. Und wenn er der Erde nahe genug ist, erscheint plötzlich auch sein drohender Schatten.

Die Ergebnisse unseres Handelns treten oft mit zeitlicher Verzögerung ein, manchmal sogar erst in künftigen Leben. Wir können auch nicht immer die jeweilige Ursache ausmachen, weil jeder Vorgang eine äußerst komplizierte Mischung verschiedener karmischer Stränge ist, die gemeinsam zur Reife gelangen. Wir nehmen daher einfach an, die Dinge würden uns «zufällig» geschehen, und wenn alles gut läuft, denken wir, wir hätten eben «Glück gehabt».

Was aber kann die extremen und erstaunlichen Unterschiede zwischen uns befriedigender erklären als Karma? Obwohl wir vielleicht im selben Land, unter ähnlichen Umständen, ja sogar in derselben Familie geboren sein mögen, unterscheiden wir uns doch im Charakter, haben unterschiedliche Begabungen, Neigungen und Bestimmungen, und unterschiedliche Dinge stoßen uns zu. Der Buddha sagte: «Du bist, was du warst; und du wirst sein, was du tust.» Padmasambhava wird noch deutlicher: «Wenn du dein vergangenes Leben kennenlernen willst, schau deine jetzigen Umstände an; wenn du dein zukünftiges Leben erkennen willst, schau deine gegenwärtigen Handlungen an.»

Das gute Herz

Die Art der Existenz, die uns in unserem nächsten Leben erwartet, wird also bestimmt von der Natur unserer Handlungen in diesem Leben; dabei ist es wichtig, sich immer zu vergegenwärtigen, daß die Auswirkungen unserer Handlungen von unserer Absicht oder Motivation abhängen, und nicht von ihrem scheinbaren Ausmaß.

Zur Zeit des Buddha lebte eine alte Bettlerin mit dem Namen «die Freudige». Sie hatte beobachtet, daß die Könige, Prinzen und andere Leute dem Buddha und seinen Schülern Gaben darbrachten, und es war ihr größter Wunsch, es ihnen gleichzutun. So ging sie, um dafür zu betteln. Aber alles, was sie am Ende eines ganzen Tages erhalten hatte, war eine kleine Münze. Sie ging zum Ölhändler, um Öl dafür zu kaufen. Zuerst wollte er ihr für so wenig Geld überhaupt nichts geben; als er aber hörte, daß sie dem Buddha damit eine Gabe darbringen wollte, hatte er Erbarmen und gab ihr ein wenig Öl. Sie ging ins Kloster und entzündete mit ihrem Öl eine Lampe. Sie stellte sie vor dem Buddha nieder, verbunden mit folgendem Wunsch: «Ich habe nichts darzubringen als dieses kleine Licht. Möge ich dennoch durch mein Opfer in der Zukunft mit dem Licht der Weisheit gesegnet sein, möge ich alle Wesen von der Finsternis befreien, möge ich all ihre Verdunklungen reinigen und sie zur Erleuchtung führen.»

Im Laufe der Nacht war das Öl in den anderen Lampen verbraucht. Allein die Lampe der Bettlerin brannte noch, als zur Morgendämmerung Maudgalyāyana, ein Schüler des Buddha, kam, um die Lampen einzusammeln. Als er sah, daß eine einzige Lampe noch brannte, voll mit Öl war und mit einem neuen Docht, dachte er bei sich: «Es gibt keinen Grund, diese eine Lampe tagsüber brennen zu lassen», und versuchte, sie auszublasen. Es gelang ihm nicht. Er versuchte, die Flamme mit den Fingern auszuschnippen, wieder ohne Erfolg. Auch nachdem er versucht hatte, sie mit dem Stoff seiner Robe zu ersticken, brannte die Flamme weiter. Der Buddha, der die ganze Zeit zugeschaut hatte, sagte: «Maudgalyāyana, es wird dir nicht gelingen, dieses Licht zu löschen. Du könntest es nicht einmal wegstellen, geschweige denn löschen. Würdest du auch das Wasser aller Ozeane über dieser Flamme ausschütten – sie würde weiterbrennen. Das Wasser aller Flüsse und Seen der Welt könnte dieses Licht nicht löschen, weil es mit Hingabe dargebracht wurde und mit reinem Herzen und Geist. Diese Motivation hat es von unermeßlichem Nutzen werden lassen.» Als er so gesprochen hatte, näherte sich die alte Bettlerin und der Buddha prophezeite ihr, daß sie in der Zukunft zu voller Erleuchtung gelangen und als ein Buddha unter dem Namen «Licht der Lampe» bekannt werden würde.

Es ist also unsere – gute oder schlechte – Motivation, die die Frucht unserer Handlungen bestimmt. Shāntideva sagte:

> Was immer an Freude ist in der Welt,
> entspringt dem Wunsch für das Glück aller anderen;
> und was immer an Leiden ist in der Welt,
> entspringt dem Wunsch nach nur eigenem Glück.[16]

Weil das Gesetz von Karma zwangsläufig und unfehlbar ist, verletzen wir letztlich immer uns selbst, wenn wir anderen schaden; wenn wir sie aber glücklich machen, schaffen wir damit für uns selbst zukünftiges Glück. Darum sagt der Dalai Lama:

Wenn du deine selbstsüchtigen Motive, wie den Zorn und so weiter, überwindest und mehr Güte und Mitgefühl für andere entwickelst, wirst du letztlich selbst den größten Nutzen haben. Deshalb sage ich manchmal scherzhaft, daß ein weiser selbstsüchtiger Mensch auf diese Art und Weise vorgehen sollte. Dumme selbstsüchtige Menschen denken immer nur an sich selbst, und das Ergebnis ist negativ. Wer weise selbstsüchtig ist, denkt an andere, hilft anderen, soviel er kann, und als Ergebnis erfährt er auch selbst Nutzen.[17]

Der Glaube an die Wiedergeburt zeigt uns, daß es eine Art letztlicher Gerechtigkeit, ein Gutsein im Universum gibt. Es ist dieses Gute, das wir alle entdecken und freisetzen wollen. Wann immer wir positiv handeln, kommen wir ihm näher; wenn wir jedoch negativ handeln, verdunkeln und verhindern wir es. Und wenn es uns nicht gelingt, es in unserem Leben und Handeln auszudrücken, fühlen wir uns elend und frustriert.

Wenn man also eine essentielle Botschaft aus der Tatsache der Reinkarnation destillieren wollte, so müßte es wohl die folgende sein: Entwickle dieses gute Herz, das sich nach dauerhaftem Glück für alle Wesen sehnt und das auch handelt, um dieses Glück herbeizuführen. Entwickle und übe liebende Güte. Der Dalai Lama sagte: «Kostbare Tempel muß es nicht geben, auch keine komplizierte Philosophie. Unser eigener Geist und unser eigenes Herz sind unser Tempel, meine Philosophie ist liebende Güte.»

Kreativität

Karma ist also nicht fatalistisch oder vorbestimmt. Karma begründet unsere Fähigkeit, schöpferisch zu sein und uns zu verändern. Es ist deshalb schöpferisch, weil es bedeutet, daß wir die Wahl haben, wie und warum wir handeln. Wir können uns ändern. Die Zukunft liegt in unserer eigenen Hand. Der Buddha sagt:

> Karma ist schöpferisch wie ein Künstler,
> Karma drückt sich aus wie ein Tänzer.[18]

Da alles vergänglich, im Fluß und wechselseitig abhängig ist, beeinflußt alles, was wir denken und tun, unvermeidlich die Zukunft. Es gibt keine Situation, sei sie auch scheinbar noch so hoffnungslos und schrecklich, wie etwa eine tödliche Krankheit, die wir nicht nutzen könnten, um uns zu entwickeln; und kein Verbrechen, keine Grausamkeit, die nicht durch aufrichtiges Bedauern und echte, spirituelle Praxis gereinigt werden könnten.

Milarepa gilt als Tibets größter Yogi, Poet und Heiliger. Ich erinnere mich noch gut an die Spannung, mit der ich als Kind seine Lebensgeschichte gelesen und über den kleinen, gezeichneten Illustrationen in meinem handkopierten Exemplar seiner Biographie gehockt habe. Als junger Mann hatte sich Milarepa in Hexerei geübt und aus Rache viele Menschen mit schwarzer Magie ruiniert und getötet. Dennoch hat er durch seine aufrichtige Reue und die Schwierigkeiten und Härten, die ihm sein großer Meister Marpa auferlegt hat, alle diese üblen Taten bereinigen können. Er erlangte sogar Erleuchtung und wurde zu einem Vorbild, das Jahrhunderte hindurch Millionen von Menschen inspiriert hat.

In Tibet sagt man, daß jede negative Handlung eine gute Eigenschaft hat – sie kann bereinigt werden. Es besteht also immer Grund zur Hoffnung. Selbst hartgesottene Kriminelle und Mörder können sich ändern und die Konditionierungen überwinden, die sie zu ihren Verbrechen getrieben haben. Unsere gegenwärtigen Umstände können – wenn wir sie mit Geschick und Weisheit nutzen – zur Inspiration werden, die uns aus den Fesseln des Leidens befreit.

Was immer uns jetzt widerfährt, spiegelt unser vergangenes Karma wieder. Wenn wir das wissen und wirklich begreifen, sehen wir Leiden und Schwierigkeiten nicht mehr als unser Versagen oder als Katastrophen und auch nicht als eine Art Strafe. Wir schwelgen auch nicht mehr in Schuldgefühlen und Selbsthaß. Wir erkennen in dem Leiden, das wir durchmachen, Resultate – die Frucht vergangenen Karmas. Die Tibeter nennen das Leiden «einen Besen, der all unser negatives Karma wegfegt». Wir können sogar dankbar sein, wenn durch leidvolle Umstände Karma beendet wird. Wir wissen, daß «Glück», das Ergebnis guten Karmas, bald verbraucht ist, wenn wir es nicht gut nutzen, und daß «Pech», als Resultat negativen Karmas, in Wirklichkeit eine ausgezeichnete Gelegenheit darstellt, uns zu entwickeln.

Für Tibeter hat Karma eine wirklich lebendige und praktische Bedeutung im Alltag. Sie leben nach den Prinzipien von Karma, im Wissen um seine Wahrheit; das ist auch die Basis ihrer buddhistischen Ethik. Sie verstehen Karma als einen natürlichen und gerechten Prozeß. Diese Erkenntnis inspiriert in ihnen ein Gefühl persönlicher Verantwortung für alles, was sie tun. Als ich klein war, hatte meine Familie einen wunderbaren Diener namens A-pe Dorje, der mich sehr liebte. Er war ein außerordentlich feiner Mensch, der in seinem ganzen Leben niemals jemandem weh getan hatte. Immer wenn ich als Kind etwas Verletzendes tat oder sagte, reagierte er sofort mit einem sanften: «Oh, das ist aber nicht recht.» So flößte er mir von klein auf ein tiefes Bewußtsein für die Allgegenwart von Karma ein und eine fast automatische Gewohnheit, sofort meine Reaktion zu ändern, sobald ein verletzender Gedanke aufkommt.

Ist es wirklich so schwierig, die Wirkungsweise von Karma einzusehen? Brauchen wir nicht einfach nur auf unser eigenes Leben zurückzublicken, um die Konsequenzen vieler unserer Handlungen klar sehen zu können? Ist es nicht eigentlich immer letztlich auf uns selbst zurückgefallen, wenn wir jemanden verletzt haben? Ist uns davon nicht eine bittere, dunkle Erinnerung geblieben und ein Schatten von Ekel vor uns selbst? Diese Erinnerung und diese Schatten sind Karma. Unsere Gewohnheiten und Ängste sind ebenfalls Karma: das Ergebnis unserer vergangenen Handlungen, Worte oder Gedanken. Wenn wir unsere Handlungen untersuchen, sie wirklich achtsam betrachten, erkennen wir ein Muster, das sich in unseren Handlungen dauernd wiederholt: *Destruktives Handeln führt immer nur zu Schmerz und Leiden; wenn wir konstruktiv handeln, erfahren wir als Ergebnis schließlich Glück.*

Verantwortung

Es hat mich immer sehr bewegt, wie überraschend präzise die Berichte über Nahtod-Erfahrungen die Wahrheit von Karma bestätigen. Eines der durchgängigen Elemente von Nahtod-Erfahrungen und Auslöser vieler Diskussionen ist der sogenannte «panoramische Lebensrückblick». Es scheint, daß Menschen, die eine solche Erfahrung machen, nicht nur in den lebendigsten Einzelheiten die Vorgänge ihres gerade vergangenen Lebens nochmals durchleben, sondern gleichzeitig in größtmöglichem Umfang auch die Auswirkungen von all ihren Handlungen überblicken. Sie erfahren die gesamte Bandbreite der Gefühle, die sie in anderen ausgelöst haben, wie beunruhigend und schockierend diese auch gewesen sein mögen[19]:

> Mein gesamtes Leben zog in einem Rückblick an mir vorbei. – Viele dieser Erfahrungen empfand ich als beschämend, da ich jetzt ein erweitertes Wissen besaß . . . Mir war nicht nur klar, was ich getan hatte,

> sondern auch, was es in anderen bewirkt hat ... Ich erkannte, daß nicht einmal unsere Gedanken verlorengehen.[20]

> Mein Leben zog an mir vorbei ... ich durchlebte jede Emotion, durch die ich in meinem Leben gegangen war, nochmals. Und es öffneten sich mir die Augen dafür, wie diese Emotionen mein Leben beeinflußt hatten, und wie mein Leben das Leben anderer beeinflußt hat.[21]

> Ich wurde zu den Menschen, die ich verletzt hatte und ich wurde zu den Menschen, denen ich geholfen hatte.[22]

> Es war ein totales Wiedererleben jedes einzelnen Gedankens, den ich je gedacht hatte, jedes Wortes, das ich je gesagt hatte, und jeder Handlung, die ich je getan hatte; zusammen mit der Wirkung, die jeder Gedanke, jedes Wort und jede Handlung auf alle Menschen gehabt hatte, die je in meinen Einflußbereich gekommen sind, ob ich sie nun gekannt habe oder nicht ...; und auch die Wirkung von Gedanken, Worten und Taten auf Wetter, Pflanzen, Tiere, Erde, Bäume, Wasser und Luft.[23]

Ich denke, daß diese Zeugnisse sehr ernst genommen werden sollten. Sie helfen uns nämlich, die gesamte Konsequenz unserer Handlungen, Worte und Taten zu erkennen, und halten uns so zu größerer Verantwortung an. Ich habe die Beobachtung gemacht, daß viele Menschen sich von Karma bedroht fühlen, wenn sie zu verstehen beginnen, daß es vor diesem natürlichen Gesetz kein Entkommen gibt. Manche sagen deutlich, daß sie nicht an Karma glauben, sind sich aber ganz tief innen dieser Leugnung durchaus nicht so sicher. Tagsüber mögen sie zwar mit furchtloser Verachtung jeder Ethik handeln, mit einem künstlichen, sorglosen Vertrauen, aber nachts, wenn sie allein mit sich sind, ist ihr Geist oft düster und von Sorgen geplagt.

Sowohl im Osten als auch im Westen haben Menschen jeweils charakteristische Hintertüren gefunden, um sich vor der Verantwortung zu drükken, die aus dem Verständnis von Karma entsteht. Im Osten benutzen die Menschen Karma als Ausrede dafür, niemandem hilfreich beistehen zu müssen. Sie sagen, es sei eben das «Karma» dieses Menschen, so etwas zu erleiden. Im «freidenkerischen» Westen ist es subtiler. Menschen der westlichen Welt, die an Karma glauben, können übertrieben «sensibel» und «vorsichtig» sein und behaupten, jemandem zu helfen könnte bedeuten, sich in einen Prozeß einzumischen, den der Mensch «mit sich selbst ausmachen müßte». Welch eine Ausrede, was für ein Verrat an unserer Menschlichkeit! Vielleicht ist es ja ebenso *unser* Karma, einen Weg zur Hilfe zu finden. Ich kenne einige reiche Menschen: Ihr Reichtum kann zu ihrem Verderben führen, wenn er Geiz und Trägheit in ihnen fördert; wenn sie aber die Gelegenheit ergreifen, mit ihrem Geld anderen wirklich zu helfen, helfen sie sich auf diese Weise auch selbst.

Wir sollten niemals vergessen, daß wir in Gedanken, Worten und Werken stets die Wahl haben. Wenn wir wollen, können wir dem Leiden und seinen Ursachen ein Ende setzen, und damit unser wahres Potential, unsere Buddha-Natur zum Erwachen bringen. Bis diese Buddha-Natur vollkommen erweckt ist und wir von unserer Unwissenheit befreit und mit dem unsterblichen, erleuchteten Geist verschmolzen sind, gibt es kein Ende des Kreislaufs von Leben und Tod. Die Lehren mahnen uns: Wenn wir in diesem Leben nicht die größtmögliche Verantwortung für uns selbst übernehmen, dann wird das Leiden nicht nur für einige wenige, sondern für Tausende von Leben weitergehen.

Diese ernüchternde Wahrheit läßt Buddhisten das jetzige Leben nicht für das wichtigste halten – sind es doch so viele mehr, die noch in der Zukunft warten. Diese Langzeitsicht bestimmt ihr Leben. Sie wissen: Die ganze Ewigkeit für dieses Leben zu opfern, wäre, als würde man die Ersparnisse seines ganzen Lebens für ein einziges Getränk ausgeben, in aberwitziger Verkennung der Konsequenzen.

Wenn wir aber das Gesetz von Karma respektieren und ein gutes Herz voller Liebe und Mitgefühl entwickeln, wenn wir unseren Bewußtseinsstrom reinigen und allmählich die Weisheit der Natur unseres Geistes erwecken, dann endlich können wir im wahrsten Sinne der Bedeutung Mensch werden und letztlich Erleuchtung erlangen.

Albert Einstein sagte:

> Der Mensch ist ein Teil des Ganzen, das wir Universum nennen, ein in Raum und Zeit begrenzter Teil. Er erfährt sich selbst, seine Gedanken und Gefühle als abgetrennt von allem anderen – eine Art optische Täuschung des Bewußtseins. Diese Täuschung ist für uns eine Art Gefängnis, das uns auf unsere eigenen Vorlieben und auf die Zuneigung zu wenigen uns Nahestehenden beschränkt. Unser Ziel muß es sein, uns aus diesem Gefängnis zu befreien, indem wir den Horizont unseres Mitgefühls erweitern, bis er alle lebenden Wesen und die gesamte Natur in all ihrer Schönheit umfaßt.[24]

Wiedergeburten in Tibet

Diejenigen, die das Gesetz von Karma meistern und Verwirklichung erlangen, können ihre Rückkehr in ein neues Leben wählen, um anderen zu helfen. In Tibet entstand im dreizehnten Jahrhundert die Tradition, solche Inkarnationen oder Tulkus wiederzuerkennen, und sie besteht bis zum heutigen Tag fort. Wenn ein verwirklichter Meister stirbt, kann er präzise Angaben hinterlassen, wo er wiedergeboren werden wird. Einer seiner engsten Schüler oder spirituellen Freunde kann eine Vision oder einen Traum haben, der die bevorstehende Wiedergeburt voraussagt. In anderen Fällen wird ein früherer Schüler vielleicht auch die Hilfe eines anderen Meisters erbitten, der dafür bekannt ist, Tulkus erkennen zu können. Dieser Meister hat dann vielleicht eine Vision oder einen Traum, die es ihm ermöglichen, die Suche nach dem Tulku zu leiten. Wenn ein Kind gefunden wird, dann ist es auch dieser Meister, der es als authentische Reinkarnation bestätigen kann.

Diese Tradition soll sicherstellen, daß das Weisheitsgedächtnis verwirklichter Meister nicht verlorengeht. Der wichtigste Punkt ist, daß im Leben einer Inkarnation seine ursprüngliche Natur – die Weisheitserinnerung, die der Tulku geerbt hat – durch entsprechende Schulung wiedererweckt werden muß; das ist der eigentliche Beweis seiner Authentizität. Seine Heiligkeit der Dalai Lama sagt zum Beispiel von sich, daß er schon als kleines Kind in der Lage war, ohne große Schwierigkeiten Feinheiten buddhistischer Philosophie und Lehre zu begreifen, die gemeinhin als schwer verständlich gelten und über Jahre hinweg studiert werden müssen.

Der Erziehung von Tulkus wird besonders große Sorgfalt gewidmet. Schon bevor die eigentliche Schulung beginnt, werden die Eltern angehalten, besonders für sie zu sorgen. Ihr Ausbildung ist sehr viel strenger und intensiver als die normaler Mönche, weil von ihnen sehr viel mehr erwartet wird.

Manchmal erinnern sich Tulkus an ihre vergangenen Leben oder haben erstaunliche Fähigkeiten. Der Dalai Lama erzählt: «Es ist durchaus nicht ungewöhnlich, daß kleine Kinder, die Reinkarnationen sind, Objekte oder Menschen aus ihrem früheren Leben wiedererkennen. Manche können sogar Textstellen auswendig rezitieren, die noch nicht Teil ihres Lesestoffes waren.»[25] Manche Inkarnationen müssen weniger studieren oder üben als andere. Dies galt für meinen eigenen Meister, Jamyang Khyentse.

In seiner Kindheit hatte er einen sehr anspruchsvollen, strengen Lehrer, mit dem er in dessen Einsiedelei in den Bergen leben mußte. Eines Morgens machte sich der Lehrer auf in das nächste Dorf, um eine Zeremonie für einen Verstorbenen abzuhalten. Bevor er ging, gab er meinem Meister ein Buch mit dem Titel *Rezitation der Namen des Mañjushrī*, ein extrem schwieriger Text von etwa fünfzig Seiten, den man gewöhnlich nur in monatelangem Studium memorieren kann. Seine Abschiedsworte waren: «Lern das bis heute abend auswendig.»

Der kleine Khyentse war ein Junge wie jeder andere auch, und sobald sein Lehrer gegangen war, begann er zu spielen. Er spielte und spielte, bis die Nachbarn schließlich ängstlich zu werden begannen. Sie flehten ihn an: «Fang doch bitte an zu lernen, sonst bekommst du nachher sicher Schläge», wußten sie doch, wie streng und zornig der Lehrer werden konnte. Er aber achtete nicht weiter auf sie und spielte einfach weiter. Bei Sonnenuntergang, kurz bevor der Meister zurückerwartet wurde, las er den Text schließlich einmal durch. Als sein Lehrer ihn am Abend prüfte, war er in der Lage, den gesamten Text wortgetreu aus dem Gedächtnis aufzusagen.

Üblicherweise würde kein Lehrer einem Kind ernsthaft eine solche Aufgabe stellen. Dieser Lehrer aber hatte in seinem Herzen gewußt, daß Khyentse die Inkarnation von Mañjushrī, dem Buddha der Weisheit, war, und es scheint fast, als habe er ihn dazu bringen wollen, sich selbst zu «beweisen». Indem das Kind eine solch schwierige Aufgabe ohne Widerspruch akzeptierte, bekannte es seinerseits stillschweigend seine eigentliche Identität. Khyentse schrieb später in seiner Autobiographie, daß sein damaliger Lehrer, auch wenn er es nie zugab, recht beeindruckt gewesen war.

Was setzt sich in einem Tulku fort? Ist der Tulku derselbe Mensch wie der, dessen Reinkarnation er ist? Er ist es, und er ist es gleichzeitig nicht. Seine Motivation und seine Absicht, allen Wesen zu helfen, ist dieselbe, aber er ist nicht dieselbe Persönlichkeit. Was von Leben zu Leben weitergeht ist ein Segen, etwas, das Christen vielleicht «Gnade» nennen würden. Die Übertragung dieses Segens ist genau abgestimmt auf die jeweilige Zeit, und die Inkarnation manifestiert sich in einer Form, die auf die Bedürfnisse und das Karma der Menschen seiner Zeit am besten zugeschnitten ist, um ihnen möglichst effektiv helfen zu können.

Das eindrucksvollste Beispiel für den Reichtum, die Wirksamkeit und Subtilität dieses Systems ist vielleicht Seine Heiligkeit der Dalai Lama selbst. Er wird von den Buddhisten als die Inkarnation von Avalokiteshvara, dem Buddha unendlichen Mitgefühls, verehrt.

In Tibet gleichzeitig als spiritueller und weltlicher Herrscher erzogen, erhielt der Dalai Lama die gesamte traditionelle Ausbildung und die wichtigsten Belehrungen aller Übertragungslinien und wurde so zu einem der größten lebenden Meister der tibetischen Tradition. Dennoch kennt ihn die ganze Welt als einen Menschen von geradliniger Einfachheit und äußerst pragmatischen Ansichten. Der Dalai Lama hat ein großes Interesse an moderner Physik, Neurobiologie, Psychologie und Politik, und seine Botschaft universeller Verantwortung wird nicht nur von Buddhisten, sondern von Menschen verschiedenster Überzeugungen in der ganzen Welt angenommen. Sein unermüdlicher Einsatz für Gewaltlosigkeit in dem nun schon 40 Jahre währenden leidvollen Kampf des tibetischen Volkes für seine Unabhängigkeit von den Chinesen hat ihm 1989 den Friedensnobelpreis eingebracht; in dieser besonders gewaltgeladenen Zeit hat sein Beispiel in allen Ländern der Welt Menschen in ihrer Hoffnung auf Frieden bestärkt.

Der Dalai Lama ist zu einem der wichtigsten Fürsprecher für den Schutz der Umwelt geworden, indem er unermüdlich versucht, seine Mitmenschen auf die Gefahren einer selbstsüchtigen, materialistischen Philosophie aufmerksam zu machen. Geehrt und ausgezeichnet von Intellektuellen und führenden Persönlichkeiten, hat er durch die Schönheit, den Humor und die Freude seiner Präsenz auch das Leben vieler ganz einfacher Menschen verändert. Ich glaube, der Dalai Lama ist nicht weniger als das unserer gefährdeten Menschheit zugewendete Angesicht des Buddha des Mitgefühls selbst. Er ist die Inkarnation von Avalokiteshvara, nicht nur für Tibet, sondern für die ganze Welt, die seines heilenden Mitgefühls und seines vollkommenen Beispiels eines umfassenden Einsatzes für Gewaltlosigkeit heute mehr bedarf denn jemals zuvor.

Es mag die westliche Welt überraschen zu erfahren, wie viele Inkarnationen es in Tibet tatsächlich gegeben hat, die in ihrer Mehrzahl immer große Meister, Gelehrte, Mystiker und Heilige gewesen sind und einen überragenden Beitrag sowohl zu den buddhistischen Lehren, als auch zur gesellschaftlichen Entwicklung geleistet haben. Sie haben eine zentrale Rolle in der Geschichte Tibets gespielt. Ich glaube allerdings nicht, daß dieser Prozeß der Inkarnation auf Tibet beschränkt ist, sondern daß er in allen Ländern und zu allen Zeiten geschieht. In der gesamten Geschichte hat es immer wieder Menschen mit künstlerischem Genie, spiritueller Kraft und einer humanitären Vision gegeben, die die Menschheit vorangebracht haben. Ich denke an Gandhi, Einstein und Mutter Teresa, an Shakespeare, den heiligen Franziskus, an Mozart oder Michelangelo.

Wenn Tibeter von solchen Menschen hören, bezeichnen sie sie sofort als Bodhisattvas. Wann immer ich selbst von ihnen höre, von ihrem Werk und ihrer Vision, bin ich von der Majestät des unermeßlichen Entwicklungsprozesses der Buddhas und Meister tief beeindruckt, die sich wiederverkörpern, um Lebewesen zur Befreiung zu bringen und die Welt zu verbessern.

7. Bardos und andere Wirklichkeiten

Bardo ist ein tibetisches Wort und bezeichnet einfach einen «Übergang» oder eine Lücke zwischen dem Ende einer Situation und dem Beginn der nächsten. *Bar* bedeutet «dazwischen» und *do* heißt «aufgehängt» oder «geworfen». Der Begriff Bardo ist durch die Bekanntheit des «Tibetischen Totenbuchs» recht geläufig geworden. Seit seiner ersten Übersetzung im Jahre 1927 hat dieses Buch ein sehr großes Interesse besonders bei Psychologen, Schriftstellern und Philosophen im Westen gefunden und wurde millionenfach verkauft.

Den Titel «Tibetisches Totenbuch» prägte sein Übersetzer, der amerikanische Gelehrte W. Y. Evans-Wentz, in Anlehnung an das bekannte (und ebenfalls falsch betitelte) Ägyptische Totenbuch.[1] Der tatsächliche Titel des Werkes lautet *Bardo Tödrol Chenmo*, was «Große Befreiung durch Hören im Bardo» bedeutet. Die Bardo-Lehren sind uralt und finden sich in den sogenannten Dzogchen-Tantras.[2] Die Übertragungslinie dieser Lehren erstreckt sich über menschliche Meister hinaus zurück zum Ur-Buddha (Samantabhadra auf Sanskrit, Kuntuzangpo auf Tibetisch), der die absolute, nackte, himmelgleiche ursprüngliche Reinheit der Natur unseres Geistes symbolisiert. Das *Bardo Tödrol Chenmo* ist selbst Teil eines größeren Lehrzyklus, der, vom großen Meister Padmasambhava eingeführt, im 14. Jahrhundert von dem tibetischen Seher Karma Lingpa enthüllt wurde.

Die *Große Befreiung durch Hören im Bardo*, das «Tibetische Totenbuch», ist ein einzigartiger Weisheitstext. Es ist eine Art Reiseführer durch die Nahtod-Zustände und wurde speziell dazu geschaffen, einem Sterbenden von einem Meister oder spirituellen Freund während seines Todes und danach vorgelesen zu werden. In Tibet kennt man «fünf Methoden des Erlangens von Erleuchtung ohne Meditation»: durch *Sehen* eines großen Meisters oder eines heiligen Objektes, durch *Tragen* von besonders gesegneten Zeichnungen oder Mandalas mit heiligen Mantras auf dem Körper, durch *Schmecken* von besonderem, gesegnetem Nektar, der von Meistern durch spezielle, intensive Praktiken geweiht wurde, durch *Erinnern* der Übertragung des Bewußtseins (*Phowa*) im Moment des Todes sowie durch *Hören* bestimmter tiefgründiger Lehren, wie eben der *Großen Befreiung durch Hören im Bardo.*

Das «Tibetische Totenbuch» ist bestimmt für Praktizierende oder Personen, die mit seinen Lehren vertraut sind. Für Menschen der modernen Welt ist dieser Text äußerst schwer zu ergründen; er wirft eine Menge Fragen auf, die ohne Kenntnis der Tradition, die dies Wissen hervorgebracht hat, einfach nicht zu beantworten sind. Ohne Kenntnis der speziellen Anweisungen, die der Schlüssel zur Praxis des darin enthaltenen Wissens sind, kann dieses Buch unmöglich völlig verstanden werden. Diese Anweisungen werden aber nicht aufgeschrieben, sondern von einem Meister ausschließlich mündlich an seine Schüler weitergegeben.

Im vorliegenden Buch nun setze ich diese Lehren, die dem Westen durch das «Tibetische Totenbuch» erstmals bekannt geworden sind, in einen sehr viel umfassenderen und daher besser verständlichen Zusammenhang.

Bardos

Wegen der Popularität des «Tibetischen Totenbuches» bringen die Menschen das Wort Bardo gewöhnlich mit dem Tod in Verbindung. Es ist zwar durchaus richtig, daß das Wort Bardo in der tibetischen Umgangssprache den Zwischenzustand zwischen Tod und Wiedergeburt bezeichnet, aber eigentlich hat es eine sehr viel umfassendere und tiefere Bedeutung. In den Bardo-Lehren erkennen wir wohl am besten, wie profund und allumfassend das Wissen der Buddhas um Leben und Tod tatsächlich ist und wie unlösbar das, was wir Leben nennen, mit dem, was wir Tod nennen, in Wirklichkeit verbunden ist – wenn es aus der Perspektive der Erleuchtung klar gesehen und erkannt wird.

Wir können unsere gesamte Existenz in vier Realitäten gliedern: Leben, Sterben und Tod, Nachtod sowie Wiedergeburt. Sie entsprechen den folgenden Bardos:

- der «natürliche» Bardo dieses Lebens
- der «schmerzvolle» Bardo des Sterbens
- der «lichtvolle» Bardo der Dharmatā
- der «karmische» Bardo des Werdens.

1. Der natürliche Bardo dieses Lebens umfaßt die gesamte Zeitspanne zwischen Geburt und Tod. Nach unserer jetzigen Erfahrung scheint das Leben allerdings mehr zu sein als bloß ein Bardo, ein Übergang. Aber wenn wir darüber nachdenken, wird schnell klar, daß die Zeit, die wir in diesem Leben verbringen, verglichen mit der enormen Länge unserer karmischen Geschichte, tatsächlich relativ kurz ist. Die Lehren mahnen uns nachdrücklich, daß der Bardo dieses Lebens die einzige Zeit ist, uns auf den Tod vorzubereiten: indem wir mit den Lehren vertraut werden und unsere Praxis stabilisieren.

2. Der schmerzvolle Bardo des Sterbens dauert vom Einsetzen des Sterbeprozesses bis zum Ende der sogenannten «inneren Atmung»; dieser Prozeß gipfelt im Aufleuchten der Natur des Geistes, der sogenannten «Grund-Lichtheit»* im Augenblick des Todes.

3. Der lichtvolle Bardo der Dharmatā umfaßt die Nachtod-Erfahrungen der Strahlung der Natur des Geistes: die Lichtheit (oder das «Klare Licht»), die als Klang, Farben und Licht manifest wird.

4. Der karmische Bardo des Werdens ist der eigentliche Zwischenzustand und dauert bis zu dem Augenblick, da wir eine neue Geburt nehmen.

Das gemeinsame Definitionsmerkmal all dieser Bardos besteht darin, daß es sich um Lücken handelt, Perioden, in denen die Möglichkeit für Erleuchtung ganz besonders ausgeprägt ist. Chancen zur Erleuchtung bieten sich während des ganzen Lebens und Sterbens ununterbrochen, und die Bardo-Lehren sind der Schlüssel, der uns ermöglicht, diese Gelegenheiten zu entdecken und bestmöglich zu nutzen.

Unsicherheit und Möglichkeit

Bardos sind Perioden tiefer Unsicherheit; das ist eine ihrer zentralen Eigenschaften. Nehmen wir dieses Leben als generelles Beispiel. Im gleichen Maß, wie die Welt um uns turbulenter wird, wird unser eigenes Le-

* «Lichtheit» erschien als Übersetzung des englischen Wortes *luminosity* hier am besten geeignet, weil darin nicht nur *Licht* im Sinne von *Leuchten*, sondern auch noch das deutsche *licht*, wie in *Lichtung*, enthalten ist. Dadurch wird der hier gemeinte subtile Zustand sehr umfassend beschrieben. (Anm. d. Übers.)

ben zerstückelter. Wir sind nicht in Kontakt mit uns selbst und daher ängstlich, ruhelos und unsicher. Eine kleine Krise bringt den Ballon der Strategien, hinter denen wir uns verbergen, zum Platzen. Ein einziger Moment der Panik zeigt uns, wie unsicher und instabil alles ist. In der heutigen Welt zu leben bedeutet, in einer Art Bardo-Bereich zu leben; man muß nicht erst sterben, um eine Bardo-Erfahrung zu machen.

Diese Unsicherheit, die schon jetzt allgegenwärtig ist, wird nach unserem Tod noch wesentlich intensiver und akuter, weil dann – so sagen die Meister – unser jeweiliger Zustand geistiger Klarheit oder Verwirrung »um das Siebenfache verstärkt» ist.

Jeder, der das Leben ohne Vorbehalte betrachtet, wird erkennen, daß wir Menschen im Zustand permanenter Spannung und Ungewißheit leben. Unser Geist wechselt ständig zwischen Klarheit und Verwirrung. Das wirklich Verblüffende am Leben aber ist, daß wir, trotz all unserer Verwirrtheit, manchmal wirklich weise sein können! Das alles zeigt uns, was ein Bardo ist: ein dauernder, nervenaufreibender Wechsel zwischen Klarheit und Verwirrung, Einsicht und Desorientierung, Sicherheit und Unsicherheit, geistiger Gesundheit und Unzurechnungsfähigkeit. In unserem jetzigen Zustand bestehen Weisheit und Verwirrung gleichzeitig in unserem Geist; sie sind – wie wir sagen – «zugleich erscheinend». Das bedeutet, daß wir mit einem Zustand des dauernden Wählenmüssens zwischen diesen beiden Möglichkeiten konfrontiert sind, und es hängt alles davon ab, welche Wahl wir treffen.

Diese dauernde Unsicherheit läßt alles undurchschaubar und beinahe hoffnungslos erscheinen; wenn wir aber tiefer blicken, sehen wir, daß es die Natur ebendieser Unsicherheit ist, immer wieder Lücken zu erzeugen, Räume, in denen sich ständig große Chancen und Gelegenheiten zu umfassender Veränderung auftun – wenn es uns gelingt, so muß man wohl hinzufügen, sie als solche zu erkennen und zu ergreifen.

Da das Leben nichts als ein dauernder Fluß von Geburt, Tod und Übergang ist, machen wir ständig Bardo-Erfahrungen; sie sind grundlegender Bestandteil unserer psychischen Prozesse. Gewöhnlich sind wir jedoch völlig blind für die Bardos und ihre Offenheit, weil unser Geist von einer sogenannten «soliden» Situation zur nächsten springt und die immer auftretenden Übergänge aus Gewohnheit völlig ignoriert. Tatsächlich aber – und das ist ein Verständnis, zu dem uns die Lehren verhelfen können – ist jeder Augenblick unserer Erfahrung ein Bardo, da jeder Gedanke, jede Emotion aus der Essenz des Geistes geboren wird und wieder in sie hinein stirbt. Die Lehren machen uns auch bewußt, daß besonders in Zeiten starker Veränderung, in Übergängen also, die himmelsgleiche, ursprüngliche Natur unseres Geistes viel eher manifest werden kann.

Ich möchte das an einem Beispiel verdeutlichen. Stellen Sie sich vor, Sie kommen nach der Arbeit nach Hause und finden Ihre Haustür aufgebrochen. Sie gehen hinein und stellen fest, daß Ihr ganzer Besitz gestohlen ist. Für einen Augenblick sind Sie gelähmt vor Schreck und in Ihrer Verzweiflung malen Sie sich panisch aus, was alles weggekommen ist. Ihnen wird klar: Sie haben alles verloren! Ihr vorher so ruheloser, aufgewühlter Geist ist jetzt plötzlich wie betäubt, Gedanken hören auf. Und auf einmal gibt es eine tiefe Stille, fast ein Gefühl von Seligkeit. Keine Abwehr mehr, keine Anstrengung, weil alles sowieso nichts mehr hilft. Sie können sich nur noch ergeben; Sie haben keine andere Wahl.

In einem Augenblick haben Sie etwas Wertvolles verloren, und im nächsten Augenblick ruht Ihr Geist in einem Zustand tiefen Friedens. Wenn Ihnen so etwas passiert, suchen Sie nicht augenblicklich nach Lösungen! Ruhen Sie eine Zeit in diesem Zustand des Friedens. Lassen Sie diese Lücke zu. Und wenn Sie wirklich in dieser Offenheit ruhen und in den Geist schauen, erblicken Sie einen Schimmer der unsterblichen Natur des erleuchteten Geistes. Je feiner und intensiver unsere Empfindsamkeit und Wachheit gegenüber den erstaunlichen Möglichkeiten, die diese Lücken und Übergänge bieten, zu tiefen und umwälzenden Einsichten im Leben zu gelangen, desto besser sind wir innerlich vorbereitet, wenn sie uns in wesentlich machtvollerer und unkontrollierterer Form im Tod begegnen.

Das ist äußerst wichtig, denn die Bardo-Lehren sagen uns, daß es Momente gibt, in denen unser Geist viel freier ist als sonst, Momente, die viel mehr Energie enthalten als andere, die karmisch wesentlich stärker aufgeladen sind und ungeheures Potential bergen. Der wichtigste all dieser Momente ist der Augenblick des Todes. In diesem Moment nämlich bleibt der Körper zurück, und wir begegnen der besten Gelegenheit zur Erleuchtung.

Wie vollkommen unsere spirituelle Meisterschaft auch sein mag, wir sind auf jeden Fall durch unseren Körper und sein Karma eingeschränkt. Mit der Auflösung der Körperlichkeit im Tod geht daher die wunderbarste Möglichkeit einher, all das, wonach wir in unserer Praxis und in unserem Leben gestrebt haben, zur Erfüllung zu bringen. Selbst für einen überragenden Meister, der die höchste Verwirklichung erlangt hat, dämmert die letztendliche Erlösung, Parinirvāna genannt, erst im Tod. Aus ebendiesem Grund feiern wir in der tibetischen Tradition nicht den Geburtstag eines verstorbenen Meisters, sondern seinen Todestag – den Moment letztendlicher Erleuchtung.

In meiner Kindheit in Tibet und auch später hörte ich viele Berichte, wie große Praktizierende, aber auch gewöhnliche Yogis und Laien auf erstaunliche und dramatische Weise gestorben sind. In ihrem letzten Augenblick zeigte sich plötzlich die Tiefe ihrer Verwirklichung und die Kraft der Lehren, die sie verkörperten.[3]

Die Dzogchen-Tantras, die alten Lehren, von denen der Bardo-Zyklus nur ein Teil ist, berichten uns von einem sagenhaften Vogel, dem Garuda, der vollentwickelt aus dem Ei schlüpft. Dieses Bild symbolisiert unsere ursprüngliche Natur, die bereits ganz und gar vollkommen ist. Das Garudaküken hat zwar bereits im Ei vollständig entwickelte Schwingen, fliegen kann es aber erst, wenn es geschlüpft ist. Erst in dem Moment, in dem die Schale birst, kann es hervorbrechen und sich in die Lüfte schwingen. Die Meister sagen uns, daß auf sehr ähnliche Weise die Eigenschaften unserer Buddhaschaft im Körper verborgen liegen; und erst im Tod, wenn der Körper abfällt, treten sie strahlend in Erscheinung.

Der Grund, warum der Augenblick des Todes so machtvolle Möglichkeiten bietet, liegt darin, daß zu diesem Zeitpunkt die grundlegende Natur des Geistes, die Grund-Lichtheit oder das Klare Licht, ganz von selbst strahlend manifest wird. Wenn wir in diesem kritischen Moment fähig sind, die Grund-Lichtheit zu erkennen, so versichern uns die Lehren, erlangen wir Befreiung.

Dies ist allerdings nicht möglich, wenn wir uns in diesem Leben nicht durch spirituelle Praxis mit der Natur des Geistes vertraut gemacht haben. Das ist auch der Grund, warum in unserer Tradition überraschenderweise gesagt wird, daß ein Mensch, der im Moment des Todes Befreiung findet, in diesem Leben befreit ist und nicht in einem der Bardo-Zustände nach dem Tod; denn er hat innerhalb dieses Lebens die wesentliche Erkenntnis des Klaren Lichtes gewonnen und gefestigt. Dies ist ein wesentlicher Punkt, und er sollte verstanden werden.

Andere Wirklichkeiten

Ich habe behauptet, daß die Bardos uns besondere Gelegenheiten bieten. Was aber an den Bardos ist es, das uns in die Lage versetzt, diese Gelegenheiten zu ergreifen? Die Antwort ist einfach: es handelt sich bei ihnen um andere Zustände, andere Wirklichkeiten des Geistes.

In der buddhistischen Schulung bereiten wir uns darauf vor, die verschiedenen miteinander verbundenen Aspekte des Geistes zu erforschen und durch das Mittel der Meditation die verschiedenen Ebenen des Bewußtseins zu erfahren. Es bestehen exakte und unterscheidbare Beziehungen zwischen den Bardo-Zuständen und den Bewußseinsebenen, die wir im Kreislauf von Leben und Tod erfahren. Wenn wir also durch Leben und Tod von einem Bardo zum nächsten fortschreiten, findet jeweils eine entsprechende Veränderung des Bewußtseins statt, mit der wir uns durch spirituelle Praxis vertraut machen können, um sie schließlich völlig zu verstehen.

Da der Prozeß, der sich in den Bardos des Todes entfaltet, der Tiefe unseres Geistes entspringt, manifestiert er sich schon im Leben auf verschiedenen Ebenen. So gibt es zum Beispiel eine lebhafte Ähnlichkeit zwischen den verschiedenen Graden der Subtilität des Bewußtseins, die wir in Schlaf und Traum durchlaufen, und den drei Bardos, die mit dem Tod verbunden sind:

- Das Einschlafen ist mit dem Bardo des Sterbens vergleichbar, in dem sich die Elemente und Denkprozesse auflösen und sich die Erfahrung der Grund-Lichtheit öffnet.

- Das Träumen ähnelt dem Bardo des Werdens, dem Zwischenzustand, in dem man einen hellsichtigen und äußerst beweglichen «Geistkörper» besitzt, der alle möglichen Erfahrungen durchlebt. Auch im Traum haben wir einen vergleichbaren Körper, den Traumkörper, der alle Erlebnisse des Traumlebens erfährt.

- Zwischen dem Bardo des Sterbens und dem Bardo des Werdens gibt es einen besonderen Zustand von Lichtheit oder Klarem Licht, der «Bardo der Dharmatā» genannt wird. Es ist ein Zustand, den jeder zwar durchläuft, den aber nur sehr wenige überhaupt wahrnehmen, geschweige denn wirklich erfahren können. Dieser Zustand kann nur von einem geübten Praktizierenden erkannt werden. Der Bardo der Dharmatā entspricht der Phase zwischen Einschlafen und Beginn der Traumphase.

Natürlich handelt es sich bei den Bardos des Todes um viel tiefere Bewußtseinszustände als bei den Schlaf- und Traumerlebnissen und um viel machtvollere Momente; aber ihre relativen Feinheitsgrade entsprechen sich in etwa und vermitteln einen Einblick in die Verbindungen und Parallelen, die zwischen verschiedenen Ebenen des Bewußtseins existieren. Manche Meister benutzen dasselbe Beispiel, um zu verdeutlichen, wie schwierig es ist, das Gewahrsein während der Bardo-Zustände aufrechtzuerhalten. Wie viele von uns bemerken die Veränderungen im Bewußtsein, wenn sie einschlafen? Wer ist sich schon des Zustandes zwischen dem Einschlafen und dem Einsetzen der Träume bewußt? Wie viele wissen während eines Traumes, daß sie träumen? Das vermittelt uns vielleicht eine Vorstellung davon, wie schwierig es erst sein muß, mitten im Aufruhr der Bardos des Todes das Gewahrsein aufrechtzuerhalten.

Wie unser Geist sich in den Schlaf- und Traumzuständen verhält, weist darauf hin, wie er sich in den entsprechenden Bardo-Erfahrungen verhalten wird. So zeigt zum Beispiel die Art, wie wir jetzt auf Träume, Alpträume und Schwierigkeiten reagieren in etwa, wie wir nach dem Tode reagieren werden.

Darum spielt auch der Yoga des Schlafens und Träumens eine so tragende Rolle in der Vorbereitung auf den Tod. Ein wahrhaft Praktizierender versucht, sein Gewahrsein der Natur des Geistes fehlerlos und ununterbrochen Tag und Nacht aufrechtzuhalten, und er wird auf diese Weise alle Phasen von Schlaf und Traum dazu nutzen, sich mit den Bardo-Erfahrungen während des Todes und danach vertraut zu machen.

Im Rahmen des Bardo dieses Lebens werden daher häufig noch zwei weitere Bardos unterschieden: der Bardo von Schlaf und Traum und der Bardo der Meditation. Meditation ist die Übung für den Tag, Schlaf- und Traum-Yoga sind die Übungen für die Nacht. In der Tradition, zu der auch das «Tibetische Totenbuch» gehört, werden diese beiden den vier eigentlichen hinzugerechnet, und so ergibt sich eine Liste von sechs Bardos.

Leben und Tod auf unserer Handfläche

Für jeden der Bardos existieren einzigartige Anweisungen und Meditationstechniken, die genau auf die jeweiligen Realitäten und ihre entsprechenden Geisteszustände zugeschnitten sind. Auf diese Weise ist die spirituelle Praxis, die für jeden der Bardo-Zustände formuliert ist, eine Schulung, die uns in die Lage versetzt, den bestmöglichen Gebrauch von ihnen und ihren jeweiligen Möglichkeiten zur Befreiung zu machen. Der essentielle Punkt, den es im Zusammenhang mit den Bardos zu verstehen gilt, ist folgender: Indem wir uns der Ausübung dieser Praktiken unterziehen, ist es wirklich möglich, diese geistigen Zustände bereits zu unseren Lebzeiten kennenzulernen. Wir können sie tatsächlich hier und jetzt erfahren. Diese Meisterschaft über verschiedene Dimensionen des Geistes mag für Menschen der westlichen Welt schwer nachzuvollziehen sein, sie ist aber auf jeden Fall erreichbar.

Kunu Lama Tenzin Gyaltsen war ein verwirklichter Meister, der aus der Himālaya-Region Nordindiens stammte. Als junger Mann traf er in Sikkim einen Lama, der ihm riet, nach Tibet zu reisen, um dort seine buddhistischen Studien zu vollenden. Er ging also nach Kham in Osttibet, wo er Belehrungen von einigen der höchsten Lamas erhielt, unter anderem auch von meinem Meister Jamyang Khyentse. Kunu Lamas Kenntnis des Sanskrit brachte ihm viel Respekt ein und öffnete ihm so manche Tür. Den Meistern war sehr daran gelegen, ihn zu lehren, in der Hoffnung, daß er die Lehren nach Indien zurückbringen und dort für ihre Wiederverbreitung sorgen würde, wußten sie doch, daß diese Lehren dort fast gänzlich untergegangen waren. Während seines Aufenthalts in Tibet erlangte Kunu Lama außergewöhnliche Gelehrsamkeit und Verwirklichung.

Später kehrte er nach Indien zurück und lebte als Asket. Als mein Meister und ich nach unserer Flucht aus Tibet auf einer Pilgerreise nach Indien kamen, suchten wir ganz Benares nach ihm ab. Schließlich fanden wir ihn in einem Hindu-Tempel. Niemand wußte, wer er war, nicht einmal, daß er Buddhist war, geschweige denn ein Meister. Die Menschen kannten ihn als einen freundlichen, heiligen Yogi und gaben ihm zu essen. Wenn ich mich an ihn erinnere, denke ich immer: «So ähnlich muß der heilige Franz von Assisi gewesen sein.»

Als die tibetischen Mönche und Lamas ins Exil gegangen waren, lehrte Kunu Lama an einer Schule, die vom Dalai Lama gegründet worden war, Grammatik und Sanskrit. Viele gelehrte Lamas studierten bei ihm, weil er als ausgezeichneter Sprachlehrer galt. Eines Tages stellte irgend jemand eine Frage in bezug auf die Lehren des Buddha, und Kunu Lama gab eine äußerst tiefgründige Antwort. Sofort wurden weitere Fragen gestellt, und jede dieser Fragen konnte er beantworten, auch wenn sie noch so kompliziert waren. Er war tatsächlich in der Lage, jede Belehrung zu geben, um die man ihn bat. Sein Ruf verbreitete sich schnell, und in kürzester Zeit unterrichtete er Mitglieder der verschiedenen Schulen in ihrer jeweiligen, spezifischen Tradition. Der Dalai Lama nahm ihn dann als spirituellen Lehrer zu sich. Er erwählte Kunu Lama, der ein lebendiges Beispiel für liebende Güte war, zur Inspiration für die Lehre und Praxis von Mitgefühl. Auch als er hochberühmt geworden war, änderte er sich nicht. Er trug weiter dieselben einfachen Kleider und lebte in seinem kleinen Zimmer. Immer wenn ein Besucher ihm eine Gabe brachte, machte er sie dem nächsten Besucher zum Geschenk. Wenn jemand etwas für ihn kochte, aß er, wenn nicht, kam er ohne Essen aus.

Eines Tages besuchte ein Meister und Professor, der in der Tradition des «Tibetischen Totenbuches» sehr beschlagen und in den damit verbundenen Praktiken äußerst erfahren ist, Kunu Lama, um ihm Fragen zu den Bardos zu stellen. Ich kenne diesen Meister sehr gut, und er hat mir selbst berichtet, wie gebannt er Kunu Lamas Antworten auf seine Fragen lauschte. Nie zuvor hatte er etwas Vergleichbares gehört. Seine Beschreibungen der Bardos waren so lebendig und präzise, als würde er den Weg zum Central Park, zu den Champs-Elysées oder zum Kurfürstendamm erklären. Er sprach, als sei er tatsächlich dort.

Kunu Lama erläuterte die Bardos direkt aus seiner eigenen Erfahrung. Ein Praktizierender seines Formats hat alle Dimensionen der Wirklichkeit durchreist. Da die Bardo-Zustände sämtlich in unserem Geist enthalten sind, können sie durch die Bardo-Praktiken enthüllt und freigesetzt werden. Diese Lehren kommen aus dem Weisheitsgeist der Buddhas, die Leben und Tod so klar sehen, als lägen sie auf ihrer Handfläche.

Auch wir sind Buddhas. Wenn wir also im Bardo dieses Lebens praktizieren und tiefer und immer tiefer in die Natur unseres Geistes eintauchen, dann können auch wir die Kenntnis der Bardos erlangen, und die Wahrheit dieser Lehren wird sich in uns von selbst entfalten. Darum ist der Bardo dieses Lebens von so entscheidender Bedeutung. Hier und jetzt nämlich findet alle Vorbereitung auf die Bardos statt. «Der unübertroffene Weg der Vorbereitung», so heißt es, «besteht darin, jetzt, in diesem Leben, Erleuchtung zu erlangen.»

8. Dieses Leben: der natürliche Bardo

Wir wollen nun den ersten der vier Bardos, den natürlichen Bardo dieses Lebens, und seine mannigfaltigen Implikationen erforschen; den anderen drei Bardos wenden wir uns dann in späteren Kapiteln im jeweils passenden Zusammenhang zu. Der natürliche Bardo dieses Lebens umfaßt die gesamte Lebensspanne zwischen Geburt und Tod. Die mit ihm zusammenhängenden Lehren machen uns klar, warum dieser Bardo eine so kostbare Gelegenheit für uns darstellt, was es letztlich bedeutet, ein Mensch zu sein, und wie wir dieses Geschenk des menschlichen Lebens wirklich bestmöglich nutzen können.

Die Meister sagen uns, daß es einen Aspekt unseres gewöhnlichen Geistes gibt, der seine fundamentale Basis ist; es ist ein Zustand, der auch «Grund des gewöhnlichen Geistes» genannt wird. Longchenpa, einer der wichtigsten Meister des vierzehnten Jahrhunderts, beschreibt diese Basis des Geistes folgendermaßen: «Es ist Nicht-Erleuchtung – ein neutraler Zustand, der der Kategorie von Geist und geistigen Vorgängen angehört und der die Grundlage für alles Karma und alle «Spuren» von Samsāra und Nirvāna ist.»[1] Er fungiert als eine Art Lagerhaus, in dem die Eindrücke unserer – durch Emotionen verursachten – vergangenen Handlungen wie Samen gelagert sind. Ergeben sich passende Bedingungen, keimen sie und manifestieren sich schließlich als Umstände und Situationen in unserem Leben.

Wir können uns diesen Grund des gewöhnlichen Geistes als eine Art Bank vorstellen, in der Karma in Form von Eindrücken und gewohnheitsmäßigen Tendenzen deponiert ist. Wir haben die Gewohnheit, in festgelegten Mustern zu denken – seien es positive oder negative. Diese Tendenzen können sehr leicht provoziert und ausgelöst werden und laufen immer wieder nach dem gleichen Schema ab. Durch dauernde Wiederholung werden diese Neigungen und Gewohnheiten immer eingefahrener, wiederholen sich öfter, werden schwerwiegender und gewinnen immer mehr Macht; sie wirken sogar noch im Schlaf. Auf diese Weise bestimmen sie schließlich unser Leben, unseren Tod und unsere Wiedergeburt. Wir fragen uns oft: «Wie wird es mir ergehen, wenn ich sterbe?» Die Antwort lautet: Der Geisteszustand in dem wir uns *jetzt* befinden, der Mensch also, der wir *jetzt* sind, genau der werden wir auch im Augenblick des Todes sein – wenn wir uns nicht ändern. Darum ist es so unerhört wichtig, dieses Leben dazu zu benutzen, unseren Bewußtseinsstrom, das heißt unser grundlegendes Wesen und unseren Charakter, zu reinigen, so lange es noch möglich ist.

Karmische Sicht

Wie kommt es eigentlich, daß wir als menschliche Wesen geboren werden? Alle Lebewesen mit ähnlichem Karma teilen eine gemeinsame Sicht der sie umgebenden Welt, und diese gemeinsame Wahrnehmung nennen wir «karmische Sicht». Die Übereinstimmung zwischen unserem Karma und dem Daseinsbereich, in dem wir leben, erklärt auch, wie verschiedene Formen entstehen: Sie und ich zum Beispiel, wir sind Menschen, weil wir ein bestimmtes, gemeinsames Karma teilen.

Aber schon innerhalb des menschlichen Bereichs haben wir alle auch unser ganz individuelles Karma. Wir wurden in verschiedenen Ländern, Städten und Familien geboren; wir sind unterschiedlich erzogen und ausgebildet, waren andersartigen Einflüssen ausgesetzt und haben unsere eigenen Ansichten entwickelt, und alle diese Konditionierungen sind die Ausformungen von Karma. Jeder einzelne von uns ist ein komplexes Gebilde aus der Summe seiner Gewohnheiten und vergangenen Handlungen, und wir können gar nicht anders, als die Dinge auf unsere persönliche und ganz eigene Weise zu sehen. Wir Menschen sehen uns zwar sehr ähnlich, nehmen die Dinge aber äußerst unterschiedlich wahr, und wir leben alle in unserer jeweiligen, ganz einzigartigen, eigenständigen und persönlichen Welt. Wie Kalu Rinpoche sagt:

> Wenn hundert Menschen schlafen und träumen, erlebt jeder von ihnen im Traum eine andere Welt. Von jedem Traum kann man sagen, er sei wahr; es wäre jedoch falsch, behaupten zu wollen, daß nur der Traum eines einzelnen Wirklichkeit wäre und alle anderen Trugschlüsse. Jeder Wahrnehmende erlebt seine eigene Realität entsprechend der «karmischen Muster», die seine Wahrnehmung bestimmen.[2]

Die sechs Bereiche

Unsere menschliche Existenz ist bei weitem nicht die einzig mögliche karmische Sicht. Im Buddhismus werden sechs Daseinsbereiche unterschieden: Die Welten der Götter, Halbgötter, Menschen, Tiere, Hungergeister und Höllenwesen. Sie sind alle das Ergebnis der sechs zentralen, negativen Emotionen: Stolz, Eifersucht, Verlangen, Unwissenheit, Gier und Haß.

Existieren all diese Bereiche tatsächlich, oder sind sie nur in uns? Es ist durchaus möglich, daß es sie – jenseits unserer karmisch begrenzten Wahrnehmung – wirklich gibt. Wir dürfen nämlich eines nicht vergessen: *Wir sehen das, was unsere karmische Sicht zuläßt, und nicht mehr.* Wir können im ungereinigten und unentwickelten Zustand unserer Wahrnehmung gegenwärtig nur *dieses* Universum wahrnehmen; ein Insekt hingegen mag einen unserer Finger als eigenständige Landschaft erleben. Wir sind so arrogant, daß wir «nur glauben, was wir sehen». Die buddhistischen Lehren aber sprechen von unzähligen Welten in verschiedenen Dimensionen – darunter mag es Welten geben, die der unseren sehr ähnlich sind oder ihr sogar genau gleichen. Selbst Astrophysiker haben schon Theorien über die mögliche Existenz von Parallel-Universen aufgestellt. Wie können wir also ernsthaft definitive Aussagen darüber machen, was jenseits der Grenzen unserer beschränkten Sicht existiert und was nicht?

Schauen wir uns in der Welt um und blicken in unseren eigenen Geist, können wir die Existenz der sechs Bereiche ganz klar identifizieren. Sie existieren außen, weil wir es zulassen, daß unsere negativen Emotionen durch unbewußte Projektion ganze Bereiche um uns herum entstehen lassen und Stil, Form, Geschmack und Hintergrund unseres Lebens in diesen Bereichen definieren. In uns existieren sie als die Samen und Tendenzen der verschiedenen negativen Emotionen in unserem psychophysischen System: allzeit bereit zu keimen und zu wachsen, je nach den Einflüssen und abhängig von unserer Entscheidung, wie wir leben wollen.

Schauen wir uns einmal an, wie einige dieser Bereiche in die Welt um uns projiziert werden und sich manifestieren. Das Hauptmerkmal des Bereichs der Götter zum Beispiel ist die Freiheit von leidhaften Erfahrungen. Es ist ein Bereich unveränderlicher Schönheit und sinnlicher Ekstase. Stellen wir uns die Götter einmal vor: große, blonde Surferinnen und Surfer, die sich an Stränden und in wunderschönen Gärten in der Sonne rekeln, nach Belieben Musik genießen, berauscht von jedem nur erdenklichen Genuß, schwelgen sie in Meditationen, Yoga, Körperarbeit und allen möglichen Arten von «Selbstverwirklichung». Niemals jedoch strengen sie ihren Geist an, niemals setzen sie sich vielschichtigen oder schmerzhaften Umständen aus, niemals sind sie sich ihrer wahren Natur bewußt; sie sind dermaßen betäubt, daß sie nicht einmal merken, wie ihre Umstände in Wirklichkeit beschaffen sind.

Kommen einem dabei Teile Kaliforniens oder Australiens als Entsprechung der Götterwelten in den Sinn, dann könnte man den Bereich der Halbgötter vielleicht in den Intrigen und Konkurrenzkämpfen der Wall Street oder den Zentren politischer Macht wiederfinden. Und die Bereiche der Hungergeister? – Man findet sie überall dort, wo reiche Menschen trotz allen Überflusses noch nicht zufrieden sind und danach gieren, diese oder jene Firma auch noch zu schlucken oder, blind vor Gier, ihre Opfer mit endlosen Gerichtsverhandlungen zermürben. Mach einfach den Fernseher an, und du bist augenblicklich in der Welt der Götter, Halbgötter und Hungergeister.

Die Lebensqualität im Bereich der Götter mag der unseren überlegen scheinen, doch sagen uns die Meister, daß das Leben als Mensch unendlich viel wertvoller ist. Warum? Weil wir mit Gewahrsein und Intelligenz das Rohmaterial für Erleuchtung besitzen, und weil das Leiden, das den Bereich der Menschen durchdringt, Ansporn zu spriritueller Transformation ist. Schmerz, Trauer, Verlust und endlose Frustration jeder nur denkbaren Art haben eine reale und dramatische Daseinsberechtigung: Sie sollen uns aufwecken, befähigen, ja fast zwingen, aus dem Kreislauf von Samsāra auszubrechen und so die in uns eingeschlossene, strahlende Kraft zu befreien.

Jede spirituelle Tradition hat betont, daß das menschliche Leben einzigartig ist, weil in ihm ein Potential liegt, das wir gewöhnlich nicht einmal zu ahnen wagen. Wenn wir die Gelegenheit zur Transformation, die das gegenwärtige Leben für uns bereithält, verpassen, kann es unglaublich lange dauern, bis sich uns wieder eine Chance bietet. In den Lehren findet sich das Gleichnis einer blinden Schildkröte, die durch die Tiefen eines Ozeans von der Größe des ganzen Universums zieht. An der Wasseroberfläche schwimmt ein hölzerner Ring, hin und her geworfen von Wind und Wellen. Die Schildkröte kommt alle hundert Jahre nur einmal an die Oberfläche. Die Lehren sagen nun, wieder als Mensch geboren zu werden, sei weniger wahrscheinlich, als daß die Schildkröte beim Auftauchen den Kopf zufällig durch den hölzernen Ring stecke. Selbst unter denen, die eine Geburt als Mensch tatsächlich erlangt haben, so heißt es weiter, sind jene selten, die das unschätzbare Glück haben, den Lehren zu begegnen; und diejenigen, die sich darüber hinaus diese Lehren auch noch wirklich zu Herzen nehmen und sie in ihrem Handeln verwirklichen, sind so unerhört selten wie Sterne am hellichten Tag.

Die Pforten der Wahrnehmung

Ich habe bereits erläutert, daß unsere Wahrnehmung der Welt ganz von unserer karmischen Sicht geprägt ist. Die Meister veranschaulichen dies mit einem einfachen Beispiel: Sechs Wesen aus den verschiedenen Bereichen treffen am Ufer eines Flusses zusammen. Der Mensch sieht den Fluß als Wasser, als etwas, womit man sich wäscht und das den Durst löscht; für einen Fisch, als Beispiel für ein Wesen aus dem Tierbereich, ist derselbe Fluß sein Lebensraum; ein Gott nimmt das Wasser als beseligenden Nektar wahr; für den Halbgott stellt es sich als Waffe dar; der Hungergeist sieht Eiter und verdorbenes Blut, und für das Wesen aus dem Höllenbereich ist es flüssige Lava. Dasselbe Wasser wird auf völlig verschiedene, sogar gegensätzliche Weise wahrgenommen.

Diese Vielschichtigkeit von unterschiedlichen Wahrnehmungen zeigt uns, daß jede Art karmischer Sicht Illusion ist; denn wenn ein und dieselbe Substanz auf so viele verschiedene Arten gesehen werden kann, wie kann dann irgend etwas eine wahre, letztendlich gültige Wirklichkeit besitzen? Es zeigt uns auch, wie es möglich ist, daß dieselbe Welt für einige Menschen der Himmel sein kann, für andere hingegen die Hölle.

Die Lehren sagen uns, daß es im wesentlichen drei Arten von Sicht gibt: die «unreine karmische Sicht» der gewöhnlichen Wesen, die «Sicht der Erfahrung», die sich dem Praktizierenden in der Meditation öffnet und Pfad und Medium der Transzendenz ist, und schließlich die «reine Sicht» der verwirklichten Wesen. Ein verwirklichtes Wesen, ein Buddha, sieht diese Welt als unmittelbar vollkommen, als einen ganz und gar reinen Bereich. Da alle Ursachen einer karmischen Sichtweise in ihm völlig beseitigt sind, sieht ein Buddha alles unmittelbar in seiner nackten, ursprünglichen Reinheit.

Wir nehmen unsere Umgebung auf unsere jeweils eigene Weise wahr, weil wir unsere Erfahrung der inneren und äußeren Wirklichkeit Leben für Leben wiederholt und stets auf die gleiche Weise verfestigt haben. Diese eingefahrene, gewohnheitsmäßige Wahrnehmung hat uns schließlich zu der fehlerhaften Annahme geführt, das, was wir sehen, sei objektiv real. Wenn wir auf dem spirituellen Pfad fortschreiten, lernen wir, direkt an diesen fixierten Wahrnehmungsmustern zu arbeiten. All unsere Konzepte von der Welt, der Materie und sogar von uns selbst werden geklärt und aufgelöst, und ein vollständig neues Feld der Wahrnehmung – das man durchaus «himmlisch» nennen könnte – eröffnet sich. Blake sagte:

> Wenn die Pforten der Wahrnehmung gereinigt wären,
> Erschiene alles ... wie es ist – unendlich.[3]

Ich werde niemals vergessen, wie sich Dudjom Rinpoche in einem Moment der Vertrautheit mir zuneigte und in seiner sanften, heiseren und etwas hohen Stimme sagte: «Weißt du, daß all diese Dinge um uns verschwinden, einfach verschwinden ...?»

Bei den meisten von uns verhüllen jedoch Karma und negative Emotionen die Fähigkeit, unsere eigene, innewohnende Natur und die Natur der Wirklichkeit zu schauen. Daher klammern wir uns an unser Glück und Leiden – die wir für real halten – und säen mit unseren ungeschickten und unwissenden Handlungen die Saat für unsere nächste Geburt. Unsere Handlungen binden uns an den andauernden Kreislauf weltlicher Existenz – die endlose Tretmühle von Geburt und Tod. Mit der Art, wie wir jetzt leben, in diesem Augenblick, steht also alles auf dem Spiel: Wie wir jetzt leben, entscheidet unsere ganze Zukunft.

Das ist der wahre und dringliche Grund, warum wir uns hier und jetzt weise auf den Tod vorbereiten müssen: um unsere karmische Zukunft zu transformieren, um zu vermeiden, wieder und wieder auf tragische Weise in Verblendung zu versinken und so den schmerzvollen Teufelskreis von Geburt und Tod endlos zu wiederholen. Nur dieses Leben bietet Zeit und Raum, sich vorzubereiten; und nur durch spirituelle Praxis können wir uns richtig vorbereiten. Das ist die unausweichliche Botschaft des natürlichen Bardo dieses Lebens. Wie Padmasambhava sagt:

> Nun, da mir der Bardo dieses Lebens dämmert,
> will ich die Faulheit aufgeben, für die im Leben keine Zeit ist,
> will unabgelenkt den Pfad von Hören, Nachdenken,
> Kontemplation und Meditation betreten,
> die Wahrnehmungen und den Geist zum Pfad machen
> und die «drei Kāyas», den erleuchteten Geist, verwirklichen.
> Nun, da ich einen menschlichen Körper glücklich erlangt habe,
> bleibt dem Geist auf dem Pfad keine Zeit mehr, zu wandern.

Die Weisheit der Ichlosigkeit

Manchmal frage ich mich, wie sich ein Mensch aus einem kleinen, tibetischen Dorf wohl fühlen müßte, wenn man ihn unvermittelt in eine moderne Großstadt mit all ihrer ausgefeilten Technologie versetzen würde. Er würde vermutlich annehmen, er wäre gestorben und befände sich jetzt im Bardo-Zustand. Er würde ungläubig die Flugzeuge angaffen, die über ihm durch den Himmel ziehen, oder staunend sehen, wie sich jemand am Telefon mit einem Menschen auf der anderen Seite der Welt unterhält. Er müßte glauben, Wunder zu erleben. Dabei ist all das für einen Menschen der modernen Welt mit einer Erziehung, die den wissenschaftlichen Hintergrund dieser Dinge schrittweise erklärt, völlig normal.

In ganz ähnlicher Art und Weise gibt es im tibetischen Buddhismus eine grundlegende, normale und elementare spirituelle Erziehung, eine vollständige, spirituelle Schulung für den natürlichen Bardo dieses Lebens, die einem das wesentliche Vokabular, das kleine Einmaleins des Geistes vermittelt. Grundlage dieser Schulung ist das, was die «drei Weisheitswerkzeuge» genannt wird: die Weisheit des Zuhörens und Hörens, die Weisheit der Kontemplation und des Nachdenkens und die Weisheit der Meditation. Sie versetzen uns in die Lage, unsere wahre Natur wiederzuentdecken, durch sie erwecken wir die Freude und Freiheit dessen, was wir eigentlich sind, und schließlich verkörpern wir das, was wir «die Weisheit der Ichlosigkeit» nennen.

Stellen Sie sich einen Menschen vor, der nach einem Autounfall im Krankenhaus aufwacht und unter völligem Gedächtnisverlust leidet. Äußerlich ist alles intakt: Das Gesicht und die Gestalt sind noch genau dieselben, die Sinne und der Geist sind vorhanden, aber dieser Mensch hat auf einmal nicht mehr die geringste Ahnung, wer er eigentlich ist. Genauso erinnern wir uns nicht mehr an unsere wahre Identität, unsere eigentliche Natur. Von panischer Angst besessen irren wir umher und improvisieren eine neue, künstliche Identität, an die wir uns mit der Verzweiflung desjenigen klammern, der in einen Abgrund zu stürzen droht. Diese falsche und aus Unwissenheit angenommene Identität ist das «Ich».

Ich ist die Abwesenheit des wahren Wissens um unser eigentliches Selbst, zusammen mit den entsprechenden Ergebnissen: einem verhängnisvollen Festklammern um jeden Preis an einem zusammengestückelten, behelfsmäßigen Selbstbild, einem unvermeidlich trügerischen Scharlatan-Selbst, das sich wie ein Chamäleon andauernd verändern muß, um die Fiktion seiner Existenz am Leben zu halten. Das tibetische Wort für Ich, *dak dzin*, bedeutet «Greifen nach einem Selbst». Damit wird das Ich definiert als unaufhörliche Bewegung des Greifens nach der trügerischen Wahrnehmung eines «Ich» und «Mein», «Selbst» und «Andere», und es beinhaltet alle Konzepte, Ideen, Begierden und Aktivitäten, die diese falsche Konstruktion aufrechterhalten. Dieses Greifen ist von Anfang an sinnlos, zum Scheitern verurteilt und muß zu Frustration führen, denn das, wonach wir greifen, ist seinem Wesen nach ungreifbar, entbehrt es doch jeglicher Grundlage oder wahren Identität. Die Tatsache, daß wir überhaupt zwanghaft greifen müssen und nicht damit aufhören können, zeigt, daß wir in unserem tiefsten Innern sehr wohl um die eigentliche Nichtexistenz dieses Selbst wissen. Aus diesem insgeheimen, nervenaufreibenden Wissen resultieren all unsere grundlegenden Unsicherheiten und Ängste.

Solange wir das Ich nicht entlarvt haben, wird es uns weiterhin an der Nase herumführen, einem schmierigen Politiker vergleichbar, der unaufhörlich mit leeren Versprechungen jongliert, oder einem Anwalt, der unermüdlich geniale Lügengebilde und Strategien erfindet, oder dem Gastgeber einer Talk-Show, der sich in einem unerschöpflichen Strom von leerem Geschwätz aus süßlichen Schmeicheleien und anbiederndem Geschwafel ergeht, letztlich aber nichts zu sagen hat. Viele Leben in Unwissenheit haben uns dazu gebracht, unser ganzes Wesen mit dem Ich zu identifizieren. Der größte Triumph des Ich aber ist, uns zu dem Glauben zu verleiten, seine Interessen seien auch die unseren, ja es überzeugt uns sogar, daß unser Überleben an das seine gebunden sei. Das ist übelster Zynismus, wenn man bedenkt, daß das Ich und sein Greifen ja die Wurzel all unseres Leidens ist. Dennoch ist das Ich dermaßen überzeugend und wir sind so lange sein Opfer gewesen, daß allein der Gedanke, jemals ichlos zu werden, uns in schiere Panik versetzt. Ichlos zu sein, so raunt uns das Ich zu, bedeute, all den reichen Zauber des Menschseins zu verlieren und zu einem farblosen Roboter oder zu hirnlosem Gemüse reduziert zu werden.

Das Ich versteht es ganz wunderbar, unsere grundlegende Angst vor dem Unbekannten und davor, die Kontrolle zu verlieren, gegen uns auszuspielen. Wir sagen uns vielleicht: «Es wäre wirklich besser, das Ich aufzugeben, es verursacht mir soviel Leiden; aber was wird dann aus mir?»

Das Ich wird dir süßlich zuflüstern: «Ich weiß, daß ich manchmal eine Nervensäge sein kann, und glaube mir, ich kann gut verstehen, daß du mich loswerden willst. Aber ist das auch wirklich das, was du willst?

Denk mal nach: Was wird denn aus dir, wenn ich verschwinde? Wer wird sich um dich kümmern? Wer wird sich so um dich sorgen und dich beschützen wie ich all die Jahre?»

Selbst wenn wir die Lügen des Ego durchschauen sollten, haben wir immer noch zuviel Angst, es tatsächlich auch aufzugeben, denn ohne ein echtes Wissen um die Natur unseres Geistes, unsere wahre Identität, sehen wir einfach keine Alternative. Wieder und wieder geben wir den Forderungen des Ich nach, mit demselben traurigen Selbstekel, mit dem ein Alkoholiker nach der Flasche greift, von der er weiß, daß sie ihn zerstört, oder wie der Drogensüchtige, der sich der Droge ergibt, von der er weiß, daß sie ihm nach einem kurzen Hochgefühl nur noch tieferes Elend und größere Verzweiflung beschert.

Das Ich und der spirituelle Pfad

Um die absurde Tyrannei des Ich zu beenden, begeben wir uns auf den spirituellen Pfad; aber der Einfallsreichtum des Ich ist nahezu unerschöpflich, und es kann auf jeder Stufe unseren Wunsch, frei von ihm zu werden, untergraben und verdrehen. Die Wahrheit ist einfach und die Lehren sind äußerst klar; aber ich habe immer wieder mit großer Trauer festgestellt: Sobald diese einfache und klare Wahrheit beginnt, uns zu berühren und zu bewegen, versucht das Ich sie zu verkomplizieren, weil es weiß, daß es gefährdet ist.

Zu Beginn, wenn wir uns erstmals vom spirituellen Pfad und seinen vielen Möglichkeiten faszinieren lassen, bestärkt uns das Ich vielleicht sogar und sagt: «Das ist wirklich wunderbar! Genau das Richtige für dich! Diese Lehre ist wirklich vernünftig!»

Wenn wir es dann mit Meditation versuchen oder in Klausur gehen wollen, wird das Ich säuseln: «Welch großartige Idee! Ich komme einfach mit! Wir können beide etwas lernen!» Während der Flitterwochen unserer spirituellen Entwicklung wird das Ich uns ständig antreiben: «Das ist ja alles einfach wunderbar – es ist so erstaunlich, so inspirierend ...»

Aber sobald wir das, was ich die «Spülbecken-Phase» des spirituellen Pfades nenne, betreten und die Lehren uns tief zu berühren beginnen, werden wir unausweichlich mit uns selbst konfrontiert. Die beginnende Entlarvung des Ich berührt seine wunden Stellen, und alle möglichen Probleme beginnen aufzutreten. Es ist, als würde uns ein Spiegel vorgehalten, an dem wir nicht vorbeischauen können. Der Spiegel ist ganz klar, ein häßliches Gesicht starrt uns jedoch finster daraus an: unser eigenes. Wir beginnen uns aufzulehnen, weil wir das, was wir da sehen, nicht ertragen können; vielleicht zerschlagen wir in einem Anfall von Wut sogar den Spiegel, aber er zersplittert nur in tausend Stücke, aus denen gleichermaßen häßliche Fratzen uns immer noch anstarren.

Jetzt kommt die Zeit, wo wir in Zorn geraten und uns bitterlich beklagen – und wo ist unser Ich? Es steht treu an unserer Seite und stachelt uns an: «Du hast ganz recht, das ist unverschämt und unerträglich. Laß dir das nicht länger gefallen!» Und während wir ihm gebannt lauschen, fährt das Ich fort, alle möglichen Zweifel und verklemmten Emotionen heraufzubeschwören und Öl ins Feuer zu gießen: «Erkennst du jetzt endlich, daß das einfach nicht die richtigen Lehren für dich sind? Hab ich's dir nicht die ganze Zeit gesagt? Merkst du nicht, daß das nicht der richtige Lehrer für dich ist? Immerhin bist du ein intelligenter, zivilisierter und aufgeklärter Mensch des Westens, und exotisches Zeug wie Zen, Sufismus, Meditation oder tibetischer Buddhismus gehören fremdartigen, asiatischen Kulturen an. Von welchem Nutzen kann eine Philosophie heute noch für dich sein, die vor tausend Jahren im Himālaya erfunden worden ist?»

Während das Ich hämisch zuschaut, wie wir uns mehr und mehr in seinem Netz verstricken, wird es auch noch den ganzen Schmerz, die Einsamkeit und sämtliche Schwierigkeiten, die wir in der Konfrontation mit uns selbst durchmachen, den Lehren und sogar dem Lehrer anlasten: «Diesen Gurus ist es doch völlig gleichgültig, was du durchmachst. Sie wollen dich ohnehin bloß ausbeuten. Sie benutzen Worte wie Mitgefühl und Hingabe doch nur, um dich in ihre Gewalt zu bekommen . . .»

Das Ich ist so gerissen, daß es die Lehren zu seinem eigenen Nutzen verdrehen kann; man sagt ja auch, «der Teufel versteht es, die Schriften zu seinem eigenen Vorteil zu zitieren». Als letzte Waffe zeigt das Ich scheinheilig mit dem Finger auf den Lehrer und seine Anhänger und sagt: «Niemand scheint hier nach der Wahrheit der Lehren zu leben!» Damit spielt sich das Ich zum selbstherrlichen Richter über jegliches Verhalten auf. Dies ist die übelste aller Rollen, die es annimmt, um Ihre Entschlossenheit, Ihren Glauben und Ihre Hingabe an spirituelle Entwicklung zu untergraben.

Wie angestrengt das Ich aber auch versuchen mag, den spirituellen Pfad zu sabotieren, wenn Sie kontinuierlich weitermachen, und mit der Übung der Meditation in die Tiefe gehen, erkennen Sie langsam, wie sehr

Sie sich von den falschen Hoffnungen und leeren Versprechungen des Ich haben übertölpeln lassen. Allmählich verstehen Sie, daß sowohl Hoffnung als auch Furcht Feinde Ihres geistigen Friedens sind; Hoffnungen täuschen Sie und lassen Sie ängstlich und enttäuscht zurück, und Furcht hält Sie wie gelähmt in der engen Zelle Ihrer falschen Identität gefangen. Sie sehen also, wie umfassend die Diktatur des Ich über Ihren Geist gewesen ist, und in dem Freiraum, der sich auftut, wenn die Meditation Sie zeitweilig vom Greifen befreit, erblicken Sie die erfrischende Weite Ihrer wahren Natur. Sie erkennen jetzt, wie Ihr Ich – wie ein notorischer Schwindler – Sie all die Jahre intrigant mit Plänen und Versprechungen umgarnt hat, die niemals eingetroffen sind und die Ihnen nur den inneren Bankrott gebracht haben. Wenn dies im Gleichmut der Meditation klar und deutlich wird und Sie nicht versuchen, sich darüber hinwegzutrösten oder das, was Sie entdeckt haben, zu unterdrücken, dann erweisen sich all diese Intrigen und Pläne als hohl und beginnen, in sich zusammenzufallen.

Dieser Prozeß ist nicht nur zerstörerisch. Zusammen mit der ganz klaren und gleichzeitig auch schmerzhaften Erkenntnis der betrügerischen und gewohnheitsmäßigen «Kriminalität» des Ich wächst nämlich ein Gefühl innerer Weite, eine direkte Erfahrung der «Ichlosigkeit» und wechselseitigen Abhängigkeit aller Dinge sowie ein lebendiger, großzügiger Humor – ein Zeichen wahrer Freiheit.

Wenn Sie gelernt haben, Ihr Leben durch Disziplin zu vereinfachen, und damit die Möglichkeiten des Ich, Sie zu verführen, eingeschränkt haben, und wenn Sie durch Üben achtsamer Meditation den Zugriff der Aggression, des Greifens und der Negativität auf Ihr ganzes Wesen gelokkert haben, kann langsam die Weisheit der Einsicht aufscheinen. Und diese Einsicht zeigt Ihnen im Lichte ihrer alles erhellenden Klarheit direkt und deutlich sowohl die feinsten Funktionsweisen Ihres eigenen Geistes als auch die tiefste Natur der Wirklichkeit selbst.

Der weise Führer

Zwei Persönlichkeiten haben Ihr ganzes Leben lang in Ihnen gelebt. Die eine ist das Ich: schwatzhaft, fordernd, hysterisch und berechnend; die andere ist das verborgene, spirituelle Wesen, dessen leiser Stimme der Weisheit Sie nur selten gefolgt sind. Je mehr Sie aber den Lehren zuhören, über sie kontemplieren und sie in Ihr Leben integrieren, desto mehr wird die innere Stimme, die eingeborene Weisheit Ihres wachen Urteilsvermögens – die wir im Buddhismus «Unterscheidende Weisheit» nennen – erweckt und gestärkt, und Sie lernen, zwischen ihrer Führung und den verschiedenen, lautstarken und verführerischen Stimmen des Ich zu unterscheiden. Die Erinnerung an Ihre wahre Natur beginnt zurückzukehren und Freude und Vertrauen in Ihnen zu wecken.

Damit haben Sie tatsächlich den weisen Führer in sich selbst entdeckt. Da er Sie durch und durch kennt – schließlich ist er ja nichts anderes als Sie selbst –, kann dieser Führer Ihnen mit zunehmender Klarheit humorvoll dabei helfen, alle Schwierigkeiten, die Sie mit Gedanken und Emotionen haben, zu bewältigen. Ihr innerer Führer kann eine stets freudvolle, einfühlsame und aufmunternde Präsenz sein, die stets weiß, was das Beste für Sie ist, und die Ihnen hilft, immer neue Wege aus Ihrer Besessenheit von gewohnheitsmäßigen Reaktionen und verwirrten Emotionen zu finden. Wenn dann die Stimme Ihres unterscheidenden Gewahrseins stärker und klarer wird, werden Sie mehr und mehr zwischen ihrer Wahrheit und den verschiedenen Täuschungen des Ich zu unterscheiden beginnen und mit Einsicht und Vertrauen auf sie hören.

Je öfter Sie auf diesen weisen Führer hören, desto leichter werden Sie einen verändernden Einfluß auf Ihre negativen Launen gewinnen; Sie durchschauen sie und können sogar über ihre absurde Dramatik und plumpen Täuschungsmanöver lachen. Allmählich werden Sie fähig, sich immer schneller von den dunklen Emotionen zu befreien, die Ihr Leben bestimmt haben; und diese Fähigkeit ist das größte aller Wunder. Tertön Sogyal, ein tibetischer Mystiker, pflegte zu sagen, daß ihn jemand, der den Fußboden zur Zimmerdecke machen oder Feuer in Wasser verwandeln kann, nicht sonderlich beeindrucke. Ein wirkliches Wunder sei es jedoch, wenn jemand auch nur ein einziges negatives Gefühl befreien könne.

Sie werden immer mehr dahin kommen, statt des umständlichen, unzusammenhängenden Geschwätzes, mit dem das Ich Ihr ganzes Leben lang auf Sie eingeredet hat, die klaren Anweisungen der Lehren in Ihrem Geist zu hören, die Sie bei jeder Entscheidung inspirieren, mahnen, und leiten. Je mehr Sie auf sie hören, desto mehr Weisung werden Sie erhalten. Wenn Sie der Stimme Ihres weisen inneren Führers, der Stimme Ihrer unterscheidenden Weisheit folgen und das Ich still werden lassen, werden Sie zur Erfahrung der Gegenwart von Weisheit, Freude und Glückseligkeit gelangen, die Ihr eigentliches Wesen sind. Ein neues Leben beginnt – völlig verschieden von dem, das Sie unter der Maske Ihres

Ich gelebt haben. Wenn dann der Tod kommt, werden Sie bereits zu Lebzeiten gelernt haben, die Emotionen und Gedanken zu beherrschen, die andernfalls in den Stadien des Todes und in den Bardo-Zuständen eine überwältigende Macht erhalten würden.

Wenn die Amnesie von Ihnen weicht, und Sie langsam Ihre Identität wiederfinden, werden Sie schließlich erkennen, daß *dak dzin*, das Greifen nach einem Selbst, die Wurzelursache all Ihres Leidens ist. Sie werden endlich verstehen, wieviel Schmerz es sowohl Ihnen als auch anderen zugefügt hat, und Sie werden endlich erkennen, daß es sowohl das Edelste als auch das Klügste ist, sich um andere zu sorgen und nicht nur um sich selbst. Dies wird Ihr Herz heil werden lassen und Ihre spirituelle Kraft stärken.

Seien Sie sich stets bewußt: das Prinzip der Ichlosigkeit bedeutet nicht, daß es ein Ich gibt, welches die Buddhisten dann beseitigen. Es bedeutet vielmehr, daß von Anfang an niemals ein Ich existiert hat. Diese Erkenntnis wird «Ichlosigkeit» genannt.

Die drei Weisheitswerkzeuge

Die Meister sagen uns, daß der Weg zur Entdeckung der Freiheit, die in der Weisheit der Ichlosigkeit liegt, in einem Prozeß des Zuhörens und Hörens, der Kontemplation und des Nachdenkens und schließlich in der Meditation liegt. Sie raten uns, zu beginnen, indem wir den spirituellen Lehren wieder und immer wieder *zuhören.* Jedesmal, wenn wir sie hören, erinnern sie uns an unsere verborgene Weisheits-Natur. Es ist, als wären wir dieser Mensch, von dem wir uns vorgestellt hatten, daß er im Krankenhaus liegt und sich an nichts mehr erinnern kann, und jemand, der uns liebt und sich um uns sorgt, flüstert uns nun unseren wahren Namen ins Ohr, zeigt uns Photos unserer Familie und alter Freunde, um uns die Erinnerung an unsere verlorene Identität zurückzubringen. Wenn wir uns kontinuierlich mit den Lehren beschäftigen, werden allmählich einige ihrer Passagen und Einsichten eigenartige Saiten in uns zum Klingen bringen, Ahnungen unserer wahren Natur werden aufkeimen und ein tiefes Gefühl von etwas Heimeligem und seltsam Vertrautem wird langsam erwachen.

Zuhören ist sehr viel schwieriger, als gemeinhin angenommen wird; wirkliches Zuhören, wie die Meister es verstehen, bedeutet, uns selbst völlig loszulassen, alle Informationen, Konzepte, Vorstellungen und Vorurteile fallenzulassen, mit denen unsere Köpfe so vollgestopft sind. Wenn Sie den Lehren wirklich zuhören, werden diese Konzepte, die ja das einzige sind, was zwischen uns und unserer wahren Natur steht, langsam und beständig weggewaschen.

In dem Bemühen, wirklich zuzuhören, hat mich oft inspiriert, was der Zen-Meister Suzuki Roshi sagte: «Wenn dein Geist leer ist, ist er bereit; er ist offen für alles. Im Anfängergeist ist vieles möglich, im Geist des Experten nur wenig.»[5] Der Anfängergeist ist ein offener Geist, ein leerer Geist, ein bereiter Geist; und wenn wir wirklich mit dem Geist eines Anfängers zuhören, kann es vielleicht geschehen, daß wir wirklich zu hören beginnen. Wenn wir nämlich mit einem stillen Geist zuhören, so frei wie möglich vom Lärm vorgefaßter Meinungen, wird eine Möglichkeit geschaffen, daß die Wahrheit der Lehren zu uns durchdringen kann und uns der Sinn von Leben und Tod zunehmend und überraschend klar wird. Mein Meister Dilgo Khyentse Rinpoche hat gesagt: «Je mehr und mehr du zuhörst, desto mehr und mehr wirst du hören; je mehr und mehr du hörst, desto tiefer und tiefer wird dein Verständnis.»

Durch *Kontemplation* und Reflexion, das zweite der Weisheitswerkzeuge, wird dies Verständnis weiter vertieft. Wenn wir über das Gehörte kontemplieren, beginnt es langsam unseren Bewußtseinsstrom zu durchdringen und zu unserer innersten Lebenserfahrung zu werden. Wenn dann die Kontemplation das, was wir gehört und intellektuell verstanden haben, langsam entfaltet, bereichert und das Verstandene vom Kopf ins Herz bringt, beginnen selbst Alltagserlebnisse die Wahrheiten der Lehren zu spiegeln und immer tiefer zu bestätigen.

Das dritte Weisheitswerkzeug ist die *Meditation.* Nachdem wir die Lehren gehört und über sie nachgedacht haben, setzen wir die so gewonnenen Einsichten in die Tat um und wenden sie durch den Prozeß der Meditation direkt auf die Bedürfnisse des Alltagslebens an.

Zweifel auf dem Pfad

Es scheint eine Zeit gegeben zu haben, in der ein Meister einem außergewöhnlichen Schüler nur eine einzige Belehrung zu geben brauchte, um ihn zur Erleuchtung zu bringen. Dudjom Rinpoche erzählte oft die Geschichte eines berüchtigten Räubers in Indien, der nach vielen erfolgreichen Beutezügen das schreckliche Leiden erkannte, das er verursacht hatte. Da er sich sehr nach Wiedergutmachung seiner üblen Taten sehnte, suchte er einen berühmten Meister auf. Er fragte ihn: «Ich bin ein Übeltäter und leide unter meinen Taten. Gibt es für mich einen Ausweg? Was kann ich tun?»

Der Meister schaute den Räuber von oben bis unten an und fragte ihn dann, was er denn gut könne.

«Nichts», antwortete der Bandit.

«Nichts?» fuhr ihn der Meister an. «Irgend etwas mußt du doch können!» Der Räuber war einen Augenblick still und gab schließlich kleinlaut zu: «Da gäbe es schon etwas: Ich kann sehr gut stehlen!»

Der Meister schmunzelte: «Ausgezeichnet! Das ist genau das, was du jetzt brauchen wirst. Geh an einen abgeschiedenen Ort und raube alle deine Wahrnehmungen, stiehl alle Sterne und Planeten vom Himmel und löse sie im Sack der Leerheit auf, dem allumfassenden Raum der Natur des Geistes.» Innerhalb von einundzwanzig Tagen hatte der Bandit die Natur seines Geistes erkannt und wurde später zu einem der großen Heiligen Indiens.

In alten Zeiten gab es noch außerordentliche Meister und Schüler, die so empfänglich und entschlossen waren wie der Räuber, und die Befreiung erlangen konnten, indem sie einer einzigen Anweisung mit unerschütterlicher Hingabe Folge leisteten. Wenn wir unseren Geist nur *einer* wirkungsvollen Weisheitsmethode widmeten und konsequent mit ihr arbeiteten, bestünde auch heutzutage eine ganz reale Möglichkeit für uns, tatsächlich Erleuchtung zu erlangen.

Statt dessen ist unser Geist jedoch von Zweifeln zerfressen und verwirrt. Ich denke manchmal, daß der Zweifel ein noch größeres Hindernis für die menschliche Entwicklung darstellt als die Begierde. Unsere Gesellschaft fördert Schlauheit statt Weisheit und feiert die oberflächlichsten, ungehobeltsten und nutzlosesten Aspekte der Intelligenz. Wir sind so verschroben «kultiviert» und neurotisch, daß wir den Zweifel selbst für die Wahrheit halten. Der Zweifel, der nichts anderes ist, als der verzweifelte Versuch des Ich, sich von der Weisheit abzuschotten, wird als Frucht wahren Wissens vergöttert und zum höchsten Ziel stilisiert. Diese Form böswilligen Zweifels ist der schäbige Diktator von Samsāra; ihm dient eine Horde willfähriger «Experten», die uns nicht den offenherzigen und großzügigen Zweifel lehren, den der Buddha zum Prüfen und Beweisen des Wertes der Lehren sogar empfohlen hat, sondern einen zerstörerischen Zweifel, der uns kein Vertrauen läßt, keine Hoffnung, nichts, wofür es sich noch zu leben lohnte.

Unsere gegenwärtige Erziehung indoktriniert uns in der Verherrlichung des Zweifels, und es ist tatsächlich so etwas wie eine Religion oder Theologie des Zweifels entstanden, in der wir, um als intelligent zu gelten, alles in Zweifel ziehen, immer auf das zeigen müssen, was falsch ist, und fast gar nicht fragen dürfen, was richtig oder gut ist; zynisch verunglimpfen wir so alle überkommenen spirituellen Ideale und Philosophien und alles, was einfach mit guter Absicht oder einem unschuldigen Herzen getan wird.

Der Buddha forderte uns zu einer anderen Art des Zweifels auf: «Wie man Gold analysiert, indem man es brennt, ritzt und reibt, um seine Reinheit zu prüfen.» Für diese Art des Zweifels, der uns zur Wahrheit führen würde, wenn wir ihm nur bis zum Ende folgten, haben wir weder genug Einsicht und Mut, noch die nötige Übung. Wir sind in einer sterilen Sucht nach Widerspruch befangen, die uns immer wieder aller wahren Offenheit und jeder weiterführenden und läuternden Weisheit beraubt.

Ich möchte Sie bitten, an die Stelle des nihilistischen Zweifels das zu setzen, was ich den «edlen Zweifel» nenne, eine besondere Art von Zweifel, die integraler Bestandteil des Pfades zur Erleuchtung ist. Unsere gefährdete Welt kann es sich nicht leisten, die unermeßliche Wahrheit der mystischen Lehren, die uns überliefert wurden, zu ignorieren. Warum stellen wir uns nicht selbst in Frage, statt an ihnen zu zweifeln: unsere Ignoranz, unsere Annahme, daß wir bereits alles verstünden, unser Greifen, unsere Ausflüchte, unsere Leidenschaft für sogenannte Erklärungen der Wirklichkeit, die nichts von der ehrfurchtgebietenden und allumfassenden Wahrheit dessen besitzen, was uns die Meister, die Botschafter der Wirklichkeit, zu sagen haben.

Der edle Zweifel spornt uns an, inspiriert uns, prüft uns, läßt uns immer authentischer werden, ermächtigt uns und zieht uns immer tiefer in das erhabene Kraftfeld der Wahrheit. Wenn ich bei meinen Meistern bin, stelle ich ihnen immer wieder die Fragen, die zu klären ich mich bemühe. Ich erhalte nicht immer klare Antworten, aber das läßt mich nicht an ihnen oder an der Wahrheit der Lehren zweifeln. Manchmal bezweifele ich eher meine eigene spirituelle Reife und denke, mir fehlt die Fähigkeit, die Wahrheit so zu hören, daß ich sie wirklich begreifen kann, aber meistens frage ich einfach so lange weiter, bis ich eine klare Antwort erhalte. Wenn diese Antwort dann kommt, stark und rein in meinem Geist erschallt, und mein Herz erschüttert von Dankbarkeit und Erkenntnis antwortet, dann ist eine Gewißheit in mir entstanden, die der Hohn und Spott einer ganzen Welt von Zweiflern nicht mehr vernichten könnte.

Ich erinnere mich, wie ich eines Winters mit einer meiner Schülerinnen in einer klaren und mondhellen Nacht von Paris nach Italien unterwegs war. Sie ist Therapeutin und kennt viele verschiedene Trainingsmethoden. Sie hatte erkannt, daß sich mit der Anhäufung von Wissen mehr und mehr Zweifel einstellen, und je mehr Zweifel entstehen, um so subtiler werden die Ausreden, die Sie gerade dann zweifeln lassen, wenn die Wahrheit Sie tief zu berühren beginnt. Wie sie bekannte, hatte sie oft versucht, vor den Lehren davonzulaufen, schließlich mußte sie aber die Vergeblichkeit ihrer Flucht einsehen; sie hatte erkannt, daß sie damit letztlich doch nur versuchte, vor sich selbst wegzulaufen.

Ich bestätigte ihr, daß Zweifel keine Krankheit ist, sondern lediglich das Symptom eines Mangels an etwas, was wir in unserer Tradition «die Sicht» nennen; das heißt, die Erkenntnis der Natur des Geistes, die gleichzeitig die Natur der Wirklichkeit ist. Ist diese Sicht vollständig verwirklicht, gibt es keine Möglichkeit auch nur einer Spur des Zweifels mehr, denn dann sehen wir die Wirklichkeit aus ihrer eigenen Sicht. Bis wir aber Erleuchtung erlangen, wird es unvermeidlich Zweifel geben, weil Zweifeln die grundlegende Aktivität des unerleuchteten Geistes ist. Die einzig richtige Art aber, mit Zweifeln umzugehen, ist die, sie weder zu unterdrücken noch in ihnen zu schwelgen.

Es verlangt großes Geschick, mit Zweifeln angemessen umzugehen, und mir ist aufgefallen, daß nur wenige Menschen eine Vorstellung haben, wie man Zweifel nutzbringend einsetzen kann. Liegt nicht eine traurige Ironie darin, daß in einer Gesellschaft, die das abfällige Bezweifeln derart bewundert, praktisch niemand den Mut hat, den Zweifel selbst in Frage zu stellen, das zu tun, wozu ein Hindu-Meister geraten hat: die Hunde des Zweifels auf den Zweifel selbst zu hetzen, um seinen Zynismus bloßzustellen und aufzudecken, aus wieviel Angst, Verzweiflung, Hoffnungslosigkeit und zermürbender Konditionierung er entspringt und sich nährt? Dann wäre Zweifel nicht länger ein Hindernis, sondern ein Tor zur Verwirklichung; und wann immer ein Zweifel im Geist des Suchenden aufkäme, würde er ihn als eine Herausforderung begrüßen, noch tiefer in die Wahrheit einzudringen.

Es gibt eine Geschichte über einen Zen-Meister, die mir sehr gefällt. Dieser Meister hatte einen treuen, aber sehr naiven Schüler, der ihn als lebenden Buddha verehrte. Eines Tages nun setzte sich der Lehrer versehentlich auf eine Nadel. «Autsch!» schrie er laut und machte einen Luftsprung. Der Schüler verlor augenblicklich seinen Glauben und verließ enttäuscht den Meister, von dem er nun nicht mehr glauben konnte, daß er voll erleuchtet sei. Wie hätte er sonst, so dachte er, so profan aufspringen und schreien können? Der Meister trauerte um den Schüler, der ihn verlassen hatte, und sagte: «Schade um den armen Kerl! Wenn er doch nur begriffen hätte, daß in Wirklichkeit weder ich noch die Nadel, noch das ‹Autsch› wirklich existiert haben.»

Wir dürfen nicht denselben Fehler machen wie dieser Zen-Schüler! Wir sollten unsere Zweifel nicht mit übertriebener Ernsthaftigkeit verfolgen, ihnen unverhältnismäßig viel Platz einräumen, oder gar zu Fanatikern des Zweifels werden, indem wir alles bloß schwarzweiß sehen. Wir müssen langsam lernen, unsere kulturell bedingte, leidenschaftliche Verstrickung in Zweifel zu einem freien, humorvollen und mitfühlenden Umgang mit unserer Skepsis umzuwandeln. Das bedeutet, dem Zweifel Zeit einzuräumen und uns die Zeit zu nehmen, auf unsere Fragen Antworten zu suchen, die nicht bloß intellektuell oder philosophisch befriedigen, sondern die lebendig, wahr und aufrichtig sind und mit denen sich arbeiten läßt. Zweifel können sich nicht von selbst auflösen; aber wenn wir geduldig sind, kann sich in uns eine Offenheit entwickeln, in der Zweifel sorgfältig untersucht, entwirrt, gelöst und geheilt werden können. Was uns in der westlichen Zivilisation ganz besonders fehlt, ist eine aufrichtige, unabgelenkte und vorurteilslose Geisteshaltung, in der sich Einsichten langsam entwickeln und zur Reife kommen können. Diese Haltung kann nur durch stetige Meditation geschaffen werden.

Seien Sie nicht zu voreilig mit der Lösung all Ihrer Zweifel und Probleme! Die Meister sagen: «Eile mit Weile.» Ich warne meine Schüler immer davor, unvernünftige Erwartungen zu hegen, denn spirituelles Wachstum braucht nun einmal seine Zeit. Wenn man schon Jahre braucht, um richtig Japanisch zu lernen oder um Arzt zu werden, wie können wir dann allen Ernstes erwarten, in wenigen Wochen oder Monaten auf alles eine Antwort zu finden, oder gar Erleuchtung zu erlangen? Die spirituelle Reise ist ein Weg dauernden Lernens und stetiger Reinigung. Wenn Ihnen das klar ist, werden Sie von selbst bescheiden. Es gibt ein bekanntes tibetisches Sprichwort: «Halte Verstehen niemals für Verwirklichung, und Verwirklichung niemals für Befreiung.» Milarepa sagte: «Du solltest dein ganzes Leben lang praktizieren, ohne dabei auf Verwirklichung zu hoffen.» Eine der Eigenschaften, die ich an meiner eigenen Tradition besonders zu schätzen gelernt habe, ist ihre geerdete, vernünftige Art, praktisch vorzugehen und ganz genau zu wissen, daß die höchsten Verwirklichungen die größte Geduld und viel, viel Zeit erfordern.

9. Der spirituelle Pfad

In den *Tafelgesprächen* des Sufi-Meisters Rumi findet sich ein ausgesprochen prägnanter Abschnitt:

> Die Meister sagen, daß man eines auf der Welt niemals vergessen darf. Würdest du auch sonst alles vergessen, bis auf dieses eine, gäbe es keinerlei Grund zur Sorge; wenn du jedoch alles andere vollkommen im Sinn behieltest und dich danach richtetest, dies eine jedoch vergäßest, hättest du nichts erreicht. Es ist, als hätte der König dich in ein fremdes Land geschickt, um eine ganz bestimmte Aufgabe zu erledigen. Du gehst und erfüllst hundert wichtige Aufgaben; wenn du jedoch die eine Angelegenheit, deretwegen du geschickt wurdest, unerledigt läßt, ist es, als hättest du gar nichts erreicht. Genauso kommt der Mensch auf die Welt, um eine ganz bestimmte Aufgabe zu erfüllen, das ist sein Lebenszweck. Erfüllt er sie nicht, hat er versagt.

Alle spirituellen Lehrer der Menschheit haben uns übereinstimmend erklärt, daß es der Sinn unseres Lebens auf dieser Erde ist, die Einheit mit unserer grundlegenden, erleuchteten Natur zu erreichen. Die «Aufgabe», für die der «König» uns in dieses fremdartige Land gesandt hat, besteht darin, unser wahres Wesen zu erkennen und zu verkörpern. Zur Erfüllung dieser Aufgabe gibt es nur einen einzigen Weg: mit allem Eifer und Mut, mit aller nur möglichen Intelligenz und unbeugsamen Entschlossenheit zur Transformation die spirituelle Reise anzutreten. Wie der Tod in der *Katha-Upanishad* zu Nanchiketa sagt:

> Es gibt den Pfad der Weisheit und den Pfad der Unwissenheit. Sie liegen weit auseinander und führen zu verschiedenen Zielen ... Inmitten der Unwissenheit sich für gelehrt und weise haltend, irren die Toren ziellos umher, wie Blinde von Blinden geführt. Der eigentliche Sinn des Lebens erschließt sich niemals jenen, die neidisch, achtlos oder von Reichtum verblendet sind.

Den Weg finden

Zu anderen Zeiten und in anderen Zivilisationen war der Pfad spiritueller Transformation einer relativ kleinen Anzahl privilegierter Menschen vorbehalten; heute jedoch muß ein großer Teil der Menschheit sich auf die Suche nach der Weisheit machen, wenn die Welt vor den bedrohlichen inneren und äußeren Gefahren bewahrt werden soll. In diesen Zeiten von Gewalt und Zerfall ist eine spirituelle Sichtweise kein elitärer Luxus, sondern schlicht eine Notwendigkeit für unser aller Überleben.

Niemals zuvor war es nötiger und gleichzeitig schwieriger, dem Pfad der Weisheit zu folgen. Unsere Gesellschaft hat sich fast ausschließlich dem Kult des Ich mit all seinen traurigen Phantasien von Erfolg und Macht verschrieben; sie fördert Gier und Ignoranz und feiert damit genau die Kräfte, die unseren Planeten letztlich zerstören. Niemals war es schwieriger, die aufrichtige Stimme der Wahrheit zu hören, und niemals schwieriger, ihr auch zu folgen. In unserer Umwelt unterstützt so gut wie nichts eine Entscheidung für diese Werte; und die Gesellschaft, in der wir leben, scheint schon die bloße Idee von etwas Heiligem und ewig Wahrem abzulehnen. In diesen Zeiten extremster Gefahr, in der unsere ganze Zukunft auf dem Spiel steht, finden wir Menschen uns also im Zustand größter Verwirrung, gefangen in einem selbstgeschaffenen Alptraum.

Und doch, es gibt in dieser tragischen Situation eine wichtige Quelle der Hoffnung: die Tatsache nämlich, daß die spirituellen Lehren aller mystischen Traditionen noch verfügbar sind. Unglücklicherweise gibt es aber nur sehr wenige Meisterinnen und Meister, die diese Lehren verkörpern, und denjenigen, die nach der Wahrheit suchen, fehlt es leider fast vollständig an Unterscheidungsvermögen. Die westliche Welt ist zu einem Paradies für «spirituelle» Scharlatane geworden. Bei Wissenschaftlern läßt sich relativ leicht feststellen, wer eine Autorität auf seinem Gebiet ist und wer nicht, weil andere Wissenschaftler die fachliche Qualifikation beurteilen und die Forschungsergebnisse überprüfen können. Die Echtheit eines sogenannten spirituellen Meisters zu überprüfen, ist den Menschen im Westen ohne die Kriterien und Richtlinien einer lebendigen und vollentwickelten Weisheits-Kultur hingegen so gut wie unmöglich. Jeder – so scheint es – kann sich als Meister aufspielen und eine Gefolgschaft anziehen.

Das war in Tibet anders; dort war es sehr viel einfacher, einen authentischen Pfad oder Lehrer zu finden, dem man sich anvertrauen konnte. Menschen, die erstmals mit dem tibetischen Buddhismus in Berührung kommen, wundern sich häufig, warum soviel Wert auf die Linie, die ununterbrochene Kette der Übertragung von Meister zu Meister, gelegt wird. Diese Übertragungslinie stellt eine wesentliche Sicherheit dar: Sie garantiert die Authentizität und Reinheit der Lehren. Man kann beurteilen, wer ein Meister ist, wenn man weiß, wer *sein* Meister ist. In diesem System geht es nicht um die künstliche Bewahrung fossiler, ritualistischer Kenntnisse, sondern um die Übertragung einer lebendigen und wesentlichen Weisheit und ihrer geschickten und wirkungsvollen Methoden – von Mensch zu Mensch, von Herz zu Herz und von Geist zu Geist.

Zu beurteilen, wer ein authentischer Meister ist und wer nicht, ist ein sehr subtiles und heikles Unterfangen; und in einer Zeit wie der unsrigen, die süchtig ist nach Unterhaltung, banalen Antworten und schnellen Lösungen, bleiben die eher nüchternen und unaufdringlichen Eigenschaften spiritueller Meisterschaft allzu leicht unerkannt. Unsere Vorstellung, Heiligkeit müsse stets fromm, sanft und demütig sein, macht uns blind für die dynamische und manchmal auch spielerisch aufmunternde Manifestation des erleuchteten Geistes.

Patrul Rinpoche schrieb: «Die außerordentlichen Qualitäten großer Meister, die ihre wahre Natur nicht offen zeigen, sind für uns gewöhnliche Menschen trotz eingehendster Untersuchung nicht zu erkennen. Andererseits können selbst einfache Scharlatane andere meisterhaft täuschen, indem sie wie Heilige tun.» Patrul Rinpoche schrieb dies im letzten Jahrhundert in Tibet, wie treffend aber beschreibt er damit das Chaos unseres heutigen spirituellen Supermarktes!

Wie können wir heute, in dieser Zeit extremen Mißtrauens, das Vertrauen finden, das wir so nötig brauchen, wenn wir einem spirituellen Pfad folgen wollen? Welche Maßstäbe können wir zur Beurteilung der Echtheit eines Meisters anlegen?

Wahre Lehrer sind gütig, mitfühlend und unermüdlich in ihrem Wunsch, alle Weisheit weiterzugeben, die sie von ihren eigenen Meistern erhalten haben. Sie bleiben stets bescheiden, lassen ihre Schüler niemals im Stich, beuten sie unter keinen Umständen aus oder manipulieren sie womöglich. Sie haben nicht ihren eigenen Vorteil im Sinn, sondern die Größe und den Wert der Lehren. Wahres Vertrauen sollten wir nur jemandem entgegenbringen, in dem wir mit der Zeit diese Eigenschaften verkörpert gefunden haben. Dann allerdings werden wir merken, daß dieses Vertrauen zur Basis unseres Lebens wird und uns in allen Schwierigkeiten – im Leben wie im Tod – Halt gibt.

Im Buddhismus beweist sich ein authentischer Lehrer unter anderem dadurch, daß die Anleitungen, die er seinen Schülern gibt, in Übereinstimmung mit den Lehren des Buddha stehen. Es kann nicht genug betont werden, daß die *Wahrheit der Lehren* das wichtigste ist und nicht etwa die Persönlichkeit des Lehrers. Der Buddha hat uns daher in den «Vier Verläßlichkeiten» erinnert:

> Verlaß dich auf die Botschaft des Lehrers und nicht auf seine Persönlichkeit;
> verlaß dich auf den Sinn seiner Worte und nicht auf die Worte allein;
> verlaß dich auf die letztendliche Bedeutung und nicht auf eine vorläufige;
> verlaß dich auf deinen Weisheitsgeist und nicht auf deinen gewöhnlichen, beurteilenden Geist.

Wie wir später noch genauer sehen, ist es sehr wichtig, im Sinn zu behalten, daß der wahre Lehrer der Fürsprecher der Wahrheit, ihre mitfühlende «Weisheits-Erscheinung» ist. Alle Buddhas, Meister und Propheten sind tatsächlich Emanationen dieser Wahrheit, und aus Mitgefühl erscheinen sie in zahllosen, geschickten Verkleidungen, um uns durch ihre Lehren zu unserer wahren Natur zurückzuführen. Es ist wichtiger, zuerst die Wahrheit der Lehren zu suchen und ihnen zu folgen, statt sofort nach einem Meister Ausschau zu halten, denn durch die Verbindung mit der Wahrheit der Lehren werden wir früher oder später einem lebendigen Lehrer begegnen.

Dem Weg folgen

Wir alle haben das Karma, verschiedenen spirituellen Pfaden zu begegnen, und ich möchte Sie von ganzem Herzen bitten, mit völliger Aufrichtigkeit dem Weg zu folgen, der Sie am meisten inspiriert.

Lesen Sie die großen spirituellen Bücher aller Traditionen, versuchen Sie dahinterzukommen, was die Meister meinen, wenn sie von Befreiung und Erleuchtung sprechen. Finden Sie heraus, welcher Zugang zur letztendlichen Wirklichkeit Sie am meisten anzieht und Ihren Bedürfnissen am ehesten entspricht. Bemühen Sie sich in Ihrer Suche um soviel Unterscheidungsvermögen, wie Sie nur aufbringen können; der spirituelle Weg verlangt mehr Intelligenz, mehr nüchternes Verständnis und mehr feinfühliges Unterscheidungsvermögen als irgendeine andere Disziplin –

schließlich steht ja auch die höchste Wahrheit auf dem Spiel. Machen Sie stets von Ihrem gesunden Menschenverstand Gebrauch. Wenn Sie dann den Pfad betreten, seien Sie sich so humorvoll wie möglich des Ballasts bewußt, den Sie mit sich herumschleppen: Ihre Eigenheiten, Einbildungen, Fehler und Projektionen. Erhalten Sie sich trotz des erhebenden Gewahrseins Ihrer wahren Natur eine geerdete und ausgeglichene Bescheidenheit sowie eine klare Einsicht, wo auf dem spirituellen Pfad Sie stehen und was Sie noch alles zu verstehen und zu vervollkommnen haben.

Auf keinen Fall aber sollten Sie sich auf etwas einlassen, was mir im Westen immer wieder begegnet und was ich die «Einkaufsbummel-Mentalität» nenne: Man kauft von diesem Meister eine Kleinigkeit und ein wenig von jenem, von dieser Lehre eine Wahrheit und dann eine von jener, bleibt aber ohne Beständigkeit und ohne ein wirklich aufrichtiges Engagement für irgendeine dieser Disziplinen. Nahezu alle großen spirituellen Meister sämtlicher Traditionen stimmen darin überein, daß es wesentlich ist, *einen* Weg zur Wahrheit wirklich zu meistern, indem man einer Tradition mit einsgerichtetem Geist und von ganzem Herzen bis zum Ende der spirituellen Reise folgt, gleichzeitig allerdings voller Hochachtung den Einsichten aller anderen Pfade gegenüber offen bleibt. In Tibet hieß es immer: «Wenn du eine Tradition wirklich kennst, verwirklichst du alle.» Die moderne Idee, sich immer alle Optionen offen halten zu wollen und sich niemals einer Sache wirklich verschreiben zu müssen, ist eine der größten und gefährlichsten Illusionen unserer Kultur und eines der wirkungsvollsten Mittel des Ego, unsere spirituelle Suche zu sabotieren.

Wenn Sie in Ihrem Suchen niemals zu einem Ende kommen, wird das Suchen selbst irgendwann zur Besessenheit und gewinnt die Kontrolle über Sie. Sie werden zu einem spirituellen Touristen, der geschäftig hin und her reist, aber nie irgendwo ankommt. Patrul Rinpoche sagte dazu: «Du läßt deinen Elefanten zu Hause, und suchst dann im Wald nach seinen Spuren.» Die Mahnung, nur *einer* Lehre zu folgen, ist kein Versuch, Sie einzuengen oder eifersüchtig zu dominieren. Sie ist mitfühlend gemeint und soll Ihnen helfen, zentriert und auf dem Pfad zu bleiben, trotz aller Hindernisse, die Ihnen von Ihrer Umwelt und auch von Ihnen selbst unweigerlich in den Weg gelegt werden.

Wenn Sie die mystischen Traditionen erforscht haben, suchen Sie einen Meister und folgen Sie ihm. Sich auf die spirituelle Reise zu begeben, ist der erste Schritt, aber die Geduld, das Durchhaltevermögen, die Weisheit, den Mut und die Bescheidenheit zu finden, diese Reise auch zu Ende zu führen, verlangt Ihnen noch sehr viel mehr ab. Vielleicht haben

Sie das Karma, einen Meister zu finden; danach allerdings müssen Sie das Karma schaffen, ihm auch zu folgen. Nur wenige Menschen verstehen sich nämlich auf die Kunst, einem Meister wahrhaft zu folgen. Wie großartig die Lehren und der Meister auch sein mögen, wesentlich ist, daß Sie in sich die Einsicht und das Geschick entwickeln, sie zu lieben und ihnen aufrichtig zu folgen.

Das ist nicht leicht. Die Dinge werden nie vollkommen sein, wie könnten sie auch? Schließlich befinden wir uns in Samsāra. Daher werden Sie immer noch auf Widerstände und Frustrationen, Unvollkommenheiten und Widersprüche stoßen, selbst wenn Sie Ihren Meister gefunden haben und den Lehren folgen. Lassen Sie sich von Hindernissen und kleinen Schwierigkeiten nicht unterkriegen; häufig sind es nur die kindischen Emotionen des Ich. Lassen Sie sich von ihnen nicht blind machen für die essentiellen und dauerhaften Werte, für die Sie sich entschieden haben. Lassen Sie sich nicht durch Ihre Ungeduld von Ihrer Verpflichtung der Wahrheit gegenüber ablenken. Ich habe immer wieder mit großer Trauer gesehen, wie Menschen eine Lehre oder einen Meister mit Begeisterung und großen Versprechungen annahmen, nur um bei den kleinsten, unvermeidlichen Hindernissen den Mut zu verlieren und in ihre alten, samsārischen Gewohnheiten zurückzutaumeln und so Jahre, wenn nicht gar ein ganzes Leben verschwendeten.

Wie der Buddha in seiner ersten Darlegung verdeutlicht hat, ist die Wurzel all unseres Leidens in Samsāra die *Unwissenheit.* Es scheint endlos zu dauern, bis wir uns von ihr befreien können, und selbst wenn wir den spirituellen Pfad schon betreten haben, wird unser Weg durch die Unwissenheit immer noch vernebelt. Wenn Sie sich dies allerdings klarmachen und die Lehren im Herzen behalten, werden Sie langsam die Unterscheidungsfähigkeit entwickeln, die unzähligen Verwirrungen als Auswirkungen der Unwissenheit zu erkennen; und dann können Sie niemals mehr Ihre Verpflichtung gefährden oder die richtige Perspektive verlieren.

Das Leben ist nach den Worten des Buddha kurz wie ein Blitzschlag; dennoch ist es so, wie Wordsworth formulierte: «Das Weltliche ist uns zu nah: im Erhalten und Ausgeben verschwenden wir all unsere Kräfte.» Diese Vergeudung unserer Kräfte, dieser Verrat an unserer Essenz, diese Preisgabe der wunderbaren Chance, unsere erleuchtete Natur kennen und verkörpern zu lernen, die uns dieses Leben – der natürliche Bardo – bietet, ist vielleicht das Herzzerreißendste an der menschlichen Existenz überhaupt. Die Meister warnen uns davor, uns etwas vorzumachen: Was haben wir gelernt, wenn wir zur Stunde unseres Todes nicht wissen, wer wir wirklich sind? Das «Tibetische Totenbuch» sagt:

> Mit völlig abgelenktem Geist,
> des Todes Nahen nicht bedenkend,
> ganz ohne jeden Sinn zu handeln
> und dann mit leeren Händen heimzukehren,
> wäre völlige Verblendung;
> notwendig ist daher Erkennen der spirituellen Lehren.
> Warum nicht eben jetzt, in diesem Augenblick,
> den Pfad der Weisheit praktizieren?
> Aus dem Munde der Heiligen kommen diese Worte:
> Wenn du die Lehren deines Meisters nicht im Herzen trägst,
> wirst du dann nicht zum Betrüger deiner selbst?

Der Meister

Der Buddha sagt in einem der Tantras[1]: «Keiner der Buddhas, die jemals Erleuchtung erlangten, hat dies ohne einen Meister geschafft, und von den tausend Buddhas, die in diesem Weltzeitalter erscheinen, wird nicht einer die Erleuchtung ohne Unterstützung durch einen Meister erlangen.»

Gleich nachdem mein geliebter Meister Dudjom Rinponche 1987 in Frankreich gestorben war, saß ich in der Bahn auf dem Weg von Südfrankreich, wo er gelebt hatte, zurück nach Paris. Ungezählte Bilder seiner Großzügigkeit, Zärtlichkeit und seines Mitgefühls gingen mir durch den Sinn; mir kamen die Tränen, und immer und immer wieder sagte ich mir: «Wärest du nicht gewesen – wie hätte ich jemals verstehen können?» Aus einer tiefen, inneren Gewißheit heraus und mit einer so klaren Eindeutigkeit, wie ich sie niemals vorher erfahren hatte, erkannte ich, warum in unserer Tradition ein so geheiligter Wert auf die Beziehung zwischen Meister und Schüler gelegt wird, und wie wesentlich diese Beziehung für die lebendige Übertragung der Wahrheit von Geist zu Geist und von Herz zu Herz ist. Ohne meine Meister hätte ich niemals die Wahrheit der Lehren erkennen können, nicht einmal die bescheidene Ebene an Verständnis, die ich erreicht habe.

Viele Menschen im Westen sind Meistern gegenüber generell mißtrauisch – leider oft genug aus gutem Grund. Ich muß hier nicht die vielen erschreckenden und enttäuschenden Fälle von Leichtsinn, Gier und Betrug durch Scharlatane aufzählen, die in der westlichen Welt seit der Öffnung gegenüber der östlichen Weisheit in den fünfziger und sechziger Jahren vorgekommen sind. Auf der anderen Seite beziehen alle großen Weisheitstraditionen – sei es im Christentum, Judentum, Sufismus, Buddhismus oder Hinduismus – einen Großteil ihrer Energie und Kraft aus der Beziehung zwischen Lehrer und Schüler. Was die Welt daher dringend braucht, ist ein möglichst klares Verständnis, was einen wahren Meister ausmacht, wie ein wahrer Schüler oder Jünger beschaffen ist, und was die wahre Natur der Transformation ist, die durch Hingabe an einen Meister stattfindet, ein Bewußtsein dessen also, was man die «Alchimie der Schülerschaft» nennen könnte.

Die vielleicht bewegendste und genaueste Erklärung der wahren Natur des Meisters, die ich je gehört habe, kommt von meinem Meister Jamyang Khyentse. Er sagt, daß unsere wahre Natur, obwohl sie die eines Buddha ist, doch seit anfangloser Zeit von den dunklen Wolken der Unwissenheit und Verwirrtheit verhüllt ist. Diese wahre Natur, unsere Buddha-Natur, habe sich jedoch der Tyrannei der Unwissenheit niemals vollständig ergeben; auf die eine oder andere Weise lehne sie sich ständig gegen deren Vorherrschaft auf.

Unsere Buddha-Natur hat also einen aktiven Aspekt, den wir den «inneren Meister» nennen können. Seit Anbeginn unserer Verwirrung hat dieser innere Meister ohne Unterlaß für uns gearbeitet, hat unermüdlich versucht, uns zur strahlenden Weite unseres wahren Seins zurückzuführen. Nicht eine Sekunde lang, sagt Jamyang Khyentse, hat dieser innere Meister uns jemals aufgegeben. Mit seinem unendlichen Mitgefühl, das eins ist mit dem grenzenlosen Mitgefühl aller Buddhas und aller erleuchteten Wesen, hat er unaufhörlich an unserer Entwicklung gearbeitet – und zwar nicht nur in diesem, sondern schon in all unseren vergangenen Leben. Er hat dabei die verschiedensten angemessenen Mittel angewandt und alle möglichen Situationen genutzt, um uns aufzuwecken und zurück zur Wahrheit zu führen.

Wenn wir uns viele Leben lang nach der Wahrheit gesehnt und um sie gebetet haben, und unser Karma ausreichend gereinigt ist, findet eine Art Wunder statt, das, wenn wir es richtig verstehen und nutzen, zum letztendlichen Aufhören der Unwissenheit führen kann: Der innere Meister, der stets bei uns gewesen ist, manifestiert sich in der Form des «äußeren Meisters», dem wir dann – wie durch ein Wunder – tatsächlich begegnen. Dies ist die wichtigste Begegnung in allen unseren Leben.

Wer ist dieser äußere Meister? Er ist nichts anderes als die Verkörperung, die Stimme und der Stellvertreter unseres inneren Meisters. Der Meister, dessen Weisheit, menschliche Form und Stimme wir mehr zu lieben lernen, als alles andere in unserem Leben, ist nichts anderes als die äußere Manifestation des Geheimnisses unserer eigenen inneren Wahrheit. Wie wäre es auch sonst zu erklären, daß wir uns so eng mit ihm oder ihr verbunden fühlen?

Auf der subtilsten Ebene sind Meister und Schüler niemals getrennt. Darum ist es die Aufgabe des Meisters, uns zu lehren, die eindeutige Botschaft unseres inneren Meisters ohne Störung durch unsere Verblendung klar zu empfangen, und uns zur Verwirklichung der kontinuierlichen Präsenz dieses letztendlichen Meisters in uns zu führen. Ich bete, daß jeder Leser dieses Buches die Freude dieser vollkommensten aller Freundschaften noch in diesem Leben kennenlernen möge.

Der äußere Meister ist nicht nur der direkte Fürsprecher Ihres inneren Meisters, er ist auch Träger, Kanal und Übermittler der gesamten Inspiration aller erleuchteten Wesen. Das gibt ihm die außergewöhnliche Kraft, Ihr Herz und Ihren Geist zu erleuchten. Er ist nichts anderes als das menschliche Gesicht des Absoluten, das Telefon – wenn Sie so wollen –, durch das alle Buddhas und erleuchteten Wesen Sie erreichen können. Die Weisheit aller Buddhas und ihr Mitgefühl sind stets auf Sie gerichtet; der Meister ist nun die Verkörperung dieser befreienden Energien, die Sie durch ihn direkt erreichen und befreien können.

In meiner Tradition halten wir den Meister sogar für noch gütiger als die transzendenten Buddhas selbst. Obwohl die Kraft und das Mitgefühl der Buddhas stets gegenwärtig sind, hindert uns unsere Verblendung daran, ihnen von Angesicht zu Angesicht zu begegnen. Dem Meister jedoch *können* wir begegnen; er steht uns lebendig gegenüber, atmet, spricht, handelt, um uns auf jede erdenkliche Weise den Weg zur Befreiung zu weisen. Für mich waren meine Meister die Verkörperung der lebendigen Wahrheit, unübersehbare Zeichen dafür, daß Erleuchtung in einem menschlichen Körper, in diesem Leben, in dieser Welt, hier und jetzt tatsächlich möglich ist. Sie sind die Inspiration in meiner Praxis, meinem Leben, meiner Arbeit und auf meinem Weg zur Befreiung. Meine Meister sind für mich Erinnerung und Verkörperung meiner Verpflichtung, der Erleuchtung so lange den wichtigsten Platz in meinem Leben einzuräumen, bis ich sie tatsächlich erlangt habe. Ich weiß genau, daß ich erst dann ermessen kann, wer sie wirklich sind, und ihre grenzenlose Großzügigkeit, ihre Liebe und ihre Weisheit erst dann ganz verstehen werde, wenn ich selbst erleuchtet bin.

Es gibt ein Gebet, das wir in Tibet sprechen, um die Präsenz des Meisters in unserem Herzen anzurufen. Es sind die Worte Jikme Lingpas, die ich hier vorstellen möchte:

> Aus dem blühenden Lotos der Hingabe inmitten meines Herzens,
> erhebe dich, Meister voller Mitgefühl, meine einzige Zuflucht!
> Vergangene Taten und stürmische Gefühle verfolgen und
> plagen mich:
> Um mir in meinem Unglück beizustehen,
> verweile als Juwelenschmuck auf dem Scheitel meines Kopfes,
> dem Mandala großer Glückseligkeit,
> und erwecke meine ganze Achtsamkeit und Bewußtheit,
> darum bitte ich!

Die Alchimie der Hingabe

Der Buddha sagte nicht nur, daß von all denen, die Erleuchtung erlangt haben, dies keinem je ohne die Unterstützung eines Meisters gelungen ist; er sagte auch: «Einzig und allein durch Hingabe kann man die absolute Wahrheit erkennen.» Die letztendliche Wahrheit läßt sich in der Domäne des gewöhnlichen Geistes nicht erkennen. Und der Pfad, der den Geist überschreitet – so haben alle großen Weisheitstraditionen immer wieder betont –, ist der Weg des Herzens. Dieser Pfad des Herzens ist Hingabe. Dilgo Khyentse Rinpoche schreibt:

> Es gibt nur einen Weg, um Befreiung und die Allwissenheit der Erleuchtung zu erlangen: Folge einem authentischen spirituellen Meister! Er ist der Führer, der dir hilft, den Ozean von Samsāra zu überqueren. Sonne und Mond werden im klaren, stillen Wasser jederzeit unmittelbar gespiegelt. Genauso ist die Inspiration der Buddhas für alle Lebewesen mit rückhaltlosem Vertrauen jederzeit verfügbar. Die Strahlen der Sonne sind überall gleich stark, doch nur wenn sie durch ein Brennglas gebündelt werden, können sie trockenes Gras entzünden. Wenn die allesdurchdringenden Strahlen des Mitgefühls der Buddhas durch das Brennglas deiner Hingabe und deines Vertrauens gebündelt werden, lodert die Flamme der Inspiration in dir auf.

Es ist also unumgänglich, wahre Hingabe kennenzulernen. Sie ist niemals kritiklose Anbetung; sie verlangt auf keinen Fall das Aufgeben der Eigenverantwortung und fordert erst recht nicht, ohne Unterscheidungsvermögen den Launen einer anderen Person zu folgen. Wahre Hingabe ist eine stetige Empfänglichkeit für die Wahrheit. Wahre Hingabe hat ihre Wurzeln in einer ehrfurchtsvollen Dankbarkeit, die zugleich klar, geerdet und intelligent ist.

Wenn es dem Meister gelingt, Ihr Herz im Innersten zu öffnen und Ihnen einen unübersehbaren, machtvollen Einblick in die Natur Ihres Geistes zu gewähren, steigt eine Woge freudiger Dankbarkeit für ihn in Ihnen auf, da er Ihnen die Augen für die Wahrheit geöffnet hat, die Sie nun im Meister, seinen Lehren und seinem Weisheitsgeist verkörpert sehen. Dieses ungekünstelte, aufrichtige Gefühl ist immer auf unbestreitbare innere Erfahrung gegründet, dem Ergebnis wiederholter Einsicht und Erkenntnis. Ausschließlich das ist es, was wir auf Tibetisch *mö gü* – Hingabe nennen. *Mö gü* bedeutet «Sehnsucht und Hochachtung»: Hochachtung vor dem Meister, die um so tiefer wird, je mehr Sie begreifen, wer er in Wirklichkeit ist, und Sehnsucht nach dem, was er in einem wachrufen kann. Man hat im Meister eine Herzensverbindung mit der absoluten Wahrheit und die Verkörperung der Natur des Geistes gefunden.

Dilgo Khyentse Rinpoche sagt:

> Da sich diese Hingabe am Anfang wohl noch nicht natürlich und unmittelbar einstellen wird, müssen wir uns verschiedener Techniken bedienen, um diesen Zustand zu erreichen. Vor allen Dingen müssen wir uns stets der herausragenden Eigenschaften des Lehrers bewußt sein, ganz besonders der Güte, die er uns erweist. Indem wir unserem Lehrer vertrauen und immer wieder Wertschätzung und Hingabe für ihn erzeugen, wird schließlich eine Zeit kommen, wo das bloße Nennen seines Names oder ein einziger Gedanke an ihn unsere profane Wahrnehmung auslöscht und wir ihn als den Buddha selbst sehen.[2]

Den Meister nicht als gewöhnlichen Menschen, sondern als den Buddha selbst zu sehen, ist die Quelle höchster Inspiration. Padmasambhava sagt: «Völlige Hingabe bringt vollständigen Segen; Freiheit von Zweifeln bringt ganzen Erfolg.» Die Tibeter wissen: Wenn man seinen Lehrer als einen Buddha sieht, erhält man den Segen eines Buddha; wenn man einen Meister aber als gewöhnlichen Menschen sieht, erhält man auch nur den Segen eines gewöhnlichen Menschen. Um die volle transformative Kraft des Segens seiner Lehren und das ganze Ausmaß ihrer Fülle erhalten zu können, müssen Sie sich also bemühen, in sich die vollständigste und reichste Hingabe zu entfalten, die Ihnen nur möglich ist. Nur wenn Sie Ihren Meister als Buddha sehen, kann auch eine dem Buddha gemäße Lehre von seinem Weisheitsgeist zu Ihnen durchdringen. Wenn Sie allerdings in Ihrem Meister nicht den Buddha, sondern nur den gewöhnlichen Menschen sehen, kann die Inspiration nicht voll wirksam werden, und Sie bleiben selbst für die großartigste Belehrung ziemlich unempfänglich.

Je länger ich über Hingabe, ihren Stellenwert und ihre Rolle in der übergreifenden Vision der Lehren reflektiere, desto tiefer erkenne ich, daß sie ein unentbehrliches, angemessenes und machtvolles Mittel darstellt, uns für die Lehren des Meisters aufnahmebereiter zu machen. Die Meister selbst sind auf unsere Verehrung nicht angewiesen; wenn *wir* sie aber als lebende Buddhas sehen können, werden wir in der Lage sein, ihre Anweisungen wirklich zu hören, zu verstehen und ihnen so getreu wie möglich zu folgen. Hingabe ist also auf gewisse Weise der wirkungsvollste Weg, größte Hochachtung und bedingungslose Offenheit gegenüber den Lehren zu garantieren, wie sie vom Meister verkörpert und übertragen werden. Je mehr Hingabe Sie haben, desto offener sind Sie für die Lehren; je offener Sie für die Lehren sind, desto leichter und eher werden sie Ihren Geist und Ihr Herz durchdringen und so zu vollständiger, spiritueller Transformation führen.

Nur indem Sie Ihren Meister als lebendigen Buddha sehen, kann der Prozeß, der Sie selbst in einen lebenden Buddha verwandelt, begonnen und vollendet werden. Wenn Sie Geist und Herz dem Mysterium der lebendigen Gegenwart und Erleuchtung in der Person des Meisters voll Freude, Staunen und Dankbarbeit ganz und gar öffnen, kann langsam, im Laufe vieler Jahre, eine Übertragung des Weisheitsgeists vom Meister auf Sie stattfinden. Dann wird sich Ihnen die vollkommene Schönheit Ihrer eigenen Buddha-Natur enthüllen und damit zugleich die unendliche Pracht des Universums selbst.

Diese intime Beziehung zwischen Schüler und Meister wird zum Spiegel und zu einer lebendigen Analogie für die Beziehung des Schülers zum Leben und zur Welt im allgemeinen. Der Meister wird die zentrale Gestalt in einer stetigen Praxis «reiner Wahrnehmung», die darin gipfelt, daß der Schüler den Meister unmittelbar und über jeden Zweifel erhaben als lebendigen Buddha sieht, jedes seiner Worte als Sprache des Buddha hört, seinen Geist als Weisheitsgeist aller Buddhas, jede seiner Handlungen als Ausdruck von Buddha-Aktivität und den Ort, an dem er lebt, als einen reinen Buddha-Bereich wahrnimmt. Selbst die Menschen, die den Meister umgeben, sieht er als leuchtende Manifestation seiner Weisheit.

Werden diese Wahrnehmungen immer stabiler und wirklicher, kann das innere Wunder, nach dem sich der Schüler seit so vielen Leben schon sehnt, langsam stattfinden: Er beginnt auf ganz natürliche Weise zu erkennen, daß er selbst, das Universum und alle Wesen ohne Ausnahme unmittelbar rein und vollkommen sind. Er sieht die Wirklichkeit endlich so, wie sie ist. Der Meister ist der Weg, der Stein der Weisen für eine vollkommene Transformation der gesamten Wahrnehmung des Schülers geworden.

Hingabe ist der reinste, schnellste und einfachste Weg, die Natur unseres Geistes und damit die Natur von allem zu erkennen. Dieser Prozeß erweist sich in der Folge als eine wunderbare Wechselbeziehung: Wir versuchen von unserer Seite stetig Hingabe zu erzeugen; die Hingabe, die wir erwecken, erzeugt Einblicke in die Natur unseres Geistes, und diese Einblicke wiederum verstärken und vertiefen unsere Hingabe gegenüber dem Meister, der uns inspiriert hat. Hingabe entspringt also letztendlich aus Weisheit: Hingabe und die lebendige Erfahrung der Natur des Geistes werden untrennbar und inspirieren sich gegenseitig.

Jikme Gyalwe Nyugu, der spätere Lehrer Patrul Rinpoches, hatte schon viele Jahre praktizierend in der Abgeschiedenheit einer Höhle in den Bergen verbracht. Als er eines Tages vor seine Höhle trat, schien die Sonne besonders hell. Er schaute in den Himmel und sah eine Wolke, die in Richtung des Ortes zog, an dem sein Meister Jikme Lingpa lebte. Er dachte: «Dort, weit fort, ist mein Meister», und mit diesem Gedanken stieg eine so tiefe und erschütternde Sehnsucht und Hingabe in ihm auf, daß er bewußtlos zu Boden sank. Als Jikme Gyalwe Nyugu wieder zu sich kam, hatte sich der Weisheitsgeist seines Meisters vollständig auf ihn übertragen, und er hatte die höchste Stufe der Verwirklichung erlangt, die wir «Erschöpfung der Wirklichkeit der Phänomene» nennen.

Der Strom des Segens

Derartige Geschichten über die Macht der Hingabe und die Kraft des Segens gehören nicht ausschließlich der Vergangenheit an. An der Persönlichkeit von Khandro Tsering Chödrön, der Frau meines Meisters Jamyang Khyentse und der größten Meisterin unserer Tage, kann man sehr deutlich erkennen, was Jahre tiefster Hingabe und Praxis aus dem menschlichen Geist zu machen vermögen. Ihre Bescheidenheit, Herzensschönheit, ihre strahlende Einfachheit, Genügsamkeit und die helle, sanfte Weisheit ihrer Präsenz werden von allen Tibetern verehrt, obwohl sie selbst immer versucht, im Hintergrund zu bleiben, sich niemals nach vorn zu drängen und das verborgene und einfache kontemplative Leben zu führen, wie es in früheren Zeiten üblich gewesen ist.

Jamyang Khyentse ist die Inspiration für Khandros ganzes Leben gewesen. Die spirituelle Hochzeit mit ihm hatte aus der sehr schönen und etwas rebellischen jungen Frau eine strahlende Dākinī[3] gemacht, die von anderen großen Meistern, wie zum Beispiel Dilgo Khyentse Rinpoche, außerordentlich verehrt wurde. Er pflegte sie «spirituelle Mutter» zu nennen, und sagte immer, wie geehrt er sich fühle, daß sie unter allen Lamas gerade ihn besonders schätzte. Immer wenn er Khandro traf, nahm er ihre Hand, liebkoste sie zärtlich und legte sie langsam wie im Spiel auf seinen Kopf; er wußte, das er sie nur so dazu bringen konnte, ihn zu segnen.

Jamyang Khyentse gab Khandro sämtliche Belehrungen, schulte sie und inspirierte sie zur Praxis. Sie stellte ihm ihre Fragen in Form von Liedern, und er antwortete ihr auf spielerische, ein wenig neckende Weise ebenfalls in Liedern. Indem Khandro seit Jamyang Khyentses Tod an dem Ort in Sikkim lebt, wo er seinen Lebensabend verbracht hat, wo er gestorben ist und wo seine Überreste in einem Stūpa[4] aufbewahrt werden, hat sie ihre unsterbliche Hingabe an ihren Meister bewiesen. Dort, in seiner Nähe, führt sie ein klares, unabhängiges Leben, das stetiger Übung gewidmet ist. Sie hat die gesamten Worte des Buddha und Hunderte von Bänden an Kommentaren dazu sorgfältig, Wort für Wort gelesen. Dilgo Khyentse Rinpoche pflegte zu sagen, daß er sich dort, in der Nähe von Jamyang Khyentses Stūpa, immer wie zu Hause fühle, weil Khandro mit ihrer Anwesenheit eine so warme und liebevolle Atmosphäre schaffe. Er fügte hinzu, es sei, als wäre mein Meister Jamyang Khyentse in ihrer Hingabe und der Art ihres Wesens immer noch lebendig und präsent.

Immer wieder hörte ich Khandro sagen, daß im Leben alles gutgeht, wenn die Verbindung mit dem Meister wirklich rein gehalten wird. Ihr eigenes Leben ist das beste und bewegendste Beispiel für diese Aussage. Ihre Hingabe befähigte sie, die Essenz der Lehren zu verkörpern und sie durch ihre warmherzige Art auch anderen zugänglich zu machen. Khandro lehrt nicht formell und spricht auch im allgemeinen nicht sehr viel; was sie aber sagt, ist oft so durchdringend klar, daß es beinahe schon prophetisch zu nennen ist. Wer ihrem hingebungsvollen und glückseligen Gesang lauscht oder gemeinsam mit ihr praktiziert, wird in der Tiefe seines Wesens berührt. Selbst nur mit ihr spazieren- oder einkaufen zu gehen oder einfach in ihrer Nähe zu sitzen, ist wie ein Eintauchen in das starke stille Glück ihrer Präsenz.

Da Khandro so zurückgezogen lebt und ihre Größe in ihrer Einfachheit liegt, können nur Menschen mit wahrer Einsicht erkennen, wer sie in Wirklichkeit ist. Wir leben in einer Zeit, in der diejenigen, die sich in den Vordergrund spielen, gewöhnlich die größte Bewunderung genießen; die Wahrheit ist jedoch in den Bescheidenen lebendig, in Menschen wie Khandro. Würde Khandro je im Westen lehren, wäre sie die vollkommene Meisterin, da sie mit einer geheimnisvollen Vollständigkeit die Liebe und heilende Weisheit von Tārā verkörpert: erleuchtetes Mitgefühl in seiner weiblichen Ausdrucksform. Wenn ich stürbe und hätte Khandro an meiner Seite, würde ich mehr Vertrauen und Frieden empfinden als bei jedem anderen Meister.

Alles, was ich verwirklicht habe, verdanke ich der Hingabe an meine Meister. Bescheiden und voll Ehrfurcht beginne ich nun in meinen Lehren zu erkennen, wie ihr Segen auch durch mich wirksam wird. Ohne ihren Segen wäre ich nichts, und wenn ich irgend etwas erreichen kann, dann vielleicht die Brücke zu sein, die Sie mit ihnen verbindet. Wenn ich in meinen Unterweisungen über meine Meister spreche, entdecke ich wieder und wieder, wie meine Hingabe zu ihnen eine Vision von Hingabe in denen inspiriert, die mir zuhören. In solch wunderbaren Augenblicken spüre ich die Gegenwart meiner Meister – fühle, wie sie meine Schüler segnen und ihr Herz der Wahrheit öffnen.

Ich erinnere mich, wie Dilgo Khyentse Rinpoche in den sechziger Jahren, kurz nachdem mein Meister Jamyang Khyentse gestorben war, in Sikkim eine Reihe von Einweihungen zu den visionären Lehren Padmasambhavas gab. Diese Übertragung kann mehrere Monate in Anspruch nehmen. Viele Meister hatten sich im Kloster in den Hügeln hinter der Hauptstadt Gangtok versammelt. Ich saß bei Khandro Tsering Chödrön und Lama Chokden, der Jamyang Khyentses Assistent und Zeremonienmeister gewesen war.

Bei dieser Gelegenheit erfuhr ich auf lebendigste Weise, wie ein Meister den Segen seines Weisheitsgeistes auf einen Schüler übertragen kann. Einmal gab Dilgo Khyentse Rinpoche eine ungemein bewegende Unterweisung über Hingabe. Er sprach dabei über unseren Meister Jamyang Khyentse; die Worte strömten in einem unerschöpflichen Fluß reinster spiritueller Poesie nur so aus ihm hervor. Während ich Dilgo Khyentse Rinpoche lauschte und ihn dabei ansah, fühlte ich mich auf geheimnisvolle Weise an Jamyang Khyentse selbst erinnert, an seine besondere Art, wie er tiefgründigste Lehren in Worte fassen und hervorsprudeln lassen konnte, als würden sie aus einer verborgenen, unerschöpflichen Quelle strömen. Nach und nach ging mir mit tiefem Erstaunen auf, was geschehen war: Der Segen des Weisheitsgeistes von Jamyang Khyentse war vollständig auf seinen Herzenssohn Dilgo Khyentse Rinpoche übergegangen und sprach nun in unser aller Gegenwart ganz mühelos durch ihn.

Am Ende der Unterweisung wandte ich mich Khandro und Chokden zu und sah, daß ihnen Tränen übers Gesicht liefen. «Wir wußten, daß Dilgo Khyentse ein großer Meister ist», sagten sie, «und wir wissen, daß ein Meister den gesamten Segen seines Weisheitsgeistes auf seinen Herzenssohn übertragen kann. Aber erst jetzt, hier und heute, durften wir erfahren, was wirklich damit gemeint ist.»

Wenn ich an diesen wunderbaren Tag in Sikkim zurückdenke und an die großen Meister, die ich gekannt habe, kommen mir die Worte eines tibetischen Heiligen in den Sinn, die mich immer schon inspiriert haben: «Wenn die Sonne stärkster Hingabe auf den Schneeberg des Meisters scheint, wird der Strom seines Segens sich ergießen.» Ich erinnere mich auch Dilgo Khyentse Rinpoches eigener Worte, die vielleicht mehr als jede andere mir bekannte Textstelle die grenzenlosen, edlen Eigenschaften des Meisters ausdrücken:

> Er gleicht einem großen Schiff, in dem die Wesen den tückischen Ozean von Samsāra überqueren können, einem erfahrenen Kapitän, der sie auf das Festland der Befreiung führt, einem Regen, der das Feuer der Leidenschaften löscht, einer strahlenden Sonne und einem leuchtenden Mond, die die Dunkelheit der Unwissenheit beseitigen, einem sicheren Grund, der die Last des Guten wie des Schlechten tragen kann, einem wunscherfüllenden Baum, der zeitweiliges Glück genauso gewährt wie letztendliche Seligkeit, einem Schatz an umfassenden und tiefgründigen Anweisungen, einem wunscherfüllenden Juwel, das alle Qualitäten der Verwirklichung erfüllt; er gleicht Vater und Mutter, die alle Wesen gleichermaßen lieben, einem großen Strom des Mitgefühls, einem Berg, der sich unerschüttert von den Stürmen der Emotionen über weltliche Belange erhebt und einer großen Regenwolke, deren Wasser die Qualen der Leidenschaft zu lindern bereit ist.

> Kurz, er ist allen Buddhas gleich. Jeder Kontakt mit ihm, ob man ihn sieht, seine Stimme hört, sich seiner erinnert oder von seiner Hand berührt wird, führt uns zur Befreiung. Volles Vertrauen in ihn zu haben, ist der sichere Weg zur Erleuchtung. Die Wärme seiner Weisheit und seines Mitgefühls bringt das Erz unseres Wesens zum Schmelzen und läutert das Gold der uns innewohnenden Buddha-Natur.[5]

Ich habe gemerkt, daß der Segen meiner Meister fast unmerklich in mich einsickert und auf meinen Geist wirkt. Nach dem Tode Dudjom Rinpoches haben mir meine Schüler gesagt, daß meine Unterweisungen flüssiger und klarer geworden seien. Nachdem ich Dilgo Khyentse Rinpoche einmal eine besonders erstaunliche Darlegung habe geben hören, habe ich ihm meine tiefe Bewunderung ausgedrückt und gesagt: «Es ist beinahe ein Wunder, wie mühelos und unmittelbar diese Lehren aus deinem Weisheitsgeist hervorströmen.» Er neigte sich mir freundlich zu und sagte mit einem leicht scherzhaften Augenzwinkern: «Mögen deine Lehren in Englisch ebenso fließen.» Seit damals fühle ich, wie ohne mein Zutun meine Fähigkeit, die Lehren auszudrücken, immer natürlicher wird. Ich sehe auch in diesem Buch eine Manifestation des Segens meiner Meister, übertragen durch den Weisheitsgeist des absoluten Meisters Padmasambhava. So ist dieses Buch ihr Geschenk an Sie.

Die Hingabe an meine Meister gibt mir die Kraft zu lehren sowie die Offenheit und Empfänglichkeit, selbst immer weiter zu lernen. Auch der große Dilgo Khyentse Rinpoche hörte niemals auf, Unterweisungen von anderen Meistern zu empfangen, die häufig genug seine eigenen Schüler waren. Die Hingabe, die einem die Inspiration zum Lehren gibt, ist dieselbe, die einem die Demut gibt, immer noch weiter zu lernen. Als Gampopa, der wichtigste Schüler Milarepas, von seinem Meister Abschied nahm, fragte er ihn: «Wann wird für mich die Zeit gekommen sein, Schüler anzuleiten?» Milarepa antwortete: «Wenn du ein anderer geworden bist. Wenn deine gesamte Wahrnehmung sich verwandelt hat und du diesen alten Mann vor dir als den Buddha selbst sehen kannst. Wenn Hingabe dich zu diesem Augenblick der Erkenntnis geführt hat, wird es das Zeichen sein, daß für dich die Zeit zum Lehren gekommen ist.»

Diese Lehren sind aus Padmasambhavas erleuchtetem Herzen durch die Jahrhunderte, nach über tausend Jahren nun zu Ihnen gelangt. Sie wurden in einer ununterbrochenen Übertragungslinie von Meistern übertragen, von denen jeder einzelne nur deshalb zum Meister wurde, weil er gelernt hatte, selbst demütig Schüler zu sein und im tiefsten Sinne sein ganzes Leben hindurch Schüler seines eigenen Meisters zu bleiben. Selbst im Alter von zweiundachtzig Jahren kamen Dilgo Khyentse Rinpoche noch die Tränen der Dankbarkeit und Hingabe, sobald er von seinem Meister Jamyang Khyentse sprach. Seinen letzten Brief an mich, kurz bevor er starb, unterschrieb er mit «der schlechteste aller Schüler». Ich habe daran erkannt, wie grenzenlos wahre Hingabe ist, wie mit der größtmöglichen Verwirklichung immer auch die größte Hingabe und die vollkommenste, weil demütige Dankbarkeit einhergeht.

Guru-Yoga: Mit dem Weisheitsgeist des Meisters verschmelzen

Alle Buddhas, Bodhisattvas und erleuchteten Wesen sind jederzeit bereit, uns zu helfen, und durch die Gegenwart des Meisters wird ihr gesamter Segen direkt auf uns gerichtet. Diejenigen, die Padmasambhava kennen, wissen um die Wahrheit seines vor mehr als tausend Jahren abgelegten Versprechens: «Ich werde denen, die Vertrauen haben, stets nahe sein, und sogar denen, die nicht vertrauen, obwohl sie mich nicht sehen. Meine Kinder werden immer durch mein Mitgefühl geschützt sein.»

Alles, was wir tun müssen, um direkte Hilfe zu erhalten, ist Bitten. Hat nicht auch Christus gesagt: «Bittet, und es wird euch gegeben; suchet, so werdet ihr finden; klopfet an, und es wird euch aufgetan. Wer bittet, wird empfangen, und wer suchet, der findet.»[6] Und doch fällt uns gerade das Bitten am schwersten. Viele von uns, so glaube ich, wissen kaum mehr, wie man bittet – manchmal, weil wir arrogant sind, manchmal, weil wir nicht bereit sind, nach Hilfe Ausschau zu halten, manchmal, weil wir zu träge sind, manchmal, weil unser Geist so mit Fragen, Ablenkungen und Umwegen beschäftigt ist, daß es uns nicht einmal in den Sinn kommt, einfach nur zu bitten. Die Wende zur Besserung im Heilungsprozeß eines jeden Alkoholikers oder Drogensüchtigen kommt dann, wenn er sich die Krankheit eingesteht und um Hilfe bittet. Auf die eine oder andere Weise sind wir alle süchtig nach Samsāra; doch wird uns Hilfe zuteil, sobald wir nur unsere Abhängigkeit eingestehen und einfach um Hilfe bitten.

Was die meisten von uns mehr brauchen als alles andere, ist Mut und Bescheidenheit, wirklich von ganzem Herzen zu bitten: um Hilfe und um das Mitgefühl der erleuchteten Wesen, um Reinigung und Heilung, um die Kraft, den Sinn unseres Leidens zu verstehen und es verwandeln zu können. Auf einer *relativen* Ebene müssen wir um das Anwachsen von Klarheit, Frieden und Unterscheidungsfähigkeit in unserem Leben bitten und darüber hinaus um die Verwirklichung der *absoluten* Natur des Geistes, die aus dem Verschmelzen mit dem unsterblichen Weisheitsgeist des Meisters kommt.

Es gibt keinen schnelleren, bewegenderen und machtvolleren Weg, um die Hilfe der erleuchteten Wesen anzurufen, um Hingabe zu erzeugen und die Natur des Geistes zu erkennen, als die Praxis des Guru-Yoga. Dilgo Khyentse Rinpoche schrieb: «Das Wort Guru-Yoga bedeutet ‹Vereinigung mit der Natur des Guru›, und in dieser Praxis werden wir mit Methoden vertraut, die es uns ermöglichen, unseren Geist mit dem erleuchteten Geist des Meisters zu vereinigen.»[7] Erinnern Sie sich daran, daß der Meister – der Guru – die Kristallisation des Segens aller Buddhas, Meister und erleuchteten Wesen ist. Ihn anzurufen bedeutet also, sie alle anzurufen. Ihren Geist und Ihr Herz mit dem Weisheitsgeist des Meisters zu verschmelzen bedeutet, sich mit der Wahrheit und Verkörperung der Erleuchtung selbst zu verbinden.

Der äußere Meister zeigt Ihnen unmittelbar die Wahrheit Ihres inneren Meisters. Je mehr Klarheit seine Lehren und Inspiration schaffen, desto deutlicher beginnen Sie zu erkennen, daß äußerer und innerer Meister untrennbar sind. Beginnen Sie, diese Wahrheit langsam persönlich zu empfinden, indem Sie sich in der Praxis des Guru-Yoga immer wieder damit auseinandersetzen, entsteht in Ihnen ein stetig tiefer werdendes Vertrauen sowie Dankbarkeit, Freude und Hingabe, durch die Ihr Geist und der Weisheitsgeist des Meisters schließlich mit unerschütterlicher Gewißheit als untrennbar erkannt werden. In einer Guru-Yoga-Praxis, die Dilgo Khyentse Rinpoche auf meinen Wunsch hin verfaßt hat, heißt es:

> Das, was die große Reinheit der Wahrnehmung herbeiführt,
> ist Hingabe – die Strahlung von Rigpa . . .
> Möge in der Erkenntnis,
> daß der Meister mein eigenes Rigpa ist,
> dein Geist und der meine zu einem verschmelzen.

Aus ebendiesem Grund legen alle Weisheitstraditionen Tibets so viel Wert auf die Praxis des Guru-Yoga, und alle großen Meister der Vergangenheit haben es als das Herz ihrer jeweiligen Praxis in Ehren gehalten. Dudjom Rinpoche schrieb:

> Es ist wesentlich, alle Energie in den Guru-Yoga zu legen, ihn als Lebensnerv und Herz der Praxis zu erkennen. Tust du dies nicht, wird deine Meditation dumpf, und selbst wenn du kleine Fortschritte machen solltest, werden die Hindernisse doch niemals ein Ende nehmen und die wahre Verwirklichung kann nicht in deinem Geist geboren werden. Indem du von ganzem Herzen und mit ungekünstelter Hingabe bittest, kann dir mit der Zeit der direkte Segen des Weisheitsgeists des Meisters übertragen werden, und du wirst durch eine einzigartige Verwirklichung aus der Tiefe deines eigenen Geistes ermächtigt, die man mit Worten nicht beschreiben kann.

Ich möchte hier nun eine einfache Praxis des Guru-Yoga vorstellen, die jeder üben kann, gleichgültig welcher Religion oder welchem spirituellen Glauben er angehören mag. Diese wunderbare Praxis ist meine eigene Hauptpraxis, Herz und Inspiration meines ganzen Lebens, und wann immer ich diesen Guru-Yoga ausübe, konzentriere ich mich auf Padmasambhava.

Als der Buddha im Sterben lag, prophezeite er, daß nicht lange nach seinem Tod Padmasambhava geboren würde, um die tantrischen Lehren zu verbreiten. Und es war Padmasambhava, der im 8. Jahrhundert den Buddhismus in Tibet einführte. Für uns Tibeter verkörpert Padmasambhava – den wir auch liebevoll Guru Rinpoche, kostbarer Meister, nennen – ein kosmisches, zeitloses Prinzip: Er ist der universale Meister. Er erschien zahllosen Meistern in Tibet, und diese Begegnungen und Visionen wurden präzise dokumentiert: die Zeit, der Ort, die Art und Weise, wie sie verlaufen sind, und die Lehren und Prophezeiungen, die Padmasambhava jeweils gegeben hat, wurden genau festgehalten. Er hinterließ darüber hinaus Tausende visionärer Lehren für zukünftige Zeiten, die von zahlreichen, großen Meistern – seinen Emanationen – dann im Laufe der Zeit entdeckt wurden und immer noch entdeckt werden; einer dieser visionären Schätze oder *Termas* ist auch das «Tibetische Totenbuch».

In schwierigen Zeiten und Krisen habe ich mich immer an Padmasambhava gewandt; sein Segen und seine Kraft haben mich nie im Stich gelassen. Wenn ich an ihn denke, sind alle meine Meister in ihm verkörpert. Für mich ist er in jedem Augenblick vollkommen lebendig, und das ganze Universum ist ein Spiegel seiner Schönheit, Stärke und Präsenz.

O Guru Rinpoche, Kostbarer!
Du bist die Verkörperung

des Mitgefühls und Segens aller Buddhas,
einziger Schützer aller Wesen.
Meinen Körper und meinen Besitz,
mein Herz und meinen Geist
bringe ich dir ohne zu zögern dar!
Von jetzt an bis zur Erleuchtung,
in Glück und Leid, in guten wie in schlechten Zeiten,
verlasse ich mich ganz auf Dich, Padmasambhava.
Du kennst mich:
Denke an mich, inspiriere mich, leite mich,
Laß mich eins werden mit Dir![8]

Ich sehe Padmasambhava als die Verkörperung aller meiner Meister, und wenn ich daher meinen Geist im Guru-Yoga mit ihm vereine, sind sie alle in ihm enthalten. Sie können aber statt Padmasambhava jedes andere heilige Wesen, jeden spirituellen Meister oder jede Meisterin jeder religiösen Tradition, zu der Sie eine intensive Beziehung spüren, in dieser Praxis einsetzen.

Diese Übung des Guru-Yoga hat vier Phasen: Die Anrufung, das Verschmelzen Ihres Geistes mit dem Meister durch Rezitation des Mantra, seiner Herz-Essenz, das Empfangen des Segens oder der Ermächtigung, und schließlich die Vereinigung Ihres Geistes mit dem Meister und das Ruhen in der Natur von Rigpa.

1. Anrufung

Sitzen Sie still. Rufen Sie nun aus der Tiefe Ihres Herzens die Verkörperung der Wahrheit in der Form Ihres Meisters, eines Heiligen oder eines anderen erleuchteten Wesens im Raum vor Ihnen an.

Versuchen Sie, den Meister oder Buddha so lebendig wie möglich, und dabei so strahlend und durchscheinend wie einen Regenbogen zu visualisieren. Setzen Sie volles Vertrauen darein, daß aller Segen und alle Eigenschaften von Weisheit, Mitgefühl und Stärke aller Buddhas und erleuchteten Wesen in ihm verkörpert sind.

Wenn es Ihnen schwerfällt, eine bestimmte Form zu visualisieren, stellen Sie sich diese Verkörperung der Wahrheit einfach als Licht vor oder versuchen Sie, einfach ihre vollkommene Präsenz im Raum vor Ihnen zu spüren: es ist die Präsenz aller Buddhas und Meister. Lassen Sie die Inspiration, Freude und Ehrfurcht, die Sie dann empfinden, an die Stelle der Visualisation treten. Haben Sie einfach Vertrauen, daß die Präsenz, die Sie anrufen, tatsächlich da ist. Der Buddha selbst sagte: «Ich werde bei jedem sein, der an mich denkt.» Mein Meister Dudjom Rinpoche pflegte zu sagen, daß es anfangs unerheblich ist, ob man visualisieren kann; viel wichtiger ist, die Präsenz in Ihrem Herzen zu spüren und zu wissen, daß sie die Anwesenheit des Segens und Mitgefühls, der Energie und Weisheit aller Buddhas verkörpert. Wenn dann Ihr Herz voll ist von der Präsenz des Meisters, entspannen Sie sich und rufen Sie ihn von ganzem Herzen und mit ganzem Geist an; halten Sie ganz vertrauensvoll innere Zwiesprache: «Hilf mir, all mein Karma und meine negativen Emotionen zu reinigen; hilf mir, die wahre Natur meines Geistes zu erkennen!»

Lassen Sie dann mit tiefempfundener Hingabe Ihren Geist mit dem Meister verschmelzen und in seinem Weisheitsgeist ruhen. Geben Sie sich ganz hin und sagen Sie zum Beispiel: «Hilf mir jetzt, kümmere dich um mich! Erfülle mich mit deiner Freude und Energie, deiner Weisheit und deinem Mitgefühl! Laß mich aufgehen im liebenden Herzen deines Weisheitsgeistes! Segne meinen Geist, inspiriere mein Verständnis!» Dann gibt es, wie Dilgo Khyentse Rinpoche sagt, keinerlei Zweifel, daß der Segen in Ihr Herz Eingang findet.

Diese Übung ist ein direkter, geschickter und wirksamer Weg, unseren gewöhnlichen Geist zu überschreiten und den reinen, geheiligten Bereich der Weisheit von Rigpa zu betreten. Wir entdecken, erkennen und wissen schließlich gewiß, daß die Buddhas wirklich gegenwärtig sind.

Indem Sie die lebendige Gegenwart der Buddhas, von Padmasambhava oder Ihrem Meister spüren und einfach Ihr Herz und Ihren Geist dieser Verkörperung der Wahrheit öffnen, werden Sie tatsächlich gesegnet und transformiert. Sobald Sie den Buddha anrufen, inspirieren Sie damit Ihre eigene Buddha-Natur zum Erwachen, und sie wird erblühen, so natürlich wie eine Blüte sich der Sonne öffnet.

2. Vertiefen und Reifen des Segens

In diesem Teil der Übung, dem Verschmelzen des eigenen Geistes mit dem des Meisters durch das Medium des Mantra, rezitiere ich OM AH HUM VAJRA GURU PADMA SIDDHI HUM (in der tibetischen Aussprache *Om Ah Hung Benza Guru Pema Siddhi Hung*). Dabei bin ich mir bewußt, daß dieses Mantra tatsächlich Padmasambhava selbst sowie die Essenz aller Meister in der Form von Klang ist. Ich stelle mir vor, daß mein ganzes Wesen von ihm erfüllt ist, und wenn ich dann das Mantra –

seine Herzessenz – rezitiere, fühle ich es vibrieren und mich durchdringen, als zirkulierten Hunderte winziger Padmasambhavas in der Form von Klang in mir und transformierten mein ganzes Sein.

Bringen Sie nun Herz und Geist in kraftvoller einsgerichteter Hingabe mit dem Mantra dar, und vermischen Sie Ihren Geist mit Padmasambhava oder Ihrem Meister; lassen Sie sie ganz und gar verschmelzen. Schritt für Schritt nähern Sie sich Padmasambhava an, und die Entfernung zwischen Ihnen und seinem Weisheitsgeist beginnt zu schwinden. Langsam machen Sie die Erfahrung, daß Ihr Geist tatsächlich in den Weisheitsgeist Padmasambhavas und Ihres Meisters transformiert wird: Sie beginnen, ihre Untrennbarkeit zu entdecken. So, wie Ihr Finger naß wird, wenn Sie ihn ins Wasser tauchen, und verbrennt, wenn sie ihn ins Feuer halten, genauso sicher wird sich Ihr Geist in die Weisheitsnatur der Buddhas verwandeln, wenn Sie ihn ihrem Weisheitsgeist aussetzen. Sie finden sich allmählich im Zustand von Rigpa, da ja die innerste Natur Ihres Geistes nichts anderes ist, als der Weisheitsgeist der Buddhas selbst. Es ist, als würde Ihr gewöhnlicher Geist langsam sterben und sich auflösen und Ihr reines Gewahrsein, Ihre Buddha-Natur, Ihr innerer Meister sich offenbaren. Das ist auch die eigentliche Bedeutung von «Segen»: eine Transformation, die Ihren Geist im Zustand des Absoluten aufgehen läßt. Das ist das Herz und der wichtigste Teil des Guru-Yoga, und für dieses «Reifen des Segens» sollten Sie sich in Ihrer Übung die meiste Zeit nehmen.

3. Ermächtigung

Stellen Sie sich nun vor, daß vom Meister Tausende Lichtstrahlen ausgehen, die Sie treffen, Sie durchdringen, reinigen, heilen, segnen, ermächtigen und den Samen der Erleuchtung in Sie säen.

Um diesen Teil der Übung so reich und inspirierend wie nur möglich zu gestalten, können Sie sich seine Entfaltung in drei Phasen vorstellen:

Zuerst strahlt ein kristallenes, blendend weißes Licht aus der Stirn des Meisters, tritt durch das Energiezentrum in Ihrer Stirn in Sie ein und füllt Ihren ganzen Körper aus. Dieses weiße Licht steht für den Segen des Körpers aller Buddhas: Es reinigt alles negative Karma, das Sie durch negative Handlungen mit Ihrem Körper geschaffen haben; es reinigt die feinstofflichen Energiekanäle Ihres psychophysischen Systems; es verleiht Ihnen den Segen des Körpers der Buddhas, ermächtigt Sie zur Visualisationspraxis und öffnet Sie für die Erkenntnis der mitfühlenden Energie von Rigpa, der Natur des Geistes, die sich in allem manifestiert.

Als nächstes strahlt rubinrotes Licht aus der Kehle des Meisters in das Energiezentrum in Ihrer Kehle und füllt Ihren ganzen Körper aus. Dieses rote Licht steht für den Segen der Rede aller Buddhas: Es reinigt alles negative Karma, das Sie durch zerstörerischen Gebrauch der Rede angesammelt haben; es reinigt den inneren Hauch Ihres psychophysischen Systems; es verleiht Ihnen den Segen der Sprache aller Buddhas; es ermächtigt Sie zur Mantra-Praxis und öffnet Sie für die Erkenntnis der strahlenden Natur von Rigpa.

Schließlich strahlt lapislazuliblaues Licht aus dem Herzen des Meisters zum Energiezentrum Ihres Herzens und füllt Ihren ganzen Körper aus. Dieses blaue Licht steht für den Segen des Geistes der Buddhas: Es reinigt alles negative Karma, das Sie durch negativen Gebrauch Ihres Geistes geschaffen haben; es reinigt die kreative Essenz oder Energie innerhalb Ihres psychophysischen Systems; es verleiht Ihnen den Segen des Geistes aller Buddhas; es ermächtigt Sie zu fortgeschrittenen Yoga-Praktiken und öffnet Sie für die Erkenntnis der ursprünglichen Reinheit der Essenz von Rigpa.

Sie wissen und spüren, daß Sie nun durch den Segen von Körper, Rede und Geist Padmasambhavas und aller Buddhas gesegnet sind.

4. Ruhen in Rigpa

Lassen Sie den Meister sich nun in Licht auflösen und in der Natur Ihres Geistes eins mit Ihnen werden. Erkennen Sie, ohne die Spur eines Zweifels, daß diese himmelgleiche Natur Ihres Geistes der absolute Meister ist. Wo sollten alle erleuchteten Wesen denn sonst sein, wenn nicht in der Natur Ihres Geistes?

In diesem sicheren Wissen ruhen Sie in einem Zustand gelassener, sorgloser Offenheit in der Wärme, der Erhabenheit und dem Segen Ihrer absoluten Natur. Sie sind nun im Urgrund angekommen: der ursprünglichen Reinheit natürlicher Einfachheit. Wenn Sie in diesem Zustand von Rigpa ruhen, erkennen Sie die Wahrheit von Padmasambhavas Worten: «Der Geist selbst ist Padmasambhava; darüber hinaus gibt es keine Praxis oder Meditation.»

Ich habe diese Übung hier als Teil des natürlichen Bardos dieses Lebens vorgestellt, weil Guru-Yoga die wichtigste Praxis im Leben ist und daher auch die wichtigste Übung für den Moment des Todes. Wie im 13. Kapitel, «Spirituelle Hilfe für Sterbende», deutlich wird, ist Guru-Yoga auch die Grundlage für die Praxis des Phowa, der Übertragung des Bewußtseins im Augenblick des Todes. Wenn Sie nämlich im Augenblick des Todes Ihr Bewußtsein vertrauensvoll mit dem Weisheitsgeist des Meisters vereinen können und in diesem Frieden sterben, dann – das kann ich Ihnen versprechen – wird alles gut.

Unser Ziel im Leben ist also, dieses Verschmelzen mit dem Weisheitsgeist des Meisters wieder und wieder zu üben, bis es so selbstverständlich wird, daß jede Handlung – sitzen, gehen, essen, trinken, schlafen, träumen und wachen – zunehmend von der lebendigen Präsenz des Meisters durchdrungen ist. Langsam – nach Jahren gesammelter Hingabe – beginnen Sie, alle Wahrnehmungen als Erscheinungen der Weisheit des Meisters zu erkennen. Alle Lebenssituationen, selbst die, die einst tragisch, sinnlos oder erschreckend schienen, enthüllen sich Ihnen immer offensichtlicher als direkte Belehrung und Segen des äußeren und inneren Meisters. Wie Dilgo Khyentse Rinpoche sagte:

> Hingabe ist die Essenz des Pfades; wenn wir nichts anderes im Sinn haben als den Guru und nichts anderes empfinden als tiefe Hingabe, wird alles, was erscheint, als ein Segen wahrgenommen. Wenn wir einfach mit dieser ständig präsenten Hingabe praktizieren, dann ist das in sich selbst Gebet.
> Sind alle Gedanken mit Hingabe an den Guru erfüllt, dann hat man das natürliche Vertrauen, daß man sich weiter nicht zu sorgen braucht. Alle Formen sind der Guru, alle Klänge sind Gebet und alle groben und feinen Gedanken entstehen als Hingabe. Alles ist unmittelbar in die absolute Natur befreit, wie in den Himmel geknüpfte Knoten.[9]

10. Die Innerste Essenz

Ohne die wahre Natur des Geistes erkannt zu haben, kann niemand angstfrei und in Zuversicht sterben. Denn nur diese Erkenntnis – vertieft in Jahren stetiger Übung – kann den Geist im auflösenden Chaos des Todesprozesses stabil erhalten. Von allen mir bekannten Wegen, Menschen zur Erkenntnis der Natur des Geistes zu führen, ist die Praxis des Dzogchen – des ältesten und direktesten Wissensstroms unter den Lehren des Buddhismus und gleichzeitig Quelle der Bardo-Lehren – der klarste, effektivste und relevanteste Zugang für die Bedürfnisse und Bedingungen der heutigen Zeit.

Die Ursprünge des Dzogchen gehen auf den Ur-Buddha Samantabhadra zurück, von dem aus sie in einer ungebrochenen Linie großer Meister bis zum heutigen Tage übermittelt wurden. Hunderttausende haben in Indien, den Himālaya-Ländern und speziell Tibet mit dieser Praxis Erleuchtung erlangt. Eine Prophezeiung spricht davon, daß «in dieser dunklen Zeit die Herz-Essenz von Samantabhadra wie Feuer lodern wird». Mein Leben, mein Lehren und dieses Buch sind dem Entfachen dieses Feuers in Herz und Geist aller Wesen gewidmet.

Meine ständige Inspiration, Unterstützung und Orientierung in dieser Aufgabe ist der einzigartige Meister Padmasambhava. Mit seinen Eigenschaften von Großmut, prophetischer Sicht, erwachter Energie und grenzenlosem Mitgefühl ist er die Seele des Dzogchen, dessen größter Vertreter und menschliche Verkörperung.

In Tibet ist Dzogchen nicht allgemein zugänglich gewesen, und viele der großen Meister lehrten es auch in der westlichen Welt anfangs nicht. Warum also lehre ich es? Einige meiner Meister haben mir versichert, es sei jetzt an der Zeit, Dzogchen zu verbreiten; dies sei die Zeit, von der die Prophezeiung spricht. Auch bin ich überzeugt davon, daß es gegen jedes Mitgefühl wäre, eine solch außergewöhnliche Weisheit nicht mit anderen Menschen zu teilen. Die Menschheit befindet sich an einem kritischen Punkt ihrer Entwicklungsgeschichte, und dieses Zeitalter extremer Verwirrtheit erfordert eine Lehre von entsprechender Klarheit und Kraft. Mit der Zeit habe ich auch erkannt, daß die heutigen Menschen einen Weg suchen, der frei von Dogmen, Fundamentalismus, Exklusivität, komplexer Metaphysik und kulturell-exotischem Beiwerk ist – einen Weg, der nicht in Ashrams oder Klöstern praktiziert werden muß, sondern der ins tägliche Leben integriert und überall praktiziert werden kann.

Was also ist Dzogchen? Dzogchen ist nicht einfach eine Lehre oder eine weitere Philosophie, nicht noch ein kompliziertes System mit vielen verführerischen Techniken. Dzogchen ist ein Zustand: Der ursprüngliche Zustand, der Zustand völligen Erwachtseins – Herz-Essenz aller Buddhas, *aller* spirituellen Pfade und Gipfelpunkt jeder individuellen spirituellen Entwicklung. Dzogchen wird oft als «Große Vollkommenheit» übersetzt. Ich lasse es allerdings lieber unübersetzt, da «Große Vollkommenheit» den Eindruck erweckt, als ginge es um eine Vervollkommnung, die zu erreichen wir uns mühen müßten, die das Ziel einer langen und entbehrungsreichen Reise wäre. Nichts könnte weiter von dem entfernt sein, was Dzogchen tatsächlich bedeutet: Der bereits aus sich selbst vollkommene Zustand unserer ursprünglichen Natur, die keiner Vervollkommnung bedarf, da sie von Anbeginn immer schon vollkommen gewesen ist – wie der Himmel.

Alle buddhistischen Lehren lassen sich im Rahmen von «Grundlage, Pfad und Frucht» erklären. Die *Grundlage* von Dzogchen ist der fundamentale, ursprüngliche Zustand, unsere absolute Natur, die bereits vollkommen ist und immer präsent. Patrul Rinpoche sagt: «Dies ist weder außen zu finden, noch ist es etwas, das wir nicht schon besitzen und das in unserem Geist neu geboren werden müßte.» Aus der Sicht des Grundes ist unsere absolute Natur dieselbe wie die der Buddhas. Auf dieser Ebene gibt es, wie die Meister sagen, nicht das kleinste bißchen zu lehren oder zu üben.

Wir müssen jedoch verstehen, daß die Buddhas einen Weg genommen haben, wir dagegen einen anderen. Die Buddhas erkennen ihre ursprüngliche Natur und sind erleuchtet; wir erkennen diese Natur nicht und sind daher verblendet. In den Lehren wird diese Tatsache mit dem Ausdruck «Ein Grund – zwei Pfade» beschrieben. Auf der Ebene des Relativen ist unsere innewohnende Natur von unserer Bedingtheit verhüllt, und wir müssen den Lehren folgen und üben, um zur Wahrheit zurückzukehren: Das ist der *Pfad* des Dzogchen. Unsere ursprüngliche Natur schließlich zu verwirklichen bedeutet, vollständige

Befreiung und Buddhaschaft zu erlangen: Das ist die *Frucht* von Dzogchen, und sie ist tatsächlich innerhalb eines Lebens erreichbar – vorausgesetzt, ein Übender widmet sich dem mit ganzem Herzen und ganzem Geist.

Die Dzogchen-Meister sind sich der Gefahren, die eine Verwechslung des Absoluten mit dem Relativen mit sich bringt, sehr wohl bewußt. Wer die Wechselbeziehung dieser beiden Seiten der Wahrheit nicht richtig versteht, läuft Gefahr, die relativen Aspekte der spirituellen Praxis sowie das karmische Gesetz von Ursache und Wirkung zu übersehen oder gar zu verachten. Wer jedoch die Bedeutung von Dzogchen wirklich erfaßt hat, wird einen um so tieferen Respekt vor der Gesetzmäßigkeit von Karma haben und die Notwendigkeit innerer Reinigung und anderer spiritueller Praktiken nur um so tiefer und eindringlicher empfinden. Solch ein Mensch wird freudig und mit lebendiger, natürlicher Disziplin nach der Beseitigung dessen streben, was zwischen ihm und seiner wahren Natur steht, weil er die unermeßliche Weite kennt, die verdunkelt in ihm liegt.

Die Dzogchen-Lehren sind wie ein Spiegel, der den Grund unserer ursprünglichen Natur mit solch befreiender Reinheit und makelloser Klarheit reflektiert, daß wir grundsätzlich davor geschützt sind, in die Falle begrifflichen Verstehens zu geraten, wie subtil, überzeugend oder verführerisch es auch sein mag.

Was ist für mich das Wunderbare am Dzogchen? Alle Lehren führen letztlich zur Erleuchtung, aber das Einzigartige am Dzogchen ist, daß es sich einer Sprache bedient, die selbst auf der relativen Ebene der Unterweisungen das Absolute niemals mit Konzepten verunreinigt. Das Absolute wird ohne Beeinträchtigung in seiner nackten, dynamischen Einfachheit belassen, und dennoch wird jeder Mensch, der einen offenen Geist besitzt, mit Begriffen angesprochen, die so bildhaft und zündend sind, daß sie ihm – bevor er noch erleuchtet ist – einen tiefen Einblick in die Schönheit des erwachten Zustandes gewähren können.

Die Sicht

Die praktische Schulung des Dzogchen-Pfades wird traditionell mit den Begriffen «Sicht, Meditation und Handlung» beschrieben. Den absoluten Zustand, den Urgrund unseres Seins direkt zu schauen, ist die Sicht; der Weg, diese Sicht zu stabilisieren und sie zu einer ununterbrochenen Erfahrung zu machen, ist die Meditation; und diese Sicht in unsere gesamte Realität zu integrieren, ist die Handlung.

Was ist die *Sicht* nun genau? Nichts weniger, als den tatsächlichen Seinszustand der Dinge, ihre Soheit, zu *schauen*, zu *wissen*, daß die wahre Natur des Geistes die wahre Natur aller Dinge ist, und zu *erkennen*, daß die wahre Natur unseres Geistes die absolute Wahrheit ist. Dudjom Rinpoche sagt: «Die Sicht ist das Erfassen des nackten Gewahrseins, in dem alles enthalten ist: Sinneswahrnehmungen und Existenz der Phänomene, Samsāra und Nirvāna. Dieses Gewahrsein hat zwei Aspekte: ‹Leere› als das Absolute und Erscheinung oder ‹Wahrnehmung› als das Relative.»

Das bedeutet: Die ganze Vielfalt aller möglichen Erscheinungen, aller Phänomene in sämtlichen Wirklichkeitsdimensionen – ob Samsāra oder Nirvāna – ist in der gewaltigen und offenen Weite der Natur des Geistes ausnahmslos und seit jeher vollkommen und vollständig gewesen und wird es immer sein. Doch auch wenn die Essenz aller Dinge leer ist und «rein von Anfang an», ist ihre Natur doch reich an edlen Eigenschaften, schwanger mit allen Möglichkeiten, ein grenzenloses, unaufhörliches, dynamisch-kreatives Feld, das stets unmittelbar vollkommen ist.

Sie fragen vielleicht: «Wenn ‹die Sicht verwirklichen› gleichbedeutend ist mit der Erkenntnis der Natur des Geistes, wie sieht dann diese Natur des Geistes aus?» Stellen Sie sich den Himmel vor, leer, weit und rein von Anfang an: So ist ihre *Essenz*. Stellen Sie sich die Sonne vor, strahlend, klar, ungehindert und unmittelbar präsent: So ist ihre *Natur*. Stellen Sie sich vor, wie die Sonne ohne Unterschied uns und alle Dinge in allen Richtungen strahlend bescheint: So ist ihre *Energie* – die Manifestation von Mitgefühl –, nichts kann sie aufhalten, sie dringt überall hin.

Sie können sich die Natur des Geistes aber auch wie einen Spiegel mit fünf verschiedenen Eigenschaften oder «Weisheiten» vorstellen. Die Offenheit und Weite des Spiegels ist die «Weisheit des allumfassenden Raumes», der Mutterschoß des Mitgefühls. Seine Fähigkeit, all das präzise wiederzugeben, was vor ihm erscheint, ist die «Spiegelgleiche Weisheit». Seine grundlegende Unvoreingenommenheit gegenüber jeder Erscheinung ist die «Weisheit der Gleichheit». Seine Fähigkeit, alle Phänomene klar zu unterscheiden, ohne sie zu verwechseln oder zu vermischen, ist die «Weisheit der Unterscheidung», und sein

Potential, alles bereits vollendet, vollkommen und unmittelbar präsent zu spiegeln, ist die «Alles vollendende Weisheit».

Im Dzogchen wird der Schüler vom Meister direkt in die Sicht eingeführt. Diese Direktheit der Einführung zeichnet Dzogchen aus und macht es einzigartig. Was dem Schüler in der Einführung übermittelt wird, ist die direkte Erfahrung des Weisheitsgeistes der Buddhas. Dies geschieht durch den Segen eines Meisters, der die vollkommene Verwirklichung dieses Weisheitsgeistes verkörpert. Um die Einführung erhalten zu können, muß der Schüler an einem Punkt angelangt sein, an dem er – als Ergebnis früherer Wünsche und gereinigten Karmas – durch Hingabe und geistige Offenheit für die wahre Bedeutung von Dzogchen empfänglich geworden ist.

Wie kann jemand in den Weisheitsgeist der Buddhas eingeführt werden? Stellen Sie sich vor, die Natur des Geistes wäre Ihr eigenes Gesicht. Es ist immer da, aber ohne Hilfe können Sie es nicht sehen. Stellen Sie sich vor, Sie hätten noch nie einen Spiegel gesehen. Wenn der Meister Sie einführt, ist es, als ob er Ihnen plötzlich einen Spiegel vorhielte, in dem Sie nun zum ersten Mal Ihr eigenes Gesicht sehen. Wie Ihr eigenes Gesicht ist auch das reine Gewahrsein von Rigpa nicht etwas «Neues», nichts, was Sie nicht bereits besitzen und was der Meister Ihnen neu geben könnte. Es ist auch nichts, was außerhalb von Ihnen selbst zu finden ist. Es hat schon immer zu Ihnen gehört und ist stets bei Ihnen gewesen, aber bis zu diesem einzigartigen Augenblick haben Sie es noch nie tatsächlich und direkt gesehen.

Patrul Rinpoche erklärt: «Gemäß der besonderen Tradition der großen Meister der Praxis-Linie findet die Einführung in die Natur des Geistes, in das Angesicht von Rigpa, auf der Basis einer völligen Auflösung des konzeptuellen Geistes statt.»

Im Augenblick der Einführung durchschneidet der Meister das begriffliche Denken restlos, legt so das nackte Rigpa bloß und offenbart eindeutig seine wahre Natur.

In diesem machtvollen Moment verschmelzen Herz und Geist von Meister und Schüler, und der Schüler macht eine nicht zu leugnende Erfahrung – einen Einblick in die Natur von Rigpa. In ein und demselben Augenblick führt der Meister ein, und der Schüler erkennt. Indem der Meister den Segen aus der Weisheit seines Rigpa ins Herz des Rigpa des Schülers richtet, zeigt er ihm das ursprüngliche Gesicht der Natur des Geistes direkt.

Damit die Einführung jedoch voll wirksam werden kann, müssen die richtigen Umstände und Bedingungen geschaffen werden. Es gab in der Geschichte nur einige wenige Menschen, deren Karma soweit gereinigt war, daß sie in der Lage waren, in nur einem Augenblick vollständig zu erkennen und so Erleuchtung zu erlangen. Gewöhnlich müssen der Einführung immer die nachfolgend beschriebenen vorbereitenden Übungen vorausgehen. Sie reinigen uns, schälen unseren gewöhnlichen Geist ab und bringen uns in den Zustand, in dem Rigpa uns enthüllt werden kann.

Die erste dieser Vorbereitungen ist die Meditation: Als wichtigstes Mittel gegen Abgelenktheit bringt sie den Geist heim und läßt ihn in seinem natürlichen Zustand zur Ruhe kommen.

Als zweites sind tiefgreifende Praktiken der inneren Reinigung sowie das Stärken positiven Karmas durch das Ansammeln von Verdienst und Weisheit nötig: Sie beginnen, die emotionalen und intellektuellen Schleier, die die Natur des Geistes verhüllen, abzutragen und aufzulösen. Wie mein Meister Jamyang Khyentse schrieb: «Wenn die Verdunkelungen beseitigt sind, strahlt die Weisheit des eigenen Rigpa ganz von selbst.» Diese Reinigungspraktiken, im Tibetischen *Ngöndro* genannt, sind geschickt gestaltete Methoden, die eine umfassende innere Transformation bewirken. Sie beziehen alle Aspekte des Seins – Körper, Rede und Geist – ein und beginnen mit einer Reihe tiefgehender Betrachtungen über:

- die Einzigartigkeit des menschlichen Lebens
- die Allgegenwart von Vergänglichkeit und Tod
- die Unfehlbarkeit von Ursache und Wirkung unseres Handelns
- den Teufelskreis von Frustration und Leiden – Samsāra

Diese Reflexionen inspirieren ein starkes Empfinden von «Entsagung», den dringenden Wunsch, Freiheit von Samsāra zu erlangen und dem Pfad der Befreiung zu folgen. Das ist die Grundlage für die folgenden speziellen Praktiken:

- Zufluchtnahme zum Buddha, zur Wahrheit seiner Lehre und zu denen, die sie praktizieren; damit geht das Erwecken von Vertrauen und und Zuversicht in unsere eigene Buddha-Natur einher
- das Erzeugen von Mitgefühl, Bodhichitta – das Herz des erleuchteten Geistes (vgl. besonders Kapitel 12) –, und Geistesschulung, um mit sich selbst und anderen sowie den Schwierigkeiten des Lebens besser umgehen zu lernen

- Beseitigung von geistigen Verdunkelungen und «Verblendungen» durch Visualisations- und Mantra-Praxis zur Reinigung und Heilung
- Ansammeln von Verdienst und Weisheit durch Entwicklung universeller Großzügigkeit und Schaffung günstiger Umstände[1]

All diese Praktiken gipfeln im Guru-Yoga, der wesentlichen, bewegendsten und machtvollsten aller Übungen, die einzig Herz und Geist für die Verwirklichung des Zustands von Dzogchen öffen kann.[2]

Daran schließt sich als dritter Schritt eine besondere meditative Untersuchung der Natur des Geistes und der Erscheinungen an, die den unersättlichen Hunger des Geistes nach Denken und Forschen sowie seine Abhängigkeit von endlosem Konzeptualisieren, Analysieren und Herstellen von Bezügen erschöpft und eine persönliche Erkenntnis der Natur der Leerheit bewirkt.

Ich kann nicht genug betonen, wie wichtig diese vorbereitenden Übungen sind. Sie müssen systematisch und sich gegenseitig ergänzend den Schüler inspirieren, die Natur des Geistes zu wecken und ihn befähigen, offen und bereit zu sein, wenn der Meister die Zeit für gekommen hält, ihm das ursprüngliche Angesicht von Rigpa zu zeigen.

Nyoshul Lungtok, der später einer der größten Dzogchen-Meister unserer Zeit werden sollte, folgte seinem Lehrer Patrul Rinpoche achtzehn Jahre lang. Während all dieser Zeit waren sie praktisch unzertrennlich. Nyoshul Lungtok studierte und praktizierte eifrig und hatte so eine Fülle an Reinigung, Verdienst und Praxis angesammelt. Er war bereit, Rigpa zu erkennen, hatte aber die letzte Einführung noch nicht erhalten. Dann, eines Abends, als sie sich in einer Einsiedelei in den Bergen hoch über dem Dzogchen-Kloster aufhielten, gab Patrul Rinpoche ihm die Einführung[3]. Es war eine wunderschöne Nacht. Der klare, nachtblaue Himmel war mit funkelnden Sternen übersät. Die Stille ihrer Abgeschiedenheit wurde durch das entfernte Bellen der Hunde weit unten im Kloster noch verstärkt.

Patrul Rinpoche lag ausgestreckt auf dem Boden und führte eine spezielle Dzogchen-Übung aus. Er rief Nyoshul Lungtok zu sich und sagte: «Hast du nicht gesagt, daß du die Essenz des Geistes nicht kennst?»

Nyoshul Lungtok hörte aus dem Ton, daß dies ein besonderer Augenblick war, und nickte erwartungsvoll.

«Es ist eigentlich nichts Besonderes», sagte Patrul Rinpoche beiläufig und fügte hinzu: «Komm, mein Sohn, lege dich her zu mir: Sei wie dein alter Vater.» Nyoshul Lungtok streckte sich an seiner Seite aus.

Dann fragte Patrul Rinpoche ihn: «Siehst du die Sterne dort oben am Himmel?»

«Ja.»

«Hörst du die Hunde im Kloster bellen?»

«Ja.»

«Hörst du, was ich dir sage?»

«Ja.»

«Nun, die Natur von Dzogchen ist . . . einfach das.»

Nyoshul Lungtok berichtet uns, was dann geschah: «In diesem Augenblick gelangte ich von tief innen heraus zu einer Gewißheit der Erfahrung. Ich war von den Ketten des ‹es ist› und ‹es ist nicht› befreit. Ich hatte die ursprüngliche Weisheit, die nackte Vereinigung von Leere und innewohnendem Gewahrsein erkannt. Ich war durch seinen Segen in diese Erkenntnis eingeführt worden. Wie der große indische Meister Saraha sagte:

Der, in dessen Herz die Worte des Meisters Eingang gefunden haben, sieht die Wahrheit so deutlich wie einen Schatz auf seiner eigenen Handfläche[4].

In diesem Augenblick fiel alles an seinen Platz. All die mühevollen Jahre des Lernens, der Reinigung und Übung waren jetzt für Nyoshul Lungtok zur Reife gekommen. Er erreichte die Verwirklichung der Natur des Geistes. Nichts an den Worten, die Patrul Rinpoche gesagt hatte, war außergewöhnlich, esoterisch oder geheimnisvoll gewesen; sie waren sogar bemerkenswert gewöhnlich. Aber über diese Worte hinaus war etwas anderes mitgeteilt worden. Was Patrul Rinpoche enthüllt hatte, war die inhärente Natur von allem, die wahre Bedeutung von Dzogchen. In jenem Augenblick hatte er Nyoshul Lungtok durch die Kraft und den Segen seiner Verwirklichung direkt in diesen Zustand gebracht.

Doch alle Meister sind verschieden, und sie können die unterschiedlichsten angemessenen Mittel anwenden, um diesen plötzlichen Wandel im Bewußtsein herbeizuführen. Patrul Rinpoche selbst war von einem äußerst exzentrischen Meister namens Do Khyentse auf ganz andere Weise in die Natur des Geistes eingeführt worden. Hier die mündliche Überlieferung dieser Geschichte, wie ich sie gehört habe:

Patrul Rinpoche hatte fortgeschrittene Yoga- und Visualisationsübungen ausgeführt, war aber steckengeblieben; keines der Mandalas der Gottheiten erschien in seinem Geist[5]. Eines Tages traf er auf Do Khyentse, der im Freien vor einem Feuer saß und Tee trank. In Tibet ist es Tradition, sich vor einem Meister, den man verehrt, zu Boden zu werfen und so seinen Respekt auszudrücken. Als Do Khyentse sah, wie Patrul Rinpoche sich bereits in einiger Entfernung vor ihm niederzuwerfen begann, knurrte er ihn drohend an: «He, du alter Köter! Komm näher, wenn du dich traust!» Do Khyentse war ein sehr beeindruckender Meister, der mit seinem langen Haar, seiner verwegenen Art, sich zu kleiden, und seiner Leidenschaft für edle Pferde einem japanischen Samurai glich. Während Patrul Rinpoche sich weiter niederwarf und unter Do Khyentses andauernden Flüchen langsam näher kam, begann dieser, Kiesel nach ihm zu werfen und dann immer größere Steine und Felsbrocken. Als Patrul Rinpoche schließlich in Reichweite war, begann Do Khyentse auf ihn einzuschlagen, bis er bewußtlos zu Boden sank.

Als er wieder zu sich kam, befand er sich in einem völlig verwandelten Bewußtseinszustand. Die Mandalas, die er so angestrengt zu visualisieren versucht hatte, erschienen nun unmittelbar vor ihm. Jeder von Do Khyentses Flüchen und Beleidigungen hatte letzte Reste von Patrul Rinpoches konzeptuellem Geist zerstört, und jeder Stein, der ihn getroffen hatte, hatte Energiezentren und subtile Kanäle in seinem Körper geöffnet. Zwei wunderbare Wochen lang verließen ihn die Visionen der Mandalas nicht.

Ich will jetzt versuchen, ein Gefühl davon zu vermitteln, was die Sicht ist und wie es sich anfühlt, wenn Rigpa direkt enthüllt wird – obwohl alle Worte und konzeptuellen Begriffe diesen Zustand eigentlich nicht wirklich beschreiben können.

Dudjom Rinpoche sagt: «In diesem Moment ist dir, als würde eine Kapuze von deinem Kopf gezogen. Welch grenzenlose Weite und Erlösung! Das ist höchstes Sehen – sehen, was zuvor nicht gesehen wurde.» Wenn Sie «sehen, was zuvor nicht gesehen wurde», öffnet sich alles, dehnt sich aus und wird kristallklar; überschäumend vor Lebendigkeit, ist alles voll wunderbarer Wachheit und Frische. Es ist, als ob das Dach Ihres Geistes abhebt oder als ob ein Schwarm Vögel plötzlich aus einem dunklen Nest auffliegt. Alle Grenzen lösen sich auf oder fallen ab, als ob – wie die Tibeter sagen – ein Siegel aufgebrochen würde.

Stellen Sie sich vor, Sie lebten in einem Haus auf der Spitze eines Berges, der wiederum der Gipfel der Welt wäre. Plötzlich fällt die gesamte Konstruktion des Hauses, die Ihre Sicht begrenzt hat, in sich zusammen. Sie können nun in allen Richtungen alles sehen, sowohl innen als auch außen. Allerdings gibt es keine «Dinge» zu sehen; für das, was da geschieht, gibt es keinerlei gewöhnlichen Vergleich: Es ist eine beispiellose, vollkommene, totale Schau.

Dudjom Rinpoche sagt: «Deine tödlichsten Feinde, die dich seit anfangloser Zeit durch unzählige Leben hindurch bis zum heutigen Tage in Samsāra gefangenhielten, sind das Greifen und das Ergriffene.» Wenn der Meister Sie einführt und Sie erkennen, «werden diese beiden vollständig und restlos verbrannt, wie Federn in einer Flamme». Das Greifen und das Ergriffene – das, was ergriffen wird, und der, der greift – sind von Grund auf befreit. Die Wurzeln von Unwissenheit und Leiden sind ganz und gar ausgemerzt. Alle Dinge erscheinen wie Reflexionen in einem Spiegel: transparent, schimmernd, illusorisch und traumgleich.

Wenn Sie diesen Zustand der Meditation, inspiriert durch die Sicht, ganz natürlich erreichen, können Sie lange Zeit und ohne Ablenkung oder besondere Mühe darin verweilen. Dann gibt es keine sogenannte «Meditation» mehr zu schützen oder aufrechtzuerhalten, denn Sie sind im natürlichen Fluß der Weisheit von Rigpa. Und sobald Sie in diesem Zustand sind, erkennen Sie, daß es immer so gewesen ist, und immer so sein wird. Wenn die Weisheit von Rigpa scheint, kann nicht einmal mehr eine Spur von Zweifel bestehen, und tiefes, vollständiges Verstehen entsteht mühelos und direkt.

Sie werden sehen: alle Bilder und Gleichnisse, die ich verwandt habe, verschmelzen schließlich in einer allumfassenden Wahrheitserfahrung zu einer Einheit. Hingabe ist in diesem Zustand ebenso vorhanden wie Mitgefühl, Weisheit, Glückseligkeit, Klarheit und Abwesenheit von Gedanken – aber nicht getrennt voneinander, sondern integriert und unlösbar miteinander verbunden «im einen Geschmack». Dieser Augenblick ist der Moment des Erwachens. Ein tiefer Humor sprudelt von innen hervor, und Sie werden darüber lachen, wie unangebracht alle Ihre früheren Konzepte und Vorstellungen über die Natur des Geistes waren.

Daraus entspringt ein wachsendes Gefühl gewaltiger, unerschütterlicher Gewißheit und Überzeugung, Sie wissen: «Dies ist es, es gibt nichts anderes zu suchen oder zu erhoffen.» Diese Gewißheit der Sicht muß durch wiederholte Einblicke in die Natur des Geistes vertieft und durch beständige, disziplinierte Meditation gefestigt werden.

Meditation

Was ist Meditation im Dzogchen? Sie besteht einfach darin, unabgelenkt in der einmal eingeführten Sicht zu ruhen. Dudjom Rinpoche beschreibt sie folgendermaßen: «Meditation bedeutet, aufmerksam dieses Zustandes von Rigpa gewahr zu bleiben, frei von geistigen Konstruktionen, gleichzeitig völlig entspannt und frei von Ablenkung oder Greifen. Denn es heißt: ‹Meditation bedeutet nicht, sich abzumühen, sondern ganz natürlich in diesem Zustand aufzugehen.›»

Der ganze Sinn von Meditation im Dzogchen besteht darin, Rigpa zu stärken, zu stabilisieren und es zu voller Reife wachsen zu lassen. Der normale, von Gewohnheiten geprägte Geist mit seinen Projektionen ist äußerst hartnäckig. Er kehrt schnell zurück und hat uns leicht wieder im Griff, sobald wir unaufmerksam oder abgelenkt sind. Wie Dudjom Rinpoche zu sagen pflegte: «Gegenwärtig ist unser Rigpa wie ein kleines Baby, ausgesetzt auf dem Schlachtfeld starker, aufsteigender Gedanken.» Ich sage gern, daß wir uns zu Anfang erst einmal in der geschützten Atmosphäre der Meditation um unser Baby-Rigpa kümmern müssen.

Wenn Meditation nur bedeutet, das Fließen von Rigpa nach der Einführung aufrechtzuerhalten, wie können wir dann wissen, wann es sich um Rigpa handelt und wann nicht? Ich habe Dilgo Khyentse Rinpoche diese Frage gestellt, und er antwortete in seiner charakteristischen Einfachheit: «Wenn du in einem unveränderten Zustand bist, dann ist es Rigpa.» Wenn wir den Geist in keinerlei Weise verfälschen oder manipulieren, sondern einfach in einem unveränderten Zustand reinen und unverfälschten Gewahrseins ruhen, dann ist es Rigpa. Wenn von unserer Seite in irgendeiner Weise Künstlichkeit, Beeinflussung oder Greifen beteiligt sind, dann ist es nicht Rigpa. Rigpa ist ein Zustand, in dem es keinen Zweifel mehr gibt; genaugenommen gibt es keinen Geist mehr, der zweifeln könnte: Sie sehen direkt. Wenn Sie in diesem Zustand sind, steigt zusammen mit Rigpa eine tiefe Gewißheit und natürliche Zuversicht auf, und daran werden Sie ihn erkennen[6].

Die Tradition des Dzogchen ist von äußerster Präzision. Das ist auch nötig, denn je tiefer Sie gehen, desto subtiler werden die Täuschungen, die auftauchen können, und was schließlich auf dem Spiel steht, ist das Wissen um die absolute Wirklichkeit. Selbst noch nach der Einführung identifiziert der Meister ganz detailliert die Zustände, die nicht Dzogchen-Meditation sind und keinesfalls mit ihr verwechselt werden dürfen. In einem dieser Zustände treiben Sie in ein geistiges Niemandsland, wo es keine Gedanken und kein Erkennen gibt: ein dunkler, dumpfer, gleichgültiger Zustand, wo Sie im Grunde des gewöhnlichen Geistes versunken sind. In einem anderen Zustand gibt es zwar Ruhe und einige Klarheit, aber der Zustand der Stille ist stagnierend und immer noch im gewöhnlichen Geist versunken. In einem weiteren erfahren Sie eine Abwesenheit von Gedanken, aber Sie sind «abgehoben» in einem leeren Gefühl der Verwunderung. In noch einem anderen schweift Ihr Geist ab und hängt Gedanken und Projektionen nach. Keiner dieser Zustände ist wahre Meditation, und der Praktizierende muß aufpassen, sich von ihnen nicht in die Irre führen zu lassen.

Die Essenz der Meditationspraxis im Dzogchen wird von Dudjom Rinpoche in vier Punkten zusammengefaßt:

- Wenn ein vergangener Gedanke aufgehört hat, und ein zukünftiger noch nicht entstanden ist – gibt es in dieser Lücke nicht ein Bewußtsein des gegenwärtigen Moments: frisch, unberührt, nicht einmal von einer Spur von Konzepten beeinflußt, ein leuchtendes, nacktes Gewahrsein? Nun, das ist Rigpa!
- Allerdings bleibt es nicht lange bei diesem Zustand, weil plötzlich ein neuer Gedanke entsteht, oder? Das ist die Eigenstrahlung von Rigpa!
- Wenn du diesen Gedanken im Augenblick seiner Entstehung nicht als das erkennst, was er in Wirklichkeit ist, dann wird er zu einem ganz gewöhnlichen Gedanken – wie gehabt. Dies wird die «Kette der Verblendung» genannt und ist die Wurzel von Samsāra.
- Wenn du aber die wahre Natur des Gedankens erkennst, sobald er entsteht, und ihn einfach sein läßt, ohne ihn weiter zu verfolgen, werden alle entstehenden Gedanken sich einfach von selbst wieder in die große Weite von Rigpa auflösen und befreit sein.

Es liegt auf der Hand, daß es eines ganzen von Übung erfüllten Lebens bedarf, um den gesamten Reichtum dieser vier tiefgründigen und doch einfachen Punkte zu verstehen und zu verwirklichen; und ich kann hier nur einen Vorgeschmack der ungeheuren Weite der Meditation im Dzogchen vermitteln.

Der vielleicht wichtigste Punkt ist, daß Dzogchen-Meditation ein ununterbrochenes Fließen von Rigpa wird, so, wie ein Fluß Tag und Nacht ohne Pause dahinströmt. Das ist selbstverständlich ein Idealzustand, denn unabgelenktes Ruhen in der Sicht – nachdem sie eingeführt und erkannt wurde – ist das Ergebnis jahrelanger, unermüdlicher Praxis.

Dzogchen-Meditation versteht auf subtile, doch äußerst kraftvolle Weise mit allem, was im Geist entsteht, umzugehen und betrachtet es aus einem einzigartigen Blickwinkel. Alles wird in seiner wahren Natur gesehen: ungetrennt von Rigpa und nicht im Widerspruch dazu, sondern – und das ist äußerst wichtig – tatsächlich als seine «Eigenstrahlung», die Manifestation seiner eigenen Energie.

Nehmen Sie an, Sie befänden sich in einem Zustand tiefer Stille; häufig währt er nicht sehr lange, weil immer wieder ein Gedanke oder eine Bewegung entsteht wie eine Woge im Ozean. Lehnen Sie die Bewegung nicht ab und hängen Sie auch nicht besonders an der Stille, sondern lassen Sie den Fluß Ihres reinen Gewahrseins einfach weiterfließen. Der allumfassende friedvolle Zustand Ihrer Meditation ist Rigpa, und alles Entstehende ist nichts anderes als die Eigenstrahlung dieses Rigpa. Dies ist das Herz und die Basis der Dzogchen-Praxis. Bildlich könnte man sich dazu vorstellen, auf den Sonnenstrahlen zurück zur Sonne zu reiten. Sie verfolgen alle geistigen Gebilde augenblicklich zurück zu ihrer Wurzel – dem Grund von Rigpa. Wenn Sie die unerschütterliche Stabilität der Sicht wirklich verkörpern, kann Sie, was immer auch entsteht, nichts mehr täuschen oder ablenken, und daher können Sie nie mehr der Verblendung zum Opfer fallen.

Natürlich gibt es rauhe wie auch sanfte Wellen im Ozean; starke Emotionen wie Haß, Gier, Eifersucht kommen auf. Ein wahrhaft Übender betrachtet sie nicht als Störungen oder Hindernisse, sondern sieht in ihnen großartige Gelegenheiten. Wenn Sie auf solche Dinge mit der gewohnheitsmäßigen Tendenz von Anhaftung und Abneigung reagieren, ist dies nicht nur ein Zeichen dafür, daß Sie abgelenkt sind, sondern es beweist auch, daß Sie Rigpa nicht erkannt oder den Boden von Rigpa verloren haben. Auf die Emotionen so zu reagieren, verleiht ihnen nur mehr Macht und verwickelt uns um so stärker in die Ketten der Verblendung. Das große Geheimnis von Dzogchen besteht darin, sie zu durchschauen, sobald sie erscheinen, und sie als das zu erkennen, was sie in Wahrheit sind: die lebendigen und elektrisierenden Manifestationen der Energie von Rigpa. Wenn Sie damit langsam vertraut werden, können Ihnen auch die wildesten Emotionen nichts mehr anhaben und lösen sich auf – wie die rauhen Wogen sich erheben, brechen und zurück in die Ruhe des Ozeans sinken.

Der Praktizierende entdeckt, daß die stürmischsten Emotionen ihn nicht unbedingt überwältigen und in den Strudel seiner Neurosen zurückreißen müssen, sondern daß sie tatsächlich genutzt werden können, um Rigpa zu vertiefen, zu beleben und zu stärken – und das ist eine revolutionäre Einsicht, deren subtile Kraft gar nicht hoch genug eingeschätzt werden kann. Die stürmische Energie wird zum Rohstoff für die erwachte Energie von Rigpa. Je stärker und flammender die Emotion, desto stärker wird Rigpa. Ich glaube, daß die einzigartige Methodik des Dzogchen die außergewöhnliche Kraft besitzt, selbst hartnäkkigste und zutiefst verwurzelte emotionale und psychische Probleme zu befreien.

Ich möchte jetzt, so einfach wie möglich, erklären, wie dieser Prozeß genau funktioniert. Das wird auch später von großem Wert sein, wenn wir einen Blick auf die Geschehnisse im Augenblick des Todes werfen.

Im Dzogchen wird die grundlegende, inhärente Natur von allem «Grund-Lichtheit» oder «Mutter-Lichtheit» genannt. Sie durchdringt unsere gesamte Erfahrung und ist daher auch die innerste Natur aller Gedanken und Emotionen, die in unserem Geist entstehen – obwohl wir sie nicht erkennen. Wenn der Meister uns in die wahre Natur unseres Geistes – den Zustand von Rigpa – einführt, gibt er uns damit so etwas wie einen Hauptschlüssel an die Hand. Im Dzogchen nennen wir diesen Schlüssel, der uns die Tür zu vollständigem Wissen öffnet, «Pfad-Lichtheit» oder «Kind-Lichtheit». Grund- und Pfad-Lichtheit sind natürlich letztlich dasselbe, und lediglich um der Erklärung und der Übung willen werden sie auf diese Weise kategorisiert.

Haben wir einmal den Schlüssel der Pfad-Lichtheit durch die Einführung des Meisters erhalten, können wir ihn nach Wunsch benutzen, um die Tür zur inneren Natur der Wirklichkeit zu öffnen. Das Öffnen dieser Tür nennt man in der Dzogchen-Praxis: das «Zusammentreffen von Grund- und Pfad-Lichtheit» oder das «Treffen von Mutter- und Kind-Lichtheit». Anders ausgedrückt: Sobald Gedanken oder Emotionen entstehen, erfaßt die Pfad-Lichtheit – Rigpa – sie augenblicklich als das, was sie sind, und erkennt ihre inhärente Natur, die Grund-Lichtheit. In diesem Moment des Erkennens verschmelzen die beiden Lichtheiten und Gedanken und Emotionen sind von Grund auf befreit.

Es ist entscheidend, diese Praxis des Verschmelzens der beiden Lichtheiten und der Selbstbefreiung aller geistigen Erscheinungen im Leben zu vervollkommnen, denn im Augenblick des Todes geschieht für jeden von uns folgendes: Die Grund-Lichtheit erstrahlt in ungeheurem Glanz und bringt die Möglichkeit zur völligen Befreiung mit sich – allerdings nur dann, wenn Sie gelernt haben, sie zu erkennen.

Es sollte inzwischen klargeworden sein, daß dieses Verschmelzen der Lichtheiten und die Selbstbefreiung von Gedanken und Emotionen Meditation auf der subtilsten Ebene ist. Tatsächlich ist ein Begriff wie «Meditation» für Dzogchen-Praxis nicht wirklich angemessen, bedeutet er doch letztlich, «über» etwas zu meditieren, wohingegen im Dzogchen alles einzig und allein Rigpa ist. Es gibt hier also keine Meditation außer dem einfachen Verweilen in der reinen Präsenz von Rigpa.

Der einzige Begriff, der dies möglicherweise beschreiben könnte, wäre «Nicht-Meditation». Selbst wenn man nach Verblendung suchen sollte – in diesem Zustand ist keine mehr zu finden, sagen die Meister. Auf einer Insel aus Gold und Juwelen können Sie keine gewöhnlichen Kiesel finden, auch wenn Sie noch so suchen sollten. Ist die Sicht erst einmal konstant, das Fließen von Rigpa unfehlbar und das Verschmelzen der beiden Lichtheiten beständig und unmittelbar, dann ist jede nur mögliche Verblendung von der Wurzel her befreit und Ihre gesamte Wahrnehmung entsteht ohne Unterlaß als Rigpa.

Die Meister betonen, das es für die Stabilisierung der Sicht in der Meditation wesentlich ist, diese Praxis zuerst in der besonderen Umgebung eines Retreats zu üben, wo alle günstigen Bedingungen gegeben sind. Inmitten der Geschäftigkeit und angesichts weltlicher Ablenkungen kann wahre Erfahrung nicht in Ihrem Geist geboren werden, wieviel Sie auch meditieren mögen. Und obwohl im Dzogchen kein Unterschied zwischen Meditation und Alltagsleben gemacht wird, werden Sie doch nicht in der Lage sein, die Weisheit der Meditation in Ihren Alltag zu integrieren, bevor Sie nicht echte Stabilität durch Übung in geregelten Sitzungen erlangt haben. Selbst wenn Sie während Ihrer Übung mit dem Vertrauen der Sicht im kontinuierlichen Fluß von Rigpa bleiben können, aber nicht in der Lage sind, diesen Fluß zu allen Zeiten und in allen Situationen aufrechtzuerhalten – Ihre Übung also mit dem Alltagsleben zu verschmelzen –, kann sie nicht als Hilfe dienen, wenn Ihnen widrige Umstände begegnen, und Sie werden, von Gedanken und Emotionen in die Irre geführt, wieder in Verblendung enden.

Es gibt eine bezeichnende Geschichte von einem Dzogchen-Yogi, der unauffällig und anspruchslos lebte, jedoch von einer großen Schülerschaft umgeben war. Ein Mönch, der viel auf seine eigene Bildung und Gelehrsamheit hielt, war eifersüchtig auf diesen Yogi, von dem er wußte, daß er nicht sonderlich belesen war. Er dachte bei sich: «Wie kann ein solch gewöhnlicher Mensch es wagen, zu lehren? Wie kann er es wagen, sich als Meister aufzuspielen? Ich werde hingehen, sein Wissen auf die Probe stellen, es als Schwindel entlarven und ihn so vor all seinen Schülern bloßstellen. Dann werden sie ihn verlassen und mir folgen.»

Eines Tages besuchte er also diesen Yogi und sagte verächtlich: «Tut ihr Dzogchen-Kerle eigentlich nichts anderes als den ganzen Tag zu meditieren?»

Die Antwort des Yogi kam für ihn völlig überraschend: «Worüber sollte man meditieren?»

«Du meditierst also nicht einmal?» triumphierte der Gelehrte.

«Aber wann wäre ich denn je abgelenkt?» sagte der Yogi.

Handlung

Wenn das Verweilen im Fließen von Rigpa Wirklichkeit wird, beginnt es, das Handeln im Alltag des Praktizierenden zu durchdringen und Stabilität und tiefes Vertrauen zu erzeugen. Dudjom Rinpoche sagt:

> Handlung bedeutet, gegenüber deinen eigenen Gedanken – den guten wie den schlechten – wahrhaft aufmerksam zu sein, in die wahre Natur aller Gedanken zu schauen, weder die Vergangenheit zu verfolgen noch die Zukunft einzuladen, weder ein Haften an Erfahrungen von Freude zuzulassen noch sich von schlechten Situationen überwältigen zu lassen. Wenn man so vorgeht, versucht man den Zustand der großen Ausgewogenheit zu erreichen und in ihm zu verweilen; ein Zustand, in dem alles – gut und schlecht, Friede und Verzweiflung – leer ist von wahrer Identität.

Die Erkenntnis der Sicht verwandelt Ihre Einstellung gegenüber allem auf subtile, aber umfassende Weise. Ich bin zu der Überzeugung gelangt, daß Gedanken und Konzepte das einzige sind, was uns davon abhält, ganz einfach dauernd im Absoluten zu verweilen. Mir ist jetzt klar, warum die Meister so häufig sagen: «Bemühe dich sehr darum, nicht zuviel Hoffnung und Furcht zu schaffen.» Sie erzeugen nämlich nur noch mehr geistiges Geschwätz. Wenn die Sicht vorhanden ist, werden Gedanken als das gesehen, was sie wirklich sind: flüchtig, durchsichtig und bloß relativ. Sie durchschauen alles direkt, als hätten Sie Röntgenaugen. Sie hängen weder an Gedanken und Emotionen noch weisen Sie sie zurück, sondern heißen sie alle willkommen in der offenen Weite von Rigpa. Was Sie bisher so ernst genommen haben – Ambitionen, Pläne, Erwartungen,

Zweifel und Leidenschaften –, hat nun keinen weitreichenden oder beängstigenden Einfluß mehr auf Sie. Die Sicht hat Ihnen geholfen, die Fruchtlosigkeit und Sinnlosigkeit all dieser Dinge zu erkennen, und hat in Ihnen den Geist wahrer Entsagung geweckt.

Wenn Sie in der Klarheit und dem Vertrauen von Rigpa verbleiben, können sich all Ihre Gedanken und Emotionen ganz natürlich und mühelos in seine ungeheure Weite befreien – wie Schreiben auf Wasser oder Malen in den Himmel. Wenn Sie diese Praxis wirklich vervollkommnen, hat Karma nicht mehr die geringste Chance, sich anzusammeln; und in diesem Zustand ziel- und sorgloser Selbstvergessenheit, den Dudjom Rinpoche «ungehinderte, nackte Gelassenheit» nennt, kann das karmische Gesetz von Ursache und Wirkung Sie in keiner Weise mehr binden.

Bilden Sie sich nur nicht ein, dies wäre einfach. Es ist äußerst schwierig, auch nur für einen einzigen Augenblick unabgelenkt in der Natur des Geistes zu ruhen – ganz zu schweigen von der Fähigkeit, die Selbstbefreiung auch nur eines einzigen Gedankens, einer einzigen Emotion im Augenblick der Entstehung zu erreichen. Wir nehmen häufig an, nur weil wir etwas intellektuell verstanden haben – oder es zumindest zu verstehen glauben –, hätten wir es auch tatsächlich verwirklicht. Das ist eine große Täuschung. Dzogchen verlangt eine Reife, die ausschließlich über Jahre des Zuhörens, Nachdenkens, Meditierens und ständiger Übung wachsen kann. Es kann auch nicht oft genug gesagt werden, daß die Praxis des Dzogchen immer die Anleitung und Instruktion eines qualifizierten Meisters erfordert.

Andernfalls besteht eine große Gefahr, die in der Tradition das «Verlieren der Handlung in der Sicht» genannt wird. Eine Lehre, die so machtvoll ist wie das Dzogchen, birgt auch ein extremes Risiko in sich. Sich selbst vorzugaukeln, man würde Gedanken und Emotionen befreien, während man in Wirklichkeit weit davon entfernt ist, und zu denken, man würde mit der Spontaneität eines echten Dzogchen-Yogi handeln, bringt einfach nur ungeheure Mengen negativen Karmas ein. Padmasambhava sagte:

> Obwohl meine Sicht so offen und weit ist wie der Himmel, ist mein Handeln und meine Achtung vor Ursache und Wirkung so fein wie Mehlstaub.

Diese Haltung sollten wir alle haben.

Die Meister der Dzogchen-Tradition haben immer wieder betont: Bevor man nicht durch lange Übung eine tiefe Vertrautheit mit der «Essenz und Methode der Selbstbefreiung» erlangt hat, «fördert Meditation nur den Pfad der Verblendung». Das mag hart klingen, entspricht aber den Tatsachen; denn nur ständige Selbstbefreiung der Gedanken kann die Herrschaft der Verblendung wirklich beenden und uns wirksam davor schützen, wieder in Leiden und Neurosen zu versinken. Ohne die Methode der Selbstbefreiung werden Sie nicht imstande sein, Unglück und widrigen Umständen standzuhalten, und selbst wenn Sie meditieren, sind Ihre Emotionen wie Haß und Gier genauso ungebändigt wie zuvor. Andere Meditationen, die diese Methode nicht kennen, laufen Gefahr, zu einer Art «Meditation der Götter» zu verkommen. Sie gleiten allzu leicht in selbstgefällige Versenkung, passive Trance oder verschiedene Arten der Leere ab; und keiner dieser Zustände bekämpft und löst die Verblendung an der Wurzel.

Der große Dzogchen-Meister Vimalamitra beschreibt aufs genaueste die Grade zunehmender Natürlichkeit im Laufe dieser Befreiung: Wenn Sie diese Praxis zu meistern beginnen, erfahren Sie die Befreiung gleichzeitig mit dem Auftauchen der Erscheinung – so natürlich wie das Erkennen eines alten Freundes in einer Menschenmenge. Durch Vertiefung und Vervollkommnung der Praxis geschieht die Befreiung gleichzeitig mit dem Auftauchen von Gedanken oder Emotionen – wie eine Schlange, die sich aufwindet und ihre eigenen Verschlingungen löst. Und im Zustand endgültiger Meisterschaft erfolgt Befreiung, als ob ein Dieb in ein leeres Haus einstiege – was immer auch entstehen mag, es bringt dem wahren Dzogchen-Yogi weder Nutzen noch Schaden.

Selbst für den größten Yogi entstehen Schmerz und Freude wie zuvor. Der Unterschied zwischen einem gewöhnlichen Menschen und einem Yogi liegt in ihrer Sicht und der Reaktion auf die Emotionen. Ein gewöhnlicher Mensch nimmt sie gewohnheitsmäßig instinktiv entweder an oder er weist sie zurück, und so werden Anhaften und Abneigung geweckt, was wiederum zur Ansammlung negativen Karmas führt. Ein Yogi jedoch nimmt alle Erscheinungen in ihrem natürlichen, ursprünglichen Zustand wahr, ohne in seiner Wahrnehmung ein Greifen zuzulassen.

Dilgo Khyentse Rinpoche beschreibt einen Yogi, der durch einen Garten wandelt. Er ist vollkommen offen für die Pracht und Schönheit der Blumen und genießt ihre Farben, Formen und Düfte. Das Wunderbare aber ist, daß es weder die Spur eines Festhaltens noch irgendeines «Nachgedankens» in seinem Geist gibt. Wie Dudjom Rinpoche sagt:

> Was für Wahrnehmungen dir auch begegnen, du solltest wie ein kleines Kind sein, das in einen wunderschönen Tempel kommt: Es schaut, aber keinerlei Greifen mischt sich in seine Wahrnehmung. So läßt du alles frisch, natürlich, lebendig und unverdorben. Wenn du alles in seinem eigenen Zustand beläßt, verändert sich seine Form nicht, seine Farben verblassen nicht und sein Glanz verschwindet nicht. Was immer auch erscheint, bleibt unbefleckt von jeglichem Greifen, und so ersteht alles, was du wahrnimmst, als die nackte Weisheit von Rigpa, die Untrennbarkeit von Lichtheit und Leere.

Das Vertrauen, die Zufriedenheit, die offene Heiterkeit, die Kraft, der tiefe Humor und die Gewißheit, die aus der direkten Erkenntnis der Sicht von Rigpa entstehen, sind der größte Schatz des Lebens. Dies ist das letztendliche Glück, das – einmal erlangt – durch nichts mehr zerstört werden kann, nicht einmal durch den Tod. Dilgo Khyentse Rinpoche sagt:

> Hast du einmal die Sicht, wirst du, obwohl die verblendeten Wahrnehmungen von Samsāra weiter in deinem Geist erscheinen mögen, wie der Himmel sein: Wenn ein Regenbogen erscheint, ist er nicht sonderlich geschmeichelt, und wenn Wolken auftauchen, ist er auch nicht besonders enttäuscht. Es herrscht ein tiefes Gefühl der Zufriedenheit. Du schmunzelst innerlich, da du die Fassade von Samsāra und Nirvāna erkennst. Die Sicht wird dich erheitern und ein stetiges kleines Lächeln wird von tief innen hervorperlen.

Wie Dudjom Rinpoche sagt:

> Ist die große Dunkelheit des Herzens, die Verblendung, erst gereinigt, erhebt sich immerzu der unverhüllten Sonne strahlendes Licht.

Ich hoffe, daß jemand, der sich die Anweisungen dieses Buches zum Dzogchen und seine Botschaft über den Tod zu Herzen nimmt, dazu inspiriert wird, einen qualifizierten Meister zu suchen und ihm durch die vollständige Schulung zu folgen. Der Kern des Übungsweges von Dzogchen besteht aus zwei Teilen: *Trekchö* und *Tögal*; beide sind für ein tiefes Verständnis der Vorgänge während der Bardos unerläßlich. An dieser Stelle kann ich sie allerdings nur ganz kurz vorstellen. Die vollständige Erklärung wird von einem Meister erst dann an einen Schüler weitergegeben, wenn dieser den Lehren gegenüber eine Verpflichtung aus ganzem

Herzen eingegangen ist und wenn er eine bestimmte Entwicklungsstufe erreicht hat. Was ich in diesem Kapitel erklärt habe, ist der Kern der Praxis von Trekchö.

Trekchö bedeutet «Durchschneiden der Verblendung mit wild entschlossener, direkter Gründlichkeit». Kurz gesagt wird die Täuschung mit der unwiderstehlichen Kraft der Sicht von Rigpa durchschnitten, so, wie ein Messer durch Butter gleitet, ein Karate-Meister einen Stapel Ziegel durchschlägt oder ein chinesischer Koch Gemüse schneidet. Das ganze phantastische Bauwerk der Verblendung fällt in sich zusammen, als wäre der tragende Pfeiler weggesprengt. Verblendung ist durchschnitten und die ursprüngliche Reinheit und natürliche Einfachheit der Natur des Geistes bloßgelegt.

Nur wenn der Meister entschieden hat, daß Sie die nötige Grundlage in der Praxis von Trekchö besitzen, wird er Sie in die fortgeschrittenen Übungen von Tögal einführen. Der Tögal-Praktizierende arbeitet direkt mit dem «Klaren Licht» – das «unmittelbar gegenwärtig» allen Phänomenen innewohnt –, indem er besondere und äußerst wirksame Methoden benutzt, die dies in ihm selbst offenlegen.

Tögal besitzt eine Qualität von Augenblicklichkeit, von unmittelbarer Verwirklichung. Statt über eine Kette von Bergen zu wandern, um einen fernen Gipfel zu erreichen, wäre es die Art von Tögal, dort mit einem einzigen Sprung hinzugelangen. Die Wirkung von Tögal befähigt einen Menschen, alle Aspekte der Erleuchtung im Laufe eines Lebens in sich zu verwirklichen.[7] Tögal gilt als außerordentliche, einzigartige Methode des Dzogchen, als seine angemessenen Mittel; Trekchö stellt dagegen seine Weisheit dar. Die Praxis des Tögal erfordert enorme Disziplin und wird gewöhnlich nur unter Klausurbedingungen geübt.

Es kann nicht oft genug betont werden, daß der Pfad des Dzogchen nur unter der direkten Anleitung eines qualifizierten Meisters beschritten werden kann. Der Dalai Lama sagt: «Man darf niemals vergessen, daß die Praktiken des Dzogchen wie Trekchö und Tögal nur durch die Anleitung eines erfahrenen Meisters erlangt werden können und daß die Inspiration und der Segen eines lebendigen Menschen nötig sind, der diese Verwirklichung selbst besitzt.»[8]

Der Regenbogenkörper

Durch diese fortgeschrittenen Übungen des Dzogchen können erfahrene Praktizierende ihr Leben auf außergewöhnliche und triumphale Weise beschließen. Wenn sie sterben, können sie ihren Körper in die Lichtessenz der Elemente auflösen, aus denen er geschaffen ist. Das heißt, ihr materieller Körper löst sich in Licht auf und verschwindet vollständig. Dieser Vorgang ist als «Regenbogenkörper» oder «Körper aus Licht» bekannt, weil die Auflösung häufig von spontanen Manifestationen von Licht und Regenbogen begleitet wird. Die alten Tantras des Dzogchen und die Schriften der großen Meister unterscheiden verschiedene Kategorien dieses erstaunlichen und beinahe überirdischen Phänomens, das zu einer gewissen Zeit zwar auch nicht gerade normal, doch relativ häufig gewesen ist.

Wenn jemand weiß, daß er den Regenbogenkörper erlangen kann, wird er gewöhnlich darum bitten, für sieben Tage in einem Raum oder Zelt alleingelassen zu werden. Am achten Tag findet man dann nur noch die Haare und Nägel – die «Unreinheiten» des Körpers. Das mag für uns kaum zu glauben sein, aber die Geschichte des Dzogchen ist tatsächlich voller Beispiele von Menschen, die den Regenbogenkörper erlangt haben, und wie Dudjom Rinpoche oft zu sagen pflegte, sind das nicht nur alte Geschichten. Von den vielen Beispielen möchte ich ein Ereignis aus unserer Zeit herausgreifen, zu dem ich auch eine persönliche Beziehung habe. 1952 gab es im Osten Tibets einen berühmten Fall, bei dem viele Menschen Zeugen waren. Der Mann, der den Regenbogenkörper verwirklichte, war Sönam Namgyal, der Vater meines Tutors und der Bruder von Lama Tseten, dessen Tod ich am Anfang dieses Buches beschrieben habe.

Er war ein sehr einfacher und bescheidener Mann, der seinen Lebensunterhalt als umherziehender Steinmetz verdiente, indem er Mantras und heilige Texte in Stein meißelte. Einige behaupten, er sei in seiner Jugend ein Jäger gewesen und habe später Belehrungen von einem sehr großen Meister erhalten. Niemandem war bewußt, daß er ein Praktizierender war. Er war wahrhaftig das, was man einen «Yogi im Verborgenen» nennt. Einige Zeit vor seinem Tod sah man ihn häufig in die Berge gehen, wo er einfach bloß dasaß – eine Silhouette gegen den Himmel – und in den Raum schaute. Er erfand seine eigenen Lieder und Gesänge und sang sie statt der traditionellen. Niemand hatte eine Ahnung davon, was er eigentlich machte. Dann wurde er krank – zumindest schien es so –, aber seltsamerweise wurde er zunehmend glücklicher. Als die Krankheit schlimmer wurde, rief seine Familie Ärzte und Meister herbei. Sein Sohn mahnte ihn, sich aller Belehrungen zu erinnern, die er gehört hatte. Er aber lächelte und sagte: »Ich habe sie alle vergessen, und es gibt sowieso nichts zu erinnern. Alles ist Illusion, aber ich habe volles Vertrauen, daß alles in Ordnung ist.»

Kurz vor seinem Tod im Alter von neunundsiebzig Jahren sagte er: «Ich möchte nur um eins bitten: daß ihr meinen Körper nach meinem Tod für eine Woche nicht fortbringt.» Als er gestorben war, wickelte seine Familie den Körper ein und lud Lamas und Mönche ins Haus, die für ihn praktizieren sollten. Sie brachten den Leichnam in eine kleine Kammer, konnten aber nicht umhin, verwundert festzustellen, daß sie keine Probleme hatten, ihn dort unterzubringen, obwohl er ein großer Mann gewesen war – es schien, als sei er kleiner geworden. Zur gleichen Zeit waren außergewöhnliche Erscheinungen regenbogenfarbenen Lichts um das ganze Haus herum zu beobachten. Als sie am sechsten Tag in die Kammer schauten, war der Körper sichtlich kleiner geworden. Am achten Tag nach seinem Tod kamen am Morgen, für den die Bestattung geplant war, die Leichenbestatter, um seinen Körper abzuholen. Als sie die Umhüllungen aufwickelten, fanden sie nur mehr Haare und Nägel.

Mein Meister Jamyang Khyentse ließ sich diese bringen und bestätigte, daß es sich um einen Fall von Regenbogenkörper handelte.

Zweiter Teil

Sterben

11. Herzensrat zur Sterbebegleitung

Emily, eine Frau von Ende sechzig, lag in einem Hospiz im Sterben. Sie hatte Brustkrebs. Ihre Tochter kam täglich zu Besuch, und die beiden schienen eine gute Beziehung zu haben; aber nachdem ihre Tochter gegangen war, zog sich Emily fast immer zurück und weinte. Nach einer Weile wurde auch der Grund für dieses merkwürdige Verhalten klar: Die Tochter hatte sich nicht nur geweigert, das Sterben ihrer Mutter zu akzeptieren, sondern sie sogar stets gedrängt, «positiv zu denken», in der Hoffnung, daß damit der Krebs doch noch geheilt werden könnte. Die Folge war, daß Emily alle ihre Gedanken und tiefen Ängste, ihre Panik und Trauer für sich behalten mußte. Sie hatte niemanden, dem sie diese Gefühle mitteilen konnte, niemanden, der sie dabei unterstützte, ihr Leben zu verstehen und einen Sinn im Sterben zu finden.

Eine von Herzen kommende, furchtlose Kommunikation mit anderen aufzubauen, gehört zu den wichtigsten Dingen im Leben, und wie die Geschichte von Emily mir gezeigt hat, wird dies nirgendwo deutlicher als bei Sterbenden. Häufig sind Sterbende reserviert und unsicher, wenn man ihnen das erste Mal begegnet, weil sie sich über Ihre Absichten nicht im klaren sind. Nehmen Sie nicht an, daß Außergewöhnliches von Ihnen erwartet wird; seien Sie einfach entspannt und natürlich – Sie selbst. Sterbende sagen oft nicht, was sie wirklich wollen oder meinen, und auch die Angehörigen sind häufig unbeholfen, wissen nicht, was sie tun oder sagen sollen. Es kann schwierig sein herauszufinden, was die Sterbenden eigentlich auszudrücken oder manchmal auch zu verbergen suchen. Manchmal wissen sie es selbst nicht einmal. Es ist also ganz wichtig, zuerst einmal die gespannte Atmosphäre aufzulockern, und zwar so, wie es sich am natürlichsten ergibt.

Wenn eine entspannte Atmosphäre entstanden ist, kann ein Vertrauensverhältnis aufgebaut werden, das es dem Sterbenden ermöglicht, Dinge zur Sprache zu bringen, die ihm wirklich am Herzen liegen. Bestärken Sie den Menschen freundlich darin, sich frei zu fühlen, wirklich all seine Gedanken, Ängste und Emotionen über Tod und Sterben zum Ausdruck zu bringen. Dieses aufrichtige und rückhaltlose Offenbaren aller Emotionen ist die unerläßliche Grundlage jeder Transformation – ob es nun darum geht, mit dem Leben ins reine zu kommen oder einen guten Tod zu sterben. Sie müssen Ihrem Gegenüber völlige Freiheit geben, alles, was hochkommen mag, auch auszudrücken.

Wenn der sterbende Mensch dann schließlich seine geheimsten Gefühle ausdrückt, unterbrechen Sie ihn nicht, widersprechen Sie nicht und spielen Sie nicht herunter, was gesagt wird. Ein Todkranker oder Sterbender ist in der verletztlichsten Lage seines ganzen Lebens, und es wird Ihr ganzes Geschick und Einfühlungsvermögen erfordern sowie jedes bißchen Wärme und liebevolles Mitgefühl, das Sie nur aufbringen können, um ihm die Möglichkeit zu geben, sich ganz und gar zu offenbaren. Lernen Sie zuzuhören: in einem offenen, ruhigen Schweigen aufzunehmen, in dem sich der andere angenommen fühlt. Seien Sie so entspannt und gelassen wie nur möglich; sitzen Sie bei Ihrem sterbenden Freund oder Verwandten, lassen Sie ihn spüren, daß es nichts Wichtigeres oder Schöneres zu tun gibt.

Ich habe gelernt, daß hier – wie in allen anderen, schwierigen Lebenssituationen – zwei Dinge besonders wichtig sind: gesunder Menschenverstand und Sinn für Humor. Humor hat die wunderbare Eigenschaft, die Atmosphäre aufzuhellen. Humor hilft, den Prozeß des Sterbens in seine wahre, universelle Perspektive zu rücken und die übertriebene Ernsthaftigkeit und Spannung der Situation aufzulockern. Setzen Sie daher Humor so geschickt und einfühlsam wie möglich ein.

Meine eigene Erfahrung hat mich auch gelehrt, daß man auf keinen Fall etwas zu persönlich nehmen darf. Wenn Sie es am wenigsten erwarten, kann der Sterbende Sie zur Zielscheibe all seines Zornes machen und Ihnen an allem die Schuld geben. Wie Elisabeth Kübler-Ross sagt, können «Zorn und Vorwürfe in alle Richtungen gehen und mehr oder weniger zufällig auf alles und jeden projiziert werden».[1] Nehmen Sie nur ja nicht an, dieser Zorn sei wirklich auf Sie persönlich gerichtet; wenn Sie sich nur bewußt machen, aus wieviel Angst und Trauer er entsprungen ist, werden Sie auf diesen Zorn nicht so reagieren, daß die Beziehung Schaden nehmen könnte.

Hin und wieder mögen Sie versucht sein, einem Sterbenden Predigten zu halten oder ihm Ihre eigenen spirituellen Rezepte aufzudrängen. Widerstehen Sie dieser Versuchung unbedingt, besonders dann, wenn es Grund zu der Annahme gibt, daß es nicht das ist, was der Sterbende wünscht oder braucht! Niemand läßt sich gern durch Missionierung «retten». Bedenken Sie, daß es nicht Ihre Aufgabe ist, irgend jemanden zu irgend etwas zu bekehren, sondern daß Sie dem Menschen vor Ihnen helfen sollen, mit seiner eigenen Stärke, seinem Vertrauen, seinem persönlichen Glauben und seiner Spiritualität in Kontakt zu kommen, wie immer diese auch aussehen mögen. Wenn der Mensch allerdings für Spiritualität wirklich offen ist und Sie nach Ihrer Meinung fragt, dann seien Sie auch nicht zurückhaltend.

Überfordern Sie sich nicht und hegen Sie nicht die Erwartung, daß Ihre Hilfe wunderbare Veränderung im Sterbenden bewirkt und ihn «rettet». Sie wären nur enttäuscht. Menschen sterben so, wie sie auch gelebt haben – als sie selbst. Damit Verständigung wirklich möglich wird, müssen Sie dem anderen im Rahmen des spezifischen Hintergrunds seines Lebens, seines Charakters und seiner persönlichen Geschichte begegnen und ihn rückhaltlos so akzeptieren, wie er ist. Lassen Sie sich nicht entmutigen, wenn Ihr Einsatz wenig Wirkung zeigt und beim Sterbenden nicht anzukommen scheint. Die tieferen Auswirkungen unserer Fürsorge können wir ohnehin nicht ermessen.

Bedingungslose Liebe

Ein sterbender Mensch muß zuallererst Liebe spüren; diese Liebe muß frei sein von jeglicher Erwartung, so bedingungslos wie irgend möglich. Dazu braucht es keinerlei Expertenwissen. Seien Sie einfach natürlich, seien Sie Sie selbst, ein wahrer Freund, eine wahre Freundin, und der Sterbende wird zweifellos spüren, daß Sie wirklich bei ihm sind, einfach von Mensch zu Mensch gleichberechtigt mit ihm umgehen.

Wenn ich sage, «dem Sterbenden bedingungslose Liebe erweisen», dann ist das unter bestimmten Umständen allerdings alles andere als einfach. Wir haben eventuell selbst eine lange Leidensgeschichte mit ebendiesem Menschen; vielleicht plagen uns Schuldgefühle wegen irgendeines Unrechts, das wir dem Sterbenden in der Vergangenheit angetan haben, oder wir hegen Zorn und Abneigung wegen etwas, was dieser Mensch uns angetan hat.

Darum will ich hier zwei ganz einfache Wege vorstellen, Ihre Liebe gegenüber dem Sterbenden wieder zu befreien. Diejenigen meiner Schülerinnen und Schüler, die mit Sterbenden arbeiten, haben, wie auch ich selbst, beide Methoden als äußerst wirksam erfahren.

Schauen Sie sich zuerst den sterbenden Menschen vor Ihnen an und betrachten Sie ihn als Ihnen gleich; er hat dieselben Bedürfnisse, denselben grundlegenden Wunsch, glücklich zu sein und Leiden zu vermeiden, dieselbe Einsamkeit, dieselbe Angst vor dem Unbekannten, dieselbe geheime Traurigkeit, dieselben halbeingestandenen Gefühle von Hilflosigkeit wie Sie. Wenn Sie das aufrichtig empfinden, merken Sie, wie Ihr Herz sich diesem Menschen öffnet und Liebe sie beide verbindet.

Der zweite Weg, den ich als noch wirkungsvoller erlebt habe, besteht darin, sich – ohne zu zögern – selbst in die Lage des Sterbenden zu versetzen. Stellen Sie sich vor, Sie lägen dort auf dem Bett, allein, in Schmerzen und den Tod vor Augen. Dann fragen Sie sich aufrichtig: Was würden Sie am meisten brauchen? Was würden Sie sich wirklich wünschen? Was würden Sie von dem Freund an Ihrem Bett erwarten?

Wenn Sie diese beiden Übungen machen, werden Sie herausfinden, daß der Sterbende genau dasselbe will, was auch Sie sich am sehnlichsten wünschen: bedingungslos geliebt und angenommen zu werden.

Auch habe ich oft gesehen, daß gerade sehr kranke Menschen sich nach Berührung sehnen. Sie möchten als Menschen behandelt werden und nicht als Krankheitsfälle. Man kann Schwerkranken sehr viel Trost geben, indem man einfach nur ihre Hand hält, ihnen in die Augen schaut, sie zärtlich massiert oder sie einfach im Arm hält und sanft im selben Rhythmus mit ihnen gemeinsam atmet. Der Körper hat seine eigene Sprache der Liebe; nutzen Sie sie, ohne gehemmt zu sein, und Sie werden dem Sterbenden Wohlbefinden und Trost spenden.

Wir vergessen leicht, daß Sterbende im Begriff sind, ihre gesamte Welt zu verlieren: ihre Lieben, ihren Besitz, ihr Haus, ihren Beruf, ihren Körper und ihren Geist – sie verlieren restlos alles. Alle einzelnen Verluste, die uns im Leben vielleicht treffen könnten, sind, wenn wir sterben, zu einem einzigen, überwältigenden Verlust zusammengefaßt – wie kann es daher verwundern, wenn jemand, der unter dem Eindruck dieser Erfahrung steht, manchmal traurig, in Panik oder zornig ist? Elisabeth Kübler-Ross spricht von fünf Stadien im Prozeß des Ins-reine-Kommens mit dem Sterben: Leugnen, Wut, Verhandeln-Wollen, Depression und Annehmen. Sicher durchläuft nicht jeder alle fünf Stadien, auch nicht unbedingt in dieser Reihenfolge. Für die einen mag der Weg zum Annehmen äußerst lang und dornig sein, andere kommen vielleicht überhaupt nicht dahin, ihren Tod zu akzeptieren.

Wir leben in einer Kultur, die den Menschen so gut wie keinen spirituellen Bezug für ihre Gedanken, Emotionen und Erfahrungen bietet; und viele Menschen, die mit dem Tod ihrer letzten und größten Herausforderung begegnen, finden sich unvorbereitet und fühlen sich von ihrer eigenen Unwissenheit betrogen; daß darüber hinaus anscheinend niemand sie und ihre tiefsten Bedürfnisse zu verstehen und ernst zu nehmen scheint, läßt sie dann ganz besonders frustriert und zornig werden. Cicely Saunders, die große Vorkämpferin der Hospiz-Bewegung in Großbritannien, schreibt: «Ich fragte einmal einen Mann, der wußte, daß er bald sterben würde, was er von denen, die ihn pflegten, am meisten erwarte. Er sagte: ‹Daß jemand zumindest den Versuch macht, mich zu verstehen.› Es ist sicherlich unmöglich, einen anderen Menschen ganz und gar zu verstehen, aber ich habe nie vergessen, daß es ja nicht der Erfolg war, um den er gebeten hatte, sondern nur um genug Interesse, es wenigstens zu versuchen.»[2]

Es ist ganz wesentlich, daß wir zumindest so viel für den anderen übrig haben, daß wir diesen Versuch machen. Wir müssen dem Menschen versichern, daß alles, was er fühlt, normal und in Ordnung ist – wie stark seine Frustration oder sein Zorn auch immer sein mögen. Das Sterben bringt viele unterdrückte Emotionen ans Licht: Trauer, Gefühlsarmut, Schuld oder gar Eifersucht auf diejenigen, denen es noch gutgeht. Wenn solche Emotionen auftauchen, helfen Sie dem Menschen, sie nicht zu unterdrücken. Stehen Sie ihm bei, wenn die Wogen von Schmerz und Trauer über ihm zusammenschlagen. Mit der Bereitschaft, sie anzunehmen, mit der Zeit und geduldigem Verständnis kommen die Emotionen allmählich zur Ruhe, und der Sterbende kehrt zum Urgrund von Heiterkeit, Ruhe und Ausgeglichenheit zurück, der sein eigentliches Wesen ist.

Seien Sie nicht zu gescheit; versuchen Sie nicht, dauernd tiefgründige Aussagen zu machen. Sie müssen überhaupt nichts sagen oder tun, um irgend etwas besser zu machen. Seien Sie einfach ganz und gar da, so präsent, wie Sie nur können. Und wenn Sie vor lauter Angst nicht mehr wissen, was Sie tun sollen, dann gestehen Sie das dem sterbenden Menschen offen ein, und bitten Sie ihn um seine Hilfe. Diese Aufrichtigkeit wird Sie einander näherbringen und zu einer freieren und offeneren Verständigung beitragen. Manchmal wissen die Sterbenden selbst viel besser als wir, womit ihnen am besten geholfen ist, und wir müssen bereit sein, ihr Wissen anzunehmen, und lernen, uns von ihrer Weisheit leiten zu lassen. Cicely Saunders hat uns stets daran erinnert, daß wir in unserer Beziehung zu Sterbenden nicht ausschließlich die Gebenden sind. «Früher oder später erkennen alle, die mit Sterbenden arbeiten, daß sie mehr bekommen als sie geben, weil sie in dieser Arbeit Geduld, Mut und häufig genug Humor finden.»[3] Indem wir zu erkennen geben, daß wir ihren Mut sehen und schätzen, können wir sterbende Menschen oft sehr inspirieren.

Mir selbst hat es immer geholfen, wenn ich mich daran erinnert habe, daß der Mensch, der da vor mir stirbt, wer immer er auch sei, letztendlich gut ist. Was immer an Wut oder Emotionen sichtbar wird, wie schockierend oder erschreckend auch immer – das Gewahrsein dieser letztlichen, inneren Vollkommenheit wird Ihnen die Selbstbeherrschung und Weitsicht geben, die Sie brauchen, um so hilfreich wie möglich zu sein. Wie Sie ja auch bei einem Streit mit einem guten Freund seine besten Seiten nie ganz und gar vergessen, so verurteilen Sie auch den sterbenden Menschen nicht wegen der Emotionen, die vielleicht zum Vorschein kommen. Diese Annahmebereitschaft Ihrerseits wird es dem sterbenden Menschen ermöglichen, seine Hemmungen so weit wie möglich aufzugeben. Behandeln Sie Sterbende immer so, wie sie selbst oft sind: offen, liebevoll und großzügig.

Auf einer tieferen, spirituellen Ebene finde ich es äußerst hilfreich, mir stets bewußt zu sein, daß der sterbende Mensch tatsächlich die Buddha-Natur besitzt. Er besitzt das Potential zu vollständiger Erleuchtung, ob er nun darum weiß oder nicht. Wenn ein Sterbender sich dem Tod nähert, wird dieses Potential in vielerlei Hinsicht sogar offensichtlicher und verfügbarer. Ein solcher Mensch verdient also besondere Achtung und Fürsorge.

Die Wahrheit sagen

Ich werde häufig gefragt: «Soll man den Menschen sagen, daß sie sterben?» Und meine Antwort ist immer: «Ja, so sanft, so freundlich, so einfühlsam und so geschickt wie möglich.» Aus meiner Erfahrung jahrelanger Besuche bei kranken und sterbenden Menschen stimme ich mit Elisabeth Kübler-Ross überein, wenn sie sagt: «Die meisten, wenn nicht alle Patienten wissen ohnehin Bescheid. Sie spüren es an der veränderten Aufmerksamkeit, an dem neuen und andersartigen Verhalten, mit dem die Menschen ihnen begegnen, am gesenkten Ton, an dem Bemühen, besonders leise und rücksichtsvoll zu sein, am geheimnisvoll ernsten Gesicht eines Familienmitglieds oder an den Tränenspuren im Gesicht eines lieben Menschen, der seine wahren Gefühle nicht verbergen kann.»[4]

Ich konnte auch häufig feststellen, daß Menschen ganz intuitiv wissen, daß sie sterben und von ihren Ärzten oder Angehörigen eine Bestätigung erwarten. Wenn diese Mitteilung ausbleibt, kann der Sterbende denken, daß die Mitglieder der Familie durch diese Tatsache überfordert sind. Dann wird auch der Sterbende das Thema tunlichst vermeiden. Dieser Mangel an Aufrichtigkeit wird Anlaß zu noch mehr Einsamkeitsgefühlen und Angst, als die Situation sie ohnehin schon mit sich bringt. Ich glaube, es ist unerläßlich, dem sterbenden Menschen die Wahrheit zu sagen; das ist wohl das mindeste, was er oder sie verdient. Wie können Sterbende sich auf den Tod vorbereiten, wenn man ihnen nicht wenigstens die Wahrheit sagt? Wie können sie die Beziehungen in ihrem Leben zu einem richtigen Abschluß bringen? Wie können sie sich um die vielen praktischen Probleme kümmern, die noch gelöst werden müssen? Wie können sie denen, die zurückbleiben, helfen, nach ihrem Weggang weiterzuleben?

Als spirituell Praktizierender sehe ich im Sterben eine großartige Gelegenheit für den Menschen, mit seinem ganzen Leben ins reine zu kommen, und ich habe viele, viele Menschen diese Gelegenheit auf höchst inspirierende Weise wahrnehmen sehen, indem sie sich tatsächlich änderten und ihrer eigenen, innersten Wahrheit näherkamen. Indem wir den Menschen also freundlich und einfühlsam die Tatsache ihres baldigen Todes zum frühest möglichen Zeitpunkt mitteilen, geben wir ihnen die Chance, sich darauf vorzubereiten, die Quellen innerer Kraft zu erschließen und den Sinn ihres Lebens zu entdecken.

Ich möchte eine Geschichte erzählen, die ich von Schwester Brigid gehört habe, einer katholischen Nonne, die in einem irischen Hospiz arbeitete. Mr. Murphy war Mitte sechzig, als die Ärzte ihm und seiner Frau mitteilten, daß er nun wohl nicht mehr lange zu leben hätte. Am folgenden Tag besuchte Mrs. Murphy ihren Mann im Hospiz, und sie sprachen und weinten den ganzen Tag miteinander. Schwester Brigid beobachtete das alte Paar, wie sie miteinander redeten und von Zeit zu Zeit in Tränen ausbrachen; als das drei Tage so weiterging, fragte sie sich, ob sie nicht besser einschreiten sollte. Am nächsten Tag aber schienen die Murphys plötzlich sehr gelassen und zufrieden. Sie hielten sich an der Hand und waren sehr zärtlich zueinander.

Schwester Brigid sprach Mrs. Murphy auf dem Flur an und fragte sie, was denn diesen plötzlichen Wandel in ihrem Verhalten herbeigeführt habe. Mrs. Murphy erzählte ihr, wie die Nachricht seines baldigen Todes ihren Mann und sie dazu geführt hatte, auf ihre gemeinsamen Jahre zurückzublicken und daß damit viele alte Erinnerungen zurückgekehrt seien. Sie waren seit fast vierzig Jahren verheiratet und empfanden natürlich ungeheure Trauer, wenn sie an all das dachten und über all die Dinge sprachen, die sie niemals mehr gemeinsam würden tun können. Alles war ausgesprochen schmerzhaft gewesen, weil es so schwerfiel loszulassen; dennoch machten sie weiter, da Mr. Murphy fest entschlossen war, sein Leben mit Anstand zu beenden. Schließlich hatte Mr. Murphy sein Testament gemacht und letzte Botschaften für seine erwachsenen Kinder hinterlassen.

Schwester Brigid berichtete mir, daß während der drei Wochen, die Mr. Murphy noch lebte, ein tiefer Friede und ein einfaches, wunderbares Gefühl von Liebe von dem Paar ausging. Selbst nach dem Tode ihres Mannes besuchte Mrs. Murphy weiterhin Patienten im Hospiz. Sie wurde für alle dort zu einer Inspiration.

Diese Geschichte hat mir wieder bewiesen, wie wichtig es ist, mit den Menschen frühzeitig über ihren Tod zu sprechen; außerdem zeigt sie den großen Nutzen, der darin liegt, dem Schmerz des Verlustes aufrichtig ins Auge zu blicken. Die Murphys waren sich bewußt, daß sie vieles verlieren würden, aber indem sie sich dem Verlust stellten und ihn gemeinsam betrauerten, fanden sie das, was sie niemals verlieren konnten: ihre tiefe, gegenseitige Liebe, die auch Mr. Murphys Tod überleben würde.

Sterben und Ängste

Ich bin mir sicher, daß Mrs. Murphy ihrem Mann nur deshalb so gut beistehen konnte, weil sie sich mit ihrer eigenen Angst vor dem Tod auseinandergesetzt hatte. Sie können einem sterbenden Menschen nicht helfen, bis Sie sich nicht eingestanden haben, wie sehr seine Angst vor dem Tod Sie selbst aufwühlt und mit Ihren eigenen unangenehmsten Ängsten konfrontiert. Mit Sterbenden arbeiten ist, wie in einen klaren und deutlichen Spiegel Ihrer eigenen Wirklichkeit zu blicken. Sie sehen darin das nackte Angesicht Ihrer eigenen panischen Angst vor Schmerzen und Verlust. Wenn Sie nicht bereit sind, sich Ihrer Panik und der Angst in Ihnen selbst zu stellen und sie zu akzeptieren, wie können Sie sie dann im Menschen vor Ihnen ertragen? Wenn Sie versuchen wollen, Sterbenden zu helfen, müssen Sie notgedrungen jede Ihrer Reaktionen sehr sorgsam beobachten, weil sich alle Ihre Regungen in denen des sterbenden Menschen widerspiegeln und damit ausschlaggebend sind, ob Sie ihm helfen oder eher schaden.

Sich aufrichtig mit Ihrer eigenen Angst auseinanderzusetzen, wird Sie auch in Ihrem eigenen Reifungsprozeß voranbringen. Manchmal denke ich, daß nichts unser Wachstum zu wahrer Menschlichkeit mehr beschleunigen kann, als die Arbeit mit Sterbenden. Für Sterbende zu sorgen, ist immer auch eine tiefe Kontemplation und Reflexion über den eigenen Tod – ein Weg, dem eigenen Sterben ins Gesicht zu sehen und sich damit auseinanderzusetzen. Durch Ihre Arbeit mit Sterbenden können Sie zu Entschlossenheit gelangen, weil Sie klar erkennen, was das Wichtigste im Leben ist. Um Sterbenden wirklich helfen zu können, müssen wir uns zuerst furchtlos und selbstverantwortlich unserem eigenen Tod stellen und in uns die erste Ahnung eines Mitgefühls entdecken, das so grenzenlos ist, wie wir es uns niemals hätten vorstellen können.

Nur wenn Sie sich Ihrer eigenen Todesängste bewußt werden, können Sie die Ängste des Sterbenden verstehen. Stellen Sie sich diese Schrecken nur einmal eindringlich vor: Angst zu leiden, Angst vor unkontrollierbaren Schmerzen, Angst vor dem Verlust der Würde, Furcht vor Abhängigkeit, Sorge, daß das vergangene Leben sinnlos gewesen sein könnte, Angst vor der Trennung von all denen, die wir lieben, Angst davor, die Kontrolle zu verlieren, Angst, nicht mehr respektiert zu werden und, vielleicht die größte unter unseren Ängsten: die Angst vor der Angst selbst, die immer mehr Macht gewinnt, je mehr wir ihr auszuweichen suchen.

Wenn Sie Angst haben, fühlen Sie sich gewöhnlich isoliert, einsam und ohne Unterstützung. Aber wenn Ihnen jemand Gesellschaft leistet und mit Ihnen über seine eigenen Ängste spricht, dann erkennen Sie, daß Angst universell ist, und zumindest der Eindruck des Ausnahmezustands, das isolierend Individuelle am Schmerz, ist beseitigt. Ihre Ängste werden wieder an die rechte Stelle im menschlichen und universellen Gesamtzusammenhang gerückt. Dann sind Sie fähig zu verstehen, mitfühlender zu sein, und mit Ihren eigenen Ängsten sehr viel positiver und inspirierender umzugehen.

Wenn Sie an der Konfrontation mit Ihren eigenen Ängsten wachsen und lernen, sie anzunehmen, werden Sie zunehmend empfänglicher für die Leiden des Menschen vor Ihnen, und Sie merken, wie Sie die Intelligenz und Einsicht entwickeln, die Sie brauchen, um dem Menschen einfühlsam dabei helfen zu können, seine eigenen Ängste offenzulegen, sich mit ihnen auseinanderzusetzen und sie schließlich mit Geschick aufzulösen. Sich Ihren eigenen Ängsten zu stellen, macht Sie nämlich nicht nur mitfühlender, mutiger und klarer, sondern auch geschickter; und dieses Geschick läßt Sie Mittel und Wege finden, dem Sterbenden zu der Kraft zu verhelfen, sich selbst mit tiefem Verständnis gegenüberzutreten.

Die Furcht, die wir alle vor unerträglichen Schmerzen im Todesprozeß haben, gehört zu den Ängsten, die sich am leichtesten zerstreuen lassen. Ich würde es gern sehen, wenn alle Menschen wüßten, daß diese Angst heutzutage eigentlich nicht mehr nötig ist. Körperliches Leiden kann und sollte auf ein Minimum reduziert werden – liegt doch schon genug Leid im Tode selbst. Eine Studie am St. Christopherus Hospiz in London – das ich sehr gut kenne, und in dem auch schon Schüler von mir gestorben sind – hat gezeigt, daß mit der richtigen Pflege 98 Prozent der Patienten friedlich sterben können. Die Hospiz-Bewegung hat eine Vielzahl von Methoden entwickelt, unter Verwendung verschieden kombinierter Medikamente, die durchaus nicht immer nur Betäubungsmittel zu sein brauchen, um eine effektive Schmerzbeherrschung zu ermöglichen. Die buddhistischen Meister sprachen von der Notwendigkeit, bewußt zu sterben, den Tod auf geistiger Ebene so klar, unvernebelt und heiter wie nur irgend möglich zu meistern. Den Schmerz unter Kontrolle zu halten, ohne das Bewußtsein des Menschen zu trüben, ist die Grundvoraussetzung für diese Forderung und heutzutage sehr wohl möglich: Jeder Mensch sollte in dieser wichtigsten Übergangsphase, die ihm ohnehin schon alles abverlangt, in den Genuß dieser grundlegenden Unterstützung kommen.

Unerledigtes

Viele Sterbende werden von der Sorge gequält, Unerledigtes zu hinterlassen. Die Meister raten uns, alles zu tun, um friedlich sterben zu können – «ohne Greifen, Sehnsucht und Anhaften». Dieses Ideal wird sich wohl nur schwer verwirklichen lassen, wenn die unerledigten Dinge eines Lebens nicht so weit wie möglich abgeschlossen werden konnten. Sie werden Menschen begegnen, die sich an das Leben klammern und Angst haben, loszulassen und zu sterben, weil sie nicht mit sich und dem, was sie getan haben, ins reine gekommen sind. Und wenn ein Mensch Schuldgefühle oder schlechte Meinungen von anderen vor seinem Tod nicht mehr auflösen konnte, dann leiden auch die Hinterbliebenen noch tiefer in ihrer Trauer.

Manchmal werde ich gefragt: «Ist es im Sterben nicht zu spät, die Wunden der Vergangenheit zu heilen? Ist nicht zuviel Leid zwischen mir und meinem sterbenden Angehörigen oder Bekannten gewesen, als daß Heilung jetzt noch möglich wäre?» Es ist mein fester Glaube, der auch durch meine Erfahrung immer wieder bestätigt wurde, daß es niemals zu spät ist; selbst nach unvorstellbarem Schmerz und größtem Unrecht können Menschen einen Weg zu gegenseitiger Vergebung finden. Der Augenblick des Todes ist von einer Ernsthaftigkeit und Endgültigkeit, die Menschen dazu bringen kann, all ihre Haltungen zu überprüfen und aufgeschlossener für Vergebung zu werden, selbst wenn sie es vorher niemals für möglich gehalten hätten. Sogar im letzten Moment können die Fehler eines ganzen Lebens noch gutgemacht werden.

Es gibt eine Methode, Unerledigtes zum Abschluß zu bringen, die ich und diejenigen meiner Schülerinnen und Schüler, die mit Sterbenden arbeiten, höchst hilfreich finden. Christine Longaker, eine meiner ersten Schülerinnen, die durch den Leukämie-Tod ihres Mannes zur Arbeit mit Tod und Sterben gekommen war, hat diese Methode aus der buddhistischen Praxis des «Gleichsetzens und Austauschens von sich selbst mit anderen» und der Gestalt-Technik entwickelt.[5] Gewöhnlich sind unerledigte Geschichten die Folge blockierter Kommunikation; wenn wir verletzt sind, werden wir häufig sehr abwehrend, argumentieren aus einer rechthaberischen Verteidigungshaltung heraus, wobei wir völlig blind für den Standpunkt des anderen sind. Das führt nicht nur zu keiner Lösung, sondern verhindert auch jegliche Möglichkeit wahrer Verständigung. Wenn Sie also diese Methode anwenden wollen, beginnen Sie damit, den starken Wunsch zu hegen, daß alle Ihre negativen Gedanken und Gefühle zum Vorschein kommen, damit Sie versuchen können, sie zu verstehen, mit ihnen zu arbeiten, sie zu lösen und sie schließlich ganz loszulassen.

Visualisieren Sie dann vor sich den Menschen, mit dem Sie Schwierigkeiten haben. Lassen Sie diesen Menschen ganz klar und deutlich vor Ihrem geistigen Auge erscheinen. Stellen Sie sich jetzt vor, ein tiefgehender Wandel würde stattfinden – das heißt, dieser Mensch wäre jetzt sehr viel aufgeschlossener für das, was Sie zu sagen haben, bereitwilliger als jemals zuvor, sich aufrichtig mitzuteilen und das Problem zwischen Ihnen zu lösen. Stellen Sie sich den Menschen in diesem Zustand neuer Offenheit ganz lebendig und bildhaft vor. Das wird Ihnen helfen, sich ihm oder ihr gegenüber selbst offener zu fühlen. Dann suchen Sie tief in Ihrem Herzen nach dem Wichtigsten, was Sie diesem Menschen zu sagen haben. Sagen Sie ihm ehrlich, was das eigentliche Problem ist, teilen Sie diesem Menschen alle Ihre Gefühle, Ihre Schwierigkeiten, Ihre Verletztheit, Ihr Bedauern aufrichtig mit. Sagen Sie ihm oder ihr alles, was Sie sich bis dahin nie zu sagen getrauten.

Nehmen Sie jetzt ein Blatt Papier und schreiben Sie das, was Sie sagen würden, auf – wirklich alles. Wenn Sie damit fertig sind, notieren Sie direkt anschließend, was er oder sie Ihnen entgegnen würde. Halten Sie sich nicht damit auf, darüber nachzudenken, was dieser Mensch sonst immer gesagt hat: Erinnern Sie sich, daß er Sie jetzt ja – so, wie Sie es sich vorgestellt haben – wirklich angehört hat und daher offener ist. Bringen Sie einfach zu Papier, was Ihnen spontan einfällt; und lassen Sie den Menschen in Ihrem Geiste auch seine Sicht des Problems vollständig darlegen.

Forschen Sie weiter und schauen Sie, ob es noch mehr gibt, was Sie diesem Menschen sagen sollten – weitere verletzte Gefühle oder Reue aus der Vergangenheit, die Sie unterdrückt oder niemals ausgesprochen haben. Jedesmal, wenn Sie Ihre Gefühle zum Ausdruck gebracht haben, dann schreiben Sie auch die Erwiderung Ihres imaginären Gegenübers auf; notieren Sie, was immer Ihnen in den Sinn kommt. Setzen Sie diesen Dialog solange fort, bis Sie wirklich das Gefühl haben, daß Sie nichts mehr zurückhalten und daß nichts unausgesprochen geblieben ist.

Um zu prüfen, ob Sie wirklich so weit sind, den Dialog zu beenden, fragen Sie sich aufrichtig, ob Sie jetzt die Vergangenheit von ganzem Herzen loslassen können, ob Sie – als Ergebnis der Einsicht und Heilung, die dieser Dialog in Ihnen bewirkt hat – wirklich fähig sind, dem anderen zu vergeben oder zu spüren, daß er Ihnen vergeben hat. Wenn Sie das Gefühl haben, daß es soweit ist, dann vergessen Sie nicht, alle Gefühle von Liebe oder Wertschätzung, die Sie vielleicht noch zurückgehalten haben, auch noch auszudrücken, und nehmen Sie schließlich Abschied. Stellen Sie sich jetzt vor, wie er oder sie sich umdreht und geht. Sie müssen diesen Menschen jetzt zwar gehen lassen, können aber gewiß sein, daß Sie seine Liebe und die schöne Erinnerung an die besten Seiten Ihrer Beziehung für immer im Herzen behalten werden.

Um zu einer noch umfassenderen Versöhnung mit der Vergangenheit zu gelangen, suchen Sie sich einen Freund, dem Sie Ihren schriftlichen Dialog vorlesen können, oder lesen Sie ihn sich selbst laut vor. Sobald Sie das getan haben, werden Sie zu Ihrer Überraschung eine Veränderung an sich entdecken: es ist, als hätten Sie *tatsächlich* mit dem anderen Menschen gesprochen, und *wirklich* all Ihre Probleme mit ihm geklärt. Danach werden Sie es sehr viel leichter finden loszulassen und auch in Wirklichkeit ein klärendes Gespräch über Ihrer beider Schwierigkeiten zu führen. Wenn Sie wahrhaft losgelassen haben, wird eine feine Veränderung in der Chemie zwischen Ihnen und dem anderen Menschen stattfinden, und die Spannung in der Beziehung, die vielleicht schon sehr lange bestanden hat, wird sich oft auflösen. Manchmal können Sie beide sogar die besten Freunde werden. Vergessen Sie nicht, was der berühmte tibetische Meister Tsongkhapa einst sagte: «Ein Freund kann zum Feinde werden, und darum kann ein Feind sich auch zum Freund wandeln.»

Abschied nehmen

Sie müssen nicht nur lernen, die Spannungen gehen zu lassen, sondern auch den sterbenden Menschen selbst. Wenn Sie sich an den Sterbenden klammern, können Sie ihm eine Menge unnötiger Sorgen bereiten und es ihm oder ihr unnötig schwermachen, loszulassen und in Frieden zu sterben. Manchmal kann der Sterbende aus diesem Grund viele Wochen oder gar Monate über die Erwartungen der Ärzte hinaus zwischen Leben und Tod schweben und starke körperliche Schmerzen erleiden. Christine Longaker hat festgestellt, daß es in einem solchen Fall notwendig ist, daß die Angehörigen dem Sterbenden zwei Dinge ausdrücklich versichern, bevor er friedlich sterben kann: Zuerst müssen sie ihm die «Erlaubnis» geben zu sterben, und dann müssen Sie ihm versichern, daß sie zurechtkommen werden, wenn er gegangen ist, und daß er sich keine Sorgen um sie machen soll.

Auf die Frage, wie man dabei am besten vorgeht, rate ich, sich vorzustellen, man würde am Bett des betreffenden Menschen stehen und mit tiefer, aufrichtiger Zärtlichkeit sagen: «Ich bin hier bei dir, und ich liebe dich. Du liegst im Sterben, aber das ist etwas ganz Natürliches; es geschieht jedem. Ich wünschte, du könntest noch länger bei mir bleiben, aber ich möchte nicht, daß du noch weiter leidest. Die Zeit, die wir miteinander verbracht haben, war schön und intensiv, und ich werde sie immer zu schätzen wissen. Bitte halte jetzt nicht länger am Leben fest. Laß los! Ich gebe dir von ganzem Herzen mein Einverständnis zu sterben. Du bist nicht allein, weder jetzt, noch in Zukunft. Du hast meine ganze Liebe.»

Eine meiner Schülerinnen, die in einem Hospiz arbeitete, erzählte mir von einer älteren Schottin namens Maggie, die sie besuchte, nachdem ihr todkranker Mann ins Koma gefallen war. Maggie war untröstlich, weil sie niemals mit ihrem Mann über ihre Liebe zu ihm gesprochen hatte. Sie hatte sich auch noch nicht von ihm verabschiedet, und jetzt, so glaubte sie, sei es dafür zu spät. Meine Schülerin ermutigte sie und sagte, daß ihr Mann, obwohl er nicht mehr ansprechbar scheine, sie vielleicht trotzdem noch hören könne. Sie hatte gelesen, daß viele Menschen, obwohl sie bewußtlos zu sein scheinen, tatsächlich noch wahrnehmen können, was um sie herum vorgeht. Sie ermunterte Maggie, Zeit bei ihrem Mann zu verbringen und ihm alles zu sagen, was ihr auf dem Herzen lag. Obwohl Maggie selbst niemals auf diesen Gedanken gekommen wäre, ging sie zu ihrem Mann und erzählte ihm von all den schönen Zeiten, die sie zusammen verbracht hatten; sie sagte ihm, wie sehr sie ihn vermissen würde und wie sehr sie ihn liebte. Zum Schluß, nachdem sie Abschied genommen hatte, sagte sie ihm noch Folgendes: «Es ist hart für mich, ohne dich zu sein, aber ich möchte dich nicht länger leiden sehen; es ist also in Ordnung, wenn du losläßt.» Nachdem sie geendet hatte, tat ihr Mann einen tiefen Seufzer und starb friedlich.

Nicht bloß der Sterbende selbst, auch seine Angehörigen müssen lernen loszulassen. Jedes Mitglied der Familie wird sich auf einer anderen Stufe von Annahmebereitschaft befinden, und das muß berücksichtigt werden. Einer der wichtigsten Beiträge der Hospizbewegung ist die Erkenntnis, wie wichtig es ist, der ganzen Familie zu helfen, sich ihrer Trauer und der Unsicherheit bezüglich ihrer Zukunft zu stellen. Manche Familien weigern sich, einen geliebten Menschen gehen zu lassen, weil sie denken, es sei eine Art Verrat und ein Zeichen, daß sie ihn nicht genug lieben würden. Christine Longaker rät diesen Familien, sich vorzustellen, sie selbst seien in der Position des Sterbenden. «Stell dir vor, du stehst an Deck eines Ozeandampfers, der gerade ablegt. Du schaust ans Ufer zurück, wo alle Freunde und Familienmitglieder dir Lebewohl winken. Dein Abschied ist nicht mehr zu ändern, und das Schiff nimmt langsam Fahrt auf. Wie würdest du deine Lieben am liebsten Abschied nehmen sehen? Was wäre dir für deine Reise der größte Trost?»

Selbst eine so einfache Übung kann viel dazu beitragen, jedes Mitglied der Familie seinen eigenen Weg finden zu lassen, mit der Trauer umzugehen und Abschied zu nehmen.

Manchmal werde ich gefragt: «Wie soll ich mit meinem Kind über den Tod eines Verwandten sprechen?» Ich rate dazu, einfühlsam zu sein, aber die Wahrheit zu sagen. Lassen Sie das Kind nicht glauben, der Tod sei etwas Fremdartiges oder Erschreckendes. Lassen Sie es so weit wie möglich am Leben des sterbenden Menschen teilnehmen, und beantworten Sie aufrichtig alle seine Fragen. Die Direktheit und Unschuld des Kindes können sogar eine gewisse Unbeschwertheit, Leichtigkeit und manchmal sogar Humor in den Schmerz des Sterbens bringen. Ermuntern Sie das Kind, für den Sterbenden zu beten, und geben Sie ihm so das Gefühl, tatsächlich etwas für den Menschen zu tun. Wenn der Tod dann eingetreten ist, kümmern Sie sich ganz besonders aufmerksam und liebevoll um Ihr Kind.

Für einen friedlichen Tod

Wenn ich an Tibet zurückdenke und an die Todesfälle, die ich dort erlebt habe, berührt mich besonders die Atmosphäre von Ruhe und Harmonie, die meist herrschte. Diese Atmosphäre gibt es im Westen leider viel zu selten, aber meine Erfahrung der letzten zwanzig Jahre zeigt, daß sie mit ein wenig Phantasie sehr wohl geschaffen werden kann. Meiner Ansicht nach sollten Menschen, wenn irgend möglich, zu Hause sterben, weil die meisten sich dort wahrscheinlich am wohlsten fühlen. Der friedliche Tod, den buddhistische Meister für so wichtig halten, läßt sich am ehesten in einer vertrauten Umgebung erreichen. Aber auch wenn jemand im Krankenhaus sterben muß, gibt es viel, was Sie als Nahestehender tun können, um dem Sterbenden das Sterben so leicht und inspirierend wie möglich zu machen. Sorgen Sie für Pflanzen, Blumen, Bilder, Photos von lieben Menschen, Zeichnungen von Kindern und Enkeln, einen Kassettenrekorder mit Musik oder vielleicht für selbstgekochtes Essen. Vielleicht können Sie sogar die Erlaubnis erwirken, daß Kinder zu Besuch kommen oder Angehörige über Nacht bleiben dürfen.

Wenn der Sterbende Buddhist ist oder einer anderen Glaubensrichtung angehört, können Freunde einen kleinen Schrein mit inspirierenden Bildern oder Statuen in seinem Raum aufstellen. Ich erinnere mich an einen meiner Schüler, Rainer, der in einem Einzelzimmer in einem Münchner Krankenhaus im Sterben lag. Seine Freunde hatten einen Schrein mit Bildern seiner Meister für ihn aufgebaut. Das hat mich sehr bewegt, und ich habe gespürt, wie sehr die Atmosphäre, die von diesem Schrein ausging, Rainer geholfen hat. Wenn jemand im Sterben liegt, errichten wir als Buddhisten – den Lehren gemäß – einen Schrein mit Opfergaben. Rainers Hingabe und seinen geistigen Frieden zu erleben, brachte mir erneut zu Bewußtsein, wie hilfreich solche Dinge sein können und wie sie den Menschen darin bestärken können, sein Sterben zu einem geheiligten Vorgang zu machen.

Wenn ein Mensch dem Tod sehr nahe ist, sollten Sie versuchen, das Krankenhauspersonal dazu zu bringen, ihn nicht mehr so häufig zu stören und auf weitere Untersuchungen wie etwa Blutentnahme oder andere störende Eingriffe ganz zu verzichten. Ich werde oft gefragt, was ich denn vom Sterben auf einer modernen Intensivstation halte. Ich muß leider sagen, daß in einer Intensivstation ein friedlicher Tod kaum zu erreichen und eine spirituelle Praxis im Moment des Todes praktisch unmöglich ist. Wenn ein Mensch unter den dort gegebenen Umständen stirbt, bleibt ihm keinerlei Privatsphäre. Er hängt an Monitoren, und sobald der Atem aufhört oder der Herzschlag stoppt, werden augenblicklich Wiederbelebungsversuche eingeleitet. Den Körper nach dem Eintreten des Todes für eine Weile ungestört liegen zu lassen, wie es die Meister empfehlen, ist ganz und gar unmöglich.

Wenn Sie können, sollten Sie mit dem Arzt ein Übereinkommen treffen, daß er Ihnen mitteilt, wenn es keine Hoffnung auf Besserung mehr gibt; dann sollten Sie darum bitten, daß man den Sterbenden in ein Einzelzimmer verlegt und, wenn er es so wünscht, auch ohne weiteren Anschluß an Überwachungsgeräte. Vergewissern Sie sich, daß das Krankenhauspersonal die Wünsche des Sterbenden kennt und respektiert, besonders wenn keine Wiederbelebungsversuche gewünscht werden, und sorgen Sie auch dafür, daß das Personal weiß, daß der Körper nach dem Tod solange wie möglich ungestört bleiben soll. In einem modernen Krankenhaus ist es natürlich nicht möglich, den Körper für die gesamte Dauer von drei Tagen ungestört zu lassen, wie es in Tibet Brauch war. Aber dem Toten sollte jede mögliche Unterstützung durch eine Atmosphäre der Stille und des Friedens gegeben werden, um ihm den Beginn seiner Reise nach dem Tode leichter zu machen.

Versuchen Sie auch Ihr Möglichstes, in der letzten Phase des Sterbens alle weiteren Injektionen und anderen einschneidenden Maßnahmen zu verhindern. Sie könnten Zorn, Irritation und Schmerz zur Folge haben. Dies zu verhindern ist ganz unerläßlich, wie ich später noch genauer erklären werde, damit der Geist des Sterbenden in der Zeit unmittelbar vor dem Tod so ruhig wie nur irgend möglich ist.

Die meisten Menschen sterben im Zustand der Bewußtlosigkeit. Die Nahtod-Erfahrungen haben uns aber gelehrt, daß im Koma sterbende Patienten unter Umständen viel mehr von den Vorgängen um sie herum wahrnehmen, als wir gemeinhin annehmen.

Viele derjenigen, die Nahtod-Erfahrungen gemacht haben, berichten von außerkörperlichen Erfahrungen. Einige waren nach solchen Erfahrungen sogar in der Lage, erstaunlich genaue Einzelheiten von den Vorgängen aus ihrer direkten Umgebung und manchmal sogar aus anderen Krankenzimmern wiederzugeben. Das zeigt uns noch einmal deutlich, wie wichtig es ist, einen Sterbenden oder einen Menschen im Koma immer wieder aufmunternd anzusprechen. Bewußte, wache und tätige liebende Fürsorge für einen sterbenden Menschen muß bis zum allerletzten Moment seines Lebens weitergehen, und – wie ich noch zeigen werde – sogar darüber hinaus.

Ich wünsche mir, daß dieses Buch einen Beitrag dazu leistet, daß Ärzte in der ganzen Welt beginnen, die Notwendigkeit, einen Menschen in Stille und Gelassenheit sterben zu lassen, äußerst ernst zu nehmen. Ich möchte mich an den guten Willen der Menschen in medizinischen Berufen wenden und hoffe, sie dazu zu inspirieren, nach Mitteln und Wegen zu suchen, den ohnehin schon äußerst schwierigen Übergang des Todes so leicht, schmerzlos und friedlich wie nur möglich zu machen. Ein friedlicher Tod ist ein unverzichtbares menschliches Grundrecht, viel wesentlicher vielleicht noch als das Wahlrecht oder das Recht auf Chancengleichheit. Es ist darüber hinaus die übereinstimmende Aussage aller religiösen Traditionen, daß in ebendiesem Grundrecht ein bestimmender Faktor für das Wohl und die spirituelle Zukunft des Sterbenden zu sehen ist.

Es gibt wohl keinen größeren Akt der Barmherzigkeit, als einem Menschen dabei zu helfen, auf gute Art zu sterben.

12. Mitgefühl: Das wunscherfüllende Juwel

Der Umgang mit Sterbenden konfrontiert uns schmerzlich mit der nackten Tatsache unserer eigenen Sterblichkeit, von der wir gewöhnlich durch viele Schleier und Illusionen getrennt sind. Wenn wir aber schließlich zu der Gewißheit kommen, daß wir sterben müssen und alle anderen fühlenden Wesen ebenso, entsteht in uns ein glühendes, fast herzzerreißendes Gefühl für die Zerbrechlichkeit und Kostbarkeit jeden Augenblicks und jedes Lebewesens, und hieraus kann sich ein tiefes, klares, grenzenloses Mitgefühl für alle Lebewesen entwickeln. Sir Thomas Moore schrieb kurz vor seiner Enthauptung die folgenden Worte: «Wir alle sind im gleichen Henkerskarren auf dem Weg zur Hinrichtung; wie könnte ich da noch jemanden hassen oder jemandem Böses wünschen?» Wenn Sie Ihr Herz völlig für die ganze Tragweite Ihrer eigenen Sterblichkeit öffnen, kann in Ihnen das furchtlose Mitgefühl wachsen, das stets die treibende Kraft im Leben all derer gewesen ist, die sich dem Wohle anderer gewidmet haben.

Alles, was ich bis jetzt über die Fürsorge für Sterbende gesagt habe, ließe sich in zwei Worten zusammenfassen: Liebe und Mitgefühl. Was ist Mitgefühl? Es ist nicht nur ein Gefühl der Sympathie oder Fürsorge für den Sterbenden, nicht einfach eine Herzenswärme gegenüber Ihrem Nächsten oder ein klares Erkennen seiner Nöte und Bedürfnisse, sondern darüber hinaus eine niemals nachlassende, praktische Entschlossenheit, persönlich alles Mögliche und Nötige zu unternehmen, um sein Leiden zu lindern.

Mitgefühl ist niemals wahres Mitgefühl, wenn es keine aktive Form annimmt. Avalokiteshvara, der Buddha des Mitgefühls, wird in der tibetischen Ikonographie häufig mit tausend Augen abgebildet, die das Leid in allen Winkeln des Universums erkennen, und mit tausend Armen, die seine Hilfe überallhin bringen.

Die Logik des Mitgefühls

Wir alle spüren und wissen etwas vom Nutzen des Mitgefühls. Aber die besondere Kraft der buddhistischen Lehren liegt darin, daß sie uns sozusagen eine klare «Logik» des Mitgefühls vermitteln. Haben wir sie einmal begriffen, macht diese Logik unsere Mitgefühls-Praxis augenblicklich dringlicher und umfassender, stabiler und geerdeter, weil sie auf der Klarheit vernünftiger Beweisführung aufbaut, deren Wahrheit immer deutlicher wird, je mehr wir sie anwenden und auf die Probe stellen.

Wir mögen behaupten, daß Mitgefühl eine wunderbare Sache sei, und es zum Teil sogar glauben, aber in der Praxis sind unsere Handlungen zutiefst mitleidslos und bringen uns und anderen hauptsächlich Frustration und Verzweiflung und nicht das Glück, nach dem wir alle suchen. Ist es nicht absurd, daß wir uns zwar alle nach Glück sehnen, fast all unsere Handlungen und Gefühle aber direkt von diesem Glück wegführen? Was könnte deutlicher darauf hinweisen, daß unsere ganze Vorstellung von Glück und wie es zu erreichen wäre, grundlegend falsch ist?

Was macht uns denn eigentlich glücklich? Unser kleinlicher, den eigenen Vorteil suchender, spitzfindiger Eigennutz, diese selbstsüchtige Verteidigung unseres Ego, die uns – wie wir alle nur zu gut wissen – bisweilen äußerst brutal werden läßt? In Wahrheit ist es genau umgekehrt: Wenn wir das Festhalten an einem Ich und den Eigennutz wirklich untersuchen, entlarven sie sich als die Quelle allen Unheils für andere und ebenso allen Unheils für uns selbst.[1]

Alles Negative, das wir jemals gedacht oder getan haben, ist letztlich auf unser Greifen nach einem falschen Ich zurückzuführen, das wir hegen und pflegen, bis es uns zum liebsten und wichtigsten Element unseres Lebens geworden ist. Alle negativen Gedanken, Emotionen, Begierden und Handlungen, die die Ursachen für unser negatives Karma sind, werden vom Greifen nach einem Ich und von der Selbstsucht erzeugt. Sie sind der dunkle, machtvolle Magnet, der – Leben auf Leben – jede nur erdenkliche Katastrophe, jedes Hindernis, jedes Unglück und jede Verzweiflung auf uns zieht und somit die grundlegende Ursache aller Leiden in Samsāra.

Wenn wir das Gesetz von Karma und seine nachhaltigen Auswirkungen auf viele Leben in seiner ganzen Vielschichtigkeit und Tragweite erkannt haben, wenn wir sehen, wie das Greifen nach einem Ich und die Selbstsucht uns Leben für Leben in ein komplexes Netz von Unwissenheit eingesponnen haben, das uns immer enger einzuschnüren scheint, wenn wir das gefährliche und gespenstische Geschäft des Geistes, der sich an ein Ich klammert, durchschaut und seine taktischen Tricks bis in die geheimsten Verstecke verfolgt haben – wenn wir also wirklich verstanden haben, wie unser gewöhnlicher Geist und unser Handeln so vollständig von diesem Greifen in Anspruch genommen, so beengt und verdunkelt sind, daß es uns fast unmöglich geworden ist, das Herz bedingungsloser Liebe zu entdecken, weil die Ich-Bezogenheit unseres Geistes die Quellen wahrer Liebe und wahren Mitgefühls in uns blockiert, dann kommt ein Moment, in dem wir ganz eindeutig verstehen, was Shāntideva sagt:

> Wenn alles Unheil,
> alle Angst und alles Leiden dieser Welt
> vom Festhalten an einem Ich herrührt,
> wozu brauche ich dann diesen großen bösen Geist?

Und damit wird der Entschluß in uns geboren, diesen bösen Geist, unseren größten Feind, zu vernichten. Mit dem Ende dieses Übeltäters ist die Ursache all unseres Leidens beseitigt, und unsere wahre Natur kommt in all ihrer offenen Weite und Dynamik zum Vorschein.

In diesem Krieg gegen unsere größten Feinde – Greifen nach einem Ich und Selbstsucht – können wir keinen besseren Verbündeten finden als die Praxis des Mitgefühls. Es ist das Mitgefühl – uns selbst dem Wohl anderer zu widmen, uns ihrer Leiden anzunehmen, statt uns immer nur um uns selbst zu kümmern –, das Hand in Hand mit der Weisheit der Ichlosigkeit das alte Anhaften an ein falsches Ich, das die Ursache für unser endloses Wandern in Samsāra ist, am wirkungsvollsten und vollständigsten beseitigt. Aus diesem Grund halten wir in unserer Tradition das Mitgefühl für die Quelle und die Essenz der Erleuchtung und für das Herz aller erleuchteten Aktivität. Shāntideva sagte dazu:

> Was müßte man mehr darüber sagen:
> Die Kindischen arbeiten für ihr eigenes Wohl,
> die Buddhas arbeiten für das Wohl anderer.
> Sieh nur den Unterschied zwischen ihnen!
>
> Wenn ich mein Glück
> nicht gegen das Leid der anderen tausche,
> werde ich nie den Stand der Buddhaschaft erreichen,

und selbst in Samsāra wird mir keine wahre Freude
zuteil.[2]

Um zu erkennen, was ich die «Weisheit des Mitgefühls» nenne, müssen wir mit vollkommener Klarheit sowohl den Nutzen einer altruistischen Einstellung sehen als auch den Schaden, den die gegenteilige Geisteshaltung uns angetan hat. Wir müssen klar und eindeutig zwischen dem Eigeninteresse unseres Ich und unseren letztendlichen Interessen unterscheiden; weil wir ersteres ständig mit dem letzteren verwechselt haben, ist all unser Leiden entstanden. Wir bestehen stur darauf, daß Selbstsucht der beste Schutz im Leben sei, obwohl es in Wirklichkeit ganz anders ist. Festhalten an einem Ich erzeugt Selbstsucht, die wiederum eingefahrene Abneigungen gegen Schmerzen und Leiden nach sich zieht. Schmerzen und Leiden besitzen jedoch keine objektive Existenz; einzig und allein der Tatsache, daß wir sie ablehnen und meiden wollen, verdanken sie ihr Dasein und ihren Einfluß auf uns. Haben wir das verstanden, wird uns endlich klar, daß es tatsächlich unsere Abneigung ist, die jedes Hindernis, jede nur denkbare Negativität auf uns zieht und unser Leben mit nervöser Ängstlichkeit, Hoffnung und Furcht anfüllt. Beseitigen wir die Abneigung, indem wir mit dem Geist, der nach einem unabhängigen Ich greift und dann an diesem nichtexistenten Ich festhält, aufräumen, dann nehmen wir den Hindernissen und aller Negativität jede weitere Möglichkeit, uns zu beeinflussen. Denn wie kann etwas angegriffen oder geschädigt werden, das es gar nicht gibt?

Mitgefühl ist unser bestmöglicher Schutz, und wie die großen Meister der Vergangenheit immer schon wußten, ist es auch die größte Quelle der Heilung. Wenn Sie eine Krankheit wie Krebs oder AIDS haben und sich voller Mitgefühl vorstellen, daß Sie zusätzlich zu Ihrer eigenen Krankheit auch die Krankheiten anderer auf sich nehmen, die leiden wie Sie, reinigen Sie ohne jeden Zweifel das negative Karma, das die Ursache für Ihr jetziges und jedes zukünftige Leiden ist.

Ich erinnere mich, daß es in Tibet viele außergewöhnliche Fälle gegeben hat, in denen Menschen, nachdem sie erfahren hatten, sie seien unheilbar krank, ihren gesamten Besitz verschenkten und auf den Friedhof gingen, um ihren Tod zu erwarten. Dort praktizierten sie das Annehmen des Leidens der anderen – oft mit der verblüffenden Wirkung, daß sie, anstatt zu sterben, völlig geheilt heimkehren konnten.

Immer wieder habe ich die Erfahrung gemacht, daß die Arbeit mit Sterbenden eine ganz unmittelbare Gelegenheit bietet, aktives Mitgefühl zu praktizieren, und zwar unter Umständen, wo es so dringend gebraucht wird, wie wohl niemals sonst.

Ihr Mitgefühl kann in dreierlei Hinsicht von wesentlichem Nutzen für den Sterbenden sein: Es öffnet Ihr Herz, und daher werden Sie es zunächst einmal leichter finden, dem Sterbenden die bedingungslose Liebe zu geben, die er so dringend braucht. Indem Sie versuchen, Ihr Mitgefühl auszudrücken und aus dem Herzen Ihres Mitgefühls zu handeln, können Sie auf einer tieferen, spirituellen Ebene eine Atmosphäre schaffen, durch die der andere möglicherweise inspiriert wird, sich eine spirituelle Dimension erstmals vorzustellen oder vielleicht sogar selbst eine spirituelle Praxis aufzunehmen. Wenn Sie beständiges Mitgefühl für den Sterbenden üben und ihn außerdem dazu ermutigen können, dasselbe zu tun, dann kann es sogar geschehen, daß Sie ihn nicht nur spirituell heilen, sondern vielleicht sogar körperlich. Mit höchstem Erstaunen werden Sie dabei selbst erfahren, was alle spirituellen Meister wissen: Die Kraft des Mitgefühls ist grenzenlos.

Asanga, einer der berühmtesten buddhistischen Heiligen Indiens, lebte im 4. Jahrhundert. Um in Zurückgezogenheit praktizieren zu können, war er in die Berge gegangen. In seiner Einsiedelei konzentrierte er die ganze Kraft seiner Meditationspraxis auf den Buddha Maitreya und hoffte inständig, durch seine Erscheinung gesegnet zu werden und Unterweisungen von ihm zu erhalten.

Sechs lange Jahre meditierte Asanga unter härtesten Bedingungen, hatte aber noch nicht einmal einen verheißungsvollen Traum. Schließlich gab er entmutigt auf, weil er glaubte, sein Wunsch, Buddha Maitreya zu begegnen, würde wohl niemals in Erfüllung gehen. Er brach also die Klausur ab und verließ seine Einsiedelei. Er war noch nicht weit die Straße hinabgegangen, als er einen Mann erblickte, der mit einem seidenen Tüchlein an einer riesigen Eisenstange rieb. Asanga ging auf ihn zu und fragte, was er denn da tue. «Ich habe keine Nadel», antwortete der Mann, «darum will ich mir aus dieser Eisenstange eine machen.» Asanga starrte ihn entgeistert an. Selbst wenn es diesem Mann in hundert Jahren endlich gelänge, welchen Sinn hätte das Ganze? Er dachte bei sich: «Schau dir nur an, wieviel Mühe sich die Menschen geben, um völlig absurde Ziele zu erreichen. Du willst etwas wirklich Wertvolles tun, willst spirituelle Praxis üben, und bist nicht annähernd so entschlossen.» Er machte also kehrt und begab sich wieder in seine Klausur.

Weitere drei Jahre zogen ins Land, und immer noch hatte er nicht den leisesten Schimmer von Buddha Maitreya. «Jetzt weiß ich es gewiß», dachte er, «ich werde niemals erfolgreich sein.» Er nahm also abermals Abschied von seiner Einsiedelei und kam bald an eine Biegung der Straße, an der ein Felsblock lag, der so riesig war, daß er an den Himmel zu stoßen schien. Am Fuß des Felsens war ein Mann eifrig damit beschäftigt, mit einer nassen Feder über den Fels zu streichen. «Was tust du da?» fragte Asanga.

«Dieser Fels ist so groß, daß die Sonne nicht auf mein Haus scheinen kann; deshalb versuche ich, ihn zu beseitigen.» Asanga war verblüfft von der unermüdlichen Energie dieses Mannes und schämte sich seines eigenen Mangels an Hingabe. Und wieder kehrte er in seine Einsiedelei zurück.

Weitere drei Jahre verstrichen, und immer noch hatte er nicht einmal einen einzigen guten Traum gehabt. Er entschied ein für allemal, daß es hoffnungslos sei und verließ seine Einsiedelei diesmal endgültig. Er wanderte den ganzen Tag, und gegen Nachmittag kam er an einem Hund vorbei, der am Straßenrand lag. Der Hund hatte nur noch seine Vorderpfoten, der ganze hintere Teil seines Körpers verweste bereits und war schon ganz mit Maden bedeckt. Doch trotz seines erbarmungswürdigen Zustands schnappte der Hund noch nach allen, die vorübergingen, und machte den traurigen Versuch, sie zu beißen, indem er sich mit seinen beiden gesunden Pfoten über den Boden zog.

Asanga wurde von einer heftigen und schier unerträglichen Empfindung des Mitgefühls überwältigt. Er schnitt sich ein Stück seines eigenen Fleisches aus dem Körper und gab es dem Hund zu fressen. Dann beugte er sich nieder, um ihn von den Maden zu befreien, die ihn bei lebendigem Leib auffraßen. Plötzlich dachte er aber daran, daß er sie ja verletzen könnte, wenn er sie mit den Fingern herausklauben würde, und erkannte, daß er sie nur mit der Zunge vorsichtig genug entfernen könnte. Asanga kniete nieder, mußte aber beim Anblick der eitrigen, sich windenden Masse vor Ekel die Augen schließen. Er beugte sich nieder und streckte die Zunge heraus . . . Seine nächste Wahrnehmung war, daß seine Zunge den Boden berührte. Er öffnete die Augen und blickte auf. Der Hund war verschwunden. An seiner Stelle stand Buddha Maitreya in einer Aura strahlenden Lichts.

«Na endlich», sagte Asanga, «warum bist du denn nicht schon eher erschienen?»

Maitreya antwortete sanft: «Es ist nicht wahr, daß ich vorher niemals erschienen wäre. Ich war die ganze Zeit bei dir, aber dein negatives Karma und deine Verblendungen haben dich daran gehindert, mich wahrzunehmen. Die zwölf Jahre deiner Praxis haben diese Schleier so weit beseitigt, daß du schließlich wenigstens den Hund sehen konntest. Dann hat dein aufrichtiges und von Herzen kommendes Mitgefühl deine Verblendung restlos hinweggefegt, so daß du mich jetzt wahrhaftig vor dir sehen kannst. Wenn du nicht glaubst, daß es so war, dann setz mich auf deine Schulter und schau, ob irgend jemand sonst mich sehen kann.»

Asanga setzte Maitreya auf seine rechte Schulter und ging zum Marktplatz, wo er jeden fragte: «Was habe ich auf der Schulter?» «Nichts», sagten die meisten und eilten weiter. Nur eine alte Frau, deren Karma ein wenig gereinigt war, sagte: «Du hast den verwesenden Kadaver eines alten Hundes auf deiner Schulter, das ist alles.» Endlich verstand Asanga die grenzenlose Macht des Mitgefühls, das sein Karma gereinigt und verwandelt hatte und ihn so zu einem geeigneten Gefäß für die Vision und die Lehren Maitreyas hatte werden lassen. Dann nahm der Buddha Maitreya, dessen Name «Liebende Güte» bedeutet, Asanga mit in einen himmlischen Bereich, wo er ihm viele tiefgründige Lehren erteilte, die noch heute zu den wichtigsten des ganzen Buddhismus zählen.

Die Entstehung von Tonglen und die Kraft des Mitgefühls

Oft kommen Menschen zu mir und sagen: «Das Leiden meines Freundes oder meines Verwandten nimmt mich sehr mit. Ich möchte ja wirklich helfen, aber ich habe nicht das Gefühl, genug Liebe in mir zu haben, um wirksam helfen zu können. Das Mitgefühl, das ich zeigen möchte, ist irgendwie blockiert – was kann ich tun?» Kennen wir nicht alle die traurige Frustration, wenn wir nicht in der Lage sind, für die Menschen, die um uns herum leiden, genug Liebe und Mitgefühl aufzubringen und daher auch nicht genug Kraft, ihnen zu helfen?

Eine der besonderen Eigenschaften der buddhistischen Tradition besteht darin, daß sie eine große Auswahl an Praktiken entwickelt hat, die uns in solchen Situationen wirklich eine Hilfe sein können, die uns Kraft und Enthusiasmus geben können, die uns helfen, unseren Geist zu reinigen und unser Herz zu öffnen, damit die heilenden Energien von Weisheit und Mitgefühl wirksam werden und ihre transformierende Kraft entfalten können.

Von allen mir bekannten Praktiken ist die Praxis des Tonglen, was im Tibetischen «Geben und Nehmen» bedeutet, eine der nützlichsten und wirksamsten. Wenn Sie sich in sich selbst eingeschlossen fühlen, öffnet Tonglen Sie für die Wirklichkeit des Leidens der anderen. Wenn Ihr Herz blockiert ist, zerstört diese Praxis die hemmenden Kräfte. Und wenn Ihnen der leidende Mensch vor Ihnen fremd vorkommt, oder wenn Sie verbittert oder verzweifelt sind, hilft Tonglen Ihnen, das liebevolle, offene Strahlen Ihrer eigenen wahren Natur zu entdecken und schließlich auch zum Vorschein zu bringen. Ich kenne keine andere Übung, die so wirkungsvoll wie diese das Festhalten an einem Ich, die Selbstsucht und Selbstzufriedenheit des Ich – die Wurzeln all unseres Leidens und aller Hartherzigkeit – zerstört.

Einer der größten Meister des Tonglen war Geshe Chekhawa, der im 11. Jahrhundert in Tibet lebte. Er war hochgelehrt und in vielen Formen der Meditation tief verwirklicht. Eines Tages, als er sich im Zimmer seines Lehrers aufhielt, fiel sein Blick auf ein geöffnetes Buch, in dem er folgende Zeilen las:

> Laß Vorteil und Gewinn den anderen,
> nimm Niederlage und Verlust auf dich.

Das überwältigende, beinahe unvorstellbare Mitgefühl, das aus diesen Zeilen sprach, berührte ihn tief, und er machte sich auf, den Meister zu finden, der diese Zeilen geschrieben hatte. Auf seiner Suche begegnete er eines Tages einem Leprakranken, von dem er erfuhr, daß der gesuchte Meister bereits gestorben sei. Geshe Chekhawa gab dennoch nicht auf, und seine Mühe wurde belohnt, als er schließlich den wichtigsten Schüler des verstorbenen Meisters fand. Geshe Chekhawa fragte diesen Schüler: «Für wie wichtig hältst du die Lehre, die in diesen beiden Zeilen enthalten ist?» Dieser erwiderte: «Ob es dir gefällt oder nicht: Du wirst die darin enthaltene Lehre praktizieren müssen, wenn du wirklich Buddhaschaft erlangen willst.»

Diese Antwort verblüffte Geshe Chekhawa fast noch mehr als das erstmalige Lesen der beiden Zeilen, und er blieb zwölf Jahre bei dem Schüler, um sich bei ihm zu schulen und sich die praktische Anwendung dieser Lehre, die Praxis des Tonglen, zu Herzen zu nehmen. Während seiner Lehrjahre hatte Geshe Chekhawa viele Bewährungsproben zu bestehen, war vielen Schwierigkeiten, Härten, Beschimpfungen und Schmähungen ausgesetzt. Aber die Lehre erwies sich als so wirkungsvoll und Geshe Chekhawas Ausdauer in seiner Praxis war so unerschütterlich, daß er nach sechs Jahren alles Greifen nach einem Ich und jegliche Selbstsucht vollständig aus seinem Geist beseitigt hatte. Die Praxis von Tonglen hatte ihn in einen Meister des Mitgefühls verwandelt.

Zuerst gab Geshe Chekhawa die Praxis des Tonglen nur an einige wenige auserwählte Schüler weiter, weil er dachte, es könne nur bei denen wirken, die großes Vertrauen in diese Praxis hätten. Dann aber begann er, die Übung einigen Leprakranken beizubringen. Lepra war zu dieser Zeit in Tibet sehr verbreitet und konnte von den Ärzten weder geheilt noch gelindert werden. Viele der Leprakranken aber, die nun Tonglen praktizierten, wurden tatsächlich gesund. Diese Neuigkeit verbreitete sich schnell, und weitere Leprakranke scharten sich um Geshe Chekhawas Haus, das mehr und mehr einem Lazarett zu ähneln begann.

Aber immer noch gab Geshe Chekhawa Tonglen nicht an jedermann. Erst nachdem er die Wirkung dieser Praxis auf seinen Bruder erlebt hatte, änderte er seine Meinung. Der Bruder des Geshe war ein unverbesserlicher Skeptiker, der für alle Formen spiritueller Praxis nichts als Spott übrig hatte. Als er jedoch sah, was mit den Leprakranken geschah, die Tonglen übten, war selbst dieser Bruder beeindruckt und wurde neugierig. Eines Tages lauschte er, hinter der Tür versteckt, den Tonglen-Unterweisungen Geshe Chekhawas und begann dann heimlich, die Praxis selbst auszuüben. Als Geshe Chekhawa bemerkte, wie der verhärtete Charakter seines Bruders aufzuweichen begann, erriet er, was geschehen war.

Wenn diese Übung sogar bei seinem Bruder wirkte und ihn derart veränderte, so dachte er, dann würde sie auch bei jedem anderen menschlichen Wesen ihre verwandelnde Wirkung entfalten können. Dies überzeugte Geshe Chekhawa schließlich, Tonglen öffentlicher zu lehren. Er selbst hörte nie auf, es zu praktizieren. Gegen Ende seines Lebens erzählte er seinen Schülern, daß er seit langem inständig darum gebetet habe, in den Höllenbereichen wiedergeboren zu werden, um allen dort leidenden Wesen helfen zu können. Unglücklicherweise, so fügte er hinzu, habe er kürzlich einige Träume gehabt, die anzeigten, daß er in einem der Buddha-Bereiche wiedergeboren würde. Er war darüber bitterlich enttäuscht und flehte seine Schüler mit Tränen in den Augen an, zu den Buddhas zu beten, daß dies nicht geschehen möge, sondern daß sein leidenschaftlicher Wunsch, allen Wesen in den Höllen zu helfen, doch noch in Erfüllung gehen möge.

Wie Liebe und Mitgefühl erweckt werden

Bevor Sie Tonglen wirklich praktizieren können, müssen Sie fähig sein, Mitgefühl in sich zu erwecken. Das ist schwieriger, als wir gemeinhin annehmen, weil die Quelle unserer Liebe und unseres Mitgefühls oft verschüttet ist und wir keinen direkten Zugang zu ihr haben. Glücklicherweise gibt es besondere Techniken aus der buddhistischen «Schulung des Geistes in Mitgefühl», die uns helfen können, unsere verborgene Liebe zu erwecken. Aus dem umfangreichen Angebot an entsprechenden Methoden habe ich die folgenden ausgewählt und sie gleichzeitig in eine Reihenfolge gebracht, um sie für Menschen in der heutigen Welt bestmöglich nutzbar zu machen.

I. Liebende Güte: Die Quelle öffnen

Wenn wir glauben, nicht genug lieben zu können, gibt es eine Methode, die Liebesfähigkeit in uns zu entdecken und wachzurufen. Gehen Sie im Geist zurück und vergegenwärtigen Sie sich ganz bildlich die Liebe eines Menschen, die Sie in Ihrem Leben, vielleicht in Ihrer Kindheit, tief berührt hat. Gewöhnlich wird gelehrt, man solle hier an seine Mutter und die lebenslange Hingabe denken, die sie einem erwiesen hat; wenn das aber problematisch für Sie ist, können Sie auch an Ihre Großmutter, Ihren Großvater oder an irgend jemanden sonst in Ihrem Leben denken, der Sie von Herzen lieb hatte. Erinnern Sie sich an einen Moment, als dieser Mensch Ihnen wirklich seine Liebe gezeigt hat und Sie seine Liebe ganz tief empfunden haben.

Lassen Sie dieses Gefühl nun wieder in Ihrem Herzen aufsteigen und Sie mit Dankbarkeit erfüllen. Wenn Ihnen das gelingt, wird Ihre Liebe ganz natürlich zu dem Menschen zurückfließen, der sie hervorgerufen hat. Und selbst wenn Sie sonst das Gefühl haben, daß Sie nicht genug geliebt wurden, erinnert dieses Ereignis Sie wieder daran, daß Sie Liebe verdienen und wirklich liebenswert sind.

Lassen Sie Ihr Herz sich nun öffnen und Liebe verströmen, und dann dehnen Sie diese Liebe auf alle Wesen aus. Fangen Sie mit denen an, die Ihnen am nächsten stehen, und erweitern Sie diese Liebe dann auf Freunde und Bekannte, danach auf Nachbarn und Fremde, später auf die, mit denen Sie Schwierigkeiten haben oder die Sie nicht mögen – selbst auf die, die Sie als Ihre «Feinde» bezeichnen – und schließlich auf das ganze Universum. Lassen Sie Ihre Liebe immer grenzenloser werden.

Gleichmut ist einer der vier wesentlichen Aspekte, die – laut buddhistischer Lehre – zusammen mit Liebender Güte, Mitgefühl und Freude das gesamte Spektrum des Mitgefühls ausmachen. Die allumfassende und unvoreingenommene Haltung des Gleichmuts ist der wahre Ausgangspunkt und gleichzeitig die Grundlage für den Pfad des Mitgefühls.

Sie werden merken, daß diese Übung die Quelle Ihrer Liebe öffnet, und dieses Aufschließen der Liebenden Güte in Ihnen inspiriert auch die Geburt aufrichtigen, wahren Mitgefühls in Ihrem Herzen und Geist. Denn wie Maitreya in einer seiner Unterweisungen für Asanga sagte: «Die Wasser des Mitgefühls strömen durch den Kanal der Liebenden Güte.»

II. Mitgefühl: Erkennen, daß die anderen Ihnen gleich sind

Ein äußerst wirksamer Weg, Mitgefühl zu erwecken, besteht darin, die anderen als Ihnen gleich zu sehen. «Schließlich», so erklärt der Dalai Lama, «sind alle Menschen gleich – sie bestehen aus menschlichem Fleisch, Knochen und Blut. Wir alle wollen glücklich sein und nicht leiden. Und wir haben auch alle das gleiche Recht, glücklich zu sein. Mit anderen Worten: es geht darum, unsere Gleichheit als Menschen zu erkennen.»[3]

Nehmen Sie zum Beispiel an, Sie hätten Schwierigkeiten mit einem Ihnen lieben Menschen, etwa mit Ihrem Vater oder Ihrer Mutter, Ihrem Freund oder Ihrer Freundin. Wie hilfreich und entwaffnend kann es da sein, den anderen nicht in seiner «Rolle» als Vater oder Mutter, als Ehemann oder Ehefrau zu sehen, sondern einfach als ein anderes menschliches Wesen mit genau denselben Empfindungen, demselben Wunsch nach Glück, derselben Angst vor Leiden, wie Sie sie haben. Im anderen einfach einen Menschen zu erkennen, dem es genauso geht wie Ihnen, wird Ihr Herz für ihn öffnen, und Sie werden besser verstehen, wie Sie helfen können.

Andere einfach als ebenbürtig anzuerkennen, wird Ihnen helfen, Ihre Beziehungen offener werden zu lassen und ihnen einen neuen, tieferen Sinn zu geben. Stellen Sie sich vor, Gesellschaftsklassen und Nationen fingen an, sich auf diese Art wahrzunehmen, dann hätten wir zumindest eine solide Grundlage für den Weltfrieden und die glückliche Koexistenz aller Völker.

III. Mitgefühl: Sich in die Lage der anderen versetzen

Wenn jemand leidet, und Sie nicht wissen, wie Sie helfen können, dann versetzen Sie sich unerschrocken in seine oder ihre Lage. Stellen Sie sich so lebendig wie möglich vor, wie es Ihnen ginge, wenn Sie die gleichen Schmerzen erleiden müßten. Fragen Sie sich: «Wie würde ich mich fühlen? Wie würde ich von meinen Freunden behandelt werden wollen? Was würde ich von ihnen am meisten erwarten?»

Wenn Sie sich auf diese Weise an die Stelle des anderen setzen, dann übertragen Sie Ihre Fürsorge von ihrem gewöhnlichen Objekt, nämlich Ihrem eigenen Wohlergehen, auf andere Wesen. Sich selbst an die Stelle anderer zu setzen, ist also ein sehr wirkungsvoller Weg, die Umklammerung der Selbstsucht und des an sich selbst haftenden Ego zu lösen und so das Herz Ihres Mitgefühls zu befreien.

IV. Mit Hilfe eines Freundes Mitgefühl erzeugen

Eine weitere Technik, Mitgefühl für einen leidenden Menschen zu erzeugen, besteht darin, einen Ihrer besten Freunde – jemanden, den Sie wirklich lieben – an dessen Stelle zu setzen.

Stellen Sie sich Ihren Bruder, Ihre Tochter, Ihre Eltern oder Ihren besten Freund in derselben schmerzhaften Situation vor, in der sich der leidende Mensch befindet, dem Sie helfen möchten. Ganz natürlich öffnet sich Ihr Herz, und Mitgefühl erwacht in Ihnen: Was würden Sie sich sehnlicher wünschen, als diesen Menschen von seinen Qualen zu befreien? Übertragen Sie jetzt dieses Mitgefühl, das in Ihrem Herzen entstanden ist, auf den Menschen, der Ihre Hilfe braucht: Sie werden sehen, daß Ihre Hilfsbereitschaft viel natürlicher inspiriert wird, und daß Sie sie zielgerichteter einsetzen können.

Manchmal werde ich gefragt: «Schade ich damit nicht dem Freund oder Verwandten, den ich mir in Schmerzen vorstelle?» Im Gegenteil: Wenn mit soviel Liebe und Mitgefühl an einen Menschen gedacht wird, kann das nur hilfreich für ihn sein und ihn sogar von all den Leiden heilen, die er in der Vergangenheit durchleiden mußte, die ihn jetzt plagen, oder die er in der Zukunft zu erwarten hat. Denn die Tatsache, daß er das Werkzeug für das Entstehen von Mitgefühl in Ihnen war, bringt diesem Menschen – selbst wenn es nur einen Augenblick dauerte – großen Verdienst und Nutzen. Da er ja mitverantwortlich dafür war, daß Sie Ihr Herz öffnen und so dem kranken oder sterbenden Menschen mit Ihrem

Mitgefühl helfen konnten, wirkt sich natürlicherweise auch ein Teil des positiven Potentials Ihrer Handlung auf ihn aus.

Außerdem können Sie diesem Freund oder lieben Menschen auch im Geist das Verdienst Ihrer Handlung widmen. Sie können ihm Gutes wünschen und daß er in Zukunft frei sein möge von Leid. Sie sind ihm dankbar, und vielleicht wird auch Ihr Freund selbst inspiriert und dankbar reagieren, wenn er erfährt, daß er es war, der Ihnen geholfen hat, Ihr Mitgefühl zu erwecken.

Wir beweisen mit der Frage «Wird mein Freund, den ich mir in der Situation des Kranken oder Sterbenden vorstelle, nicht Schaden nehmen?» also nur, daß wir nicht wirklich verstanden haben, wie wirksam und wunderbar die Kraft des Mitgefühls ist. Es segnet und heilt alle Beteiligten: den Menschen, der Mitgefühl erzeugt, den Menschen, durch den dieses Mitgefühl erzeugt wird, und den Menschen, auf den das Mitgefühl gerichtet ist. Wie Porzia in Shakespeares *Kaufmann von Venedig* sagt:

> Die Art der Gnade weiß von keinem Zwang,
> Sie träufelt wie des Himmels milder Regen
> Zur Erde unter ihr; zwiefach gesegnet:
> Sie segnet den, der gibt, und den, der nimmt ...

Mitgefühl ist das wunscherfüllende Juwel, dessen heilende Strahlen in alle Richtungen dringen.

Eine Geschichte, die ich sehr liebe, erzählt davon. Der Buddha berichtete einst von einem seiner früheren Leben, bevor er die Erleuchtung erlangte. In jenem Leben war er der jüngste von drei Söhnen eines großen Kaisers gewesen. Mahāsattva, so lautete der Name des Jüngsten, war ein von Natur aus liebenswürdiger und mitfühlender Knabe, der alle Lebewesen wie seine Kinder liebte.

Eines Tages hielten der Kaiser und sein ganzer Hofstaat ein Picknick am Waldrand, und die kleinen Prinzen gingen in den Wald zum Spielen. Nach einer Weile trafen sie auf eine Tigerin, die gerade Junge geboren hatte und vor Hunger dermaßen erschöpft war, daß sie kurz davor war, ihre eigenen Jungen zu verschlingen. Mahāsattva fragte seine Brüder: «Was braucht die Tigerin jetzt zu fressen, damit sie sich erholen kann?»

«Frisches Fleisch und Blut», war ihre Antwort.

«Wer wäre bereit, sie mit seinem eigenen Fleisch und Blut zu füttern, damit ihr Leben und das ihrer Jungen gerettet werden kann?» fragte er.

«Ja, wer würde so etwas wohl tun?» erwiderten sie.

Mahāsattva war von der Not der Tigerin und ihrer Jungen zutiefst berührt und begann nachzudenken: «Seit so langer Zeit wandere ich schon – Leben für Leben – nutzlos durch Samsāra und habe aufgrund von Gier, Haß und Verblendung so wenig getan, um den Wesen zu helfen. Hier bietet sich endlich eine großartige Gelegenheit.»

Die Prinzen machten sich schon auf den Rückweg, als Mahāsattva plötzlich sagte: «Geht ihr beiden nur schon vor, ich komme später nach.» Leise kroch er zur Tigerin zurück, und legte sich direkt vor sie auf den Boden nieder, damit sie ihn fressen könne. Die Tigerin schaute ihn an, war aber zu schwach, um ihr Maul zu öffnen. Der Prinz nahm daher einen scharfen Stock und brachte sich eine tiefe Wunde bei, aus der das Blut floß. Die Tigerin leckte es auf, und es kräftigte sie genug, daß sie ihr Maul öffnen und ihn fressen konnte.

Mahāsattva hatte der Tigerin seinen Körper gegeben, um ihre Jungen zu retten, und durch die große, positive Kraft seines Mitgefühls wurde er in einem höheren Bereich wiedergeboren, wo er seiner Erleuchtung und Wiedergeburt als Buddha entgegenschritt. Aber nicht nur sich selbst hatte er durch seine Handlung geholfen: Die Kraft seines Mitgefühls hatte auch die Tigerin und ihre Jungen von ihrem Karma gereinigt; durch die Art, wie er ihr Leben gerettet hatte, waren sie von allen karmischen Schulden befreit. Seine mitfühlende Handlung hatte – weil sie derart kraftvoll gewesen war – sogar eine karmische Verbindung zwischen ihnen geschaffen, die bis weit in die Zukunft reichen sollte. Die Tigerin und ihre Jungen, die das Fleisch von Mahāsattvas Körper gefressen hatten, wurden – so heißt es – als seine fünf ersten Schüler wiedergeboren. Sie waren die allerersten, die nach des Buddha Erleuchtung Unterweisungen von ihm erhielten. Welch einen Eindruck vermittelt uns diese Geschichte von der in Wahrheit unergründlichen und geheimnisvollen Macht des Mitgefühls!

V. Wie man über Mitgefühl meditiert

Es ist, wie schon gesagt, nicht immer einfach, die Kraft des Mitgefühls in sich zu erwecken. Ich persönlich finde, daß der einfachste Weg oft auch der beste und direkteste ist. An jedem Tag bietet uns das Leben zahllose Gelegenheiten, unser Herz zu öffnen, wir müßten sie nur nutzen. Eine alte Frau geht mit einsamen, traurigem Gesichtsausdruck an Ihnen vorbei; sie hat geschwollene Beine und kann die beiden schweren Plastiktüten mit ihrem Einkauf kaum noch tragen; ein schäbig gekleideter alter

Mann schlurft in der Schlange am Postschalter langsam einen Schritt weiter; ein Junge auf Krücken blickt hilflos und ängstlich beim Versuch, im dichten Nachmittagsverkehr die Straße zu überqueren; ein angefahrener Hund liegt verblutend am Straßenrand; ein junges Mädchen sitzt schluchzend allein in der U-Bahn. Schalten Sie nur den Fernseher an, und Sie sehen in den Nachrichten vielleicht eine Mutter in Beirut schluchzend über den Leichnam ihres ermordeten Sohnes gebeugt; oder eine alte Frau in Moskau zeigt auf die dünne Suppe, die ihre ganze Mahlzeit für heute ist, und sie weiß nicht einmal, ob sie morgen überhaupt noch etwas bekommen wird; oder eines der AIDS-Kinder in Rumänien blickt dich mit Augen an, in denen jeder lebendige Ausdruck abgestorben ist.

Jedes dieser Bilder könnte Ihr Herz gegenüber dem ungeheuren Leiden in der Welt öffnen. Lassen Sie es zu! Lassen Sie die Liebe und Trauer nicht umsonst in sich aufsteigen, gehen Sie nicht einfach darüber hinweg, fegen Sie sie nicht beiseite, um schnell wieder zur «Tagesordnung» übergehen zu können. Fürchten Sie sich nicht vor diesen Gefühlen, schämen Sie sich ihrer nicht, lassen Sie sich nicht von ihnen ablenken, und lassen Sie sie keinesfalls in Apathie enden. Bleiben Sie verletzlich und nutzen Sie diese schnellen, lichten Aufwallungen von Mitgefühl. Konzentrieren Sie sich auf sie, folgen Sie dem Mitgefühl tief in Ihr Herz und meditieren Sie darüber, entwickeln, verstärken und vertiefen Sie es. Dann werden Sie bemerken, wie blind Sie dem Leiden gegenüber waren, und daß der Schmerz, das Leiden, das Sie jetzt spüren, nur ein winziger Splitter all des Leidens in der Welt ist. Alle Lebewesen leiden, wo immer sie auch sein mögen; lassen Sie ihnen Ihr Herz in unmittelbarem, unermeßlichem Mitgefühl zufliegen, und richten Sie dieses Mitgefühl, verbunden mit dem Segen aller Buddhas, auf die Linderung des Leidens überall.

Mitgefühl ist viel größer und viel edler als Mitleid oder Bedauern. Bedauern hat seine Wurzeln in Angst und in einem Gefühl von Arroganz und Herablassung, manchmal geht es gar in Richtung eines «ein Glück, daß das nicht mir passiert». Wie Stephen Levine sagt: «Wenn deine Angst jemandes Schmerz berührt, wird daraus Bedauern; wenn deine Liebe jemandes Schmerz berührt, wird daraus Mitgefühl.»[4] Mitgefühl zu üben bedeutet daher zu erkennen, daß alle Lebewesen gleich sind und auf ähnliche Weise leiden. Es bedeutet, all denen, die leiden, mit Respekt zu begegnen, in dem Wissen, daß Sie niemals von irgend jemandem getrennt und niemandem überlegen sind.

Wenn Sie dann jemandem begegnen, der leidet, wird Ihr erster Impuls nicht Bedauern sein, sondern tiefes Mitgefühl. Sie empfinden diesem Menschen gegenüber Achtung, ja sogar Dankbarkeit, denn Sie wissen: Wer immer Ihnen durch sein Leiden hilft, Mitgefühl zu empfinden, macht Ihnen in der Tat eines der größten Geschenke. Er hilft Ihnen nämlich, genau die Eigenschaft in sich zu entwickeln, die Sie in Ihrem Fortschreiten zur Erleuchtung am nötigsten brauchen. Darum sagen wir in Tibet auch, daß der Bettler, der Sie um Geld anfleht, oder die alte, kranke Frau, die Ihr Herz rührt, Buddhas in Verkleidung sein können, die sich auf Ihrem Weg manifestieren, damit Ihr Mitgefühl wachsen und Sie der Buddhaschaft näherkommen können.

VI. Wie Sie Ihrem Mitgefühl Richtung geben

Wenn Sie tief genug über Mitgefühl meditiert haben, entsteht in Ihnen ein starker Entschluß, das Leiden aller Lebewesen zu lindern, und gleichzeitig wächst ein lebendiges Gefühl der persönlichen Verantwortung für dieses edle Ziel. Danach gibt es zwei Wege, dieses Mitgefühl geistig auszurichten und es zu aktivieren.

Der erste Weg besteht darin, alle Buddhas und erleuchteten Wesen aus der Tiefe Ihres Herzens zu bitten, daß alles, was Sie tun, jeder Ihrer Gedanken, Worte und Handlungen, den Wesen nur Nutzen und Glück bringen möge. In einem bekannten Gebet heißt es: «Segne mich, auf daß ich nützlich werde.» Beten Sie, daß Sie allen, die mit Ihnen in Kontakt kommen, nützen können, daß Sie ihnen helfen, ihr Leiden und ihr Leben zu verwandeln.

Der zweite und universelle Weg ist der, das Mitgefühl, das Sie empfinden, auf alle Wesen zu richten und alle positiven Handlungen und jede spirituelle Übung ihrem Wohlergehen und ganz besonders der Erleuchtung zu widmen. Wenn Sie nämlich wirklich eingehend über Mitgefühl meditieren, beginnt in Ihnen die Erkenntnis zu dämmern, daß Sie anderen nur dann wirklich umfassend eine Hilfe sein können, wenn Sie selbst vollständige Erleuchtung erlangen. Diese Erkenntnis gebiert eine starke Entschlossenheit und universale Verantwortung, und aus Mitgefühl entsteht augenblicklich der Wunsch, Erleuchtung zum Wohle aller anderen zu erlangen.

Dieser Wunsch, der aus Mitgefühl entsteht, heißt auf Sanskrit *Bodhichitta; bodhi* bezeichnet unsere erleuchtete Essenz, und *chitta* bedeutet Herz. Wir könnten das Wort also als «Herz unseres erleuchteten Geistes» übersetzen. Dieses Herz des erleuchteten Geistes zu wecken und zu entwickeln bedeutet, den Samen unserer Buddha-Natur geduldig zur Reife zu bringen. Wenn unsere Übung des Mitgefühls schließlich vollkommen und allumfassend geworden ist, erblüht dieser Same zur erhabenen, vollkommenen Buddhaschaft. Bodhichitta ist daher Ursprung, Quelle und Wurzel des gesamten spirituellen Pfades. Darum beten wir in unserer Tradition von ganzem Herzen:

> Möge das kostbare Bodhichitta in allen, in denen es noch nicht entstanden ist, entstehen.
> Möge das Bodhichitta in allen, in denen es entstanden ist, nicht abnehmen, sondern weiter und weiter anwachsen.

Und Shāntideva hat Bodhichitta mit solcher Freude gepriesen:

> Es ist das erhabene Elixier,
> das die Herrschaft des Todes überwindet.
> Es ist der unerschöpfliche Schatz,
> der die Armut in der Welt beseitigt.
> Es ist die überragende Medizin,
> die alle Krankheiten der Welt kuriert.
> Es ist der Baum, der allen Wesen Schutz gewährt,
> die müde sind vom Wandern auf dem Pfad bedingter Existenz.
> Es ist die große Brücke,
> die zur Freiheit von Geburt in niederen Bereichen führt.
> Es ist der aufgehende Mond des Geistes,
> der die Qualen ständiger Konzepte auflöst.
> Es ist die mächtige Sonne, die schließlich
> die Nebel der Verblendung in der Welt vertreibt.[5]

Die Stufen von Tonglen

Nachdem ich jetzt über die Wichtigkeit und Kraft des Mitgefühls gesprochen habe sowie über verschiedene Methoden, es zu erwecken, kann ich die edle Praxis von Tonglen in der Folge sehr viel wirkungsvoller einführen. Jetzt haben Sie nämlich die Motivation, das Verständnis und die nötigen Werkzeuge, sie zu Ihrem eigenen Besten und zum Besten der anderen anzuwenden. Tonglen ist zwar ursprünglich eine buddhistische

Praxis, aber ich bin zutiefst überzeugt, daß jeder – wirklich jeder – sie üben kann. Selbst wenn Sie überhaupt nicht religiös oder gläubig sein sollten, möchte ich Sie doch herzlich einladen, es einfach einmal zu versuchen. Ich habe Tonglen als außerordentlich hilfreich erlebt.

Ganz einfach ausgedrückt, besteht die Tonglen-Praxis des Gebens und Nehmens darin, das Leiden und den Schmerz der anderen auf sich zu nehmen und ihnen sein eigenes Glück, sein Wohlbefinden und seinen geistigen Frieden zu geben. Wie bei einer der Meditationsübungen, die ich bereits beschrieben habe, wird auch im Tonglen das Medium des Atems benutzt. Geshe Chekhawa schrieb: «Geben und Nehmen sollten abwechselnd geübt werden. Dieser Wechsel sollte mit dem Medium des Atems verbunden sein.»

Ich weiß aus eigener Erfahrung, wie schwer es ist, sich vorzustellen, das Leiden anderer, besonders das von Kranken oder Sterbenden, auf sich zu nehmen, ohne vorher die Stärke und das Vertrauen tiefen Mitgefühls in sich aufgebaut zu haben. Diese Stärke und dieses Vertrauen sind das, was Ihrer Praxis die Kraft gibt, das Leiden anderer zu transformieren.

Das ist auch der Grund, warum ich immer wieder rate, die Tonglen-Praxis zu Beginn erst einmal auf sich selbst anzuwenden. Bevor Sie anderen Liebe und Mitgefühl mitteilen können, müssen Sie beides zuerst in sich selbst entdecken, erschaffen, vertiefen und stärken, und Sie müssen sich von Zögerlichkeit, Verzweiflung, Angst und Zorn befreien, die Sie daran hindern, Tonglen von ganzem Herzen zu praktizieren.

Über die Jahre habe ich einen Stil entwickelt, Tonglen zu lehren, den viele meiner Schülerinnen und Schüler sehr hilfreich und heilsam finden. Es ist ein Prozeß in vier Stufen.

Die vorbereitende Tonglen-Übung

Die tiefgründigste Art, diese oder jede andere Art von Tonglen-Praxis zu üben, besteht darin, die Natur des Geistes wachzurufen und in ihr zu ruhen. Wenn Sie in der Natur des Geistes ruhen und alle Dinge direkt als «leer», illusorisch und traumgleich erleben, ruhen Sie in dem Zustand, der als «letztendliches Bodhichitta» oder «absolutes Bodhichitta» bekannt ist – das wahre Herz des erleuchteten Geistes. In den Lehren wird das absolute Bodhichitta mit einem unerschöpflichen Schatz an Großzügigkeit verglichen, und Mitgefühl wird, in seiner tiefsten Bedeutung, als die natürliche Strahlung der Natur des Geistes selbst verstanden, als die «angemessenen Mittel», die unmittelbar aus dem Herzen der Weisheit hervorkommen.

Beginnen Sie diese Übung, indem Sie sitzen und Ihren Geist heimbringen. Lassen Sie alle Gedanken zur Ruhe kommen; laden Sie sie weder ein noch folgen Sie ihnen nach. Schließen Sie die Augen, wenn Sie mögen. Sobald Sie sich ruhig und zutiefst bei sich selbst fühlen, richten Sie sich ein wenig auf und beginnen Sie mit der Praxis.

I. Tonglen für das geistige Umfeld

Wir alle wissen, wie sehr uns unsere Launen und unsere geistige Verfassung im Griff haben. Versuchen Sie im Sitzen, die Stimmung und Atmosphäre Ihres Geistes zu erspüren. Wenn Sie Ihre gegenwärtige Laune als unangenehm oder düster empfinden, dann absorbieren Sie im Geiste alles Unheilsame beim Einatmen, und wenn Sie ausatmen, verströmen Sie Ruhe, Klarheit und Freude. Reinigen und heilen Sie auf diese Weise die Verfassung und die Umgebung Ihres Geistes. Aus diesem Grund nenne ich diese erste Stufe der Praxis «Tonglen für das geistige Umfeld».

II. Tonglen für Sie selbst

Teilen Sie sich für diese Übung in zwei Aspekte auf: A und B. Der heile, mitfühlende, warme und liebevolle Teil von Ihnen, der wie ein guter Freund wirklich für Sie da ist, offen, bereit, Ihnen beizustehen, ohne Sie jemals zu verurteilen, ganz gleich, was für Fehler Sie haben mögen, ist A.

Die Person in Ihnen, die verletzt wurde, die sich mißverstanden und frustriert fühlt, die verbittert oder zornig ist, die zum Beispiel als Kind ungerecht behandelt oder mißbraucht wurde, die in Beziehungen gelitten hat oder von der Gesellschaft mißverstanden wurde, ist B.

Wenn Sie jetzt einatmen, stellen Sie sich vor, wie A sein Herz ganz öffnet und mit Wärme und Mitgefühl Bs gesamtes Leiden, seinen ganzen Schmerz und alle Verletztheit in seiner Umarmung annimmt. Davon gerührt, öffnet auch B sein Herz, und aller Schmerz, alles Leiden schmilzt in dieser mitfühlenden Umarmung dahin.

Wenn Sie ausatmen, stellen Sie sich vor, wie A all seine heilende Liebe und Warmherzigkeit, sein Vertrauen, Wohlsein, Glück und seine Freude an B aussendet.

III. Tonglen in tatsächlichen Lebenssituationen

Stellen Sie sich lebendig eine Situation vor, in der Sie sich wirklich schlecht verhalten haben, oder etwas, wofür Sie sich schuldig fühlen, bei dessen bloßer Erinnerung Sie sich jetzt noch innerlich winden.

Wenn Sie nun einatmen, übernehmen Sie die volle Verantwortung für Ihr Handeln in dieser speziellen Situation, versuchen Sie nicht, Ihr Verhalten zu rechtfertigen. Bekennen Sie, was Sie falsch gemacht haben und bitten Sie von ganzem Herzen um Verzeihung. Wenn Sie jetzt ausatmen, strahlen Sie Versöhnung, Vergebung, Heilung und Verständnis aus. Sie atmen also Unheil ein und das Wiedergutmachen von Unrecht aus; Sie atmen Verantwortung ein und Heilung, Vergebung und Versöhnung aus.

Diese Übung ist sehr wirkungsvoll, und sie kann Ihnen sogar den Mut und die Kraft verleihen, den Menschen, dem Sie Unrecht getan haben, tatsächlich aufzusuchen und im direkten Gespräch mit ihm oder ihr von Herzen um Vergebung zu bitten.

IV. Tonglen für andere

Stellen Sie sich jemanden vor, den Sie sehr mögen und der jetzt leidet oder Schmerzen hat. Wenn Sie einatmen, stellen Sie sich vor, all seinen Schmerz mit Mitgefühl in sich aufzunehmen, und wenn Sie ausatmen, lassen Sie Wärme, Heilung, Liebe, Freude und Glück von Ihnen zu jenem Menschen strömen.

Jetzt erweitern Sie – genau wie in der Übung Liebender Güte – schrittweise den Kreis Ihres Mitgefühls, indem Sie zuerst weitere Menschen einschließen, die Sie mögen, dann diejenigen, die Ihnen gleichgültig sind, diejenigen, mit denen Sie Schwierigkeiten haben oder die Sie nicht mögen, und schließlich sogar die, deren Verhalten Ihnen wirklich böse oder grausam erscheint. Lassen Sie Ihr Mitgefühl universell werden, und schließen Sie in seine Umarmung alle fühlenden Wesen ein, sämtliche Lebewesen ohne irgendeine Ausnahme:

> Die Zahl der Lebewesen ist so grenzenlos
> wie der weite Raum:
> Mögen sie alle mühelos
> die Natur ihres Geistes erkennen;
> und mögen sämtliche Wesen aller sechs Daseinsbereiche,

von denen ein jedes in diesem oder jenem Leben
mir Vater oder Mutter war,
gemeinsam den Grund
ursprünglicher Vollkommenheit erreichen.

Ich habe in diesem Abschnitt eine in sich geschlossene Vorbereitung zur eigentlichen Tonglen-Praxis gegeben, die – wie Sie noch sehen werden – einen wesentlich detaillierteren Prozeß der Visualisation erfordert. Diese vorbereitende Übungen wirken auf Ihre Geistes- und Herzenshaltung, sie bereiten Sie vor, öffnen und inspirieren Sie. Allein schon diese Praxis befähigt Sie nicht nur, zuerst den Zustand Ihres Geistes, Ihr eigenes Leiden und die Schmerzen der Vergangenheit zu heilen und damit anzufangen, durch Ihr Mitgefühl allen Wesen zu helfen. Sie bereitet Sie auch sorgfältig vor auf den Prozeß des Gebens und Nehmens, der seinen vollkommensten Ausdruck in der Hauptpraxis von Tonglen findet.

Die Hauptpraxis von Tonglen

Die Tonglen-Praxis des Gebens und Nehmens besteht darin, daß wir sämtliche geistigen und körperlichen Leiden aller Lebewesen wie Angst, Frustration, Schmerz, Haß, Schuld, Verbitterung, Zweifel und Wut aus Mitgefühl auf uns nehmen und ihnen im Austausch dafür all unser Glück, unser Wohlergehen, unseren Geistesfrieden, alle Heilung und Erfüllung aus Liebe geben.

1. Bevor Sie mit dieser Übung beginnen, sitzen Sie still und bringen Ihren Geist heim. Dann meditieren Sie tief über Mitgefühl, indem Sie eine der vorher beschriebenen Methoden verwenden. Wählen Sie die, die Sie am meisten inspiriert und die am besten wirkt. Dann rufen Sie die Präsenz aller Buddhas, Bodhisattvas und erleuchteten Wesen an, damit durch ihre Inspiration und durch ihren Segen Mitgefühl in Ihrem Herzen entstehen kann.

2. Stellen Sie sich nun im Raum vor Ihnen so lebendig und deutlich wie möglich einen Menschen vor, der Ihnen etwas bedeutet und der leidet. Versuchen Sie sich jeden Aspekt seines Schmerzes und Leidens auszumalen. Wenn Sie dann das Gefühl haben, daß Ihr Herz sich voller Mitgefühl für diesen Menschen öffnet, stellen Sie sich vor, wie sich alle seine Leiden

gleichzeitig manifestieren und zu einer großen Masse heißen, schwarzen, schmutzigen Rauchs zusammenballen.

3. Wenn Sie jetzt einatmen, stellen Sie sich lebhaft vor, daß sich diese Masse schwarzen Qualms mit dem Einatmen in das Zentrum Ihrer Selbstsucht in Ihrem Herzen auflöst. Dort vernichtet sie restlos alle Spuren Ihres Festhalten an einem Ich, und all Ihr negatives Karma wird dadurch gereinigt.

4. Stellen Sie sich jetzt vor, daß das Herz Ihres erleuchteten Geistes, Ihr Bodhichitta, da Ihre Selbstsucht zerstört ist, völlig freigelegt ist. Wenn Sie jetzt ausatmen, nehmen Sie an, daß Sie das strahlende, kühlende Licht von Bodhichitta voll Frieden, Freude, Glück und letztendlichem Wohlergehen an Ihren leidenden Freund aussenden, und daß diese Strahlen all sein negatives Karma reinigen.

An dieser Stelle finde ich es zusätzlich inspirierend – wie Shāntideva vorschlägt –, sich vorzustellen, daß das Bodhichitta Ihr Herz, Ihren ganzen Körper, ja Ihr ganzes Sein in ein schimmerndes, wunscherfüllendes Juwel verwandelt hat, ein Juwel, das die Wünsche und Bedürfnisse eines jeden Lebewesens erfüllen kann. Wahres Mitgefühl ist solch ein wunscherfüllendes Juwel, weil es jedem Wesen genau das geben kann, was es am meisten braucht, und so sein Leiden lindert und ihm wahre Erfüllung gibt.

5. Es ist sehr wichtig, in dem Augenblick, in dem das Licht Ihres Bodhichitta ausstrahlt und den leidenden Menschen berührt, die unerschütterliche Gewißheit zu verspüren, daß all sein negatives Karma tatsächlich gereinigt wurde, und eine tiefe, dauerhafte Freude darüber zu empfinden, daß der Mensch völlig von allem Leid und allem Schmerz befreit ist.

Setzen Sie die Übung nun in Verbindung mit Ihrem normalen Ein- und Ausatmen kontinuierlich fort.

Tonglen für einen leidenden Freund zu üben, hilft Ihnen, den Prozeß des langsamen Ausweitens Ihres Mitgefühls einzuleiten, bis Sie schließlich in der Lage sind, das Leiden aller Wesen auf sich zu nehmen und ihr Karma zu reinigen, um ihnen im Austausch dafür Ihr ganzes Glück und Wohlergehen, Ihre Freude und Ihren Geistesfrieden zu geben. Dies ist das wunderbare Ziel der Tonglen-Praxis und – in einem weiteren Sinn – des gesamten Pfades des Mitgefühls.

Tonglen für einen Sterbenden

Jetzt vermögen Sie langsam zu sehen, wie gut man mit Tonglen ganz speziell Sterbenden helfen kann, wieviel Kraft und Vertrauen es Ihnen in der Arbeit mit ihnen vermitteln kann, und wieviel transformierende Hilfe es Ihnen tatsächlich bringen kann.

Ich habe Ihnen ja bereits die eigentliche Übung von Tonglen beschrieben. Stellen Sie sich nun anstelle des leidenden Freundes den sterbenden Menschen vor. Gehen Sie durch genau dieselben Stufen wie in der Hauptübung von Tonglen. Stellen Sie sich in der Visualisation des dritten Teils eindringlich vor, wie alle Aspekte des Leidens und der Angst des Sterbenden sich zu einer Wolke von heißem, schwarzem, schmutzigem Rauch zusammenballen, die Sie dann einatmen. Und nehmen Sie weiter wie zuvor an, daß dadurch Ihre Selbstsucht zerstört und Ihr negatives Karma gereinigt wird.

Wenn Sie jetzt ausatmen, stellen Sie sich auch hier vor, wie das Licht der Essenz Ihres erleuchteten Geistes den sterbenden Menschen mit Frieden und Wohlergehen erfüllt und sein gesamtes negatives Karma reinigt.

Wir brauchen Mitgefühl zwar in jedem Augenblick unseres Lebens, aber wann wäre es wohl dringender nötig als zur Zeit unseres Sterbens? Kann es ein schöneres und trostreicheres Geschenk für Sterbende geben, als das Wissen, daß für sie gebetet wird, und daß Sie in Ihrer Übung ihr Leiden annehmen und ihr negatives Karma reinigen? Selbst wenn sie gar nicht wissen, daß Sie für sie praktizieren, helfen Sie den Sterbenden, und im Austausch helfen sie Ihnen. Sie helfen Ihnen aktiv, Ihr Mitgefühl zu entwickeln und so sich selbst zu reinigen und zu heilen. Für mich ist jeder Sterbende ein Lehrer, der jedem, der ihm hilft, Gelegenheit gibt, sich selbst durch die Entwicklung von Mitgefühl zu transformieren.[6]

Das heilige Geheimnis

Sie werden sich vielleicht folgende Frage gestellt haben: «Wenn ich die Leiden und den Schmerz der anderen auf mich nehme, riskiere ich dann nicht, mir selbst zu schaden?» Wenn Sie irgendwie zögern und das Gefühl haben, nicht genügend Kraft, Mut oder Mitgefühl zu besitzen, um die Tonglen-Übung von ganzem Herzen auszuführen, machen Sie sich keine Sorgen. Stellen Sie sich dann bloß vor, daß Sie diese Übung ausführen. Sagen Sie sich: «Einatmend nehme ich das Leiden dieses Menschen auf mich; ausatmend gebe ich ihm Frieden und Glück.» Allein schon durch diese einfache Übung schaffen Sie vielleicht das geistige Klima, das Sie dann inspirieren kann, die vollständige Praxis aufzunehmen.

Wenn Sie zögern und sich nicht fähig fühlen, die Übung konkret auszuführen, können Sie Tonglen auch in Form eines einfachen Gebets praktizieren, indem Sie einfach den Wunsch entwickeln, den Wesen zu helfen. Sie können zum Beispiel beten: «Möge ich fähig werden, das Leiden der anderen auf mich zu nehmen, möge ich fähig werden, ihnen mein Wohlergehen und Glück zu geben.» Dies Gebet wird günstige Bedingungen für das Erwachen Ihrer Fähigkeit zur Tonglen-Praxis in der Zukunft schaffen.

Über eines sollten Sie sich allerdings im klaren sein: Das einzige, was durch die Tonglen-Übung zu Schaden kommen kann, ist das, was Ihnen selbst sowieso schon am meisten geschadet hat – Ihr Ego, Ihr an einem Ich klebender, selbstsüchtiger Geist, der die Wurzel allen Leidens ist. Wenn Sie nämlich Tonglen so oft wie möglich üben, wird dieser selbstsüchtige Geist schwächer und schwächer und Ihre wahre Natur – Mitgefühl – kann sich immer stärker manifestieren. Je größer und stärker Ihr Mitgefühl wird, desto größer und stärker werden Ihre Furchtlosigkeit und Ihr Vertrauen. Und so erweist sich Mitgefühl wiederum als Ihr größter Schatz und bester Schutz. Wie Shāntideva sagte:

> Wer möglichst schnell Schutz
> für sich und andere sucht,
> sollte das heilige Geheimnis üben:
> das Austauschen von «Ich» und «Andere».[7]

Das heilige Geheimnis, das in der Übung von Tonglen liegt, ist den Meistern der Mystik und den Heiligen aller Traditionen wohlbekannt. Es mit der Selbstvergessenheit und Hingabe wahrer Weisheit und wahren Mitgefühls zu leben und zu verkörpern, ist das, was ihr Leben mit Freude erfüllt. Ein Mensch aus unseren Tagen, der sein Leben dem Dienst an Kranken und Sterbenden gewidmet hat und die heilige Freude des Gebens und Empfangens ausstrahlt, ist Mutter Teresa. Ich kann mir kaum eine inspirierendere Aussage der spirituellen Essenz von Tonglen denken, als ihre folgenden Worte:

> Wir alle sehnen uns nach dem Himmel und der Gegenwart Gottes, aber es liegt an uns, schon jetzt bei ihm im Himmel zu sein. Doch in diesem Augenblick mit ihm glücklich zu sein bedeutet:

Lieben, wie Er liebt;
helfen, wie Er hilft;
geben, wie Er gibt;
dienen, wie Er dient;
retten, wie Er rettet;
vierundzwanzig Stunden bei Ihm sein,
Ihn berühren in Seiner erbarmungswürdigen Verkleidung.

Eine Liebe, so grenzenlos wie diese, heilte Geshe Chekhawas Lepra-Kranke; sie könnte auch uns von einer Krankheit heilen, die weit gefährlicher ist: von der Unwissenheit, die uns Leben für Leben gehindert hat, die Natur unseres Geistes zu erkennen und Befreiung zu erlangen.

13. Spirituelle Hilfe für Sterbende

Ich bin Anfang der siebziger Jahre erstmals in den Westen gekommen, und was mir damals besonders störend auffiel und mich auch heute noch unangenehm berührt, ist der fast vollständige Mangel an spiritueller Hilfe für Sterbende in der modernen Welt. In Tibet hatte jeder zumindest eine Ahnung von den höheren Wahrheiten des Buddhismus und stand irgendwie in Beziehung zu einem Meister. Niemand starb, ohne daß von der Gemeinschaft sowohl auf der allgemeinen als auch auf einer spirituellen Ebene für ihn gesorgt worden wäre. Im Westen habe ich viele Berichte über Menschen gehört, die einsam und in großer Verzweiflung, ohne den geringsten spirituellen Beistand, gestorben sind.

Eines meiner Hauptmotive, dieses Buch zu schreiben, war der Wunsch, die heilsame Weisheit der Welt, in der ich aufgewachsen bin, allen Menschen zu vermitteln. Haben wir denn nicht alle ein Recht darauf, daß in unserem Sterben nicht nur unser Körper mit Achtung behandelt wird, sondern – was vielleicht noch viel wichtiger ist – auch unser Geist? Sollte es nicht eines der Grundrechte zivilisierter Gesellschaften sein, daß ein jeder in dieser Gesellschaft mit bestmöglichem spirituellen Beistand sterben kann? Haben wir wirklich das Recht, uns als «zivilisiert» zu bezeichnen, solange so etwas nicht zur allgemeinen Norm geworden ist? Was für einen Sinn hat es, Menschen auf den Mond zu schikken, wenn es uns nicht einmal gelingt, unseren Mitmenschen zu helfen, in Würde und Hoffnung zu sterben?

Spirituelle Fürsorge ist kein Luxus für wenige; sie ist das Grundrecht eines jeden Menschen, so wichtig wie politische Freiheit, medizinische Versorgung und Chancengleichheit. Ein wirklich demokratisches Ideal muß vernünftige spirituelle Fürsorge für jedermann als eine seiner wesentlichen Grundlagen einschließen.

Wo ich im Westen auch hinkomme, berührt mich das große geistige Leiden bewußter oder unbewußter Angst vor dem Tod. Wie ermutigend wäre es für die Menschen, wenn sie die Gewißheit haben könnten, daß während ihres Sterbens mit liebevoller Einsicht für sie gesorgt würde! So, wie es sich heute allerdings darstellt, ist unsere Kultur derart hartherzig in ihrem Zweckdenken und ihrer Verleugnung aller wahren spirituellen Werte, daß Menschen, die eine tödliche Krankheit bekommen, sich davor fürchten, weggeworfen zu werden wie Ausschuß. In Tibet war es ganz selbstverständlich, für die Sterbenden zu beten und ihnen spirituelle Hilfe zukommen zu lassen. Im Westen ist die einzige spirituelle Aufmerksamkeit, die man einem Verstorbenen erweist, oft nur, seiner Beerdigung beizuwohnen.

Zum Zeitpunkt ihrer größten Verwundbarkeit werden die Menschen in unserer Gesellschaft also alleingelassen und bleiben fast vollständig ohne Unterstützung. Das ist ein tragischer und demütigender Zustand, und er muß geändert werden. Der gesamte Anspruch der modernen Welt auf Macht und Erfolg steht auf tönernen Füßen, solange nicht jeder in dieser Kultur mit einem Mindestmaß an wahrem Frieden sterben kann und solange nicht zumindest ernsthafte Versuche gemacht werden, dies zu ermöglichen.

Am Bett des Sterbenden

Eine Bekannte von mir hatte gerade ihr Examen als Medizinerin an einer berühmten Hochschule gemacht und eben ihre erste Stelle als Ärztin an einem großen Londoner Krankenhaus angetreten. Am ersten Arbeitstag starben auf ihrer Station gleich vier oder fünf Patienten. Es war ein gewaltiger Schock für sie; in ihrer Ausbildung war sie auf so etwas überhaupt nicht vorbereitet worden. Ist das nicht zumindest erstaunlich, da sie ja immerhin als Ärztin ausgebildet worden war? Ein alter Mann lag in seinem Bett und starrte die Wand an. Er war einsam, ohne Freunde oder Familienangehörige, die ihn hätten besuchen können, und er sehnte sich verzweifelt nach jemandem, mit dem er sprechen konnte. Meine Bekannte setzte sich zu ihm. Seine Augen füllten sich mit Tränen, und seine Stimme zitterte, als er ihr eine Frage stellte, die sie zuallerletzt erwartet hätte: «Glauben Sie, daß Gott mir meine Sünden vergeben wird?» Ihr fiel nicht die geringste Erwiderung ein; ihre Ausbildung hatte sie nicht im mindesten auf spirituelle Fragen irgendwelcher Art vorbereitet. Sie hatte nichts zu sagen; sie konnte sich nur hinter ihrem professionellen Ärztestatus verstecken. Es war auch kein Pfarrer in der Nähe, und so war sie dieser Situation hilflos ausgeliefert: gelähmt und unfähig, eine Erwiderung auf den verzweifelten Hilferuf ihres Patienten in der Suche nach Bestätigung des Sinns seines Lebens zu geben.

In ihrem Schmerz und ihrer Verzweiflung fragte sie mich später, was ich in diesem Fall denn getan hätte. Ich sagte ihr, daß ich mich zu ihm gesetzt, seine Hand genommen hätte und ihn dann einfach hätte reden lassen. Die erstaunliche spirituelle Tiefe, die in solchen Situationen in den Aussagen selbst solcher Menschen aufscheint, die überhaupt keine spirituellen Überzeugungen zu haben glauben, hat mich immer wieder überrascht. Man muß sie nur reden lassen und ihnen mit uneingeschränkter Aufmerksamkeit voll Mitgefühl zuhören. Jeder hat seine eigene Lebensweisheit entwickelt, und wenn man den Menschen sich aussprechen läßt, kann diese Weisheit zum Vorschein kommen. Es hat mich immer wieder tief bewegt zu sehen, wie sehr man Menschen helfen kann, sich selbst zu helfen, wenn man sie nur darin unterstützt, ihre eigene, innere Wahrheit zu entdecken – eine Wahrheit, die sie in dieser Fülle, Intensität und Tiefgründigkeit vielleicht niemals erwartet hätten. Die Quelle der Heilung und des Gewahrseins ist tief in jedem von uns vorhanden, und wir dürfen unseren Glauben unter keinen Umständen einem anderen aufdrängen, sondern müssen ihm stets helfen, diese Quelle in sich selbst zu entdecken.

Wenn Sie bei einem sterbenden Menschen sitzen, vertrauen Sie darauf, daß dieser Mensch wahrhaftig das Potential hat, ein Buddha zu sein. Stellen Sie sich seine Buddha-Natur als einen makellosen Spiegel vor, über den all sein Leiden und seine Angst nur einen dünnen, grauen Schleier gelegt hat, der schnell verfliegen kann. Das wird Ihnen helfen, bedingungslose Liebe in sich zu wecken und den sterbenden Menschen als jemanden wahrzunehmen, der liebenswert ist und dem man leicht vergeben kann. Sie werden sehen: Allein dadurch, daß Sie diese Einstellung entwickeln, wird der Sterbende Ihnen gegenüber viel offener werden.

Mein Meister Dudjom Rinpoche sagte oft, einem Sterbenden helfen, ist, wie einem Abstürzenden die rettende Hand reichen. Durch die Kraft, den Frieden und die tief mitfühlende Aufmerksamkeit Ihrer Gegenwart können Sie Sterbenden helfen, ihre eigene Stärke zu entdecken. Die Qualität Ihrer Präsenz ist zu dieser Zeit höchster Verletzlichkeit von ausschlaggebender Bedeutung. Cicely Saunders schrieb: «Sterbende haben alle Masken und Oberflächlichkeiten des Alltagslebens abgestreift und sind offener und empfindsamer. Sie durchschauen alle Unaufrichtigkeit. Ich erinnere mich, daß ein Mann einmal sagte: ‹Nein, bloß nichts vorlesen! Mich interessiert nur, was in deinem Geist und in deinem Herzen vorgeht.›»[1]

Ich gehe niemals ans Bett eines Sterbenden, ohne vorher praktiziert zu haben und mich auf die Atmosphäre der Natur des Geistes einzustimmen. Dann muß ich mich nicht mehr anstrengen, Mitgefühl und Authentizität zu finden, weil sie sich in diesem Zustand ganz natürlich und von selbst einstellen.

Denken Sie daran, daß Sie den Menschen vor Ihnen nicht inspirieren können, wenn Sie sich vorher nicht selbst inspiriert haben. Wenn Sie also nicht wissen, was Sie tun sollen, wenn Sie sich kaum in der Lage fühlen, überhaupt etwas zu tun, dann beten oder meditieren Sie! Rufen Sie den Buddha oder ein anderes Wesen an, auf dessen inspirierende Kraft Sie vertrauen. Wenn ich mit jemandem konfrontiert bin, der fürchterlich leidet, rufe ich ganz inständig die Hilfe aller Buddhas und erleuchteten Wesen an, öffne mein Herz für den sterbenden Menschen vor mir, und lasse mich vom Mitgefühl für seinen Schmerz ganz und gar durchdringen. Ich stelle mir so intensiv wie möglich vor, daß meine Meister, die Buddhas und alle erleuchteten Wesen, zu denen ich eine Verbindung habe, präsent sind. Ich fasse dann die gesamte Kraft meiner Hingabe und meines Vertrauens zusammen und visualisiere die Buddhas strahlend über dem Sterbenden, wie sie ihn liebevoll anschauen, Licht und Segen über ihn ausgießen und ihn so von seinem vergangenen Karma und aller Qual reinigen. Gleichzeitig bete ich darum, daß diesem Menschen vor mir weitere Qualen erspart bleiben und daß er Frieden und Befreiung finden möge.

Ich tue dies mit gesammelter Konzentration und Aufrichtigkeit, und dann versuche ich, in der Natur meines Geistes zu ruhen und das Licht und den Frieden dieses Zustands die Atmosphäre des Raums durchdringen zu lassen. Viele Male konnte ich voller Ehrfurcht das Gefühl heiliger Präsenz erleben, das sich dann ganz natürlich einstellt und den sterbenden Menschen inspiriert.

Die folgende Behauptung mag vielleicht überraschen: Der Tod kann sehr inspirierend sein. In meiner Arbeit mit Sterbenden hat mich der transformierende Einfluß, den meine Gebete und Anrufungen oft auf die Atmosphäre hatten, immer wieder selbst überrascht, und die Erkenntnis der Wirksamkeit von Gebet und Anrufung hat mein eigenes Vertrauen vertieft. Ich habe erlebt, daß meine Fürsorge für einen sterbenden Menschen meiner eigenen Praxis mehr Kraft verliehen hat.

Manchmal merke ich, wie auch der Sterbende diese Atmosphäre tiefer Inspiration spürt und dankbar dafür ist, diesen Augenblick gemeinsam empfundener, tiefer und verwandelnder Glückseligkeit erlebt zu haben.

Hoffnung geben und Vergebung finden

Ich möchte zwei Aspekte der spirituellen Sterbebegleitung in der Folge eingehender behandeln: Hoffnung geben und Vergebung finden.

Wann immer Sie mit Sterbenden zusammen sind, dann betonen Sie besonders, was sie im Leben erreicht und richtig gemacht haben. Helfen Sie ihnen, sich in Erinnerung an ihr Leben so erfolgreich und glücklich wie möglich zu fühlen. Konzentrieren Sie sich auf ihre guten Eigenschaften und nicht auf ihre Fehler. Sterbende sind häufig äußerst verletzlich und Schuldgefühlen, Bedauern und Depression schutzlos ausgeliefert. Gestatten Sie es dem Menschen, diese Empfindungen frei auszudrücken, hören Sie zu und nehmen Sie an, was er oder sie zu sagen hat. Erinnern Sie den Menschen aber gleichzeitig, wo immer möglich, an seine Buddha-Natur, und ermutigen Sie ihn, durch Meditation in der Natur seines Geistes zu ruhen. Machen Sie ihm bewußt, daß er nicht ausschließlich aus Schmerz und Leiden besteht. Versuchen Sie so geschickt und empfindsam wie möglich, ihn zu inspirieren und ihm Hoffnung zu geben, so daß er, statt in Bedauern und Selbstanklage zu versinken, in einem möglichst friedlichen Geisteszustand sterben kann.

Dem Mann, der verzweifelt fragte: «Wird Gott mir meine Sünden vergeben?», hätte ich geantwortet: «Vergebung liegt in der Natur Gottes, sie ist bereits gewährt. Gott hat dir längst vergeben, denn Gott ist die Vergebung selbst. ‹Irren ist menschlich, vergeben göttlich.› Die eigentliche Frage ist: *Kannst du dir selbst vergeben?* Es ist dein Gefühl, keine Vergebung gefunden zu haben und sie eigentlich auch gar nicht zu verdienen, was dich so leiden läßt. Aber diese Ansicht existiert ausschließlich in deinem Herzen und in deinem Geist. Hast du nicht gehört, daß in einigen Nahtod-Erlebnissen von einer Präsenz goldenen Lichts gesprochen wird, die allvergebend ist? Und es heißt auch, daß wir es letztlich selbst sind, die uns richten. Um deine Schuld zu tilgen, bitte von ganzem Herzen um Reinigung. Wenn du aufrichtig um Reinigung bittest und wirklich da hindurchgehst, wirst du Vergebung finden. Gott wird dir vergeben, genauso wie der Vater in Jesu wunderbarem Gleichnis seinem verlorenen Sohn vergab. Um dir selbst vergeben zu können, denk an das Gute, das du getan hast, vergib allen, denen du im Leben begegnet bist, und bitte alle, die du verletzt haben magst, dir zu vergeben.»

Nicht jeder glaubt an eine Religion, aber ich bin überzeugt, daß fast jeder an Vergebung glaubt. Man kann Sterbenden unendlich viel helfen, wenn man ihnen das Sterben als eine Zeit der Versöhnung und des Ins-reine-Kommen nahebringen kann.

Ermutigen Sie sie, sich mit Freunden oder Verwandten so vollständig auszusöhnen, daß nicht einmal eine Spur von Verärgerung oder Groll zurückbleibt. Wenn es nicht mehr möglich sein sollte, die Person, mit der sie sich entzweit haben, noch persönlich zu treffen, schlagen Sie vor, telefonisch, per Brief oder in einer auf Band gesprochenen Botschaft um Vergebung zu bitten. Wenn der Sterbende befürchtet, daß der Mensch, den er um Verzeihung bittet, ihm vielleicht nicht wird vergeben können, ist es nicht ratsam, ihn zu einer direkten Konfrontation zu drängen; eine negative Erwiderung würde seine Verzweiflung nur noch verschlimmern. Und manchmal brauchen Menschen eben Zeit, um vergeben zu können. Raten Sie ihm, eine Botschaft zu hinterlassen, in der er um Vergebung bittet; so kann er zumindest in dem Bewußtsein sterben, sein Bestes getan zu haben. Auf diese Weise kann er sich Zorn und Schwierigkeiten vom Herzen schaffen. Unzählige Male habe ich gesehen, wie Menschen, deren Herz durch Selbsthaß und Schuldgefühle verhärtet war, unerwartete Kraft und Frieden gefunden haben, weil sie einfach um Vergebung baten.

Alle Religionen betonen die Macht der Vergebung, und diese Macht ist zu keinem Zeitpunkt notwendiger, wird niemals stärker empfunden als zur Zeit des Sterbens. Indem wir vergeben und indem uns vergeben wird, reinigen wir uns von den dunklen Aspekten all unserer Handlungen und bereiten uns umfassend auf die Reise durch den Tod vor.

Eine spirituelle Praxis finden

Sollte Ihr sterbender Freund oder Verwandter mit einer Meditationspraxis vertraut sein, ermutigen Sie ihn, so oft wie möglich in der Meditation zu verweilen, und meditieren Sie gemeinsam mit ihm, wenn der Tod näherkommt.

Seien Sie schöpferisch und erfinderisch in Ihrer Hilfeleistung zu dieser außerordentlich wichtigen Zeit, von der so viel abhängt: Es kann die gesamte Atmosphäre verwandeln, wenn es dem Sterbenden gelingt, eine Übung zu finden, die er vor seinem Tode und noch während des Sterbeprozesses von ganzem Herzen ausführen kann. Es gibt so viele Aspekte spiritueller Praxis; benutzen Sie Ihren Scharfsinn und Ihr Feingefühl, aus diesem großen Angebot die Übung zu finden, die dem Sterbenden am ehesten liegt: Die Betonung kann auf Vergebung liegen, auf Reinigung, Hingabe, oder auf einem Gefühl der Präsenz von Liebe und Licht. Und wenn Sie ihm beistehen, beten Sie anfangs von ganzem Herzen für den Erfolg seiner Praxis; beten Sie darum, daß der Sterbende alle Kraft und alles Vertrauen erhält, das er braucht, um dem von ihm gewählten Pfad auch folgen zu können. Ich habe Menschen gekannt, die noch im letzten Stadium ihres Sterbens erstaunliche spirituelle Fortschritte gemacht haben, indem sie ein Gebet, ein Mantra oder eine Visualisation benutzten, zu deren Praxis sie eine wirkliche Herzensverbindung hergestellt hatten.

Stephen Levine erzählt die Geschichte einer Frau, die er betreute, als sie an Brustkrebs starb.[2] Sie fühlte sich verloren, weil sie aus der Kirche ausgetreten war, obgleich sie eigentlich ein natürliches Vertrauen zu Jesus Christus verspürte. Gemeinsam erkundeten sie, welche Möglichkeiten es für sie geben mochte, diesen Glauben und diese Hingabe wieder zu stärken. Sie kam zu der Erkenntnis, daß ihre Verbindung mit Christus sich am ehesten erneuerte – was ihr Hoffnung und Vertrauen im Sterben gab –, wenn sie das Gebet «Herr Jesus Christus, erbarme dich meiner» unablässig wiederholte. Dieses Gebet öffnete ihr Herz, und sie spürte nun zu allen Zeiten Christi Gegenwart.

Die essentielle Phowa-Praxis

In meiner Arbeit mit Sterbenden habe ich eine Praxis aus der tibetischen Tradition als besonders kostbar und wirkungsvoll erlebt. Diese Praxis heißt Phowa («po-a» gesprochen), was Übertragung des Bewußtseins bedeutet, und ich habe viele Menschen gesehen, die sich ihr mit Enthusiasmus gewidmet haben. Phowa wird für Sterbende von ihren Freunden, Verwandten oder Meistern auch in vielen Teilen der westlichen Welt heutzutage schon recht selbstverständlich praktiziert. Die Kraft dieser Praxis hat bereits vielen Menschen einen Tod in heiterer und klarer Gelassenheit ermöglicht. Es ist mir eine besondere Freude, die Essenz der Phowa-Praxis nun all denen vorzustellen, die Gebrauch davon machen wollen.

Ich möchte betonen, daß grundsätzlich jeder diese Praxis üben kann. Sie ist einfach, gleichzeitig aber ist sie die essentiellste Übung, die wir ausführen können, um uns auf unseren eigenen Tod vorzubereiten. Phowa ist die wichtigste Praxis, die ich meine Schüler lehre, damit sie ihren sterbenden Freunden oder Verwandten beistehen können sowie denen, die bereits gestorben sind.

Erste Übung

Machen Sie es sich zunächst bequem und nehmen Sie die Meditationshaltung ein. Wenn Sie diese Übung zur Zeit Ihres Sterbens ausführen, sitzen Sie so bequem wie möglich oder machen Sie die Übung im Liegen. Bringen Sie dann den Geist heim – lassen Sie los und entspannen Sie sich völlig.

1. Rufen Sie im Raum vor sich die Verkörperung der Wahrheit an, so, wie Sie sie sich vorstellen, in Form von strahlendem Licht. Wählen Sie als Gestalt ein erleuchtetes Wesen oder einen Heiligen, zu dem Sie eine enge Verbindung spüren. Wenn Sie ein praktizierender Christ sind, spüren Sie von ganzem Herzen die lebendige, unmittelbare Gegenwart Christi, des Heiligen Geistes oder der Jungfrau Maria. Wenn Sie sich von keiner bestimmten spirituellen Gestalt angezogen fühlen, stellen Sie sich einfach reines goldenes Licht im Raum vor Ihnen vor. Wesentlich ist, daß Sie in dem Wesen, das Sie visualisieren oder dessen Präsenz Sie spüren, die Verkörperung der Wahrheit, der Weisheit und des Mitgefühls aller Buddhas, Heiligen, Meister und erleuchteten Wesen erkennen. Machen Sie sich keine Sorgen, wenn Ihre Visualisation nicht besonders klar ist. Lassen Sie einfach Ihr Herz sich mit dieser Präsenz füllen und vertrauen Sie darauf, daß sie da ist.

2. Dann richten Sie Ihren Geist, Ihr Herz und Ihr innerstes Sein auf die Präsenz, die Sie angerufen haben, und beten:

> Möge durch Deinen Segen, Deine Gnade und Deine Führung, durch die Kraft des Lichts, das von Dir ausströmt,
> all mein negatives Karma, meine zerstörerischen Emotionen, Verdunkelungen und Hindernisse gereinigt und beseitigt werden.
> Möge ich für alles Unheil, das ich durch Denken und Handeln angerichtet habe, Vergebung finden,
> möge ich den tiefgründigen Weg des Phowa vollenden und einen guten, friedlichen Tod sterben,

und möge ich, durch die Überwindung meines Todes, allen Wesen – lebendig oder tot – wahren Nutzen bringen.

3. Stellen Sie sich jetzt vor, daß die Präsenz aus Licht, die Sie angerufen haben, von Ihrem aufrichtigen und von Herzen kommenden Gebet so angerührt ist, daß sie mit einem liebevollen Lächeln reagiert und Liebe und Mitgefühl in Form von Lichtstrahlen aus ihrem Herzen aussendet. Diese Lichtstrahlen berühren und durchdringen Sie und reinigen so all Ihr negatives Karma, Ihre zerstörerischen Emotionen und Verblendungen, die die Ursache des Leidens sind. Sie sehen und fühlen sich vollkommen erfüllt von Licht.

4. Durch das Licht, das Sie durchströmt, sind Sie nun ganz und gar gereinigt und geheilt. Stellen Sie sich vor, daß sogar Ihr Körper, der ja ein Produkt von Karma ist, sich jetzt völlig in Licht auflöst.

5. Als reiner Lichtkörper schweben Sie nun empor und verschmelzen untrennbar mit der glückseligen Licht-Präsenz.

6. Ruhen Sie so lange wie nur möglich in diesem Zustand der Einheit mit dem Licht.

Zweite Übung

1. Um diese Übung noch weiter zu vereinfachen, fangen Sie an wie vorher, indem Sie still ruhen, und rufen Sie dann die Präsenz der Verkörperung der Wahrheit an.

2. Stellen Sie sich Ihr Bewußtsein als ein Licht in Ihrem Herzen vor, das wie eine Sternschnuppe aus Ihnen herausschießt und in das Herz der Licht-Gestalt vor Ihnen eingeht.

3. Es löst sich auf und verschmilzt mit dieser Präsenz.

Durch diese Übung legen Sie Ihren Geist in den Weisheitsgeist des Buddha oder eines erleuchteten Wesens, was dasselbe ist, wie Ihre Seele in der Natur Gottes aufgehen zu lassen. Dilgo Khyentse Rinpoche sagt, es sei so, als würdest du einen Kiesel ins Wasser werfen. Stellen Sie sich vor, wie er immer tiefer im Wasser versinkt. Seien Sie gewiß, daß Ihr Geist durch die Inspiration in den Weisheitsgeist der erleuchteten Präsenz verwandelt wird.

Dritte Übung

Die essentiellste Art, diese Übung auszuführen, ist diese: Lassen Sie einfach Ihren Geist mit dem Weisheitsgeist der reinen Präsenz verschmelzen. Nehmen Sie an: «Mein Geist und der des Buddha sind eins.»

Von diesen drei Methoden können Sie sich diejenige auswählen, die sich im jeweiligen Moment für Sie am geeignetsten anfühlt. Manchmal können gerade die einfachsten Übungen die wirkungsvollsten sein. Welche Sie auch wählen mögen, vergessen Sie nie, daß Sie sich unbedingt Zeit nehmen müssen, mit der Übung vertraut zu werden. Wie sonst können Sie die Zuversicht erlangen, die Sie brauchen, um sie im Sterben für sich selbst oder für andere ausführen zu können? Mein Meister Jamyang Khyentse schrieb: «Wenn du stets auf diese Weise praktizierst und meditierst, dann gelingt es dir im Augenblick des Todes wie von selbst.»[3]

Tatsächlich sollten Sie mit der Praxis des Phowa so vertraut sein, daß sie zu einem natürlichen Reflex wird, zu Ihrer zweiten Natur. Wenn Sie den Film *Gandhi* gesehen haben, werden Sie sich erinnern, daß er bei seiner Erschießung ganz unmittelbar reagierte und in einer Art Reflex «Ram ... Ram!» ausrief – den heiligen Namen Gottes in der Hindu-Religion. Werden Sie sich bewußt, daß wir ja niemals wissen können, wie wir sterben werden und ob uns überhaupt die Zeit bleibt, uns an irgendeine spirituelle Praxis zu erinnern. Wieviel Zeit haben wir zum Beispiel, wenn wir auf der Autobahn mit 170 Stundenkilometern in einen Lastwagen rasen? Wir hätten nicht einmal eine Sekunde, um nachzudenken, wie das doch gleich mit der Phowa-Praxis war, oder gar in diesem Buch nachzuschlagen. Entweder sind wir mit der Phowa-Praxis vertraut oder nicht. Dies läßt sich leicht herausfinden: Sehen Sie einfach, wie Sie reagieren, wenn Sie einen Alptraum haben, sich in einer Krise befinden oder wenn Sie in eine gefährliche Situation, etwa ein Erdbeben, geraten. Reagieren Sie mit der Übung? Und *wenn* Sie mit Übung reagieren – wie stabil und verläßlich ist sie?

Ich muß an eine meiner Schülerinnen denken, die eines Tages einen Ausritt machte. Das Pferd warf sie ab, ihr Fuß blieb aber im Steigbügel hängen, und sie wurde über den Boden mitgeschleift. Ihr Geist war völlig leer. Sie versuchte verzweifelt, sich an irgendeine Übung zu erinnern, aber nichts fiel ihr ein. Sie geriet in Panik. Das Gute an diesem schrecklichen Erlebnis war ihre Erkenntnis, daß ihr die Praxis zur zweiten Natur werden mußte. Das war die Lektion, die sie zu lernen hatte; eine Lektion, die wir alle lernen müssen. Praktizieren Sie Phowa so intensiv wie nur möglich, bis Sie sicher sein können, daß Sie auf jedes unvorhergesehene Ereignis mit dieser Übung reagieren werden. Dann haben Sie die Gewißheit, daß Sie bereit sein werden, wann immer der Tod auch kommen mag.

Mit der essentiellen Phowa-Praxis den Sterbenden beistehen

Wie können wir mit dieser Übung jemandem helfen, der im Sterben liegt?

Das Prinzip und der Ablauf der Übung sind genau gleich. Der einzige Unterschied besteht darin, daß Sie den Buddha oder die spirituelle Präsenz über dem Kopf des Sterbenden visualisieren:

Stellen Sie sich vor, daß die Lichtstrahlen sich über den Sterbenden ergießen und ihn ganz und gar reinigen. Dann löst der Sterbende sich in Licht auf und verschmilzt mit der spirituellen Präsenz.

Führen Sie diese Übung während der Krankheit des geliebten Menschen immer wieder aus; der wichtigste Zeitpunkt ist jedoch dann, wenn der Mensch seinen letzten Atemzug tut oder so bald wie möglich, nachdem der Atem aufgehört hat und bevor der Körper berührt oder auf andere Weise gestört wird. Wenn der Sterbende diese Übung kennt und weiß, daß Sie sie für ihn ausführen, kann das eine Quelle großer Inspiration und Gewißheit für ihn sein.

Sitzen Sie ruhig bei dem Sterbenden und entzünden Sie eine Kerze oder ein Licht vor einem Bild oder einer Statue von Buddha, Christus oder der Jungfrau Maria. Dann machen Sie die Übung für sie oder ihn. Sie können die Übung ganz still machen, und der Betreffende muß nicht einmal etwas davon wissen. Wenn er aber offen dafür ist, wie das bei Sterbenden manchmal der Fall ist, dann teilen Sie diese Übung mit ihm und erklären Sie, wie sie geht.

Ich werde oft gefragt: «Gibt es da nicht einen Konflikt, wenn mein sterbender Verwandter oder Freund Christ ist, und ich bin Buddhist?» Wie könnte es da einen Konflikt geben? Ich sage immer: Du rufst doch die Wahrheit an, und sowohl Jesus als auch Buddha sind mitfühlende

Manifestationen dieser Wahrheit, die in unterschiedlicher Weise erschienen sind, um Wesen zu helfen.

Ich kann Ärzten und Schwestern nur dringend anraten, Phowa für ihre Patienten zu praktizieren. Man stelle sich nur einmal vor, wie die Atmosphäre in einem Krankenhaus sich verwandeln würde, wenn diejenigen, die Dienst am Sterbenden tun, diese Übung ausführen. Ich muß dabei an den Tod Samtens in meiner Kindheit denken, für den mein Meister und alle Mönche praktiziert hatten. Wie machtvoll und erhebend das war! Mein tiefster Wunsch ist es, daß jeder mit der gleichen Würde und so friedvoll sterben kann wie er.

Ich habe diese auf die Essenz verdichtete Praxis des Phowa aus der traditionellen tibetischen Praxis für Sterbende herauskristallisiert, und sie beinhaltet deren wichtigste Prinzipien. Diese Praxis ist aber durchaus nicht ausschließlich für Sterbende geeignet; sie kann auch zur Reinigung und Heilung verwendet werden. Sie ist für Lebende und Sterbende gleichermaßen wichtig. Wenn ein Mensch geheilt werden kann, wird diese Praxis die Heilung fördern, wenn ein Mensch stirbt, wird sie ihm helfen und seinen Geist im Tode heilen, und auch wenn ein Mensch bereits gestorben ist, kann sie ihn noch reinigen.

Wenn Sie nicht sicher sind, ob ein schwerkranker Mensch noch eine Weile weiterleben oder ob er sehr bald sterben wird, können Sie diese Phowa-Praxis bei jedem Besuch für ihn ausführen. Und wenn Sie nach Hause gehen, machen Sie sie wieder. Je öfter Sie sie ausführen, desto mehr wird Ihr sterbender Freund gereinigt. Sie wissen nie, ob Sie ihn noch einmal wiedersehen werden, oder ob Sie tatsächlich anwesend sein werden, wenn er stirbt. Besiegeln Sie also – einfach als Vorbereitung und für alle Fälle – jeden Besuch mit dieser Übung, und wiederholen Sie die Übung auch, wann immer Sie ein wenig freie Zeit finden.[4]

Unseren Tod darbringen

O Kind aus erleuchteter Familie,[5] das, was «der Tod» genannt wird, ist jetzt gekommen. Nimm also folgende Haltung ein: «Da mein Tod mir nun bevorsteht, werde ich ihn nutzen und mir die Einstellung des erleuchteten Geistes von liebender Güte und Mitgefühl zu eigen machen und vollkommene Erleuchtung zum Wohle aller fühlenden Wesen anstreben, deren Zahl so grenzenlos ist wie der unendliche Raum . . .»
(Aus dem «Tibetischen Totenbuch»)

Kürzlich kam eine meiner Schülerinnen zu mir und sagte: «Mein Freund ist erst fünfundzwanzig. Er stirbt an Leukämie und hat fürchterliche Schmerzen. Er ist bereits schrecklich verbittert, und ich fürchte, seine Verbitterung wird ihn noch überwältigen. Er fragt dauernd: ‹Was soll dieses ganze nutzlose, grauenhafte Leiden?›»

Ich verspürte großes Mitgefühl mit ihr und ihrem Freund. Nichts ist so schmerzhaft wie der Glaube, das Leiden, das man durchmacht, sei sinnlos. Ich sagte meiner Schülerin, es gäbe einen Weg, wie ihr Freund sein Sterben auch jetzt noch transformieren könne, selbst mit den großen Schmerzen, die er zu erdulden hätte: Er solle das Leiden seines Sterbens und selbst seinen Tod von ganzem Herzen dem Wohlergehen und dem letztendlichen Glück anderer darbringen.

Ich schlug ihr vor, ihm etwa folgendes zu sagen: «Ich weiß, wieviel Schmerzen du leidest. Stell dir aber auch alle diejenigen in der Welt vor, die ähnliche oder sogar größere Schmerzen haben. Versuche, von ganzem Herzen Mitgefühl für sie zu empfinden. Bete zu dem, was für dich die Wahrheit ist, und bitte, daß dein Leiden helfen möge, ihren Schmerz zu erleichtern. Bringe deinen Schmerz wieder und wieder der Linderung des Leidens anderer dar. Und bald wirst du in dir eine neue Kraftquelle entdecken, ein Mitgefühl, das du dir jetzt noch kaum vorstellen kannst und eine über alle Zweifel erhabene Gewißheit, daß dein Leiden nicht nur nicht überflüssig ist, sondern daß es sogar einen wunderbaren Sinn hat.»

Was ich meiner Schülerin damals beschrieben habe, ist eigentlich die Praxis von Tonglen, die ich ja schon vorgestellt habe, die aber eine noch ganz besondere Bedeutung bekommt, wenn jemand unheilbar krank ist oder im Sterben liegt.

Wenn Sie selbst eine Krankheit wie Krebs oder AIDS haben, können Sie sich sehr gut das Leiden aller Menschen auf der Welt vorstellen, die die gleiche Krankheit haben. Sagen Sie sich mit tiefem Mitgefühl: «Möge ich das Leiden von allen auf mich nehmen, die diese schreckliche Krankheit haben. Mögen sie von dieser Krankheit und von allen Leiden frei sein.»

Dann stellen Sie sich vor, wie ihre Krankheit mit allen Geschwüren ihren Körper in der Form von Rauch verläßt, der sich in Ihre Krankheit auflöst. Wenn Sie einatmen, atmen Sie all ihr Leiden ein, und wenn Sie ausatmen, atmen Sie vollständige Heilung und Wohlergehen aus. Nehmen Sie jedesmal, wenn Sie diese Übung machen, mit völliger Überzeugung an, daß nun alle geheilt sind.

Wenn Sie sich dann dem Tode nähern, denken Sie beständig: «Möge ich das Leiden, die Angst und Einsamkeit aller Sterbenden oder Todkranken in der ganzen Welt auf mich nehmen können. Mögen sie alle von Schmerz und Verwirrung befreit sein; mögen sie alle Wohlergehen und geistigen Frieden finden. Möge alles Leiden, das ich jetzt und in Zukunft zu erdulden habe, ihnen zu einer guten Wiedergeburt und letztlich zur Erleuchtung verhelfen.»

Ich kannte einen Künstler in New York, der an AIDS gestorben ist. Er war ein Skeptiker und haßte jede Form institutionalisierter Religion. Einige seiner Freunde hegten allerdings die Vermutung, daß er doch neugieriger auf spirituelle Dinge war, als er zugab. Sie überredeten ihn, einen tibetischen Meister aufzusuchen, der auf den ersten Blick erkannte, daß seine größte Frustration und sein größter Schmerz dem Glauben entsprang, daß sein Schmerz weder für ihn selbst noch für andere von irgendwelchem Nutzen sei. Er lehrte ihn daher einzig und allein die Tonglen-Praxis. Ungeachtet seiner anfänglichen Skepsis übte er diese Praxis aus, und all seine Freunde konnten sehen, daß er sich außergewöhnlich veränderte. Er erzählte vielen, daß der Schmerz, der früher nutzlos und erschreckend war, nun von einem beinahe sakralen Sinn erfüllt war. Jeder, der ihn kannte, erlebte unmittelbar, wie dieses Gefühl eines neugefundenen Sinns sein Sterben transformierte. Versöhnt mit sich und seinem Leiden, starb er in Frieden.

Wenn die Übung des Annehmens des Leidens anderer jemanden verwandeln kann, der vorher wenig Erfahrung mit solchen Übungen besaß, dann kann man sich vorstellen, welche Kraft sie im Falle eines großen Meisters entwickelt. Als der Gyalwa Karmapa 1981 in Chikago starb, schrieb einer seiner tibetischen Schüler:

> Als ich ihn sah, hatte Seine Heiligkeit bereits viele Operationen und Transplantationen hinter sich, sein Blut war ausgetauscht worden und so weiter. Jeden Tag entdeckten die Ärzte Anzeichen neuer Krankheiten, die am nächsten Tag schon wieder verschwunden und durch wieder neue Krankheiten abgelöst worden waren; es war, als hätten alle Krankheiten der Welt in seinem Körper ihren Wohnsitz genommen. Seit zwei Monaten hatte er schon keine feste Nahrung mehr zu sich genommen, und die Ärzte gaben schließlich jegliche Hoffnung auf. Es war unmöglich, daß er noch weiterleben konnte, und die Ärzte erwogen, die lebenserhaltenden Geräte abzuschalten.
> Der Karmapa aber sagte: «Nein, ich will leben. Laßt alles so, wie es ist.» Und zum Erstaunen der Ärzte lebte er und nahm seine Situation

auch noch völlig gelassen. Voller Humor, spielerisch und lächelnd schien er sich an allem, was sein Körper durchlitt, zu freuen. Da erkannte ich mit unerschütterlicher Gewißheit, daß der Karmapa sich all den Operationen, den Manifestationen all der vielen Krankheiten in seinem Körper, dem Nahrungsmangel absichtlich und freiwillig ausgeliefert hatte: Er durchlitt freiwillig all diese Krankheiten, um das Leiden kommender Kriege, Krankheiten und Hungersnöte reduzieren zu helfen und auf diese Weise gezielt dafür zu arbeiten, das schreckliche Leiden dieses dunklen Zeitalters abzuwenden. Für alle Anwesenden war sein Tod eine unvergeßliche Inspiration. Er enthüllte auf tiefgründigste Weise die Wirksamkeit des Dharma[6] sowie die Tatsache, daß Erleuchtung zum Wohle anderer tatsächlich erreichbar ist.[7]

Es ist meine feste Überzeugung, daß es für niemanden auf der Welt nötig sein müßte, in Groll und Verbitterung zu sterben. Kein Leiden, wie fürchterlich es auch sein mag, braucht sinnlos zu sein, wenn es der Linderung des Leidens anderer gewidmet wird.

Wir haben die edlen Vorbilder der großen Meister des Mitgefühls, die – so heißt es – mit der Praxis von Tonglen leben und sterben. Ihr ganzes Leben lang nehmen sie das Leiden aller Lebewesen auf, wenn sie einatmen, und verströmen Heilung für die ganze Welt, wenn sie ausatmen – bis zu ihrem letzten Atemzug. So grenzenlos und machtvoll ist ihr Mitgefühl, sagen die Lehren, daß es sie im Augenblick des Todes sofort zu einer Geburt in einem der Buddha-Bereiche trägt.

Wie verwandelt wäre die Welt und unsere Wahrnehmung, wenn jeder von uns im Leben und im Sterben mit Shāntideva und allen Meistern des Mitgefühls das folgende Gebet sprechen könnte:

Möge ich ein Schützer sein für die,
die keinen Schutz besitzen,
ein Führer für die Reisenden,
ein Boot, eine Brücke, ein Übergang für die,
die sich nach dem anderen Ufer sehnen.

Möge der Schmerz eines jeden Lebewesens
vollständig beseitigt sein.
Möge ich der Arzt und die Arznei sein
und auch die Pflegerin
für alle Kranken in der Welt,
bis sie völlig geheilt sind.

Möge ich, gleich dem Raum
und den Elementen, wie etwa der Erde,
stets das Leben aller ungezählten Wesen schützen.

Und bis sie nicht vom Schmerz geschieden sind,
möge ich der Lebensquell
für alle Daseinsbereiche der verschiedenen Wesen sein,
die bis zum Ende des Universums reichen.[8]

14. Die Praktiken für den Zeitpunkt des Todes

Ich erinnere mich, daß zu meinem Meister Jamyang Khyentse häufig Menschen kamen, die ihn um Anweisungen für die Zeit ihres Todes baten. Jamyang Khyentse war in ganz Tibet, besonders aber in der östlichen Provinz Kham, so hoch angesehen, daß manche Menschen eine monatelange Reise auf sich nahmen, nur um vor ihrem Tod ein einziges Mal seinen Segen zu erhalten. Er pflegte stets den gleichen Rat zu geben – wie alle meine anderen Meister auch –, einen Rat, der das, was zur Zeit des Todes nötig ist, auf den Punkt bringt: «Sei frei von Anhaften und Abneigung. Halte deinen Geist rein. Und vereine deinen Geist mit dem Buddha.»

Die buddhistische Einstellung zum Todesmoment wird im folgenden Vers Padmasambhavas aus dem Zyklus des «Tibetischen Totenbuchs» so zusammengefaßt:

> Nun, da mir der Bardo des Todes dämmert,
> will ich alles Greifen, Sehnen und Anhaften aufgeben,
> will unabgelenkt in das klare Gewahrsein der Lehren eintreten
> und mein Bewußtsein in den Raum des ungeborenen Rigpa ausschleudern.
> Nun, da ich diesen aus Fleisch und Blut zusammengefügten Körper verlasse,
> will ich ihn als vorübergehende Illusion erkennen.

Im Moment des Todes gibt es zwei Dinge, auf die es vor allem ankommt: auf das, was wir im Leben getan haben, und auf den Zustand unseres Geistes in jenem Augenblick. Selbst wenn wir sehr viel negatives Karma angesammelt haben, können wir durch einen von Herzen kommenden Wandel unsere Zukunft auch dann noch ganz entscheidend verändern und unser Karma transformieren, denn der Moment des Todes stellt eine höchst machtvolle Gelegenheit zur Reinigung von Karma dar.

Der Augenblick des Todes

Alle Gewohnheiten sind auf dem Grund unseres gewöhnlichen Geistes gespeichert und können von allen möglichen Einflüssen jederzeit aktiviert werden. Wir wissen aus unserer alltäglichen Erfahrung, wie bereits die kleinste Provokation unsere instinktiven, gewohnheitsmäßigen Reaktionen an die Oberfläche bringt. Im Moment des Todes geschieht dies in ganz besonderer und dramatischer Weise. Der Dalai Lama sagt dazu:

> Zur Zeit des Todes übernehmen gewöhnlich die Haltungen, mit denen man seit langem vertraut ist, die Vorherrschaft und bestimmen die Wiedergeburt. Aus ebendiesem Grund entsteht starkes Anhaften an das Ich, das man zu verlieren fürchtet. Dieses Anhaften dient als Verbindungsglied zum Übergangszustand zwischen den Leben; das Hängen an einem Körper bildet eine Ursache, die den Körper des Wesens im Zwischenzustand erschafft.[1]

Aus diesem Grund ist der Zustand unseres Geistes zum Zeitpunkt des Todes so überaus wichtig. Wenn wir in einer positiven Geisteshaltung sterben, können wir – trotz negativen Karmas – unsere nächste Geburt verbessern. Wenn wir aufgewühlt und verzweifelt sterben, kann das schädliche Auswirkungen haben, selbst wenn wir unser Leben gut genutzt haben. Das heißt: Die letzten Gedanken und Gefühle vor dem Tode haben eine äußerst machtvolle, bestimmende Wirkung für unsere allernächste Zukunft. So wie der Geist eines Verrückten von ständig sich wiederholender Zwanghaftigkeit beherrscht wird, so ist unser Geist im Tode völlig wehrlos allen zu dieser Zeit in uns vorherrschenden Gedanken ausgeliefert. Der letzte Gedanke, die letzte Emotion kann dann, unverhältnismäßig verstärkt, unsere gesamte Wahrnehmung überschwemmen. Darum betonen die Meister auch stets, wie wichtig zur Zeit unseres Todes die Qualität der Atmosphäre ist, in der wir uns befinden. Wir sollten daher für unsere Freunde und Verwandten alles in unserer Macht Stehende tun, um positive Emotionen, gute Gefühle wie Liebe, Mitgefühl und Hingabe zu inspirieren, und ihnen helfen, «Greifen, Sehnen und Anhaften» aufzugeben.

Das Anhaften aufgeben

Ein Mensch stirbt auf die beste Art und Weise, wenn er innerlich wie äußerlich alles weggegeben hat, so daß dem Geist zu diesem entscheidenden Zeitpunkt so wenig wie nur möglich bleibt, wonach er sich sehnen, wonach er greifen und woran er noch haften könnte. Vor unserem Tod sollten wir also versuchen, uns von allem Anhaften an Besitz, Freunde und unsere Lieben freizumachen. Da wir ohnehin nichts mitnehmen können, sollten wir schon von vornherein planen, unseren Besitz zu verschenken oder als Spenden für wohltätige Zwecke wegzugeben.

In Tibet haben die Meister, bevor sie ihren Körper verließen, oft zu verstehen gegeben, was sie anderen zu hinterlassen wünschten. Manchmal hinterließ ein Meister, der sich in Zukunft zu reinkarnieren beabsichtigte, bestimmte Dinge für seine nächste Inkarnation. Ich finde es sehr wichtig, daß wir eindeutig festlegen, wer unseren Besitz oder unser Geld erhalten soll. Diese Wünsche sollten so klar wie möglich ausgedrückt werden. Andernfalls werden wir später, im Bardo des Werdens, mitansehen, wie unsere Verwandten über das Erbe in Streit geraten oder das Geld zu falschen Zwecken gebrauchen, und dieses Erlebnis wird uns zutiefst verstören. Wir sollten präzise bestimmen, wieviel von unserem Geld wohltätigen Zwecken oder spirituellen Projekten zufließen soll, und wieviel die Verwandten jeweils erhalten sollen. Alles bis in die Einzelheiten festzulegen, wird uns Sicherheit geben und helfen, wirklich loszulassen.

Wie ich bereits sagte, ist es überaus wichtig, daß wir in einer möglichst friedvollen Atmosphäre sterben. Die tibetischen Meister raten daher, daß Verwandte und Freunde nicht direkt am Bett des Sterbenden trauern sollten, weil sie im Augenblick des Todes störende Gefühle hervorrufen könnten. Hospizarbeiter haben mir wiederholt berichtet, daß Sterbende manchmal sogar direkt darum bitten, keinen Besuch von ihrer engeren Familie zu bekommen, wenn sie im Sterben liegen – eben weil sie fürchten, daß schmerzliche Gefühle und starkes Anhaften in ihnen ausgelöst werden könnten. Für die Angehörigen ist eine solche Entscheidung oft nur schwer zu verstehen; sie denken dann, der Sterbende würde sie nicht mehr lieben. Sie sollten aber bedenken, daß die bloße Anwesenheit eines geliebten Menschen starke Gefühle des Anhaftens im Sterbenden provozieren kann, die es ihm oder ihr sehr viel schwerer machen, loszulassen.

Es ist sehr schwer, am Sterbebett eines geliebten Menschen nicht in Tränen auszubrechen. Ich rate jedem, Anhaften und Trauer gemeinsam mit dem Sterbenden möglichst schon aufzuarbeiten, bevor der Tod naht:

Weinen Sie miteinander, bringen Sie Ihre Liebe zum Ausdruck und nehmen Sie voneinander Abschied – aber versuchen Sie, diesen Prozeß zu einem Abschluß zu bringen, bevor der Tod tatsächlich kommt. Es ist am besten, wenn Freunde oder Verwandte im Augenblick des Todes möglichst keine übermäßige Trauer zeigen, weil das Bewußtsein des Sterbenden in diesem Moment äußerst schutzlos und verletzlich ist. Im «Tibetischen Totenbuch» heißt es, daß Schluchzen und Tränen am Totenbett von Sterbenden wie Donner und Hagel erfahren werden. Aber machen Sie sich keine Gedanken, wenn Sie schon einmal an einem Sterbebett geweint haben; es läßt sich manchmal eben nicht verhindern, und es gibt keinen Grund, sich deshalb aufzuregen und schuldig zu fühlen.

Eine meiner Großtanten, Ani Pelu, war eine Frau, die sich mit außergewöhnlichem Eifer der spirituellen Praxis widmete. Sie hatte sich bei einigen der ganz großen Meister ihrer Zeit geschult, besonders aber bei Jamyang Khyentse, der sie sogar mit einem speziell für sie verfaßten «Herzensrat» gesegnet hatte. Stämmig und rundlich wie sie war, führte sie in unserem Haushalt sozusagen das Kommando. Sie besaß ein schönes, edles Gesicht und das unverklemmte, ausgeglichene Temperament einer Meditierenden. Als sehr praktisch veranlagte Frau kümmerte sie sich um alle Familienangelegenheiten persönlich. Einen Monat vor ihrem Tod jedoch ging mit ihr eine höchst bewegende Veränderung vor sich. Sie, die immer so geschäftig gewesen war, ließ mit ruhiger und sorgloser Gelassenheit auf einmal alle Verantwortlichkeiten fallen. Sie schien sich nun dauernd im Zustand der Meditation zu befinden und sang immer wieder ihre Lieblingspassagen aus den Schriften des Dzogchen-Meisters Longchenpa. Sie hatte immer gern Fleisch gegessen, rührte es aber jetzt vor ihrem Tod nicht mehr an. Sie hatte wie eine Königin in ihrem Reich geherrscht, aber nur wenige hatten die Yoginī in ihr gesehen. In ihrem Sterben zeigte sie jedoch, wer sie wirklich war, und ich werde niemals den tiefen Frieden vergessen, der in diesen Tagen von ihr ausging.

Ani Pelu war in gewisser Hinsicht mein Schutzengel gewesen; ich glaube, sie liebte mich deshalb so, weil sie keine eigenen Kinder gehabt hatte. Mein Vater war als Jamyang Khyentses Verwalter immer sehr beschäftigt, und auch meine Mutter war von ihrem riesigen Haushalt voll in Anspruch genommen und hatte selten Zeit. Ani Pelu war jedoch immer für mich da. Sie fragte meinen Meister oft: «Was wird aus dem Jungen werden, wenn er groß ist? Wird er seinen Weg machen? Wird es Hindernisse für ihn geben?» Manchmal antwortete er und sagte dann Dinge über meine Zukunft, die er niemals gesagt haben würde, wenn sie ihn nicht gedrängt hätte.

Gegen Ende ihres Lebens entwickelte Ani Pelu eine außergewöhnliche Gelassenheit, und ihre spirituelle Praxis war von großer Stabilität. Aber selbst sie bat in der Stunde ihres Todes darum, daß ich nicht anwesend sein sollte, weil sie fürchtete, daß ihre Liebe zu mir vielleicht doch Anhaften in ihr auslösen könnte. Das zeigt, wie ernst sie den Herzensrat ihres Meisters Jamyang Khyentse nahm, in dem es heißt: «Gib im Augenblick des Todes alle Gedanken von Anhaften und Abneigung auf.»

Ins klare Gewahrsein eintreten

Ihre Schwester, Ani Rilu, hatte ebenfalls ihr ganzes Leben lang praktiziert und war denselben großen Meistern gefolgt. Sie besaß ein dickes Gebetbuch, und den ganzen Tag übte sie und rezitierte Gebete. Von Zeit zu Zeit nickte sie ein, und wenn sie wieder aufwachte, fuhr sie mit ihrer Übung einfach da fort, wo sie stehengeblieben war. So ging es ohne Unterlaß bei Tag und Nacht. Fast nie schlief sie eine Nacht durch, und häufig endete es damit, daß sie ihre Morgenübung abends und die Abendübung am Morgen ausführte. Pelu, ihre ältere Schwester, war eine wesentlich entschiedenere und ordentlichere Persönlichkeit, und gegen Ende ihres Lebens konnte sie dieses Durcheinander im normalen Tagesablauf immer weniger ertragen. Sie pflegte dann zu sagen: «Warum machst du deine Morgenpraxis nicht morgens und die Abendpraxis am Abend, und machst dann das Licht aus und gehst zu Bett wie alle anderen auch?» Ani Rilu murmelte nur: «Ja, ja . . .», aber es änderte sich nichts.

Damals war ich eher auf Ani Pelus Seite, aber heute sehe ich die Weisheit in Ani Rilus Haltung. Sie hatte sich in einen Strom spiritueller Übung versenkt, und ihr ganzes Leben und Sein war zu einem ununterbrochenen Fluß von Gebet geworden. Ich glaube, ihre Praxis war so stark, daß sie selbst im Traum noch betete, und jeder, dem das gelingt, hat die besten Voraussetzungen zur Befreiung in den Bardos.

Ani Rilus Tod hatte die gleiche friedliche und hingebungsvolle Qualität wie ihr Leben. Sie war schon seit einiger Zeit krank gewesen, als die Frau meines Meisters eines Morgens im Winter spürte, daß ihr Tod jetzt unmittelbar bevorstand. Obwohl Ani Rilu zu diesem Zeitpunkt schon nicht mehr sprechen konnte, war sie noch bei klarem Bewußtsein. Sofort wurde jemand geschickt, Dodrupchen Rinpoche zu rufen – einen berühmten Meister, der ganz in der Nähe wohnte –, damit er ihr die letzte Führung geben und das Phowa, die Praxis der Übertragung des Bewußtseins im Augenblick des Todes, für sie ausführen könne.

Wir hatten in unserer Familie einen alten Mann namens A-pé Dorje, der 1989 im Alter von fünfundachtzig Jahren gestorben ist. Er war durch fünf Generationen hindurch bei meiner Familie, und seine großväterliche Weisheit, sein gesunder Menschenverstand, seine außergewöhnliche moralische Stärke, sein gutes Herz und seine große Begabung, Streitigkeiten zu schlichten, machten ihn zum Inbegriff der guten Eigenschaften eines Tibeters: ein unverwüstlicher, erdverbundener, einfacher Mensch, der unmittelbar im Geist der Lehren lebte.[2] Als ich noch ein Kind war, lehrte er mich neben vielen anderen Dingen ganz besonders, wie wichtig es ist, gut zu anderen zu sein und niemals nachtragend zu sein, selbst wenn einem jemand weh getan hat. Seine natürliche Gabe, auf einfachste Weise spirituelle Werte zu vertreten, steckte einen sozusagen an, sich immer von seiner besten Seite zu zeigen. A-pé Dorje war ein begnadeter Geschichtenerzähler, und als ich noch ein Kind war, erzählte er mir Märchen und Geschichten aus dem Gesar-Epos oder Begebenheiten aus den Kämpfen in den Ostprovinzen, die die Chinesen schon Anfang der fünfziger Jahre okkupiert hatten. Wo immer er hinkam, verbreitete er Ungezwungenheit und Freude um sich, und sein Humor ließ auch verfahrene Situationen weniger kompliziert erscheinen. Er blieb bis ins hohe Alter beweglich und aktiv und ging bis kurz vor seinem Tode noch seinen täglichen Verrichtungen nach.

A-pé Dorje ging jeden Morgen gegen neun Uhr zum Einkaufen. Er hatte gehört, daß Ani Rilu an der Schwelle zum Tod stand, und so ging er in ihr Zimmer. Es war seine Gewohnheit, ziemlich laut zu sprechen. «Ani Rilu», rief er. Sie öffnete die Augen. «Mein gutes Mädchen», er strahlte sie liebevoll mit seinem gewinnenden Lächeln an, «jetzt ist es an der Zeit, daß du zeigst, was in dir steckt. Verzage nicht. Du hattest das große Glück, viele große Meister zu treffen und von ihnen Unterweisungen zu erhalten. Und nicht nur das, du hattest auch die unschätzbare Gelegenheit zu praktizieren. Was kannst du mehr wollen? Jetzt mußt du nur noch die Essenz der Lehren in deinem Herzen bewahren, ganz besonders die Anweisung für den Augenblick deines Todes, die dein Meister dir gegeben hat. Halte sie im Sinn und laß dich nicht ablenken.

Mach dir um uns keine Sorgen; wir werden zurechtkommen. Ich gehe jetzt einkaufen, und wenn ich zurückkomme, sehe ich dich vielleicht nicht mehr. Also mach's gut.» Ani Rilu war noch bei Bewußtsein, und die Art und Weise, wie er mit ihr sprach, entlockte ihr ein zustimmendes Lächeln und sie nickte sogar ein wenig.

A-pé Dorje hatte gewußt, daß es an der Schwelle zum Tod unerläßlich ist, die ganze spirituelle Praxis in eine «Herzenspraxis» zu verdichten, in der alles zusammenkommt. Was er Ani Rilu gesagt hatte, faßt die dritte Zeile des Verses von Padmasambhava zusammen, die ebendiese Notwendigkeit in einen Entschluß für den Moment des Todes münden läßt: «(Ich) will unabgelenkt in das klare Gewahrsein der Lehren eintreten.»

Für jemanden, der die Erkenntnis der Natur des Geistes erlangt und durch Praxis stabilisiert hat, heißt dies, im Zustand von Rigpa zu ruhen. Sollten Sie diese Stabilität nicht besitzen, dann seien Sie sich – in der Tiefe Ihres Herzens – der Essenz der Lehren Ihres Meisters bewußt, ganz besonders der wesentlichen Anweisungen für den Zeitpunkt des Todes. *Halten Sie dies in Ihrem Geist und nehmen Sie es sich zu Herzen: Im Augenblick des Todes denken Sie an den Meister und vereinen Sie Ihren Geist mit ihm.*

Die Anweisungen für das Sterben

Ein Gleichnis, das oft verwendet wird, um den Bardo des Sterbens zu beschreiben, erzählt von einer wunderschönen Schauspielerin, die vor ihrem Spiegel sitzt. Ihre letzte Vorstellung wird bald beginnen, und sie schminkt sich und überprüft zum letzten Mal ihr Aussehen, bevor sie auf die Bühne geht. Auf ganz ähnliche Weise stellt uns der Meister im Augenblick des Todes noch einmal die essentielle Wahrheit der Lehren – im Spiegel der Natur des Geistes – vor und richtet uns direkt auf das Herz unserer Praxis aus. Wenn unser Meister nicht anwesend ist, sollten spirituelle Freunde, mit denen wir eine gute karmische Verbindung haben, uns an diese Essenz erinnern.

Es heißt, daß die beste Zeit für diese Einführung die Phase zwischen dem Stillstand der äußeren Atmung und dem Aufhören der «inneren Atmung» ist. Am sichersten dürfte es jedoch sein, schon während des Auflösungsprozesses, noch bevor die Sinne ganz versagen, damit zu beginnen. Wenn Sie nicht die Möglichkeit haben, Ihren Meister kurz vor Ihrem Tod zu sehen, sollten Sie diese Anweisungen bereits vorher erhalten und sich gut mit ihnen vertraut gemacht haben.

Wenn der Meister am Sterbebett anwesend ist, dann handelt er traditionellerweise gemäß einer bestimmten Abfolge. Zuerst spricht er uns an, nach dem «Tibetischen Totenbuch» etwa mit folgenden Worten: «Kind aus erleuchteter Familie, höre zu und sei nicht abgelenkt!» Dann führt er uns Schritt für Schritt durch alle Stufen des Auflösungsprozesses. Daraufhin wird er die Essenz der Einführung explizit und wirkungsvoll in wenigen treffenden Worten so zusammenfassen, daß sie einen starken Eindruck in unserem Geist hinterlassen, und uns auffordern, in der Natur des Geistes zu ruhen. Sollte dies unsere Fähigkeiten übersteigen, wird der Meister uns – sofern wir damit vertraut sind – an die Phowa-Praxis erinnern. Wenn nicht, wird er die Phowa-Praxis für uns ausführen.

Als zusätzliche Sicherheitsmaßnahme kann der Meister auch die Natur der Erfahrungen in den Bardos nach dem Tode erklären und uns einschärfen, daß sie ausnahmslos Projektionen unseres eigenen Geistes sind. Er wird uns dann zu dem Vertrauen inspirieren, uns dieser Tatsache in jedem Augenblick bewußt zu sein. «Was du auch siehst, o Kind, wie erschreckend es auch sein mag, erkenne es als deine eigene Projektion; erkenne es als die Lichtheit, die natürliche Strahlung deines eigenen Geistes.»[3] Schließlich wird der Meister uns anweisen, an die reinen Bereiche der Buddhas zu denken, Hingabe zu entwickeln und darum zu beten, dort wiedergeboren zu werden. Der Meister wird die Worte der Einführung dreimal wiederholen und seinen Segen auf den sterbenden Schüler richten, während er selbst im Zustand von Rigpa ruht.

Die Übungen für das Sterben

Es gibt drei wesentliche Praktiken für die Phase des Sterbens:

- Die beste Übung besteht darin, in der Natur des Geistes zu ruhen oder die Herzessenz unserer Praxis anzurufen.
- Die zweite ist die Phowa-Übung, die Übertragung des Bewußtseins.
- Und schließlich kann man auf die Kraft der Hingabe, des Wunsches, des Gebets und auf den Segen der erleuchteten Wesen vertrauen.

Überragende Praktizierende des Dzogchen haben die Natur des Geistes bereits während ihres Lebens vollkommen verwirklicht. Wenn sie also den Übergang des Todes erfahren, brauchen sie nur noch in diesem Zustand von Rigpa zu ruhen. Für sie gibt es keinen Grund, ihr Bewußtsein in das Reine Land eines Buddha zu übertragen, da sie den Weisheitsgeist der Buddhas bereits als ihre eigene innere Realität erkannt und verwirklicht haben. Der Tod ist für sie der Moment letztendlicher Befreiung – der krönende Augenblick ihrer Verwirklichung und die Erfüllung all ihrer Praxis. Das «Tibetische Totenbuch» hält für einen solchen Praktizierenden nur die folgenden knappen Worte der Erinnerung bereit: «O Ehrwürdige(r)! Die Grund-Lichtheit wird nun offenbar. Erkenne sie, und ruhe in der Essenz deiner Praxis.»

Von denen, die die Praxis des Dzogchen ganz und gar gemeistert haben, sagt man auch, daß sie wie *neugeborene Kinder* sterben, frei von allen Sorgen und ohne die geringste Angst vor dem Tod. Sie brauchen sich weder zu sorgen, wann oder wo sie sterben, noch haben sie den geringsten Bedarf für Lehre, Anweisungen oder Erinnerung.

«Mittlere Praktizierende dieser höchsten Kapazität» sterben wie *Bettler auf offener Straße.* Niemand nimmt Notiz von ihnen, und nichts kann sie stören. Wegen der Stabilität ihrer Praxis bleiben sie vollkommen unbeeinflußt von ihrer Umgebung. Sie könnten mit der gleichen Gelassenheit in einem geschäftigen Krankenhaus oder zu Hause inmitten einer nörgelnden, zänkischen Familie sterben.

Ich werde niemals einen alten Yogi vergessen, den ich in Tibet erlebt habe. Er war ein Original, und alle Kinder folgten ihm auf dem Fuß wie dem Rattenfänger von Hameln. Wo immer er hinkam, sang und musizierte er, bis die ganze Gemeinde zusammenlief und sich um ihn scharte. Dann forderte er alle auf zu üben und OM MANI PADME HUM zu rezitieren, das Mantra des Buddha des Mitgefühls.[4] Er besaß eine große Gebetsmühle, und wenn ihm jemand etwas schenkte, nähte er es an seine Kleider, so daß er schließlich selbst wie eine riesige Gebetsmühle aussah, wenn er sich drehte. Ich erinnere mich auch, daß er einen Hund hatte, der ihn stets begleitete. Er behandelte diesen Hund wie einen Menschen; er aß mit ihm aus der gleichen Schale, er schlief neben ihm, hielt ihn für seinen besten Freund und sprach sogar mit ihm.

Nur wenige nahmen ihn ernst, und manche nannten ihn einen «verrückten Yogi», aber viele Lamas sprachen mit Hochachtung von ihm und mahnten uns, nicht verächtlich auf ihn herabzusehen. Mein Großvater und die ganze Familie behandelten ihn immer mit Respekt, luden ihn in unseren Schreinraum ein und boten ihm Tee und Brot an. In Tibet war es Brauch, niemals mit leeren Händen zu Besuch zu kommen, und eines Tages hielt dieser verrückte Mann mitten im Teetrinken inne und sagte: «Oh, tut mir leid, fast hätt' ich's vergessen . . . dies ist mein Geschenk für euch!» Er nahm das Brot und den weißen Schal, den mein Großvater ihm gerade vorher gegeben hatte, und gab sie ihm so zurück, als wäre es sein Geschenk.

Oft schlief er draußen im Freien. Er starb eines Tages auf dem Gelände des Dzogchen-Klosters: mit dem Hund an seiner Seite, auf offener Straße, inmitten von Abfall. Was dann geschah, hatte niemand erwartet, aber viele Menschen können es bezeugen. Eine Aura strahlenden, regenbogenfarbenen Lichts erschien und hüllte seinen ganzen Körper ein.

Es heißt, daß «Praktizierende von mittlerer Kapazität» *wie Löwen oder andere wilde Tiere auf Schneebergen, in Berghöhlen oder einsamen Tälern* sterben. Sie können für sich selber sorgen und ziehen es vor, einsame Plätze aufzusuchen und in Ruhe zu sterben, ohne Störung durch hektische Freunde oder Verwandte.

Derart verwirklichte Praktizierende werden vom Meister an die speziellen Übungen für die Zeit des nahenden Todes erinnert, von denen ich zwei hier erwähnen möchte. In der ersten nimmt der Praktizierende die «Haltung des schlafenden Löwen» ein, sammelt all sein Gewahrsein in den Augen und richtet seinen Blick in den Raum vor sich. Dann läßt er einfach seinen Geist unverändert in diesem Zustand ruhen und sein Rigpa mit dem ursprünglichen Raum der Wahrheit verschmelzen. Wenn die Grund-Lichtheit des Todes erscheint, fließt er ganz natürlich hinein und ist erleuchtet. Dies ist allerdings nur möglich, wenn man sein Wissen um die Natur des Geistes durch Praxis stabilisiert hat. Für diejenigen, die diese Vollkommenheit noch nicht erreicht haben und daher formellere Methoden zur Sammlung benötigen, gibt es die Übung, das Bewußtsein als eine weiße Silbe «A» zu visualisieren und es durch den Zentralkanal aus dem Scheitelpunkt des Kopfes in einen Buddha-Bereich auszustoßen. Dies ist die Übung des Phowa – die Übertragung des Bewußtseins. Diese Praxis war es auch, in der Lama Tseten während seines Todes durch meinen Meister angeleitet wurde.

Menschen, die eine dieser beiden Praktiken erfolgreich ausüben, werden, wie es heißt, immer noch den körperlichen Prozeß des Sterbens durchlaufen, nicht mehr jedoch die nachfolgenden Bardo-Zustände.

Phowa: Die Übertragung des Bewußtseins

Nun, da mir der Bardo des Todes dämmert,
will ich alles Greifen, Sehnen und Anhaften aufgeben,
will unabgelenkt in das klare Gewahrsein der Lehren eintreten
und mein Bewußtsein in den Raum des ungeborenen Rigpa
ausschleudern.

Nun, da ich diesen aus Fleisch und Blut zusammengefügten
Körper verlasse,
will ich ihn als vorübergehende Illusion erkennen.

«Das Bewußtsein in den Raum des ungeborenen Rigpa ausschleudern» bezieht sich auf die Übertragung des Bewußtseins in der Phowa-Praxis. Sie ist die gebräuchlichste Übung für den Zeitpunkt des Todes und die spezielle Anweisung der entsprechenden Bardo-Lehren. Phowa ist sowohl eine Yoga- als auch eine Meditationspraxis und wird seit Jahrhunderten angewendet, um Menschen zu helfen, sich auf den Tod vorzubereiten.

Im Prinzip geht es darum, daß der Praktizierende im Augenblick des Todes sein Bewußtsein ausschleudert und es mit dem Weisheitsgeist des Buddha verschmelzen läßt, mit dem also, was Padmasambhava in seinem Bardo-Vers den «Raum des ungeborenen Rigpa» nennt. Die Praxis kann vom Sterbenden selbst oder aber vom Meister oder einem qualifizierten Praktizierenden für den Sterbenden ausgeführt werden.

Es gibt viele Ebenen von Phowa, die den jeweiligen Fähigkeiten, Erfahrungen und dem jeweiligen Schulungsstand der verschiedenen Menschen entsprechen. Aber das wohl am häufigsten geübte Phowa ist das sogenannte «Phowa der dreifachen Erkenntnis», in dem wir *unseren Zentralkanal*[5] *als den Pfad, unser Bewußtsein als den Reisenden, und einen Buddha-Bereich als das Ziel erkennen.*

Gewöhnliche Tibeter, die Beruf und Familie haben, sind natürlich nicht in der Lage, ihr ganzes Leben dem Studium und der Praxis zu widmen, und dennoch begegnen sie den Lehren mit tiefem Glauben und Vertrauen. Wenn ihre Kinder erwachsen sind und sie sich dem Ende ihres Lebens nähern – in der Zeit also, die wir im Westen «Ruhestand» nennen –, gehen Tibeter oft auf Pilgerfahrt oder suchen Meister auf und konzentrieren sich auf die spirituelle Praxis. Dann unterziehen sie sich häufig auch einer Phowa-Schulung, um sich auf den Tod vorzubereiten. Phowa wird in den Lehren oft als eine Methode beschrieben, die es ermöglicht, ohne die Erfahrung lebenslanger Meditationspraxis Erleuchtung zu erlangen.

Die zentrale Gestalt, die in der Phowa-Praxis angerufen wird, ist Buddha Amitābha, der Buddha des grenzenlosen Lichts. Amitābha ist bei den einfachen Menschen in Japan, China, aber auch in Tibet und anderen Himālaya-Ländern sehr populär. Er ist der Ur-Buddha der Lotos- oder Padma-Familie, jener Buddha-Familie also, der wir Menschen zugeordnet werden; er symbolisiert unsere reine Natur und steht für die Verwandlung der vorherrschenden Emotion des Menschenbereichs – Begierde. Auf einer tieferen Ebene ist Buddha Amitābha die grenzenlose, lichte Natur unseres eigenen Geistes. Im Tode wird die wahre Natur des Geistes im Augenblick des Aufscheinens der Grund-Lichtheit manifest, aber nicht jeder von uns wird bis dahin die nötige Vertrautheit mit dieser Lichtheit entwickelt haben, um sie auch erkennen zu können. Wie geschickt und mitfühlend ist es da doch von den Buddhas, daß sie uns für diesen Fall eine Methode gegeben haben: die Verkörperung ebendieser Licht-Natur in der strahlenden Gestalt Amitābhas anzurufen!

Es wäre an dieser Stelle nicht angebracht, auf die Einzelheiten der traditionellen Phowa-Praxis näher einzugehen, da sie immer und unter allen Umständen unter der Leitung eines qualifizierten Meisters geübt werden muß. Man sollte niemals versuchen, diese Praxis allein, ohne die entsprechende Anleitung, auszuprobieren.

Die Lehren erklären, daß unser Bewußtsein an einen «Wind» gebunden ist und daher im Tod eine Öffnung braucht, um den Körper verlassen zu können. Dies kann durch irgendeine der neun Körperöffnungen geschehen. Der Weg, den das Bewußtsein nimmt, bestimmt den Existenzbereich unserer zukünftigen Wiedergeburt. Wenn es den Körper am Scheitelpunkt durch die Öffnung in der Fontanelle verläßt, werden wir – so heißt es – in einem Reinen Land wiedergeboren, wo wir direkt zur Erleuchtung fortschreiten.[6]

Ich muß noch einmal betonen, daß diese Übung nur unter Aufsicht eines qualifizierten Meisters ausgeführt werden kann, der den Segen hat, die entsprechende Übertragung geben zu können. Um die Praxis des Phowa erfolgreich durchzuführen, ist weder umfassendes intellektuelles Wissen noch tiefe Verwirklichung erforderlich, nur Hingabe, Mitgefühl, einsgerichtete Visualisation und ein tiefempfundenes Gefühl der Präsenz von Buddha Amitābha. Der Schüler erhält die Anweisungen und übt entsprechend, bis sich Zeichen des Erfolgs einstellen. Zu diesen Zeichen gehören: Juckreiz auf dem Scheitelpunkt des Kopfes, Kopfschmerzen, das Austreten einer klaren Flüssigkeit, eine Schwellung oder sogar eine kleine Öffnung im Bereich der Fontanelle, in die traditionellerweise die Spitze eines Grashalms eingeführt wird, um den Erfolg der Praxis zu prüfen.

Vor nicht allzulanger Zeit übte eine Gruppe älterer Exil-Tibeter in der Schweiz unter einem bekannten Phowa-Meister. Ihre Kinder, die ja schon in der Schweiz aufgewachsen waren, standen der Übung eher skeptisch gegenüber und mochten nicht recht an ihre Wirksamkeit glauben. Sie waren jedoch sehr erstaunt von der Veränderung ihrer Eltern, die nach einer zehntägigen Phowa-Klausur tatsächlich einige der oben beschriebenen Erfolgszeichen vorweisen konnten.

Der japanische Wissenschaftler Dr. Hiroshi Motoyama hat sogar wissenschaftliche Untersuchungen der psychophysiologischen Wirkungen des Phowa durchgeführt. Er konnte deutliche physiologische Veränderungen im Nervensystem, im Stoffwechselgeschehen und im System der Akupunktur-Meridiane während der Phowa-Übung nachweisen.[7] Dr. Motoyama fand unter anderem erstaunliche Übereinstimmungen zwischen den Energiemustern in den Körpermeridianen des von ihm untersuchten Phowa-Meisters und denen, die bei medial veranlagten Menschen mit starken außersinnlichen Wahrnehmungen gemessen worden waren. In EEG-Messungen stellte er fest, daß die Hirnwellen während der Phowa-Übung sich von denen, die man bei Yogis während anderer Meditationspraktiken gemessen hatte, grundlegend unterschieden. Sie zeigten, daß während der Phowa-Praxis neben dem Aufhören der gewöhnlichen mentalen Aktivität, wie es auch aus der Erfahrung tiefer Meditation bekannt ist, zusätzlich ein bestimmter Teil des Gehirns – der Hypothalamus – stimuliert wird.

Durch die Kraft des Phowa kommt es manchmal vor, daß ganz gewöhnliche Menschen starke visionäre Erfahrungen machen. Ihre Ahnungen vom Frieden und Licht des Buddha-Bereichs und ihre Visionen von Amitābha erinnern auffallend an bestimmte Aspekte der Nahtod-Erfahrung. Eine erfolgreiche Phowa-Praxis bringt außerdem – wie eine Nahtod-Erfahrung auch – Vertrauen und Furchtlosigkeit für die Konfrontation mit dem Tod.

Die essentielle Phowa-Praxis, wie ich sie im vorigen Kapitel erklärt habe, ist zugleich eine heilsame Praxis für die Lebenden und eine Praxis für den Moment des Todes, die jederzeit und ohne die geringste Gefahr geübt werden kann. Für die traditionelle Phowa-Übung hingegen ist die exakte Zeitabstimmung von ausschlaggebender Bedeutung. So heißt es zum Beispiel, daß eine Bewußtseinsübertragung vor dem natürlichen Tod einem Selbstmord gleichkäme. Die richtige Zeit für die Durchführung des traditionellen Phowa ist gekommen, wenn der äußere Atem aufgehört hat, die innere Atmung aber noch anhält; vielleicht ist es aber am sichersten, die Phowa-Übung schon während des Auflösungsprozesses (wie er im nächsten Kapitel beschrieben wird) zu beginnen und dann mehrmals zu wiederholen.

Wenn ein traditioneller Phowa-Meister für einen Sterbenden praktiziert, indem er dessen Bewußtsein visualisiert und es durch die Fontanelle ausstößt, ist es von essentieller Bedeutung, daß dies zum genau richtigen Zeitpunkt und nicht etwa zu früh geschieht. Ein fortgeschrittener Praktizierender, der genaue Kenntnisse über den Prozeß des Sterbens besitzt, kann jedoch anhand entsprechender Zeichen in den Kanälen, den Bewegungen der inneren Winde und der Körperwärme beurteilen, wann der richtige Moment für die Phowa-Praxis gekommen ist. Ein Meister kann für einen Verstorbenen die Übertragung des Bewußtseins auch aus der Entfernung wirksam ausführen. Man sollte in einem solchen Falle aber unbedingt darauf achten, den Meister so schnell wie möglich vom Tod zu unterrichten.

Bestimmte Umstände können ein erfolgreiches Phowa jedoch auch verhindern. Da jeder unheilsame Geisteszustand, sogar das kleinste Verlangen nach Besitz hinderlich ist, wenn es ans Sterben geht, sollte man sich bemühen, von jeglichen negativen Gedanken oder Regungen von Verlangen möglichst frei zu sein. In Tibet glaubte man, daß Phowa sehr schwer erfolgreich zu praktizieren ist, wenn sich im Zimmer des Sterbenden irgendwelche Gegenstände aus Tierhaut oder Fell befinden. Schließlich erschwert auch das Rauchen die Praxis des Phowa sehr, weil es – wie der Konsum jeder anderen Droge auch – den Zentralkanal blockiert.

«Selbst ein großer Übeltäter», so heißt es, kann im Augenblick des Todes befreit werden, wenn ein verwirklichter und machtvoller Meister das Bewußtsein des Menschen in einen Buddha-Bereich überträgt. Und selbst wenn es dem Betreffenden an Verdienst und Übung fehlt, und auch der Meister das Phowa nicht ganz und gar erfolgreich durchführen kann, kann er doch die Zukunft des Sterbenden noch beeinflussen, und die Praxis kann zu seiner Wiedergeburt in einem höheren Bereich beitragen. Damit Phowa vollen Erfolg haben kann, müssen allerdings die Bedingungen perfekt sein. Phowa kann auch einem Menschen mit sehr negativem Karma noch helfen, aber nur dann, wenn der Betreffende eine starke und makellose Verbindung mit dem Meister hat, der die Praxis durchführt, wenn er Vertrauen in die Lehren besitzt und wenn er von ganzem Herzen, aufrichtig um Vergebung und Reinigung bittet.

In Tibet luden die Familienangehörigen im Idealfall viele Lamas ins Haus, damit sie das Phowa so lange immer wieder ausführten, bis sich Zeichen des Erfolgs einstellten. Manchmal wurde die Übung stundenlang, hunderte Male ausgeführt, manchmal sogar den ganzen Tag. Bei einigen Sterbenden brauchte es nur ein oder zwei Phowa-Sitzungen, bis sich die Zeichen einstellten, bei anderen reichte ein ganzer Tag oft nicht aus. Diese Unterschiede erklären sich – eigentlich ganz selbstverständlich – weitgehend aus dem Karma der betreffenden Menschen.

In Tibet gab es Praktizierende, die zwar nicht gerade berühmt für ihre Praxis waren, die aber doch eine besondere Kraft besaßen, Phowa wirkungsvoll auszuüben und ganz schnell sichtbare Zeichen hervorzubringen. Manchmal fallen einige Haare in der Nähe der Fontanelle aus, oder man kann Wärme fühlen oder eine Art Dunst sehen, der vom Scheitel ausgeht. In einigen außergewöhnlichen Fällen bewiesen Meister oder Praktizierende eine derartige Kraft, daß in dem Moment, wo sie die spezielle Silbe ausstießen, die das Phowa bewirkt, alle Anwesenden im Raum für einen Moment das Bewußtsein verloren, oder daß ein Knochensplitter vom Kopf des Sterbenden wegflog, weil das Bewußtsein mit solch ungeheurer Kraft ausgeschleudert worden war.[8]

Die Gnade des Gebets

Alle Religionen wissen, daß das Sterben im Zustand des Gebets außerordentlich hilfreich ist. Ich hoffe, daß es Ihnen im Sterben gelingen wird, alle Buddhas und Ihren Meister von ganzem Herzen anzurufen. Beten Sie, daß alle negativen Handlungen aus diesem und aus anderen Leben durch Ihre Reue gereinigt werden mögen, damit Sie friedlich und bewußt sterben können, eine gute Wiedergeburt erlangen und letztlich Befreiung finden.

Erzeugen Sie den einsgerichteten und konzentrierten Wunsch, entweder in einem Reinen Land oder als Mensch wiedergeboren zu werden – beides auf jeden Fall aber, um andere zu schützen, sie zu fördern und ihnen zu helfen. Mit soviel Liebe und zärtlichem Mitgefühl im Herzen den letzten Atemzug zu tun, gilt in der tibetischen Tradition als eine weitere Form des Phowa und garantiert, daß Sie zumindest wieder eine kostbare Geburt als Mensch finden werden.

Es ist von zentraler Bedeutung, für den Zeitpunkt des Todes einen so positiven Eindruck im Bewußtseinsstrom zu schaffen, wie nur irgend möglich. Am sichersten und wirksamsten läßt sich dies mit einer einfachen Übung des Guru-Yoga erreichen, indem der Sterbende seinen Geist mit dem Weisheitsgeist des Meisters, eines Buddha oder eines Heiligen vereint. Selbst wenn Sie sich Ihren Meister zu diesem Zeitpunkt nicht bildlich vorstellen können, versuchen Sie wenigstens, sich an ihn zu erinnern, ihn in Ihrem Herzen zu bewahren und so in einem Zustand der Hingabe zu sterben. Wenn Ihr Bewußtsein nach dem Tode wiedererwacht, erwacht dieser Eindruck der Gegenwart des Meisters mit Ihnen, und Sie sind befreit. Wenn Sie im Gedenken des Meisters sterben, sind die Möglichkeiten seiner Gnade grenzenlos: Selbst die Erscheinungen von Klang, Licht und Farben im Bardo der Dharmatā können dann als der Segen des Meisters und als Ausstrahlung seiner Weisheitsnatur erscheinen.

Wenn der Meister am Sterbebett anwesend ist, wird er dafür sorgen, daß seine Gegenwart sich dem Bewußtseinsstrom des Sterbenden einprägt. Vielleicht macht er sogar unerwartet eine ganz verblüffende Bemerkung, um den Sterbenden von seinen Sorgen und anderen geistigen Beschäftigungen abzulenken. Er könnte etwa mit lauter Stimme rufen: «Denk an mich!» Der Meister wird alles mögliche unternehmen, um die Aufmerksamkeit des Sterbenden auf sich zu ziehen und einen unauslöschlichen Eindruck zu schaffen, der in den Bardo-Zuständen als Erinnerung an den Meister zurückkehrt. Als die Mutter eines sehr bekannten Meisters ins Koma fiel und starb, tat Dilgo Khyentse Rinpoche an ihrem Bett etwas sehr Ungewöhnliches – er gab ihr einen Schlag auf das Bein, damit sie ihn beim Eintritt ihres Todes nicht vergessen sollte.

In unserer Tradition beten einfache Praktizierende zu dem Buddha, den sie besonders verehren und dem sie sich karmisch verbunden fühlen. Wenn es sich um Padmasambhava handelt, dann beten sie darum, in seinem glorreichen Reinen Land, dem Palast aus Lotos-Licht auf dem kupferfarbenen Berg wiedergeboren zu werden; und wenn es Amitābha ist, den sie besonders lieben und verehren, dann beten sie um eine Wiedergeburt in seinem «glückseligen» Paradies, dem wunderbaren Reinen Land von Dewachen.[9]

Die Atmosphäre während des Sterbens

Wie können wir nun gewöhnlichen Ausübenden einer spirituellen Praxis in ihrer Todesstunde am wirkungsvollsten helfen? Die Liebe und Fürsorge eines emotionalen und praktischen Beistands brauchen alle Menschen, aber für Praktizierende spielt die Atmosphäre, Intensität und Dimension der spirituellen Unterstützung eine ganz besondere Rolle. Ideal und von großem Segen wäre es, wenn ihr eigener Meister zugegen sein könnte; sollte das aber nicht möglich sein, können auch spirituelle Freunde von unschätzbarer Hilfe sein, indem sie den sterbenden Menschen an die Essenz der Lehren und an die Praxis erinnern, die ihm immer am meisten am Herzen gelegen hat. Für einen sterbenden Praktizierenden ist spirituelle Inspiration und die sich ganz natürlich daraus ergebende Atmosphäre von Vertrauen und Hingabe überaus wichtig. Die liebevolle, unerschütterliche Präsenz des Meisters oder der spirituellen Freunde, die Ermutigung durch die Lehren und die Stärke der eigenen Praxis wirken zusammen und schaffen die Inspiration, die in den letzten Wochen und Tagen fast genauso wichtig ist wie das Atemholen selbst.

Eine meiner Schülerinnen, die an Krebs starb, fragte mich, wie sie denn üben solle, wenn sie sich dem Tode nähere, besonders, wenn sie nicht mehr die Kraft finde, sich auf eine formelle Praxis zu konzentrieren.

Ich sagte ihr: «Mach dir immer wieder klar, welches Glück du gehabt hast, so vielen Meistern begegnet zu sein, viele Lehren von ihnen erhalten zu haben, und auch die Zeit und Gelegenheit zur Praxis gefunden zu haben. Ich verspreche dir, daß der Nutzen von all dem dir niemals verlorengehen wird: Das gute Karma, das du damit geschaffen hast, wird dir helfen. Die Lehren nur ein einziges Mal zu hören oder einem Meister wie Dilgo Khyentse Rinpoche auch nur einmal zu begegnen und eine starke Verbindung mit ihm herzustellen, wie du es getan hast, wirkt bereits befreiend. Vergiß das niemals und denke immer auch daran, wie vielen Menschen, die dasselbe erleiden wie du, diese wunderbare Gelegenheit nicht gegeben ist.

Wenn die Zeit kommt, und du nicht mehr aktiv üben kannst, ist es das Wichtigste, dich – im Vertrauen auf die Sicht – so tief wie möglich zu entspannen und in der Natur des Geistes zu ruhen. Es spielt keine Rolle, ob dein Körper oder dein Gehirn noch funktionieren: Die Natur deines Geistes ist immer da, himmelgleich, strahlend, glückselig, grenzenlos und unverändert ... Sei dir dessen ohne jeden Zweifel bewußt, und laß dieses Wissen dir die Kraft verleihen, mit sorgloser Gelassenheit selbst zu deinen größten Schmerzen sagen zu können: ‹Geht jetzt, laßt mich in Ruhe!› Wenn dich irgend etwas irritiert oder aufregt, verschwende keine Zeit mit dem Versuch, es zu verändern; kehre einfach zur Sicht zurück.

Vertraue tief in die Natur deines Geistes, und entspanne dich völlig. Es gibt nichts, was du noch zusätzlich lernen, erwerben oder verstehen müßtest. Laß einfach das, was du bereits erhalten hast, in dir aufgehen und sich zu immer größerer Tiefe öffnen.

Halte dich vor allem an die Praxis, die dich am meisten inspiriert. Und wenn es für dich schwierig ist, zu visualisieren oder eine formelle Übung auszuführen, denk daran, was Dudjom Rinpoche immer sagte: daß es wichtiger ist, die Präsenz zu *spüren,* als die Einzelheiten der Visualisation klar zu sehen. Jetzt ist es an der Zeit, mit deinem ganzen Sein, so innig wie du nur kannst, die Gegenwart deiner Meister, Padmasambhavas und aller Buddhas zu empfinden. Was immer auch mit deinem Körper geschehen mag: Dein Herz kann niemals krank werden. Du hast Dilgo Khyentse Rinpoche geliebt: Spüre seine Präsenz und bitte ihn aufrichtig um Hilfe und Reinigung. Gib dich ganz in seine Hände, mit Herz und Geist, mit Körper und Seele. Vollkommenes Vertrauen ist so einfach und gleichzeitig doch eine der gewaltigsten Kräfte der Welt.

Habe ich dir je die wunderbare Geschichte von Ben aus Kongpo erzählt? Ben war ein einfacher Mann mit großem Vertrauen, der in Kongpo, einer Provinz im Südosten Tibets, lebte. Er hatte bereits viel von Jowo Rinpoche gehört, dem ‹Kostbaren Herrn›, einer Statue, die im Zentraltempel von Lhasa steht und den Buddha als zwölfjährigen Prinzen darstellt. Sie ist die heiligste Statue in ganz Tibet, und es heißt, daß sie noch zu Lebzeiten des Buddha angefertigt worden sei. Ben war nicht klar, ob da von einem Buddha oder von einem Menschen die Rede war, und so entschloß er sich, den Jowo Rinpoche aufzusuchen, um selbst herauszufinden, warum alle Welt über ihn redete. Er zog also seine Stiefel an und machte sich auf den wochenlangen Marsch nach Lhasa in Zentraltibet.

Bei seiner Ankunft war er sehr hungrig, und als er den Zentraltempel betrat, fiel sein Blick sogleich auf eine Reihe von Opferkuchen und Butterlampen, die als Gaben auf dem Schrein vor der großen Statue des Buddha aufgestellt waren. Er dachte, daß diese Kuchen die Speise von Jowo Rinpoche sein müßten: ‹Die Kuchen›, so sagte er sich, ‹tunkt man wohl in die flüssige Butter der Lampen, die brennen müssen, damit die Butter nicht hart wird. Ich mache es also am besten genauso wie Jowo Rinpoche.› So tunkte er einen der Opferkuchen in die Butter und verzehrte ihn genüßlich, wobei er zur Statue aufsah, die ihn gütig anzulächeln schien.

‹Was für ein freundlicher Lama du doch bist›, sagte er. ‹Die Hunde kommen herein und stehlen das Essen, das die Menschen dir als Gaben bringen, und du lächelst nur. Der Wind bläst die Lampen aus, und du lächelst immer noch. Wie dem auch sei, ich werde jetzt um den Tempel herumgehen, um zu beten und meinen Respekt zu erweisen. Würde es dir etwas ausmachen, inzwischen auf meine Stiefel aufzupassen?› Damit zog er seine dreckigen alten Stiefel aus, legte sie auf den Altar vor die Statue und ging.

Während Ben noch auf dem Weg um den riesigen Tempel war, kam der Aufseher zurück und bemerkte zu seinem Schrecken, daß jemand die Opferkuchen gegessen und ein dreckiges Paar Stiefel auf dem Schrein zurückgelassen hatte. Er war zutiefst entsetzt und griff voller Wut nach den Stiefeln, um sie nach draußen zu werfen, als die Statue plötzlich zu sprechen begann und sagte: ‹Halt! Stell die Stiefel zurück, ich passe für Ben Kongpo auf sie auf.› Erschreckt ergriff der Aufseher die Flucht.

Nach kurzer Zeit kam Ben zurück, um seine Stiefel zu holen. Er blickte zur Statue auf, die immer noch gütig auf ihn herablächelte. ‹Du bist wirklich ein guter Lama. Komm doch nächstes Jahr mal zu uns nach Hause. Ich schlachte dann ein Schwein und braue uns Bier.› Jowo Rinpoche sprach zum zweiten Mal und versprach Ben, ihn zu besuchen.

Als Ben nach Kongpo zurückkam, erzählte er seiner Frau, was er erlebt hatte, und trug ihr auf, nach Jowo Rinpoche Ausschau zu halten, da er sich nicht sicher war, wann er kommen würde. Das Jahr ging ins Land, und eines Tages kam seine Frau ins Haus gerannt und berichtete außer Atem, daß sie im Fluß, unter Wasser, etwas wie die Sonne habe leuchten sehen. Ben hieß sie Teewasser aufsetzen und eilte selbst zum Fluß. Er sah Jowo Rinpoche im Wasser funkeln und dachte augenblicklich, daß er wohl ins Wasser gefallen sein müsse und ertrinken werde. So sprang er ins Wasser, bekam ihn zu fassen und zog ihn an Land.

Als sie in angeregtem Gespräch auf dem Rückweg zu Bens Haus an eine Felswand kamen, sagte Jowo Rinpoche: ‹Tut mir leid, ich kann leider nicht in dein Haus kommen›, und mit diesen Worten verschwand er im Felsen. Bis zum heutigen Tag gibt es zwei berühmte Pilgerplätze in Kongpo: einer ist der Felsen-Jowo, die Felswand, auf der man ein Buddhabild sehen kann, der andere der Fluß-Jowo, wo man die Gestalt des Buddha im Wasser sieht. Die Leute sagen, Segen und Heilkraft dieser Plätze seien mit denen des Jowo Rinpoche in Lhasa identisch – und das alles wegen Bens großem Glauben und seinem schlichten Vertrauen.

Du solltest das gleiche reine Vertrauen haben wie Ben. Laß dein Herz sich füllen mit Vertrauen in Padmasambhava oder Dilgo Khyentse Rinpoche, und spüre einfach seine Präsenz: Er ist der Raum, der dich umgibt. Erinnere dich an jeden Augenblick, den du mit ihm verbracht hast. Laß deinen Geist mit dem seinen verschmelzen, und sprich aus der Tiefe deines Herzens, in deinen eigenen Worten: ‹Schau, wie hilflos ich bin, ich kann nicht einmal mehr intensiv praktizieren. Jetzt muß ich mich vollkommen auf dich verlassen. Ich vertraue dir rückhaltlos. Nimm dich meiner an. Laß mich eins mit dir werden.› Mach die Übung des Guru-Yoga und stell dir mit besonderer Intensität vor, wie die vom Meister ausgehenden Lichtstrahlen dich reinigen, all deine Unreinheiten und Krankheiten wegbrennen und dich heilen. Dein Körper löst sich in Licht auf, und schließlich geht dein Geist – in vollkommenem Vertrauen – in seinem Weisheitsgeist auf.

Mach dir keine Sorgen, wenn deine Praxis nicht leicht fließt; hab einfach Vertrauen und spüre es in deinem Herzen. Jetzt hängt alles von der Inspiration ab, weil du nur so deine Angst lösen und deine Nervosität entspannen kannst. Hänge also ein schönes Photo von Dilgo Khyentse Rinpoche oder Padmasambhava so auf, daß dein Blick darauf ruhen kann. Schau es am Anfang deiner Übung ruhig an, und entspanne dich einfach in seiner Ausstrahlung. Stell dir vor, es wäre jetzt sonnig draußen, du würdest all deine Kleider ausziehen und in der Wärme baden: Schlüpfe aus aller Verklemmtheit und entspanne dich in der Wärme tief empfundenen Segens. Dann laß alles, wirklich alles, los.

Mach dir keinerlei Sorgen, selbst wenn deine Aufmerksamkeit weggleitet. Es gibt nichts Spezielles festzuhalten. Laß einfach los, laß dich im Gewahrsein des Segens treiben. Laß dich nicht von kleinlichen Fragen wie ‹Ist das Rigpa, oder ist das nicht Rigpa?› stören. Werde immer natürlicher. Denke daran, daß dein Rigpa immer da ist, immer in der Natur deines Geistes. Erinnere dich an Dilgo Khyentses Worte: ‹Wenn dein Geist unbeeinflußt bleibt, bist du im Zustand von Rigpa.‹ Da du die Lehren erhalten hast, hast du auch die Einführung in die Natur des Geistes erhalten. Entspanne dich also einfach in Rigpa – ohne zu zweifeln.

Du hast das Glück, jetzt gute spirituelle Freunde um dich zu haben. Ermuntere sie, eine Atmosphäre der Praxis um dich zu schaffen und bis zu deinem Tod bei dir zu praktizieren – und auch noch danach. Laß sie ein Gedicht vorlesen, das du magst, oder eine Anweisung deines Meisters, oder eine inspirierte Belehrung. Bitte sie, dir eine Kassette von Dilgo Khyentse vorzuspielen, einen Praxisgesang oder ein schönes Musikstück. Ich bete darum, daß jeder deiner wachen Momente in einer Atmosphäre lebendiger und lichter Inspiration vom Segen der Praxis durchdrungen sein möge.

Während die Kassette mit Musik oder den Lehren noch spielt, schlaf in ihrer Inspriation ein, wach in ihr auf, döse in ihr, iß in ihr ... Laß die Atmosphäre der Praxis diesen letzten Teil deines Lebens ganz und gar durchdringen – so, wie es meine Tante Ani Rilu tat. Beschäftige dich mit nichts anderem mehr als mit der Übung, so daß sie auch in deinen Träumen noch weitergeht. Und laß die Praxis letzte Erinnerung und stärkster

Eindruck in deinem Geist sein, laß sie in deinem Bewußtseinsstrom die eingefahrenen Gewohnheiten eines ganzen Lebens ersetzen.

Und wenn du das Ende nahen fühlst, denk nur noch an Dilgo Khyentse Rinpoche, mit jedem Atemzug und mit jedem Schlag deines Herzens. Du weißt ja, daß der Gedanke, mit dem du stirbst, mit Macht zurückkehrt, wenn du in den Bardos nach dem Tode wieder erwachst.»

Den Körper verlassen

Nun, da mir der Bardo des Todes dämmert,
will ich alles Greifen, Sehnen und Anhaften aufgeben,
will unabgelenkt in das klare Gewahrsein der Lehren eintreten,
und mein Bewußtsein in den Raum des ungeborenen Rigpa
ausschleudern.
Nun, da ich diesen aus Fleisch und Blut zusammengefügten
Körper verlasse,
will ich ihn als vorübergehende Illusion erkennen.

Gegenwärtig ist unser Körper zweifellos das Zentrum unseres gesamten Universums. Wir identifizieren ihn, ohne nachzudenken, mit uns und unserem Ich, und diese dauernde, gedankenlose und unrichtige Gleichsetzung verstärkt wiederum unsere Illusion, Ich und Körper seien untrennbar und konkret existent. Da unser Körper so offensichtlich zu existieren scheint, scheine auch «ich» zu existieren und «du» scheinst zu existieren – und die ganze illusorische, dualistische Welt, die wir unaufhörlich um uns herum projizieren, scheint verläßlich, solide und real. Wenn wir sterben, geht diese gesamte zusammengezimmerte Konstruktion zu Bruch.

Nach dem Tod geschieht – sehr vereinfacht ausgedrückt – folgendes: Unser Bewußtsein besteht auf seiner subtilsten Ebene ohne den Körper weiter und durchläuft eine Reihe von Zuständen, die man «Bardos» nennt. Die Lehren sagen uns, daß es letztlich keinen Grund gibt, sich vor irgendeiner der Erfahrungen nach dem Tode – wie gräßlich sie auch sein mögen – zu fürchten, weil wir ja in den Bardos keine Körper besitzen. Wie kann irgend etwas einen «Nobody», einen «Niemand ohne Körper», verletzen? Das Problem besteht nun aber darin, daß die meisten Menschen mit ihrem Festhalten an einem falschen Ich und seinem gespenstischen Greifen nach einer physischen Wirklichkeit in den Bardos einfach weitermachen. Die Kontinuität dieser Illusion, die schon Wurzel allen Leidens im Leben gewesen ist, sorgt auf diese Weise im Tode für noch mehr Leiden, ganz besonders im «Bardo des Werdens».

Wie wir sehen, ist es wesentlich, jetzt im Leben, solange wir noch keinen Körper haben, seine augenscheinliche und so überzeugende Solidität als bloße Illusion zu erkennen. Am besten gelingt uns das, wenn wir nach der Meditation ein «Kind der Illusion werden», das heißt nicht mehr wie gewohnt der Versuchung erliegen, alle Wahrnehmungen von uns und der Welt solide werden zu lassen, sie quasi einzufrieren. Wir sollten statt dessen – wie es einem Kind der Illusion gebührt – erkennen, daß alle Phänomene illusorisch und traumgleich sind, eine Erkenntnis, die ja auch in der Meditation angestrebt wird. Diese vertiefte Verwirklichung der illusorischen Natur unseres Körpers und aller Phänomene ist eine der tiefgründigsten und inspirierendsten Erkenntnisse, die uns helfen loszulassen.

Wenn uns dann der Tod unausweichlich mit der *Tatsache* konfrontiert, daß der Körper wirklich eine Illusion ist, werden wir, gerüstet und inspiriert von dieser Erkenntnis, fähig sein, seine vergängliche Natur furchtlos zu akzeptieren. Wir werden uns gelassen von allem Anhaften an unseren Körper freimachen und ihn freiwillig, ja sogar dankbar und freudig zurücklassen können, weil wir ihn jetzt als das erkennen, was er wirklich ist. Man könnte sagen, diese Einsicht macht uns tatsächlich fähig, zu *sterben, wenn wir sterben,* und so erlangen wir letztendlich Freiheit.

Denken wir uns den Tod als eigenartiges Grenzgebiet des Geistes, ein Niemandsland, in dem wir durch den Verlust unseres Körpers einerseits ungeheures emotionales Leid erfahren können, wenn wir seine illusorische Natur nicht verstehen, in dem sich uns andererseits aber die Möglichkeit grenzenloser Freiheit bietet, einer Freiheit, die gerade aus der Abwesenheit ebendieses Körpers entspringt.

Wenn wir endlich vom Körper befreit sind, der unser Selbstverständnis so lange definiert und beherrscht hat, ist die karmische Vision eines Lebens vollständig erschöpft, und all das eventuell für die Zukunft geschaffene Karma ist noch nicht manifest geworden. Im Moment des Todes öffnet sich also eine «Lücke», ein Raum, angefüllt mit ungeheuren Möglichkeiten, ein Augenblick enormer potentieller Kraft – und es zählt nur noch, wie unser Geist wirklich *ist.* Des physischen Körpers entledigt, steht der Geist nackt da, plötzlich entlarvt als das, was er schon immer war: der Baumeister unserer Wirklichkeit.

Wenn wir daher zum Zeitpunkt des Todes bereits eine stabile Erkenntnis der Natur unseres Geistes haben, können wir uns in *einem* Augenblick von allem Karma reinigen und lösen. Und wenn wir diese Erkenntnis stabil aufrechterhalten, ist es wirklich möglich, unser gesamtes Karma zum Abschluß zu bringen, indem wir in die offene Weite ursprünglicher Reinheit der Natur des Geistes eingehen und Befreiung erlangen. Padmasambhava hat es so formuliert:

> Du magst dich fragen, wie es möglich ist, im Bardo-Zustand Stabilität zu erlangen, wenn du nur für einen einzigen Augenblick die Natur des Geistes erkennst? Die Antwort lautet: Gegenwärtig ist unser Geist in ein Netz eingebunden, das Netz des «karmischen Windes». Dieser «Wind des Karma» ist wiederum im Netz unseres physischen Körpers eingeschlossen. Aus diesem Grunde sind wir nicht unabhängig oder frei.
>
> Sobald sich aber unsere Existenz in Geist und Materie getrennt hat, gibt es eine Lücke, und in ihr hat der Geist,[10] bevor er wieder in einen zukünftigen Körper eingeschlossen ist, keine konkrete, materielle Stütze. Und solange diese materielle Basis fehlt, sind wir unabhängig – und können erkennen.
>
> *Diese Möglichkeit, einfach durch die Erkenntnis der Natur des Geistes Stabilität zu erlangen, ist wie eine Fackel, die in einem Augenblick die Dunkelheit von Äonen vertreiben kann.* Wenn wir also die Natur des Geistes in den Bardos auf die gleiche Weise erkennen wie jetzt, da der Meister sie uns vorgestellt hat, werden wir ohne jeden Zweifel Erleuchtung erlangen. Deshalb müssen wir uns von jetzt an mit der Natur des Geistes durch Praxis vertraut machen.[11]

15. Der Sterbeprozeß

Padmasambhava sagte:

> Der Mensch kann zweierlei Arten von Tod erleiden: den vorzeitigen Tod und den Tod nach Ablauf der natürlichen Lebensspanne. Ein vorzeitiger Tod kann durch bestimmte – speziell der Lebensverlängerung dienende – Methoden abgewendet werden. Wenn jedoch die Erschöpfung der natürlichen Lebensspanne die Ursache für den Tod ist, gleichen wir einer Lampe, in der alles Öl verbraucht ist. Es gibt keine Möglichkeit, den Tod zu überlisten; wir müssen uns bereit machen abzutreten.

Schauen wir uns diese beiden Ursachen für den Tod einmal näher an: die Erschöpfung unserer natürlichen Lebensspanne und das vorzeitige Ende durch ein plötzliches Hindernis wie zum Beispiel einen Unfall.

Erschöpfung der Lebensspanne

Wir alle haben eine bestimme Lebensspanne, die durch unser Karma bestimmt ist, und wenn diese Zeit abgelaufen ist, ist es nahezu unmöglich, das Leben noch zu verlängern. Ein Mensch jedoch, der die fortgeschrittenen Yoga-Praktiken gemeistert hat, kann sogar diese Grenze überschreiten und sein Leben tatsächlich auch dann noch verlängern. Es gibt eine Tradition, in der den Meistern die Länge ihrer natürlichen Lebensspanne von ihren Lehrern vorausgesagt wird. Sie wissen aber auch, daß sie, abhängig von der Kraft ihrer eigenen Praxis sowie der Reinheit ihrer Verbindung mit ihren Schülern und abhängig auch von deren Praxis sowie dem generellen Nutzen, den ihre Arbeit hat, durchaus länger leben können. Mein Meister sagte Dilgo Khyentse Rinpoche voraus, daß er achtzig Jahre leben würde; alle Zeit darüber hinaus hinge ganz von seiner eigenen Praxis ab – er starb dann im Alter von zweiundachtzig Jahren. Dudjom Rinpoche war vorausgesagt worden, daß seine Lebensspanne dreiundsiebzig Jahre betrage – er starb schließlich im zweiundachtzigsten Jahr seines Lebens.

Vorzeitiger Tod

Wenn es allerdings «nur» ein Hindernis ist, das unser vorzeitiges Ende herbeizuführen droht, kann der Tod leichter abgewendet werden – vorausgesetzt natürlich, daß wir ihn vorhersehen. In den Bardo-Lehren und in tibetischen medizinischen Schriften werden Warnzeichen beschrieben, die einen bevorstehenden Tod ankündigen. Einige dieser Zeichen kündigen den Tod schon Jahre oder Monate im voraus an, andere Wochen oder Tage vorher. Dazu gehören unter anderem körperliche Zeichen, bestimmte Träume sowie besondere Untersuchungen mit Hilfe von Schattenbildern.[1] Leider erfordert es aber großes Fachwissen, diese Zeichen richtig zu deuten. Sie sollen einen Menschen vorwarnen, wenn sein Leben in Gefahr ist, und ihn darauf hinweisen, daß es notwendig ist, besondere lebensverlängernde Praktiken zu üben, um die entsprechenden Hindernisse abzuwenden.

Grundsätzlich ist jede spirituelle Praxis geeignet, unser Leben zu verlängern und unsere Gesundheit zu bewahren – da sie «Verdienst» schafft. Ein guter Praktizierender fühlt sich durch die Kraft und Inspiration seiner Praxis psychisch, emotionell und spirituell heil, und das ist nicht nur die wirksamste Quelle für Heilung, sondern auch der beste Schutz gegen Krankheit.

Es gibt aber auch spezielle «Langlebens-Praktiken», in denen die Lebenskraft der Elemente und des Universums durch die Macht der Meditation und Visualisation gesammelt wird. Wenn unsere Energien schwach und unausgeglichen sind, sorgen diese Langlebens-Praktiken wieder für Kraft und Ausgeglichenheit, und das Ergebnis ist eine Verlängerung der Lebensspanne. Es gibt aber noch eine Menge weiterer Methoden zur Stärkung der Lebensenergie. Eine ist zum Beispiel die Rettung von Schlachttieren, indem man sie dem Metzger abkauft und freiläßt. Diese Praxis ist in Tibet und allen Himālaya-Ländern weit verbreitet, und man kann häufig Menschen sehen, die auf dem Fischmarkt lebende Fische kaufen und diese dann in freiem Gewässer wieder aussetzen. Die Menschen tun dies aus einer einfachen karmischen Logik heraus. Es heißt in den Lehren nämlich, daß jemand, der anderen das Leben nimmt, die eigene Lebensspanne damit verkürzt – anderen Leben zu schenken, muß sie daher logischerweise verlängern.

Der «schmerzliche» Bardo des Sterbens

Der Bardo des Sterbens ist der Zeitraum vom Eintreten einer tödlichen Krankheit oder einer anderen Ursache, die zum Tode führt, bis zum Aufhören der «inneren Atmung». Er wird «schmerzlich» genannt, weil das Sterben eine Erfahrung ungeheuren Leidens sein kann, wenn wir auf das, was im Tode geschieht, nicht vorbereitet sind.

Selbst für einen Praktizierenden kann der Todesprozeß immer noch sehr schmerzhaft sein, weil der Verlust von Körper und Leben schließlich keine einfache Erfahrung ist. Wenn wir aber Belehrungen über den Sinn des Todes erhalten haben, wissen wir auch um die große Hoffnung, die im Aufscheinen der Grund-Lichtheit im Augenblick des Todes liegt. Trotzdem bleibt immer noch die Ungewißheit, ob wir auch in der Lage sein werden, sie zu erkennen; und das ist der Grund, warum es so wichtig ist, die Erkenntnis der Natur des Geistes durch Praxis jetzt bereits zu stabilisieren, solange wir noch am Leben sind.

Viele von uns haben jedoch nicht das Glück, den Lehren zu begegnen, und wir haben daher oft nicht die geringste Ahnung, was der Tod in Wirklichkeit ist. Wenn wir dann plötzlich erkennen müssen, daß wir im Begriff sind, unser ganzes Leben, unsere gesamte Wirklichkeit zu verlieren, sind wir zutiefst erschrocken: Wir wissen weder, was mit uns geschieht, noch wohin wir gehen. Nichts in unserer bisherigen Erfahrung hat uns auf diesen Schock vorbereitet. Jeder, der mit Sterbenden gearbeitet hat, kann bestätigen, daß diese Angst die körperlichen Schmerzen sogar noch verstärkt. Wenn wir uns nicht um unser Leben gekümmert haben, wenn wir bösartig und zerstörerisch gehandelt haben, empfinden wir jetzt Reue, Schuld und Angst. Daher wird uns einfach die Tatsache, mit den Lehren über die Bardos nur ein wenig vertraut geworden zu sein, schon ein gewisses Maß an Sicherheit, Inspiration und Hoffnung verleihen, selbst wenn wir diese Lehren niemals praktiziert oder gar verwirklicht haben.

Für gute Praktizierende, die genau wissen, was geschieht, ist der Tod nicht nur weniger schmerzhaft, sondern er ist tatsächlich ein Augenblick, auf den sie schon lange gewartet haben; sie begegnen ihm mit Gleichmut, oft sogar mit Freude. Manchmal erzählte Dudjom Rinpoche eine Geschichte vom Tod eines verwirklichten Yogi. Dieser Yogi war seit einigen Tagen krank gewesen, und der Doktor kam zur Pulsdiagnose. Er erkannte wohl, daß es zu Ende ging, wußte aber nicht, ob er es seinem Patienten sagen sollte. Sein Gesicht nahm einen bedenklichen Ausdruck an, und so stand er ernst und feierlich am Bett. Der Yogi aber drängte ihn mit einem beinahe kindlichen Enthusiasmus, ihm auch das Schlimmste zu sagen. Schließlich gab der Doktor nach und sagte beschwichtigend und mit ernster Stimme: «Nimm dich in acht, deine Zeit ist gekommen.» Zu seiner Verwunderung war der Yogi ganz begeistert und so voller Vorfreude wie ein kleines Kind, das gleich ein Weihnachtsgeschenk aufmachen darf. «Ist das auch wirklich wahr?» fragte er. Und mit den Worten: «Welch süße Worte, welch freudige Nachricht!» blickte er in den Himmel und starb auf der Stelle im Zustand tiefer Meditation.

Wenn es ans Sterben geht, können erfahrene Praktizierende gut selber für sich sorgen; gewöhnliche Menschen brauchen jedoch den Beistand ihres Meisters oder zumindest eines spirituellen Freundes, der sie an die Essenz ihrer Praxis erinnern und die Sicht in ihnen inspirieren kann.

Für jeden von uns kann es von großer Hilfe sein, wenn wir uns mit dem Sterbeprozeß vertraut machen. Sind uns die verschiedenen Stufen des Sterbens bekannt, dann wissen wir, daß all die eigenartigen und unbekannten Erfahrungen, die wir während des Sterbens durchmachen, Teil eines natürlichen Prozesses sind. Das Einsetzen dieses Prozesses signalisiert den nahen Tod und mahnt uns zur Aufmerksamkeit. Für einen Praktizierenden ist jede Stufe des Sterbens ein Hinweis, der ihn daran erinnert, was mit ihm geschieht, und welche Praktiken jeweils auszuführen sind.

Der Sterbeprozeß

Der Sterbeprozeß wird in den verschiedenen tibetischen Lehren in aller Ausführlichkeit beschrieben. Er besteht im Grunde aus zwei Phasen der Auflösung: einer äußeren Auflösung der Sinne und Elemente sowie einer inneren Auflösung der groben und subtilen Gedankenzustände und Emotionen. Bevor wir diesen Prozeß jedoch eingehender untersuchen können, ist es zunächst nötig, die Komponenten von Körper und Geist, die sich im Tod auflösen, besser zu verstehen.

Unsere gesamte Existenz hängt von den Elementen Erde, Wasser, Feuer, Luft und Raum ab. Sie bilden und erhalten unseren Körper, und wenn sie sich auflösen, sterben wir. Mit den äußeren Elementen, die ja unsere ganze Art der Existenz bestimmen, sind wir einigermaßen vertraut; es ist aber interessant zu sehen, wie diese äußeren Elemente mit den inneren Elementen unseres physischen Körpers korrespondieren, und daß die Potentiale und Eigenschaften dieser fünf Elemente auch in unserem Geist existieren. So ist die Fähigkeit des Geistes, als Basis für alle Erfahrungen zu dienen, die Eigenschaft des Elements Erde, seine Kontinuität und Anpassungsfähigkeit ist die Qualität des Wassers, seine Klarheit und die Fähigkeit wahrzunehmen, die Eigenschaft des Feuers, seine ununterbrochene Bewegung entspricht der Luft und seine unbegrenzte Leere dem Raum.

Ein tibetischer medizinischer Text erklärt unseren Körper folgendermaßen:

> Die Bewußtseinsebenen der Sinne entstehen aus dem eigenen Geist. Das Fleisch und die Knochen sowie das Organ des Geruchsinns und die Gerüche sind aus dem Element Erde gebildet. Das Blut, das Organ des Geschmackssinns, die Geschmacksnuancen sowie die Körperflüssigkeiten basieren auf dem Element Wasser. Die Wärme, das Organ des Sehsinns sowie Farbe und Form sind aus dem Element Feuer gebildet. Der Atem, das Organ des Tastsinns sowie die taktilen Wahrnehmungen werden aus dem Element Luft geformt. Die Hohlräume im Körper, das Organ des Hörsinns sowie die Töne hängen vom Element Raum ab.[2]

Kalu Rinpoche schreibt: «Kurz gesagt, aus dem Geist, der die fünf elementaren Eigenschaften verkörpert, entwickelt sich der physische Körper. Der physische Körper selbst ist mit diesen Eigenschaften ausgestattet, und aufgrund dieses Geist-Körper-Zusammenhangs nehmen wir die äußere Welt wahr, die ihrerseits aus den fünf elementaren Qualitäten von Erde, Wasser, Feuer, Wind und Raum zusammengesetzt ist.»[3]

Die tantrisch-buddhistische Tradition Tibets basiert auf einem Verständnis des Körpers, das sich von dem uns vertrauten weitgehend unterscheidet. Sie spricht von einem psychophysischen System, bestehend aus einem Netzwerk feinstofflicher Kanäle, aus «Winden» oder innerem Hauch und Essenzen. Diese heißen auf Sanskrit entsprechend: *Nādī, Prāna* und *Bindu* und auf Tibetisch *Tsa, Lung* und *Tikle.* Ein ähnliches System ist uns vielleicht aus der chinesischen Medizin und Akupunktur mit den Meridianen und der *Ch'i*-Energie vertraut.

Von den tantrischen Meistern wird der menschliche Körper mit einer Stadt verglichen: die Kanäle sind die Straßen, Prāna ein Pferd und der Geist ist der Reiter. Es gibt 72 000 feinstoffliche Kanäle im Körper. Davon sind die drei wichtigsten: der Zentralkanal, der parallel zur Wirbelsäule verläuft, sowie ein rechter und ein linker Kanal zu seinen beiden Seiten. Der rechte und linke Kanal schlingen sich an bestimmten Punkten um den Zentralkanal und bilden eine Reihe von sogenannten «Knoten». Entlang des Zentralkanals liegen einige «Kanal-Räder», die *Chakras* oder Energiezentren, von denen weitere Kanäle wie die Speichen eines Regenschirmes ausgehen.

Durch diese Kanäle fließen Winde, auch innere Luft oder innerer Hauch genannt. Es gibt fünf Haupt- und fünf Nebenwinde. Jeder der fünf Hauptwinde ist mit einem der Elemente verbunden und für eine bestimmte Funktion im menschlichen Körper verantwortlich. Die Nebenwinde ermöglichen die Funktion der Sinne. Die Winde, die durch alle Kanäle – mit Ausnahme des Zentralkanals – fließen, gelten als unrein und als Auslöser negativer, dualistischer Gedankenmuster; die Winde im Zentralkanal werden hingegen «Weisheits-Winde» genannt.[4]

Die «Essenzen» sind in den Kanälen enthalten. Es gibt rote und weiße Essenzen. Der Hauptsitz der weißen Essenz ist der Scheitel des Kopfes, das Zentrum der roten Essenz befindet sich in der Nabelregion.

In fortgeschrittenen Yoga-Übungen wird dieses System vom Yogi sehr detailliert visualisiert. Indem er – kraft seiner Meditation – die Winde in den Zentralkanal bringt und sie dort auflöst, kann der Praktizierende eine direkte Erkenntnis von der Lichtheit oder dem «Klaren Licht» der Natur des Geistes erlangen. Dies ist möglich, weil das Bewußtsein an einen Wind gebunden ist. Indem er seinen Geist konzentriert auf einen beliebigen Punkt des Körpers richtet, ist es dem geübten Praktizierenden daher möglich, auch die Winde dorthin zu bringen. Auf diese Weise simuliert der Yogi die Vorgänge des Sterbens: Wenn die Knoten der Kanäle sich öffnen, fließen die Winde in den Zentralkanal, und für eine begrenzte Zeit wird eine Erfahrung von Erleuchtung gemacht.

Dilgo Khyentse erzählt die Geschichte eines Klausur-Meisters in einem Kloster in Kham, der seinen älteren Brüdern sehr nahestand. Dieser Meister hatte die Yoga-Praktiken von Kanälen, Winden und Essenzen gemeistert. Eines Tages sagte er zu seinem Assistenten: «Ich werde jetzt bald sterben, such doch bitte im Kalender nach einem verheißungsvollen Datum.» Der Assistent war fassungslos, wagte es aber nicht, seinem Meister zu widersprechen. Er studierte den Kalender und fand für den folgenden Montag eine glückverheißende Planetenkonstellation. «Bis Montag sind es noch drei Tage», sagte der Meister. «Nun, ich denke, ich kann bis dahin aushalten.» Als der Assistent nach kurzer Zeit wieder ins Zimmer des Meisters kam, fand er ihn in aufrechter Meditationshaltung sitzend vor, so still, als sei er bereits gestorben. Die Atmung hatte aufgehört, es war jedoch noch ein ganz schwacher Puls erkennbar. Er entschied, nichts zu unternehmen, sondern einfach zu warten.

Gegen Mittag hörte er ein tiefes Ausatmen, und der Meister kehrte wieder zum Normalzustand zurück, unterhielt sich gut gelaunt mit ihm, verlangte sein Mittagessen und verzehrte es mit großem Genuß. Er hatte während der ganzen Morgenmeditation den Atem angehalten. Da die Lebensspanne als eine festgelegte Anzahl von Atemzügen bemessen wird, und weil er wußte, daß er diesen Vorrat beinahe verbraucht hatte, hatte er in der Meditation den Atem angehalten, um seine Zeit nicht vor dem festgelegten Tag zu erschöpfen. Nachdem er sein Mittagessen eingenommen hatte, atmete der Meister wieder tief ein und hielt den Atem bis zum Abend an. Dasselbe tat er am nächsten und auch am übernächsten Tag. Als es Montag wurde, fragte er: «Ist heute der verheißungsvolle Tag?» «Ja», erwiderte der Assistent. «Gut, dann gehe ich heute», schloß der Meister. Und ohne das leiseste Anzeichen einer Krankheit oder sonstiger Schwierigkeiten verschied der Meister noch am selben Tag in seiner Meditation.

Sobald wir einen physischen Körper haben, besitzen wir auch die sogenannten fünf *Skandhas* – die Aggregate, aus denen sich unsere gesamte körperliche und geistige Existenz zusammensetzt. Sie sind die Bestandteile unserer Erfahrung, der Boden für das Greifen nach einem Ich und die Basis für das Leiden in Samsāra. Die fünf Skandhas sind: Form, Gefühl, Wahrnehmung, Intellekt und Bewußtsein, häufig auch übersetzt als: Körperlichkeit, Empfindungen, Erkennen, psychische Formkräfte oder Gestaltungen und Bewußtsein. «Die fünf Skandhas beschreiben sowohl die Struktur der menschlichen Psyche als auch die Muster ihrer Entwicklung und die Entwicklungsmuster der Welt. Darüber hinaus repräsentieren die Skandhas auch Blockierungen verschiedener Art – spirituelle, materielle und emotionale.»[5] In der buddhistischen Psychologie wird sehr genau und detailliert auf sie eingegangen.

Diese Komponenten lösen sich im Tod vollständig in ihre Bestandteile auf. Der Sterbeprozeß selbst ist äußerst komplex und läuft in wechselseitiger Bezogenheit ab, da miteinander verbundene Gruppierungen der Aspekte von Körper und Geist jeweils gleichzeitig zerfallen. Wenn die

Winde vergehen, hören die Körperfunktionen auf und die Sinne versagen. Die Energiezentren brechen zusammen, und ohne die sie unterstützenden Winde lösen sich die Elemente in der Folge vom Gröbsten zum Feinsten hin auf. Als Ergebnis hat jede Stufe der Auflösung ihre jeweiligen physiologischen und psychologischen Auswirkungen auf den Sterbenden, die an entsprechenden äußeren, körperlichen Zeichen sowie inneren Erfahrungen ablesbar sind.

Ich werde manchmal gefragt, ob auch ungeschulte Menschen diese äußeren Zeichen an einem sterbenden Freund oder Verwandten sehen können. Meine Schülerinnen und Schüler, die mit Sterbenden arbeiten, haben mir berichtet, daß man einige der in der Folge beschriebenen physischen Zeichen in Hospizen und Krankenhäusern tatsächlich beobachtet. Die Phasen der äußeren Auflösung können jedoch sehr schnell durchlaufen werden, so daß sie nach außen hin kaum wahrnehmbar sind, zumal die Menschen, die in der heutigen Zeit für Sterbende sorgen, nicht mit den entsprechenden Zeichen vertraut sind. In der hektischen Atmosphäre heutiger Krankenhäuser verlassen sich Krankenschwestern in der Einschätzung des voraussichtlichen Endes häufig auf ihre Intuition und äußere Faktoren wie das Verhalten von Ärzten oder Familienmitgliedern des Patienten, oder auf den geistigen Zustand des Sterbenden selbst. Auch gewisse physische Merkmale wie Veränderung der Hautfarbe, einen bestimmten Geruch, der manchmal zu bemerken ist, und offensichtliche Veränderungen in der Atmung werden – wenn auch nicht systematisch – berücksichtigt. Die heute eingesetzten Medikamente und Betäubungsmittel haben zudem die Eigenschaft, die Zeichen der Phasen des Sterbeprozesses, wie sie in den tibetischen Lehren beschrieben werden, zu überdecken, und schließlich hat die westliche Welt in dieser wichtigen Richtung überraschend wenig Forschungen angestellt. Ist das nicht Beweis genug, daß der Sterbeprozeß kaum ernst genommen, geschweige denn verstanden wird?

Die Körperhaltung während des Sterbens

Traditionell wird dem Sterbenden geraten, auf der rechten Seite zu liegen und die Körperhaltung des «schlafenden Löwen» einzunehmen, die Position, in der auch Buddha gestorben ist. Dabei ruht die linke Hand auf dem linken Oberschenkel; die rechte Hand liegt unter dem Kinn und verschließt das rechte Nasenloch. Die Beine sollten in dieser Haltung ausgestreckt oder höchstens ganz leicht angewinkelt sein. Durch die rechte Körperseite laufen bestimmte feinstoffliche Kanäle, die dem «karmischen Wind» der Verblendung Vorschub leisten. Wenn man in der Position des schlafenden Löwen auf dieser Seite liegt und das rechte Nasenloch verschließt, werden diese Kanäle blockiert, und dadurch kann der Sterbende die Lichtheit, die im Tode aufscheint, leichter erkennen. Diese Haltung trägt auch dazu bei, daß das Bewußtsein den Körper durch die Öffnung am Scheitelpunkt des Kopfes verläßt, da das Austreten durch die anderen möglichen Körperöffnungen in dieser Stellung erschwert ist.

Die äußere Auflösung: Die Sinne und die Elemente

Die Desintegration der Sinne und Elemente im Tode nennt man die äußere Auflösung. Wie fühlt sich diese Auflösung genau an?

Als erstes werden wir wohl bemerken, daß unsere Sinne langsam nicht mehr richtig funktionieren. So wird zum Beispiel ein Zeitpunkt kommen, wo wir zwar den Klang der Stimmen von Menschen, die sich an unserem Bett unterhalten, noch hören, aber die einzelnen Wörter nicht mehr unterscheiden können. Dies bedeutet, daß das Hörbewußtsein seine Funktion einstellt. Wir schauen einen Gegenstand an und können nur noch seinen Umriß sehen, aber keine Einzelheiten mehr: unser Sehbewußtsein versagt. So geht es auch mit dem Riech-, Geschmacks- und Tastsinn. Diese verminderte Funktionsfähigkeit unserer Sinne ist das Zeichen der ersten Phase im Auflösungsprozeß.

In den nächsten vier Phasen erfolgt die Auflösung der Elemente:

Erde

Unser Körper beginnt, alle Kraft zu verlieren. Alle Energie hat uns verlassen. Wir können uns nicht mehr erheben, aufrecht stehen oder Dinge festhalten. Wir können den Kopf nicht mehr aufrecht halten. Wir fühlen uns, als würden wir fallen, in den Boden einsinken oder von einem schweren Gewicht niedergedrückt. Einige traditionelle Texte sagen, es fühle sich an, als ob ein riesiger Berg uns zerquetschte. Wir fühlen uns schwer und in jeder Position unbequem. Wir bitten vielleicht darum, daß man uns aufrichtet, unsere Kissen erhöht oder die Überdecke abnimmt. Unsere Hautfarbe schwindet, und wir werden sehr blaß. Die Wangen fallen ein, und dunkle Flecken erscheinen auf unseren Zähnen. Es wird schwieriger für uns, die Augen zu öffnen und zu schließen. Da das Aggregat Form sich auflöst, werden wir schwach und gebrechlich. Unser Geist ist zunächst aufgewühlt und wie im Delirium und versinkt dann in einen Dämmerzustand.

Dies sind die Zeichen dafür, daß das Element *Erde* sich in das Wasserelement zurückzieht, was bedeutet, daß der Wind, der mit dem Element Erde verbunden ist, seine Fähigkeit verliert, als Basis für das Bewußtsein zu dienen, und das Element Wasser dadurch stärker hervortritt. Das «verborgene Zeichen», das hier im Geist erscheint, ist daher die Vision einer schimmernden Luftspiegelung.

Wasser

Wir beginnen, die Kontrolle über unsere Körperflüssigkeiten zu verlieren. Die Nase beginnt zu laufen. Es kann zu einem Austreten von Flüssigkeit aus den Augen kommen, und wir sind vielleicht nicht mehr in der Lage, unsere Ausscheidungen zu kontrollieren. Wir können die Zunge nicht mehr bewegen. Die Augen beginnen, sich in ihren Höhlen trocken anzufühlen, die Lippen sind blutleer und nach innen gezogen, Mund und Rachen sind klebrig und verstopft. Die Nasenflügel fallen ein, und wir bekommen großen Durst. Wir zittern und haben Zuckungen. Der Geruch des Todes beginnt sich um uns auszubreiten. Da sich das Aggregat der Empfindung auflöst, verlieren sich die Körpereindrücke in einem Wechselspiel von Schmerz und Lust, Hitze und Kälte. Unser Geist wird verschwommen, unzufrieden, reizbar und nervös. Einige Quellen sagen, in dieser Phase fühlten wir uns, als würden wir in einem Ozean ertrinken oder von einem Fluß mitgerissen.

Das Element *Wasser* löst sich in das Feuerelement auf, dessen spezielle Fähigkeiten, das Bewußtsein zu erhalten, damit überhandnehmen. Das «verborgene Zeichen» ist daher die Vision eines Dunstes aus wirbelnden Rauchfahnen.

Feuer

Mund und Nase trocknen völlig aus. Unsere ganze Körperwärme beginnt sich zu verflüchtigen, gewöhnlich von den Füßen und Händen her in Richtung Herz. Möglicherweise erhebt sich eine schwüle Hitze von unserem Scheitel. Unser Atem fährt kalt durch Mund und Nase. Wir können nichts mehr trinken, und die Verdauung versagt. Das Aggregat der

Wahrnehmung löst sich auf, und unser Geist wechselt ständig zwischen Klarheit und Verwirrung. Zuerst fallen uns die Namen unserer Freunde und Verwandten nicht mehr ein, dann können wir sie nicht einmal mehr erkennen. Es wird zunehmend schwieriger, irgend etwas außerhalb von uns zu unterscheiden, da Gehör und Sehvermögen sich verwirren. Kalu Rinpoche schreibt: «Der Sterbende fühlt sich, als würde er von einer Flamme verzehrt, als stünde er mitten in einer Feuersbrunst oder als würde die ganze Welt um ihn in einem Inferno aus Feuer untergehen.»

Das Element *Feuer* löst sich in das Luftelement auf; seine speziellen Eigenschaften im Erhalt des Bewußtseins nehmen damit ab, gleichzeitig treten die entsprechenden Qualitäten des Luftelements deutlicher hervor. Das «verborgene Zeichen» ist daher die Vision von rotglühenden Feuerfunken, die wie Glühwürmchen über einem offenen Feuer tanzen.

Luft

Das Atmen wird immer mühsamer. Die Luft scheint durch unsere Kehle zu entweichen. Unsere Atmung wird rasselnd und keuchend. Das Einatmen wird kürzer und mühsam, das Ausatmen immer länger. Die Augen rollen nach oben und wir werden völlig bewegungsunfähig. Da das Aggregat des Intellekts sich auflöst, ist der Geist verwirrt und sich der Außenwelt nicht mehr bewußt. Alles versinkt in Verschwommenheit. Unsere letzte Empfindung eines Kontakts mit der Außenwelt verweht.

Wir beginnen zu halluzinieren und Visionen zu haben: wenn es viel Negativität in unserem Leben gegeben hat, sehen wir vielleicht erschrekkende Formen. Gespenstische und furchterregende Augenblicke unseres Lebens laufen noch einmal vor uns ab, und wir mögen versucht sein, vor Angst zu schreien. Wenn wir in unserem Leben gütig und mitfühlend gewesen sind, können wir glückselige, himmlische Visionen haben und liebevollen Freunden oder erleuchteten Wesen «begegnen». Menschen, die ein gutes Leben gelebt haben, finden im Tode Frieden und nicht Angst.

Kalu Rinpoche schreibt: «Die innere Erfahrung des Sterbenden ist die eines enormen Windes, der die ganze Welt hinwegfegt, eines unglaublichen Wirbelsturms, der das ganze Universum vernichtet.»[6]

Das Element *Luft* löst sich ins Bewußtsein auf. Die Winde haben sich alle in den «lebenserhaltenden Wind» im Herzbereich zusammengezogen. Das entsprechende «verborgene Zeichen» wird als die Vision einer aufflammenden Fackel oder Lampe mit einem roten Schein beschrieben.

Unser Einatmen wird immer schwächer, das Ausatmen länger. An diesem Punkt sammelt sich Blut und tritt in den «Kanal des Lebens» im Zentrum unseres Herzens ein. Drei Blutstropfen sammeln sich und verursachen ein dreimaliges, langes, letztes Ausatmen. Danach setzt unser Atem ganz aus.

Ein Hauch von Wärme bleibt noch in unserer Herzgegend zurück. Alle äußeren Lebenszeichen sind nun verschwunden, und von der modernen Medizin werden wir an diesem Punkt für tot erklärt. Tibetische Meister sprechen allerdings von einem weiter andauernden Prozeß. Die Länge dieser Zeitspanne zwischen dem Aufhören der Atmung und dem Ende der «inneren Atmung» wird traditionell angegeben als die «Zeit, die man braucht, um eine Mahlzeit zu sich zu nehmen», also etwa zwanzig Minuten. In dem ganzen Prozeß ist aber letztlich nichts festgelegt, und alles kann auch sehr schnell ablaufen.

Die innere Auflösung

In der inneren Auflösung, während der die groben und subtilen Gedankenmuster und Emotionen vergehen, durchläuft man vier immer subtiler werdende Bewußtseinsebenen. Ab diesem Zeitpunkt ist der Prozeß des Sterbens die umgekehrte Spiegelung des Zeugungsvorgangs. Wenn Sperma und Ei unserer Eltern zusammentreffen, wird unser Bewußtsein, von der Kraft seines Karma angetrieben, in diese Verbindung eingesogen. In der Entwicklung des Fötus liegt die Essenz unseres Vaters – ein Nukleus, der als «weiß und beseligend» beschrieben wird – im Chakra am Scheitel unseres Kopfes, am oberen Ende des Zentralkanals. Die Essenz der Mutter – ein Nukleus, dessen Qualitäten mit «rot und heiß» beschrieben werden – liegt in dem Chakra, das sich etwa vier Fingerbreit unter dem Nabel befindet. Diese beiden Essenzen beherrschen die nächsten Phasen der Auflösung.

Die weiße Essenz – das Erbe des Vaters – sinkt mit dem Vergehen des Windes, der sie dort gehalten hat, durch den Zentralkanal in Richtung Herz-Chakra. Das äußere Zeichen dieses Vorgangs ist die Wahrnehmung von «Weiße» wie ein klarer, von Mondlicht erhellter Himmel. Als inneres Zeichen wird unser Gewahrsein äußerst klar, und alle Gedankenmuster, die aus Abneigung resultieren, insgesamt 33 an der Zahl, finden ein Ende. Diese Phase wird «Erscheinung» genannt.

Dann steigt die Essenz der Mutter durch den Zentralkanal auf, nachdem der Wind, der sie am Nabel-Chakra gehalten hatte, verschwunden ist. Das äußere Zeichen ist die Wahrnehmung von «Röte», einem klaren sonnendurchfluteten Himmel vergleichbar. Als inneres Zeichen entsteht eine Erfahrung großer Glückseligkeit, da alle Gedankenmuster, die sich aus Verlangen ergeben, insgesamt 40, zu funktionieren aufhören. Diese Phase nennt man «Anwachsen».[7]

Wenn sich die rote und die weiße Essenz am Herzen treffen, wird das Bewußtsein zwischen ihnen eingeschlossen. Tulku Urgyen Rinpoche, ein bekannter Meister, der in Nepal lebt, sagt: «Die Erfahrung ist wie das Aufeinandertreffen von Himmel und Erde.» Als äußeres Zeichen machen wir die Erfahrung von «Schwärze», einem Himmel in tiefster Dunkelheit vergleichbar. Das innere Zeichen ist die Erfahrung eines Geisteszustands, der völlig frei ist von Gedanken. Hiermit finden die sieben durch Unwissenheit und Verblendung verursachten Gedankenmuster ein Ende. Dies wird «Vollständiges Erlangen» genannt.[8]

Wenn dann das Bewußtsein auf einer sehr subtilen Ebene zurückkehrt, scheint die Grund-Lichtheit auf, wie ein vollkommen leerer Himmel ohne Wolken, Nebel oder Dunst. Dieser Zustand wird manchmal als «der Geist des klaren Lichts des Todes» bezeichnet. Seine Heiligkeit der Dalai Lama sagt: «Dieses Bewußtsein ist der innerste, subtilste Geist. Wir nennen ihn Buddha-Natur, den wahren Ursprung aller Arten von Bewußtsein. Das Kontinuum dieses Geistes bleibt selbst in der Buddhaschaft erhalten.»[9]

Der Tod der «Gifte»

Was geschieht also, wenn wir sterben? Es ist, als würden wir zu unserem ursprünglichen Zustand zurückkehren; alles vergeht, wenn Körper und Geist sich voneinander lösen. Die drei «Gifte» – Abneigung, Verlangen und Verblendung – sterben, und das bedeutet, daß alle negativen Emotionen, die Wurzeln von Samsāra, tatsächlich aufhören und eine Lücke, eine offene Weite hinterlassen.

Und wohin führt uns dieser Prozeß? Er bringt uns zum ursprünglichen Grund der Natur unseres Geistes in all seiner Reinheit und natürlichen Einfachheit. Alles Verdeckende ist beseitigt, und unsere wahre Natur ist enthüllt. Wie ich im 5. Kapitel beschrieben habe, kann ein vergleichbarer Entfaltungsprozeß in der Praxis der Meditation erfahren werden, wenn Glückseligkeit, Klarheit und Abwesenheit von Gedanken anzeigen, daß Gier, Haß und Unwissenheit zeitweilig überwunden sind.

Wenn Haß, Gier und Unwissenheit vergehen, werden wir klarer und reiner. Einige Meister erklären, daß für jemanden, der Dzogchen praktiziert hat, die Phasen von Erscheinen, Anwachsen und Erlangen Zeichen der allmählich fortschreitenden Manifestation von Rigpa sind. Da alles stirbt, was die Natur des Geistes verdeckt, beginnt die Klarheit von Rigpa allmählich in Erscheinung zu treten und anzuwachsen. Der gesamte Prozeß wird zu einer Entwicklung des Zustands von Lichtheit, die in direktem Zusammenhang steht mit der Klarheit von Rigpa, wie sie vom Übenden erkannt worden ist.

Das Tantra geht in seinen Praktiken anders an diese Auflösungsphasen heran. Durch Simulation der Veränderungen des Bewußtseins, wie sie in den Phasen der Auflösung erlebt werden, die in der Erfahrung des «Klaren Lichts» gipfeln, bereitet sich jemand, der Tantra praktiziert, in den Yoga-Praktiken von Kanälen, Winden und Essenz-Tropfen bereits im Leben auf den Sterbeprozeß vor. Er versucht dabei auch, bei jedem Einschlafen ein Gewahrsein dieser Veränderungen aufrechtzuerhalten. Die Abfolge immer subtiler werdender Zustände des Bewußtseins vollzieht sich nämlich durchaus nicht nur im Tode. Sie läuft auch jedesmal ab, wenn wir einschlafen, oder wann immer wir von den eher groben zu subtileren Bewußtseinszuständen wechseln. Einige Meister haben sogar nachgewiesen, daß diese Abfolge auch allen psychologischen Prozessen unseres alltäglichen Wachzustands zugrunde liegt.[10]

Die detaillierte Beschreibung dieses Auflösungsprozesses mag kompliziert erscheinen; es kann aber von großem Nutzen sein, sich mit diesen Einzelheiten gut vertraut zu machen. Es gibt eine Reihe von speziellen Praktiken, die der Geübte auf jeder der verschiedenen Stufen anwenden kann. So läßt sich der Sterbeprozeß zum Beispiel in eine Praxis des Guru-Yoga verwandeln. Mit jedem Stadium der äußeren Auflösung entwikkelst du Hingabe und hältst innere Zwiesprache mit dem Meister, den du in den verschiedenen Energiezentren visualisierst. Wenn das Element Erde sich auflöst und das Zeichen der Luftspiegelung erscheint, visualisierst du den Meister in deinem Herz-Chakra. Wenn das Element Wasser sich auflöst und das Zeichen des Rauches erscheint, visualisierst du ihn im Nabel-Chakra. Wenn das Feuerelement sich auflöst und das Zeichen des Funkenflugs erscheint, visualisierst du ihn im Stirn-Chakra. Und wenn das Luftelement sich auflöst und das Zeichen der Fackel erscheint, richtest du dich ganz und gar auf das Aufgehen des eigenen Bewußtseins im Weisheitsgeist deines Meisters aus.

Es finden sich viele Beschreibungen der Stadien im Sterbeprozeß, die sich aber nur in kleineren Einzelheiten und der Reihenfolge unterscheiden. Was ich hier vorgestellt habe, ist eine Beschreibung des allgemeinen Ablaufs, der sich aber – den individuellen Gegebenheiten entsprechend – durchaus auch anders gestalten kann. Ich erinnere mich, daß diese Abfolge während des Sterbens von Samten, dem Diener meines Meisters, sehr deutlich wurde. Es können sich jedoch Abweichungen durch die Wirkungen bestimmter Krankheiten ergeben oder auch durch den individuellen Zustand der Kanäle, Winde und Essenzen des Sterbenden. Die Meister sagen, daß alle Lebewesen bis zu den allerkleinsten Insekten diesen Prozeß durchlaufen. Auch im Fall eines plötzlichen Todes, wie etwa bei einem Unfall, läuft dieser Prozeß ab – dann allerdings in atemberaubender Geschwindigkeit.

Was während des Sterbeprozesses mit den äußeren und inneren Auflösungen geschieht, ist am einfachsten zu verstehen, wenn man es als eine *allmähliche Entwicklung, ein In-Erscheinung-Treten immer subtilerer Ebenen von Bewußtsein* sieht. Jede dieser Ebenen kommt aufgrund einer sukzessiven Auflösung der Bestandteile von Körper und Geist zum Vorschein, während sich der Prozeß allmählich der Enthüllung des allersubtilsten Bewußtseins nähert, das wir Grund-Lichtheit oder Klares Licht nennen.

Dritter Teil

Tod und Wiedergeburt

16. Der Grund

Häufig hört man Aussagen wie «Der Tod ist der Augenblick der Wahrheit» oder «Im Tod begegnen wir unausweichlich uns selbst». Wir haben gesehen, daß Menschen nach einem Nahtodes-Erlebnis manchmal von einem Rückblick auf ihr ganzes Leben berichten, in dem ihnen Fragen gestellt wurden wie: «Was hast du aus deinem Leben gemacht? Was hast du für andere getan?» All dies deutet auf die Tatsache hin, daß wir im Tod nicht mehr vor uns selbst davonlaufen können. Ob es uns gefällt oder nicht – unsere wahre Natur wird offenbar. Es ist jedoch wichtig zu wissen, daß unser Wesen aus zwei Aspekten besteht, die beide im Tode enthüllt werden: unsere absolute Natur und unsere relative Natur – was wir eigentlich sind und wie wir uns in diesem Leben verhalten haben.

Wie bereits erklärt, fallen im Tod alle Bestandteile von Körper und Geist auseinander. Wenn der Körper stirbt, lösen sich die Sinne und subtilen Elemente auf, gefolgt vom Absterben der gewöhnlichen Ebene unseres Geistes mit all seinen negativen Emotionen wie Haß, Gier und Unwissenheit. Wenn schließlich alles abgefallen ist, was den erleuchteten Geist im Leben verdunkelt hat, bleibt nichts mehr, was unsere wahre Natur noch verdecken könnte. Was dann letztlich offenbar wird, ist der ursprüngliche Grund unserer absoluten Natur – einem reinen und wolkenlosen Himmel vergleichbar.

Dieses Stadium wird «Aufscheinen der Grund-Lichtheit» oder des «Klaren Lichts» genannt: Das Bewußtsein selbst geht im allumfassenden Raum der Wahrheit auf. Das «Tibetische Totenbuch» sagt über diesen Moment:

> Das Wesen von allem ist offen, leer und rein wie der Himmel. Lichte und klare Leerheit, ohne Zentrum und ohne Umgebung: Morgendämmerung des reinen, nackten Rigpa.

Padmasambhava beschreibt diese lichte Klarheit:

Dies selbst-entsprungene Klare Licht, obwohl ungeboren seit Urbeginn, ist Kind des selbst elternlosen Rigpa – wie erstaunlich!
Diese selbst-entsprungene Weisheit wurde niemals von irgend jemandem geschaffen – wie erstaunlich!
Sie wurde niemals geboren und hat nichts in sich, was ihren Tod bewirken könnte – wie erstaunlich!
Obwohl klar erkennbar, gibt es doch niemanden, der sie sieht – wie erstaunlich!
Obwohl sie Samsāra durchzogen hat, hat sie doch niemals Schaden genommen – wie erstaunlich!
Obwohl sie die Buddhaschaft selbst gesehen hat, ist sie doch niemals besser geworden – wie erstaunlich!
Obwohl sie jederzeit in jedem existiert, ist sie doch unerkannt geblieben – wie erstaunlich!
Und immer noch suchst du überall andere Früchte zu gewinnen – wie erstaunlich!
Obwohl sie dein innerster Besitz ist, suchst du sie sonstwo – wie erstaunlich!

Warum wird dieser Zustand «Lichtheit» oder «Klares Licht» genannt? Die Meister geben unterschiedliche Erklärungen. Manche sagen, diese beiden Begriffe beschrieben die strahlende Klarheit der Natur des Geistes, seine völlige Freiheit von Dunkelheit und Schleiern, «frei von der Dunkelheit der Verblendung, versehen mit Erkenntnisfähigkeit». Ein anderer Meister beschreibt Lichtheit oder Klares Licht als «Zustand geringster Ablenkung», weil alle Elemente, Sinne und Sinnesobjekte sich aufgelöst haben. Es ist aber wichtig, diese Lichtheit nicht mit physikalischem Licht, wie wir es kennen, zu verwechseln, oder mit der Erfahrung von Licht, wie sie sich im nächsten Bardo zu entfalten beginnt; das Klare Licht, das im Tode erscheint, ist die natürliche Strahlung der Weisheit unseres eigenen Rigpa, «der nicht zusammengesetzten Natur, die stets überall gegenwärtig ist – in Samsāra und in Nirvāna».

Das Aufscheinen der Grund-Lichtheit, des Klaren Lichts im Augenblick des Todes, ist *die* Chance zur Befreiung. Dabei ist es jedoch von immenser Wichtigkeit, zu bedenken, unter welchen Bedingungen diese Chance geboten wird. Einige der heutigen Schriftsteller und Wissenschaftler, die sich mit dieser Problematik beschäftigen, sind der tatsächlichen Tiefe dieses Augenblicks nicht gerecht geworden. Sie haben das «Tibetische Totenbuch» ohne den Hintergrund einer entsprechenden praktischen Erfahrung und ohne die Erklärungen der mündlichen Übertragung, die seinen tieferen Sinn überhaupt erst erkennbar machen, gelesen und interpretiert. Daher haben sie seine Inhalte zu sehr vereinfacht und gelangten zu voreiligen Schlußfolgerungen wie etwa zu der Annahme, das Aufscheinen der Grund-Lichtheit sei bereits Erleuchtung. Wir alle würden den Tod wohl gern mit himmlischen Erfahrungen oder mit Erleuchtung gleichsetzen. Aber, statt uns reinem Wunschdenken hinzugeben, ist es wohl besser, klar zu wissen, daß wir nur dann im Todesmoment eine echte Chance zur Befreiung finden können, wenn wir in die Natur unseres Geistes – in Rigpa – eingeführt worden sind und darüber hinaus diese Erkenntnis durch Meditation stabilisiert und wirklich in unser Leben integriert haben.

Obwohl die Grund-Lichtheit jedem von uns erscheint, treffen wir doch meist völlig unvorbereitet auf ihre schiere Unermeßlichkeit, auf die Weite und subtile Tiefe ihrer nackten Einfachheit. Die meisten Menschen werden sie schlicht und einfach nicht erkennen, weil sie es versäumt haben, sich bereits im Leben mit der entsprechenden Erkenntnis vertraut zu machen. Die Folge ist, daß sie instinktiv wieder mit all ihren alten Ängsten, Gewohnheiten und Konditionierungen – ihren alten Reflexen – reagieren. Denn obwohl die negativen Emotionen gestorben sind, um die Lichtheit hervortreten zu lassen, bleiben die Gewohnheiten unserer Leben doch weiter bestehen – verborgen im Hintergrund unseres gewöhnlichen Geistes. Obwohl unsere Verwirrung im Tod stirbt, geben wir uns einfach nicht der Lichtheit hin, sondern weichen in unserer Angst und Unwissenheit vor ihr zurück und halten instinktiv an unserem Greifen fest.

Das ist der Mechanismus, der uns daran hindert, diesen machtvollen Moment, diese große Chance zur Befreiung, wirklich wahrzunehmen. Padmasambhava sagte: «Alle Wesen haben unzählige Male gelebt, sind gestorben und wurden wiedergeboren. Immer wieder haben sie das unbeschreibliche Klare Licht erlebt. Aber weil sie in der Dunkelheit des Nichterkennens gefangen sind, kreisen sie unaufhörlich im endlosen Samsāra.»

Der Grund des gewöhnlichen Geistes

All unsere gewohnheitsmäßigen Tendenzen, die Ergebnisse von negativem Karma, sind letztlich aus der Dunkelheit des Nichterkennens entsprungen. Sie alle sind auf dem Grund unseres gewöhnlichen Geistes gespeichert. Ich habe mich lange gefragt, welches Beispiel wohl geeignet sein könnte, diesen Grund des gewöhnlichen Geistes zu beschreiben. Man könnte ihn mit einer durchsichtigen Glaskuppel vergleichen oder mit einer ganz dünnen, transparenten Folie, einer beinahe unsichtbaren Barriere, die unseren Geist vollständig umschließt. Das beste Bild, das mir einfiel, ist aber wohl das einer Glastür. Stellen wir uns vor, wir säßen hinter einer Glastür, die in unseren Garten führt. Wir schauen durch sie hindurch in den Himmel. Da das Glas durchsichtig ist, scheint uns nichts vom Himmel zu trennen. Es könnte sogar passieren, daß wir aufstehen, hinausgehen wollen und uns den Kopf stoßen. Aber sobald wir die Glasscheibe berühren, fühlen wir, daß dort etwas ist – etwas nimmt unsere Fingerabdrücke auf; offensichtlich steht etwas zwischen uns und dem freien Raum.

Genauso hindert uns der Grund des gewöhnlichen Geistes daran, zur himmelgleichen Natur unseres Geistes durchzubrechen, selbst wenn wir bereits einen Schimmer davon erhaschen können. Wie ich bereits erwähnt habe, sprechen die Meister von der Gefahr, daß Meditierende eine Erfahrung des Grundes des gewöhnlichen Geistes leicht mit der wahren Natur des Geistes selbst verwechseln. Auch wenn wir uns in einem Zustand sehr großer Ruhe und Stille befinden, ist es durchaus möglich, daß es sich dabei in Wirklichkeit um nichts anderes handelt als um das Ruhen auf dem Grund des gewöhnlichen Geistes. Das ist so verschieden von der Erfahrung der wahren Natur wie der Unterschied zwischen dem Anblick des Himmels aus einer Glaskuppel heraus und dem tatsächlichen Aufenthalt unter freiem Himmel, in frischer Luft. Um die frische Luft von Rigpa entdecken und spüren zu können, müssen wir aus dem Grund des gewöhnlichen Geistes völlig ausbrechen.

Das Ziel all unserer spirituellen Praxis und unserer Vorbereitung auf den Tod muß also sein, an diesem äußerst subtilen Hindernis zu arbeiten, es allmählich zu schwächen und schließlich zu zerbrechen. Erst wenn diese Barriere vollständig beseitigt ist, steht nichts mehr zwischen uns und dem Zustand der Allwissenheit.

Die Einführung in die Natur des Geistes durch den Meister durchbricht den Grund des gewöhnlichen Geistes völlig, denn nur durch Auflösung des konzeptuellen Geistes wird der erleuchtete Geist offenbar. Und jedesmal, wenn wir nach diesem Erlebnis in der Natur des Geistes ruhen, verliert der Grund des gewöhnlichen Geistes an Einfluß. Wir werden allerdings feststellen, daß es ausschließlich von der Stabilität unserer Praxis abhängt, wie lange wir im Zustand der wahren Natur unseres Geistes verweilen können. Unglücklicherweise sind alte Gewohnheiten äußerst hartnäckig, und der Grund des gewöhnlichen Geistes kehrt immer wieder zurück; unser Geist gleicht einem Alkoholiker, der seine schlechte Angewohnheit zwar für eine gewisse Zeit ablegen kann, der jedoch der Versuchung immer wieder erliegt und rückfällig wird, sobald er sich niedergeschlagen fühlt.

So wie die Glastür alle Schmutzspuren unserer Hände annimmt, so lagern sich auch alles Karma und alle Gewohnheiten auf dem Grund des gewöhnlichen Geistes ab. Und so, wie wir die Glasscheibe immer wieder putzen und polieren müssen, so müssen wir auch den Grund des gewöhnlichen Geistes wieder und wieder reinigen. Schließlich ist es so, als scheuerten wir das Glas langsam immer dünner und dünner, bis schließlich erste kleine Löcher erscheinen und es beginnt, sich gänzlich aufzulösen.

Durch unsere Praxis stabilisieren wir unser Ruhen in der Natur des Geistes allmählich mehr und mehr, bis wir sie schließlich nicht mehr nur als die absolute Natur erfahren, sondern sie zu unserer Alltagswirklichkeit wird. Je weiter dieser Prozeß fortschreitet, desto mehr lösen sich unsere alten Gewohnheiten ab und desto weniger Unterschied gibt es zwischen der Meditation und unserem Alltag. Langsam werden wir in der Lage sein, unbehindert von einer Glastür direkt in den Garten hinauszutreten. Und das Zeichen, daß der Grund des gewöhnlichen Geistes schwächer wird, ist unsere Fähigkeit, immer müheloser in der Natur des Geistes zu ruhen.

Wenn die Grund-Lichtheit aufscheint, ist es ausschlaggebend, inwieweit es uns im Leben gelungen ist, unsere absolute Natur mit unserem Alltagsleben in Einklang zu bringen, und wie weit wir unsere gewöhnliche Konditionierung in den Zustand ursprünglicher Reinheit haben klären können.

Das Treffen von Mutter und Kind

Es gibt eine Möglichkeit, uns gründlich auf die Erkenntnis der Grund-Lichtheit im Augenblick des Todes vorzubereiten, und zwar durch die höchste Ebene von Meditation (wie sie im 10. Kapitel erklärt wird), die das letztendliche Ergebnis der Praxis von Dzogchen ist. Dieser Vorgang wird «Verbindung der beiden Lichtheiten», oder auch «Vereinigung von Mutter- und Kind-Lichtheit» genannt.

Mutter-Lichtheit ist ein anderer Name für die Grund-Lichtheit, die grundlegende Natur, die allem innewohnt, die unseren sämtlichen Erfahrungen zugrunde liegt und die sich im Augenblick des Todes in ganzer Pracht entfaltet.

Die Kind-Lichtheit – auch Pfad-Lichtheit genannt – ist die Natur unseres Geistes, die wir aufgrund der Einführung durch einen Meister erkennen, und dann allmählich durch Meditation stabilisieren und immer mehr in unser Leben integrieren. Wenn diese Integration wirklich zustande gekommen ist, dann ist die Erkenntnis vollkommen und Verwirklichung erreicht.

Obwohl die Grund-Lichtheit die Natur von allem und gleichzeitig unsere eigene, innerste Natur ist, bleibt sie uns verborgen und wir erkennen sie nicht. Ich stelle mir die Kind-Lichtheit oft als eine Art Schlüssel vor, den uns der Meister als Hilfsmittel an die Hand gibt, um die Tür zur Erkenntnis der Grund-Lichtheit im geeigneten Moment zu öffnen.

Angenommen, wir sollen eine Frau vom Flughafen abholen: Wenn wir nicht wissen, wie sie aussieht, können wir sie leicht verpassen, weil wir sie einfach nicht erkennen. Wenn wir jedoch ein gutes Foto von ihr gesehen haben, also recht genau wissen, wie sie aussieht, erkennen wir sie sofort.

Wenn wir einmal in die Natur des Geistes eingeführt wurden und sie erkannt haben, haben wir den Schlüssel, um sie jederzeit wiedererkennen zu können. Aber so, wie wir das Foto bei uns tragen und es immer wieder anschauen müssen, um sicherzugehen, daß wir die richtige Frau am Flughafen treffen, genauso müssen wir unsere Erkenntnis der Natur des Geistes durch regelmäßige Praxis vertiefen und stabilisieren. Schließlich wird uns die Erkenntnis so vertraut, so sehr Teil von uns, daß wir das Foto nicht mehr brauchen; sobald wir der Frau begegnen, erkennen wir sie. Wenn wir die Erkenntnis der Natur des Geistes durch stetige Praxis so weit verinnerlicht haben, werden wir fähig sein, die Grund-Lichtheit im Augenblick des Todes genauso leicht zu erkennen; und wir werden so natürlich in ihr aufgehen – sagen die Meister –, wie ein Kind in die Arme seiner Mutter läuft, wie alte Freunde sich begegnen oder wie ein Fluß ins Meer mündet.

Doch das ist außerordentlich schwierig. Es gibt überhaupt nur einen einzigen Weg, um sicherzugehen: Wir müssen die Praxis des Verschmelzens der beiden Lichtheiten vervollkommnen und festigen, solange wir noch leben; und das kann uns nur dann gelingen, wenn wir uns unser ganzes Leben lang bemühen und beharrlich üben. Mein Meister Dudjom Rinpoche pflegte zu sagen: «Wenn wir das Verschmelzen der beiden Lichtheiten nicht bereits jetzt und von jetzt an üben, kann man wohl nicht davon ausgehen, daß im Tode ein natürliches Erkennen stattfindet.»

Was bedeutet denn nun dieses Verschmelzen der beiden Lichtheiten genau? Es handelt sich um eine sehr tiefgründige und fortgeschrittene Praxis, die hier unmöglich detailliert beschrieben werden kann. Doch soviel läßt sich sagen: Wenn der Meister uns in die Natur des Geistes einführt, dann ist das so, als hätten wir unser Augenlicht zurückbekommen; bis zu diesem Moment sind wir blind gewesen für die Grund-Lichtheit in allem. Die Einführung des Meisters öffnet unser Weisheitsauge, mit dem wir die wahre Natur aller Erscheinungen, die Lichtheitsnatur – das Klare Licht – all unserer Gedanken und Emotionen sehen können. Wenn wir dann unsere Praxis gefestigt und vervollkommnet haben, ist es so, als gliche unsere Erkenntnis der Natur des Geistes einer stets strahlenden Sonne. Gedanken und Emotionen entstehen nach wie vor – wie Wellen von Dunkelheit. Aber jedesmal, wenn diese Wogen anrollen, treffen sie nun auf das Licht und sind im selben Augenblick spurlos verschwunden.

Wenn wir diese Erkenntnisfähigkeit immer weiter entwickeln, wird sie schließlich Teil unserer alltäglichen Sicht der Welt. Je besser es uns gelingt, die Erkenntnis unserer letztendlichen Natur in unsere Alltagserfahrungen zu integrieren, desto größer ist die Chance, daß wir die Grund-Lichtheit im Augenblick des Todes auch wirklich erkennen. Ob wir diesen Schlüssel tatsächlich besitzen, läßt sich daran ablesen, wie wir unseren Gedanken und Emotionen in ihrem Entstehen begegnen; ob wir in der Lage sind, sie direkt mit der Sicht zu durchschauen und so ihre innewohnende Lichtheits-Natur zu erkennen, oder ob wir diese Natur mit unseren instinktiven, gewohnheitsmäßigen Reaktionen verschleiern.

Wenn der Grund unseres gewöhnlichen Geistes schließlich vollkommen rein ist, dann ist es, als hätten wir das Lagerhaus unseres Karma zum Einsturz gebracht und die karmischen Vorräte für weitere Wiedergeburten erschöpft. Wenn es uns aber nicht gelingt, unseren Geist vollständig zu reinigen, bleiben noch Reste alter Gewohnheiten und karmischer Tendenzen in diesem Lagerhaus zurück. Wann immer sich dann passende Umstände ergeben, werden sie manifest und treiben uns in neue Wiedergeburten.

Die Dauer der Grund-Lichtheit

Die Phase des Aufscheinens der Grund-Lichtheit dauert für einen Praktizierenden so lange, wie er unabgelenkt im Zustand der Natur des Geistes ruhen kann. Für viele Menschen währt sie sicher nicht länger als ein Fingerschnippen, und für einige, so sagen die Meister, «so lange, wie man braucht, um eine Mahlzeit einzunehmen». Die überwiegende Mehrheit allerdings wird die Grund-Lichtheit überhaupt nicht bemerken und statt dessen in einen Zustand der Bewußtlosigkeit sinken, der bis zu dreieinhalb Tage andauern kann. Nach dieser Zeitspanne verläßt das Bewußtsein den Körper endgültig.

In Tibet hat sich daraus der Brauch entwickelt, den Körper drei Tage nach dem Tod nicht zu berühren oder auf sonstige Weise zu stören. Das ist besonders im Fall eines Praktizierenden wichtig, der ja in der Grund-Lichtheit aufgegangen sein kann und dann im Zustand der Natur des Geistes ruht. Ich erinnere mich, daß in Tibet – besonders im Falle großer Meister oder Praktizierender – alle sehr darum besorgt waren, unbedingt eine stille, friedliche Atmosphäre im Umkreis des Leichnams zu bewahren, um auch die geringste eventuelle Störung zu vermeiden.

Aber selbst der Körper eines gewöhnlichen Menschen wurde möglichst nicht vor Ablauf des Zeitraums von drei Tagen bewegt. Da man niemals sicher wissen kann, wie weit ein Mensch in seiner Erkenntnis gelangt ist, bleibt es immer ungewiß, wann genau das Bewußtsein den Körper verläßt. Wird der Körper irgendwo berührt, wenn beispielsweise noch eine Injektion gegeben wird, dann kann das Bewußtsein an diese Stelle gezogen werden. Damit besteht die Gefahr, daß das Bewußtsein des Sterbenden den Körper durch die nächstgelegene Öffnung verläßt und nicht durch die Fontanelle, was wiederum eine ungünstige Wiedergeburt zur Folge haben kann.

Einige Meister betonen die Notwendigkeit, den Körper für drei Tage in Ruhe zu lassen, mehr als andere. Chadral Rinpoche, ein tibetischer Meister, der in Indien und Nepal lebt und in mancher Hinsicht einem Zen-Meister gleicht, beschied einige Leute auf ihren Einwand hin, daß ein Leichnam doch zu riechen beginne, wenn man ihn in dem heißen Klima liegen läßt: «Na und? Ihr sollt ihn schließlich nicht essen, und verkaufen müßt ihr ihn auch nicht.»

Aus all diesen Gründen wäre es strenggenommen am besten, eine eventuelle Autopsie oder Verbrennung erst nach dem Ablauf von drei Tagen durchzuführen. Heutzutage jedoch, wo es praktisch fast unmöglich geworden ist, den Körper über den gesamten Zeitraum in Ruhe liegen zu lassen, sollte zumindest die Praxis des Phowa durchgeführt werden, bevor der Körper berührt oder bewegt wird.

Der Tod eines Meisters

Ein verwirklichter Praktizierender verweilt im Augenblick des Todes in der Erkenntnis der Natur des Geistes und erwacht in die Grund-Lichtheit, sobald sie erscheint. In seltenen Fällen kann er oder sie mehrere Tage in diesem Zustand ruhen. Einige Praktizierende und Meister sterben aufrecht sitzend in der Meditationshaltung, andere in der «Stellung des schlafenden Löwen». Neben einer vollkommen ausbalancierten Haltung deuten noch weitere Zeichen auf einen Zustand des Ruhens in der Grund-Lichtheit hin: Es bleibt eine gewisse Farbe und Ausstrahlung im Gesicht zurück, die Nasenflügel sinken nicht ein, die Haut bleibt weich und geschmeidig, der Körper wird nicht steif, die Augen behalten einen sanften, mitfühlenden Ausdruck und um das Herz herum ist noch etwas Wärme spürbar. Bis dieser Zustand der Meditation beendet ist, wird streng darauf geachtet, daß der Körper des Meisters auf keinen Fall berührt wird und daß völlige Stille herrscht.

Gyalwa Karmapa, ein großer Meister und das Oberhaupt einer der vier großen Schulen des tibetischen Buddhismus, starb 1981 in einem Krankenhaus in den Vereinigten Staaten. Er war stets guter Dinge und so voller Mitgefühl, daß er für alle, die mit ihm zu tun hatten, eine große Inspiration war. Der Chefchirurg Dr. Ranulfo Sanchez berichtet:

> Ich hatte das Gefühl, daß Seine Heiligkeit kein gewöhnlicher Mensch war. Wenn er einen anschaute, war es, als erforsche er einen, er schien einen zu durchschauen. Ich war sehr beeindruckt von der Art, wie er mich anblickte und genau zu verstehen schien, was los war. Seine Heiligkeit hinterließ einen starken Eindruck bei jedem, der im Krankenhaus mit ihm in Kontakt gekommen war. Viele Male, wenn wir dachten, jetzt ginge es mit ihm zu Ende, lächelte er uns an und sagte, daß wir uns irrten, und dann besserte sich sein Zustand wieder ...
>
> Seine Heiligkeit nahm niemals irgendwelche Schmerzmittel. Wir Ärzte wußten, daß er starke Schmerzen haben mußte und fragten ihn deshalb: «Haben Sie starke Schmerzen?» Und immer war seine Antwort: «Nein.» Gegen Ende wußten wir, daß er unsere Befürchtungen schon kannte, und es wurde zu einem scherzhaften Spiel. Wir fragten ihn: «Haben Sie heute Schmerzen?» Und er lächelte sein zutiefst gütiges Lächeln und sagte: «Nein.»
>
> Alle Lebenszeichen waren bereits sehr schwach. Ich gab ihm eine Injektion ... damit er sich in seinen letzten Minuten mitteilen konnte.

> Dann verließ ich den Raum für einige Minuten, während er mit den Tulkus sprach und ihnen versicherte, daß er nicht die Absicht habe, an diesem Tag zu sterben. Als ich fünf Minuten später wieder ins Zimmer kam, saß er völlig aufrecht, mit weit offenen Augen in seinem Bett und sagte mit klarer Stimme: «Hallo, wie geht es Ihnen?» Alle Lebenszeichen waren zurückgekehrt und für eine halbe Stunde saß er redend und lachend aufrecht im Bett – von medizinischer Seite ein unerhörter Vorgang; die Schwestern wurden ganz blaß, eine schob ihren Ärmel hoch und zeigte mir ihren Arm: sie hatte Gänsehaut.

Das Pflegepersonal bemerkte nach dem Tod des Karmapa, daß sein Körper nicht wie gewöhnlich in Leichenstarre fiel, und auch die sonst üblichen Verfallserscheinungen konnten nicht beobachtet werden. Er schien so zu bleiben, wie er im Moment des Todes gewesen war. Nach einer Weile bemerkte jemand, daß die Gegend um sein Herz noch warm war. Dr. Sanchez sagt:

> Sechsunddreißig Stunden nachdem er gestorben war, brachte man mich auf sein Zimmer. Ich untersuchte die Gegend um sein Herz und fand sie wärmer als den Rest des Körpers. Für dieses Phänomen gibt es keinerlei medizinische Erklärung.[1]

Einige Meister sterben in der sitzenden Meditationshaltung, wobei der Körper sich stabil selbst trägt. Kalu Rinpoche starb 1989 in seinem Kloster im Himālaya in Anwesenheit einer Reihe von Meistern sowie eines Arztes und einer Krankenschwester. Sein engster Schüler schrieb:

> Rinpoche versuchte sich aufzusetzen, was ihm aber sehr schwerfiel. Lama Gyaltsen hatte das Gefühl, daß jetzt die Zeit gekommen sein könnte, und daß es für Rinpoche vielleicht hinderlich wäre, nicht aufrecht zu sitzen. Er stützte daher Rinpoches Rücken und half ihm, sich aufzusetzen. Rinpoche streckte auch mir die Hand hin, und ich half ebenfalls, ihn aufzusetzen. Er wollte völlig aufrecht sitzen, was er sowohl sagte als auch mit einer Geste andeutete. Der Doktor und die Schwester waren aber nicht damit einverstanden, und daher entspannte Rinpoche seine Haltung wieder etwas. Er nahm aber dennoch die Meditationsstellung ein ... Rinpoche legte seine Hände in die Meditationshaltung, mit geöffneten Augen schaute er in tiefer Versenkung in weite Fernen, und seine Lippen bewegten sich leicht. Eine Empfin-

dung tiefen Friedens und Glücks legte sich auf uns und erfüllte unseren Geist. Wir hatten alle das Gefühl, daß dieses unbeschreibliche Glücksgefühl nur ein leiser Widerhall dessen sein konnte, was Rinpoches Geist erfüllte ... Langsam senkten sich Rinpoches Augenlider und sein Atem hörte auf.[2]

Stets werde ich mich an den Tod meines eigenen geliebten Meisters Jamyang Khyentse Chökyi Lodrö im Sommer 1959 erinnern. Während des letzten Teils seines Lebens hatte er sein Kloster nur noch selten verlassen. Meister aller Traditionen scharten sich um ihn, um seine Unterweisungen zu erhalten, und Halter aller Linien holten seinen Rat ein. Das Kloster von Dzongsar, in dem er lebte, war eines der lebendigsten Zentren spiritueller Aktivität in Tibet, und alle großen Lamas gingen ein und aus. In der ganzen Region war Khyentses Wort Gesetz; er war ein derartig großer Meister, daß fast alle Leute hier seine Schüler waren. Sein Einfluß ging so weit, daß es sogar in seiner Macht stand, Aufruhr und Bürgerkriege zu beenden, nur indem er den Kämpfern beider Seiten androhte, ihnen seinen spirituellen Schutz zu entziehen.

Unglücklicherweise verschlechterten sich die Zustände in Kham mit zunehmendem Druck durch die chinesischen Invasoren immer schneller, und obwohl ich noch ein kleiner Junge war, konnte auch ich die drohende Gefahr der bevorstehenden Ereignisse spüren. 1955 erhielt mein Meister deutliche Zeichen, daß es für ihn an der Zeit war, Tibet zu verlassen. Zunächst begab er sich auf eine Pilgerfahrt zu den heiligen Orten Zentral- und Südtibets; dann reiste er, einem Wunsch seines Meisters entsprechend, zu den Heiligtümern Indiens, und ich durfte ihn begleiten. Wir alle hofften, daß sich die Situation in unserer Heimat in der Zwischenzeit entspannen würde. Wie ich später herausfinden sollte, wurde der Entschluß meines Meisters, abzureisen, von vielen Lamas und auch einfachen Menschen als Zeichen gedeutet, daß es um Tibets Zukunft schlecht bestellt sei, und so konnten sie selbst noch früh genug vor dem Unglück flüchten.

Mein Meister folgte einer schon lange bestehenden Einladung nach Sikkim, dem kleinen Staat im Himālaya, der auch eines der geheiligten Länder Padmasambhavas ist. Jamyang Khyentse war die Inkarnation des größten Heiligen des Landes, und der König von Sikkim hatte ihn eingeladen, Unterweisungen zu geben und das Land mit seiner Anwesenheit zu segnen. Nachdem bekannt wurde, daß er dort war, kamen wieder viele Meister aus Tibet, um seine Unterweisungen zu hören. Sie brachten sehr seltene Texte und Schriften mit, die sonst wohl kaum der Zerstörung entgangen wären. Jamyang Khyentse war der Meister aller Meister, und der Palast-Tempel, in dem er lebte, wurde wieder einmal zum spirituellen Mittelpunkt. Während die Zustände in Tibet immer katastrophaler wurden, sammelten sich mehr und mehr Lamas um ihn.

Es heißt, daß große Meister, die viel lehren, nicht sehr lange leben – es ist beinahe, als würden sie alle Hindernisse für die spirituellen Lehren auf sich ziehen. Es gab Prophezeiungen, daß mein Meister viele Jahre länger hätte leben können, wenn er nicht gelehrt und statt dessen als unbekannter Einsiedler in abgelegenen Teilen des Landes gelebt hätte. Tatsächlich hat er einmal sogar den Versuch gemacht: Als wir zum letzten Mal von Kham aufbrachen, ließ er seinen ganzen Besitz zurück und reiste unter völliger Geheimhaltung. Er hatte die Absicht, nicht zu lehren, sondern bloß auf Pilgerschaft zu gehen. Aber sobald die Menschen ihn erkannten, baten sie ihn überall um Unterweisung und Einweihungen. Sein Mitgefühl war so groß, daß er, wohl wissend, was er damit auf sich nahm, doch weiter lehrte.

In Sikkim wurde Jamyang Khyentse dann krank – zur gleichen Zeit übrigens, als uns die schreckliche Nachricht von der endgültigen Niederlage Tibets erreichte. Alle rangältesten Lamas, die Oberhäupter aller Schulen, kamen einer nach dem anderen zu Besuch, und Tag und Nacht wurden ohne Unterbrechung Gebete und Rituale für sein langes Leben abgehalten. Alle nahmen daran teil. Wir flehten ihn an, doch noch weiterzuleben, weil ein Meister seines Formats selbst entscheiden kann, wann die Zeit gekommen ist, den Körper zu verlassen. Er lag in seinem Bett, nahm alle unsere Opfergaben entgegen und sagte lächelnd: «Na gut, um kein schlechtes Omen zu geben, sage ich, daß ich weiterlebe.»

Das erste Zeichen, daß mein Meister sterben würde, wurde uns vom Gyalwa Karmapa zuteil. Jamyang Khyentse hatte dem Karmapa gesagt, daß die Arbeit, für die er auf die Welt gekommen sei, getan wäre, daß er also die Welt verlassen könne. Einer von Khyentses Assistenten brach in Tränen aus, als der Karmapa ihm dies eröffnete, und da wußten wir alle Bescheid. Jamyang Khyentses Tod kam zusammen mit der Nachricht, daß die drei größten Klöster Tibets, Sera, Drepung und Ganden, von den Chinesen besetzt worden waren. Es schien auf tragische Weise symbolisch, daß der Zusammenbruch Tibets mit dem Tod dieses großen Menschen, der Verkörperung des tibetischen Buddhismus schlechthin, zusammenfallen sollte.

Jamyang Khyentse Chökyi Lodrö starb um drei Uhr früh am sechsten

Tag des fünften tibetischen Monats. Zehn Tage zuvor hatte es während einer Praxis für sein langes Leben, die die ganze Nacht dauerte, plötzlich einen mächtigen Erdstoß gegeben. Nach den buddhistischen Sūtras kündigt dieses Zeichen den bevorstehenden Tod eines erleuchteten Wesens an.[3]

Khyentses Tod wurde drei Tage lang vollständig geheimgehalten. Mir sagte man bloß, daß seine Gesundheit sich verschlechtert habe und ich daher nicht mehr wie gewohnt in seinem Zimmer schlafen dürfe. Lama Chokden, der engste Assistent und Zeremonienmeister Khyentses, hatte meinen Meister länger begleitet als irgend jemand sonst. Er war ein stiller, asketischer und ernster Mann mit einem durchdringenden Blick und eingefallenen Wangen und von würdig elegantem, doch stets bescheidenem Benehmen. Chokden war berühmt für seine grundsätzliche Aufrichtigkeit, seine zutiefst menschliche Anständigkeit, seine Herzensgüte und sein außerordentliches Gedächtnis. Er schien sich an jedes einzelne Wort meines Meisters, an jede Geschichte erinnern zu können, und er kannte die kleinsten Details auch der schwierigsten Rituale sowie deren Bedeutung. Darüber hinaus war er ein hervorragender Praktizierender und selbst ein großer Lehrer. Wir sahen zu, wie Lama Chokden das Essen für meinen Meister immer noch in sein Zimmer brachte, dabei aber eine düstere, traurige Miene machte. Wir fragten immer wieder, wie es denn um Khyentse bestellt sei, und Chokdens Antwort war stets: «Unverändert.» In bestimmten Traditionen ist es wichtig, den Tod eines Meisters geheimzuhalten, solange er sich noch in der Nachtod-Meditation befindet. Wir erfuhren daher erst nach drei Tagen von seinem Tod.

Die indische Regierung schickte ein Telegramm nach Peking. Von dort erreichte die Nachricht vom Tode Jamyang Khyentses schließlich auch sein Kloster Dzongsar in Tibet, wo viele der Mönche aber bereits um ihn trauerten, weil sie seinen Tod schon geahnt hatten. Kurz vor unserer Abreise von dort hatte Jamyang Khyentse nämlich noch das geheimnisvolle Versprechen abgelegt, daß er vor seinem Tod noch einmal zurückkommen werde. Und dieses Versprechen hielt er. Am Neujahrstag, ungefähr sechs Wochen vor seinem Tod, hatten viele der älteren Mönche während eines Ritualtanzes eine Vision. Sie sahen ihn, so wie sie ihn stets gekannt hatten, am Himmel erscheinen. Im Kloster hatte mein Meister ein Studienkolleg gegründet, aus dem seinerzeit viele der berühmtesten Gelehrten hervorgegangen waren. Im Haupttempel des Kollegs stand eine riesige Statue des zukünftigen Buddha Maitreya. Eines Tages, kurz nach dem Neujahrstag, an dem die Erscheinung am Himmel beobachtet worden war, öffnete der Hausmeister früh am Morgen die Tempeltüren und sah Khyentse im Schoß von Buddha Maitreya sitzen.

Mein Meister verstarb in der «Haltung des schlafenden Löwen». Alle Zeichen deuteten darauf hin, daß er sich im Zustand der Meditation befand, und ganze drei Tage berührte niemand seinen Körper. Der Augenblick, an dem seine Meditation schließlich endete, wird mir mein Leben lang in Erinnerung bleiben: Seine Nasenflügel fielen plötzlich ein, die Farbe wich aus seinem Gesicht und sein Kopf sackte auf die Seite. Bis zu diesem Moment war noch die Ausstrahlung einer gewissen Haltung, Kraft und Lebendigkeit in seinem Körper gewesen.

Es war Abend, als wir den Körper dann wuschen, ankleideten und ihn vom Schlafzimmer in den Haupttempel des Palastes brachten. Ganze Menschenmassen waren im Tempel und um ihn herum versammelt, um Abschied zu nehmen und ihren Respekt zu erweisen. Dann geschah etwas Außerordentliches. Ein weißglühendes, milchiges Leuchten, wie ein feiner, doch strahlender Nebel erschien und breitete sich allmählich überallhin aus. Sogar die vier großen elektrischen Lampen an der Außenseite des Palasttempels, die um diese Uhrzeit schon hell brannten – es war gegen sieben Uhr und bereits dunkel –, wurden von diesem rätselhaften Licht überstrahlt. Apa Pant, der damalige indische Verbindungsoffizier für Sikkim, war der erste, der anrief und fragte, was um alles in der Welt diese Erscheinung zu bedeuten habe. Dann meldeten sich auch andere. Hunderte von Menschen waren Zeugen dieses überirdischen Lichts. Einer der anwesenden Meister sagte uns dann, daß solche Lichterscheinungen in den Tantras als Zeichen gewertet würden, daß jemand die Buddhaschaft erlangt.

Es war ursprünglich geplant gewesen, Jamyang Khyentses Körper eine Woche lang im Tempel des Palastes zu lassen, aber schon sehr bald erhielten wir viele Telegramme seiner Schüler, die uns umstimmten. Es war das Jahr 1959, und viele von ihnen, auch Dilgo Khyentse Rinpoche, waren gerade erst nach langer, gefährlicher Flucht aus Tibet im Exil angekommen. Sie alle baten, daß man den Körper noch länger aufgebahrt lassen solle, damit sie ihn noch einmal sehen könnten. Wir bahrten den Leichnam also noch zwei weitere Wochen im Tempel auf. Jeden Tag fanden vier Gebetszeremonien mit Hunderten von Mönchen statt; häufig wurden diese Rituale von Linienhaltern angeführt, und Abertausende von Butterlampen wurden dargebracht. Da der Körper immer noch nicht zu riechen begann und auch keine anderen Verwesungserscheinungen zeigte, hielten wir ihn für eine weitere Woche dort. Obwohl es in Indien im Sommer sehr heiß ist, zeigte der Körper auch nach etlichen Wochen noch nicht die geringsten Verfallserscheinungen. Schließlich blieb Jamyang Khyentses Körper insgesamt sechs Monate an Ort und Stelle, und es entwickelte sich eine regelrechte Lehr- und Praxis-Atmosphäre in seiner erhabenen Präsenz: Unterweisungen, die Jamyang Khyentse gegeben hatte, die er aber vor seinem Tod nicht mehr hatte abschließen können, wurden von seinen ältesten Schülern zu Ende geführt; und viele erhielten die Ordination als Mönch.

Schließlich brachten wir den Körper an den Ort, der für die Verbrennung vorgesehen war. Tashiding ist auf einem Hügel gelegen und gehört zu den heiligsten Orten Sikkims. Alle Schüler Jamyang Khyentses fanden sich dort ein, und wir bauten eigenhändig den *Stūpa* für seine Überreste. Gewöhnlich läßt man in Indien harte körperliche Arbeit von Lohnarbeitern ausführen, aber jeder von uns, ob jung oder alt, von den höchsten Meistern wie Dilgo Khyentse Rinpoche bis zur einfachsten Person, schleppte Steine den Hügel hinauf und half, das gesamte Bauwerk mit seiner eigenen Hände Arbeit zu errichten. Es war das bewegendste Zeugnis für die Größe der Hingabe, die er in seinen Schülern inspiriert hatte.

Worte können den Verlust nicht beschreiben, den der Tod Jamyang Khyentses für mich bedeutete. Durch unsere Flucht aus Tibet hatte meine Familie ihren gesamten Besitz und alle Ländereien verloren, ich war aber noch so jung, daß ich noch gar keine Anhaftung an all das entwickelt hatte. Der Tod Jamyang Khyentses aber war ein so gewaltiger Verlust für mich, daß ich ihn immer noch beklage. Ich hatte meine ganze Kindheit im Licht seiner Gegenwart verbracht. Ich hatte in einem kleinen Bett an seinem Fußende geschlafen und war viele Jahre beim Klang seiner geflüsterten Morgengebete und dem Klicken der Perlen seiner Mālā, des tibetischen Rosenkranzes, aufgewacht. Seine Worte, seine Unterweisungen, die große, friedvolle Ausstrahlung seiner Gegenwart, sein Lächeln – all das wird mir unauslöschlich im Gedächtnis bleiben. Er ist die Inspiration meines Lebens, und seine Präsenz ist es, die ich, zusammen mit Padmasambhava, stets anrufe, wenn ich in schwierige Umstände komme, aber auch wenn ich lehre. Sein Tod war ein unermeßlicher Verlust für die Welt und für Tibet. Ich war immer der Meinung – und ebenso dachte ich von Dilgo Khyentse – daß, auch wenn der Buddhismus zerstört würde und er nur als einziger übrig bliebe, der Buddhismus immer noch lebedig wäre. Denn er war die vollkommene Verkörperung all dessen, was den Buddhismus ausmacht. Mit dem Hinscheiden Jamyang Khyentses ist eine ganze Epoche und eine ganze Dimension an spiritueller Kraft und Weisheit dahingegangen.

Als er starb, war er erst siebenundsechzig, und ich frage mich oft, wie die weitere Entwicklung wohl ausgesehen hätte, wenn Jamyang Khyentse noch selbst das Wachstum des tibetischen Buddhismus im Exil und im Westen hätte inspirieren können – mit derselben Autorität und grenzenlosen Wertschätzung für alle Traditionen und Übertragungslinien, um deretwillen die Tibeter ihn so liebten und verehrten. Da er der Meister aller Meister war, hatten die Linienhalter aller Traditionen Belehrungen und Einweihungen von ihm erhalten und verehrten ihn als ihren Wurzellehrer; aus diesem Grunde konnte er sie alle im Geiste hingebungsvoller Harmonie und Kooperation vereinen.

Aber eigentlich stirbt ein großer Meister nie. Jamyang Khyentse ist anwesend und inspiriert mich, während ich dies schreibe; er ist die treibende Kraft hinter diesem Buch und hinter allem, was ich lehre; er ist die Quelle und die Basis des Geistes, auf den ich mich beziehe; er ist es, der mir auch heute noch stets meine innere Richtung weist. Sein Segen und das Vertrauen, das daraus entspringt, begleiten mich zu allen Zeiten und leiten mich durch die Schwierigkeiten in meinem Versuch, so gut es mir nur möglich ist, die Tradition zu repräsentieren, für die er ein so vollkommener Vertreter war. Sein edelmütiges Gesicht ist für mich lebendiger als die Gesichter aller Lebenden, und in seinen Augen leuchtet immer noch das Licht transzendenter Weisheit und universellen Mitgefühls, das keine Macht der Welt je auslöschen kann.

Mögen alle, die dieses Buch lesen, ein wenig von dem spüren, was ich von ihm gekannt habe; mögen alle von der Hingabe seines Lebens und dem leuchtenden Vorbild seines Todes inspiriert werden; mögen wir alle aus seinem Beispiel völliger Hingabe für das Wohlergehen aller Lebewesen den Mut und die Weisheit schöpfen, die wir brauchen, um in dieser Zeit für die Wahrheit einzustehen!

17. Immanente Strahlung

Wenn die Grund-Lichtheit im Tod aufscheint, wird ein erfahrener Praktizierender, der seine volle Bewußtheit aufrechterhalten kann, mit ihr verschmelzen und so Befreiung erlangen. Sollte es uns jedoch nicht gelingen, die Grund-Lichtheit zu erkennen, dann gehen wir in den nächsten Bardo über, den lichtvollen Bardo der Dharmatā.

Die spezielle Lehre für den Bardo der Dharmatā ist eine ganz besondere Übungsanweisung, die seit Jahrhunderten als das Herz der Dzogchen-Lehren gehütet wird. Ich habe anfangs gezögert, diese höchste aller Lehren öffentlich zu präsentieren, und hätten es nicht schon andere vor mir getan, hätte ich es wohl auch nicht gewagt. Da jedoch das «Tibetische Totenbuch» und andere Texte, die sich auf den Bardo der Dharmatā beziehen, bereits erschienen sind und leider oft zu sehr naiven Schlußfolgerungen geführt haben, halte ich es für äußerst wichtig und an der Zeit, eine klar verständliche Erklärung dieses Bardo zu geben und ihn in seinem authentischen Gesamtzusammenhang darzustellen. Ich muß betonen, daß ich in keinem Fall Einzelheiten der entsprechenden fortgeschrittenen Praktiken beschreiben werde; diese Übungen können nämlich niemals und unter keinen Umständen wirkungsvoll geübt werden, wenn sie nicht von einem qualifizierten Meister erklärt und angeleitet werden, und auch dann nur, wenn die entsprechenden Verpflichtungen und die Verbindung mit dem Meister makellos rein gehalten werden.

Ich habe viele Quellen herangezogen und Erkenntnisse gesammelt, um dieses Kapitel, das ich für eines der wichtigsten im ganzen Buch halte, so klar verständlich wie nur möglich zu machen. Es ist meine Hoffnung, daß dadurch einige Leserinnen und Leser eine Verbindung mit dieser außergewöhnlichen Lehre herstellen und sich inspirieren lassen, weiter zu forschen und schließlich selbst die Praxis aufzunehmen.

Die vier Phasen der Dharmatā

Das Sanskritwort *«Dharmatā», «chö nyi»* auf Tibetisch, bezeichnet die immanente, wesenhafte Natur von allem: die Essenz der Dinge, so, wie sie sind. Dharmatā ist die nackte, unbedingte Wahrheit, das Wesen der Wirklichkeit oder die eigentliche Natur der Existenz der Phänomene. Was wir hier behandeln, ist für ein Verständnis der Natur des Geistes und der Natur von allem von grundlegender Bedeutung.

Das Aufscheinen der Grund-Lichtheit am Ende des Auflösungsprozesses hat eine neue Dimension eröffnet, die sich nun zu entfalten beginnt. Dieser Vorgang läßt sich am Beispiel des Übergangs von der Nacht zum Tag besonders anschaulich nachvollziehen. Die letzte Phase im Auflösungsprozeß des Sterbens ist die Erfahrung von Schwärze im Zustand des «vollständigen Erlangens». Diese Erfahrung wird beschrieben als «ein Himmel, in Finsternis gehüllt». Das Aufgehen der Grund-Lichtheit entspricht in unserem Beispiel der Klarheit des leeren Himmels, direkt vor Beginn der Dämmerung, in dem dann allmählich die Sonne der Dharmatā in all ihrem Glanz aufzugehen beginnt und die Einzelheiten der Landschaft langsam erkennbar werden läßt. Das natürliche Strahlen von Rigpa wird unmittelbar manifest und lodert auf als Energie und Licht.

So, wie die Sonne im klaren, leeren Himmel aufgeht, so erhebt sich auch die leuchtende Erscheinung des Bardo der Dharmatā im allumfassenden Raum der Grund-Lichtheit. Wir geben dieser Erscheinung von Klang, Licht und Farbe den Namen «unmittelbare Präsenz», da sie stets gegenwärtig ist, immanent in der Weite «ursprünglicher Reinheit» – ihrem Urgrund.

Das Ganze ist eigentlich ein Prozeß der Entfaltung, in dem der Geist und seine grundlegende Natur sich allmählich immer deutlicher manifestieren. Der Bardo der Dharmatā ist eine Stufe dieses Prozesses; durch seine Dimension von Licht und Energie entfaltet sich der Geist aus seinem reinsten Zustand, der Grund-Lichtheit, zu seiner Manifestation als Form im nächsten Bardo, dem Bardo des Werdens.

Ist es nicht äußerst vielsagend, daß die moderne Physik den Nachweis erbracht hat, daß sich Materie, sobald man sie eingehender analysiert, als ein Meer von Licht und Energie erweist? «Materie als solche ist verdichtetes oder ‹gefrorenes› Licht ... die gesamte Materie ist in bestimmten Mustern kondensiertes Licht, das sich mit einer durchschnittlichen Geschwindigkeit bewegt, die geringer ist als die Lichtgeschwindigkeit», erklärt David Bohm. Die moderne Physik versteht Licht auf sehr vielschichtige Weise: «Licht ist sowohl Energie als auch Information – Inhalt, Form und Struktur. Es ist das Potential für alles.»[1]

Der Bardo der Dharmatā hat vier Phasen, von denen jede eine Chance zur Befreiung bietet. Wenn eine Gelegenheit nicht wahrgenommen wird, dann entfaltet sich die jeweils nächste Phase. Meine Erklärung dieses Bardo hat ihren Ursprung in den Dzogchen-Tantras. Dort heißt es, daß die wahre Bedeutung des Bardo der Dharmatā letztlich nur über die sehr fortgeschrittene Licht-Praxis des Tögal wirklich verstanden werden kann. Aus diesem Grund spielt der Bardo der Dharmatā in den Unterweisungen der anderen tibetischen Traditionen zu Tod und Sterben auch keine besondere Rolle. Sogar im «Tibetischen Totenbuch», das ja auch den Dzogchen-Lehren zuzurechnen ist, kommt die Abfolge dieser vier Phasen lediglich implizit vor und wird nicht in offensichtlicher, klarer und geordneter Struktur erläutert.

Ich muß jedoch betonen, daß Worte höchstens eine konzeptuelle Vorstellung davon vermitteln können, was im Bardo der Dharmatā eigentlich geschieht. Die Erscheinungen dieses Bardo bleiben so lange konzeptuelle Bilder, bis der Praktizierende die Tögal-Praxis gemeistert hat, wobei dann jede Einzelheit, die ich nachfolgend beschreiben werde, unzweifelhafte, persönliche Erfahrung wird. Was ich hier zu vermitteln versuche, ist das Gefühl für die Möglichkeit der Existenz einer solch wunderbaren und erstaunlichen Dimension. Darüber hinaus ist es mein Anliegen, die Erklärungen aller Bardos und ihrer tiefen Verbundenheit mit der menschlichen Natur wirklich vollständig zu geben, weil ich sehr hoffe, daß eine solche Beschreibung vielleicht eine Art Erinnerungsstütze sein könnte, wenn Sie selbst die Erfahrung des Todesprozesses machen.

I. Lichtheit – die Landschaft aus Licht

Im Bardo der Dharmatā nimmst du einen Lichtkörper an. Die erste Phase dieses Bardo beginnt, wenn «Raum in Lichtheit aufgeht»:

Plötzlich wirst du dir einer fließenden, vibrierenden Welt von Klang, Licht und Farbe bewußt. Alle gewöhnlichen Erscheinungsformen unserer vertrauten Umwelt sind zu einer allumfassenden Landschaft aus Licht geschmolzen. Sie ist funkelnd, klar und strahlend, durchscheinend und vielfarbig, unbegrenzt von irgendeiner Dimension oder Richtung, schimmernd und in ständiger Bewegung. Das «Tibetische Totenbuch» beschreibt sie als «eine Luftspiegelung in der Ebene bei größter Sommerhitze». Ihre Farben sind der natürliche Ausdruck der dem Geiste innewohnenden Eigenschaften der Elemente: Raum wird als blaues Licht wahrgenommen, Wasser als weißes, Erde als gelbes, Feuer als rotes, und Luft erscheint als grünes Licht.

Wie stabil die überwältigenden Lichterscheinungen im Bardo der Dharmatā sind, hängt ganz und gar von der Stabilität ab, die du in der Tögal-Praxis erreicht hast. Nur eine vollkommene Meisterschaft dieser Praxis wird dich in die Lage versetzen, diese Erfahrung so weit zu stabilisieren, daß du sie nutzen kannst, um Befreiung zu erlangen. Andernfalls wird der Bardo der Dharmatā einfach wie ein Blitzschlag unglaublich kurz aufleuchten, und du wirst es nicht einmal bemerken. Ich möchte noch einmal betonen, daß ausschließlich jemand, der Tögal geübt hat, zur alles entscheidenden Erkenntnis fähig ist: daß nämlich diese strahlenden Manifestationen von Licht nicht getrennt von der Natur des Geistes existieren.

II. Vereinigung – die Gottheiten

Wenn es dir nicht gelingt, diese Erscheinungen als den unmittelbaren Ausdruck von Rigpa zu erkennen, beginnen die einfachen Strahlen farbigen Lichts sich zu verbinden und sich zu Lichtpunkten oder -kugeln verschiedener Größe, «Tiklé» genannt, zusammenzuballen. In ihrem Innern erscheinen die «Mandalas der friedvollen und zornvollen Gottheiten» als unermeßliche sphärische Lichtkonzentrationen, die scheinbar das gesamte Universum umfassen.

Dies ist die zweite Phase, und sie ist bekannt als «Lichtheit geht in Vereinigung auf», wobei das Licht in Form von Buddhas oder Gottheiten von verschiedenster Größe, Farbe, Gestalt, die die unterschiedlichsten Gegenstände halten, manifestiert wird. Das strahlende Licht, das von diesen Gestalten ausgeht, ist blendend, der Klang ist gewaltig wie das Krachen von tausend Donnerschlägen, und die Lichtstrahlen sind wie alles durchdringende Laserstrahlen.

Dies sind die «zweiundvierzig friedvollen und achtundfünfzig zornvollen Gottheiten», die im «Tibetischen Totenbuch» beschrieben werden. Sie entfalten sich über eine bestimmte Zeitspanne von «Tagen» und nehmen jeweils eigene Mandala-Muster in Fünfergruppierungen an. Diese Vision erfüllt deine gesamte Wahrnehmung mit derartiger Intensität, daß sie, wenn du sie nicht als das erkennst, was sie ist, erschreckend und furchteinflößend wird. Dann können nackte Angst und blinde Panik dich erfassen und du verlierst das Bewußtsein.

Von dir selbst und von den Gottheiten gehen feine Lichtstrahlen aus und verbinden dein Herz mit dem ihren. Unzählige Sphären aus Licht erscheinen in ihren Strahlen, die sich erst ausdehnen und dann «zusammenrollen», wenn sich sämtliche Gottheiten in dir auflösen.

III. Weisheit

Wenn du wieder nicht erkennen und Stabilität gewinnen kannst, entfaltet sich die nächste Phase, die «Vereinigung geht in Weisheit auf» genannt wird.

Wieder geht ein feiner Lichtstrahl von deinem Herzen aus und entfaltet sich zu einer gewaltigen Vision, in der jedes Detail dennoch ganz präzise unterscheidbar bleibt. Dies ist der Ausdruck der verschiedenen Weisheitsaspekte, die sich zusammen in einer Schau von ausgebreiteten Lichtteppichen und leuchtenden sphärischen Tiklés aus Licht folgendermaßen entfalten:

Zuerst erscheinen auf einem Teppich aus dunkelblauem Licht saphirblau funkelnde Tiklés in Fünfergruppen. Darüber erscheinen auf einem Teppich aus weißem Licht kristallweiß strahlende Tiklés; darüber goldene Tiklés auf einem Teppich aus gelbem Licht, und darüber wieder, auf einem Teppich aus rotem Licht, rubinfarben schimmernde Tiklés. Alles wird gekrönt von einer strahlenden Lichtsphäre, die wie ein ausgedehnter Baldachin aus Pfauenfedern wirkt.

Diese strahlende Erscheinung aus Licht ist die Manifestation der fünf Weisheiten: Weisheit des allumfassenden Raums, Spiegelgleiche Weisheit, Weisheit der Wesensgleichheit, Weisheit der Unterscheidung und Allesvollendende Weisheit. Da aber die Allesvollendende Weisheit ausschließlich in der Erleuchtung vervollkommnet wird, erscheint sie hier noch nicht. Daher fehlt ein fünfter Teppich aus grünem Licht mit seinen entsprechenden Tiklés; die Eigenschaft der fünften Weisheit ist aber in den anderen Farben enthalten. Was hier manifest wird, ist unser Potential zur Erleuchtung; die Allesvollendende Weisheit erscheint dagegen erst, wenn wir tatsächlich Buddhaschaft erlangen.

Wenn du auch hier nicht Befreiung erlangst, indem du unabgelenkt in der Natur des Geistes ruhst, lösen sich alle Lichtteppiche mit ihren Tiklés, zusammen mit deinem Rigpa, wieder in der Lichtsphäre auf, die dem erwähnten Baldachin aus Pfauenfedern gleicht.

IV. Unmittelbare Präsenz

Jetzt kündigt sich die letzte Phase im Bardo der Dharmatā an, «Weisheit geht in unmittelbare Präsenz auf». Die Gesamtheit der Wirklichkeit präsentiert sich nun in einer ungeheuren Erscheinung. Zuerst dämmert der Zustand ursprünglicher Reinheit wie ein offener, wolkenloser Himmel. Dann erscheinen die friedvollen und zornvollen Gottheiten, gefolgt von den reinen Bereichen der Buddhas, und darunter die sechs Bereiche samsārischer Existenz.

Die Grenzenlosigkeit dieser Vision liegt vollständig außerhalb unserer gewöhnlichen Vorstellungskraft. Jede Möglichkeit wird hier präsentiert: von Weisheit und Befreiung bis zur Verwirrung und Wiedergeburt. An diesem Punkt findest du dich mit hellsichtiger Wahrnehmung und geschärftem Erinnerungsvermögen ausgestattet. So siehst du zum Beispiel mit völliger Hellsichtigkeit und unbehinderten Sinnen deine vergangenen und zukünftigen Leben, kannst in den Geist anderer blicken und hast das Wissen von allen sechs Daseinsbereichen. In nur einem Augenblick kannst du dir jede Unterweisung, die du je erhalten hast, wieder in Erinnerung rufen, und selbst Belehrungen, die du nie vernommen hast, werden in deinem Geist wach.

Dann löst sich die gesamte Erscheinung wieder in ihre ursprüngliche Essenz auf, so, wie ein Zelt zusammenfällt, wenn seine Halteseile durchtrennt werden.

Wenn du die Stabilität besitzt, diese Manifestationen als die «Eigenstrahlung» deines eigenen Rigpa zu erkennen, bist du befreit. Ohne die Erfahrung der Tögal-Praxis allerdings kannst du den Anblick der Gottheiten, die «hell wie die Sonne strahlen», nicht ertragen. Statt dessen wird, als Ergebnis der gewohnheitsmäßigen Tendenzen deiner früheren Leben, dein Blick nach unten auf die sechs samsārischen Bereiche gezogen; und weil du mit ihnen so vertraut bist, erscheinen sie dir verführerisch und locken dich wieder in die Verblendung.

Im «Tibetischen Totenbuch» werden den Erfahrungen im Bardo der Dharmatā Zeitspannen von Tagen zugeordnet. Hierbei handelt es sich nicht etwa um Sonnentage von vierundzwanzig Stunden Dauer, denn in der Sphäre des Bardo der Dharmatā haben wir ja alle Begrenzungen von Raum und Zeit vollständig hinter uns gelassen. Diese Tage sind «Meditationstage» und bezeichnen die Zeitspanne, für die es uns gelungen ist, unabgelenkt in der Natur des Geistes oder in einem einzigen, unveränderten Geisteszustand zu verweilen. Ohne Stabilität in der Meditationspraxis können diese Tage unglaublich kurz und die Erscheinung der Gottheiten so flüchtig sein, daß wir nicht einmal realisieren, daß sie überhaupt entstanden sind.

Die Dharmatā verstehen

Nun, da mir der Bardo der Dharmatā dämmert,
will ich alle Regungen von Furcht und Panik aufgeben,
will, was immer auch erscheint, als Ausdruck meines Rigpa
und als natürliche Erscheinung dieses Bardo erkennen.
Nun, da ich diesen entscheidenden Punkt erreicht habe,
will ich die friedvollen und zornvollen Gottheiten nicht fürchten,
die doch aus der Natur meines eigenen Geistes entstehen.

Der Schlüssel zum Verständnis dieses Bardo liegt darin, daß alle Erfahrungen, die in ihm gemacht werden, der natürliche Ausdruck der Natur des Geistes sind. Es geschieht folgendes: Verschiedene Aspekte der erleuchteten Energie unseres Geistes werden freigesetzt. Und ähnlich wie die tanzenden Regenbögen, die durch Lichteinfall von einem Kristall ausgehen, sein natürlicher Ausdruck sind, können auch die blendenden Erfahrungen der Dharmatā nicht von der Natur unseres Geistes getrennt werden. *Sie sind sein unmittelbarer Ausdruck.* Wie erschreckend die Erscheinungen auch sein mögen, sagt das «Tibetische Totenbuch», sie bräuchten unsere Furcht nicht mehr zu erregen als ein ausgestopfter Löwe.

Streng genommen ist es eigentlich nicht richtig, diese Erscheinungen «Visionen» oder gar «Erfahrungen» zu nennen, weil Visionen und Erfahrungen auf dem dualistischen Prinzip von einem Wahrnehmenden und etwas Wahrgenommenen beruhen. Wenn wir die Erscheinungen des Bardo der Dharmatā als die Weisheitsenergie unseres eigenen Geistes erkennen können, gibt es keinen Unterschied zwischen dem Wahrnehmenden und dem Wahrgenommenen mehr, und wir erfahren Nicht-Dualität. In dieser Erfahrung ganz und gar aufgehen, bedeutet Befreiung erlangen. Kalu Rinpoche sagte: «Befreiung entsteht in dem Augenblick des Nach-Tod-Zustands, da das Bewußtsein erkennt, daß seine Erfahrungen nichts anderes sind als der Geist selbst.»[2]

Weil wir aber in diesem Stadium nicht mehr durch den physischen Körper oder eine materielle Welt abgeschirmt sind, können die im Bardo-

Zustand freiwerdenden Energien der Natur des Geistes überwältigend real und scheinbar objektiv existent wirken. Sie scheinen sich tatsächlich in einer außerhalb von uns liegenden Welt zu befinden; und ohne die Stabilität der Praxis liegt die Erkenntnis von Nicht-Dualität außerhalb unseres Erfahrungsbereichs. Sobald wir die Visionen aber als etwas von uns Getrenntes, als «äußere Erscheinungen» mißverstehen, reagieren wir mit Erwartung und Furcht und geraten tief in Verblendung.

Wie zum Zeitpunkt des Aufscheinens der Grund-Lichtheit das Erkennen der Schlüssel zur Befreiung gewesen ist, so ist es auch hier, im Bardo der Dharmatā. Nur, daß es hier um das Erkennen der Eigenstrahlung von Rigpa geht, der manifest werdenden Energie der Natur des Geistes, die schließlich den Unterschied ausmacht zwischen Befreiung und dem Weiterlaufen des unkontrollierbaren Kreislaufs von Wiedergeburten. Sehen wir uns beispielsweise die Erscheinungen der hundert friedvollen und zornvollen oder rasenden Gottheiten in der zweiten Phase dieses Bardo einmal näher an. Die Erscheinung besteht aus den Buddhas der fünf Buddha-Familien, ihren weiblichen Entsprechungen, männlichen und weiblichen Bodhisattvas, den Buddhas der sechs Bereiche sowie einer Anzahl zornvoller und schützender Gottheiten. Sie alle erscheinen inmitten des strahlenden Lichts der fünf Weisheiten.

Wie soll man diese Buddhas oder Gottheiten verstehen? «Jede dieser reinen Formen ist Ausdruck der erleuchteten Perspektive eines Teils unserer unreinen Wahrnehmung.»[3] Die fünf männlichen Buddhas sind der reine Aspekt der fünf Aggregate des Ich. Ihre fünf Weisheiten sind der reine Aspekt der fünf negativen Emotionen. Die fünf weiblichen Buddhas entsprechen den reinen Qualitäten der fünf Elemente im Geist, die wir verblendet als die groben, unreinen Elemente unseres Körpers und unserer Umwelt erleben. Die acht Bodhisattvas sind der reine Aspekt der verschiedenen Bewußtseinsarten und Sinne, und ihre weiblichen Entsprechungen sind die entsprechenden Bewußtseinsinhalte oder Objekte.

Ob sich nun die reine Vision der Buddha-Familien und ihrer Weisheit manifestiert, oder ob die unreine Vision der Aggregate und negativen Emotionen entsteht – beide sind in ihrer grundlegenden Natur wesenhaft identisch. Der Unterschied liegt in unserer Sicht: ob wir sie als getrennt von uns erleben oder ob es uns gelingt, zu erkennen, daß sie aus dem Grund der Natur des Geistes als seine erleuchtete Energie ausstrahlen.

Schauen wir uns näher an, was in unserem Geist als negative Emotionen manifest wird: Wird *Begierde* in ihrer wahren Natur erkannt, erscheint sie, vom Greifen befreit, als die «Weisheit der Unterscheidung».

Wenn Haß und *Abneigung* durchschaut werden, entstehen sie als demantene Klarheit, frei vom Greifen: die «Spiegelgleiche Weisheit». Wenn *Unwissenheit* erkannt wird, erscheint sie als weite, natürliche Klarheit ohne Konzepte: die «Weisheit allumfassenden Raums». *Stolz* erkennt man, sobald man ihn durchschaut, als Nicht-Dualität und Gleichheit: die «Weisheit der Wesensgleichheit». *Eifersucht* wird durch Erkennen von Parteilichkeit und Greifen befreit und entsteht als die «Allesvollendende Weisheit». Das Erscheinen der fünf negativen Emotionen ist also die direkte Folge unseres Nichterkennens ihrer eigentlichen Natur. Würden wir sie nur durchschauen, wären sie gereinigt und befreit und würden als Ausdruck der fünf Weisheiten in Erscheinung treten.

Wenn wir die strahlenden Lichter dieser Weisheiten im Bardo der Dharmatā nicht erkennen, mischt sich das Greifen nach einem Ich in unsere «Wahrnehmung» ein, und dann ist es, wie ein Meister es ausdrückte, wie bei einem Menschen, der halluziniert und alle möglichen Dinge sieht, weil er an einem hohen Fieber leidet. Wenn es uns zum Beispiel nicht gelingt, das rubinrote Licht der Weisheit der Unterscheidung zu erkennen, werden wir es für Feuer halten, weil es die reine Essenz des Feuerelements ist; wenn wir die goldene Strahlung der Weisheit der Wesensgleichheit nicht erkennen, erscheint sie, weil es sich um den reinen Aspekt des Erdelements handelt, als Erde, und so weiter.

Sobald Greifen nach einem Ich sich in die «Wahrnehmung» mischt, werden die Erscheinungen im Bardo der Dharmatā in die verschiedenen Grundlagen der Verblendung von Samsāra transformiert, fast könnte man sagen verfestigt.

Ein Dzogchen-Meister veranschaulichte die Entfaltung dieses Prozesses, der aus Mangel an Erkenntnis und aus Greifen nach einem Ich rührt, am Beispiel von Wasser und Eis: Wasser ist gewöhnlich flüssig, ein Element, das unter anderem die wunderbaren Eigenschaften besitzt, zu reinigen und den Durst zu löschen. Wenn es aber gefriert, verfestigt es sich zu Eis. Wann immer Greifen nach einem Ich entsteht, wird sowohl unsere innere Erfahrung als auch unsere Wahrnehmung der uns umgebenden Welt auf ähnliche Weise starr und fest. Aber genau wie Eis in der Sonnenwärme wieder zu flüssigem Wasser schmilzt, so wird im Lichte des Erkennens unsere ungebundene Weisheitsnatur offenbar.

Es sollte jetzt sehr klar geworden sein, wie nach dem Aufgehen der Grund-Lichtheit und dem Bardo der Dharmatā Samsāra tatsächlich manifest wird als Ergebnis eines zweimaligen Nichterkennens der wahren Natur des Geistes. Zuerst wurde die Grund-Lichtheit, der Grund der Natur des Geistes nicht erkannt und damit die erste Gelegenheit zur Befreiung verpaßt. Dann wird die Energie der Natur des Geistes manifest und bietet die zweite Chance zur Befreiung. Wird auch sie nicht wahrgenommen, verdichten und verfestigen sich die aufsteigenden negativen Emotionen zu falschen Wahrnehmungen, die dann in ihrer Summe die illusorischen Existenzbereiche schaffen, die wir Samsāra nennen, und so werden wir im Zyklus von Geburt und Tod gefangengehalten. Die gesamte spirituelle Praxis ist daher der Umkehrung dieses Prozesses der Unwissenheit gewidmet: dem Entflechten, Auflösen und «Verflüssigen» dieser vernetzten und aufeinander aufbauenden, falschen Wahrnehmungen, die uns in die Gefangenschaft einer selbstgeschaffenen Schein-Wirklichkeit geführt haben.

So wie zu der Zeit, als die Grund-Lichtheit im Augenblick des Todes aufgegangen ist, kann auch im Bardo der Dharmatā die Befreiung nicht einfach wie selbstverständlich erwartet werden. Wenn nämlich das blendende Licht der Weisheit erstrahlt, wird es von einer Erscheinung einfacher, beruhigender, angenehmerer Töne und Lichter begleitet, die weniger herausfordernd und nicht so überwältigend sind wie das Licht der Weisheit. Diese fahlen Lichter – rauchfarben, gelb, grün, blau, rot und weiß – sind unsere unbewußten gewohnheitsmäßigen Tendenzen, die wir durch Haß, Gier, Ignoranz, Verlangen, Eifersucht und Stolz angesammelt haben. Diese Emotionen erschaffen auch die ihnen jeweils entsprechenden sechs Existenzbereiche von Samsāra: Höllen-, Hungergeister-, Tier-, Menschen-, Halbgötter- und Götterbereiche.

Wenn wir die Dharmatā-Natur unseres Geistes nicht schon im Leben erkennen und stabilisieren, werden wir instinktiv von den fahlen Lichtern der Sechs Bereiche angezogen, sobald unsere grundlegende Tendenz zum Greifen, die wir während unseres Lebens weiter gestärkt haben, ausgelöst wird und somit wieder erwacht. Eingeschüchtert von der dynamischen Strahlkraft der Weisheit, weicht das Bewußtsein zurück. Die angenehmeren, fahlen Lichter – die Einladung unserer gewohnheitsmäßigen Verhaltensmuster – locken uns in eine Wiedergeburt, die von der jeweiligen negativen Emotion bestimmt wird, die in unserem Karma und in unserem Bewußtseinsstrom vorherrscht.

Betrachten wir den ganzen Prozeß nun anhand des «Tibetischen Totenbuchs» am Beispiel der Erscheinung eines der friedvollen Buddhas. Der Meister oder spirituelle Freund wendet sich mit folgenden Worten an das Bewußtsein des Verstorbenen:

O Sohn/Tochter aus erleuchteter Familie, lausche ohne Ablenkung! Am dritten Tage wird die reine Essenz des Elements Erde als ein gelbes Licht zu scheinen beginnen. Zugleich wird aus dem gelben Buddha-Land des Südens, «das Glorreiche» genannt, der Buddha Ratnasambhava vor dir erscheinen. Von gelber Körperfarbe und mit einem wunscherfüllenden Juwel in seiner Hand ruht er auf einem von Pferden gestützten Thron, umschlungen von seiner erhabenen Gefährtin Māmakī. Er ist umgeben von den beiden männlichen Bodhisattvas Akashagarbha und Samantabhadra[4] sowie den beiden weiblichen Bodhisattvas Mālā und Dhūpā. So sind sechs Buddhaformen aus der Weite des Regenbogenlichts erschienen.

Die wesenhafte Reinheit des Gefühls-Skandha – die Weisheit der Wesensgleichheit – strahlt als gelbes Licht, mit kleinen und großen Tiklés aus Licht geschmückt, blendend, klar und dem Auge unerträglich; es trifft dich aus dem Herzen Ratnasambhavas und seiner Gefährtin hervorbrechend in deinem eigenen Herzen, so daß dein Auge es kaum anzusehen vermag. Gleichzeitig mit diesem Weisheitslicht trifft das fahle blaue Licht der Menschenwelt dein Herz. Von Stolz getrieben flüchtest du voll Furcht vor der Intensität des strahlenden gelben Lichts, während du zugleich das fahle Licht der Menschenwelt als angenehm empfindest und dich ihm zuneigst.

Fürchte das durchdringende gelbe Licht in all seiner blendenden Strahlung nicht, sondern erkenne es als Weisheit. Laß dein Rigpa in einem Zustand des Nicht-Tuns entspannt und gelassen darin ruhen. Auch sollst du dich mit Vertrauen und Hingabe ihm zuwenden und nach ihm verlangen. Wenn du dieses Weisheitslicht als die ureigene Strahlung deines eigenen Rigpa erkennst, dann verschmelzen alle Buddhagestalten und Lichtstrahlen mit dir und du erlangst die Buddhaschaft, auch wenn du keine Hingabe erzeugt und das zur Inspiration nötige Gebet nicht gesprochen hast. Kannst du dieses Licht aber nicht als natürliche Strahlung deiner eigenen Geist-Natur erkennen, dann bete mit tiefer Verehrung, indem du folgendes denkst: «Dies ist das Licht der mitfühlenden Energie des Buddha Ratnasambhava. Zu ihm nehme ich Zuflucht.» Da dies tatsächlich Buddha Ratnasambhava *ist*, gekommen, um dich im Aufruhr des Bardo zu leiten, und da es der leuchtende Rettungsanker seiner erbarmenden Energie *ist*, neige dich hingebungsvoll ihm zu.

An dem fahlen blauen Licht des menschlichen Bereichs empfinde keine Freude. Dies ist der verführerische Pfad deiner gewohnheitsmäßigen Neigungen, die du angesammelt hast durch deinen großen Stolz. Wenn du nach ihm verlangst, gerätst du in die Menschenwelt, wo dir das Leid von Geburt, Alter, Krankheit und Tod sicher ist, und du vertust die Chance, dich aus dem Sumpf von Samsāra zu lösen. Da dies (fahle blaue Licht) also ein Hindernis auf dem Pfad zu Befreiung ist, wende deinen Blick ihm nicht zu, sondern gib deinen Stolz auf. Die gewohnheitsmäßigen Neigungen gib auf! Hänge nicht an diesem (fahlen blauen Licht)! Verlange nicht danach! Neige dich dem blendend strahlenden gelben Licht voll Hingabe zu, richte deine gesamte Aufmerksamkeit auf Buddha Ratnasambhava und sprich dieses Gebet:

Wehe,
wenn ich wegen meines unbeugsamen Stolzes
in Samsāra umherirren muß!
Führe mich, o erhabener Ratnasambhava,
auf den Pfad strahlenden Lichts,
der «Weisheit der Wesensgleichheit».
Möge die erhabene Gefährtin Māmakī
mich dabei von hinten schützen;
möget ihr mir auf dem gefahrvollen Pfad des Bardo
beistehen
und mich zur vollkommenen Buddhaschaft geleiten.

Nachdem du dieses Gebet der Inspiration mit tiefer Verehrung gesprochen hast, löst du dich in Regenbogenlicht im Herzen Buddha Ratnasambhavas und seiner Gefährtin auf und wirst zu einem Sambhogakaya-Buddha[5] im Reinen Land des Südens, das man das «Glorreiche» nennt.

Diese Beschreibung der Erscheinung Buddha Ratnasambhavas schließt mit der Erklärung, daß aufgrund dieses «Aufzeigens» durch den Meister oder den spirituellen Freund Befreiung sicher ist, wie schwach das eigene Vermögen des Verstorbenen auch sein mag. Aber selbst nach mehrmaligem «Aufzeigen», so sagt das «Tibetische Totenbuch», gibt es einige, die wegen ihres negativen Karma nicht erkennen und keine Befreiung erlangen können. Von Begierde und Verblendung verstört, und eingeschüchtert von den verschiedenen Tönen und Lichtern, ergreifen sie die Flucht. Dann erscheint am folgenden «Tag» der nächste Buddha, Amitābha, der Buddha unendlichen Lichts, mit seinem Gottheiten-Mandala im Glanz seines blendend roten Lichts, und mit ihm wird der fahle, verführerische gelbe Lichtpfad ins Reich der Hungergeister manifest, der aus unserer Gier und Niedertracht entstanden ist. Das «Tibetische Totenbuch» stellt in der Folge die Erscheinung jeder einzelnen der friedvollen und zornvollen Gottheiten in ähnlicher Weise vor.

Ich werde oft gefragt: «Erscheinen diese Gottheiten auch einem Menschen des Westens? Und wenn ja, kommen sie in einer vertrauten, westlichen Gestalt?»

Die Manifestationen im Bardo der Dharmatā werden als «unmittelbar präsent» bezeichnet. Das bedeutet, daß sie inhärent und unkonditioniert in uns allen vorhanden sind. Ihr Erscheinen ist nicht abhängig von irgendeiner spirituellen Verwirklichung – wohl aber ihr Erkennen. Es sind universelle und grundsätzliche Erfahrungen – durchaus nicht nur Tibetern vorbehalten. Die Art und Weise, wie sie wahrgenommen werden, hängt allerdings von unserer Konditionierung ab. Da diese Erscheinungen ihrem Wesen nach ja unbegrenzt sind, können sie natürlich jede erdenkliche Form annehmen.

Aus diesem Grund können die Gottheiten auch in den uns am meisten vertrauten Formen erscheinen. Für Praktizierende des christlichen Glaubens können sie etwa die Gestalt von Christus oder der Jungfrau Maria annehmen. Grundsätzlich ist der einzige Sinn und Zweck dieser erleuchteten Manifestationen der Buddhas, uns zu helfen, und darum nehmen sie die Formen an, die für uns die geeignetsten und hilfreichsten sind. In welcher Form die Gottheiten aber auch immer erscheinen mögen – es ist wesentlich zu erkennen, daß sie in ihrer ursprünglichen Natur definitiv nicht verschieden voneinander sind.

Einsicht

Im Dzogchen heißt es, daß, genausowenig wie ein Mensch die Grund-Lichtheit erkennen kann, ohne eine echte Erkenntnis der Natur des Geistes und Stabilität in der Praxis von Trekchö erlangt zu haben, wohl kaum jemand ohne die Stabilität von Tögal den Bardo der Dharmatā erkennen kann. Ein Meister der Tögal-Praxis, der die Lichtheit der Natur des Geistes erkannt und stabilisiert hat, hat bereits zu Lebzeiten die Manifestationen kennengelernt, die auch im Bardo der Dharmatā auftauchen werden. Diese Energie und das Licht sind also in uns – obwohl sie momentan verborgen sind. Wenn dann aber der Körper und die gröberen Bewußtseinsebenen sterben, werden diese Energien ganz von selbst frei und die wahre Natur unseres Geistes bricht als Klang, Farbe und Licht hervor.

Die Praxis von Tögal ist jedoch nicht der einzige Weg, der diesen Bardo als Weg zur Befreiung nutzbar macht. Auch Menschen, die das buddhistische Tantra praktizieren, können zu den Erscheinungen im Bardo der Dharmatā im Rahmen ihrer Übung einen Bezug herstellen. Im Tantra wird das Prinzip der Gottheiten benutzt, um eine Verbindung herzustellen. Es ist schwierig, einen Bezug zur Präsenz erleuchteter Eigenschaften herzustellen, wenn sie keine Form oder Basis für persönliche Kommunikation bieten. Die Gottheiten sind als Metaphern zu verstehen, die die unendlichen Energien und Qualitäten der Weisheit der Buddhas einfangen und in einer uns zugänglichen Form darstellen. Diese Kräfte als Gottheiten zu personifizieren, ermöglicht es dem Übenden, sie zu erkennen und mit ihnen in Verbindung zu treten. Wenn er sich in der Praxis der Visualisation darin übt, diese Gottheiten zu erschaffen und wieder in sich selbst hinein aufzulösen, erkennt er schließlich, daß der Geist, der die Gottheit wahrnimmt, und die Gottheit selbst nichts voneinander Getrenntes sind.

Im tibetischen Buddhismus arbeiten die Übenden mit einem *Yidam,* das heißt, sie üben die Praxis eines speziellen Buddha, mit dem sie eine starke karmische Verbindung haben. Er ist für sie die Verkörperung der Wahrheit und die persönliche Verbindung, das Herz ihrer Praxis. Menschen, die Tantra praktizieren, werden die Erscheinungen im Bardo der Dharmatā nicht als äußere Phänomene wahrnehmen, sondern sie in Beziehung zu ihrer Yidam-Praxis setzen und sich mit ihnen vereinigen, in ihnen aufgehen. Da sie den Yidam in ihrer Praxis als die natürliche Strahlung des erleuchteten Geistes kennengelernt haben, können sie die Erscheinungen mit dieser Einsicht wiedererkennen und sie als die Gottheit erstehen lassen. Mit dieser reinen Wahrnehmung erkennt ein Praktizierender alles, was im Bardo erscheint, als nichts anderes als eine Ausdrucksform des Yidam. Durch die Kraft seiner Übung und den Segen der Gottheit erlangt er so im Bardo der Dharmatā Befreiung.

Darum wird in der tibetischen Tradition Laien und Praktizierenden, die mit der Yidam-Praxis nicht vertraut sind, der Rat erteilt, die Erscheinungen unmittelbar als Avalokiteshvara, den Buddha des Mitgefühls, zu erkennen, oder auch als Padmasambhava oder Amitābha – je nachdem, welche Gestalt ihnen am vertrautesten ist. Kurz gesagt bestimmt der Weg, den wir in unserem Leben geübt haben, auch die Art und Weise, wie wir die Erscheinungen im Bardo der Dharmatā erkennen.

Sehr aufschlußreich ist es auch, den Bardo der Dharmatā als einen Ausdruck von Dualität in ihrer letztlich reinsten Form zu betrachten. Wir sind gleichzeitig Mitteln zur Befreiung und der Verlockung durch den Ruf unserer alten Gewohnheiten und Instinkte ausgesetzt. Wir erfahren zu ein und derselben Zeit die reine Energie des Geistes und seine Verwirrung. Es ist fast, als würden wir gedrängt, uns klarzuwerden – uns für die eine oder andere Seite zu entscheiden. Ob wir eine solche Wahl aber überhaupt haben, hängt – das muß nun nicht mehr ausdrücklich betont werden – von der Intensität und Vollkommenheit unserer spirituellen Praxis im Leben ab.

18. Der Bardo des Werdens

Die meisten Menschen erleben den Tod als bloßes Sinken in einen Zustand des Vergessens am Ende des Sterbeprozesses. Es heißt manchmal, daß die drei Stadien der inneren Auflösung so schnell vorbeiziehen können wie dreimaliges Fingerschnippen. Die weiße und rote Essenz von Vater beziehungsweise Mutter treffen sich am Herzen, und daraus resultiert die Erfahrung von Schwärze, die «vollständiges Erlangen» genannt wird. Dann erscheint die Grund-Lichtheit, die wir aber nicht erkennen, und daher sinken wir in Bewußtlosigkeit.

Wie gesagt, ist dies das erste Nichterkennen oder die erste Stufe der Unwissenheit, auf Tibetisch *ma rigpa* genannt – das Gegenteil von Rigpa. Dies läutet den Beginn eines weiteren Zyklus von Samsāra ein, das im Augenblick des Todes für einen winzigen Augenblick unterbrochen war. Der Bardo der Dharmatā entfaltet sich nun, und auch diese Phase blitzt für die meisten nur kurz auf und rast unerkannt vorbei. Dies ist das zweite Nichterkennen, die nächste Stufe der Unwissenheit oder Ma Rigpa.

Das nächste, was uns wieder zu Bewußtsein kommt, ist eine Wahrnehmung «als würden Himmel und Erde sich wieder trennen»: Plötzlich erwachen wir in den Zwischenzustand, der die Zeit vom endgültigen Tod bis zur neuen Wiedergeburt umfaßt. Dieser Zustand ist der dritte Bardo des Todes und wird Bardo des Werdens – *Sipa Bardo* – genannt.

Da es uns nicht gelungen ist, die Grund-Lichtheit sowie den Bardo der Dharmatā zu erkennen, werden die Samen all unserer gewohnheitsmäßigen Verhaltensmuster wieder wach und aktiv. Der Bardo des Werdens umfaßt den Zeitraum zwischen ihrem Wiedererwachen und unserem Eintritt in den Mutterschoß des nächsten Lebens.

Das Wort *«Sipa»,* das in Sipa Bardo mit «Werden» übersetzt wird, kann auch «Möglichkeit» und «Existenz» bedeuten. Im Sipa Bardo ist der Geist ja nicht länger von einem physischen Körper an die materielle Welt gefesselt und behindert, und daher sind die «Möglichkeiten» für das Geboren-«Werden» in verschiedenen Welten unendlich. Die «Existenz» in diesem Bardo ist äußerlich ein Geistkörper und innerlich Bewußtsein. Das herausstechende Merkmal im Bardo des Werdens ist die Tatsache, daß hier der Geist die vorherrschende Rolle übernimmt im Gegensatz zum Bardo der Dharmatā, der sich im Bereich von Rigpa entfaltet. Im Bardo der Dharmatā haben wir daher auch einen Körper aus Licht, im Bardo des Werdens einen Geistkörper.

Im Bardo des Werdens ist der Geist von immenser Klarheit und ungehinderter Beweglichkeit; die Richtung allerdings, in die er sich bewegt, wird ausschließlich von den gewohnheitsmäßigen Tendenzen unseres Karma bestimmt. Daher wird diese Periode auch der «karmische» Bardo des Werdens genannt. Kalu Rinpoche sagt dazu: «Dieser Zustand ist ein vollständig automatisches oder blindes Ergebnis unserer früheren Handlungen – also von Karma –, und nichts, was in ihm geschieht, ist eine bewußte Entscheidung; wir werden einfach von der Kraft des Karma herumgestoßen.»[1]

Zu diesem Zeitpunkt befindet sich der Geist auf der nächsten Ebene eines stufenweise sich entfaltenden Prozesses: Aus seinem reinsten Zustand – der Grund-Lichtheit – hat er sich durch seine Eigenschaft von Licht und Energie – die Erscheinungen im Bardo der Dharmatā – schließlich im Bardo des Werdens in die noch weiter vergröberte Manifestation einer geistigen Form verdichtet. Was auf dieser Stufe nun geschieht, ist der umgekehrte Prozeß der vorangegangenen Auflösung: Die Winde erscheinen wieder, und mit ihnen alle Gedankenzustände in Verbindung mit Unwissenheit, Gier und Haß; und weil die Erinnerung an unseren vergangenen, karmischen Körper immer noch frisch ist, nehmen wir hier einen «geistigen Körper» an.

Der Geistkörper

Der Geistkörper, den wir im Bardo des Werdens annehmen, weist einige besondere Merkmale auf: Er besitzt alle Sinne; er ist äußerst leicht, luzide und beweglich, und die Bewußtheit ist angeblich siebenmal klarer als im Leben. Er ist außerdem mit einer rudimentären Form von Hellsichtigkeit ausgestattet; obwohl sie nicht bewußt und willentlich eingesetzt werden kann, verleiht sie dem Geistkörper die Fähigkeit, die Gedanken anderer zu lesen.

Dieser Geistkörper hat eine Form, die der Gestalt des Körpers aus dem gerade vergangenen Leben ähnelt, allerdings ohne Mängel und in der Blüte des Lebens. Selbst wenn wir im vergangenen Leben behindert oder krank gewesen sein sollten, ist unser Geistkörper im Bardo des Werdens makellos. In einem alten Dzogchen-Text heißt es an einer Stelle, daß der Geistkörper die Größe eines Kindes von acht bis zehn Jahren habe.

Wegen des machtvollen Einflusses begrifflichen Denkens, das man auch als «karmischen Wind» bezeichnet, ist der Geistkörper nicht in der Lage, auch nur für einen Augenblick stillzuhalten – er ist unaufhörlich in Bewegung. Durch bloße Kraft der Gedanken kann er ungehindert an jeden erdenklichen Ort gelangen. Da der Geistkörper keine materielle Grundlage hat, kann er durch solide Hindernisse wie Wände oder Berge einfach hindurchgehen.[2]

Der Geistkörper kann auch durch dreidimensionale Objekte hindurchsehen. Da wir aber zu diesem Zeitpunkt nicht im Besitz der Vater- und Mutteressenz sind, scheint für uns das Licht der Sonne und des Mondes nicht mehr, und nur ein fahles Glühen erhellt den Raum direkt vor uns. Wir können auch andere Bardo-Wesen sehen, aber lebende Menschen können uns nicht wahrnehmen, es sei denn, sie haben – als Ergebnis tiefer Meditationserfahrungen – eine bestimmte Hellsichtigkeit entwickelt.[3] Wir können also vielen anderen Reisenden der Bardo-Welt, die vor uns gestorben sind, begegnen und uns für flüchtige Momente mit ihnen verständigen.

Da die fünf Elemente an seinem Aufbau beteiligt sind, erscheint uns unser Geistkörper so solide, daß wir sogar Hunger verspüren. Die Bardo-Lehren sagen, daß der Geistkörper von Gerüchen lebt und sich an verbrannten Opfergaben stärken kann, die aber speziell in seinem Namen dargebracht werden müssen.

In diesem Stadium ist die geistige Aktivität sehr geschwind: Gedanken stellen sich in schneller Folge ein, und wir können vieles zur gleichen Zeit tun. Der Geist fährt fort, eingefahrene Verhaltens- und Gewohnheitsmuster zu verfestigen, besonders das Festhalten an Erfahrungen sowie den Glauben, daß sie letztlich real seien.

Die Erfahrungen im Bardo

Während der ersten Wochen im Bardo haben wir entsprechend dem eben vergangenen Leben den Eindruck, ein Mann oder eine Frau zu sein. Wir wissen nicht einmal, daß wir gestorben sind. Wir kehren nach Hause zurück, um mit unserer Familie oder unseren Freunden zusammenzusein. Wir versuchen, mit ihnen zu sprechen, sie zu berühren. Aber sie reagieren nicht. So sehr wir uns auch um Kontakt bemühen – sie können uns nicht wahrnehmen. Wir sehen machtlos zu, wie unsere Angehörigen verzweifelt unseren Tod beweinen. Genauso ergebnislos versuchen wir auch, Dinge aus unserem Besitz zu benutzen. Bei Tisch ist nicht mehr für uns gedeckt, und man macht Anstalten, unsere Hinterlassenschaft aufzuteilen. Wir sind zornig, verletzt und frustriert; wir fühlen uns, sagt das «Tibetische Totenbuch», «wie ein Fisch, der sich in heißem Sand windet».

Wenn wir sehr an unserem Körper gehangen haben, kann es sogar sein, daß wir in seiner Nähe bleiben und versuchen, ihn wieder in Besitz zu nehmen. In extremen Fällen kann der Geistkörper sich über Wochen oder sogar Jahre nicht vom Körper oder von Besitztümern losreißen. Wir erkennen immer noch nicht, daß wir gestorben sind. Erst wenn wir plötzlich feststellen, daß wir keinen Schatten mehr werfen, uns nicht mehr im Spiegel sehen können und keine Fußspuren hinterlassen, erkennen wir schließlich, was geschehen ist. Der bloße Schock der Erkenntnis, daß wir gestorben sind, kann ausreichen, uns wieder ohnmächtig werden zu lassen.

Im Bardo des Werdens erleben wir alle Erfahrungen unseres vergangenen Lebens noch einmal, sehen Einzelheiten wieder, die der Erinnerung schon lange verloren schienen, und besuchen Orte wieder, selbst wenn wir dort «nicht mehr getan haben, als auf den Boden zu spucken», wie die Meister sagen. Alle sieben Tage müssen wir nochmals die Erfahrung unseres Sterbens mit allen damit verbundenen Leiden durchleben. Wenn unser Tod friedvoll war, wird dieser friedvolle Geisteszustand nochmals erlebt; war er jedoch quälend, dann wiederholt sich diese Qual. Dabei muß man sich daran erinnern, daß in diesem flüchtigen Zustand des Bardo des Werdens alles negative Karma der früheren Leben auf äußerst verwirrende Weise zurückkehrt und daß all dies mit einem Bewußtsein erfahren wird, das siebenmal klarer ist als zu Lebzeiten.

Unser ruheloses, einsames Wandern durch die Bardo-Welt ist wie ein furchtbarer Alptraum; und genauso wie in einem Traum glauben wir auch hier, einen physischen Körper zu besitzen und tatsächlich zu existieren. Doch alle Erfahrungen dieses Bardo entstehen ausschließlich aus unserem Geist – geschaffen von unserem Karma und unseren zurückkehrenden Gewohnheiten.

Auch die Winde der Elemente kehren zurück und Tulku Urgyen Rinpoche sagt: «Wir hören laute Geräusche der vier Elemente Erde, Wasser, Feuer und Luft. Es hört sich an, als würde hinter uns ein Erdrutsch stattfinden; da ist der Klang eines schnell fließenden, gewaltigen Stromes, einer lodernden Feuermasse wie in einem Vulkan und das Tosen eines ungeheuren Sturms.»[4] Bei dem Versuch, der Gewalt der Elemente in der schrecklichen Finsternis zu entkommen, tun sich, wie es heißt, drei verschiedene Abgründe vor uns auf: weiß, rot und schwarz, allesamt tief und furchteinflößend. Das «Tibetische Totenbuch» erklärt, daß es sich dabei um unsere eigene Gier, unseren Haß und unsere Unwissenheit handelt. Wir werden von eiskalten Schauern, Hagelstürmen von Eiter und Blut überrascht, heimgesucht von grauenhaften Schreien körperloser Wesen, gejagt von menschenfressenden Dämonen und Raubtieren.

Unaufhörlich werden wir vom Wind des Karma umhergeschleudert, unfähig, irgendwo festen Halt zu finden. Das «Tibetische Totenbuch» sagt: «Zu dieser Zeit wirst du umhergetrieben vom unerträglich schrecklichen, gewaltig wirbelnden Tornado des Karma.» Von Angst zerfressen, hin und her getrieben wie Pusteblumensamen im Wind, irren wir hilflos im düsteren Bardo umher. Von Hunger und Durst gequält, suchen wir verzweifelt nach irgendeiner Zuflucht. Die Wahrnehmungen unseres Geistes verändern sich von Augenblick zu Augenblick und schleudern uns, «wie ein Katapult», sagt das «Tibetische Totenbuch», in ein dauerndes Wechselbad aus Leiden und Freude. In unserem Geist verstärkt sich die Sehnsucht nach einem physischen Körper, was uns nur in weiteres Leiden stürzt, weil wir sie nicht befriedigen können.

Die gesamte Landschaft und Umgebung wird von unserem Karma gebildet, und diese Bardo-Welt wird bevölkert von den Alptraumwesen unserer eigenen Verblendung. Wenn unser gewohnheitsmäßiges Verhalten im Leben positiv gewesen ist, sind unsere Erfahrungen im Bardo von Seligkeit und Glück geprägt; wenn unser Leben aber zerstörerisch gewesen ist und wir anderen geschadet haben, dann erfahren wir im Bardo Schmerz, Reue und Angst. So sagt man zum Beispiel in Tibet, daß Metzger, Jäger und Fischer von monströsen Exemplaren ihrer früheren Opfer gejagt werden.

Wer die Nahtod-Erfahrungen detailliert studiert und sich besonders mit dem Phänomen des sogenannten «Lebensrückblicks» beschäftigt, muß sich unvermeidlich fragen, wie unvorstellbar denn dann wohl das Grauen der Bardo-Erlebnisse für einen Drogenboß, Tyrannen oder Nazischergen sein muß. Die Berichte solcher «Lebensrückblicke» scheinen nämlich nahezulegen, daß wir nach dem Tod möglicherweise alles Leiden, für das wir sowohl direkt als auch indirekt verantwortlich gewesen sind, selbst erfahren.

Die Dauer des Bardo des Werdens

Der ganze Bardo des Werdens hat eine durchschnittliche Dauer von neunundvierzig Tagen und eine Mindestdauer von einer Woche. Es gibt aber Ausnahmen und Unterschiede, wie manche Menschen ja auch hundert Jahre leben, andere hingegen schon in ihrer Jugend sterben. Einige bleiben sogar im Bardo stecken und werden zu Geistern oder Gespenstern. Wie Dudjom Rinpoche erklärte, stehen die ersten einundzwanzig Tage im Bardo noch unter starkem Eindruck des vergangenen Lebens; diese Zeit ist daher für die Hinterbliebenen die wichtigste Periode, in der sie dem Verstorbenen noch helfen können. Danach nimmt langsam die Zukunft Gestalt an und wird zum vorherrschenden Eindruck.

Wir müssen im Bardo ausharren, bis wir eine karmische Verbindung zu unseren zukünftigen Eltern finden. Ich stelle mir den Bardo manchmal wie einen Wartesaal vor, in dem man manchmal bis zu neunundvierzig Tage auf den Reiseanschluß ins nächste Leben wartet. Es gibt allerdings zwei Arten von Menschen, die nicht im Zwischenzustand warten müssen, weil die Intensität ihres Karma sie direkt ins nächste Leben katapultiert. Das sind einmal diejenigen, die ein äußerst positives, konstruktives Leben geführt haben und deren Geist so mit der spirituellen Praxis vertraut ist, daß die Kraft ihrer Verwirklichung sie direkt und unverzüglich in eine gute Wiedergeburt trägt. Die anderen sind die, deren Leben sehr negativ und zerstörerisch verlaufen ist; sie reisen ohne Verzögerung in eine ihren Taten entsprechende schlechte Wiedergeburt.

Das Totengericht

Einige Beschreibungen des Bardo sprechen von einer Gerichtsszene, ähnlich dem Jüngsten Gericht, einer Art Lebensrückblick, wie er in vielen Kulturen der Welt beschrieben wird. Unser gutes Gewissen, ein weißes Lichtwesen, ist unser Verteidiger und nennt uns alle guten Taten; unser schlechtes Gewissen, ein schwarzer Dämon, vertritt die Anklage. Heilsame und unheilsame Taten werden als weiße und schwarze Kiesel zusammengetragen. Der «Herr des Todes», der den Vorsitz führt, befragt dann den Spiegel des Karma und fällt sein Urteil.[5]

Ich finde, daß diese Gerichtsszene interessante Parallelen zu dem Lebensrückblick in Nahtod-Erfahrungen aufweist. Letztlich findet die Gerichtsverhandlung in unserem eigenen Geist statt. Wir selbst sind sowohl

Richter als auch Angeklagter. «Es ist interessant festzustellen», schreibt Raymond Moody, «daß in den Fällen, die ich studiert habe, die Verurteilung nicht von dem Lichtwesen ausging, das die Betroffenen ganz ohne Urteil einfach zu lieben schien, sondern daß das Urteil letztlich vom Verurteilten selbst kam.»[6]

Eine Frau, die eine Nahtod-Erfahrung gemacht hatte, erzählte Kenneth Ring: «Dir wird dein Leben gezeigt – und du selbst fällst das Urteil ... Du urteilst über dich selbst. All deine Sünden sind dir zwar vergeben – aber kannst du dir selbst vergeben, nicht getan zu haben, was du hättest tun sollen, und kannst du dir die faulen Kompromisse und Täuschungen verzeihen, mit denen du vielleicht gelebt hast? Ob du dir selbst vergeben kannst oder nicht, das bestimmt das Urteil.»[7]

Die Gerichtsverhandlung zeigt auch, daß das, was in der letzten Konsequenz wirklich zählt, stets die Motivation ist, aus der wir handeln, und daß wir den Auswirkungen unserer vergangenen Taten, Worte und Gedanken, den Eindrücken und Gewohnheiten, die sie uns eingeprägt haben, nicht entkommen können. Wir sind damit nicht nur für dieses Leben uneingeschränkt verantwortlich, sondern auch für alle zukünftigen.

Die Kraft des Geistes

Da unser Geist im Bardo derartig flüchtig, beweglich und verletzlich ist, haben all unsere Gedanken, gute wie schlechte, eine immense Gewalt und Wirkung. Ohne einen physischen Körper, der uns auf dem Boden hält, werden unsere Gedanken augenblicklich zur Wirklichkeit. Stellen wir uns doch nur einmal den heftigen Zorn und die Trauer vor, die wir empfinden würden, wenn wir zusehen müßten, wie die Bestattungszeremonie für uns unaufmerksam und lieblos durchgeführt wird, oder wie gierige Verwandte sich neidisch um unsere Hinterlassenschaft zanken, oder wie Freunde, die wir sehr geliebt haben, herablassend oder gar höhnisch und verletzend über uns sprechen. Solche Situationen können uns äußerst gefährlich werden, weil unsere Reaktion uns durch ihre Gewalt direkt in eine unglückliche Wiedergeburt treiben kann.

Die überwältigende Macht der Gedanken ist somit auch *das* Schlüsselthema im Bardo des Werdens. In dieser entscheidenden Phase finden wir uns ganz und gar allen Gewohnheiten und Verhaltensmustern ausgeliefert, die wir im Leben gepflegt haben und die so zum bestimmenden Faktor unseres Daseins geworden sind. Wenn wir diese Tendenzen und Gewohnheiten nicht jetzt zu Lebzeiten überprüfen und sie daran hindern, von unserem Geist Besitz zu ergreifen, werden wir im Bardo als hilfloses Opfer ihrer Gewalt hin und her gehetzt. Die kleinste Irritation schon kann im Bardo des Werdens vernichtende Wirkung haben; das ist auch der Grund, warum das «Tibetische Totenbuch» traditionell von jemandem vorgelesen werden soll, mit dem der Verstorbene eine gute Beziehung hatte; andernfalls kann allein der Klang der Stimme den Toten schon in Zorn versetzen – mit den entsprechend katastrophalen Folgen.

Die Lehren geben viele Beschreibungen von der Beeinflußbarkeit des Geistes im Bardo des Werdens; so heißt es zum Beispiel sehr eindringlich, daß unser Geist in diesem Bardo einem rotglühenden Eisenstab gleicht, der noch in jede beliebige Richtung formbar ist, beim Abkühlen aber schnell in der jeweiligen Form erstarrt. In diesem Zusammenhang kann man die Aussage verstehen, daß ein einziger positiver Gedanke in diesem Bardo direkt zur Erleuchtung führen kann, eine einzige negative Reaktion aber zu extremem und lang andauerndem Leiden. Wir können kaum deutlicher gewarnt werden, als mit den folgenden Worten aus dem «Tibetischen Totenbuch»:

> Jetzt ist die Zeit, die zwischen Aufstieg und Absturz entscheidet; jetzt ist die Zeit, wo du, wenn du auch nur einen einzigen Augenblick in Achtlosigkeit verfällst, dauerndes Leiden erntest; jetzt ist die Zeit, wo nur ein Augenblick der Konzentration Ursache für dauerhaftes Glück wird. Sammle deinen Geist und bemühe dich einsgerichtet, die Resultate des guten Karma zu verlängern!

Das «Tibetische Totenbuch» versucht, jede Verbindung mit der spirituellen Praxis, die der Verstorbene gehabt haben mag, zu wecken. Es ermutigt uns, das Anhaften an Menschen und Besitztümer aufzugeben, das Verlangen nach einem Körper abzulegen, Gier oder Haß nicht nachzugeben, Güte statt Feindschaft zu entwickeln und negative Handlungen nicht einmal zu erwägen. Es erinnert den Sterbenden daran, daß er nichts zu fürchten hat: Zum einen versichert es, daß die schrecklichen Bardo-Gestalten nichts weiter sind als die eigenen verblendeten Projektionen, also von Natur aus leer; zum anderen, daß man selbst nur einen «Geistkörper aus Gewohnheitsmustern» hat, der ebenfalls leer ist: «Wie kann Leeres Leerem schaden?»

Aufgrund der wechselhaften und heiklen Beschaffenheit des Bardo des Werdens bieten sich hier aber auch viele Gelegenheiten zur Befreiung, und die Beeinflußbarkeit des Geistes in diesem Bardo läßt sich zu unserem Vorteil nutzen. Wir brauchen uns nur an eine einzige Übungsanweisung zu erinnern – nur ein einziger positiver Gedanke muß in unseren Geist gelangen. Wenn wir uns irgendeine Unterweisung vergegenwärtigen können, die uns irgendwann einmal zur Schau der Natur des Geistes inspiriert hat, wenn wir nur einmal einen Hang zur spirituellen Praxis verspüren oder gar eine tiefe Verbundenheit mit einer spirituellen Übung, dann reicht das allein aus, uns zu befreien.

Im Bardo des Werdens erscheinen die Buddha-Welten nicht so unmittelbar wie im Bardo der Dharmatā. Wir können uns aber durch die Kraft unseres Geistes direkt dorthin versetzen und dann zur Erleuchtung voranschreiten. Wenn wir daran denken, einen Buddha anzurufen, so heißt es, wird dieser augenblicklich vor uns erscheinen. Aber obwohl die Möglichkeiten grenzenlos sein mögen, dürfen wir doch nicht vergessen, daß es auch in diesem Bardo nötig ist, zumindest eine gewisse, wenn nicht sogar die völlige Kontrolle über unseren Geist zu haben; das ist äußerst schwierig, da der Geist hier so besonders empfindlich, zerstreut und ruhelos ist.

Wann immer es dir also in diesem Bardo gelingen sollte, auch nur für einen Augenblick dein Gewahrsein zu sammeln, wecke sofort deine Verbindung mit der spirituellen Praxis, erinnere dich deines Meisters oder des Buddha und rufe sie mit aller Kraft an. Wenn es dir im Leben zur zweiten Natur geworden ist zu beten, wann immer die Umstände schwierig oder kritisch wurden oder dir zu entgleiten drohten, dann wirst du auch jetzt in der Lage sein, dir augenblicklich ein erleuchtetes Wesen wie Buddha oder Padmasambhava, Tārā oder Avalokiteshvara, Christus oder die Jungfrau Maria zu vergegenwärtigen. Wenn es dir möglich ist, sie mit glühender, einsgerichteter Hingabe von ganzem Herzen anzurufen, dann wird dein Geist – kraft ihres Segens – in den offenen Raum ihres Weisheitsgeistes befreit. Gebete scheinen im Leben manchmal wenig zu nutzen, im Bardo des Werdens aber entwickeln sie eine unglaubliche Kraft.

Meine Beschreibungen vom Bardo des Werdens zeigen deutlich, wie schwierig es in dieser wichtigen Phase ist, ohne vorhergegangene Übung den Geist stabil zu halten. Schon in einem Alptraum ist es ja so gut wie unmöglich, sich an so etwas wie ein Gebet zu erinnern – wir fühlen uns hilflos und ohnmächtig einer solchen Situation ausgeliefert. Im Bardo des Werdens ist es genauso schwierig, wenn nicht schwieriger, unseren Geist zu sammeln. Daher mahnt auch das «Tibetische Totenbuch» immer wieder mit den Worten: «Sei nicht abgelenkt.» Und es führt aus:

Dies ist die Grenze, an der Buddhas und gewöhnliche Wesen sich scheiden ...
«In einem Augenblick die Trennung – und völlige Erleuchtung auch in einem Augenblick.»

Wiedergeburt

Wenn dann im Bardo des Werdens die Zeit der Wiedergeburt näherrückt, sehnen wir uns mehr und mehr nach der Stütze eines materiellen Körpers, und verzweifelt suchen wir nach einer Möglichkeit, in irgendeinem Körper Wiedergeburt zu nehmen. Verschiedene Zeichen beginnen, uns auf den Bereich aufmerksam zu machen, in dem wir wahrscheinlich wiedergeboren werden. Verschiedenfarbige Lichter scheinen aus den sechs Daseinsbereichen, und wir werden uns von dem einen oder anderen angezogen fühlen, je nachdem, welche negative Emotion in unserem Geist vorherrscht. Haben wir uns erst einmal auf eines dieser Lichter eingelassen, ist es sehr schwer, umzukehren.

Dann erscheinen Bilder und Visionen aus den entsprechenden Bereichen. Wenn man mit den Lehren besser vertraut ist, kann man die Bedeutung dieser Bilder entschlüsseln. Diese Zeichen werden in verschiedenen Lehren etwas unterschiedlich beschrieben. In einigen heißt es, daß es das Zeichen für eine Wiedergeburt im Götterbereich sei, wenn man die Vision hat, einen himmlischen Palast mit mehreren Stockwerken zu betreten. Wenn man als Halbgott wiedergeboren werden soll, hat man das Gefühl, inmitten wirbelnder Waffen aus Feuer zu stehen oder in eine Schlacht zu ziehen. Wäre der Tierbereich unser Bestimmungsort, fänden wir uns in einer Höhle, einem Erdloch oder einem Nest aus Stroh. Hat man die Vision eines Baumstumpfs, eines dichten Waldes oder eines gewebten Tuchs, dann deutet das auf die Wiedergeburt als Hungergeist hin. Geht es aber in die Höllenbereiche, dann hat man das Empfinden, wehrlos in ein dunkles Loch gestoßen zu werden, eine finstere Straße hinabgeführt zu werden, in ein düsteres Land mit schwarzen und roten Häusern oder zu einer eisernen Stadt gebracht zu werden.

Es werden noch viele andere Zeichen beschrieben; so gibt zum Beispiel die Richtung, in die dein Blick und deine Bewegungen hauptsächlich gehen, Hinweise auf den Bereich der künftigen Wiedergeburt. Wenn man in einem Götterbereich oder in der Welt der Menschen wiedergeboren wird, dann ist der Blick nach oben gerichtet; wenn es der Tierbereich ist, dann blickt man gerade vor sich hin, so wie Vögel es tun; und wenn es der Hungergeister- oder Höllenbereich ist, dann schaut man nach unten, als würde man tauchen. Wenn diese Zeichen erscheinen, sollte man auf der Hut sein, um nicht in unglückliche Wiedergeburtsbereiche zu geraten.

Gleichzeitig werden wir eine tiefe Begierde und Sehnsucht nach bestimmten Bereichen verspüren und uns instinktiv von ihnen angezogen fühlen. Die Lehren warnen uns, daß an diesem Punkt eine große Gefahr besteht, in unserem gierigen Verlangen nach Wiedergeburt zum nächstbesten sich bietenden Ort zu stürzen, der eine gewisse Sicherheit zu versprechen scheint. Wenn dies Begehren dann unerfüllt bleibt, wird der bloße Zorn darüber den Bardo zu einem abrupten Ende bringen, weil der Sog dieser negativen Emotion uns direkt in eine entsprechende nächste Existenz reißt. Aus diesen Zusammenhängen wird deutlich erkennbar, wie die zukünftige Geburt von Gier, Haß und Unwissenheit bestimmt wird.

Stell dir vor, du würdest auf einen Zufluchtsort zustürzen, nur um den stürmischen Attacken der Bardo-Erfahrungen zu entrinnen. Aus Angst, weitergetrieben zu werden, klammerst du dich irgendwo fest und ergreifst eine neue Wiedergeburt, egal welche – nur irgendeine. Das «Tibetische Totenbuch» erklärt, daß du vielleicht so verwirrt wirst, daß du eine gute Wiedergeburt für eine schlechte hältst und umgekehrt. Oder du hörst die Stimmen deiner Lieben wieder, die nach dir rufen, oder einen verführerischen Gesang, dem du folgst, nur um dich in die unteren Bereiche gelockt zu finden.

Du mußt sehr darauf achten, nicht blind in einen der unerwünschten Bereiche zu stolpern. Die wunderbare Chance besteht jedoch darin, daß du, sobald dir bewußt wird, was mit dir geschieht, anfangen kannst, dein Schicksal zu beeinflussen und zu verändern.

Getrieben vom Wind des Karma kommst du dann an den Ort, wo deine zukünftigen Eltern sich lieben. Du wirst von dem Anblick emotional angezogen und fühlst wegen vergangener karmischer Beziehungen sofort starkes Begehren und starke Abneigung. Begehren nach der Mutter und Eifersucht auf den Vater führen dazu, daß du als Junge geboren wirst, die gegenteiligen Gefühle führen zu einer Geburt als Mädchen.[8] Gibst du aber diesen starken Leidenschaften nach, wirst du nicht nur auf jeden Fall wiedergeboren, sondern gerade dieses starke Gefühl kann dich in die Geburt in einem der niederen Bereiche ziehen.

Gibt es denn irgend etwas, was wir tun können, um nicht wiedergeboren werden zu müssen oder um unsere Wiedergeburt zumindest zu beeinflussen? Die Bardo-Lehren geben zwei spezielle Arten von Anweisung: Methoden, eine Wiedergeburt zu verhindern oder, falls das mißlingt, eine gute Wiedergeburt zu wählen. Zuerst die Anweisungen zum «Verschließen des Eingangs zu einer nächsten Geburt»:

Die beste Methode ist das Fallenlassen der Emotionen wie Gier, Haß oder Eifersucht, indem man erkennt, daß keine der Bardo-Erfahrungen letztendliche Wirklichkeit hat. Wenn wir das erkennen können und dann den Geist in seiner wahren, leeren Natur ruhen lassen, wird Wiedergeburt ganz von selbst verhindert. Das «Tibetische Totenbuch» warnt uns hier:

> Gib acht! Vater und Mutter, der große Sturm, der Wirbelwind, der Donner, die erschreckenden Projektionen und alle sichtbaren Phänomene sind ihrer wahren Natur nach illusorisch. Wie immer sie auch erscheinen mögen, sie sind nicht wirklich. Alles Stoffliche ist falsch und unwahr. Es ist wie eine Luftspiegelung, nicht dauerhaft, nicht unvergänglich. Was für einen Sinn hat da Begierde? Was ist der Nutzen von Furcht? Sie beweisen nur, daß das Nichtexistente für existent gehalten wird ...

Das «Tibetische Totenbuch» gibt uns folgenden Rat:

> «Alle Materie ist mein eigener Geist, und dieser Geist ist Leere, nicht entstanden, unbehindert.» So denkend, halte deinen Geist natürlich und rein – so, wie er ist, unabhängig in seiner eigenen Natur, wie in Wasser gegossenes Wasser, gelassen, offen und entspannt. Indem du ihn natürlich und gelöst ruhen läßt, kannst du sicher sein, daß du den Eintritt in den Schoß aller Lebewesen verschließt.[9]

Die nächstbeste Methode, eine Wiedergeburt zu verhindern, besteht darin, die potentiellen Eltern als den Buddha, den eigenen Meister oder die Yidam-Gottheit zu sehen. Und als letzte Möglichkeit sollten wir ein Gefühl der Entsagung gegenüber jeder Anziehung durch Gefühle von Begierde entwickeln und an die reinen Gefilde der Buddhas denken. Das wird die gewöhnliche Wiedergeburt verhindern und vielleicht zu einer Existenz in einem der Buddha-Bereiche führen.

Wenn es uns nicht gelingen sollte, den Geist stabil genug zu halten, um wenigstens diese Übungen ausführen zu können, dann bleiben noch die Methoden zur *Wahl der Wiedergeburt,* die mit den Erkennungszeichen der verschiedenen Bereiche zu tun haben. Wenn wir wiedergeboren werden müssen oder absichtlich wiedergeboren werden wollen, um unseren spirituellen Pfad weiterzuverfolgen oder um anderen Lebewesen zu nutzen, sollten wir keinen anderen als den menschlichen Bereich wählen. Nur hier sind die Umstände förderlich für spirituellen Fortschritt. Die Lehren sagen, wenn unsere Wiedergeburt unter glücklichen Umständen im menschlichen Bereich stattfinden wird, haben wir das Empfinden, in einem Haus voll verschwenderischer Schönheit anzukommen, oder in einer Stadt oder einer Menschenmege, oder wir haben die Vision von sich liebenden Paaren.

Gewöhnlich haben wir jedoch keine Wahl. Wir werden von unserem Geburtsort so unaufhaltsam angezogen, «wie ein Vogel in den Käfig gelockt wird, wie trockenes Gras Feuer fängt oder wie ein Tier im Sumpf versinkt». Das «Tibetische Totenbuch» sagt: «O Kind aus erleuchteter Familie, selbst wenn du nicht gehen willst, hast du doch keine Wahl; hilflos bist du zum Gehen gezwungen.»

Dennoch gibt es, wie uns die Lehren so inspirierend in Erinnerung rufen, immer noch Hoffnung: Jetzt ist die Zeit für Gebete. Wenn wir es stark wünschen und uns intensiv konzentrieren, können wir selbst jetzt noch in einem der Buddha-Länder wiedergeboren werden; oder wir können den starken Wunsch entwickeln, in einer menschlichen Familie Geburt zu nehmen, wo wir dem spirituellen Pfad wiederbegegnen und ihm weiter bis zur Befreiung folgen können. Wenn starkes Karma uns in einen bestimmten Bereich zieht, haben wir vielleicht keine Wahl; dennoch können die vergangenen Wünsche und Gebete uns dabei helfen, unser Schicksal umzuformen, so daß wir in ein Leben geboren werden, das eines Tages zur Befreiung führt.

Selbst wenn wir schon in den Mutterleib eintreten, können wir noch beten, daß dies geschehen möge. Selbst dann können wir uns als ein erleuchtetes Wesen visualisieren – traditionell sprechen die Meister hier von Vajrasattva[10] – und den Schoß, in den wir eintreten, als heiligen Bereich, einen Palast der Götter segnen, und fortgesetzt praktizieren.

> Nun, da mir der Bardo des Werdens aufgeht,
> will ich meinen Geist einsgerichtet konzentrieren
> und mich bemühen,
> die Wirkung des guten Karma zu verlängern.
> Den Eingang zur Geburt will ich verschließen
> und versuchen, nicht wiedergeboren zu werden.
> Dies ist die Zeit,

> die Standhaftigkeit und reine Gedanken erfordert;
> gib negative Emotionen auf,
> und meditiere auf den Meister.

Letztlich ist es das drängende Verlangen des Geistes, einen bestimmten Bereich zu bewohnen, was uns zur Wiedergeburt treibt. Und die Tendenz des Geistes, alles zu verfestigen und danach zu greifen, findet ihren endgültigen Ausdruck in physischer Wiedergeburt. Dies ist der nächste Schritt im Prozeß der Manifestation, dessen Entfaltung durch die Bardos wir verfolgt haben.

Wenn es uns gelingt, den Geist auf eine menschliche Geburt zu richten, ist der Kreis geschlossen. Wir sind im Begriff, wieder in den natürlichen Bardo dieses Lebens geboren zu werden. Wenn wir unseren Vater und unsere Mutter beim intimen Zusammensein sehen, wird unser Geist unwiderstehlich davon angezogen und tritt in den Mutterleib ein. Das ist das Ende des Bardo des Werdens, da der Geist jetzt blitzartig wieder die Zeichen der Auflösung und das Aufscheinen der Grund-Lichtheit erfährt. Dann kommt es erneut zur Erfahrung von Schwärze im Zustand des vollständigen Erlangens, und in diesem Augenblick ist die Verbindung zum Mutterleib hergestellt.

Das Leben beginnt also wie es endet – mit der Grund-Lichtheit.

19. Hilfe nach dem Tod

Wenn heutzutage jemand gestorben ist, sind die trauernden Hinterbliebenen oft besonders verzweifelt, weil sie glauben, nichts mehr für den geliebten Verstorbenen tun zu können. Diese Ansicht verstärkt nur noch die Einsamkeit und Trauer, die sie durch den Verlust ohnehin schon empfinden. Dabei ist sie gar nicht zutreffend; es gibt sogar viele Möglichkeiten, den Toten zu helfen und damit auch uns selbst das Weiterleben nach ihrem Weggang zu erleichtern. Eines der einzigartigen Merkmale des Buddhismus und eine besondere Art und Weise, wie sich das allwissende Geschick und Mitgefühl der Buddhas offenbart, liegt in der Vielfalt spezieller Praktiken, die es den Hinterbliebenen ermöglichen, einem Verstorbenen zu helfen. Die tibetisch-buddhistische Sicht von Leben und Tod ist allumfassend, und sie macht uns deutlich, daß es in allen nur denkbaren Situationen immer Möglichkeiten gibt, Menschen zu helfen. Da es keinerlei trennende Grenzen gibt zwischen dem, was wir «Leben» nennen, und dem, was wir «Tod» nennen, kann die Kraft und Wärme eines mitfühlenden Herzens in alle Zustände und Bereiche ausstrahlen und Hilfe bringen.

Wann wir helfen können

Wie bereits beschrieben, kann der Bardo des Werdens eine sehr aufgewühlte und verunsichernde Zeit sein. Dennoch liegt in ihm auch große Hoffnung. Während der Verstorbene sich im Bardo des Werdens befindet, ist er aufgrund der Eigenschaften des Geistkörpers sehr verwundbar. Genau dieselbe Klarheit, Beweglichkeit, Empfindsamkeit und Hellsichtigkeit *machen ihn aber auch besonders empfänglich für die Hilfe der Lebenden.* Da er keine physische Form oder Basis besitzt, läßt er sich leicht führen. Das «Tibetische Totenbuch» vergleicht den Geistkörper mit einem Pferd, das am Zaumzeug leicht zu bändigen ist, oder mit einem mächtigen Baumstamm, der zu Lande kaum zu bewegen, im Wasser jedoch leicht in jede beliebige Richtung zu lenken ist.

Am wirksamsten ist spirituelle Hilfe für einen Verstorbenen während der neunundvierzig Tage, die er im Bardo des Werdens zubringt, wobei den ersten einundzwanzig Tagen dieser Zeitspanne besondere Aufmerksamkeit gelten sollte. Während dieser ersten drei Wochen sind die Verstorbenen nämlich noch stärker mit dem gerade vergangenen Leben verbunden und daher empfänglicher für unsere Hilfe. Darum kann spirituelle Hilfe zu dieser Zeit ihre Zukunft leichter beeinflussen, ihre Chancen zur Befreiung verbessern oder zumindest eine bessere Wiedergeburt bewirken. Wir sollten jede nur erdenkliche Möglichkeit nutzen, ihnen zu helfen, denn nachdem die physische Form ihrer nächsten Existenz langsam Gestalt anzunehmen beginnt – was zwischen dem einundzwanzigsten und neunundvierzigsten Tag nach dem Tod geschehen soll –, wird die Möglichkeit einer Veränderung zunehmend geringer.

Hilfe für die Toten muß aber dennoch nicht auf den Zeitraum von neunundvierzig Tagen nach dem Tode beschränkt bleiben. Es ist niemals zu spät, einem Verstorbenen zu helfen, gleichgültig, wie lange er schon tot ist. Selbst wenn der Mensch, dem Sie zu helfen wünschen, bereits hundert Jahre tot sein sollte, ist es immer noch nützlich, für ihn zu praktizieren. Dudjom Rinpoche pflegte sogar zu sagen, daß selbst jemand, der bereits Erleuchtung erlangt hat und ein Buddha geworden ist, trotzdem noch jede verfügbare Unterstützung in seiner Arbeit zum Wohle anderer gebrauchen kann.

Wie wir helfen können

Sobald wir erfahren, daß jemand gestorben ist, können wir ihm oder ihr auf einfachste und gleichzeitig beste Art helfen, indem wir die Praxis des essentiellen Phowa ausführen, wie ich sie im 13. Kapitel beschrieben habe.

In Tibet sagen wir: So, wie es das Wesen des Feuers ist, zu brennen, und das Wesen des Wassers, den Durst zu löschen, so ist es die Natur der Buddhas, präsent zu sein, sobald jemand sie anruft – so unendlich ist ihr mitfühlender Wunsch, allen fühlenden Wesen zu helfen. Sie sollten auf keinen Fall glauben, daß es weniger wirkungsvoll ist, wenn *Sie* selbst die Wahrheit anrufen, um Ihrem verstorbenen Freund zu helfen, als wenn ein «heiliger Mann» für ihn beten würde. Da Sie dem verstorbenen Menschen nahestehen, verleiht die Kraft Ihrer Liebe und die Tiefe der Beziehung Ihrer Anrufung zusätzliche Intensität. Die Meister haben uns versichert: Rufe nach ihnen, und die Buddhas *werden* dir antworten.

Khandro Tsering Chödrön, die spirituelle Gefährtin Jamyang Khyentses, hat oft gesagt, daß es überaus wirkungsvoll ist, für jemanden zu beten, wenn Sie ein reines Herz haben und es wirklich gut meinen. Wenn Sie für einen geliebten Verstorbenen liebevoll und aufrichtig beten, können Sie sicher sein, daß Ihr Gebet außergewöhnliche Kraft entwickelt.

Am wirkungsvollsten ist es, wenn man die Phowa-Praxis ausführt, bevor der Körper berührt oder bewegt wird. Ist das nicht möglich, sollte man sie am besten dort ausführen, wo der Mensch gestorben ist, oder sich den Ort zumindest möglichst bildhaft vorstellen. Es besteht nämlich eine starke Verbindung zwischen dem Verstorbenen, dem Platz, an dem er starb, sowie der Todesstunde; dies gilt ganz besonders dann, wenn der Tod unter traumatischen Umständen stattgefunden hat.

Im Bardo des Werdens durchlebt das Bewußtsein des Verstorbenen den Vorgang des Sterbens jede Woche exakt am Todestag wieder. Daher sollte man während der traditionellen neunundvierzig Tage die Praxis des Phowa oder jede andere geeignete spirituelle Praxis zwar möglichst täglich ausführen, ganz besonders aber an dem Wochentag, an dem der Mensch gestorben ist. Wann immer der verstorbene Verwandte oder Freund Ihnen in den Sinn kommt, wann immer Sie seinen Namen hören, senden Sie ihm zuerst Ihre Liebe, konzentrieren Sie sich dann auf das Phowa und führen Sie es so lange und so oft durch, wie Sie möchten.

Es gibt aber auch andere Möglichkeiten. Sobald Ihnen jemand in den Sinn kommt, der verstorben ist, können Sie sofort ein Mantra sprechen. wie OM MANI PADME HUM (von Tibetern *Om Mani Peme Hung* ausgesprochen). Dies ist das Mantra des Buddha des Mitgefühls, Avalokiteshvara, das alle negativen Emotionen reinigt, die Ursachen für eine Wiedergeburt sind.[1] Ein anderes Mantra ist OM AMI DEWA HRIH, das Mantra von Buddha Amitābha, dem Buddha des grenzenlosen Lichts. Daran können Sie dann wieder die Praxis des Phowa anschließen.

Ganz gleich, ob Sie diese Übungen ausführen, um dem geliebten Verstorbenen zu helfen oder nicht: Vergessen Sie nie, daß sein Bewußtsein im Bardo hellsichtig ist; ihm oder ihr einfach nur gute Gedanken zu senden, ist also schon unglaublich hilfreich.

Wenn Sie für jemanden beten, der Ihnen nahegestanden hat, können Sie, wenn Sie mögen, den Fokus Ihres Mitgefühls erweitern und auch andere Verstorbene in Ihr Gebet aufnehmen: die Opfer von Katastrophen, Kriegen, Hungersnöten, oder diejenigen, die in Konzentrationslagern gestorben sind und – wie in China und Tibet – immer noch sterben. Sie können selbst für Menschen beten, die vor vielen Jahren gestorben sind, wie Ihre Großeltern, vor sehr langer Zeit verstorbene Verwandte, oder für die Opfer von Kriegen. Lassen Sie Ihr Gebet besonders denen zukommen, die unter dem Einfluß von immenser Angst, Leidenschaft oder Haß gestorben sind.

Menschen, die eines gewaltsamen oder plötzlichen Todes gestorben sind, sind auf unsere Hilfe ganz besonders angewiesen. Opfer von Mord, Selbstmord, Unfall oder Krieg verfangen sich leicht in den Fallstricken ihres Leidens, ihrer Verzweiflung und Angst, oder sie bleiben in der Todeserfahrung stecken und sind damit unfähig, den Prozeß der Wiedergeburt zu durchlaufen. Wenn Sie für solche Menschen praktizieren, dann tun Sie es noch stärker und eindringlicher als sonst: Stellen Sie sich vor, wie unermeßliches Licht von den Buddhas oder erleuchteten Wesen ausgeht, die ihr ganzes Mitgefühl und ihren Segen ausgießen. Stellen Sie sich vor, daß dieses Licht in den Verstorbenen einströmt, ihn ganz und gar reinigt, vom Schock und Schmerz seines Todes befreit und ihm tiefen, dauerhaften Frieden bringt. Dann stellen Sie sich aus tiefstem Herzen und sehr konzentriert vor, wie sich der Verstorbene in Licht auflöst und sein Bewußtsein, das nun geheilt und frei von allem Leid geworden ist, aufsteigt und endgültig mit dem Weisheitsgeist der Buddhas eins wird.

Einige Reisende aus dem Westen, die vor kurzem Tibet besuchten, haben mir von folgendem Vorfall berichtet, den sie mit eigenen Augen gesehen hatten. Ein Tibeter, der am Straßenrand zu Fuß unterwegs war, war von einem chinesischen Lastwagen angefahren worden und war auf der Stelle tot. Ein Mönch, der zufällig vorbeikam, setzte sich zu dem am Boden liegenden Toten. Die Touristen beobachteten, wie der Mönch sich über den Mann beugte und ihm etwas ins Ohr flüsterte. Zu ihrer großen Verblüffung kehrte der Tote plötzlich wieder ins Leben zurück. Darauf führte der Mönch eine Praxis aus, die sie als Übertragung des Bewußtseins erkannten, und geleitete ihn ruhig zurück in den Tod.

Was war geschehen? Der Mönch hatte offensichtlich erkannt, daß der intensive Schock seines gewaltsamen Todes den Mann schrecklich verstört hatte und hatte dann rasch gehandelt: Zuerst hatte er den Geist des Mannes aus der Erstarrung seiner Verzweiflung befreit, um ihn dann durch die Praxis des Phowa in einen Buddha-Bereich oder zu einer guten Wiedergeburt zu leiten. Die westlichen Zeugen des Vorgangs haben den Mönch zunächst für einen ganz normalen Menschen gehalten; die erstaunliche Geschichte jedoch zeigte, daß es sich um einen Praktizierenden mit bemerkenswerten Kräften gehandelt haben muß.

Meditationspraxis und Gebete sind nicht die einzige Form, Verstorbenen zu helfen. Wir können in ihrem Namen den Kranken und Bedürftigen wohltätig helfen. Wir können ihren Besitz den Armen geben. Wir können in ihrem Namen einen Beitrag für humanitäre oder spirituelle Projekte, wie Krankenhäuser, soziale Projekte, Hospize oder Klöster leisten. Darüber hinaus können wir auch die Durchführung von Meditationsklausuren oder Gebetsversammlungen unter der Leitung großer Meister an heiligen Orten wie Bodhgaya fördern. Wir können Lichter für den verstorbenen Menschen darbringen oder mit seinem Geld religiöse Kunstwerke in Auftrag geben. Eine weitere in Tibet und anderen Himālaya-Ländern verbreitete Methode zur Hilfe für Verstorbene besteht darin, Schlachttiere freizukaufen und ihnen das Leben zu schenken.

Es ist wichtig, allen Verdienst und Nutzen, der sich aus solchen Handlungen der Güte und Großzügigkeit ergibt, dem Verstorbenen – oder besser noch allen Gestorbenen – mit dem Wunsch zu widmen, daß sie in ihrem nächsten Leben eine bessere Wiedergeburt und günstige Umstände erlangen mögen.

Die Hellsichtigkeit Verstorbener

Wir sollten uns hier nochmals erinnern, daß das Bewußtsein des Toten im Bardo des Werdens hellsichtig ist und siebenmal klarer als zu Lebzeiten. Das kann sowohl großes Leiden als auch großen Nutzen bringen. Nach dem Tod eines geliebten Menschen ist es deshalb wesentlich, mit größter Sorgfalt auf das eigene Verhalten zu achten, um den Verstorbenen nicht zu kränken oder zu verletzen. Wenn nämlich der Tote zu den Hinterbliebenen oder zu denen zurückkehrt, die in seinem Namen praktizieren, kann er in seinem neuen Zustand nicht nur alles sehen, was vorgeht, sondern er kann sogar direkt die Gedanken der Anwesenden lesen. Wenn die Verwandten nun intrigieren und sich über die Verteilung des Erbes streiten, wenn sie nur unter dem Einfluß von Anhaften und Abneigung – ohne aufrichtige Liebe für den Verstorbenen – denken und reden, kann dies extremen Zorn, Verletztheit oder Enttäuschung in ihm hervorrufen, und diese stürmischen Emotionen werden ihn in eine schlechte Wiedergeburt reißen.

Wenn man sich zum Beispiel vorstellt, daß ein Verstorbener beobachtet, wie andere achtlos und zerstreut in seinem Namen praktizieren, ohne dabei auch nur einen einzigen Gedanken an sein Wohl zu verschwenden, dann ist leicht nachvollziehbar, daß der Tote den letzten Rest von Glauben verlieren kann. Ähnlich schwierig wäre es für den Verstorbenen auch, wenn er seine geliebten Hinterbliebenen verzweifelt und hilflos vor Trauer sehen müßte; es könnte sein, daß ihn dies in eine ähnlich abgrundtiefe Trauer zieht. Und wenn ein eben Gestorbener entdecken müßte, daß die Verwandten nur vorgegeben haben, ihn zu lieben, in Wirklichkeit aber hinter seinem Geld her waren, könnte er derart verletzt und enttäuscht reagieren, daß er als Gespenst zurückkehren muß, um die Erben seines Reichtums zu verfolgen. Es ist also von ausschlaggebender Bedeutung, wie man sich nach dem Ableben eines Menschen verhält; das, was man sagt und denkt, hat wesentlich weiter reichende Folgen für die Zukunft des Verstorbenen, als man gemeinhin annimmt.[2]

Damit wird deutlich, warum es für den geistigen Frieden des Verstorbenen so wesentlich ist, daß die Hinterbliebenen in Eintracht und Harmonie miteinander umgehen. Daher wurden in Tibet auch alle Freunde und Verwandten, die sich im Gedenken an den Verstorbenen versammelten, dazu angehalten, gemeinsam zu praktizieren und so oft wie möglich ein Mantra, wie zum Beispiel OM MANI PADME HUM, zu rezitieren. Das war etwas, womit jeder Tibeter vertraut war und wovon er wußte, daß es dem Toten definitiv helfen würde; daher konnte es alle zu tiefer, gemeinschaftlicher Verbundenheit im Gebet inspirieren.

Die Hellsichtigkeit des Toten im Bardo des Werdens läßt auch die Praxis, die ein Meister oder ein erfahrener spirituell Praktizierender in seinem oder ihrem Namen ausführt, so außergewöhnlich wirkungsvoll werden. Ein Meister ruht im ursprünglichen Zustand von Rigpa, der Natur des Geistes, und ruft den im Bardo des Werdens umherirrenden Geistkörper des Verstorbenen herbei. Nachdem der Geistkörper in die Gegenwart des Meisters gerufen worden ist, kann dieser durch die Kraft seiner Meditation die ursprüngliche Natur von Rigpa aufzeigen. Kraft seiner Hellsichtigkeit kann das Bardo-Wesen direkt in den Weisheitsgeist des Meisters blicken, wird auf der Stelle in die Natur des Geistes eingeführt und ist befreit.

Jede Übung, die auch ein gewöhnlicher Praktizierender für einen verstorbenen engen Freund oder Verwandten ausführen kann, ist aus den gleichen Gründen von außergewöhnlichem Nutzen. So können wir zum Beispiel die Praxis der hundert friedvollen und zornvollen Gottheiten des «Tibetischen Totenbuchs» ausführen, oder wir ruhen einfach in einem stabilen Zustand des Mitgefühls; wenn wir den Verstorbenen zu einem solchen Zeitpunkt ins Herz unserer Praxis einladen, kann das von unermeßlichem Nutzen sein.

Immer, wenn jemand stirbt, der sich einer spirituellen Praxis gewidmet hat, informieren wir augenblicklich seinen Meister und all seine spirituellen Lehrer und Freunde, damit sie sofort beginnen können, für ihn zu üben. Ich sammle gewöhnlich die Namen derjenigen, die gestorben sind, und sende sie an große Meister in Indien und den Himālaya-Ländern, mit denen ich eine Verbindung habe. Alle paar Wochen werden diese Menschen dann von ihnen in eine Reinigungszeremonie einbezogen sowie einmal jährlich auch in eine intensive zehntägige Gemeinschaftspraxis in einem Kloster.[3]

Tibetisch-Buddhistische Praktiken für die Verstorbenen

I. Das «Tibetische Totenbuch»

In Tibet wurde im Anschluß an die Phowa-Praxis dem Verstorbenen wiederholt das «Tibetische Totenbuch» vorgelesen und die damit verbundenen Übungen ausgeführt. In Osttibet war es Tradition, das Lesen des «Totenbuches» über den gesamten Zeitraum von neunundvierzig Tagen nach dem Tod fortzusetzen. Durch das Vorlesen wird dem Gestorbenen erklärt, in welcher Phase des Todesprozesses er sich befindet, und er erhält jede nur mögliche Inspiration und Anleitung.

Menschen aus dem Westen stellen mir oft die Frage: «Wie kann denn jemand, der schon gestorben ist, das Vorlesen des ‹Totenbuches› überhaupt noch hören?» Die einfache Antwort lautet, daß das durch die Kraft des Gebets herbeigerufene Bewußtsein des Toten fähig ist, unsere Gedanken zu lesen und daß es genau wahrnimmt, was wir denken oder wie wir meditieren. Darum hat der Verstorbene auch keinerlei Schwierigkeiten, das «Tibetische Totenbuch» oder andere in seinem Namen ausgeführte Praktiken zu verstehen, selbst wenn sie auf tibetisch rezitiert werden. Für den Toten stellt Sprache nicht das geringste Hindernis dar, da sein Bewußtsein die wesentliche *Bedeutung* des Textes unmittelbar erfaßt.

Darum ist es um so wichtiger, daß der Praktizierende so gesammelt und aufmerksam wie möglich bei der Sache ist und die Praktiken keinesfalls nur rein mechanisch ausführt. Da der Verstorbene ja die beschriebenen Erfahrungen gerade durchlebt, versteht er möglicherweise auch die Wahrheit des «Totenbuches» viel besser als wir!

Manchmal werde ich gefragt: «Aber was geschieht, wenn das Bewußtsein bereits im Augenblick des Todes in einen Zustand des Vergessens sinkt?» Da wir nicht wissen können, wie lange der Verstorbene in diesem Zustand der Bewußtlosigkeit bleibt und zu welchem Zeitpunkt er oder sie in das Bardo des Werdens eintritt, wird das «Totenbuch» wiederholt gelesen und praktiziert, um jede Möglichkeit abzudecken.

Was aber ist mit Menschen, die mit den Lehren oder dem «Tibetischen Totenbuch» nicht vertraut sind; soll man es auch ihnen vorlesen? Der Dalai Lama hat uns hier folgende, klare Richtlinie gegeben:

> Ob man nun an Religion glaubt oder nicht, es ist in jedem Falle wichtig, zum Zeitpunkt des Todes in einem friedlichen Geisteszustand zu sein ... Vom buddhistischen Standpunkt ist die Tatsache der Wiedergeburt unabhängig davon, ob ein Mensch an sie glaubt oder nicht, und daher ist es zur Zeit des Todes wichtig, in einem friedvollen Geisteszustand zu sein – selbst wenn er nur neutral sein sollte. Das Vorlesen des «Tibetischen Totenbuches» kann das Bewußtsein eines Menschen, der nicht daran glaubt, in Aufruhr versetzen ... es könnte Widerwillen erzeugen und daher sogar schaden statt zu nutzen. Falls ein Mensch jedoch offen dafür ist, können ihm die Mantras oder die Namen der Buddhas helfen, eine Beziehung herzustellen und dadurch hilfreich sein. Es ist in jedem Fall von vorrangiger Wichtigkeit, die Einstellung des Sterbenden zu berücksichtigen.[4]

II. Ne Dren und Chang Chok

Hand in Hand mit der Lesung des «Tibetischen Totenbuches» geht die Praxis des *ne dren*, eines Rituals zur Führung der Toten, oder die Praxis des *chang chok,* einer rituellen Reinigung, durch die ein Meister das Bewußtsein des Verstorbenen zu einer besseren Wiedergeburt hinleitet.

Im Idealfall sollten Ne Dren oder Chang Chok sofort nach dem Tod ausgeführt werden, zumindest aber innerhalb der neunundvierzig Tage danach. Wenn der Leichnam nicht mehr da ist, wird das Bewußtsein des Toten in ein *tsenjang* genanntes Bild des Verstorbenen zitiert, das seinen Namen trägt, zum Beispiel ein Foto. Ne Dren und Chang Chok beziehen ihre Wirksamkeit aus der Tatsache, daß der Verstorbene im Zeitraum kurz nach dem Tod das starke Gefühl hat, noch den Körper des vergangenen Lebens zu besitzen.

Durch die Kraft der Meditation des Meisters wird das Bewußtsein des Toten, das ziellos im Bardo umherirrt, in das Tsenjang gerufen, das die Identität des Verstorbenen repräsentiert. Dann wird das Bewußtsein geklärt; die karmischen Keime der Sechs Bereiche werden gereinigt; es wird eine Unterweisung gegeben, als würde der Mensch noch leben, und der Tote wird in die Natur des Geistes eingeführt. Schließlich wird noch die Phowa-Praxis ausgeführt und das Bewußtsein des Verstorbenen in einen der Buddha-Bereiche übertragen. Dann wird das Tsenjang, das die alte, nun nutzlos gewordene Identität des Individuums repräsentiert, verbrannt und sein Karma damit gereinigt.

III. Die Reinigung der Sechs Bereiche

Mein Meister Dilgo Khyentse hat wiederholt geäußert, die Praxis der «Reinigung der Sechs Bereiche» sei die bestmögliche Reinigungspraxis für einen verstorbenen Praktizierenden.

Die Reinigung der Sechs Bereiche ist eine Praxis, durch die man im Leben unter Verwendung von Visualisation und Meditation den eigenen Körper von den sechs grundlegenden negativen Emotionen und den von ihnen erzeugten Existenzbereichen reinigt. Die Praxis kann aber auch sehr wirkungsvoll für Verstorbene eingesetzt werden. Sie ist deshalb besonders effektiv, weil sie die Wurzeln des Karma der Toten reinigt und sie damit von ihrer Verbindung mit dem Samsāra befreit. Das ist ganz wesentlich; werden die negativen Emotionen nämlich nicht gereinigt, bestimmen sie zwingend den samsārischen Existenzbereich, in dem der Verstorbene wiedergeboren wird.

Gemäß den Dzogchen-Tantras akkumulieren sich die negativen Emotionen im psychophysischen System der feinstofflichen Kanäle, der inneren Luft und Energie, und sammeln sich an bestimmten Energiezentren im Körper. So ist der Same der Höllenwelten sowie ihre Ursache, der Haß, im Bereich der Fußsohlen angesiedelt; der Same des Hungergeisterbereichs und seine Ursache, die Habgier, liegen im unteren Rumpfbereich; der Tierbereich und seine Ursache, die Unwissenheit, liegen in Höhe des Nabels; der Bereich der Menschen liegt, zusammen mit seiner Ursache, dem Zweifel, am Herzen; der Bereich der Halbgötter und seine Ursache, die Eifersucht, liegt in Höhe der Kehle; und der Same der Götterexistenz befindet sich mit seiner Ursache, dem Stolz, am Scheitelpunkt des Kopfes.

Wenn der Praktizierende in der «Reinigung der Sechs Bereiche» mit einer speziellen negativen Emotion arbeitet, um sie zu reinigen, stellt er sich vor, wie alles Karma des korrespondierenden Existenzbereichs sich erschöpft und wie sich deshalb der mit dieser negativen Emotion assoziierte Teil seines Körpers vollständig in Licht auflöst. Wenn man diese Praxis für einen Verstorbenen ausführt, dann sollte man sich am Ende mit aller Kraft der Konzentration vorstellen, daß all sein Karma gereinigt ist und sein Körper und sein gesamtes Wesen sich in strahlendes Licht auflösen.[5]

IV. Die Praxis der Hundert Friedvollen und Zornvollen Gottheiten

Eine weitere Möglichkeit, Verstorbenen zu helfen, haben wir mit der Praxis der Hundert Friedvollen und Zornvollen Gottheiten. (Diese Gottheiten wurden im 17. Kapitel, «Immanente Strahlung», bereits näher beschrieben.) Der Praktizierende sieht seinen ganzen Körper als das Mandala der Hundert Friedvollen und Zornvollen Gottheiten an, die Friedvollen Gottheiten werden im Energiezentrum des Herzens visualisiert, die Zornvollen Gottheiten im Kopf. Der Praktizierende stellt sich nun vor, daß die Gottheiten Tausende von Lichtstrahlen aussenden, die zum Verstorbenen ausstrahlen und all sein negatives Karma reinigen.

Der Praktizierende rezitiert dabei das Reinigungsmantra von Vajrasattva, der die Hauptgottheit aller tantrischen Mandalas und die zentrale Gottheit des Mandala der Hundert Friedvollen und Zornvollen Gottheiten ist und dessen Kraft ganz besonders zum Zwecke der Reinigung und Heilung angerufen wird. Sein Mantra ist das «Hundert-Silben-Mantra»,[6] das die «Keimsilben» aller Hundert Friedvollen und Zornvollen Gottheiten enthält.

Man kann auch eine kurze, sechssilbige Form des Vajrasattva-Mantra verwenden: OM VAJRA SATTVA HUM (was die Tibeter *Om Bendza Satto Hung* aussprechen). Die essentielle Bedeutung dieses Mantra lautet: «O Vajrasattva! Mögest du durch deine Kraft Reinigung, Heilung und Transformation bewirken.» Zur Heilung und inneren Reinigung empfehle ich dieses Mantra ganz besonders.

Ein weiteres wichtiges Mantra, das sowohl in den Dzogchen-Tantras als auch in den Praktiken des «Tibetischen Totenbuches» erscheint, lautet: Á A HA SCHA SA MA. Die sechs Silben dieses Mantra besitzen die Kraft, die Tore zu den sechs Bereichen von Samsāra zu verschließen.

V. Verbrennung

In vielen Traditionen Asiens wird der Leichnam gewöhnlich durch Verbrennung beseitigt. Im tibetischen Buddhismus gibt es besondere Praktiken im Zusammenhang mit der Leichenverbrennung. Das Krematorium oder den Scheiterhaufen stellt man sich als das Mandala von Vajrasattva oder als Mandala der Hundert Friedvollen und Zornvollen Gottheiten vor; dann wird die Präsenz der Gottheiten angerufen, und sie werden so klar wie möglich visualisiert. Der Leichnam wird als Repräsentation des negativen Karma und aller Verblendung des Verstorbenen angesehen.

Während der Körper verbrennt, stellt man sich vor, daß diese negativen Aspekte von den Gottheiten als Festmahl verzehrt und dadurch in ihre Weisheitsnatur transformiert werden. Man begleitet diese Vorstellungen mit der Visualisation von Lichtstrahlen, die von den Gottheiten ausgehen und den Leichnam restlos in Licht auflösen, während alle Unreinheiten des Verstorbenen in den lodernden Flammen der Weisheit gereinigt werden. Währenddessen kann man das Hundert- oder das Sechs-Silben-Mantra von Vajrasattva rezitieren. Diese einfache Praxis während der Leichenverbrennung ist sowohl von Dudjom Rinpoche als auch von Dilgo Khyentse empfohlen worden.

Die Asche des Körpers (oder des Tsenjang) wird manchmal mit Ton vermischt zu kleinen Bildnissen geformt, die man *tsatsa* nennt. Sie werden gesegnet und dem Wohle des Verstorbenen gewidmet; auf diese Weise werden verheißungsvolle Umstände für eine gute Wiedergeburt geschaffen.

VI. Die wöchentlichen Praktiken

In tibetischen Gemeinschaften werden Praktiken und Rituale an jedem siebten Tag nach dem Tod ausgeführt, oder, wenn die Familie es sich leisten kann, sogar an jedem der neunundvierzig Tage. Es werden dann Mönche eingeladen zu praktizieren, besonders die Lamas, die der Familie nahestehen und eine Verbindung mit dem Verstorbenen hatten. Man bringt Lichter dar und unaufhörlich werden Gebete gesprochen, ganz besonders intensiv bis zu dem Zeitpunkt, an dem der Leichnam aus dem Hause gebracht wird. Im Namen des Verstorbenen bringt man Meistern und Tempeln Opfergaben dar und verteilt Almosen an die Armen.

Diese «wöchentlichen» Praktiken im Namen des Verstorbenen werden für sehr wichtig gehalten, da der Geistkörper im Bardo des Werdens jede Woche die Erfahrung des Sterbens am entsprechenden Tag erneut durchlebt. Wenn der Tote als Ergebnis vergangener guter Handlungen genug Verdienst besitzt, können diese Praktiken den Ausschlag für seinen Übergang in ein Reines Land geben.

Tibeter halten die vierte Woche nach dem Tod für besonders bedeutsam. Es heißt nämlich, daß die meisten gewöhnlichen Menschen nicht länger als vier Wochen im Bardo verbleiben. Auch die siebente Woche gilt als kritischer Punkt, weil in den Lehren allgemein der Zeitraum von neunundvierzig Tagen als maximale Verweildauer im Bardo angegeben wird. Speziell an diesen kritischen Tagen werden daher Meister und Praktizierende ins Haus geladen, und die Praktiken, Opferungen und Gaben an die Bedürftigen werden in einem erheblich größeren Umfang durchgeführt.

Ein Jahr nach seinem Tod wird eine weitere Opferzeremonie als Zeichen der Wiedergeburt des Verstorbenen im Rahmen eines Festes durchgeführt. Die meisten tibetischen Familien gedenken jährlich der Todestage ihrer Lehrer, Eltern, Ehepartner, Brüder und Schwestern und geben an diesen Tagen Almosen.

Den Hinterbliebenen helfen

Wenn jemand stirbt, ist es unter Tibetern üblich, daß Verwandte und Freunde sich versammeln, und stets findet jeder die eine oder andere Möglichkeit zu helfen. Die ganze Gemeinschaft gibt starke spirituelle, emotionale und praktische Unterstützung, und die Familie des Verstorbenen bleibt niemals hilflos und verloren und ohne zu wissen, wie es weitergehen soll, zurück. Jeder in der tibetischen Gesellschaft weiß, daß alles nur mögliche für den Verstorbenen getan wird, und dieses Wissen gibt den Hinterbliebenen die Kraft, den Tod ihres geliebten Angehörigen zu ertragen, seinen Weggang anzunehmen und selbst weiterzuleben.

Wie anders sieht es dagegen in der modernen westlichen Gesellschaft aus, wo diese Unterstützung durch die Gemeinschaft fast vollständig verlorengegangen ist! Ich denke mir oft, wie sehr eine solche Hilfe dazu beitragen könnte, die Trauer der Hinterbliebenen nicht auch noch übermäßig zu verlängern und zu erschweren, wie es die heutigen Umstände leider meist tun.

Einige meiner Schülerinnen und Schüler, die als Berater für Hinterbliebene in Hospizen arbeiten, haben mir berichtet, daß eine der schwerwiegendsten Ursachen für die Verzweiflung von Hinterbliebenen der Glaube ist, daß weder sie selbst noch irgend jemand sonst etwas für den geliebten Verstorbenen tun könne. Wie ich jedoch gezeigt habe, gibt es viele Möglichkeiten, Verstorbenen zu helfen.

Es ist für die Hinterbliebenen meist ein großer Trost, wenn man sie ermutigt, etwas für den geliebten Verstorbenen zu tun: So können sie nach seinem Weggang in seinem Namen besonders bewußt leben, sie können für ihn praktizieren und so seinem Tod einen tieferen Sinn verleihen. In Tibet gingen die Verwandten für die Verstorbenen sogar manchmal auf Pilgerfahrt, und in besonderen Augenblicken und an heiligen Orten gedachten sie dann ihrer verstorbenen Angehörigen und praktizierten für sie. Tibeter vergessen ihre Toten nicht: Sie bringen in Tempeln Opfergaben für sie dar; bei großen Gebetstreffen stellen sie Mittel dafür zur Verfügung, daß Gebete in ihrem Namen gesprochen werden. Sie leisten weiterhin in ihrem Namen Beiträge zu spirituellen Projekten, und immer, wenn sie einem Meister begegnen, bitten sie um spezielle Gebete für ihre verstorbenen Angehörigen. Es ist für einen Tibeter der größte Trost, wenn er weiß, daß ein Meister für seinen verstorbenen Verwandten praktiziert.

Wir dürfen mit dem Tod eines geliebten Menschen nicht selbst schon zur Hälfte absterben; nach seinem Weggang sollten wir versuchen, besonders bewußt weiterzuleben. Wir sollten zumindest versuchen, die Wünsche und Hoffnungen des Verstorbenen so gut wie möglich zu erfüllen, indem wir zum Beispiel etwas von seinem Besitz wohltätigen Zwekken zuführen oder in seinem Namen ein Projekt fördern, das ihm sehr am Herzen gelegen hat.

Tibeter schreiben Freunden, die einen geliebten Menschen verloren haben, häufig Beileidsbriefe, die etwa folgendermaßen aussehen:

> Du weißt wohl, daß alles vergänglich ist und stirbt. Es ist daher nur natürlich, daß Deine Mutter jetzt gestorben ist; die ältere Generation stirbt erwartungsgemäß meist zuerst. Deine Mutter war alt und leidend. Sie wird es nicht bedauert haben, daß sie ihren Körper verlassen mußte. Du kannst ihr jetzt sehr helfen, indem Du in ihrem Namen spirituelle Praxis förderst und gute Taten tust. Sie wird sich dann glücklich und befreit fühlen. Also sei bitte nicht traurig.

Wenn unser Freund ein Kind verloren hat oder jemanden, für den der Tod zu früh gekommen zu sein scheint, sagen wir etwa:

> Der Tod Deines kleinen Sohnes hat Deine ganze Welt erschüttert. Ich

weiß, es scheint grausam und unlogisch. Ich habe keine Erklärung für den Tod Deines Sohnes, aber ich weiß, daß es ein natürliches Ergebnis seines Karma sein muß, und ich glaube und weiß, daß dieser Tod karmische Schulden abgegolten hat, von denen weder Du noch ich etwas wissen können. Deine Trauer ist auch meine Trauer. Fasse aber dennoch Mut, denn Du und ich können gemeinsam etwas für ihn tun. Durch unsere Liebe, durch Praxis und gute Taten können wir ihm helfen. Wir können ihm unsere Hand reichen und ihm zur Seite stehen. Und selbst jetzt, da er tot ist, können wir ihm helfen, eine gute Geburt in ein längeres nächstes Leben zu finden.

In anderen Fällen schreiben wir vielleicht:

Ich weiß, daß Deine Trauer unermeßlich ist. Aber immer, wenn Du verzweifeln willst, denke doch daran, wie glücklich Deine verstorbene Freundin ist, daß Meister für sie praktizieren. Denke auch daran, daß es zu anderen Zeiten und an anderen Orten solch spirituelle Hilfe für die Sterbenden überhaupt nicht gegeben hat. Wenn Du Dich erinnerst, wie Deine Freundin gestorben ist, dann denke auch daran, wie viele Menschen heute einsam, vergessen, verlassen und ohne irgendeine spirituelle Vision sterben. Denk an die Menschen, die in den schrecklichen Jahren der unmenschlichen Kulturrevolution in Tibet sterben mußten, wo jede religiöse Praxis verboten war und streng bestraft wurde.

Wenn die Verzweiflung Dich zu überwältigen droht, dann denke auch daran, daß es die Verstorbene zusätzlich verstören könnte, wenn Du in maßloser Trauer schwelgst. Wenn Du Dich im Leid verlierst, könnte sie das sogar vom Pfad zu einer guten Wiedergeburt zurückholen, den sie vielleicht schon eingeschlagen hat. Und wenn Du Dich von Trauer verzehren läßt, beraubst Du Dich selbst jeder Möglichkeit, ihr noch zu helfen. Je stabiler Du bist, je positiver Deine Einstellung, desto mehr kannst Du ihr nutzen und ihr helfen, sich selbst zu befreien.

Wenn Du traurig bist, fasse Mut und sage zu Dir selbst: «Was für Gefühle der Verzweiflung ich auch haben mag, sie werden alle vorübergehen, und selbst wenn sie noch so oft zurückkehren, können sie doch niemals von Dauer sein.» Solange Du sie nur nicht künstlich verlängerst, werden all Deine Gefühle von Verlust und Trauer sich ganz natürlich auflösen und irgendwann abfallen.

In unserer modernen Gesellschaft jedoch, die von keiner Möglichkeit weiß, den Toten zu helfen, die sich nicht einmal mit der Tatsache des Todes auseinandersetzen will, wird es nicht leicht sein, mit einer solch gelassenen und weisen Reflexion Gehör zu finden. Ein Mensch, der erstmals den schweren Verlust eines geliebten Angehörigen erlebt, wird vermutlich überwältigt sein von der Gewalt bedrückender Gefühle, wie intensiver Trauer, Zorn, Verleugnung, Rückzug und Schuld, die plötzlich in ihm zum Ausbruch kommt.

Denjenigen zu helfen, die einen solchen Verlust erlitten haben, erfordert unsere ganze Geduld und all unser Einfühlungsvermögen. Wir müssen Zeit mit ihnen verbringen und sie reden lassen, wir müssen still und ohne zu urteilen aufmerksam zuhören, wenn sie ihre intimsten Erinnerungen zur Sprache bringen oder immer wieder über die Einzelheiten des Todes reden. Vor allem aber müssen wir einfach da sein und ihnen beistehen, wenn sie die wohl tiefste Trauer und den grausamsten Schmerz ihres ganzen Lebens durchleiden. Wir müssen zu jeder Zeit erreichbar sein, selbst wenn es nicht nötig zu sein scheint. Eine Witwe namens Carol, die ein Jahr nach dem Tode ihres Mannes für eine Videoserie über den Tod interviewt wurde, sagte auf die Frage, wer ihr in dem vergangenen Jahr denn am meisten geholfen habe: «Die Menschen, die immer wieder angerufen haben und vorbeigekommen sind, obwohl ich es nicht wollte.»

Menschen, die trauern, erleben selbst eine Art Tod. Und wie jemand, der tatsächlich stirbt, brauchen auch sie die Gewißheit, daß die aufgewühlten Emotionen, die sie erleben, ganz natürlich sind. Sie müssen wissen, daß der Prozeß des Trauerns langwierig und oft sehr quälend sein kann und daß die Trauer zyklisch immer wiederkehrt. Der Schock, die Betäubung und das Nicht-wahrhaben-Wollen verschwinden bald und machen einer tiefen, manchmal verzweifelten Erkenntnis der Schwere des Verlustes Platz, die irgendwann später dann in einen Zustand der Erholung übergeht, in dem das innere Gleichgewicht wiedergefunden wird. Wir sollten den Hinterbliebenen klarmachen, daß sich dieses Muster über Monate wiederholen wird und daß all ihre Ängste, als Mensch nicht mehr funktionsfähig zu sein, ganz normal sind. Wir können ihnen versichern, daß ihre Trauer ganz bestimmt aufhören und sich in Akzeptieren verwandeln wird, selbst wenn es ein oder sogar zwei Jahre dauern mag.

Judy Tatelbaum sagt:

> Trauer ist eine Wunde, die der Zuwendung bedarf, um heilen zu können. Die Trauer zu durchleben und abzuschließen bedeutet, sich den

Gefühlen offen und ehrlich zu stellen, ihnen voll und ganz Ausdruck zu geben, sie unverkrampft herauszulassen und zu akzeptieren, und zwar so lange, bis unsere Wunden verheilen. Wir fürchten, daß die Trauer uns überwältigen wird, sobald wir sie akzeptieren. In Wahrheit aber löst sich Trauer, wenn sie zugelassen und durchlebt wird, auf. Trauer, die keinen Ausdruck finden darf, hält hingegen sehr lange an.[7]

Leider erwarten die Freunde und Verwandten von den Hinterbliebenen viel zu oft, daß sie schon nach ein paar Monaten wieder «zum Normalzustand» zurückkehren. Wenn die Trauer aber noch andauert und manchmal sogar zunimmt, sorgt diese Erwartung für zusätzliche Verstörung und Isolation.

Wie ich schon erwähnt habe, nahm in Tibet die gesamte Gemeinschaft, Freunde und Verwandte während der neunundvierzig Tage nach dem Tod Anteil an den Aktivitäten zur spirituellen Hilfe für den Verstorbenen. Alle waren voll und ganz mit den unglaublich vielen Dingen beschäftigt, die dafür notwendig waren. Die Hinterbliebenen trauerten und weinten auch hin und wieder, was ja normal ist; und wenn dann alle gegangen waren, wirkte das Haus sehr leer. Dennoch hat die neunundvierzigtägige Geschäftigkeit und Unterstützung den Hinterbliebenen auf subtile und herzerwärmende Weise in vielerlei Hinsicht über die schwerste Zeit ihrer Trauer hinweggeholfen.

In unserer Gesellschaft allein mit einem Verlust konfrontiert zu sein, sieht ganz anders aus. Und alle gewöhnlichen Gefühle der Trauer werden noch zusätzlich intensiviert, wenn es sich um einen plötzlichen, unerwarteten Todesfall oder um Selbstmord handelt. Solche Umstände verstärken das Gefühl der Hinterbliebenen, machtlos zu sein und dem geliebten Verstorbenen überhaupt nicht mehr helfen zu können. Es ist für die Hinterbliebenen von plötzlich und unerwartet Verstorbenen ganz wichtig, den Leichnam mit eigenen Augen zu sehen, weil es ihnen andernfalls oft sehr schwerfällt zu glauben, daß der Todesfall tatsächlich eingetreten ist. Wenn möglich, sollten die Hinterbliebenen Gelegenheit erhalten, eine Zeitlang bei dem Leichnam zu sitzen, um sagen zu können, was ihnen wichtig ist, um ihrer Liebe Ausdruck zu verleihen und um anzufangen, Abschied zu nehmen.

Sollte das nicht möglich sein, kann man auch ein Foto des Verstorbenen benutzen, um den Prozeß des Abschiednehmens in Gang zu setzen, die Beziehung abzuschließen und zum Loslassen zu kommen. Wenn wir diejenigen, die unter dem plötzlichen Tod eines geliebten Menschen leiden, hierzu ermutigen können, wird es ihnen helfen, die neue, quälende Realität des Todes zu akzeptieren. Wir sollten mit ihnen auch über die verschiedenen Möglichkeiten, einem bereits Gestorbenen noch helfen zu können, sprechen. Wir können sie einfache Methoden lehren, wie sie in diesem Buch beschrieben werden, damit sie etwas tun können, anstatt hoffnungslos in einsamer Frustration und Selbstanklage immer und immer wieder in Gedanken den Moment des Todes zu wiederholen.

Im Falle eines plötzlichen Todes leiden die Hinterbliebenen häufig unter wilden, unerwarteten Ausbrüchen von Wut und Haß auf das, was sie für die Ursache des Todes halten. Wir müssen ihnen helfen, einen angemessenen Ausdruck für diesen Zorn zu finden, denn wenn er unterdrückt wird, kann er früher oder später zu chronischen Depressionen führen. Wir müssen ihnen helfen, den Zorn und Haß loszuwerden und die Tiefe des Schmerzes freizulegen, der dahinter verborgen liegt. Erst dann können sie mit dem schmerzhaften, aber letztlich heilsamen Prozeß des Loslassens beginnen.

Es geschieht recht häufig, daß jemand nach dem Weggang eines geliebten Menschen mit einem intensiven Gefühl der Schuld zurückbleibt, wie besessen Fehler in der vergangenen Beziehung aufwärmt oder sich mit der Frage quält, wie man den Tod vielleicht doch noch hätte verhindern können. Einem Menschen, der so etwas durchmacht, können wir helfen, sich über seine Schuldgefühle auszusprechen, wie unvernünftig und verrückt sie auch scheinen mögen. Langsam werden diese Gefühle dann abnehmen, der Mensch wird lernen, sich selbst zu vergeben und sein eigenes Leben weiterzuführen.

Eine Herzenspraxis

Ich möchte jetzt eine Praxis mit Ihnen teilen, die in Zeiten tiefer Sorge und Trauer wirklich hilft. Es ist eine Übung, die mein Meister Jamyang Khyentse immer dann zu lehren pflegte, wenn Menschen unter emotionalem Aufruhr und großer Angst standen oder einen Nervenzusammenbruch erlitten hatten. Ich weiß aus eigener Erfahrung, daß diese Praxis grenzenlose Erleichterung und Trost bringen kann.

Das Leben eines spirituellen Meisters ist nämlich in einer Welt wie der unsrigen alles andere als leicht. In meiner Jugend gab es viele Krisen und Schwierigkeiten, und ich habe in solchen Augenblicken – so wie auch heute noch – immer Padmasambhava angerufen und ihn mir als eins mit allen meinen Meistern vorgestellt. Ich habe daher an mir selbst erfahren, wie transformierend diese Praxis ist und warum alle Meister immer wieder sagen, daß die Praxis von Padmasambhava besonders wirkungsvoll ist, wenn man durch Zeiten inneren Aufruhrs geht. Sie gibt einem die Kraft, die man braucht, um in der chaotischen Verwirrung der heutigen Zeit zu überleben und weiterzumachen.

Wann immer Sie also verzweifelt, deprimiert oder voller Angst sind, wann immer Sie nicht mehr weiter wissen oder Ihnen das Herz zu brechen droht, rate ich Ihnen zu dieser Praxis. Es gibt nur eine einzige Bedingung für ihre Wirksamkeit: Sie müssen sie mit aller Kraft üben, und Sie müssen offen und ehrlich um Hilfe bitten.

Selbst wenn Sie meditieren, werden Sie weiterhin emotionalen Schmerz und Leiden erleben, und es werden sogar viele Dinge aus Ihren vergangenen und aus diesem Leben hochkommen, die sehr schwer zu akzeptieren sind. Sie mögen herausfinden, daß es Ihnen an Weisheit oder Stabilität in der Meditation fehlt, um mit diesen Dingen umgehen zu können, und daß Ihre Meditation allein nicht ausreicht. Dann brauchen Sie etwas, das ich «Herzenspraxis» nenne. Es hat mich immer traurig gemacht, daß viele Menschen keine Praxis haben, die ihnen in Zeiten der Verzweiflung hilft, daß sie nicht das Gefühl kennen, etwas so unendlich Kostbares zu besitzen, was zu einer stetigen Quelle von Transformation und dauernder Kraft wird.

I. Anrufung

Rufen Sie im Raum vor sich die Anwesenheit desjenigen erleuchteten Wesens an, das Sie am meisten inspiriert. Nehmen Sie an, daß dieses Wesen die Verkörperung aller Buddhas, Bodhisattvas und Meister ist. Für mich ist – wie gesagt – Padmasambhava diese Verkörperung. Wenn Sie sich vor Ihrem geistigen Auge keine besondere Form vorstellen können, spüren Sie einfach deutlich die Präsenz und rufen Sie ihre unendliche Kraft, ihr grenzenloses Mitgefühl und ihren unerschöpflichen Segen an.

II. Um Hilfe bitten

Öffnen Sie Ihr Herz und rufen Sie das erleuchtete Wesen mit der ganzen Intensität Ihres Schmerzes und Leidens an. Wenn Ihnen zum Heulen ist, halten Sie sich nicht zurück: Lassen Sie Ihren Tränen freien Lauf und flehen Sie aufrichtig um Hilfe. Seien Sie gewiß, daß jemand ganz und gar für Sie da ist, der Ihnen zuhört, der Ihnen sein liebevolles und mitfühlendes Verständnis entgegenbringt, ohne Sie je zu verurteilen – ein wahrer Freund. Rufen Sie ihn aus der Tiefe Ihres Schmerzes, und wenn Sie möchten, benutzen Sie dazu das Mantra OM AH HUM VAJRA GURU PADMA SIDDHI HUM, das Mantra, das seit Jahrhunderten von Tausenden von Wesen als ein heilsamer Quell der Reinigung und des Schutzes genutzt wird.

III. Das Herz mit Glückseligkeit füllen

Stellen Sie sich mit Gewißheit vor, daß der Buddha, den Sie anflehen, Ihnen nun mit all seiner Liebe, seinem Mitgefühl, seiner Weisheit und Kraft antwortet. Unermeßliche Lichtstrahlen strömen von ihm ausgehend zu Ihnen. Stellen Sie sich das Licht als Nektar vor, der Ihr Herz restlos erfüllt und all ihr Leiden in Glückseligkeit verwandelt.

In einer seiner Erscheinungsformen sitzt Padmasambhava in Roben und Mantel gekleidet in der Meditationshaltung und strahlt, mit einem liebevollen Lächeln, ein angenehmes Gefühl von warmer, freundlicher Behaglichkeit aus. In dieser Emanation wird er «Große Glückseligkeit» genannt. Seine Hände, die entspannt in seinem Schoß liegen, umfassen eine Schale aus der oberen Hälfte eines Schädels. Sie ist gefüllt mit dem wirbelnden und funkelnden Nektar Großer Glückseligkeit, dem Quell aller Heilkräfte. Er sitzt heiter und gelassen auf einer Lotosblüte, umgeben von einer Aura schimmernden Lichts.

Stellen Sie ihn sich unendlich warmherzig und liebevoll vor, eine Sonne der Glückseligkeit, des Wohlbehagens, des Friedens und der Heilung. Öffnen Sie Ihr Herz, lassen Sie all Ihre Leiden herausströmen und flehen Sie um Hilfe. Sprechen Sie dabei das Mantra: OM AH HUM VAJRA GURU PADMA SIDDHI HUM.

Stellen Sie sich vor, wie Tausende von Lichtstrahlen von seinem Körper oder aus seinem Herzen ausstrahlen. Stellen Sie sich vor, daß der Nektar Großer Glückseligkeit in der Schädelschale in seinen Händen überfließt und sich in einem unaufhörlichen Strom wohltuenden, goldenen, flüssigen Lichts über Sie ergießt. Er fließt in Ihr Herz, füllt es ganz und gar an und verwandelt Ihr Leiden in Glückseligkeit.

Dieser Nektarfluß vom Padmasambhava der Großen Glückseligkeit ist die wunderbare Übung, die mein Meister zu lehren pflegte. Sie hat niemals versagt, mir in Zeiten wirklicher Not Inspiration und Hilfe zu gewähren.

IV. Den Verstorbenen helfen

Wenn Sie diese Übung wieder und wieder ausführen, das Mantra sprechen und Ihr Herz sich mit Glückseligkeit füllen läßt, löst sich Ihr Leiden allmählich im vertrauensvollen Frieden der Natur Ihres Geistes auf. Sie erkennen voller Freude und Entzücken, daß die Buddhas nicht außerhalb von Ihnen zu finden sind, sondern immer schon bei Ihnen waren, untrennbar von der Natur Ihres Geistes, und daß sie Sie durch ihren Segen mit dem Vertrauen in den Buddha in Ihnen ermächtigt und genährt haben.

Stellen Sie sich nun vor – mit all dem Vertrauen und der Kraft, die diese Übung Ihnen verliehen hat –, daß Sie diesen Segen, das Licht des heilenden Mitgefühls der erleuchteten Wesen, zu dem geliebten Verstorbenen hin ausstrahlen. Wenn ein Mensch eines traumatischen Todes gestorben ist, ist dies ganz besonders wichtig, um sein Leiden zu transformieren und ihm Frieden und Glückseligkeit zu bringen. Vorher haben Sie sich in Ihrer Trauer vielleicht hilflos gefühlt, ohne die Kraft und die Möglichkeit, Ihrem geliebten Freund zu helfen, aber jetzt können Sie sich durch die Praxis getröstet, ermutigt und ermächtigt fühlen, dem geliebten Menschen zu helfen.

Das Herz offen halten

Erwarten Sie keine schnellen Ergebnisse oder gar Wunder. Es kann sein, daß Ihr Leiden sich erst nach einer ganzen Weile verwandelt – und gerade dann, wenn Sie es am wenigsten erwarten. Hegen Sie keinerlei Erwartung, daß es «funktioniert» und Ihre Trauer ein für allemal beendet ist. Bleiben Sie für Ihre Trauer genauso offen wie für die Buddhas und erleuchteten Wesen in Ihrer Übung.

Es ist sogar möglich, daß Sie eine geheimnisvolle Dankbarkeit für Ihr Leiden zu empfinden beginnen, weil es Ihnen eine so kostbare Gelegenheit bietet, mit ihm zu arbeiten und es zu transformieren. Ohne diesen Schmerz hätten Sie niemals zu der Erkenntnis gelangen können, daß tief in der Natur des Leidens ein Schatz an Glückseligkeit und Wonne verborgen liegt. Die Zeit, in der Sie leiden, ist oft die Zeit, wo Sie besonders offen sind, und wo Sie am verletzlichsten sind, liegt vielleicht auch Ihre wahre Stärke.

Sagen Sie daher zu sich selbst: «Ich werde vor diesem Leiden nicht davonlaufen. Ich möchte es auf die beste mir mögliche Weise nutzen, um dadurch mitfühlender und nützlicher für andere zu werden.» Leiden kann uns Mitgefühl lehren. Erst wenn Sie selbst leiden, wissen Sie, was es für andere bedeutet zu leiden. Und wenn Sie dann in die Lage kommen, anderen helfen zu können, dann finden Sie durch die Erfahrung Ihres eigenen Leidens das Mitgefühl und Verständnis, die Sie das Richtige tun lassen.

Was immer Sie auch tun, verschließen Sie sich niemals Ihrem Schmerz; nehmen Sie ihn an und bleiben Sie verletzbar. Wie verzweifelt Sie auch sein mögen, nehmen Sie den Schmerz an, wie er ist, denn er versucht, Ihnen ein unschätzbares Geschenk zu machen: die Chance, durch spirituelle Praxis das zu entdecken, was hinter dem Leiden liegt. «Trauer», schrieb Rumi, «kann zum Garten des Mitgefühls werden.» Wenn Sie Ihr Herz während aller Erfahrungen offen halten, kann der Schmerz Ihr bester Verbündeter werden auf der lebenslangen Suche nach Liebe und Weisheit.

Wissen wir nicht alle nur zu gut, daß man sich vor Leid nicht schützen kann, und daß wir, wenn wir versuchen, uns gegen das Leiden abzuschirmen, nur noch mehr leiden und außerdem nicht lernen können, was der Schmerz uns zu lehren hat? Rilke hat das folgende poetische Bild für die reifer machende Kraft des Leidens gefunden: «Unter den Tauben, die allergeschonteste, niemals gefährdete, kennt nicht die Zärtlichkeit; wiedererholtes Herz ist das bewohnteste: freier durch Widerruf freut sich die Fähigkeit.»[8]

Durch Trauer lernen und das Trauern beenden

Wenn die Trauer Sie zu überwältigen droht, versuchen Sie, sich mit einer der vielen Methoden zu inspirieren, die ich im 5. Kapitel im Zusammenhang mit der Meditationspraxis beschrieben habe. Gerade in tiefer Trauer habe ich immer den Einfluß der Natur als sehr tröstend empfunden. Ganz besonders wirksam ist es, bei einem Wasserfall zu kontemplieren und zusammen mit seinem herabströmenden Wasser Tränen und Schmerz aus sich herausfließen und sich vom Wasser reinigen zu lassen. Sie können sich auch durch die Weisheit eines inspirierenden Textes über Vergänglichkeit und Leiden trösten lassen.

Es ist ohne Zweifel möglich, Trauer zu akzeptieren und zu beenden. Ein Weg, den viele hierzu gegangen sind und als hilfreich empfunden haben, besteht in einer Variation der Methode, unbeendet gebliebene Dinge abzuschließen, die ich weiter oben gelehrt habe. Ganz gleich, vor wie langer Zeit Ihr geliebter Angehöriger gestorben sein mag, Sie werden diese Übung sehr wirkungsvoll finden.

Visualisieren Sie alle Buddhas und erleuchteten Wesen im Raum über sich und um sich herum, stellen Sie sich vor, wie sie ihr Mitgefühl in Form von Lichtstrahlen aussenden und Ihnen ihre Unterstützung und ihren Segen geben. Sagen Sie in ihrer Präsenz Ihrem geliebten Verstorbenen alles, was Sie sagen müssen, alles, was Ihnen auf dem Herzen liegt.

Stellen Sie sich bildlich vor, daß der verstorbene Angehörige Sie mit mehr Verständnis und Liebe anschaut, als er im Leben je gezeigt hat. Seien Sie gewiß, daß er Ihnen seine Liebe zeigen möchte und Ihnen vergibt, was immer Sie auch getan haben, und daß er gleichermaßen auch um *Ihre* Vergebung bittet.

Lassen Sie Ihr Herz sich öffnen, bringen Sie allen Zorn, jede Verletztheit, die Sie vielleicht noch in sich tragen, zur Sprache, und lassen Sie sie damit endgültig los. Vergeben Sie dem Verstorbenen dann von ganzem Herzen. Sprechen Sie Ihre Vergebung aus und sagen Sie, daß Sie allen Schmerz, den Sie verursacht haben, aufrichtig bereuen. Spüren Sie jetzt mit jeder Faser Ihres Seins, wie der Verstorbene Ihnen vergibt und Ihnen seine ganze Liebe schenkt. Fühlen Sie die tiefe Gewißheit, daß Sie liebenswert sind und Vergebung verdienen, und spüren Sie, wie Ihre Trauer sich auflöst.

Fragen Sie sich zum Abschluß, ob Sie jetzt wirklich Abschied nehmen und den Menschen loslassen können. Stellen Sie sich vor, daß die Person sich umwendet und geht, und schließen Sie dann mit dem Phowa oder einer anderen Übung zur Hilfe für Verstorbene ab.

Diese Praxis gibt Ihnen noch einmal die Möglichkeit, Ihre Liebe zu zeigen, etwas für den Verstorbenen zu tun und die Beziehung im Herzen zu heilen und abzuschließen.

Wenn wir es nur zulassen, können wir aus dem Schmerz und Verlust eines Trauerfalls sehr viel lernen. Schmerzliche Umstände können uns zwingen, unser Leben sehr direkt anzuschauen, sie können uns antreiben, einen Sinn darin zu finden, um den wir uns vorher vielleicht nie gekümmert haben. Wenn wir uns nach dem Tod eines geliebten Menschen plötzlich allein finden, können wir uns fühlen, als würde uns plötzlich ein neues Leben angeboten und wir würden gefragt: «Warum willst du weiterleben, und was willst du mit diesem Leben anfangen?»

Verlust und Trauer können uns auch deutlich vor Augen führen, was geschehen kann, wenn wir nicht schon im Leben unsere Liebe und Wertschätzung zeigen oder um Vergebung bitten. Dadurch werden wir viel empfindsamer für die Liebe jener Angehörigen, die noch am Leben sind. Elisabeth Kübler-Ross sagte: «Ich versuche, den Menschen beizubringen, so zu leben, daß sie solche Dinge sagen, solange der andere sie noch hören kann.»[9] Und Raymond Moody, der sein ganzes Leben der Nahtod-Forschung gewidmet hat, schrieb: «Ich habe angefangen zu verstehen, wie nah wir in unserem Alltag dem Tod sind. Mehr denn je achte ich deshalb darauf, jeden Menschen, den ich liebe, dies spüren zu lassen.»[10]

Es ist also mein Herzensrat für alle, die nach dem Verlust eines geliebten Menschen in Trauer und Verzweiflung zu versinken drohen, um Hilfe, Kraft und Gnade zu beten. Beten Sie, daß Sie zu einem neuen Leben finden mögen, in dem Sie den kostbarsten und tiefstmöglichen Sinn entdecken. Seien Sie verletzlich und empfindsam, mutig und geduldig. Und schauen Sie vor allem Ihr Leben an und finden Sie Wege, von nun an Ihre Liebe inniger mit anderen zu teilen.

20. Die Nahtod-Erfahrung – eine Himmelsleiter?

In der westlichen Welt ist in letzter Zeit viel von «Nahtod-Erfahrungen» die Rede. So werden die Erfahrungen von Menschen genannt, die nach einem klinischen Tod wieder ins Leben zurückgekehrt sind. Berichte von Nahtod-Erfahrungen finden sich in allen Epochen der Geschichte, in allen mystischen und schamanistischen Traditionen und bei vielen Schriftstellern und Philosophen, so zum Beispiel bei Plato, Papst Gregor dem Großen, Tolstoi, C. G. Jung und vielen Sufi-Meistern. Mein bevorzugtes Beispiel aus der Geschichte ist der Bericht eines großen englischen Historikers, des Mönchs Bede aus dem 8. Jahrhundert.

> Zu dieser Zeit geschah in Britannien ein bemerkenswertes Wunder, gerade so, wie in alten Zeiten. Um die Lebenden vor dem spirituellen Tod zu bewahren, kehrte ein Mann, der bereits gestorben war, ins körperliche Leben zurück, worauf er viele ungewöhnliche Dinge zu berichten hatte, deren Augenzeuge er geworden war. Davon scheinen einige mir wert, hier kurze Erwähnung zu finden. Im Orte Cunningham in Northumbria führte ein Familienoberhaupt mit den Seinen ein gottesfürchtiges Leben. Dieser Mann wurde nun krank und es ging ihm immer schlechter, bis es zu einer Krise kam und er eines Nachts starb. Bei Tagesanbruch jedoch kehrte er wieder ins Leben zurück und setzte sich plötzlich auf. Dies geschah zur großen Überraschung der um ihn Trauernden, die voll Angst die Flucht ergriffen. Nur seine Frau, die ihn von Herzen liebte, blieb, zitternd vor Furcht, bei ihm. Der Mann beruhigte sie und sagte: «Habe keine Angst, denn ich bin wahrlich dem Griff des Todes entronnen und habe die Erlaubnis erhalten, wieder unter den Menschen zu weilen. Künftig jedoch darf ich nicht mehr so leichtfertig leben wie zuvor, sondern muß mich eines anderen Lebenswandels befleißigen» ... Nicht lange danach gab er alle weltlichen Pflichten auf und trat in das Kloster von Melrose ein ...

Bede fährt fort:

> Folgenden Bericht gab der Mann von seinen Erfahrungen: «Ein edler Mann in schimmernder Robe war mein Führer, und wir gingen schweigend in, wie mir schien, nordöstlicher Richtung. Unterwegs kamen wir in ein sehr weites und tiefes Tal von unbestimmbarer Länge ... Bald führte er mich aus der Dunkelheit in eine Atmosphäre klaren Lichts, und während er mich vorwärts in das helle Licht führte, gewahrte ich eine riesige Mauer, die sich in unendlicher Breite und Höhe vor uns erstreckte. Da ich weder Türen noch Fenster noch andere Öffnungen bemerkte, begann ich mich zu fragen, warum wir wohl weiter auf diese Mauer zugingen. Als wir sie aber erreichten, befanden wir uns plötzlich, ohne daß ich sagen könnte, wie das zugegangen war, oben auf der Mauer. Dahinter lag eine wunderschöne, lichte, weite Wiese ... Das Licht, das diesen Ort erfüllte, schien mir heller als die Strahlen der Mittagssonne ...
> Mein Führer sagte: ‹Du mußt nun in deinen Körper zurückkehren und noch einmal unter den Menschen leben; aber wenn du auf dein Handeln besser achtgibst und dich bemühst, dein Reden und dein Tun tugendhaft und einfach zu halten, dann wirst du nach deinem Tode dein Heim bei diesen glücklichen Geistern nehmen, die du jetzt siehst. Ich verließ dich nämlich vor geraumer Weile, um herauszufinden, wie es um deine Zukunft wohl bestellt sei.› Als er mir dies sagte, zögerte ich sehr, wieder in meinen Körper zurückzukehren, war ich doch bezaubert von der Schönheit des Ortes, den ich sah, und von der Gesellschaft, die ich dort gewahrte. Ich wagte dennoch nicht, meinem Führer zu widersprechen, und so fand ich mich, ich weiß nicht wie, plötzlich wieder lebend unter den Menschen.»

Bede beendet seinen Bericht mit den folgenden Worten:

> Dieser Mann Gottes sprach über diese und andere Dinge, die er noch gesehen hatte, nicht mit Ungläubigen oder achtlos Lebenden, sondern nur mit denen, die bereit waren ..., sich seine Worte zu Herzen zu nehmen und an Heiligkeit zu wachsen.[1]

Die neueren technologischen Entwicklungen in der Medizin haben dazu geführt, daß wir heute sehr viel häufiger von Nahtod-Erfahrungen hören: viele Menschen wurden nach dem klinischen «Tod» wiederbelebt, so zum

Beispiel nach Unfällen, Herzanfällen, schweren Krankheiten oder Operationen. Die Nahtod-Erfahrung ist zu einem vieldiskutierten Objekt wissenschaftlicher Untersuchung und philosophischer Spekulation geworden. Gemäß einer Umfrage, die 1982 in den USA durchgeführt wurde, hat die erstaunliche Zahl von 8 Millionen Amerikanern (das sind 5 % der Gesamtbevölkerung), mindestens einmal eine Nahtod-Erfahrung gehabt.[2]

Obwohl keine Nahtod-Erfahrung exakt der anderen gleicht – wie ja auch keine zwei Menschen identische Bardo-Erfahrungen machen –, lassen sich doch bestimmte Muster verschiedener Phasen in den Nahtod-Zuständen feststellen, sogenannte «Kernerfahrungen»:

1. Die Menschen erleben einen veränderten Gefühlszustand von Frieden und Wohlbefinden, frei von Schmerzen, Angst und Körpergefühlen.

2. Sie hören oft einen summenden oder rauschenden Ton und finden sich von ihrem Körper losgelöst. Das ist die sogenannte «außerkörperliche Erfahrung»: Sie können den eigenen Körper von außen sehen, häufig schauen sie von oben auf ihn herab; ihr Hör- und Sehsinn ist geschärft, das Bewußtsein ist klar, lebendig und wach, und sie können sich durch feste Gegenstände hindurchbewegen.

3. Sie empfinden eine andere Wirklichkeit, einen Eintritt in Dunkelheit, ein Dahintreiben in einem dimensionslosen Raum und dann ein rasches Dahintreiben durch einen Tunnel.

4. Sie sehen ein Licht, zuerst als Punkt in der Ferne, werden magnetisch von ihm angezogen und fühlen sich dann in Licht und Liebe eingehüllt. Dieses Licht wird als blendendes Strahlen von großer Schönheit beschrieben, das jedoch den Augen nicht weh tut. Manche Menschen beschreiben die Begegnung mit einem «Lichtwesen», einer leuchtenden, scheinbar allwissenden Gestalt, die mitfühlend und liebevoll ist und die von einigen Gott oder Christus genannt wird. Manche erleben in der Gegenwart dieser Gestalt einen «Lebensrückblick», sehen alles, was sie in ihrem Leben getan haben, Gutes wie Schlechtes. Sie kommunizieren mit dem Wesen auf telepathischem Wege, wobei sie sich in einer zeitlosen, oft beseligenden Dimension befinden, in der alle gewöhnlichen Konzepte von Raum und Zeit sinnlos geworden sind. Selbst wenn die Erfahrung nach unserer Zeitrechnung nur eine oder zwei Minuten dauert, kann sie doch von großer Ausführlichkeit, Intensität und Fülle sein.

5. Manche erleben eine innere Welt von übernatürlicher Schönheit, paradiesische Landschaften und Gebäude und himmlische Musik; sie haben ein Gefühl des Einsseins. Einige wenige Menschen, so scheint es, berichten aber auch von erschreckenden Visionen höllischer Bereiche.

6. Manche erreichen eine Grenze, die sie nicht überschreiten können; einige begegnen verstorbenen Freunden und Verwandten und sprechen mit ihnen. Endlich entschließen sie sich – oft zögernd – oder werden aufgefordert, in ihren Körper und in dieses Leben zurückzukehren. Manchmal ist diese Rückkehr mit dem Gefühl einer Mission oder eines Dienens verbunden, manchmal muß die Familie geschützt und für sie gesorgt werden, manchmal ist auch einfach die noch nicht erfüllte Lebensaufgabe zu vollenden.

Der wichtigste Aspekt der Nahtod-Erfahrung, von dem in der entsprechenden Literatur immer wieder berichtet wurde, besteht in der vollkommenen Transformation, die sich in den Lebenseinstellungen, Karrieren und Beziehungen der Betroffenen häufig vollzieht. Sie verlieren vielleicht nicht ihre Angst vor dem Sterben und vor dem Schmerz, aber sie werden frei von der Angst vor dem Tod selbst. Sie werden toleranter und liebevoller, und sie entwickeln ein Interesse an spirituellen Werten, dem «Pfad der Weisheit». Ihr Interesse gilt dabei aber eher einer universellen Spiritualität als den Dogmen irgendeiner speziellen Religion.

Wie könnte man nun die Nahtod-Erfahrung interpretieren? Einige westliche Schriftsteller, die das «Tibetische Totenbuch» gelesen haben, vergleichen diese Erfahrungen mit denen der Bardos, wie sie in der tibetischen Tradition beschrieben werden. Auf den ersten Blick drängen sich die Parallelen zwischen beiden förmlich auf, aber lassen sich die Erfahrungen des Nahtod-Zustands mit denen der Bardos wirklich in einen direkten Zusammenhang bringen? Ich denke, um diese Frage umfassend zu beantworten, wäre eine ausführlichere Untersuchung nötig, als sie im Rahmen dieses Buches möglich ist. Einer ganzen Reihe von Ähnlichkeiten und Unterschieden können wir uns jedoch durchaus auch in diesem Zusammenhang widmen.

Die Dunkelheit und der Tunnel

Die Endphase des Auflösungsprozesses im Bardo des Sterbens ist dann gekommen, wenn die schwarze Erfahrung des «vollständigen Erlangens» gleich einem «leeren, in völlige Finsternis gehüllten Himmel» erscheint. Die Lehren sprechen von einem Gefühl der Seligkeit und Freude an diesem Punkt. Eines der Hauptmerkmale der Nahtod-Erfahrung ist der Eindruck von Bewegung. Die Menschen berichten von der Erfahrung, «schwerelos», «mit enormer Geschwindigkeit» in einem schwarzen Raum, in einer «völligen, friedvollen, wunderbaren Schwärze», einen «langen, dunklen Tunnel» entlang zu reisen.

Eine Frau berichtete Kenneth Ring: «Es ist wie eine Leere, ein Nichts, und so friedvoll – es ist so angenehm, daß es endlos weitergehen könnte. Es ist vollkommene Schwärze, ohne eine Berührungsempfindung, ohne Gefühl ... wie in einem langen, dunklen Tunnel. Bloß ein Dahintreiben. Es ist, als schwebe man in der Luft.»[3]

Eine andere Frau berichtete:

> Ich erinnere mich, zuerst ein mächtiges Geräusch gehört zu haben, ein ungeheures ... Es ist schwierig, die richtigen Worte zu finden. Der Klang eines Tornados kommt dem wohl am nächsten; ein ungeheurer, mächtig blasender Wind, der mich aber angesogen hat. Ich wurde von einer weiten Ebene zu einem engen Punkt gezogen.[4]

Eine Frau berichtete Margot Grey:

> Ich befand mich in etwas, das sich wie der leere Weltraum anfühlte. Es war völlig dunkel hier draußen und ich fühlte mich auf eine Öffnung hingezogen, die wie das Ende eines Tunnels wirkte. Ich wußte das deswegen, weil ich am Ende Licht sehen konnte. In aufrechter Haltung wurde ich zu der Öffnung hingezogen. Ich weiß, daß es kein Traum war, Träume sind anders. Ich habe niemals gedacht, daß es ein Traum hätte sein können.[5]

Das Licht

Im Augenblick des Todes dämmert die Grund-Lichtheit oder das Klare Licht in voller Pracht. Im «Tibetischen Totenbuch» heißt es: «O Kind aus erleuchteter Familie ... dein Rigpa ist nicht voneinander trennbare Lichtheit und Leere und weilt als große, lichte Weite. Jenseits von Geburt und Tod, ist es in Wirklichkeit der Buddha des Unveränderlichen Lichts.»

Melvin Morse, der sich auf die Erforschung von Nahtod-Erfahrungen bei Kindern spezialisiert hat, bemerkt: «Nahezu jede Nahtod-Erfahrung von Kindern (und etwa ein Viertel derer von Erwachsenen) beinhaltet ein Element von Licht. Alle berichten übereinstimmend, daß das Licht im Endstadium der Nahtod-Erfahrung erscheint, nachdem sie die Erfahrung der Außerkörperlichkeit oder der Reise durch den Tunnel gemacht hatten.»[6]

Eine der besten Beschreibungen der Annäherung an das Licht hat Margot Grey geliefert:

> Dann erkennst du langsam, daß du auf diesem Weg das Ende des Tunnels, das ganz weit weg, in unermeßlicher Entfernung liegt, erreichen wirst, weil du ein weißes Licht siehst. Es ist allerdings so weit entfernt, daß ich es nur mit dem Anblick eines einzigen, ganz weit entfernten Sterns am sonst völlig finsteren Nachthimmel vergleichen kann. Man muß es sich so vorstellen, daß man durch einen Tunnel schaut und dieses Licht das Ende des Tunnels darstellt. Du konzentrierst dich auf dieses winzige Licht, weil du ja vorwärtsgetrieben wirst und dieses Licht zu erreichen hoffst.
>
> Da du mit extremer Geschwindigkeit darauf zutreibst, wird es langsam immer größer. Wenn ich überlege, dann scheint der ganze Vorgang etwa eine Minute gedauert zu haben. Wenn du auf dieses Licht zutreibst, fühlst du nicht plötzlich ein abruptes Ende des Tunnels, sondern eher ein Verschmelzen mit dem Licht. Dann liegt der Tunnel hinter dir, und vor dir dehnt sich dieses strahlend schöne, blauweiße Licht aus. Es strahlt so hell, daß du eigentlich sofort erblinden müßtest, aber es tut den Augen überhaupt nicht weh.[7]

Viele Menschen mit Nahtod-Erfahrungen haben das Licht selbst beschrieben:

> Wenn ich das Licht beschreiben sollte, war es – nun, es war eigentlich kein Licht, sondern die vollständige und totale Abwesenheit von Dunkelheit ... Man denkt bei Licht gewöhnlich an ein Licht, das scheint, das Schatten erzeugt und so weiter. Dieses Licht war die letztendliche Abwesenheit von Dunkelheit. Wir sind nicht daran gewöhnt, das so zu sehen, weil Licht für uns immer Schatten erzeugt, es sei denn, es umgibt uns völlig. Dieses Licht aber war so vollkommen und total, daß du es nicht angesehen hast, sondern ein Teil davon warst.[8]

Jemand hat Kenneth Ring berichtet: «Es war nicht hell. Es war wie bei einer gedämpften Lampe oder so etwas. Aber es war nicht die Art von Licht, wie es von einer Lampe kommt. Weißt du, wie es war? Als hätte jemand einen Schirm über die Sonne gezogen. Ich habe mich sehr friedvoll gefühlt. Ich hatte keine Angst mehr. Ich wußte, alles würde gut werden.»[9]

Eine Frau erzählte Margot Grey: «Das Licht ist heller, als man es sich vorstellen kann. Man kann es mit Worten nicht beschreiben. Ich war so glücklich, daß ich es unmöglich ausdrücken kann. Ein solches Gefühl der Gelassenheit – es war wunderschön. Das Licht ist so hell, daß es einen eigentlich blenden müßte, aber es tut den Augen kein bißchen weh.»

Andere sprechen davon, daß sie das Licht nicht nur sehen, sondern direkt in es eintreten, und sie berichten von den Gefühlen, die sie dabei empfinden: «Ich hatte nicht das Gefühl von Getrenntheit. Ich war das Licht und eins mit ihm.»[10]

Eine Frau, die innerhalb von zwei Tagen zweimal operiert worden war, erzählte Margot Grey: «Nur meine Essenz war spürbar. Zeit spielte keine Rolle mehr, und Raum war von Glückseligkeit erfüllt. Ich badete in strahlendem Licht und war eingehüllt in die Aura des Regenbogens. Alles war Vereinigung. Klänge hatten eine neue Ordnung, harmonisch, namenlos – jetzt nenne ich es Musik.»[11]

Ein Mann, der auch das Eintreten ins Licht erlebt hatte, beschreibt es folgendermaßen:

> Die folgende Serie von Ereignissen scheint gleichzeitig geschehen zu sein, um aber darüber berichten zu können, muß ich mir eines nach dem anderen vornehmen. Es ist da so eine Art Wesen, mehr eine Art Energie, nicht ein Individuum im Sinne eines anderen Menschen, dennoch eine Intelligenz, mit der man kommunizieren kann. Der Größe nach füllt es einfach dein gesamtes Gesichtsfeld aus. Es umfaßt vollständig alles, du fühlst dich eingehüllt.

Dieses Licht kommuniziert unmittelbar mit dir. In einem Augenblick werden deine gesamten Gedankenwellen wie telepathisch erkannt, Sprache spielt dabei keine Rolle. Es ist nicht möglich, eine zweideutige Aussage zu empfangen. Die erste Botschaft, die ich erhielt, war: «Entspann dich, alles ist schön, alles ist in Ordnung, du hast nichts zu befürchten.» Augenblicklich war ich zutiefst beruhigt. Wenn früher zum Beispiel ein Doktor sagte: «Alles in Ordnung, Sie haben nichts zu befürchten, es wird gar nicht weh tun», dann tat es gewöhnlich doch weh – man konnte ihnen nicht trauen.
Diesmal war es das schönste Gefühl, das ich je hatte; es war absolute, reine Liebe. Jedes Gefühl, jede Emotion war einfach vollkommen. Du fühlst dich warm, was aber nichts mit der Temperatur zu tun hat. Alles dort ist lebendig und klar. Was das Wesen dir mitteilt, ist ein Gefühl aufrichtiger, reiner Liebe. Du erfährst so etwas zum ersten Mal. Es ist mit der Liebe deiner Frau oder deiner Kinder oder mit sexueller Liebe nicht zu vergleichen. Selbst wenn man all das zusammenfassen würde, könnte man es immer noch nicht mit dem Gefühl vergleichen, das einem dieses Licht vermittelt.[12]

Ein Mann, der im Alter von 14 Jahren beinahe ertrunken wäre, erinnerte sich:

Als ich die Quelle des Lichts erreichte, konnte ich hineinsehen. Menschliche Begriffe reichen nicht aus, meine Gefühle und das, was ich sah, zu beschreiben. Es war ein enormer, unendlicher Ozean von Ruhe, Liebe, Energie und Schönheit. Das menschliche Leben schien im Vergleich dazu bedeutungslos. Und doch verstärkte es die drängende Wichtigkeit, zu leben, genauso, wie es den Tod als einen Weg zu einem anderen und besseren Leben darstellte. Es war All-Sein, All-Schönheit, All-Sinn für All-Existenz. Es war die gesamte Energie des Universums, ewig und an einem Ort.[13]

Melvin Morse hat bewegend darüber geschrieben, wie Kinder das Licht aus ihren Nahtod-Erfahrungen in ihrer einfachen, poetischen Sprache beschreiben: «Ich muß dir ein wunderschönes Geheimnis erzählen. Ich bin auf einer Leiter in den Himmel geklettert.» – «Ich wollte einfach zu dem Licht, ich wollte meinen Körper und alles vergessen. Ich wollte nur noch zu diesem Licht.» – «Da war ein wunderschönes Licht, das alles Gute in sich hatte. Eine ganze Woche konnte ich Funken von diesem

Licht in allem sehen.» – «Als ich im Krankenhaus wieder aus dem Koma kam, habe ich meine Augen aufgemacht und überall Fünkchen von dem Licht gesehen. Ich konnte sehen, wie alles auf der Welt zusammenpaßt.»[14]

Ähnlichkeiten mit dem Bardo des Werdens

In der Nahtod-Erfahrung ist der Geist für eine Weile vom Körper befreit und macht eine Reihe von Erfahrungen, die dem ähneln, was der Geistkörper im Bardo des Werdens erlebt.

I. Die Erfahrung von Außerkörperlichkeit

Die Nahtod-Erfahrung beginnt häufig mit dem Erlebnis von Außerkörperlichkeit. Übereinstimmend mit dem, was bereits im Zusammenhang mit dem «Tibetischen Totenbuch» gesagt wurde, berichten Menschen davon, ihren eigenen Körper gesehen zu haben, und gleichzeitig auch dessen Umgebung:

> Ich erinnere mich, aus der Narkose wieder zu mir gekommen zu sein; und dann bin ich auf einmal weg gewesen und habe mich außerhalb meines Körpers befunden. Ich war über dem Bett und schaute auf meinen Körper herab. Ich hatte das Gefühl, nur noch aus Geist und Augen zu bestehen, ich kann mich nicht erinnern, einen Körper gehabt zu haben.»[15]

Ein Mann berichtete Kenneth Ring nach einem Herzanfall: «Es schien, als sei ich irgendwo dort draußen im Raum, und nur mein Geist war aktiv. Kein Körpergefühl, nur mein Hirn war irgendwo im Raum. Ich hatte nur noch meinen Geist. Schwerelos war ich und hatte sonst nichts.»[16]

II. Hilflos Verwandte beobachten

Ich habe beschrieben, daß die Verstorbenen im Bardo des Werdens ihre hinterbliebenen Verwandten zwar sehen und hören können, aber unfähig sind, sich ihnen verständlich zu machen, was sie manchmal schier zur Verzweiflung bringen kann. Eine Frau aus Florida berichtete Michael Sabom, wie sie von einer Stelle nahe der Zimmerdecke auf ihre Mutter herabgeschaut hatte: «Das stärkste Gefühl, an das ich mich erinnere, war die Trauer, ihr nicht mitteilen zu können, daß es mir gut ging. Ich wußte irgendwie, daß mit mir alles in Ordnung war, aber ich wußte nicht, wie ich es ihr sagen sollte . . .»[17]

«Ich erinnere mich, sie in der Halle gesehen zu haben . . . meine Frau, meinen ältesten Sohn und den Doktor . . . Ich wußte nicht, warum sie weinten.»[18]

Eine andere Frau erzählte Michael Sabom: «Ich saß irgendwo oberhalb, sah, wie mein Körper sich verkrampfte und wie meine Mutter und mein Dienstmädchen zu schreien anfingen, weil sie glaubten, ich sei gestorben. Sie taten mir so leid . . . Aber ich fühlte mich frei hier oben, und es gab keinen Grund für Leiden.»[19]

III. Vollkommene Form, Mobilität und Hellsichtigkeit

Den Geistkörper im Bardo des Werdens vergleicht das «Tibetische Totenbuch» mit «einem Körper im goldenen Zeitalter», ausgestattet mit übernatürlicher Mobilität und Hellsichtigkeit. Die Menschen mit Nahtod-Erfahrung empfinden die Körperform, die sie während dieser Zustände haben, ebenso als vollständig und in der Blüte des Lebens: «Ich schwebte und ich war viel jünger als jetzt . . . Ich hatte den Eindruck, als würde ich eine Spiegelung von mir sehen, nur zwanzig Jahre jünger.»[20]

Auch das Gefühl, allein durch die Kraft der Gedanken sofort woanders sein zu können, kommt vor. Ein Vietnam-Veteran berichtete Michael Sabom: «Ich hatte das Gefühl, mich an jeden von mir gewünschten Ort hindenken zu können . . . Ich war ganz erregt von einem Gefühl der Macht. Ich konnte tun, was mir gefiel . . . Es ist dort viel realer als hier, wirklich.»[21]

«Ich erinnere mich, daß ich mich plötzlich wieder auf dem Schlachtfeld befand, wo es passiert war . . . Es war fast so, als materialisiere man sich plötzlich dort und im nächsten Augenblick schon wieder hier. Es ging wie ein Augenzwinkern.»[22]

Viele Nahtod-Erfahrungen berichten auch von einem hellsichtigen Zustand vollständigen Wissens «von Anbeginn der Zeiten bis zu ihrem Ende».[23] Eine Frau erzählte Raymond Moody: «Plötzlich wußte ich alles über alle Dinge, vom Anfang bis zum Ende aller Zeiten – für eine Sekunde kannte ich alle Geheimnisse aller Zeitalter, den ganzen Sinn des Universums, der Sterne, des Mondes, von allem.»[24]

«Es gab einen Moment in dieser Sache – nun, man kann es eigentlich nicht beschreiben – aber es war, als wüßte ich alles ... Für einen Augenblick war es so, als sei Kommunikation nicht nötig. Ich dachte, es wäre mir möglich, alles zu wissen, was ich zu wissen wünschte.»[25]

«Während ich dort war, fühlte ich mich im Zentrum der Dinge. Ich fühlte mich erleuchtet und gereinigt. Ich hatte das Empfinden, alles zu verstehen. Alles paßte zusammen. Alles machte Sinn, selbst die dunklen Zeiten. Es schien so, als würden die Stücke eines Puzzles sich plötzlich zu einem ganzen Bild zusammenfügen.»[26]

IV. Begegnung mit anderen

In den tibetischen Lehren heißt es, daß der Geistkörper im Bardo des Werdens anderen Bardo-Wesen begegnet. Menschen mit Nahtod-Erfahrungen berichten von ähnlichen Erlebnissen. Michael Saboms Vietnam-Veteran spricht von dem Zeitraum, während er bewußtlos auf dem Schlachtfeld gelegen und seinen eigenen Körper beobachtet hatte:

> Die dreizehn Jungs, die am Vortag gefallen waren und die ich selbst in Plastiksäcke gepackt hatte, waren auf einmal bei mir. Und mehr noch: Während des Monats Mai hatte meine Kompanie 42 Mann verloren. Diese 42 Jungs waren auch da. Sie waren nicht so da, wie wir einen menschlichen Körper wahrnehmen ... Aber ich wußte, daß sie da waren. Ich spürte ihre Anwesenheit. Wir unterhielten uns, ohne unsere Stimmen zu gebrauchen.[27]

Eine Frau, die während der Narkose für eine Zahnextraktion einen Herzstillstand hatte, berichtete:

> Dann fand ich mich wieder. Ich war in einer wunderschönen Landschaft, wo das Gras grüner ist, als ich es auf der Erde je gesehen hatte. Es strahlt von einem ganz besonderen Licht. Die Farben sind unbeschreiblich; die Farben hier sind so ärmlich im Vergleich ... An diesem Ort traf ich Menschen, von denen ich wußte, daß sie schon gestorben waren. Worte wurden nicht gesprochen, aber ich wußte irgendwie, was sie dachten, und mir war klar, daß sie wußten, was ich dachte.[28]

V. Verschiedene Bereiche

Sowohl im Bardo des Werdens als auch in verschiedenen anderen visionären Zuständen nimmt der Geistkörper Ansichten und Zeichen verschiedener Existenzbereiche wahr. Ein kleiner Prozentsatz der Menschen, die einen Beinahe-Tod überlebten, berichten auch von Visionen innerer Welten, von Paradiesen, Städten aus Licht mit transzendenter Musik.

So erzählte eine Frau Raymond Moody:

> In der Ferne ... konnte ich eine Stadt erkennen. Es gab Gebäude – einzeln stehende Gebäude. Sie leuchteten hell. Die Menschen darin waren glücklich. Es gab funkelnde Wasserfontänen und Brunnen ... eine Stadt aus Licht müßte man, glaube ich, wohl sagen ... Es war wunderbar. Es gab so schöne Musik. Alles leuchtete nur, wunderbar ... Wäre ich eingetreten, ich glaube, ich wäre niemals zurückgekehrt ... Es wurde mir gesagt, daß ich nie mehr zurückkönne, wenn ich hineinginge ... daß ich selbst entscheiden müsse.[29]

Jemand anderes berichtete Margot Grey:

> Ich schien mich in einer Art Bauwerk oder Gebäude zu befinden, aber ich kann mich nicht an Wände erinnern. Es gab nur dieses allesdurchdringende, schöne, goldene Licht ... Ich bemerkte viele Leute, die mich umgaben, und es herrschte ein Kommen und Gehen; sie schienen nicht einmal zu gehen, sondern irgendwie zu gleiten. Ich fühlte mich keineswegs getrennt von ihnen. Ich erinnere mich, daß das vorherrschende Gefühl ihnen gegenüber Einheit war; ich fühlte mich mit allem um mich herum vollständig verbunden.[30]

VI. Höllenvisionen

Nicht alle Berichte von Nahtod-Erfahrungen sind jedoch positiv, was den Aussagen der tibetischen Lehren ja auch durchaus entspricht. Manche Menschen berichten von erschreckenden Erfahrungen, von Angst, Panik, Einsamkeit, Verzweiflung und Düsternis, die deutlich einigen der Beschreibungen des Bardo des Werdens ähneln. Ein Mensch, von dem Margot Grey berichtet, sprach davon, «in einen riesigen, schwarzen Strudel gesogen zu werden», und diejenigen, die negative Erfahrungen machen, haben genau wie die, denen eine Wiedergeburt in den unteren Bereichen bevorsteht, das Gefühl, nach unten zu reisen statt nach oben:

> Ich bewegte mich als Teil eines Stromes aus Geräuschen vorwärts – ein unaufhörliches Gemurmel menschlicher Stimmen ... Ich fühlte mich, als würde ich in den Strom einsinken und Teil von ihm werden, langsam von ihm verschlungen werden. Ich hatte große Angst, denn ich wußte, daß ich verloren sein würde, sobald ich in dieser lärmenden Masse unterginge.[31]
> Ich blickte in eine große Grube, die ganz mit wirbelndem grauen Nebel gefüllt war, aus dem Hände und Arme herauslangten, die versuchten, mich zu fassen zu kriegen und dort hineinzuziehen. Es herrschte ein schreckliches Heulen voll tiefster Verzweiflung.[32]

Andere Menschen haben Höllenvisionen von intensiver Kälte oder Hitze erfahren, wobei sie gequältes Klagen oder laute Geräusche wie von wilden Tieren vernahmen. Margot Grey berichtet von einer Frau, die sagte:

> Ich befand mich an einem nebligen Ort. Ich spürte, daß ich in einer Art Hölle war. Dort war eine große Grube, aus der Dämpfe aufstiegen, und Hände und Arme kamen aus dem Dunst und versuchten mich zu greifen ... Ich hatte Angst, daß die Hände mich erwischen und zu sich in das Loch ziehen würden ... Ein riesiger Löwe sprang mich von der anderen Seite an, und ich schrie auf. Ich hatte keine Angst vor dem Löwen, aber ich fürchtete, daß er mich aus dem Gleichgewicht bringen und in die grauenhafte Grube stoßen würde ... Es war sehr heiß dort unten, und auch der Dampf oder Dunst war sehr heiß.[33]

Ein Mann, der einen Herzanfall erlitten hatte, berichtete: «Die Reise ging nach unten, tief in die Erde. Ich spürte Zorn und diese grauenhafte Angst. Alles war grau. Der Lärm war beängstigend, wie das Knurren, Fauchen und Zähneknirschen tollwütiger wilder Tiere.»[34]

Raymond Moody schreibt, daß mehrere Menschen berichteten, Wesen gesehen zu haben, die wie in einer Falle festsaßen, weil sie nicht von ihrem Anhalten an die materielle Welt ablassen, Besitz, Menschen oder Gewohnheiten nicht aufgeben konnten. Eine Frau erzählte von diesen «verstörten Wesen»:

> Was man sich als ihren Kopf denken konnte, hing herunter; sie wirkten

> traurig und deprimiert; sie schienen zu schlurfen, wie Kettensträflinge . . . sie sahen ausgewaschen, fahl, grau aus. Sie schienen ununterbrochen schlurfend in Bewegung zu sein, ohne zu wissen, wohin sie gehen, wem sie folgen sollten oder was sie überhaupt suchten.
> Als ich vorbeikam, hoben sie nicht einmal den Blick, um zu sehen, was los war. Sie schienen zu denken: «Nun ist alles vorbei. Was soll ich nur tun? Worum geht es eigentlich?» Ausschließlich diese absolut hoffnungslose, gebrochene Haltung – ohne zu wissen, was sie tun, wohin sie gehen sollten, wer sie überhaupt waren oder irgend etwas sonst.
> Statt aber einfach nur zu sitzen, schienen sie unaufhörlich in Bewegung, allerdings in keiner eindeutigen Richtung. Wenn sie geradeaus losgingen, scherten sie auf einmal nach links aus, machten ein paar schlurfende Schritte, und wendeten sich wieder nach rechts, ohne Ziel oder Aufgabe schienen sie ständig nach etwas zu suchen, aber was sie eigentlich wollten – ich weiß es nicht.[35]

In den Berichten von Nahtod-Erfahrungen wird oft von einer Art Grenze oder einem Punkt ohne Wiederkehr gesprochen. An dieser Grenze entscheidet sich der Mensch (oder wird aufgefordert), ins Leben zurückzukehren, manchmal in Gegenwart des Lichtwesens. In den tibetischen Bardo-Lehren ist von einer Rückkehr natürlich nicht die Rede, denn sie beschreiben ja, was einem Menschen geschieht, der tatsächlich stirbt. Aber auch in Tibet gab es Menschen, Deloks genannt, die so etwas wie eine Nahtod-Erfahrung gemacht haben, und sie haben uns faszinierend Ähnliches zu berichten.

Deloks: Tibetische Nahtod-Erfahrungen

Ein merkwürdiges, den Tibetern recht vertrautes, im Westen jedoch wenig bekanntgewordenes Phänomen sind die Deloks. Auf Tibetisch bedeutet *de lok* «vom Tode zurückgekehrt». Gewöhnlich sind Deloks Menschen, die wegen einer Krankheit scheinbar «sterben» und sich im Bardo reisend wiederfinden. Sie besuchen die Höllenwelten, wo sie Zeugen des Totengerichts und der Leiden der Höllen werden, und manchmal gelangen sie auch in Paradiese und Buddha-Bereiche. Manchmal werden sie von einer Gottheit begleitet, die sie schützt und ihnen erklärt, was sie sehen. Spätestens nach einer Woche wird der Delok wieder in seinen Körper zurückgeschickt, um den Lebenden eine Botschaft vom Herrn des Todes zu überbringen, die ihnen die Dringlichkeit spiritueller Praxis und eines konstruktiven Lebens nahelegt. Sie verbringen dann den Rest ihres Lebens damit, den anderen – die sich oft nur schwer von der Wahrheit der Geschichte überzeugen lassen – von ihren Erlebnissen zu berichten, um sie auf den Pfad der Weisheit zu bringen. Die Lebensgeschichten einiger der berühmtesten Deloks wurden aufgeschrieben und gehören in ganz Tibet zum festen Repertoire fahrender Sänger.

Diese Delok-Erzählungen korrespondieren nun in vielen Aspekten nicht nur mit den Bardo-Lehren, etwa des «Tibetischen Totenbuchs», was kaum anders zu erwarten wäre, sondern ebenso mit den Nahtod- Erfahrungen.

Lingza Chökyi war eine berühmte Delok, die im 16. Jahrhundert in der Provinz Tibets lebte, die auch meine Heimat ist. In ihrer Biographie berichtet sie, daß sie sich – ohne bemerkt zu haben, daß sie gestorben war – plötzlich außerhalb ihres Körpers befand und auf ihrem Bett ein totes Schwein liegen sah, das ihre Kleider trug. Verzweifelt, aber vergeblich versuchte sie, sich ihrer Familie mitzuteilen, die damit begann, die Praktiken nach ihrem Tod durchzuführen. Als die Angehörigen keine Notiz von ihr nahmen und auch kein Essen mehr für sie auftrugen, wurde sie sehr zornig. Wenn ihre Kinder um sie weinten, fühlte es sich für sie an, als würde ein «Hagel aus Eiter und Blut» sich über sie ergießen, der ihr große Schmerzen bereitete. Sie berichtete, jedesmal große Freude empfunden zu haben, wenn praktiziert wurde, und wie grenzenlos glücklich sie war, als sie schließlich vor den Meister kam, der eine Übung für sie ausführte und in der Natur seines Geistes ruhte, und wie ihr Geist und sein Geist eins wurden.

Nach einiger Zeit hörte sie jemanden rufen, und weil sie glaubte, daß es ihr Vater sei, folgte sie dem Ruf. So gelangte sie in den Bardo, der ihr wie ein Land erschien. Von dort, so sagt sie, führte eine Brücke in die Höllenbereiche und an den Ort, wo der Herr des Todes die guten und schlechten Taten der Verstorbenen abwägt. Dort begegnete sie verschiedenen Leuten, die ihre Geschichte erzählten, und sie sah einen großen Yogi, der in die Höllenwelten gekommen war, um Lebewesen zu befreien.

Da es bezüglich ihres Namens und ihrer Familie einen Irrtum gegeben hatte und die Zeit für ihren Tod noch gar nicht gekommen war, wurde Lingza Chökyi schließlich wieder in die Welt zurückgeschickt. Mit einer Botschaft vom Herrn des Todes für die Lebenden kehrte sie also in ihren Körper zurück, erholte sich und verbrachte den Rest ihres Lebens damit, anderen zu berichten, was sie gelernt hatte.

Die Tradition der Deloks existiert in den Ländern des Himālaya bis zum heutigen Tage. Es sind normalerweise ganz gewöhnliche Menschen, oft Frauen, die sehr viel Hingabe und einen starken Glauben besitzen. Sie «sterben» an bestimmten Tagen des buddhistischen Kalenders für ein paar Stunden, und ihre Hauptaufgabe ist es, als Botschafter zwischen den Lebenden und den Toten zu fungieren. Manchmal verläßt ein Delok seinen Körper auch für etwa eine Woche, begegnet Verstorbenen, die ihm häufig völlig unbekannt sind, ihm aber Botschaften für ihre Hinterbliebenen übergeben, in denen sie ihre Verwandten bitten, bestimmte Praktiken für sie auszuführen. Der Delok kehrt dann wieder in seinen Körper zurück und überbringt die Botschaften.

In Tibet waren solche Vorkommnisse nichts Außergewöhnliches, und es gab sogar Methoden um festzustellen, ob es sich um einen echten Delok oder einen Betrüger handelte. Dilgo Khyentse Rinpoches Tochter berichtete Françoise Pommaret, der Autorin eines Buches über Deloks, daß es in Tibet üblich war, einem Delok, während er in seinem besonderen Zustand war, die Körperöffnungen mit Butter zu verschließen und sein Gesicht mit einer Paste aus Gerstenmehl zu bedecken.[36] Wenn die Butter nicht schmolz und die Maske keine Sprünge bekam, wurde der Delok als authentisch anerkannt.

Die Botschaft der Nahtod-Erfahrung

Wie wir gesehen haben, lassen sich deutliche Übereinstimmungen zwischen der Nahtod-Erfahrung und den Bardo-Lehren feststellen; es gibt aber auch deutliche Unterschiede. Der größte Unterschied besteht natürlich in der Tatsache, daß Menschen mit Nahtod-Erfahrungen nicht wirklich gestorben sind, wohingegen die Lehre von den Bardos beschreibt, was mit Menschen geschieht, während sie sterben, welche Erfahrungen sie nach ihrem physischen Tod machen, und was sie durchmachen, wenn sie eine neue Wiedergeburt nehmen. Daß diejenigen, die Nahtod-Erfahrungen machen, auf ihrer Reise in den Tod nicht besonders weit kommen – einige sind nur für etwa eine Minute «tot» –, kann wohl zumindest als eine Erklärung für die Unterschiede in beiden Bereichen angesehen werden.

Einige Schriftsteller haben den Vorschlag gemacht, die Nahtod-Erfahrungen als eine Beschreibung der Auflösungsphase im Bardo des Sterbens zu sehen. Ich halte es für voreilig, die Nahtod-Erfahrungen zu eng mit den Beschreibungen der Bardos in Übereinstimmung bringen zu wollen. Ein Mensch mit Nahtod-Erfahrung ist ja dem Tod buchstäblich nur «nahe» gekommen. Als ich meinem Meister Dilgo Khyentse Rinpoche von den Nahtod-Erfahrungen berichtet habe, hat er sie als ein Phänomen bezeichnet, das dem natürlichen Bardo dieses Lebens zuzurechnen sei, weil das Bewußtsein den Körper des «Verstorbenen» nur zeitweilig verläßt, um in anderen Bereichen zu wandeln.

Dilgo Khyentse sagt damit, daß die Nahtod-Erfahrungen und der kurze Zustand des klinischen Todes dieser Menschen noch in den natürlichen Bardo dieses Lebens einzuordnen sind. Vielleicht stehen sie an der Schwelle zu den anderen Bardos, aber sie haben sie mit Sicherheit nicht betreten und sind danach wieder zurückgekehrt. Was immer ihre Erfahrungen sein mögen, sie gehören auf jeden Fall noch dem natürlichen Bardo dieses Lebens an. Ist es denn dann vielleicht möglich, daß die Erfahrung von Licht mit dem Aufscheinen der Grund-Lichtheit vergleichbar ist? Ist es möglich, daß diese Menschen bereits einen kleinen Schimmer der ersten Strahlen dieser ungeheuren Sonne erhaschen, kurz bevor sie wirklich aufgeht?

Was immer die letzte Bedeutung der Einzelheiten der Nahtod-Erfahrungen auch sein mag, ich bin von vielen der Berichte, die ich gelesen und gehört habe, tief bewegt, und besonders berührt haben mich die Einstellungen, die das Ergebnis dieser Erfahrungen sind – Einsichten, die der buddhistischen Sicht des Lebens erstaunlich nahe kommen. Von zweien dieser Veränderungen habe ich bereits gesprochen: von der tiefen Transformation und dem spirituellen Erwachen derjenigen, die eine solche Erfahrung gemacht haben, sowie von den Konsequenzen, die der sogenannte Lebensrückblick für uns alle hat. Dieser Lebensrückblick kommt in den Berichten über Nahtod-Erfahrungen immer wieder vor, und er demonstriert deutlich die Unausweichlichkeit des Gesetzes von Karma und die weitreichenden, machtvollen Wirkungen all unserer Handlungen, Worte und Gedanken. Die zentrale Botschaft aber, die diese Menschen aus ihrer Begegnung mit dem Tod oder auch mit dem «Lichtwesen» mitbringen, ist genau die gleiche wie die des Buddha oder der Bardo-Lehren: daß nämlich die wesentlichsten und wichtigsten Werte im Leben Liebe und Wissen, Mitgefühl und Weisheit sind. Sie beginnen sicher zu erkennen, was auch die Bardo-Lehren uns zu sagen haben: daß Leben und Tod im Geist selbst zu finden sind. Das Vertrauen, das viele dieser Menschen durch solche Erfahrungen zu gewinnen scheinen, spricht dafür, daß sie ein tieferes Verständnis dieser Tatsache gewonnen haben.

Es gibt auch bestimmte Übereinstimmungen zwischen Nahtod-Erfahrungen und mystischen Erfahrungen oder veränderten Bewußtseinszuständen. So ist in einigen Nahtod-Berichten von paranormalen Phänomenen die Rede. Einige der Betroffenen hatten präkognitive oder prophetische Visionen, andere hatten «Lebensvorausblicke», die sich später als genau zutreffend erwiesen haben; nach Nahtod-Erfahrungen berichten einige auch von Erfahrungen von etwas, das der Energie der Kundalini[37] gleichkommt; andere entdecken erstaunliche hellseherische Fähigkeiten an sich oder die Kraft, physisch oder psychisch heilen zu können.

Viele von denen, die dem Tode nahegekommen sind, sprechen auf eine zutiefst überzeugende, ganz persönliche Weise von der Schönheit, der Liebe, dem Frieden und der glückseligen Weisheit dessen, was sie erlebt haben. Für mich klingen diese Berichte oft, als hätten die Menschen gewisse Einblicke in die Natur des Geistes gehabt; und es ist nicht überraschend, daß solche Einblicke dann immer wieder auch zu spiritueller Transformation geführt haben. Margot Grey sagt jedoch zu Recht: «Um eine höhere spirituelle Wirklichkeit erfahren zu können, muß man nicht unbedingt dem Tode nahe sein.»[38] Die spirituelle Wirklichkeit findet sich hier und jetzt, in diesem Leben – wenn wir sie nur erkennen und annehmen.

Eine wichtige Warnung möchte ich nicht vergessen: Man darf sich von diesen Berichten über Nahtod-Erfahrungen, die zugegebenermaßen sehr inspirierend sind, nicht zu dem Glauben verleiten lassen, daß man bloß zu sterben bräuchte, um Zustände von Frieden und Glückseligkeit zu erleben. So einfach ist es nicht, und so einfach kann es auch gar nicht sein. Manchmal haben Menschen in all ihrem Leiden und Schmerz das Gefühl, das alles nicht mehr länger ertragen zu können, und die Nahtod-Erzählungen könnten sie – das ist leicht nachvollziehbar – dazu verführen, allem ein Ende setzen zu wollen, indem sie sich einfach das Leben nehmen. Eine scheinbar einfache Lösung, die aber völlig die Tatsache außer acht läßt, daß alles, was wir durchmachen, Teil unseres Lebens ist. Weglaufen ist unmöglich. Wenn wir versuchen, vor unserem Leiden zu fliehen, werden wir es später auf einer tieferen Ebene erfahren.

Nebenbei gesagt wird auch darüber spekuliert, ob das Übergewicht an positiven Nahtod-Erfahrungen in den gesammelten Berichten tatsächlich daher rührt, daß negative und erschreckende Erfahrungen so selten sind, oder ob man sich an unliebsame Erfahrungen eventuell nur schwerer erinnern kann. Die Menschen sind vielleicht nicht willens oder in der Lage, sich dunkle und furchterregende Erfahrungen nochmals ins Bewußtsein zu rufen. Alle Nahtod-Erfahrenen betonen aber, daß sie die

Notwendigkeit verstanden haben, unser Leben jetzt zu ändern, denn «die Aufgabe, die wir hier im Leben haben, ist wichtiger».[39]

Unser Leben *jetzt* zu ändern – das ist der Dreh- und Angelpunkt. Wäre es nicht tragisch, wenn die zentrale Botschaft der Nahtod-Erfahrung – daß das Leben heilig ist und mit einer diesem heiligen Sinn entsprechenden Intensität und Aufrichtigkeit gelebt werden muß – durch eine leichtfertige Romanze mit dem Tod verdrängt werden würde? Und wäre es nicht noch schlimmer, wenn dieser seichte Optimismus auch noch die Verweigerung unserer Verantwortung für uns selbst und für die Welt verstärken würde, die bereits jetzt das Überleben der Welt gefährdet?

Die Bedeutung der Nahtod-Erfahrung

Natürlich ist oft versucht worden nachzuweisen, daß es sich bei den Nahtod-Erfahrungen überhaupt nicht um spirituelle Erfahrungen handelt. So haben zum Beispiel einige Wissenschaftler versucht, diese Dimension auf rein physiologische, neurologische, chemische oder psychologische Vorgänge zu reduzieren. Die Nahtod-Forscher jedoch, selbst Ärzte und Wissenschaftler, haben diesen Einwänden stets auf einleuchtende Weise widersprochen und auf ihrer Meinung bestanden, daß die Ganzheit der Nahtod-Erfahrungen damit nicht erklärt werden könne. Wie Melvin Morse am Schluß seines großartigen Buches «Closer to the Light: Learning from Children's Near-Death Experience», schreibt:

> Die Nahtod-Erfahrungen sind eine Verdichtung vieler Vorgänge; man kann das Ganze nicht verstehen, wenn man nur seine einzelnen Teile betrachtet. Man kann ja auch Musik nicht verstehen, indem man die verschiedenen Frequenzen studiert, die jeden einzelnen Ton hervorbringen. Es ist durchaus nicht nötig, über Physik und Akustik Bescheid zu wissen, um Freude an Mozart zu haben. Die Nahtod-Erfahrung bleibt ein Geheimnis.[40]

An anderer Stelle schreibt Melvin Morse außerdem:

> Ich habe das Gefühl, daß ein Verständnis der Nahtod-Erfahrungen unser erster Schritt zu einer Überwindung der tiefen Kluft zwischen Wissenschaft und Religion sein wird, die mit Isaac Newton vor beinahe dreihundert Jahren begonnen hat. Wenn Ärzte, Krankenschwe-

> stern und letztlich wir alle verstehen, was Menschen in diesen letzten Stunden erleben, wird sich unsere von Vorurteilen geprägte Sicht der Medizin und des Lebens radikal verändern.[41]

Der Fortschritt in der medizinischen Technologie liefert gleichzeitig die Mittel zu einer Umwälzung in der Einstellung. Melvin Morse sagt:

> Es liegt eine gewisse Ironie darin, daß gerade unsere medizinische Technologie zu dieser Fülle an Nahtod-Erfahrungen geführt hat ... Es hat zwar in allen Jahrhunderten Nahtod-Erfahrungen gegeben, aber erst in den letzten zwanzig Jahren haben wir die Technologie entwikkelt, Patienten wiederbeleben zu können. Jetzt berichten sie uns von ihren Erfahrungen. Hören wir ihnen also gut zu. Ich denke, das ist eine große Herausforderung für unsere Gesellschaft ... Für mich sind Nahtod-Erfahrungen ein natürlicher, psychologischer Prozeß im Zusammenhang mit dem Tod. Ich gehe sogar so weit, vorauszusagen, daß die Reintegration dieses Wissens in unsere Gesellschaft – sofern sie gelingen sollte – nicht nur den sterbenden Patienten helfen wird, sondern der Gesellschaft als Ganzes. Ich halte die heutige Medizin für seelenlos ... Es gibt jedoch keinen Grund, warum Technologie und das Geistige nicht Seite an Seite bestehen sollten.[42]

Ich habe dieses Buch nicht zuletzt auch geschrieben, um zu zeigen, daß ich das, was Melvin Morse sagt, für durchaus möglich halte: Technologie und das Geistige können und müssen sich gegenseitig befruchten, damit unser gesamtes menschliches Potential entwickelt werden kann. Müßte eine auf umfassendes Verständnis bedachte und wirklich nützliche, menschenfreundliche Wissenschaft nicht den Mut aufbringen, die Erfahrungen der Mystik und die Tatsachen von Tod und Sterben, wie sie sich in den Nahtod-Erfahrungen und in diesem Buch darstellen, mit in ihre Forschungen einzubeziehen?

Bruce Greyson, einer der führenden Nahtod-Forscher, sagt:

> Die Wissenschaft muß zu einer Erklärung der Nahtod-Erfahrungen kommen, weil hierin der Schlüssel für ihre eigene Entwicklung liegt ... Die Geschichte lehrt uns, daß nur in dem Versuch, Erklärungen für gegenwärtig noch unerklärliche Phänomene zu finden, die Wissenschaft jeweils neue Methoden entwickelt hat. Ich glaube, die Nahtod-Erfahrung ist eines der Rätsel, das die Wissenschaftler zwingen könnte,

> eine neue Methode in der Wissenschaft zu entwickeln, die sämtliche Quellen des Wissens einschließt, nicht nur die logische Schlußfolgerung des Intellekts und die empirische Beobachtung des Physischen, sondern ebenso auch die direkte Erfahrung des Mystischen.[43]

Bruce Greyson glaubt auch, daß die Nahtod-Erfahrungen aus einem bestimmten Grund auftreten: «Auf der Grundlage meiner nunmehr jahrelangen Beobachtung von Nahtod-Erfahrungen bin ich zu der Überzeugung gelangt, daß es diese Erfahrungen gibt, damit wir lernen, anderen zu helfen.»

Kenneth Ring sieht noch einen anderen möglichen Sinn in den Nahtod-Erfahrungen. Er stellt die Frage, warum gerade heute so viele Menschen diese Erfahrungen machen und eine spirituelle Wandlung erleben. Seit etlichen Jahren einer der mutigsten Vorkämpfer auf dem Gebiet der Nahtod-Forschung, bezeichnet er diese Menschen als «Botschafter der Hoffnung», die von einer anderen, spirituellen Wirklichkeit berichteten und uns dazu aufrufen, jede Facette unseres jetzigen Lebens zu verwandeln, die kriegerischen Auseinandersetzungen zu beenden, alle Grenzen zwischen den Religionen und den Völkern abzubauen und die Umwelt zu schützen und zu bewahren:

> Ich glaube ... daß die ganze Menschheit kollektiv um das Erwachen zu einem neuen und höheren Bewußtseinszustand kämpft ... und daß die Nahtod-Erfahrung als ein Mittel der Evolution angesehen werden kann, diese Transformation über einen Zeitraum von mehreren Jahren in Millionen von Menschen voranzutreiben.[44]

Vielleicht wird es von uns allen abhängen, ob diese Aussage sich bewahrheitet oder nicht: ob wir tatsächlich den Mut haben, uns den Konsequenzen der Nahtod-Erfahrungen und der Bardo-Lehren zu stellen, uns selbst und die Welt um uns herum zu verwandeln und damit allmählich die gesamte Zukunft der Menschheit zum Besseren zu wenden.

Vierter Teil

Schlußbetrachtungen

21. Der universale Prozeß

Vierzig Jahre nach der Besetzung Tibets durch die Chinesen ignoriert die Welt immer noch weitgehend die dramatischen Geschehnisse auf dem Dach der Welt. Kaum jemand nimmt Notiz vom Ausmaß des Terrors und der Zerstörung; und der systematische Völkermord, dem die Tibeter bis zum heutigen Tage ausgesetzt sind, wird geflissentlich übersehen. Aus einer Gesamtbevölkerung von sechs Millionen Tibetern sind bis heute mehr als eine Million Menschen durch die Hand der Chinesen ums Leben gekommen, große Teile der riesigen Wälder Tibets, die für die Weltökologie genauso wichtig sind wie der amazonische Regenwald, wurden abgeholzt, der Wildbestand ist nahezu völlig ausgerottet, die Hochebenen und Flüsse sind durch nuklearen Müll verseucht, der größte Teil der sechseinhalbtausend Klöster ist niedergebrannt und zerstört, das tibetische Volk steht vor der Ausrottung, und seine Kultur ist im Heimatland bereits so gut wie ausgelöscht.

Seit Beginn der chinesischen Besetzung im Jahre 1950 sind in Tibet unzählige Greueltaten begangen worden. Spirituelle Meister, Mönche und Nonnen waren die ersten Opfer, denn die chinesischen Kommunisten wollten zuallererst den Geist und den Widerstand der Menschen brechen, indem sie alle Spuren religiösen Lebens auszulöschen suchten. Ungezählte Geschichten und Berichte von außergewöhnlichen und sehr bewegenden Todesfällen haben mich im Lauf der Jahre erreicht – Zeugnisse und letzter Tribut für die Größe einer Wahrheit, die die Chinesen verbissen zu vernichten suchen.

In der Provinz Kham, dem Teil Tibets, aus dem auch ich komme, lebte ein alter Khenpo, ein Abt, der viele Jahre seines Lebens in der Zürckgezogenheit einer Einsiedelei in den Bergen verbracht hatte. Die Chinesen hatten angekündigt, daß sie ihn nunmehr endlich «bestrafen» würden, was – wie jedermann wußte – Folter und Hinrichtung bedeutete. Sie schickten eine Abteilung Soldaten zu seiner Klause, um ihn festzunehmen. Der Khenpo war ein alter Mann und konnte nicht mehr laufen, und so banden die Chinesen ihn für seine letzte Reise auf einem alten, klapprigen Pferd fest. Als sich die Gruppe auf den Abstieg von der Einsiedelei zum Militärlager machte, begann der Khenpo zu singen. Die Chinesen konnten die Worte nicht verstehen, aber die Mönche, die mit ihm verhaftet worden waren, sagten später, er habe «Lieder der Erfahrung» gesungen, wunderschöne Gesänge, die unmittelbar aus der Freude seiner tiefen Verwirklichung entsprangen. Nur langsam kam die Gesellschaft auf den Bergserpentinen voran, die Soldaten in steinernem Schweigen und viele der Mönche in Tränen; der Khenpo jedoch sang den ganzen langen Weg.

Nicht lange, bevor man das Lager erreichte, hörte er auf zu singen und schloß die Augen. Die Gruppe setzte ihren Marsch schweigend fort. Als sie das Eingangstor des Lagers durchschritten, merkten sie, daß der Khenpo gestorben war. Ganz still hatte er seinen Körper verlassen.

Was hat ihn wohl, selbst noch im Angesicht des Todes, eine solche Heiterkeit empfinden lassen? Was gab ihm die Freude und Furchtlosigkeit, selbst in seinen letzten Augenblicken noch zu singen? Vielleicht war das, was er gesungen hatte, etwas ähnliches wie die Verse des «Makellosen Leuchtens», des letzten Testaments des Dzogchen-Meisters Longchenpa aus dem vierzehnten Jahrhundert:

Im wolkenlosen Himmel ist zur Nacht
der volle Mond, der «Herr der Sterne»
im Begriffe aufzugehen . . .
Das Antlitz meines mitleidsvollen Herrn, Padmasambhava,
Zieht mich hinan und strahlt sein gütiges Willkommen.

Meine Freude am Tod ist viel, viel stärker noch
als das Entzücken der Händler über großen Gewinn,
als die Lust der Götter über den Sieg in der Schlacht,
als das Glück der Weisen
in der Extase tiefster Versenkung.
So, wie ein Reisender die Straße wählt,
wenn die Zeit gekommen ist, zu gehen,
so will auch ich nicht mehr in dieser Welt verweilen,
sondern Wohnung nehmen
in der Burg des großen Glückes der Unsterblichkeit.

Das Leben ist zu Ende, mein Karma ist erschöpft,
Gebete können weiter nichts mehr nützen.

Mit allem Weltlichen ist abgeschlossen,
die Vorstellung des Lebens ist vorbei.
In den reinen, weiten Stadien der Bardo-Welt
will ich in einem Augenblick das Wesen
aller Manifestation des Seins durchschauen;
Ich bin kurz davor, den Sitz
im Grund der Urvollkommenheit zu wählen.

Mit den in mir entdeckten Schätzen
habe ich andere beglückt.
Ich habe den Segen dieses Lebens wohl genutzt,
die Insel der Befreiung zu erreichen.
In all der Zeit mit Euch, ihr edlen Schüler,
hat freudig die Wahrheit zu teilen,
mich erfüllt und mir Zufriedenheit gebracht.

Nun enden alle Bande zwischen uns in diesem Leben,
ein heimatloser Bettler bin ich,
der so stirbt, wie es ihm paßt.
So trauert nicht um mich, doch übt und betet immerzu.
Es ist mein Herz, das diese Worte spricht,
um Euch zu helfen,
nehmt sie als eine Wolke von Lotosblüten,
und Ihr, in Eurer Hingabe wie Bienen,
taucht darin ein,
den Nektar transzendenter Freude trinkend.

Mögen durch die tiefe Wahrheit dieser Worte,
alle Wesen aller Welten von Samsāra
im Grund der Urvollkommenheit Nirvāna finden.

Dies sind zweifellos die Worte eines Menschen, der höchste Verwirklichung mit allen damit verbundenen Eigenschaften gefunden hat, der die Freude und Furchtlosigkeit, die Freiheit und das Verständnis entwickelt hat, von denen die Lehren sprechen und die das eigentliche Ziel jedes menschlichen Lebens sind. Ich denke dabei an Meister wie Longchenpa und meine eigenen Meister Jamyang Khyentse, Dudjom Rinpoche und Dilgo Khyentse, und ich stelle mir die Wesen mit solcher Verwirklichung wie Adler vor, die über Leben und Tod schweben und sie so sehen, wie sie wirklich sind, in all ihrer geheimnisvollen, vielschichtigen Verwobenheit.

Durch die Augen des Adlers – mit dem Blick der Verwirklichung – zu sehen, das bedeutet, auf eine Landschaft hinabzublicken, in der die Grenzen zwischen Leben und Tod, die wir uns eingebildet haben, ineinanderfließen und sich auflösen. Der Physiker David Bohm hat die Wirklichkeit als «ungeteilte Ganzheit in fließender Bewegung» beschrieben. Was also die Meister direkt sehen und völlig verstehen, ist diese ungebrochene Ganzheit, diese fließende Bewegung. Was wir in unserer Unwissenheit in «Leben» und «Tod» aufspalten, sind in Wirklichkeit bloß zwei verschiedene Aspekte dieser Ganzheit in Bewegung. Das ist die weite und transformierende Vision, die uns die Bardo-Lehren eröffnen und die man im Leben großer Meister verkörpert findet.

Was die Bardos enthüllen

Den Tod mit den Augen der Verwirklichung zu sehen bedeutet also, ihn im Rahmen dieser Ganzheit zu erkennen und ihn als Teil – und nur als einen Teil – dieser anfanglosen und niemals endenden Bewegung zu verstehen. Die Einzigartigkeit und Kraft der Bardo-Lehren liegt darin, daß sie uns, durch ihre klare Erläuterung des Todesprozesses, letztlich auch die Funktion des Lebens enthüllen.

Wir wollen uns noch einmal anschauen, was mit einem Sterbenden in jeder der drei wichtigsten Phasen des Todes geschieht:

1. Auf dem Höhepunkt des Sterbeprozesses offenbart sich nach der Auflösung der Elemente, Sinne und Gedankenzustände für einen kurzen Augenblick die letztendliche Natur des Geistes – die Grund-Lichtheit.
2. Dann findet die Strahlung dieser Natur des Geistes in den Erscheinungen von Klang, Farbe und Licht ihren flüchtigen Ausdruck.
3. Danach erwacht das Bewußtsein des Verstorbenen wieder und tritt in die Erfahrung des Bardo des Werdens ein; ihr oder sein gewöhnlicher Geist kehrt zurück und wird in Form eines Geistkörpers manifest, der dem Diktat alter Gewohnheiten und des vergangenen Karma unterworfen ist. Diese alten Verhaltsmuster treiben den gewöhnlichen Geist dazu, die illusorischen Bardo-Erfahrungen für real und solide zu halten.

Was also sagen uns die Bardo-Lehren über den Tod? Daß er nicht weniger ist als eine allmähliche Manifestation des Geistes durch drei Phasen: aus seinem reinsten Zustand, der essentiellen Natur des Geistes, durch Licht und Energie (der Strahlung der Natur des Geistes) bis hin zu einer zunehmenden Verdichtung in einen Geistkörper. Was sich in diesen drei Bardos – dem Bardo des Sterbens, dem Bardo der Dharmatā und dem Bardo des Werdens – in aller Klarheit enthüllt, ist – wie die Lehren uns zeigen – ein dreifacher Prozeß: 1. Entfaltung, die in Offenbarung gipfelt; 2. unmittelbare Strahlung und 3. Verdichtung und Manifestation.

Die Bardo-Lehren führen uns aber noch weiter. Was sie uns in letzter Konsequenz zeigen – und ich denke, das ist eine wahrhaft revolutionäre Erkenntnis, die unsere gesamte Sicht von uns selbst und von der Welt verändern kann –, ist die Tatsache, daß dieser dreifache Prozeß sich nicht nur im Tode entfaltet, sondern daß er auch jetzt, in diesem Augenblick – in *jedem* Augenblick –, in unserem Geist, in unseren Gedanken und Emotionen und auf jeder Ebene unserer bewußten Erfahrung abläuft.

Ein weiterer Zugang, den uns die Lehren zum Verständnis dieses Prozesses anbieten, ist eine nähere Untersuchung dessen, was eigentlich auf jeder Stufe des Sterbeprozesses enthüllt wird. Die Lehren sprechen von drei Ebenen des Seins, die mit dem Sanskritwort *kāya* bezeichnet werden. Der Begriff Kāya bedeutet eigentlich Körper, steht in diesem Zusammenhang aber für Dimension, Feld oder Basis.

Betrachten wir den dreifachen Prozeß also auch einmal aus dieser Perspektive:

1. Die absolute Natur, die sich im Augenblick des Todes in der Grund-Lichtheit enthüllt, wird Dharmakāya genannt: die Dimension der «leeren», bedingungslosen Wahrheit, in der Illusion, Unwissenheit und jegliche Art von Konzepten niemals vorgekommen sind.
2. Die dieser Natur immanente Energie- und Lichtstrahlung, die im Bardo der Dharmatā ihren unmittelbaren Ausdruck findet, heißt Sambhogakāya: die Dimension vollständiger Freude, das Feld grenzenloser Vielfalt, reicher Fülle, jenseits aller dualistischen Grenzen, jenseits auch von Raum und Zeit.
3. Die Sphäre der Verdichtung dieser Natur in eine Form, wie sie sich im Bardo des Werdens zeigt, wird Nirmānakāya genannt: die Dimension unaufhörlicher Manifestation.

Erinnern wir uns, daß uns dieselben Aspekte schon einmal begegnet sind, nämlich in unserer Untersuchung der Natur des Geistes, und zwar als seine leere, himmelgleiche Essenz, seine lichte, strahlende Natur und seine ungehinderte, allumfassende, mitfühlende Energie, die miteinander eine Einheit bilden und alle gleichzeitig in Rigpa präsent sind.

Padmasambhava erklärt dies folgendermaßen:

> In Rigpa sind die drei Kāyas als untrennbare Einheit vollständig präsent:
> Rigpas Leerheit und die Tatsache, daß es nicht irgendwann oder irgendwo geschaffen wurde, ist der Dharmakāya.
> Seine lichte Klarheit, die die inhärente durchscheinende Strahlung der Leere repräsentiert, ist der Sambhogakāya.
> Sein niemals behindertes oder unterbrochenes Erscheinen ist der Nirmānakāya.
> Diese drei – vollständig und als totale Einheit vorhanden – sind sein Wesen.[1]

Die drei Kāyas beziehen sich also auf diese drei unserem Erleuchtungsgeist innewohnenden Aspekte; damit beziehen sie sich aber auch auf verschiedene Kapazitäten unserer Wahrnehmung. Die meisten von uns sind in ihrer Wahrnehmungsfähigkeit recht beschränkt und können ausschließlich die Dimension des Nirmānakāya, also Form und Manifestation wahrnehmen. Das ist auch der Grund, warum der Moment des Todes für uns ein leerer Zustand des Ins-Vergessen-Fallens ist, haben wir doch niemals einen Weg gefunden und kultiviert, um die Dharmakāya-Wirklichkeit zu erkennen, wenn sie als Grund-Lichtheit aufscheint. Genausowenig Hoffnung gibt es, daß wir die Sambhogakāya-Felder erkennen können, wenn sie im Bardo der Dharmatā offenbar werden. Da wir unser gesamtes Leben im Bereich der groben Wahrnehmungen der Nirmānakāya-Manifestation verbracht haben, werden wir im Moment des Todes auch sofort in diese Dimension zurückgetragen; wir erwachen verstört und verängstigt in einem Geistkörper im Bardo des Werdens, halten – genau wie im gerade vergangenen Leben – illusorische Erfahrungen für solide Wirklichkeit und taumeln hilflos getrieben von unserem Karma auf eine Wiedergeburt zu.

Tief verwirklichte Wesen jedoch haben eine Wahrnehmung erweckt, die von der unseren völlig verschieden ist. Sie ist rein, hoch entwickelt und bis zu einem solchen Grad geläutert, daß sich die Wirklichkeit für sie – während sie noch in einem menschlichen Körper weilen – in ganz und gar gereinigter Form darstellt und tatsächlich in all ihren zahllosen Dimensionen transparent wird. Für solche Menschen hält der Tod weder Angst noch Überraschungen bereit; er wird sogar als Gelegenheit zu letztendlicher Befreiung willkommen geheißen.

Der Prozeß im Schlaf

Die drei Phasen des Prozesses, dessen Entfaltung wir in den Bardo-Zuständen zur Zeit des Todes beobachteten, können auch im Leben während verschiedener Bewußtseinszustände beschrieben werden. Betrachten wir daraufhin einmal Schlaf und Traum:

1. Sobald wir einschlafen, verflüchtigen sich die Sinne und gröberen Schichten des Bewußtseins, und allmählich wird die absolute Natur des Geistes, die wir wieder Grund-Lichtheit nennen können, für kurze Zeit sichtbar.
2. Als nächstes kommt eine Dimension des Bewußtseins zum Tragen, die mit dem Bardo der Dharmatā vergleichbar ist. Sie ist jedoch so subtil, daß wir uns ihres Erscheinens normalerweise überhaupt nicht bewußt werden. Wie viele von uns sind sich schließlich der Phase des Schlafes gewahr, die zwischen Einschlafen und Träumen liegt?
3. Für die meisten von uns setzt die Wahrnehmung erst mit der nächsten Stufe wieder ein, wenn der Geist aktiv wird und wir uns in einer Traumwelt wiederfinden, vergleichbar dem Bardo des Werdens. Hier haben wir einen Traumkörper und durchleben verschiedene Traumerfahrungen, deren Inhalt und Gestalt sehr weitgehend von unseren Aktivitäten und Gewohnheiten im Wachzustand abhängig sind. All dies halten wir wiederum für wirklich und solide, ohne zu erkennen, daß wir träumen.

Der Prozeß in Gedanken und Emotionen

Genau derselbe Prozeß läßt sich auch in Gedanken und Emotionen und in der Art und Weise ihres Entstehens beobachten:

1. Die Grund-Lichtheit, die absolute Natur des Geistes, ist der ursprüngliche Zustand von Rigpa, der jedem Gedanken und jeder Emotion zugrunde liegt.

2. Aus der bedingungslosen Offenheit und Weite dieses ursprünglichen Zustands kommt eine fundamentale Energie hervor – die unmittelbare Strahlung von Rigpa –, die das Potential, die Basis und den Brennstoff für die groben Emotionen und Gedanken darstellt.
3. Diese Energie kann die Form von Gedanken und Emotionen annehmen, die uns wiederum zu Handlungen treiben und so bewirken, daß wir Karma ansammeln.

Denselben Prozeß können wir auch in der Meditation wiedererkennen, sofern wir mit der Praxis durch und durch vertraut sind:

1. Wenn die Gedanken und Emotionen allmählich zur Ruhe kommen und sich, in die Natur des Geistes sterbend, auflösen, können wir für einen Augenblick einen Schimmer der Natur des Geistes, einen flüchtigen Einblick in Rigpa selbst – den Ur-Zustand – erhaschen.
2. Dann werden wir gewahr, wie sich aus der Stille und Ruhe der Natur des Geistes eine Bewegung – noch ungeformte Energie – entfaltet: die ihr eigene Strahlung.
3. Sobald Greifen sich in irgendeiner Form dem Entstehen dieser Energie beimischt, verdichtet sie sich unausweichlich zu Gedankenformen, die uns wieder in die mentale Aktivität des Konzeptualisierens zurückwerfen.

Der Prozeß im Alltag

Nachdem wir gesehen haben, wie dieser Prozeß in Schlaf und Traum sowie in der Formierung von Gedanken und Emotionen kontinuierlich am Werk ist, wollen wir jetzt schauen, wo er in den Erfahrungen unseres Alltags zu finden ist:

Am besten können wir das tun, indem wir uns eine Regung von Freude oder Zorn einmal ganz genau anschauen. Untersuchen wir eine solche Regung, stellen wir fest, daß es vor dem Auftauchen einer Emotion immer Raum, immer eine Lücke gibt. Dieser trächtige Augenblick, bevor die Energie der Emotion sich ausdrücken kann, ist ein Moment reinen, ursprünglichen Gewahrseins, in dem wir, wenn wir es nur zulassen würden, einen Schimmer der wahren Natur des Geistes erhaschen könnten. Für einen winzigen Augenblick ist der Bann der Unwissenheit gebrochen; wir sind völlig frei von jedem Zwang und auch von jeder Möglichkeit zum

Greifen; selbst die Idee des Anhaftens ist überflüssig, ja lächerlich geworden.

Statt jedoch die «Leere» dieser Lücke anzunehmen, was uns die Glückseligkeit bescheren würde, frei und unbelastet von allen Vorstellungen, Bezugspunkten oder Konzepten zu bleiben, greifen wir, getrieben von unseren tiefverwurzelten Gewohnheitsmustern, wieder nach der fragwürdigen Sicherheit des Vertrauten, nach dem tröstlich beruhigenden Schauspiel unserer Emotionen. So wird eine an sich nicht festgelegte Energie, die aus der Natur unseres Geistes ausstrahlt, in die Form einer Emotion verdichtet, wird ihre grundlegende Reinheit von unserer samsārischen Sicht gefärbt, verdreht und zu einer dauernden Quelle von Ablenkung und Verblendung im Alltag gemacht.

Wenn wir also jeden Aspekt unseres Lebens genau untersuchen, erkennen wird, daß wir den gleichen Prozeß wie in den Bardos auch im Schlaf und im Traum sowie in Gedanken und Emotionen wieder und wieder durchlaufen. Die Lehren machen uns darauf aufmerksam, daß genau diese Tatsache – daß wir den Prozeß der Bardos im Leben wie im Tod und auf allen Ebenen des Bewußtseins immer wieder durchlaufen – uns unzählige Gelegenheiten zur Befreiung liefert, sowohl jetzt als auch im Tod. Es liegt nicht nur in der Natur dieses Prozesses, sondern macht auch seinen Charakter und seine Einzigartigkeit aus, daß er uns einerseits die Chance für Befreiung bietet, gleichzeitig aber auch die Möglichkeit offenläßt, in unserer Verwirrung zu verharren. Denn jeder Aspekt des gesamten Prozesses bietet gleichermaßen die Chance zur Befreiung wie die Chance zur Verwirrung.

Die Bardo-Lehren öffnen uns eine Tür; sie zeigen uns, wie wir aus dem unkontrollierten Kreislauf von Tod und Wiedergeburt – der sich Leben auf Leben wiederholenden Tretmühle der Unwissenheit – ausbrechen können. Sie lehren uns, daß wir dieses Tor zur Befreiung durchschreiten können, sobald wir irgendwann im Prozeß der Bardos des Lebens und des Todes die Natur des Geistes, Rigpa, erkennen und ein stabiles Gewahrsein dessen herstellen können – ja selbst dann schon, wenn es uns nur gelingt, ein gewisses Maß an Kontrolle über unseren eigenen Geist zu gewinnen. Abhängig davon, in welchem Bardo wir diese Kontrolle gewinnen, abhängig auch von der Vertrautheit mit der Sicht der Natur des Geistes an sich sowie der Tiefe des Verständnisses des eigenen Geistes, seiner Gedanken und Emotionen, wird die Erkenntnis unterschiedlich ausfallen.

Was uns die Bardo-Lehren allerdings auch begreiflich machen, ist die

Tatsache, daß wir genau das, was jetzt im Leben in unserem Geist vorgeht, auch in den Bardos erfahren werden. Es gibt nämlich keinen wesentlichen Unterschied zwischen beiden Zuständen: Leben und Tod sind eine «ungeteilte Einheit» in «fließender Bewegung». Aus diesem Grund erläutert Tsele Natsok Rangdrol, einer der größten Meister des siebzehnten Jahrhunderts, den Kern der Praktiken für alle Bardos – Leben, Sterben, Dharmatā und Werden – aus der Sicht unseres gegenwärtigen Verständnisses vom Geist und seinen Wahrnehmungen und der Natur von Gedanken und Emotionen:

> Erkenne die unendliche Vielfalt
> der Erscheinung als Traum,
> als nichts anderes als Projektionen deines Geistes,
> illusorisch und unwirklich.
> Ohne nach etwas zu greifen,
> ruhe in der Weisheit deines Rigpa,
> das alle Konzepte überschreitet:
> Das ist Kern der Praxis
> für den Bardo dieses Lebens.
>
> Bald wirst du sterben,
> und nichts wird dir dann wirklich eine Hilfe sein.
> Was du im Tode erfährst,
> ist bloß dein eigenes, begriffliches Denken.
> Ohne künstlich weitere Gedanken zu erzeugen,
> laß sie alle vergehen in die offene Weite
> des Selbstgewahrseins deines Rigpa:
> Das ist Kern der Praxis
> für den Bardo des Sterbens.
>
> Was immer nach dem Erscheinen oder Verschwinden greift,
> es als gut oder schlecht beurteilt,
> ist dein eigener Geist.
> Und dieser Geist selbst
> ist die Eigenstrahlung des Dharmakāya –
> so ist alles, was erscheint.
> Nicht an dem zu hängen, was erscheint,
> es nicht zu Vorstellungen zu verdichten,
> es nicht anzunehmen oder abzulehnen:

Das ist Kern der Praxis
für den Bardo der Dharmatā.

Samsāra ist dein Geist,
und auch Nirvāna ist dein Geist;
alle Lust und aller Schmerz,
wie alle Verblendungen auch,
sind nirgendwo anders zu finden
als in deinem Geist.
Kontrolle über deinen Geist gewinnen:
Das ist der Kern der Praxis
für den Bardo des Werdens.

Jetzt sind wir soweit, uns einen speziellen Bardo für sich anzuschauen und zu sehen, wie unsere Meditationspraxis, unser Verständnis von Gedanken und Emotionen und unsere Erfahrungen in diesem Bardo alle unauflöslich ineinander verwoben sind und wie der Widerschein der Bardo-Erfahrung in unserem Alltagsleben sichtbar wird. Der Bardo des Dharmatā eignet sich zu einer solchen Betrachtung am besten, weil dort die reine Energie – die zu Emotionen werden wird – unmittelbar als die wesenhafte Strahlung der Natur des Geistes aufscheint. Es ist mir durchaus bewußt, daß die Beschäftigung mit Emotionen heutzutage zu den beliebtesten Themen gehört und manchmal schon fast zur Besessenheit ausartet. Die Natur der Emotionen wirklich zu verstehen, bedeutet jedoch, auf dem Weg zur Befreiung bereits sehr weit vorangekommen zu sein.

Das höchste Ziel der Meditation ist es, unabgelenkt im Zustand von Rigpa ruhen zu können und mit dieser «Sicht» zu erkennen, daß alles, was im Geist erscheint, niemals etwas anderes ist als der Ausdruck des eigenen Rigpa – so wie auch die Sonne und ihre unzähligen Strahlen eine untrennbare Einheit sind. Wie Tsele Natsok Rangdrol in seinem Vers zum Bardo der Dharmatā sagt: «Was immer nach dem Erscheinen oder Verschwinden greift, es als gut oder schlecht beurteilt, ist dein eigener Geist. Und dieser Geist selbst ist die Eigenstrahlung des Dharmakāya ...»

Wenn Sie sich also im Zustand von Rigpa befinden und Gedanken und Emotionen erscheinen, erkennen Sie direkt, was sie sind und wo sie entspringen: Was immer dann auch erscheint, wird als Eigenstrahlung dieser Weisheit erkannt. Wenn Sie die Präsenz dieses ursprünglich reinen Gewahrseins von Rigpa jedoch verlieren, die Erscheinungen also nicht mehr durchschauen, erleben Sie sie als von Ihnen getrennt. Dann verdichten sie sich zu dem, was wir «Gedanken» oder «Emotionen» nennen, und so entsteht Dualität. Um diesen Vorgang mit allen seinen weitreichenden Konsequenzen zu verhindern, rät Tsele Natsok Rangdrol: «Nicht an dem zu hängen, was erscheint, es nicht zu Vorstellungen zu verdichten, es nicht anzunehmen oder abzulehnen: Das ist Kern der Praxis für den Bardo der Dharmatā.»

Diese Getrenntheit zwischen Ihnen und den Vorgängen in Ihrem Geist sowie die dadurch erzeugte Dualität wird nach dem Tod auf spektakuläre Weise verstärkt. Sind Sie nicht zu einer essentiellen Erkenntnis der wahren Natur der Erscheinungen im Geist gelangt, so ist es kein Wunder, daß Ihnen die Klänge, Lichter und Strahlen, die im Bardo der Dharmatā manifest werden, wie die objektive Wirklichkeit von äußeren, erschreckenden Phänomenen erscheinen können, die *Ihnen* widerfahren. Was bleibt Ihnen dann anderes übrig, als vor dem strahlenden Licht der friedvollen und zornvollen Gottheiten zurückzuschrecken und zu den fahlen, lockenden, gewohnten Lichtern der Sechs Bereiche zu flüchten? Die wesentliche Erkenntnis im Bardo der Dharmatā ist also die Einsicht, daß das, was aufscheint, die Weisheitsnatur Ihres eigenen Geistes ist: Die Buddhas und die Lichter der Weisheit sind in keinem Fall von Ihnen getrennt, sondern Ihre eigene Weisheitsenergie. Dies zu erkennen ist eine Erfahrung von Nicht-Dualität, und davon durchdrungen zu sein ist Befreiung.

Was zur Zeit des Todes im Bardo der Dharmatā geschieht, und was im Leben abläuft, wann immer eine Emotion in unserem Geist auftaucht, ist stets der gleiche, natürliche Prozeß. Die Frage ist nur, ob wir die wahre Natur der Erscheinung erkennen. Wenn es uns gelingt, das Auftauchen einer Emotion als das, was es wirklich ist, zu erkennen – die unmittelbare Energie der Natur unseres eigenen Geistes –, dann haben wir die Kraft, uns von den negativen Folgen und möglichen Gefahren dieser Emotion zu befreien, indem wir sie sich wieder in die ursprüngliche Reinheit der offenen Weite von Rigpa auflösen lassen.

Diese Erkenntnis und die mit ihr einhergehende Freiheit kann nur als Ergebnis vieler, vieler Jahre diszipliniertester Meditationspraxis erreicht werden, da sie eine lange Vertrautheit mit Rigpa, der Natur des Geistes, sowie große Stabilität dieses Zustands erfordert. Nichts weniger kann diese ruhige, glückselige Freiheit von unseren Gewohnheitsmustern und widerstreitenden Emotionen zustande bringen, nach der wir uns alle so sehr sehnen. Die Lehren mögen uns sagen, daß diese Freiheit schwer zu gewinnen ist, die bloße Tatsache jedoch, daß überhaupt eine solche Möglichkeit existiert, ist schon eine Quelle großer Hoffnung und Inspiration. Es gibt einen Weg, Gedanken und Emotionen, den Geist und seine Natur, Leben und Tod ganz und gar zu verstehen, und dieser Weg besteht darin, Erkenntnis und Verwirklichung zu erlangen. Die Erleuchteten erkennen nämlich Leben und Tod so offensichtlich, als lägen sie klar auf ihrer Hand, weil sie wissen, was Tsele Natsok Rangdrol schrieb: «Samsāra ist dein Geist, und auch Nirvāna ist dein Geist. Alle Lust und aller Schmerz, wie alle Verblendungen auch, sind nirgendwo anders zu finden als in deinem Geist.» Dieses klare Wissen, durch lange Praxis gefestigt und integriert in jede Bewegung, jeden Gedanken, jede Emotion ihrer relativen Wirklichkeit, hat die Erleuchteten frei gemacht. Dudjom Rinpoche hat gesagt: «Ist die große Verblendung, die Dunkelheit des Herzens, erst gereinigt, erhebt sich unaufhörlich der klaren Sonne strahlendes Licht.»

Die Energie der Freude

Ich denke oft an den Ausspruch Dudjom Rinpoches: «Die Natur des Geistes ist die Natur von allem.» Ich frage mich, ob die Wirklichkeit des dreifachen Prozesses, wie ihn die Bardos enthüllen, sich nicht nur auf allen Ebenen des Bewußtseins – im Leben wie im Tod – findet, sondern vielleicht sogar in der eigentlichen Natur des ganzen Universums.

Je mehr ich über die drei Kāyas und den dreifachen Prozeß der Bardos nachdenke, desto lebendigere und überzeugendere Parallelen entdecke ich zwischen ihnen und der innersten Vision anderer spiritueller Traditionen und anderen – scheinbar *ganz* anderen – Bereichen menschlichen Strebens. Ich denke zum Beispiel daran, daß die Christen sich die Natur und Aktivität Gottes als Dreifaltigkeit vorstellen: Christus ist die Inkarnation, die Form, die sich aus dem Grunde des Vaters durch das feinstoffliche Medium des Heiligen Geistes manifestiert. Könnte es nicht zumindest aufschlußreich sein, sich Christus als den Nirmānakāya vorzustellen, den Heiligen Geist als den Sambhogakāya und den absoluten Grund von beiden, den Vater, als den Dharmakāya? Im tibetischen Buddhismus bedeutet das Wort *tulku*, Inkarnation, tatsächlich Nirmānakāya: die stetig wiederkehrende Verkörperung und Aktivität mitfühlender, erleuchteter Energie. Ähnelt dieses Verständnis nicht sehr der christlichen Vorstellung der Fleischwerdung?

Ich denke in diesem Zusammenhang auch an die hinduistische Vorstellung von der dreifachen Essenz des Göttlichen, die auf Sanskrit mit dem Begriff Satchitānanda *(sat-chit-ānanda)* umschrieben wird, was man grob mit «Manifestation, Bewußtsein und Glückseligkeit» übersetzen kann. Für Hindus ist das Göttliche die gleichzeitige, ekstatische Explosion dieser drei Kräfte. Wieder ließen sich faszinierende Parallelen zum Prinzip der drei Kāyas herstellen: Den Sambhogakāya könnte man mit Ānanda vergleichen, der Seligkeitsenergie der Natur Gottes; der Nirmānakāya gliche dann Sat und der Dharmakāya Chit. Jeder, der in den Höhlen von Elephanta in Indien die große Skulptur von Shiva mit seinen drei Gesichtern gesehen hat, die die drei Gesichter des Absoluten symbolisieren, wird einen starken Eindruck von der Majestät und Großartigkeit dieser Vision des Göttlichen bekommen haben.

Die mystische Sicht von Essenz, Natur und Aktivität in der Dimension des Göttlichen zeigt in beiden Beispielen ein jeweils unterschiedliches Verständnis, das aber der buddhistischen Sicht der verschiedenen, sich gegenseitig durchdringenden Ebenen des Seins erstaunlich nahe kommt. Regt es nicht zumindest zu weiterem Nachdenken an, daß im Inneren jeder dieser mystischen Traditionen ein dreifacher Prozeß gesehen wird, obwohl sie die Wirklichkeit von ihrem jeweiligen Standpunkt durchaus unterschiedlich interpretieren?

Das Nachdenken über die Natur der Manifestation und die unterschiedlichen, jedoch miteinander verbundenen Zugänge zu einem entsprechenden Verständnis führt mich ganz von selbst zu einer Betrachtung der Natur von Kreativität, der Manifestation menschlicher Innenwelt als Form. Ich habe mich im Laufe der Jahre oft gefragt, ob und wie die Entfaltung der drei Kāyas Licht auf den Prozeß künstlerischen Ausdrucks werfen und vielleicht einen Hinweis auf seine wahre Natur und sein verborgenes Ziel geben könnte.

Jeder individuelle Ausdruck und jede Manifestation von Kreativität, sei es in der Musik, in den bildenden Künsten, in der Poesie oder auch in gewissen Momenten wissenschaftlicher Entdeckung, wie sie viele Wissenschaftler beschrieben haben, entsteht aus einem geheimnisvollen Grund von Inspiration und wird durch das Medium einer übersetzenden und kommunizierenden Energie zu Form. Sehen wir uns hier einem weiteren Ausdruck desselben dreifachen, verwobenen Prozesses gegenüber, den wir schon in den Bardos beobachtet haben? Ist dies vielleicht der Grund dafür, daß manche Kunstwerke und manche wissenschaftlichen Entdeckungen scheinbar unerschöpflichen Sinn und grenzenlose Bedeutung haben können? Erklärt das ihre Kraft, uns in einen Zustand von

Kontemplation und Freude zu führen, in dem sich uns etwas vom essentiellen Geheimnis unserer Natur und der Natur der Wirklichkeit enthüllt? Woher kommen die folgenden Verse William Blakes?

> Die Welt sehn in einem Körnchen Sand,
> den Himmel in einem Blütenrund,
> die Unendlichkeit halten in der Hand,
> die Ewigkeit in einer Stund.[2]

Im tibetischen Buddhismus stellen wir uns den Nirmānakāya als die Manifestation von Erleuchtung in einer unendlichen Vielfalt von Formen und Wegen in der physischen Welt vor. Er wird traditionell in drei Möglichkeiten gesehen: eine ist die Manifestation eines vollkommen verwirklichten Buddha, wie Gautama Siddharta, die in die Welt geboren wird und ihr die Lehre bringt. Eine zweite ist die eines scheinbar gewöhnlichen Menschen, der mit der besonderen Begabung gesegnet ist, anderen von Nutzen zu sein: ein Tulku. Eine dritte Möglichkeit der Nirmānakāya-Manifestation schließlich sind Lebewesen, durch die ein gewisses Maß an Erleuchtung wirksam wird, indem sie anderen durch verschiedene Künste, Fähigkeiten und Wissenschaften nutzen und sie inspirieren. In ihrem Fall ist, wie Kalu Rinpoche es ausdrückt, der erleuchtete Impuls «ein spontaner Ausdruck, so wie Licht unmittelbar von der Sonne ausstrahlt, ohne daß die Sonne Befehle erteilen oder dem Vorgang auch nur einen bewußten Gedanken widmen müßte. Die Sonne ist, und sie scheint.»[3] Könnte es nicht auch eine mögliche Erklärung für die Kraft und die Natur künstlerischer Genialität sein, daß sie ihre Inspiration letztendlich aus der Dimension der Wahrheit schöpft?

Das heißt nun aber durchaus nicht, daß die großen Künstler als erleuchtet bezeichnet werden könnten; aus ihrem Leben geht deutlich hervor, daß dem nicht so ist. Gleichzeitig ist es aber auch ganz eindeutig, daß geniale Menschen, in bestimmten Perioden ihres Lebens, unter ganz besonderen Umständen, Instrumente oder Kanäle erleuchteter Energie sein können. Wer könnte, wenn er den großen Meisterwerken von Mozart oder Beethoven wirklich aufmerksam lauscht, noch leugnen, daß sich in ihnen zeitweilig eine andere Dimension manifestiert? Und wer könnte angesichts der großen Kathedralen des europäischen Mittelalters, wie etwa Chartres, oder beim Anblick der Moscheen von Isfahan, der Skulpturen von Angkor oder der Schönheit der Hindu-Tempel von Ellora übersehen, daß die Künstler, die sie geschaffen haben, direkt von einer

Energie beseelt gewesen sein müssen, die aus dem Grund und der Quelle aller Dinge entspringt?

Für mich ist ein großes Kunstwerk mit dem Mond am Nachthimmel vergleichbar; er erleuchtet die Welt, aber das Licht ist nicht sein eigenes, sondern der Widerschein der verborgenen Sonne des Absoluten. Die Kunst hat unzähligen Menschen geholfen, einen Blick auf das Wesen der Spiritualität zu werfen. Ist einer der Gründe für die Beschränktheit eines großen Teils der modernen Kunst vielleicht der Verlust des Wissens um den unsichtbaren Ursprung der Kunst und ihren heiligen Zweck, der darin besteht, den Menschen eine Vision ihres wahren Wesens und ihrer Stellung im Universum zu vermitteln und ihnen den Wert und Sinn des Lebens mit seinen unendlichen Möglichkeiten immer wieder frisch zu Bewußtsein zu bringen? Ist vielleicht wirklich inspirierter künstlerischer Ausdruck dem Feld des Sambhogakāya verwandt, dieser Dimension unaufhörlicher, lichtvoller, glückseliger Energie, die Rilke «die geflügelte Energie des Entzückens» nennt? Gleicht inspirierte Kunst vielleicht dieser Strahlung, die die Reinheit und den unerschöpflichen Sinn des Absoluten ins Endliche und Relative übersetzt und fühlbar macht, sie, anders ausgedrückt, vom Dharmakāya in den Nirmānakāya übersetzt?

Die Entfaltung einer Vision von Ganzheit

Was mich, unter vielen anderen Dingen, am Beispiel Seiner Heiligkeit des Dalai Lama stets inspiriert hat, ist sein nie versiegendes Interesse an den verschiedenen Aspekten und Facetten der Entdeckungen der modernen Wissenschaften und seine Offenheit für diese Dinge.[4] Der Buddhismus wird ja auch oft «eine Wissenschaft des Geistes» genannt, und wenn ich mich mit den Bardo-Lehren beschäftige, ist es gerade ihre Präzision und ihre offene, nüchterne Klarheit, die mich immer wieder Ehrfurcht und Dankbarkeit empfinden lassen. Wenn der Buddhismus eine Wissenschaft des Geistes ist, dann sind für mich Dzogchen und die Bardo-Lehren die Herzessenz dieser Wissenschaft. Sie sind der innerste visionäre und gleichzeitig praktische Same, aus dem mit der Evolution der Menschheit der gewaltige Baum von ineinander verwobenen Erkenntnissen gewachsen ist und immer weiter wachsen wird, auf eine Art und Weise, die wir uns jetzt noch gar nicht vorstellen können.

Durch die Jahre und in vielen Begegnungen mit Wissenschaftlern unterschiedlichster Fachgebiete hat mich der Reichtum an Parallelen zwischen den Lehren des Buddha und den Entdeckungen der modernen Physik immer wieder überrascht und beeindruckt. Glücklicherweise sind sich viele der großen Pioniere moderner westlicher Philosophie und Wissenschaft dieser Parallelen ebenfalls bewußt geworden und erforschen sie mit Energie, Taktgefühl und dem sicheren Gespür dafür, daß aus dem Dialog zwischen der Mystik – der Wissenschaft von Geist und Bewußtsein – und den verschiedenen Naturwissenschaften sehr wohl eine neue Sicht des Universums und unserer Verantwortung in ihm hervorgehen kann. Ich bin mehr und mehr davon überzeugt, daß die Bardo-Lehren mit ihrem dreifachen Prozeß der Entfaltung einen einzigartigen Beitrag zu diesem Dialog zu bieten haben.

Ich möchte mich hier auf einen der vielen verschiedenen Ansätze einer wissenschaftlichen Vision konzentrieren, der mich persönlich ganz besonders fasziniert hat: die Sichtweise des Physikers David Bohm. Bohm hat einen neuen Zugang zur Realität entwickelt, der zwar durchaus kontrovers diskutiert wird, aber auch viel wohlwollende Aufnahme bei Forschern der verschiedensten Disziplinen gefunden hat: in der Physik genauso wie in der Medizin, der Biologie, der Mathematik, den Neurowissenschaften, der Psychiatrie sowie in der Kunst und in der Philosophie. David Bohm hat im Rahmen der Naturwissenschaften eine neue Herangehensweise an die Wirklichkeit entwickelt, die sich, wie die Bardo-Lehren auch, auf ein Verständnis von Totalität und Einheit der Existenz als ein ungeteiltes, nahtloses Ganzes gründet.

Seiner Ansicht nach wirkt im Universum eine multidimensionale, dynamische Ordnung, die im wesentlichen drei Aspekte hat. Den offensichtlichsten stellt unsere dreidimensionale Welt von Objekten, Raum und Zeit dar, die er *explizite* oder *entfaltete Ordnung* nennt. Woraus hat sich – nach Bohms Meinung – diese Ordnung denn nun entfaltet? Aus einem universellen, ungebrochenen Feld, «einem Grund jenseits von Zeit», den er *implizite* oder *eingefaltete Ordnung* nennt. Sie ist der allumfassende Hintergrund unserer gesamten Erfahrung. Er sieht die Beziehung zwischen diesen beiden Ordnungen als einen kontinuierlichen Prozeß, in dem alles in die explizite Ordnung Entfaltete sich wieder in die implizite Ordnung zurückfaltet. Bohm schlägt vor – und der Begriff «vorschlagen» kommt bei ihm häufig vor, weil gemäß seiner Philosophie Ideen aus einem frei fließenden Dialog hervorgehen und immer anfechtbar bleiben müssen –, als Quelle, die diesen Prozeß in verschiedene Strukturen organisiert, eine *super-implizite Ordnung* anzunehmen, eine noch subtilere und potentiell unendliche Dimension.

Liegt es nicht nahe, Parallelen zwischen diesen drei Ordnungen, den drei Kāyas und dem Prozeß der Bardos zu ziehen? David Bohm sagt: «Die ganze Vorstellung der impliziten Ordnung ist zuerst einmal eine Möglichkeit, die Entstehung von Form aus der Formlosigkeit durch den Prozeß der Explikation, der Entfaltung, zu diskutieren.»[5]

Auch David Bohms einfallsreiche Erweiterung des Verständnisses von Materie, das, von der Quantenphysik ausgehend, den Sprung zum Bewußtsein schafft, hat mich sehr inspiriert. Dieser Sprung wird sicher immer notwendiger werden, je weiter sich die Wissenschaft öffnet und entwickelt. «Der Geist», sagt Bohm, «könnte eine Struktur haben, die der des Universums gleicht, und in der zugrunde liegenden Bewegung, die wir ‹leeren Raum› nennen, findet sich tatsächlich ungeheure Energie. Die spezifischen Formen, die im Geist erscheinen, könnte man mit Partikeln vergleichen, und zum Grund des Geistes zu gelangen könnte dann der Wahrnehmung von Licht gleichen.»[6]

Hand in Hand mit der Idee der impliziten und expliziten Ordnung hat David Bohm eine Betrachtungsweise der Beziehung zwischen dem Mentalen und dem Physischen, zwischen Geist und Materie entwickelt, die er *Soma-Signifikanz* nennt. Er schreibt: «Die Idee der Soma-Signifikanz beinhaltet, daß Soma (oder das Physische) und seine Signifikanz (die mental ist) keinesfalls getrennt voneinander existieren, sondern daß sie zwei Aspekte einer allumfassenden Wirklichkeit sind.»[7]

Für David Bohm manifestiert sich das Universum in drei wechselseitig sich entfaltenden Aspekten: Materie, Energie und Sinn.

> Vom Gesichtspunkt der impliziten Ordnung sind Energie und Materie von einer Art Sinn durchdrungen, der ihrer Gesamtaktivität sowie der Materie, die in dieser Aktivität entsteht, Form verleiht. Die Energie des Geistes und die der materiellen Substanz des Gehirns sind ebenso von einer Art Sinn durchdrungen, die ihrer Gesamtaktivität Form verleiht. Ganz allgemein sind Materie und Sinn in Energie eingefaltet, während in Materie Energie und Sinn eingefaltet sind ... Aber auch Sinn enthält gleichermaßen sowohl Energie als auch Materie in sich eingefaltet ... Jede dieser drei Grundideen enthält also die jeweils anderen in sich.[8]

Diese äußerst subtile und verfeinerte Sicht vereinfachend, könnte man sagen, daß für David Bohm Sinn eine besondere, weitreichende Bedeutung besitzt. Er sagt: «Dies beinhaltet, im Gegensatz zur üblichen Ansicht, daß Sinn ein wesentlicher und unserer Gesamtrealität inhärenter Teil ist und nicht bloß eine rein abstrakte und ätherische Qualität, die nur im Geist existiert. Oder anders ausgedrückt, kann man über das menschliche Leben ganz allgemein sagen: «Sinn *ist* Sein ...» Im Akt der Interpretation des Universums erschaffen wir also das Universum: «In gewisser Hinsicht könnten wir sagen, daß wir die Gesamtheit des Sinnes sind, den wir uns geben.»[9]

Könnte es nicht hilfreich sein, nach Parallelen zwischen diesen drei Aspekten von David Bohms Idee des Universums und den drei Kāyas zu suchen? Eine tiefere Analyse der Ideen David Bohms könnte vielleicht zeigen, daß Sinn, Energie und Materie in ähnlicher Beziehung zueinander stehen wie die drei Kāyas. Könnte dies vielleicht zu der Erkenntnis führen, daß die Rolle von *Sinn*, wie Bohm ihn beschreibt, eine Analogie zum Dharmakāya sein könnte, zu dieser grenzenlos schöpferischen, ungeformten Totalität, aus der alle Dinge entstehen? Das Wirken der *Energie*, durch das Sinn und Materie einander beeinflussen, hätte dann eine gewisse Ähnlichkeit mit dem Sambhogakāya, dem unmittelbaren, dauernden Entspringen von Energie aus dem Grund der Leere, und die Erschaffung von *Materie* in David Bohms Modell hätte Ähnlichkeit mit dem Nirmānakāya, der fortlaufenden Verdichtung dieser Energie zu Form und Manifestation.

Wenn ich über David Bohm und sein bemerkenswertes Erklärungsmodell der Wirklichkeit nachdenke, frage ich mich, was ein großer Wissenschaftler, der gleichzeitig ein verwirklichter und von einem großen Meister ausgebildeter spirituell Praktizierender wäre, wohl alles entdecken könnte. Was hätte ein Wissenschaftler und Weiser, ein Longchenpa und Einstein in einem, uns wohl über die Natur der Wirklichkeit zu berichten? Wird eine der zukünftigen Blüten des großen Baumes der Bardo-Lehren ein Dialog zwischen Mystik und Wissenschaft sein, den wir uns noch kaum vorstellen können, an dessen Schwelle wir aber dennoch zu stehen scheinen? Welche Bedeutung könnte eine solche Entwicklung für die gesamte Menschheit haben?

Die bedeutungsvollste Parallele zwischen David Bohms Ideen und den Bardo-Lehren liegt in der Tatsache, daß beide aus einer Vision der Ganzheit entspringen. Diese Vision – wäre sie denn fähig, den einzelnen zu ermutigen, sein Bewußtsein zu verwandeln und dadurch die Gesellschaft zu beeinflussen – würde unserer Welt das dringend nötige Gefühl lebendiger Verbundenheit und Sinnerfüllung wiedergeben.

> Was ich vorschlagen möchte, ist die Erwägung, daß die übliche Art, wie der Mensch über das Ganze denkt, also seine allgemeine Sicht der Welt, wesentlich ist für die Gesamtordnung des menschlichen Geistes selbst. Wenn er sich das Ganze als zusammengesetzt aus unabhängigen Teilen denkt, dann wird sein Geist tendenziell in diesem Sinne arbeiten; wenn er aber alles kohärent und harmonisch in eine Gesamtsicht einschließen kann, die ungeteilt, bruchlos und ohne Grenze ist (denn jede Grenze ist eine Teilung oder ein Bruch), dann wird sein Geist tendenziell in ähnlicher Weise arbeiten, und daraus wird geordnete Handlung innerhalb des Ganzen fließen.[10]

Alle großen Meister würden David Bohm voll und ganz zustimmen, wenn er schreibt:

> Um die Welt politisch, ökonomisch und sozial zu verändern, müssen wir den Sinn anders begreifen. Dieser Wandel muß aber im Individuum beginnen; für den einzelnen selbst muß sich der Sinn ändern ... Wenn Sinn wirklich ein wesentlicher Teil der Wirklichkeit ist, hat sich grundsätzlich erst dann etwas geändert, wenn der Sinn von Gesellschaft, Individuum und Beziehungen in einem anderen Licht gesehen wird.[11]

Letztlich laufen die Sicht der Bardo-Lehren und die tiefsten Erkenntnisse von Kunst und Wissenschaft auf ein und dieselbe Tatsache hinaus: daß wir für uns selbst verantwortlich sind und daß eine Notwendigkeit besteht, dieser Verantwortung auf weitreichende Weise gerecht zu werden. Wir müssen uns selbst, den Sinn unseres Lebens und damit die Welt, die uns umgibt, verwandeln.

Der Buddha sagte: «Ich habe euch den Weg zur Befreiung gezeigt, jetzt ist es an euch, ihn zu gehen.»

22. Diener des Friedens

Einer meiner ältesten Schüler, der die Entstehung dieses Buches durch all die Jahre verfolgt hat, stellte mir vor nicht allzulanger Zeit die Frage: «Was ist Ihr tiefster Herzenswunsch für die Wirkung dieses Buches?» Sofort kam in mir das Bild von Lama Tseten hoch, dessen Tod ich als Kind miterlebt habe, und ich erinnerte mich an die ruhige und sanfte Würde seines Sterbens. Ich sagte: «Ich möchte, daß kein Mensch Angst vor dem Tod haben muß – und genausowenig vor dem Leben; ich wünsche mir, daß jeder Mensch in Frieden sterben kann, so weise, klar und zärtlich umsorgt wie nur möglich, und daß jeder das letztendliche Glück finden möge, das nur durch das Verständnis der Natur des Geistes und der Wirklichkeit zu erreichen ist.»

Thomas Merton schrieb: «Was nützt es uns, zum Mond reisen zu können, wenn es uns nicht gelingt, den Abgrund zu überqueren, der uns von uns selbst trennt? Dies ist die wichtigste aller Entdeckungsreisen; ohne sie sind alle anderen nicht nur nutzlos, sondern zerstörerisch.»[1] Jede Minute geben wir Millionen Dollar für Bomben, Flugzeuge und Raketen aus, um Menschen das Töten und Zerstören zu lehren. So gut wie nichts lassen wir es uns im Vergleich dazu kosten, Menschen den Sinn des Lebens und des Todes zu lehren oder ihnen zu helfen, ihrem Tod gefaßt ins Auge zu sehen, weil sie verstanden haben, was beim Sterben mit ihnen geschieht. Welch ein erschreckender und trauriger Zustand, und wie entlarvend für unsere Ignoranz und unseren Mangel an wahrer Liebe für uns selbst und füreinander! Von meinem Buch erhoffe ich mehr als alles andere, daß es zur Veränderung dieses Zustands einen kleinen Beitrag leisten kann, daß es mithilft, so viele Menschen wie nur möglich die Dringlichkeit spiritueller Transformation erkennen zu lassen, und daß es hilft, ihr Bewußtsein für die drängende Notwendigkeit zu schärfen, endlich die Verantwortung für sich selbst und für andere zu übernehmen. Wir alle sind potentielle Buddhas, und wir alle möchten gleichermaßen in Frieden leben und in Frieden sterben. Wann wird die Menschheit endlich ein Einsehen haben und eine Gesellschaft schaffen, die in all ihren Bereichen und Aktivitäten dieser einfachen Tatsache Rechnung trägt? Was sonst macht das Leben lebenswert? Wie sonst können wir menschenwürdig sterben?

Es ist überaus wichtig, daß sehr bald eine aufgeklärte Vision von Tod und Sterben auf allen Ebenen der Erziehung und Ausbildung in der ganzen Welt Verbreitung findet. Kinder sollten vor dem Tod nicht «beschützt» werden, sondern schon in jungen Jahren die wahre Natur des Todes kennenlernen und erfahren, was er auch ihnen zu sagen hat. Warum stellen wir diese Sicht nicht in einfacher, jeweils angemessener Form jeder Altersgruppe vor? Das Wissen um den Tod, um die Möglichkeiten der Unterstützung für Sterbende und um die spirituelle Natur des Todes muß allen Gesellschaftsschichten zugänglich gemacht werden; diese Einsichten sollten in Schulen, Universitäten und Ausbildungsstätten aller Art vermittelt werden, und zwar phantasievoll und in die Tiefe gehend; und schließlich sollte dieses Wissen insbesondere dorthin gebracht werden, wo es am nötigsten gebraucht wird: in Lehrkrankenhäuser und Ausbildungsstätten, in denen Pflegepersonal und Ärzte lernen, sich um Sterbende zu kümmern und die vielfältigen, besonderen Verantwortungen zu übernehmen, die eine Arbeit mit Sterbenden mit sich bringt.

Wie kann jemand ein guter Arzt sein, ohne zumindest ein grundlegendes Verständnis von der wahren Natur des Todes zu besitzen oder zu wissen, wie man einem sterbenden Patienten auch spirituell beistehen kann? Wie kann jemand eine gute Krankenschwester sein, wenn sie nicht zumindest begonnen hat, sich ihrer eigenen Angst vor dem Tod zu stellen, wenn sie den Sterbenden, die um Rat und Beistand bitten, nichts zu sagen hat? Ich kenne viele Ärzte und Schwestern, die das Beste wollen – Menschen mit aufrichtiger Offenheit für neue Ideen und Vorgehensweisen. Ich hoffe, daß dieses Buch helfen wird, ihnen den Mut und die Kraft zu geben, die sie brauchen, um in ihren Institutionen die Einsichten aus den tibetischen Lehren – entsprechend angepaßt – in ihre Arbeit einzubringen.

Ist es nicht langsam an der Zeit, daß in den medizinischen Berufen das Verständnis wächst, daß die Suche nach der wahren Natur von Leben und Tod und die Praxis des Heilens nicht voneinander zu trennen sind? Ich hoffe, daß dieses Buch eine umfassende Diskussion darüber anregt, was für Sterbende tatsächlich getan werden kann und welche Rahmenbedingungen dafür am förderlichsten sind. Eine spirituelle und praktische

Revolution ist in der Ausbildung von Ärzten und Pflegepersonal ebenso dringend nötig wie in der Gesamtsicht der Krankenhausbehandlung generell; und auch in der faktischen Behandlung Sterbender muß dringend ein entsprechendes Umdenken erfolgen. Ich hoffe, dieses Buch kann dazu einen bescheidenen Beitrag leisten.

Ich habe wiederholt meine Bewunderung für die Pionierarbeit geäußert, die in der Hospiz-Bewegung geleistet wird. Wenigstens hier werden die Sterbenden mit der ihnen gebührenden Würde behandelt. Ich möchte an dieser Stelle die tiefempfundene Bitte an alle Regierungen richten, die Gründung von Hospizen tatkräftig zu unterstützen und sich möglichst großzügig um ihren Unterhalt zu kümmern. Es ist ferner meine Absicht, mit diesem Buch eine Grundlage für verschiedene Schulungsprogramme für Menschen aus allen Berufen und Schichten bereitzustellen, ganz besonders aber natürlich für diejenigen, die mit der Fürsorge für Sterbende befaßt sind: Familienangehörige, Ärzte, Pflegepersonal, spirituell Interessierte aller Richtungen, Berater, Psychiater und Psychologen.

Im tibetischen Buddhismus ist ein reichhaltiger, aber viel zu wenig beachteter Schatz von medizinischen Erkenntnissen vorhanden, und auch Padmasambhava hat in einer Reihe von Prophezeiungen sehr detailliert über die besonderen Krankheiten der heutigen Zeit gesprochen. Ich möchte an dieser Stelle nachdrücklich für die Förderung einer ernsthaften Erforschung dieser erstaunlichen Lehren plädieren. Wer kann wissen, welche heilsamen Entdeckungen dabei vielleicht gemacht werden und ob nicht die Bedrohung durch Krankheiten wie Krebs und AIDS oder ähnliche, die bis jetzt noch gar nicht manifest geworden sind, gemildert werden kann?

Was also erhoffe ich von diesem Buch? Ich wünsche mir, daß es eine stille Revolution in der ganzen Art und Weise inspiriert, in der wir heute den Tod und die Fürsorge für Sterbende sehen, und daß sich damit gleichzeitig unsere Sicht des Lebens und unser Umgang mit den Lebenden verändert.

Während dieses Buch geschrieben wurde, hat mein Meister Dilgo Khyentse Rinpoche am 27. September 1991 in Thimphu, Bhutan, seinen Körper verlassen. Er ist zweiundachtzig Jahre alt geworden, und sein ganzes langes Leben war dem Dienst an allen Lebewesen gewidmet. Wer von all denen, die ihm begegnet sind, wird ihn je vergessen können? Er war ein Berg von einem Mann, mit einer enormen Ausstrahlung, deren Kraft zu überwältigend gewesen wäre, wäre nicht zugleich auch die tiefe

Ruhe und Freundlichkeit, der gütige, natürliche Humor und der glückselige Friede von ihm ausgegangen, die Zeichen letztendlicher Verwirklichung sind. Für mich und viele andere ist er ein Meister von ähnlicher Vollendung und Größe wie Milarepa, Longchenpa, Padmasambhava und Buddha Shākyamuni selbst. Als er starb, war es, als sei die Sonne vom Himmel verschwunden und hätte die Welt der Dunkelheit überlassen. Eine ganze Ära tibetischer Spiritualität ist mit ihm zu Ende gegangen. Was immer die Zukunft für uns bereithalten mag, ich bin mir ganz sicher, daß niemand von uns mehr einem Menschen wie ihm begegnen wird. Ihn nur einmal gesehen zu haben, und sei es auch nur für einen Augenblick, bedeutet den Samen der Befreiung gesät zu haben, den nichts jemals mehr zerstören kann, bis er eines Tages zur vollen Blüte gelangt.

Vor und während Dilgo Khyentse Rinpoches Tod gab es viele bemerkenswerte Zeichen, die seine Größe bezeugten, aber am meisten bewegte mich etwas, was viele tausend Kilometer entfernt in Südfrankreich, nahe Montpellier, an einem Ort namens Lerab Ling geschah, einem Ort, der ein Meditations- und Klausurzentrum unter seinem Segen beherbergen soll. Eine meiner Schülerinnen, die in diesem Zentrum lebt und arbeitet, soll selbst berichten, was geschehen ist:

> An diesem Morgen blieb es etwas länger dunkel als gewöhnlich, und als erstes Zeichen der Dämmerung erschien ein tiefroter Streifen am fernen Horizont. Wir wollten in die Stadt fahren, und als wir die obere Straße erreichten, kam das Zelt, das den Schrein beherbergt und an der Stelle unseres zukünftigen Tempels aufgeschlagen ist, auf dem Gipfel des Hügels zur Rechten ins Blickfeld. Plötzlich brach ein erster Strahl hellen Sonnenlichtes durch das Halbdunkel, fiel direkt auf das weiße Schrein-Zelt und ließ es im frühen Morgenlicht intensiv aufleuchten. Wir fuhren weiter, doch als wir zu der Abzweigung kamen, die zur Stadt führt, sahen wir uns, einem plötzlichen Impuls folgend, noch einmal um. Inzwischen war der Himmel heller geworden, und völlig verblüfft sahen wir einen strahlenden Regenbogen, der mit so lebendigen und frischen Farben das ganze Tal überspannte, daß wir das Gefühl hatten, nur die Hand ausstrecken zu müssen, um ihn berühren zu können. Geheimnisvoll daran war, daß es nicht die Spur von Regen gab – nur der Regenbogen selbst erstreckte sich hell und strahlend vor dem leeren, weiten Himmel. Erst am nächsten Abend erfuhren wir, daß an ebenjenem Tag Dilgo Khyentse Rinpoche in

Bhutan gestorben war. Wir alle fühlten mit Gewißheit, daß der Regenbogen ein Zeichen seines Segens für uns alle und für Lerab Ling gewesen war.

Als der Buddha im Hain von Kushinagra, umgeben von fünfhundert Schülern, im Sterben lag, waren seine letzten Worte: «Es liegt in der Natur aller Dinge, die eine Form finden, wieder zu vergehen. Strebt mit eurem ganzen Sein nach Vollkommenheit.» Diese Worte kommen mir seit dem Tode Dilgo Khyentse Rinpoches oft in den Sinn. Gibt es eine deutlichere Lehre über Vergänglichkeit als den Tod eines großen Meisters, der der Mittelpunkt der Welt zu sein schien? Alle, die wir ihn gekannt hatten, fühlten uns durch seinen Tod alleingelassen und auf uns selbst zurückgeworfen. Jetzt liegt es an uns allen, die Tradition, für die er ein so edler Vertreter gewesen ist, fortzusetzen und so gut wie möglich selbst zu verkörpern. Nun ist es an uns, das zu tun, was die Schüler des Buddha getan haben, als sie ohne sein leuchtendes Vorbild in der Welt zurückgeblieben waren: mit unserem ganzen Sein nach Vollkommenheit zu streben.

Der Regenbogen, der sich an jenem Morgen quer durch den Himmel Südfrankreichs und über das Tal von Lerab Ling spannte, ist – so glaube ich – ein Zeichen, daß Dilgo Khyentse die ganze Welt gesegnet hat und daß wir auch weiterhin seines Segens gewiß sein können. Von seinem Körper befreit, lebt er nun in der unbedingten, zeitlosen Herrlichkeit des Dharmakāya, mit der Macht, allen Wesen über alle Grenzen von Raum und Zeit hinweg zu helfen, die er mit all denen teilt, die Erleuchtung erlangt haben. Wenn Sie an die Größe seiner Verwirklichung glauben und ihn von ganzem Herzen anrufen, werden Sie augenblicklich seine Gegenwart spüren. Wie könnte er, der alle Wesen so vollkommen geliebt hat, uns jemals verlassen? Und wohin würde er, der eins mit allem geworden ist, wohl gehen?

Wie glücklich können wir uns schätzen, daß ein Meister wie er, der all das verkörperte, was die tibetische Tradition ausmacht, noch dreißig Jahre nach dem Fall Tibets unter uns weilte und in den Himālaya-Ländern, in Indien, Europa, Asien und Amerika gelehrt hat. Wie glücklich können wir uns schätzen, daß wir Tonbandkassetten mit vielen hundert Stunden seiner Belehrungen besitzen und viele Videobänder, die etwas von der Größe seiner Präsenz vermitteln, und daß es sogar Übersetzungen einiger der vielfältigen Ausdrucksformen seines Weisheitsgeistes ins Englische und in andere Sprachen gibt. Ich denke besonders an die Unterweisungen, die er in seinem letzten Lebensjahr in Südfrankreich in der

Nähe von Grenoble gegeben hat. Dort hat er, das Tal einer Landschaft von fast tibetischer Großartigkeit überblickend, 1500 Schülern die Übertragung der wichtigsten Dzogchen-Lehren erteilt. Dabei hat es mich besonders gefreut, daß sich unter den Teilnehmern auch viele meiner Schülerinnen und Schüler aus der ganzen Welt befanden. Viele der anwesenden Meister teilten das Gefühl, daß Dilgo Khyentse Rinpoche durch diese Handlung im letzten Jahr seines Lebens tatsächlich die Übertragung dieser Lehren in den Westen besiegelt und ihre Aufnahme mit der über viele Leben gesammelten Kraft seiner Meditation gesegnet hat. Ich für meinen Teil habe mit großer Dankbarkeit gespürt, daß er auch all dem seinen Segen erteilte, was ich für die Lehren im Westen zu tun versucht habe.

Wenn ich an Dilgo Khyentse Rinpoche denke und daran, was er für die Menschheit getan hat, finde ich all das in einer Person versammelt und ausgedrückt, was Tibet der Welt zum Geschenk zu machen hat. Es schien mir immer schon weit mehr als ein Zufall, daß Tibet im Jahre 1959 gefallen ist, zu einer Zeit also, als der Westen eben anfing, sein Herz und seinen Geist den Traditionen östlicher Weisheit zu öffnen. Genau zu dem Zeitpunkt, als der Westen aufnahmebereit war, wurden die tiefsten Lehren dieser Tradition, die in der Abgeschiedenheit des unzugänglichen Berglands Tibet über die Jahrhunderte bewahrt worden waren, der ganzen Menschheit zugänglich gemacht. Jetzt ist es von größter Wichtigkeit, die lebendige Tradition dieser Weisheit, für deren Übermittlung das tibetische Volk durch unvorstellbares Leiden gegangen ist, um jeden Preis zu erhalten. Wir wollen also dieser Menschen stets von Herzen gedenken und auch dafür arbeiten, daß sie ihr Land und seine Traditionen zurückerhalten. Die Lehren, die ich hier vermittelt habe, können von den Menschen, die sie so lange bewahrt haben, heute nicht mehr öffentlich praktiziert werden. Möge bald der Tag kommen, da die Klöster Tibets wieder aufleben und die unendliche Weite seiner Landschaften wieder dem Frieden und der Suche nach Erleuchtung gewidmet sein werden.

Ein nicht unwesentlicher Aspekt der Zukunft der Menschheit könnte von der Wiedererrichtung eines freien Tibet abhängen, eines Tibet, das zum Zufluchtsort für spirituelle Sucher aller Art und jeden Glaubens werden könnte, zum Weisheitsherz einer sich entwickelnden Welt, zu einem Laboratorium, in dem wieder – wie seit so vielen Jahrhunderten schon – die höchsten Einsichten und heiligsten Technologien geprüft, geläutert und in die Tat umgesetzt werden könnten, um der gesamten Menschheit in der Stunde großer Gefahr als Inspiration und Hilfe dienen zu können.

Es ist schwierig, die vollkommene Umgebung für die Praxis dieser Weisheit in einer Welt wie der unsrigen zu finden; ein wiederhergestelltes Tibet jedoch, das durch seine Tragödie geläutert und durch das erlebte Leiden zu gestärkter Entschlossenheit gekommen ist, könnte eine solche Umgebung bieten und wäre damit für die Entwicklung der Menschheit von unschätzbarem Wert.

Ich möchte dieses Buch den Hunderttausenden widmen, die unter dem Terror in Tibet umkamen und noch im Tode Zeugnis für ihren Glauben und für die wunderbare Vision der Lehren des Buddha ablegten. Ich möchte dieses Buch darüber hinaus auch all jenen widmen, die in unserem Jahrhundert unter ähnlich entsetzlichen Umständen zu Tode gekommen sind: Juden, Kambodschanern, Russen, den Opfern beider Weltkriege sowie all denen, die unbekannt und verlassen gestorben sind, und schließlich all denen, die immer noch jeder Möglichkeit beraubt sind, einen spirituellen Pfad zu beschreiten.

Viele Meister glauben, daß die tibetischen Lehren nun in ein neues Zeitalter eintreten; eine ganze Anzahl von Prophezeiungen Padmasambhavas und anderer visionärer Meister sagten die Ankuft der Lehren im Westen voraus. Da diese Zeit nun gekommen ist, erhalten die Lehren eine neue Bedeutung. Diese neue Bedeutung macht Veränderungen nötig, aber ich meine, daß jede Anpassung sich aus einem tiefen Verständnis heraus entwickeln muß, um eine Korrumpierung der Reinheit, Kraft und Zeitlosigkeit der Wahrheit unserer Tradition zu verhindern. Wenn ein tiefes Verstehen der Tradition sich mit einem echten Bewußtsein für die Probleme und Herausforderungen der heutigen Zeit verbindet, werden Modifikationen entstehen, die die Tradition nur noch stärker, umfassender und reicher machen. Solche Veränderungen werden immer tiefere Schichten der Lehren freilegen und sie im Umgang mit den Schwierigkeiten des modernen Lebens noch wirkungsvoller werden lassen.

Viele der großen Meister, die den Westen während der letzten dreißig Jahre besucht haben, sind mittlerweile gestorben. Ich bin mir sicher, daß sie in ihrem Tode darum gebeten haben, daß die Lehren nicht nur den Tibetern, nicht nur den Buddhisten, sondern der ganzen Welt Nutzen bringen mögen. Ich glaube, sie wußten sehr wohl, welch wertvolle Offenbarung die Lehren auch für die westliche Welt würden, sobald die entsprechende Aufnahmebereitschaft gewachsen ist. Ich denke an Dudjom Rinpoche und an den Karmapa, die sich sogar entschlossen, im Westen zu sterben, wie um ihn mit der Kraft ihrer Erleuchtung zu segnen. Mögen ihre Gebete für die Transformation der Welt und die Erleuchtung von

Herz und Geist der Menschheit in Erfüllung gehen! Mögen wir, die wir ihre Lehren erhalten haben, uns ihrer in unserem Bemühen, sie zu verkörpern, würdig erweisen!

Die wohl größte Herausforderung für spirituelle Lehren wie den Buddhismus liegt in der Übergangsphase aus dem überlieferten Rahmen in den Westen in der Frage, ob und wie es den Schülern gelingen kann, in der heutigen ruhelosen, turbulenten Hochgeschwindigkeits-Welt die ruhige und dauerhafte Stetigkeit der Praxis zu finden, die unbedingt erforderlich ist, wenn man die Wahrheit dieser Lehren erkennen und verwirklichen will. Spirituelle Schulung ist schließlich die höchste und in gewisser Hinsicht auch die anspruchsvollste Form der Erziehung und Ausbildung, und man muß sich ihr mit derselben hingebungsvollen und systematischen Entschlossenheit widmen wie jedem anderen ernsthaften Studium. Können wir allen Ernstes annehmen, daß zwar ein jahrelanges Studium und eine entsprechende Praxis nötig sind, um Arzt zu werden, daß wir aber für unseren spirituellen Pfad nicht mehr brauchen als ein paar zufällige Segnungen, Initiationen und Inspirationen durch gelegentliche Begegnungen mit verschiedenen Meistern? In der Vergangenheit blieben die Menschen an einem Ort und folgten ihr ganzes Leben lang einem Meister. Milarepa zum Beispiel diente Marpa jahrelang, bevor er spirituell reif genug geworden war, ihn zu verlassen und eigenständig zu praktizieren. Spirituelle Schulung bedarf der stetigen Übermittlung, der kontinuierlichen Arbeit mit dem Meister, und dazu muß man lernen, ihm oder ihr mit großer Begeisterung und subtilem Geschick zu folgen. Es ist wohl eine für die Zukunft der Lehren entscheidende Frage, wie denen, die den Lehren folgen, geholfen werden kann, die richtigen inneren und äußeren Bedingungen und Umstände zu finden, unter denen sie sich voll und ganz der Praxis widmen und den Lehren bis zum Ende folgen können, damit sie schließlich zur Verwirklichung und Verkörperung ihrer Herzessenz gelangen.

Die Lehren aller mystischen Traditionen der Welt sagen übereinstimmend, daß in uns ein enormes Reservoir an Kraft liegt: die Kraft der Weisheit und des Mitgefühls, die Kraft dessen, was Christus «das Königreich Gottes» nannte. Wenn wir diese Kraft zu nutzen lernen – und um nichts anderes geht es in der Suche nach Erleuchtung –, kann sie nicht nur uns selbst verwandeln, sondern auch die Welt um uns herum. Hat es je eine Zeit gegeben, in der der Einsatz dieser heiligen Kraft notwendiger gewesen wäre als heute? Hat es je eine Zeit gegeben, in der ein Verständnis der Natur dieser reinen Kraft und das Wissen um ihre Anwendung zum Wohle der ganzen Welt überlebenswichtiger gewesen wäre? Ich bete, daß alle, die dieses Buch lesen, die Kraft der Erleuchtung erfahren und die Natur ihres Geistes erkennen mögen. Die Natur Ihres eigenen Geistes zu erkennen, bedeutet nämlich, im Grunde Ihres Wesens zu einem Verständnis zu gelangen, das Ihre gesamte Sicht der Welt verändert. Dadurch wird es Ihnen möglich, den natürlichen und unmittelbaren Wunsch zu wecken, allen Wesen zu dienen, verbunden mit dem direkten Wissen, wie Sie das unter allen Umständen, in denen Sie sich befinden mögen und unter Einsatz aller Ihrer Begabungen geschickt in die Tat umsetzen können. Ich bete daher, daß Sie den Kern Ihres Seins kennenlernen und die Wahrheit der folgenden Worte Nyoshul Khenpos an sich selbst erfahren mögen:

> Es entsteht ein müheloses Mitgefühl für alle Wesen, die ihre wahre Geist-Natur noch nicht erkannt haben. So grenzenlos ist dieses Mitgefühl, daß deine Tränen endlos strömen müßten, wenn Tränen dem angemessen Ausdruck geben könnten.
> Doch nicht nur Mitgefühl allein, auch die entsprechenden und angemessenen Mittel sind vorhanden, sobald du die Natur des Geistes selbst verwirklichst. Von allem Leid und aller Furcht, wie vor Geburt und Tod und vor den Zwischenwelten, bist du dann wie von selbst befreit.
> Und solltest du berichten von der Glückseligkeit und Freude, die diese Einsicht bringt, so heißt es bei den Buddhas, daß alle Herrlichkeit und Freude, Lust und Glück der Welt zusammen nicht einem Bruchteil dieses Glücks der Erkenntnis der Natur des Geistes nahekämen.

Der Welt aus dieser dynamischen Vereinigung von Weisheit und Mitgefühl heraus zu dienen, bedeutet, höchst wirkungsvoll an der Bewahrung des Planeten Erde mitzuarbeiten. Meister aller religiösen Traditionen der Welt wissen, daß spirituelle Schulung wesentlich ist, und zwar nicht nur für Mönche und Nonnen, sondern für alle Menschen, gleich welchen Glaubens oder welcher Lebensart. Was ich in diesem Buch zu zeigen versucht habe, ist die aktive, effektive und äußerst praktische Natur spiritueller Entwicklung. Wie es in einer berühmten tibetischen Unterweisung heißt: «Wenn die Welt voller Übel ist, dann muß alles Mißgeschick in den Pfad zur Erleuchtung verwandelt werden.» Die Gefahr, der wir allesamt ausgesetzt sind, macht es unabdingbar, daß wir spirituelle Entwicklung nicht länger für Luxus halten, sondern sie als unerläßlich für unser aller Überleben erkennen.

Wagen wir es doch einmal, uns vorzustellen, wie es wohl wäre, in einer

Gesellschaft zu leben, in der ein großer Teil der Menschen das Angebot der Lehren angenommen hätte, und einen Teil ihres Lebens ernsthafter, spiritueller Praxis widmen würde. Wie würde wohl eine Gesellschaft aussehen, in der viele Menschen daran arbeiten, die Natur ihres Geistes zu erkennen und ihren Tod zu nutzen, um der Buddhaschaft näherzukommen und nur mit dem einen Ziel wiedergeboren zu werden: anderen zu dienen und ihnen von Nutzen zu sein.

Dieses Buch vermittelt eine geheiligte Technologie, mit der wir nicht nur unser gegenwärtiges Leben, unser Sterben und unseren Tod verwandeln können, sondern auch alle zukünftigen Leben und damit die Zukunft der Menschheit selbst. Was ich gemeinsam mit meinen Meistern hier zu inspirieren hoffe, ist ein Schritt in Richtung einer bewußten Entwicklung der Menschheit. Sterben lernen heißt leben lernen; leben lernen bedeutet rechtes Tun üben – und zwar nicht nur in diesem, sondern ebenso in allen zukünftigen Leben. Wir können der Welt auf die wirkungsvollste Weise helfen, wenn wir uns selbst wahrhaftig verändern und lernen, als transformiertes Wesen wiedergeboren zu werden, um anderen in ihrem Leiden beizustehen.

Die Einsicht, die das Mitgefühl meiner Tradition am deutlichsten beweist, und ihr edelster Beitrag zur spirituellen Weisheit der Menschen ist das Verständnis und die tatkräftige Umsetzung des Bodhisattva-Ideals. Bodhisattvas nehmen das Leid aller fühlenden Wesen auf sich und unternehmen die beschwerliche Reise zur Erleuchtung nicht allein für ihr eigenes Wohl, sondern um allen anderen zu helfen. Nachdem sie Befreiung erlangt haben, fliehen sie nicht vor den Schrecknissen von Samsāra oder lösen sich im Absoluten auf, sondern erscheinen freiwillig wieder und wieder, um ihre Weisheit und ihr Mitgefühl dem Dienst an der ganzen Welt zu widmen. Unsere Welt braucht nichts dringender als diese aktiven Diener des Friedens: Menschen, die – wie Longchenpa es ausdrückte – «die Rüstung der Geduld tragen», die der Vision der Bodhisattvas und der Verbreitung der Weisheit in alle Bereiche unserer Erfahrung verpflichtet sind.

Wir brauchen Bodhisattva-Rechtsanwälte, Bodhisattva-Künstler und -Politiker, Bodhisattva-Ärzte und -Wirtschaftsexperten, Bodhisattva-Lehrer und -Wissenschaftler, Bodhisattva-Techniker und -Ingenieure, Bodhisattvas in allen Bereichen, die auf jeder Stufe und überall in der Gesellschaft bewußt als Kanäle des Mitgefühls und der Weisheit wirken, die daran arbeiten, ihr Bewußtsein und ihr Handeln sowie das anderer zu verwandeln, die in der Gewißheit, von den erleuchteten Wesen unterstützt zu werden, unermüdlich für die Bewahrung unserer Welt und für eine bessere Zukunft arbeiten. Wie Teilhard de Chardin sagte: «Wenn wir eines Tages den Wind, die Wogen, die Gezeiten und die Schwerkraft in den Griff bekommen haben, ... werden wir die Energien der Liebe nutzbar machen. Dann wird der Mensch – zum zweiten Mal in seiner Geschichte – das Feuer entdecken.» Und in Rumis wunderbarem Gebet heißt es:

O Liebe, reine, tiefe Liebe,
sei hier, sei jetzt, sei alles;
Welten lösen sich auf
in deine reine, makellose Strahlung.
Zarte, lebendige Blätter
brennen heller in deinem Licht
als alle kalten Sterne:
Laß mich dein Diener sein,
dein Atem und dein Herz.

Eine meiner tiefsten Hoffnungen für dieses Buch wäre erfüllt, wenn es ein treuer Begleiter für jeden würde, der sich entschließt, ein Bodhisattva zu werden, ein Leitfaden und eine Quelle der Inspiration für diejenigen, die sich der Herausforderung der heutigen Zeit wirklich stellen und die Reise zur Erleuchtung zum Wohle aller fühlenden Wesen antreten wollen. Mögen sie niemals ermüden und nie enttäuscht werden; mögen sie niemals die Hoffnung verlieren, was auch immer an Schrecken, Schwierigkeiten und Hindernissen sich gegen sie wendet. Mögen alle Hindernisse sie zu noch tieferer Entschlossenheit inspirieren. Mögen sie Vertrauen haben in die unsterbliche Liebe und Kraft all der erleuchteten Wesen, die die Welt mit ihrer Präsenz gesegnet haben und noch segnen; mögen sie Mut schöpfen aus dem lebendigen Vorbild der großen Meister – Männer und Frauen wie wir, die sich mit unendlichem Mut die letzten Worte des Buddha zu Herzen nahmen, indem sie mit ihrem ganzen Sein nach Vollkommenheit strebten. Möge die gemeinsame Vision so vieler Meister der Mystik aller Traditionen durch unsere gemeinsamen Anstrengungen verwirklicht werden, die Vision einer zukünftigen Welt ohne Grausamkeit und Schrecken, in der die Menschheit im letztendlichen Glück der Natur des Geistes lebt. Wir wollen alle gemeinsam für diese bessere Welt beten, indem wir zuerst mit Shāntideva und dann mit dem hl. Franziskus sprechen:

Solange der Raum besteht
und fühlende Wesen leiden,
möge auch ich bleiben,
die Leiden der Welt zu zerstreuen.

Herr, mach mich zu einem Werkzeug deines Friedens,
laß mich Liebe bringen in den Haß,
Verzeihung in die Schuld,
Einheit in die Zwietracht,
Wahrheit in den Irrtum,
Glauben in den Zweifel,
Hoffnung in die Verzweiflung,
Licht in das Dunkel,
Freude in die Traurigkeit.
Herr, laß mich mehr danach trachten
zu trösten, als Trost zu finden,
zu verstehen, als Verständnis zu finden,
zu lieben, als Liebe zu finden.
Im Geben empfange ich,
im Mich-Vergessen finde ich mich,
im Verzeihen erfahre ich Verzeihung,
im Sterben stehe ich auf zum ewigen Leben.

Dieses Buch ist allen meinen Meistern gewidmet: Mögen die Wünsche derer, die gestorben sind, in Erfüllung gehen, und mögen die, die noch leben, sich eines langen Lebens erfreuen, und möge ihrer großen, heiligen Aufgabe stetig wachsender Erfolg beschieden sein; mögen ihre Lehren alle Wesen inspirieren, ihnen Mut machen und sie im Herzen berühren. Ich bete aus ganzem Herzen dafür, daß Dilgo Khyentse Rinpoche schnell in einer so machtvollen und erleuchteten Inkarnation wie nur möglich wiedergeboren wird, um uns durch die Gefahren dieses Zeitalters zu geleiten!

Dieses Buch ist auch all denen gewidmet, von denen darin die Rede ist und die gestorben sind: wie Lama Tseten, Lama Chokden, Samten, Ani Pelu, Ani Rilu und A-pe Dorje. Denken Sie an sie in Ihren Gebeten, und denken Sie auch an meine Schüler, die gestorben sind oder jetzt sterben, und deren Mut und Hingabe mich so sehr inspiriert haben.

Schließlich ist dieses Buch allen Lebewesen gewidmet, den lebenden, sterbenden oder bereits toten. Mögen alle, die in diesem Augenblick den Prozeß des Sterbens durchmachen, einen friedvollen Tod haben, ohne Schmerzen und Angst. Mögen alle, die in diesem Augenblick geboren werden, und auch die, die sich schon in diesem Leben mühen, vom Segen der Buddhas genährt werden; mögen sie den Lehren begegnen und dem Pfad der Weisheit folgen. Möge ihr Leben glücklich und fruchtbar sein und frei von allen Sorgen. Mögen alle, die dieses Buch lesen, unendlich reichen Gewinn daraus ziehen; mögen die Lehren ihr Herz und ihren Geist verwandeln. Dies ist mein aufrichtiges Gebet.

Mögen alle Lebewesen der sechs Bereiche – ohne eine einzige Ausnahme – gemeinsam den Grund ursprünglicher Vollkommenheit erreichen!

Anhang

I. Meine Lehrer

Jamyang Khyentse Chökyi Lodrö (1896–1959) war der bemerkenswerteste tibetische Meister dieses Jahrhunderts. Als Autorität in allen Traditionen und Halter aller Übertragungslinien war er das Herz der »Rimé«-Bewegung zur Überwindung des Sektierertums in Tibet.

Dudjom Rinpoche (1904–1987) gehörte zu den berühmtesten Yogis, Gelehrten und Meditationsmeistern Tibets. Er galt als lebender Repräsentant Padmasambhavas und war ein ungemein produktiver Autor und Entdecker der von Padmasambhava verborgenen »Schätze«. (Foto von Arnaud Desjardins)

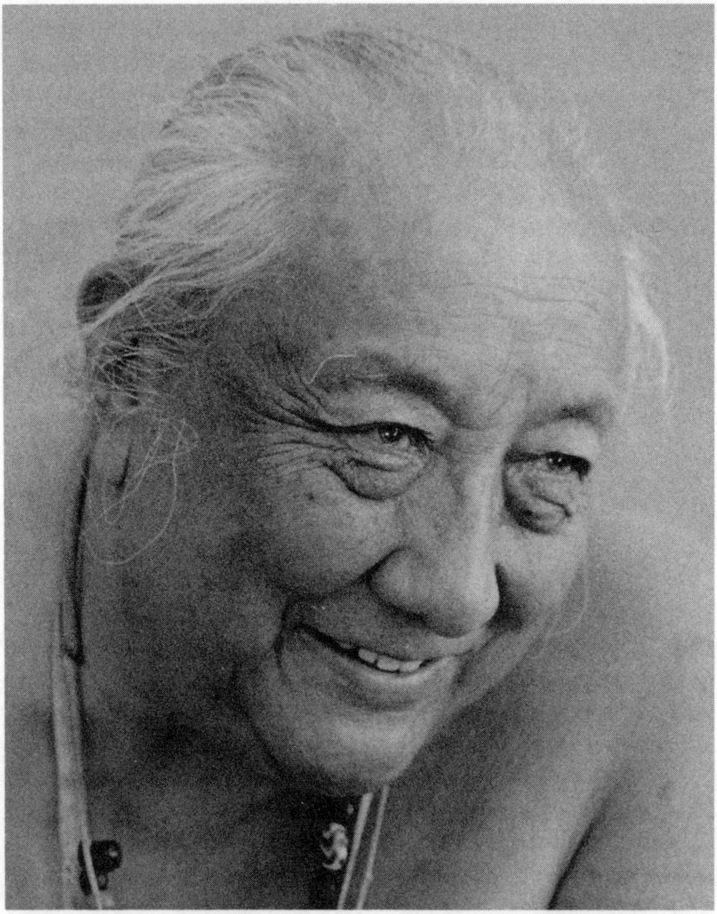

Dilgo Khyentse Rinpoche (1910–1991) wurde als unübertroffener Meister der Dzogchen-Lehren und Entdecker der spirituellen Schätze Padmasambhavas angesehen. Er war der hervorragendste Schüler Jamyang Khyentse Chökyi Lodrös und Meister vieler wichtiger Lamas einschließlich S. H. des 14. Dalai Lama. (Foto von Julian Engelsmann)

Khandro Tsering Chödrön war die spirituelle Gefährtin Jamyang Khyentse Chökyi Lodrös und wird als die wichtigste Meisterin des tibetischen Buddhismus betrachtet. (Foto von Mark B. Tracy)

II. Fragen zum Tod

Die Fortschritte in Medizin und Technologie haben es ermöglicht, unzählige Leben zu retten und schweres Leiden zu erleichtern. Doch zur gleichen Zeit sehen sich Sterbende, Familienangehörige und behandelnde Ärzte vor immer vielschichtigere ethische und moralische Fragen gestellt, die manchmal nur unter größten Schwierigkeiten zu beantworten sind. Sollen wir zum Beispiel, wenn ein Verwandter oder Freund im Sterben liegt, lebensverlängernden Maßnahmen zustimmen? Oder sollen wir darum bitten, daß die Maschinen abgestellt werden? Sollten Ärzte das Recht haben, die Todesqualen eines Sterbenden zu verkürzen, indem sie sein Leben beenden? Soll man diejenigen, die sich zu einem langsamen und qualvollen Tod verurteilt sehen, darin bestärken, sich das Leben zu nehmen oder ihnen sogar dabei helfen? Immer wieder werden mir solche und ähnliche Fragen zu Tod und Sterben gestellt und ich möchte hier auf einige davon eingehen.

Leben erhalten

Noch vor vierzig Jahren starben die meisten Menschen in häuslicher Umgebung, heutzutage stirbt die Mehrzahl der Menschen im Westen in Krankenhäusern und Pflegeheimen. Die Aussicht, mit Hilfe von Maschinen am Leben gehalten zu werden, ist erschreckend real. Menschen fragen sich immer häufiger, wie sie sicherstellen können, daß sie unter menschenwürdigen Bedingungen, ohne unnötige Verlängerung ihres Lebens, sterben können. Das ist zu einem äußerst komplizierten Thema geworden. Auf welcher Grundlage entscheidet man, ob und wann lebensverlängernde Maßnahmen ergriffen werden – zum Beispiel nach einem schweren Unfall? Und was macht man, wenn jemand im Koma liegt, sich also nicht selbst äußern kann oder durch die Krankheit geistig abwesend oder nicht mehr zurechnungsfähig ist? Wie soll man sich verhalten, wenn es um ein Kind mit schwersten Behinderungen wie einem irreparablen Hirnschaden geht?

Es gibt keine einfachen, zu verallgemeinernden Antworten auf diese Fragen, aber wir können uns vielleicht an einigen grundsätzlichen Prinzipien orientieren. Gemäß der Lehren des Buddha ist alles Leben heilig; alle Wesen haben Buddha-Natur, und das Leben bietet – wie wir gesehen haben – jedem die Möglichkeit der Erleuchtung. Leben nicht zu zerstören, gehört zu den grundlegendsten Richtlinien menschlichen Verhaltens. Doch der Buddha hat sich auch eindeutig gegen jeden Dogmatismus ausgesprochen, und ich glaube, wir können keine bestimmte Sichtweise oder gar einen «offiziellen» Standpunkt einnehmen, noch können wir eindeutige Regeln festlegen. Wir können nur mit soviel Weisheit, wie uns eben zur Verfügung steht, der jeweiligen Situation entsprechend handeln. Und wie immer hängt alles von der Motivation und dem Mitgefühl ab, aus denen heraus wir handeln.

Hat es irgendeinen Sinn, Menschen künstlich am Leben zu erhalten, die ansonsten sterben würden? Der Dalai Lama hat auf einen wesentlichen Faktor hingewiesen – den Geisteszustand des Sterbenden: «Wenn die Chance besteht, daß der Sterbende positive, tugendhafte Gedanken hat, ist es vom buddhistischen Standpunkt aus gesehen für ihn wichtig – und sinnvoll – länger zu leben, und sei es nur für ein paar Minuten.» Er sieht jedoch auch die Belastung für die Familie in solchen Situationen: «Wenn es keine Hoffnung auf eine positive Geisteshaltung gibt und die Verwandten zusätzlich viel Geld aufbringen müssen, nur damit derjenige am Leben erhalten wird, schein das nicht sehr sinnvoll zu sein. Doch muß man jeden Fall individuell beurteilen; es ist sehr schwierig, hier zu verallgemeinern.»[1]

Lebensverlängernde Maßnahmen oder Wiederbelebungsversuche können im kritischen Moment des Todes als Störung, extreme Belästigung und Ablenkung empfunden werden. Sowohl aus den buddhistischen Lehren als auch aus den Nahtod-Erfahrungen wird ersichtlich, daß sich Menschen selbst im Koma der Vorgänge in ihrer Umgebung durchaus bewußt sein können. Alles, was im Moment des Todes bis zur endgültigen Trennung von Körper und Bewußtsein geschieht, ist von essentieller Bedeutung – besonders für Menschen, die versuchen, eine spirituelle Praxis auszuüben oder in der Natur des Geistes zu ruhen.

Grundsätzlich besteht die Gefahr, daß lebensverlängernde Maßnahmen, die nur den Todesprozeß hinauszögern, unnötiges Festhalten, Ärger und Frustration im Sterbenden auslösen – besonders, wenn diese Maßnahmen gegen seinen Willen durchgeführt werden. Familienmitglieder, die sich von der Verantwortung solch einer Entscheidung über Leben und Tod ihres nächsten Angehörigen überfordert fühlen, sollten – wenn es wirklich keine Aussicht auf Genesung gibt – bedenken, daß die Qualität der letzten Tage oder Stunden vielleicht wichtiger ist als eine künstliche Verlängerung des Lebens. Da wir außerdem nicht sicher sein können, ob sich das Bewußtsein noch im Körper befindet, könnte es sein, daß wir es zu einer Gefangenschaft in einem überflüssig gewordenen Körper verdammen.

Dilgo Khyentse Rinpoche sagte:

> Der Einsatz von lebensverlängernder Technologie ist sinnlos, wenn keine Chance auf Genesung besteht. Es ist wesentlich besser, jemanden in einer friedlichen Atmosphäre sterben zu lassen und in seinem Namen positive Handlungen auszuführen. Wenn der Körper durch Apparate künstlich am Leben gehalten wird, jedoch keine Hoffnung auf Genesung mehr besteht, ist es kein Vergehen, sie abzustellen, da das Leben ohnehin nur künstlich aufrechterhalten wird.

Auch Wiederbelebungsversuche können manchmal unsinnig sein und den Sterbenden unnötig stören. Ein Arzt schreibt:

> Das Krankenzimmer verwandelt sich urplötzlich in einen Hexenkessel voll hektischer Aktivität. Dutzende von Leuten rennen an das Bett des Patienten und geben ihr Letztes, um ihn wiederzubeleben. Der eigentlich schon tote Patient wird mit Medikamenten vollgepumpt, von Nadeln zerstochen und mit Elektroschocks malträtiert. Unsere Todesstunde wird genauestens dokumentiert – anhand von Puls- und Blutwerten, EKGs und so weiter. Endlich, wenn auch der letzte Arzt aufgegeben hat, findet diese Techno-Hysterie ein Ende.[2]

Es kann sein, daß wir keine lebensverlängernden Maßnahmen wünschen oder nicht wiederbelebt werden möchten, und vielleicht möchten wir sogar nach unserem klinischen Tod eine Zeitlang ungestört bleiben. Wie können wir sichergehen, daß unser Wunsch nach einer friedvollen Umgebung, so wie es die Meister einem Sterbenden empfehlen, respektiert wird?

Selbst wenn wir im Krankenhaus den ausdrücklichen Wunsch äußern, eine bestimmte Behandlung zu erhalten oder eine andere strikt ablehnen, kann es sehr wohl sein, daß unsere Entscheidung nicht respektiert wird. Wenn unser nächster Angehöriger nicht damit einverstanden ist, kann es passieren, daß er oder sie eine bestimmte Behandlung einleiten läßt, selbst wenn wir noch bei Bewußtsein sind und selbst bestimmen könnten. Nicht selten kommen die Ärzte eher dem Wunsch des Angehörigen nach, als sich nach dem Sterbenden zu richten. Wenn man die vollkommene Kontrolle über seine medizinische Versorgung behalten möchte, ist es natürlich am besten, zu Hause zu sterben.

In manchen Ländern setzt man ein sogenanntes «Patienten-Testament» auf, in dem festgelegt wird, welche Art der Behandlung man wünscht, falls man nicht mehr in der Lage sein sollte, Entscheidungen selbst zu treffen. Das ist eine vernünftige Vorsichtsmaßnahme, die den Ärzten im Konfliktfall helfen kann. Es besteht allerdings keine gesetzliche Verbindlichkeit, und eventuelle, unvorhergesehene Wendungen des Krankheitsverlaufs können nicht berücksichtigt werden. In den Vereinigten Staaten kann man einem Rechtsanwalt eine «zeitlich begrenzte Rechtsvollmacht für Gesundheitsangelegenheiten» erteilen. Auf diese Weise kann man so weit wie möglich sicherstellen, daß die eigenen Wünsche auch respektiert werden. Man ernennt einen gesetzlichen Vertreter, der die eigenen Wünsche und Vorstellungen kennt und der dann im Verlauf der Behandlung dafür sorgt, daß diese Wünsche auch respektiert werden.

Wir sollten unbedingt herausfinden, ob unser Arzt mit unseren Wünschen einverstanden ist und sie respektiert, besonders wenn wir möchten, daß lebensverlängernde Maßnahmen eingestellt werden, wenn wir im Sterben liegen, und daß wir (etwa bei einem Herzstillstand) nicht wiederbelebt zu werden wünschen (siehe 11. Kapitel). Wir sollten sicherstellen, daß unser Arzt das Krankenhauspersonal informiert hat und daß unsere Wünsche im Krankenblatt vermerkt sind. Wir sollten das Thema auch mit unseren Angehörigen besprechen und Familie und Freunde bitten, Maschinen abschalten zu lassen, sobald der Sterbeprozeß einsetzt, und daß man uns – wenn möglich – von der Intensivstation weg auf ein Einzelzimmer verlegt. Wir müssen Mittel und Wege finden, die Atmosphäre so ruhig und friedlich zu gestalten wie nur möglich.

Den Tod geschehen lassen

1986 entschied die Amerikanische Ärztekammer, daß es für Ärzte ethisch vertretbar sei, lebensverlängernde Maßnahmen – einschließlich künstlicher Ernährung – einzustellen, wenn ein Patient, der an einer unheilbaren Krankheit leidet, sich im Sterben befindet oder seit längerem im Koma liegt. Vier Jahre später ergab eine Meinungsumfrage, daß 84 Prozent aller Amerikaner auf lebensverlängernde Maßnahmen verzichten oder sie einstellen würden, wenn es keine Hoffnung auf Genesung mehr gibt.[3]

Die Entscheidung, lebensverlängernde Maßnahmen einzuschränken oder ganz darauf zu verzichten, wird oft «passive Sterbehilfe» genannt. Man läßt zu, daß der Tod auf natürliche Weise eintritt, indem man medizinische Intervention und alle Maßnahmen unterläßt, die das Leben eines Menschen, dessen Genesung nicht mehr möglich ist, nur um Tage oder Stunden verlängern würden. Das bedeutet das Einstellen aggressiver Behandlungen, die noch eine Heilung zum Ziel haben, Verzicht auf oder Abbruch von lebensverlängernden Maßnahmen einschließlich künstlicher Ernährung sowie Verzicht auf Wiederbelebung bei Herzstillstand. Um diese sogenannte passive Form der Sterbehilfe handelt es sich auch, wenn die Familie oder der Arzt sich dazu entscheiden, eine neu hinzukommende Krankheit, die zum Tod führen kann, nicht zu behandeln. Wenn zum Beispiel ein Mensch mit Knochenkrebs im Endstadium zusätzlich eine Lungenentzündung bekommt, die nicht behandelt wird, kann der Tod unter Umständen friedvoller, weniger schmerzhaft und schneller eintreten.

Was ist mit Menschen, die unheilbar krank sind und die sich entscheiden, alle lebensverlängernden Maschinen abzustellen? Begehen sie eine negative Handlung, wenn sie ihrem Leben auf diese Weise ein Ende setzen? Kalu Rinpoche hat diese Frage sehr präzise beantwortet:

> Ein Mensch, der beschließt, daß er genug gelitten hat, und wünscht, daß man ihn sterben läßt, befindet sich in einer Situation, die wir weder tugendhaft noch nicht-tugendhaft nennen können. Wir können ihm für diese Entscheidung sicher keinen Vorwurf machen. Karmisch gesehen ist es keine negative Handlung. Es ist einfach der grundlegende Wunsch aller Lebewesen, Leiden zu vermeiden. Auf der anderen Seite ist es auch keine besonders tugendhafte Handlung ... Es handelt sich weniger um den Wunsch, sein Leben zu beenden, sondern eher um den Wunsch, das Leiden zu beenden. Daher ist es eine karmisch neutrale Handlung.

Was ist, wenn wir uns um einen Sterbenden kümmern und dieser uns bittet, die lebensverlängernden Geräte zu entfernen? Kalu Rinpoche sagte:

> Wir sind vielleicht nicht in der Lage, das Leben des Patienten zu retten. Vielleicht gelingt es uns nicht einmal, das Leiden des Menschen zu erleichtern. Doch versuchen wir unser Bestes, mit der bestmöglichen und reinsten Motivation. Was immer wir tun – selbst wenn es letztlich keinen Erfolg hat –, kann man dann nicht für karmisch schädigend oder karmisch negativ halten.
> Wenn ein Arzt von einem Patienten gebeten wird, lebensverlängernde Geräte zu entfernen, bringt dieser Wunsch ihn in eine schwierige Lage; sein Instinkt sagt ihm vielleicht: «Ließe man die lebensverlängernden Geräte angeschlossen, bliebe dieser Mensch am Leben.» Die karmischen Konsequenzen hängen von der Intention des Arztes ab, denn er entzieht einem Menschen die Mittel, die ihn am Leben halten – selbst wenn ihn dieser Mensch selbst dazu aufgefordert hat. Wenn es die grundlegende Motivation des Arztes ist, diesem Menschen zu helfen, ihm zu nutzen und sein Leiden zu erleichtern, scheint aus dieser Geisteshaltung nichts entstehen zu können, was sich karmisch negativ auswirken würde.[4]

Den Tod wählen

Die oben zitierte Meinungsumfrage von 1990 zeigte auch, daß in den Vereinigten Staaten 66 Prozent der Menschen glauben, ein Mensch, der «ohne Hoffnung auf Besserung» unter großen Schmerzen leidet, besitze moralisch gesehen das Recht, sich das Leben zu nehmen. In Holland entscheiden sich jedes Jahr angeblich zehntausend Menschen für einen selbstgewählten Tod. Der Arzt, der einem Patienten hilft zu sterben, muß nachweisen, daß es der ausdrückliche Wunsch des Patienten ist, daß er als Arzt alle möglichen Alternativen klar und deutlich mit ihm durchgesprochen hat und daß zusätzlich ein Kollege konsultiert wurde. In den USA ist sogar ein Buch zum Bestseller geworden, das detailliert Methoden zum Selbstmord für Menschen mit unheilbaren Krankheiten beschreibt, und es gibt Gruppierungen, die versuchen, «aktive Sterbehilfe» zu legalisieren.

Was wäre das Ergebnis einer Legalisierung der Sterbehilfe? Viele befürchten, daß Patienten, die keine Heilungschancen mehr sehen – besonders, wenn sie große Schmerzen haben –, es in einer Art Kurzschlußreaktion vorziehen würden, zu sterben, obwohl man die Schmerzen durchaus entsprechend lindern könnte und die Patienten noch länger leben könnten. Andere befürchten, daß ältere Menschen sich verpflichtet fühlen könnten, den Tod zu wählen, nur um ihrer Familie Mühe und Geld zu sparen.

Viele, die mit Sterbenden arbeiten, haben das Gefühl, daß eine bessere Versorgung und Pflege die beste Alternative zum Ruf nach aktiver Sterbehilfe wäre. Als Elisabeth Kübler-Ross zur möglichen Legalisierung von Sterbehilfe befragt wurde, antwortete sie: «Ich finde es bedauerlich, daß solche Angelegenheiten durch Gesetze geregelt werden müssen. Ich denke, wir sollten unseren gesunden Menschenverstand einsetzen und uns mit unserer eigenen Angst vor dem Tod auseinandersetzen. Dann könnten wir den Bedürfnissen der Patienten gerecht werden und ihnen zuhören, und diese Probleme würden sich so nicht stellen.»[5]

Die größte Angst, die viele Menschen vor dem Sterben haben, ist, daß Krankheit sie zu körperlicher Unbeweglichkeit oder geistiger Unzurechnungsfähigkeit verdammt oder daß sie unerträgliche und sinnlose Schmerzen erleiden müssen. Buddhistische Weisheit lehrt uns eine andere Einstellung zum Leiden – sie läßt es sinnvoll werden. Der Dalai Lama weist auf folgendes hin:

> Ihr Leiden ist das Ergebnis Ihres eigenen Karma, und die Früchte Ihres Karma werden Sie in jedem Fall ernten, wenn nicht in diesem Leben, dann in einem anderen – es sei denn, Sie finden einen Weg, Ihr Karma zu reinigen. Man kann jedoch davon ausgehen, daß es besser ist, das Karma in diesem Leben zu erfahren, da man als Mensch eine bessere Möglichkeit hat, damit umzugehen, als zum Beispiel ein Tier, das hilflos ist und wegen dieser Hilflosigkeit unter Umständen noch mehr leidet.

Gemäß der buddhistischen Lehren sollten wir alles in unserer Macht Stehende tun, um den Sterbenden zu helfen, mit der Verschlimmerung ihres Zustands, den Schmerzen und der Angst umgehen zu können, und ihnen die liebevolle Unterstützung anbieten, die ihrem Lebensende Sinn geben kann. Dame Cicely Saunders, die Gründerin des St. Christophers Hospice in London, sagte: «Wenn einer unserer Patienten um Sterbehilfe bittet, bedeutet das, daß wir unsere Arbeit nicht gut genug gemacht haben.» Sie wendet sich gegen die Legalisierung der Sterbehilfe und sagt:

> Unsere Gesellschaft ist nicht so arm, daß sie nicht die Zeit, die Mühe und das Geld aufbringen könnte, um den Menschen zu helfen, bis zu ihrem Tod wirklich zu leben. All denen, denen wir den Schmerz nehmen können, der sie in Furcht und Verbitterung gefangenhält, sind wir dies schuldig. Dafür müssen wir sie nicht umbringen ... Freiwillige «aktive» Sterbehilfe gesetzlich zuzulassen, wäre eine verantwortungslose Handlung; sie würde Hilfe verhindern, diejenigen unter Druck setzen, die ohnehin schon am verletzlichsten sind, und unseren aufrichtigen Respekt und unsere Verantwortung gegenüber den Alten und Schwachen, den Behinderten und Sterbenden untergraben.[6]

Weitere Fragen

«Was geschieht mit dem Bewußtsein eines Babys, das sehr früh stirbt oder abgetrieben wird? Was können die Eltern tun, um dem Baby zu helfen?»
Dilgo Khyentse Rinpoche erklärte dazu:

> Das Bewußtsein derer, die vor der Geburt, bei der Geburt oder als Säugling sterben, reist nochmals durch die Bardo-Zustände und nimmt eine andere Existenz an. Man kann die gleichen verdienstvollen Handlungen für sie ausführen, wie sie für Verstorbene auch sonst üblich sind: die Reinigungspraxis und Mantra-Rezitation von Vajrasattva, das Darbringen von Lichtern, die Reinigung der Asche und so weiter.

Nach einer Abtreibung können die Eltern, wenn sie die Handlung bereuen, zusätzlich helfen, indem sie sich ihre Reue eingestehen, um Vergebung bitten und inständig die Vajrasattva-Reinigung praktizieren. Sie können auch Lichter darbringen, Leben retten, anderen helfen sowie humanitäre oder spirituelle Projekte unterstützen und all dies jeweils dem Wohlergehen und der zukünftigen Erleuchtung des Bewußtseins des Babys widmen.

«Was geschieht mit dem Bewußtsein eines Menschen, der Selbstmord begeht?»
Dilgo Khyentse Rinpoche sagte:

Wenn ein Mensch Selbstmord begeht, hat das Bewußtsein keine Wahl, als diesem negativen Karma zu folgen, und es ist möglich, daß ein schädlicher Geist sich seiner Lebenskraft bemächtigt und es beherrscht. Im Falle eines Selbstmords muß ein kraftvoller Meister besondere Praktiken ausführen, wie zum Beispiel Feuerzeremonien und andere Rituale, um das Bewußtsein des Verstorbenen zu befreien.

«Sollte man im Todesfall Organe spenden? Was passiert, wenn sie entfernt werden müssen, solange das Blut noch zirkuliert oder bevor der Sterbeprozeß vollständig abgeschlossen ist? Stört oder schädigt das nicht das Bewußtsein im Moment vor dem Tod?»

Die Meister, die ich befragt habe, sagen übereinstimmend, daß eine Organspende eine äußerst positive Handlung ist, da sie dem ernsthaften und mitfühlenden Wunsch entspringt, anderen zu helfen. Solange es also dem Wunsch des Sterbenden wirklich entspricht, wird die Organentnahme dem Bewußtsein, das den Körper verläßt, nicht schaden. Im Gegenteil – diese letzte Handlung der Großzügigkeit trägt zur Ansammlung von gutem Karma bei. Ein anderer Meister sagte, daß jegliches Leid und alle Schmerzen, die ein Mensch durch die Organspende und im Verlauf der Operation vielleicht leidet, sowie jeder Moment der damit verbundenen Ablenkung oder Störung sich in gutes Karma verwandeln wird.

Dilgo Khyentse Rinpoche erklärte: «Wenn ein Mensch definitiv im nächsten Augenblick stirbt, und vorher den Wunsch geäußert hat, Organe zu spenden, und sein Geist voller Mitgefühl ist, ist es in Ordnung, sie zu entfernen, sogar wenn sein Herz noch schlägt.»

«Wie verhält es sich in den Fällen, in denen jemand seinen Körper oder sogar nur sein Gehirn in der Hoffnung einfrieren läßt, zu einem späteren Zeitpunkt, wenn Medizin und Wissenschaft sich weiter entwickelt haben, wieder zum Leben erweckt werden zu können?»

Dilgo Khyentse hielt dies für völlig absurd. Wenn jemand einmal gestorben ist, kann das Bewußtsein nicht mehr in diesen Körper zurückkehren. Die Hoffnung, daß der eigene Körper für eine spätere Wiederbelebung aufbewahrt wird, kann das Bewußtsein auf tragische Weise in einer verstärkten Anhaftung an den Körper gefangenhalten und damit sein Leiden sinnlos erschweren und zusätzlich den Prozeß der Wiedergeburt blockieren. Ein Meister vergleicht dies Einfrieren mit dem direkten Weg in die kalten Höllen, ohne einen Umweg durch die Bardos.

«Was können wir für unsere altersschwachen Eltern tun, speziell wenn beispielsweise der Vater senil wird?»

Zu diesem Zeitpunkt ist es vielleicht sinnlos, die Lehren erklären zu wollen; aber sicherlich wird es helfen, ruhig zu praktizieren oder Mantras oder Namen von Buddhas in seiner Gegenwart zu rezitieren. Kalu Rinpoche erklärt:

> Man legt damit einen Samen an. Das eigene Bestreben und die altruistische Sorge um diesen Menschen sind dann sehr wichtig. Wenn man seinem Vater unter diesen unglücklichen Umständen seine Dienste anbietet, muß man dies mit den besten Intentionen verbinden; es muß aus einer wahren Sorge um sein Wohlergehen und Glück geschehen. In solch schweren Zeiten ist das ein sehr wichtiger Faktor in der Beziehung ... Die karmische Verbindung zwischen Eltern und Kindern ist sehr stark. Wir können aufgrund dieses Bandes auf subtiler Ebene sehr viel erreichen, wenn wir unseren Eltern mit Mitgefühl und Sorge begegnen und unser Interesse für spirituelle Praxis nicht nur uns selbst gilt, sondern dem Wohle aller Wesen und – hier speziell – unseren Eltern gewidmet ist.[7]

III. Zwei Geschichten

Meine Schüler und Freunde im Westen haben mir viele inspirierende Berichte gegeben, wie Menschen während ihres Sterbens große Hilfe durch die Lehren des Buddha erfahren haben. Ich möchte hier die Geschichten von zwei meiner Schüler erzählen und wie sie ihrem Tod begegnet sind.

Dorothy

Dorothy war eine Schülerin von mir, die im St. Christophers Hospice in London an Krebs starb. Sie war eine begabte Künstlerin und Kunsthistorikerin, die auch als Farbtherapeutin und Fremdenführerin gearbeitet hatte. Ihr Vater war ein bekannter Heilpraktiker, und sie hatte großen Respekt für alle Religionen und spirituellen Traditionen. Sie entdeckte den Buddhismus erst gegen Ende ihres Lebens, war dann aber, wie sie selbst sagte, «Feuer und Flamme». Sie sagte, daß sie in den Lehren die überzeugendste und vollständigste Sicht der Natur der Wirklichkeit gefunden hätte. Ich möchte hier einige ihrer spirituellen Freunde, die sich bis zu ihrem Tod um sie kümmerten, zu Worte kommen und beschreiben lassen, wie Dorothy während ihres Sterbens Unterstützung durch die Lehren fand:

Dorothys Tod war für uns alle eine Inspiration. Sie starb mit solcher Anmut und Würde, daß jeder, der mit ihr in Kontakt kam, ihre Stärke spürte – Ärzte, Krankenschwestern, Helfer, andere Patienten und nicht zuletzt wir, ihre spirituellen Freunde, die wir das große Glück hatten, in den letzten Wochen ihres Lebens bei ihr sein zu dürfen.

Als wir Dorothy zu Hause besuchten, bevor sie ins Hospiz ging, wurde gerade deutlich, daß der Krebs in eine aggressive Phase übergegangen war und ihre Organe allmählich versagten. Sie stand zu diesem Zeitpunkt schon über ein Jahr lang unter Morphium und konnte kaum noch essen oder trinken; doch sie beschwerte sich niemals, und man wäre nicht auf die Idee gekommen, daß sie beträchtliche Schmerzen hatte. Sie war furchtbar dünn geworden, und es gab Momente, in denen sie ganz offensichtlich zutiefst erschöpft war. Wann immer jedoch jemand zu Besuch kam, hieß sie ihn willkommen und unterhielt sich mit ihm, wobei sie eine bemerkenswerte Energie und Freude ausstrahlte; sie blieb immer heiter und rücksichtsvoll. Am liebsten lag sie auf der Couch und hörte Kassetten mit Sogyal Rinpoches Unterweisungen, und sie war höchst erfreut, als er ihr ein paar Aufnahmen aus Paris schicken ließ, von denen er meinte, sie könnten besonders wichtig für sie sein.

Dorothy traf Vorbereitungen für ihren Tod und plante alles bis ins letzte Detail. Sie wollte auf keinen Fall unerledigte Angelegenheiten hinterlassen und verbrachte Monate damit, alle praktischen Dinge zu regeln. Angst vor dem Tod schien sie nicht zu haben, wollte aber sicher sein, daß alles getan sei, so daß sie sich dem Tod ohne Ablenkung widmen konnte. Sie fand es sehr tröstlich zu wissen, daß sie ihr Leben lang nie jemandem wirklich geschadet hatte und daß sie Unterweisungen erhalten hatte und ihnen auch gefolgt war. Sie sagte dazu: «Ich habe meine Hausaufgaben gemacht.»

Als es für Dorothy an der Zeit war, ihre Wohnung endgültig zu verlassen und ins Hospiz zu gehen, verließ sie ihr Heim, das voll wunderbarer, über die Jahre angesammelter Schätze war, nur mit einer einzigen Reisetasche und ohne sich auch nur einmal umzudrehen. Sie hatte bereits den Großteil ihrer persönlichen Habe verschenkt, doch ein kleines Foto von Rinpoche, das sie immer bei sich trug, und sein Heft über Meditation nahm sie mit. Sie hatte ihr Leben aufs Allernotwendigste vereinfacht – «mit wenig Gepäck reisen» nannte sie das. Sie sah ihren Auszug sehr nüchtern, fast als ginge sie nur eben zum Einkaufen; sie sagte einfach: «Adieu, Wohnung!», winkte und ging zur Tür hinaus.

Ihr Zimmer im Hospiz wurde zu einem ganz besonderen Ort. Auf dem Tisch neben ihrem Bett brannte immer eine Kerze vor dem Bild von Sogyal Rinpoche, und einmal, als jemand sie fragte, ob sie gern mit ihm sprechen würde, lächelte sie, schaute auf das Foto und sagte: «Nein, nicht nötig, er ist immer da!» Sie sprach oft von Rinpoches Rat, die «richtige Umgebung» zu schaffen, und hatte ein wunderschönes Gemälde von einem Regenbogen an der gegenüberliegenden Wand anbringen lassen; überall standen Blumen, die ihre Besucher stets mitbrachten.

Dorothy behielt die Situation bis zum Ende im Griff, und ihr Vertrauen in die Lehren schien nicht für einen Augenblick ins Wanken zu geraten. Sie schien uns zu helfen und nicht umgekehrt. Sie war immer fröhlich, zuversichtlich und humorvoll und strahlte eine Würde aus, die eindeutig aus Mut und Selbstachtung entsprang. Die Freude, mit der sie uns jedesmal willkommen hieß, ließ uns insgeheim verstehen, daß der Tod keineswegs düster und erschreckend ist. Dies war ihr Geschenk an uns, und wir fühlten uns geehrt und ausgezeichnet, bei ihr sein zu dürfen.

Dorothys Stärke wurde fast zur Selbstverständlichkeit für uns; aber irgendwann mußten wir erkennen, daß sie auch unserer Stärke und Unterstützung bedurfte. Sie besprach gerade die letzten Einzelheiten ihrer Beerdigung, als uns klar wurde, daß es nun für sie an der Zeit war, sich nicht mehr ständig um andere und all die Äußerlichkeiten zu kümmern, sondern die Aufmerksamkeit auf sich selbst zu richten. Und sie brauchte unsere Zustimmung, das von jetzt an tun zu können.

Es war ein schwieriger, schmerzvoller Tod, aber Dorothy war eine Kriegerin. Sie versuchte, so viel wie möglich selbst zu tun, um den Schwestern nicht soviel Arbeit zu machen, bis ihr Körper nicht mehr mitmachte. Einmal, als sie noch aufstehen konnte, fragte eine Schwester taktvoll, ob sie ihr vielleicht einen Nachttopf bringen solle. Dorothy kämpfte sich hoch, lachte und sagte: «Seht euch diesen Körper an!», während sie uns ihren bis auf die Knochen abgemagerten Körper zeigte. Doch wenn ihr Körper auch total verfiel, so schien ihr Geist doch zu strahlen und sich aufzuschwingen, so als würde sie einsehen, daß ihr Körper seine Arbeit getan hätte – er war nicht mehr wirklich «sie», sondern etwas, in dem sie gewohnt hatte und das sie nun bereit war loszulassen.

Trotz all des Lichts und der Freude, die Dorothy umgab, war klar, daß Sterben keine leichte Sache ist, sondern im Gegenteil harte Arbeit. Es gab verzagte, qualvolle Momente, doch sie überstand sie mit erstaunlicher Anmut und Tapferkeit. Nach einem Sturz und der darauf folgenden, besonders schmerzvollen Nacht bekam sie Angst, daß sie jeden Moment ganz allein sterben könnte, und so bat sie darum, daß immer einer von uns bei ihr bleiben möge. Von da an wechselten wir uns rund um die Uhr ab.

Dorothy praktizierte jeden Tag, und die Vajrasattva-Reinigung war ihre Lieblings-Praxis. Rinpoche gab ihr Unterweisungen zum Tod zu lesen, in denen auch eine essentielle Fassung des Phowa enthalten war. Manchmal saßen wir zusammen und lasen ihr Abschnitte daraus vor; manchmal sangen wir das Padmasambhava-Mantra; manchmal saßen wir einfach eine Weile still. Ab und zu döste sie ein, um dann mit den Worten aufzuwachen: «Oh, ist das nicht wundervoll!» Wenn sie genug Energie zu haben schien und sich danach fühlte, lasen wir Passagen aus den Bardo-Lehren, um sie mit den Stufen vertraut werden zu lassen, die sie durchlaufen würde. Wir waren alle erstaunt über ihre Klarheit und Wachheit. Sie wollte ihre Praxis stets ganz einfach halten – nur die Essenz. Wenn wir ankamen, um jemanden abzulösen, waren wir jedesmal berührt von der friedlichen Atmosphäre im Raum und dem Anblick von Dorothy, die – selbst im Schlaf – mit weit offenen Augen dalag und in den Raum schaute, ihren jeweiligen Begleiter neben sich, der ruhig dasaß oder Mantras rezitierte.

Rinpoche rief oft an, um nachzufragen, wie es ihr ging, und sie redeten offen darüber, wie nah sie dem Tod war. Dorothy sprach ganz nüchtern darüber und sagte Dinge wie: «Nur noch ein paar Tage, Rinpoche.» Eines Tages brachten die Schwestern das Telefon herein und sagten: «Ein Anruf aus Amsterdam.» Dorothys Gesicht hellte sich sofort auf, und sie glühte vor Freude, als sie Rinpoches Anruf entgegennahm. Nachdem sie aufgelegt hatte, warf sie uns einen Blick zu und sagte, daß er ihr geraten hätte, sich nicht mehr auf das Lesen von Texten zu konzentrieren, sondern daß jetzt die Zeit gekommen wäre, einfach «in der Natur des Geistes, in der Lichtheit zu ruhen». Als sie dem Tod schon sehr nahe war und Rinpoche sie zum letzten Mal anrief, erzählte sie, er hätte gesagt: «Vergiß uns nicht und besuch uns doch mal!»

Einmal, als der Arzt kam, um zu sehen, wie es ihr ging und ihre Medikamente abzustimmen, erklärte Dorothy entwaffnend einfach und direkt: «Wissen Sie, ich studiere Buddhismus, und wir glauben daran, daß man eine Fülle von Licht sieht, wenn man stirbt. Ich glaube, ich sehe schon die ersten Lichtblitze, aber ich glaube nicht, daß ich es schon ganz gesehen habe.» Die Ärzte waren erstaunt über ihre Klarheit und Lebendigkeit, besonders in diesem fortgeschrittenen Stadium der Krankheit, in dem eigentlich zu erwarten gewesen wäre, daß sie nicht mehr bei Bewußtsein sein würde.

Als der Tod näher rückte, schien Dorothy nicht mehr richtig zwischen Tag und Nacht unterscheiden zu können, und sie zog sich immer tiefer in sich selbst zurück. Ihr Gesicht verlor an Farbe, und die Momente, in denen sie bei Bewußtsein war, wurden seltener. Wir vermeinten, die Zeichen der Auflösung der Elemente zu entdecken. Dorothy war bereit zu sterben, aber ihr Körper war noch nicht bereit loszulassen, weil sie ein sehr kräftiges Herz hatte. So wurde jede Nacht zur Prüfung für sie, und sie war jeden Morgen überrascht, daß sie es auch diese Nacht wieder geschafft hatte. Sie beklagte sich nie, doch wir sahen, wie sie litt; wir taten alles, um es ihr erträglicher zu machen, und als sie keine Flüssigkeit mehr zu sich nehmen konnte, befeuchteten wir ihre Lippen. Bis auf ihre letzten sechsunddreißig Stunden lehnte sie es höflich, aber bestimmt ab, Medikamente zu sich zu nehmen, die ihr Bewußtsein beeinträchtigen würden.

Kurz bevor Dorothy starb, legten die Krankenschwestern sie in eine andere Position. Sie lag jetzt zusammengerollt in einer Embryonal-Haltung, und obwohl ihr Körper völlig zusammengefallen war und sie sich weder bewegen noch sprechen konnte, waren ihre Augen noch immer offen und lebendig, und sie blickte durch das Fenster vor sich gerade in den Himmel. Im letzten Moment vor ihrem Tod bewegte sie sich fast unmerklich und schaute Debbie mit beredtem Blick direkt in die Augen; es war ein Blick des Erkennens, mit einem Anflug von Lächeln, als würde sie sagen: «Es ist soweit.» Dann schaute sie wieder in den Himmel, tat noch ein oder zwei Atemzüge und starb. Debbie ließ vorsichtig Dorothys Hand los, damit sie ungestört durch die innere Auflösung gehen konnte.

Das Krankenhauspersonal sagte, sie wären noch nie jemandem begegnet, der sich so gut auf den Tod vorbereitet hätte wie Dorothy, und ihre Präsenz und Inspiration ist vielen im Hospiz noch lange in Erinnerung geblieben.

Rick

Rick lebte in Oregon und hatte AIDS. Er war fünfundvierzig und hatte als Computerspezialist gearbeitet. Vor einiger Zeit besuchte er unser Sommer-Retreat in den Vereinigten Staaten und erzählte uns, was der Tod, das Leben und seine Krankheit für ihn bedeuteten. Ich war erstaunt, wie sehr sich Rick die buddhistischen Lehren, die er erst zwei Jahre studiert hatte, zu Herzen genommen hatte. In diesem kurzen Zeitraum hatte er sich auf eine ganz persönliche Art und Weise die Essenz der Lehren – Hingabe, Mitgefühl und die Sicht der Natur des Geistes – erschlossen und sie zu einem Teil seines Lebens gemacht. Rick saß vor uns allen auf einem Stuhl und erzählte uns von seinen Gefühlen im Angesicht seines baldigen Todes. Ich hoffe, daß die folgenden Auszüge seiner Schilderung Ihnen eine Ahnung von diesem bewegenden Ereignis vermitteln können:

Als ich vor zwei Jahren schon einmal dachte, jetzt würde ich sterben, tat ich das Nächstliegende: Ich schrie um Hilfe – und ich bekam Antwort. Ich wurde mehrere Wochen von fürchterlichem Fieber geschüttelt, und jede Nacht glaubte ich, jetzt ist es soweit... Wenn alles, was du tun kannst, dich hingeben, um Hilfe rufen ist... Wir haben Padmasambhavas Versprechen, daß er bei uns ist. Und er lügt nicht – er hat es mir wieder und wieder bewiesen.

Wäre nicht Padmasambhava, von dem Rinpoche sagt, er sei die Natur unseres eigenen Geistes, unsere eigene Buddha-Natur, wäre nicht diese herrliche, leuchtende Präsenz, würde ich das, was ich durchmache, nicht aushalten können. Ich weiß genau, ich könnte es nicht.

Als erstes erkannte ich, daß man die Verantwortung für sich selbst übernehmen muß. Ich sterbe, weil ich AIDS habe. Dafür trage ich die Verantwortung, ich kann niemandem sonst die Schuld geben. Tatsächlich kann ich niemandem einen Vorwurf machen, nicht einmal mir selbst. Doch ich übernehme die Verantwortung dafür.

Ich habe mir und – bevor ich zum Buddhismus kam – allen Göttern geschworen, daß ich einfach glücklich sein will. Nachdem ich mich so entschieden hatte, hielt ich mich auch daran. Das gilt für jede Art der Geistesschulung. Man muß den Entschluß fassen, daß man sich wirklich verändern will. Wenn man sich nicht selbst verändern will, wird es kein anderer für einen tun.

Unsere Aufgabe ist es, mit den alltäglichen Anforderungen unserer Situation zu arbeiten. Als erstes müssen wir dankbar sein, daß wir einen Körper haben und auf diesem Planeten leben. Das war für mich der Anfang – Dankbarkeit für die Erde zu entwickeln und für die Lebewesen. Jetzt, da mir die Dinge langsam entgleiten, bin ich um so dankbarer für alles. Im Mittelpunkt meiner Praxis steht jetzt diese Dankbarkeit, einfach ein ständiger Lobpreis des Lebens, Padmasambhavas, der in all diesen vielfältigen Formen lebt.

Macht nicht den gleichen Fehler, den ich jahrelang gemacht habe: anzunehmen, «Praxis» bedeutet, aufrecht zu sitzen und Mantras zu rezitieren und zu hoffen, daß man es bald hinter sich hat. Praxis ist viel großartiger. Jeder Mensch, dem ihr begegnet, ist Praxis; jedes unfreundliche Wort, das ihr zu hören bekommt oder das euch gilt, ist Praxis. Es gibt immer etwas in eurer Umgebung, das euch mit der Praxis verbindet.

Wenn ihr nach der formellen Übung von eurem Kissen aufsteht, dann fängt die Praxis erst richtig an. Wenn wir im Leben praktizieren wollen, müssen wir sehr klug und erfinderisch sein. Wenn mir also zu schwindlig ist, um mir Vajrasattva über meinem Kopf vorzustellen, stehe ich auf und wasche mein Geschirr vom Frühstück, und der Teller in meiner Hand ist die Welt mit all ihren leidenden Wesen. Dann sage ich das Mantra ... OM VAJRA SATTVA HUM ... und wasche dabei das Leid der Wesen fort. Wenn ich mich dusche, dann ist das keine Dusche über meinem

Kopf, sondern Vajrasattva. Wenn ich hinaus in die Sonne gehe, ist es das Licht von Vajrasattvas Körper, das wie hunderttausend Sonnen auf mich strahlt und in mich eindringt, und ich nehme es einfach auf. Wenn ich einen schönen Menschen die Straße entlang gehen sehe, denke ich vielleicht am Anfang «Was für ein gutaussehender Mensch», doch schon im nächsten Moment bringe ich ihn aus ganzem Herzen Padmasambhava dar und lasse wieder los. Ihr müßt echte Lebenssituationen benutzen und sie zu eurer Praxis machen. Sonst habt ihr nur einen leeren Glauben, der euch keinerlei Trost gibt, der nicht die geringste Kraft hat, wenn schwere Zeiten kommen. Es ist nichts als blinder Glaube: «Oh, eines Tages werde ich ein Buddha sein.» Nein, ihr werdet nicht eines Tages ein Buddha sein. Ihr seid jetzt ein Buddha. Und wenn ihr praktiziert, übt ihr zu sein, was ihr eigentlich schon seid . . .

Es ist sehr wichtig, die Situationen zu nehmen, die in eurem Leben auftauchen, und sie zu nutzen. Wie Rinpoche immer sagt: Wenn ihr geübt habt, zu rufen und um Hilfe zu bitten, dann werdet ihr es in den Bardos ganz von selbst genauso machen . . . Ich habe mir ein Mantra aus Dudjom Rinpoches Vers gemacht: «O Lama von unvergleichlicher Güte, ich denke nur an dich.» Manchmal ist das alles, was ich noch denken kann; es ist die einzige Praxis, die ich noch zustande bringe. Aber es funktioniert wunderbar.

Also . . . glücklich sein, Eigenverantwortung haben, Dankbarkeit . . . verwechselt nicht eine tote, ritualisierte Praxis mit einer lebendigen, sich stetig verändernden, fließenden, öffnenden, herrlichen Praxis. So erlebe ich es jetzt gerade. Ich weiß, das klingt vielleicht nur nach leeren Worten, aber ich weiß in meinem Herzen, daß es nicht so ist – ich sehe Padmasambhava überall. Genau das ist meine Praxis. Alle Menschen – besonders die schwierigen, die es den anderen um sie herum so schwermachen – sind für mich ein Segen des Meisters. Diese Krankheit ist für mich ein Segen des Meisters. Sie ist Gnade. So viel Gnade, daß ich endlos davon abbeißen könnte.

Doch das war nur möglich, weil ich meinen Geist geschult habe . . . Als ich anfing, habe ich in Gedanken ständig alles verurteilt. Ich verurteilte diesen; ich verurteilte jenen. Ich verurteilte, wie jemand aussah; ich verurteilte, wie jemand dasaß, ich fällte das Urteil. «Dieser Tag gefällt mir nicht, er ist zu regnerisch, zu grau. Ach, ich Ärmster . . . warum hilft mir den keiner?» So war es früher, und dieser Kommentar lief ständig in meinem Geist. Doch ich tat einen ersten Schritt – ich schrieb mir kleine Zettelchen und klebte sie auf meinen Kühlschrank: «Urteile nicht!»

Wenn du im Kopf lebst, das heißt dauernd zwischen diesem und jenem unterscheiden mußt – «das ist gut ... das ist schlecht; das will ich nicht», zwischen Hoffnung und Furcht, zwischen Haß und Liebe, zwischen Freud und Leid –, wenn du immer nach einem der beiden Extreme greifst, ist dein Geistesfrieden dahin. Ein Zen-Patriarch sagte: «Der Große Weg ist nicht schwer für die, die keine Vorlieben haben.» Denn deine Buddha-Natur ist da. Glück ist überall.

So begann ich also, mit meinem konzeptuellen Geist zu arbeiten. Zuerst schien das ein unmögliches Unterfangen. Doch je mehr ich übte, ... fand ich heraus: Wenn du allen «Dingen», die entstehen, einfach ihren Raum läßt, sind sie genau da, wo sie hingehören. Sei einfach dabei, und sei glücklich im Wissen um deine Buddha-Natur.

Ihr müßt euch nicht *fühlen*, als hättet ihr Buddha-Natur. Darum geht es nicht. Es geht um Vertrauen – das ist Glauben. Es geht um Hingabe – das ist Ergebenheit. Das ist für mich die Essenz. Wenn ihr dem, was der Meister sagt, vertrauen könnt, die Lehren studiert und versucht, euch in schwierigen Zeiten an sie zu erinnern, wenn ihr euren Geist dazu bringen könnt, nicht dauernd in Gewohnheitsmuster zu verfallen, wenn ihr einfach nur bei dem bleibt, was geschieht – mit nackter Aufmerksamkeit –, werdet ihr nach einer Weile feststellen, daß nichts lange bleibt – nicht einmal negative Gedanken, und besonders unser Körper nicht. Alles ändert sich. Wenn ihr es an seinem Platz laßt, befreit es sich von selbst.

In einer Situation wie der meinen, wenn die Angst so offenbar wird und so dominierend, daß ihr das Gefühl habt, von ihr aufgefressen zu werden, müßt ihr euren Geist in der Hand haben. Ich habe erkannt, daß die Angst mich nicht umbringen kann. Sie zieht bloß durch meinen Geist. Sie ist nur ein Gedanke, und ich weiß, daß Gedanken sich von selbst befreien, wenn ich nur meine Finger davon lasse. Ich erkenne auch, daß in den Bardos genau dasselbe geschieht, wenn du eine Vision auf dich zukommen siehst, die dir Angst macht – sie kommt nirgendwo anders her als aus dir selbst! Alle Energien, die wir tief in unserem Körper eingegraben haben, werden freigesetzt.

Als ich meinen Geist schulte, habe ich auch sehr bald entdeckt, daß es einen bestimmten Punkt gibt, eine bestimmte Grenze, die du ziehen mußt, und über diese Grenze darfst du deinen Geist nicht mehr gehen lassen. Wenn du es zuläßt, läufst du Gefahr, deine geistige Gesundheit zu verlieren oder alle um dich herum mit deiner Verdrießlichkeit runterzuziehen – und das ist noch nicht das schlimmste. Du könntest auch ausflippen. Es kommt vor, daß jemand durchdreht, das Gleichgewicht verliert, weil er glaubt, was ihm sein Geist über die Realität erzählt. Wir alle tun das, aber einen bestimmten Punkt darf man dabei nicht überschreiten ... Ich hatte früher Anfälle von Panik. Ich dachte, da würde sich ein großer, schwarzer Abgrund vor mir auftun. Seit ich mir das Privileg und die Gnade zugestehe, die ganze Zeit glücklich sein zu dürfen, sehe ich keine schwarzen Abgründe mehr.

Einige von euch sind mir inzwischen näher als meine Familie. Denn ihr laßt Padmasambhava zu mir kommen, durch eure Sorge, eure Betroffenheit und eure Liebe. Euch scheint es nichts auszumachen, daß ich AIDS habe. Nie hat mich jemand von euch gefragt: «Wie hast du es denn bekommen?» Nie hat mich jemand von euch damit einzuschüchtern versucht, daß die Krankheit vielleicht ein Fluch sei, wie es ein früherer Freund getan hat, der mich vor einer Woche anrief und fragte: «Hast du keine Angst, daß dies ein Fluch Gottes sein könnte?» Nachdem ich aufgehört hatte zu lachen, sagte ich: «Du glaubst, daß Gott die Welt verflucht hat und daß der menschliche Körper unrein ist. Ich gehe aber nicht davon aus, daß alles ein Fluch ist, ich halte es für Segen.» Von Anfang an ist alles schon vollendet, rein und vollkommen.

Was ich jetzt tue, ist, einfach im Leuchten zu ruhen. Es ist überall. Ich kann ihm nicht entkommen. Es berauscht mich so, daß ich manchmal das Gefühl habe, in diesem Leuchten zu schwimmen. Ich lasse mich einfach von Padmasambhava mitziehen, wenn er durch den Himmel meines Geistes fliegt.

Wenn ich jetzt im Publikum sitzen und mir das Ganze anhören würde, würde ich fragen: «Okay, wenn das so ist – warum bist du dann nicht geheilt?» Einige haben mich das schon gefragt. Nicht, daß ich es nicht versucht hätte – ich habe kofferweise Pillen gekauft. Doch vor einer ganzen Weile habe ich aufgehört, diese Frage zu stellen. Ich glaube, der Grund dafür ist, daß ich das Gefühl hatte, damit den Prozeß, der da in Gang gekommen ist, zu manipulieren oder zu stören. Dieser Prozeß ist äußerst reinigend für mich. Ich weiß, daß sehr viel Karma verbrannt wird. Vielleicht ist es auch für meine Mutter heilsam, denn ich widme es ihr. Sie leidet ziemlich stark. Dann gibt es spirituelle Freunde unter euch, die ich liebe wie Brüder und Schwestern; auch sie leiden. Ich habe eine Abmachung mit Padmasambhava getroffen: Wenn ich hier bleiben und leiden muß, damit ein Teil dieses Leidens nicht nur mich, sondern auch euch reinigen kann, was wäre das für ein Segen! Das ist mein Gebet. Und ich bin nicht jemand, der gern leidet, das kann ich euch versichern! Doch ich fühle, wie die Gnade, der Segen mich sacht in dieses Leiden hineinschiebt.

Nach all dem, was ich Rinpoches Unterweisungen über die Bardos entnommen habe, weiß ich: Der Tod ist kein Feind. So wie wir auch unsere Gedanken nicht als Feinde betrachten können. . . . Und auch das Leben ist uns nicht feindlich gesonnen. Das Leben ist etwas Herrliches, denn wir können in diesem Leben zu dem erwachen, was wir wirklich sind. Ich flehe euch also von ganzem Herzen an: Verschwendet nicht die Möglichkeit, mit dem, was Rinpoche euch anbietet, zu arbeiten, solange ihr noch relativ gesund seid . . . Wenn er über Dzogchen spricht und lehrt, versteht er es, auf den Punkt zu kommen, und er weiß, wie er eure Herzen dort hinbringt. Das ist so wichtig – und besonders, wenn man sich gerade auf den Tod vorbereitet.

Ich verabschiede mich also jetzt. Zumindest für dieses Mal . . . Ich möchte mich von all denen verabschieden, die meine Brüder und Schwestern geworden sind, von all denen, denen ich begegnet bin, die ich aber nicht mehr näher kennenlernen durfte, und von all denen, denen ich nicht einmal begegnet bin . . . Ich habe das Gefühl, daß ich wohl innerhalb der nächsten sechs Monate sterben werde. Ich behalte euch alle in meinem Herzen, und ich sehe euch alle hell und leuchtend. Es gibt keine Dunkelheit. Da ist nur das Licht aus Padmasambhavas Herz, das uns alle durchdringt. Dank dem Segen des Meisters.

IV. Zwei Mantras

Die beiden in Tibet wohl bekanntesten Mantras sind das Mantra von Padmasambhava: OM AH HUM VAJRA GURU PADMA SIDDHI HUM, Vajra-Guru-Mantra genannt, und das Mantra von Avalokiteshvara, dem Buddha des Mitgefühls: OM MANI PADME HUM. Wie die meisten Mantras, sind auch diese beiden in Sanskrit, der heiligen Sprache des alten Indien, gehalten.

Das Vajra-Guru-Mantra

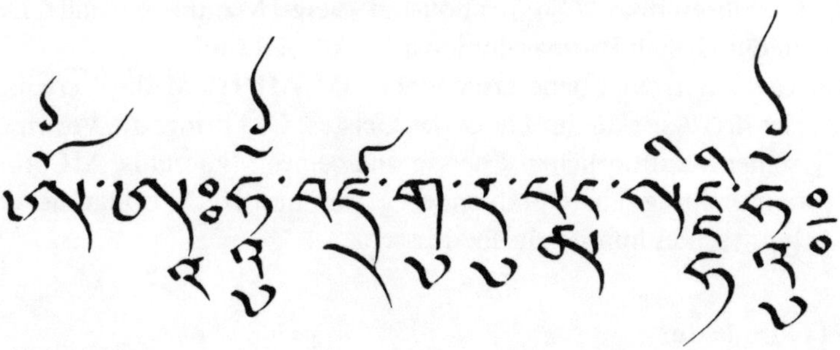

Das Vajra-Guru-Mantra, OM AH HUM VAJRA GURU PADMA SIDDHI HUM, klingt tibetisch ausgesprochen: *Om Ah Hung Bendza Guru Pema Siddhi Hung.* Die folgende Erläuterung seiner Bedeutung ist auf Erklärungen Dudjom Rinpoches sowie Dilgo Khyentse Rinpoches gegründet.

Om Ah hum

Die Silben OM AH HUM haben äußere, innere und «geheime» Bedeutungen. Auf jeder dieser Ebenen steht OM für den Körper, AH für die

Rede und HUM für den Geist. Sie repräsentieren den transformativen Segen von Körper, Rede und Geist aller Buddhas. Auf einer äußeren Ebene reinigt OM alle negativen Handlungen, die du mit deinem Körper begangen hast, AH alle mit deiner Sprache und HUM alle mit deinem Geist begangenen negativen Handlungen.[1] Durch die Reinigung von Körper, Rede und Geist verleiht OM AH HUM den Segen von Körper, Rede und Geist der Buddhas.

OM ist außerdem die Essenz von Form, AH die Essenz von Klang und HUM die Essenz von Geist. Indem du dieses Mantra rezitierst, reinigst du dich selbst genauso wie die Umwelt und alle Wesen darin. OM reinigt alle Wahrnehmungen, AH reinigt alle Klänge und HUM reinigt den Geist mit all seinen Gedanken und Emotionen.

Auf der inneren Ebene reinigt OM die feinstofflichen Kanäle, AH den Wind, die innere Luft oder den Fluß der Energie und HUM die kreative Essenz.[2] Auf einer tieferen Ebene steht OM AH HUM für die Drei Kāyas der Lotos-Familie der Buddhas: OM ist der Dharmakāya, Buddha Amitābha, der Buddha grenzenlosen Lichts; AH ist der Sambhogakāya, Avalokiteshvara, der Buddha des Mitgefühls; und HUM ist der Nirmānakāya, Padmasambhava. So symbolisiert dieses Mantra, daß alle Drei Kāyas in der Gestalt Padmasambhavas verkörpert sind.

Auf der innersten Ebene ermöglicht OM AH HUM die Verwirklichung der drei Aspekte der Natur des Geistes: OM bringt die Verwirklichung seiner unaufhörlichen Energie und seines Mitgefühls, AH bringt die Verwirklichung seiner strahlenden Natur, und HUM bringt die Verwirklichung seiner himmelgleichen Essenz.

Vajra Guru Padma

VAJRA wird mit einem Diamanten verglichen, dem härtesten und kostbarsten aller Steine. So wie ein Diamant alles schneiden kann, selbst aber unzerstörbar ist, so kann auch die unveränderliche, nicht-duale Weisheit der Buddhas niemals durch Unwissenheit geschädigt oder zerstört werden, und sie kann alle Verblendungen und Verdunkelungen durchschneiden. Die Eigenschaften und Aktivitäten von Körper, Rede und Geist aller Buddhas können den Lebewesen mit der durchdringenden und ungehinderten Macht eines Diamanten zu Hilfe kommen. Wie der Diamant ist auch der Vajra frei von Makeln; seine brillante Stabilität kommt aus der Verwirklichung der Dharmakāya-Natur der Wirklichkeit, der Natur Buddha Amitābhas.

GURU bedeutet «gewichtig»; es bezeichnet jemanden, der mit allen wundervollen Eigenschaften versehen ist, der Weisheit, Kenntnisse, Mitgefühl und geschickte Mittel verkörpert. So wie Gold das gewichtigste und kostbarste unter den Metallen ist, so machen die unerhörten, makellosen Eigenschaften des Guru – des Meisters – ihn unübertrefflich und zum Vorzüglichsten von allen. GURU entspricht dem Sambhogakāya und Avalokiteshvara, dem Buddha des Mitgefühls. Weil Padmasambhava auch den Pfad des Tantra lehrt, der auch vom Vajra symbolisiert wird, und da er durch die Praxis des Tantra höchste Verwirklichung erlangt hat, wird er «der VAJRA GURU» genannt.

PADMA heißt Lotos und bezeichnet die Lotos-Familie der Buddhas und speziell den Aspekt ihrer erleuchteten Rede. Die Lotos-Familie ist die Buddha-Familie, zu der die Menschen gehören. Da Padmasambhava die direkte Emanation, der Nirmānakāya-Aspekt von Buddha Amitābha, dem Ur-Buddha der Lotosfamilie ist, nennt man ihn «PADMA». Sein Name Padmasambhava, der «Lotosgeborene», bezieht sich auf die Geschichte seiner wunderbaren Geburt in einer Lotosblüte.

Zusammengenommen symbolisieren die Silben VAJRA GURU PADMA auch die Essenz und den Segen von Sicht, Meditation und Handlung. VAJRA steht für die unveränderte, diamantene, unzerstörbare Essenz der Wahrheit, um deren Erkenntnis in unserer Sicht wir bitten. GURU symbolisiert die Lichtheits-Natur und die edlen Eigenschaften der Erleuchtung, um deren Vervollkommnung in unserer Meditation wir bitten. PADMA steht für Mitgefühl, um dessen Vollendung in unserem Handeln wir bitten.

Durch Rezitation des Mantra erhalten wir so den Segen des Weisheitsgeistes, die edlen Qualitäten und das Mitgefühl von Padmasambhava und allen Buddhas.

Siddhi Hum

SIDDHI bedeutet «wahre Vollendung», «Erreichen», «Segen» und «Verwirklichung». Es gibt zwei Arten von Siddhis: gewöhnliche und erhabene. Indem wir den Segen der gewöhnlichen Siddhis erhalten, werden alle Hindernisse in unserem Leben, wie etwa schwache Gesundheit, beseitigt und all unsere guten Wünsche erfüllt; Vorteile wie Wohlstand, Reichtum und ein langes Leben kommen uns zugute und unsere Lebensumstände werden glücklich und förderlich für spirituelle Praxis und die Verwirklichung der Erleuchtung.

Der Segen des erhabenen Siddhi bringt uns die Erleuchtung, den Zustand der völligen Verwirklichung Padmasambhavas, der sowohl uns selbst nutzt als auch allen anderen Wesen. Indem wir also Körper, Rede, Geist, Eigenschaften und Aktivität Padmasambhavas im Sinn behalten und zu ihm beten, erlangen wir gewöhnliche und erhabene Siddhis.

Es heißt, SIDDHI HUM ziehe alle Siddhis an, wie ein Magnet Eisenspäne.

HUM steht für den Weisheitsgeist der Buddhas und ist der geheiligte Katalysator des Mantra. Es proklamiert seine Macht und Wahrheit: «So sei es!»

In wenigen Worten zusammengefaßt bedeutet das Mantra: «Ich rufe dich, den Vajra Guru Padmasambhava, an, mögest du uns durch deinen Segen gewöhnliche und erhabene Siddhis gewähren.»

Dilgo Khyentse Rinpoche erklärt:

> Es heißt, daß die zwölf Silben OM AH HUM VAJRA GURU PADMA SIDDHI HUM den gesamten Segen der zwölf Arten von Buddhas Lehren enthalten, die wiederum die Essenz der 84000 Dharmas sind. Daher ist die einmalige Rezitation des Vajra-Guru-Mantra gleichbedeutend mit dem Segen der Rezitation ... oder Praxis der gesamten Lehre des Buddha. Diese zwölf Zweige der Lehren sind die Gegenmittel, die uns von den «Zwölf Gliedern abhängigen Entstehens» befreien, die uns an Samsāra binden: Unwissenheit, karmische Bildekräfte, diskursives Bewußtsein, Name und Form, Sinne, Kontakt, Empfindung, Sehnen, Greifen, Existenz, Geburt, Alter und Tod. Diese zwölf Glieder sind der Mechanismus von Samsāra; sie halten Samsāra am Leben. Indem wir die zwölf Silben des Vajra-Guru-Mantra rezitieren, werden diese zwölf Glieder gereinigt, und wir sind in der Lage, die Schicht der karmischen emotionalen Verblendungen vollständig zu beseitigen und zu klären und so Befreiung von Samsāra zu finden.
>
> Obwohl wir nicht in der Lage sind, Padmasambhava leibhaftig zu sehen, hat sich sein Weisheitsgeist doch in der Form des Mantra manifestiert; diese zwölf Silben sind tatsächlich die Emanationen seines Weisheitsgeistes und tragen seinen ganzen Segen in sich. Das Vajra-Guru-Mantra ist Padmasambhava in der Form von Klang. Wenn du ihn also mit der Rezitation dieser zwölf Silben anrufst, ist der Segen und der Verdienst, den du erlangst, unermeßlich. In diesen schwierigen Zeiten können wir keinen Buddha und keine Zuflucht anrufen,

die machtvoller wäre als Padmasambhava, und entsprechend gibt es kein geeigneteres Mantra als das Vajra-Guru-Mantra.

Das Mantra des Mitgefühls

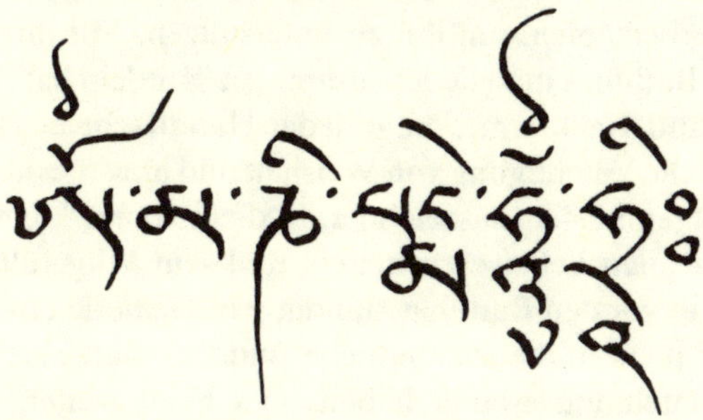

Das Mantra des Mitgefühls, OM MANI PADME HUM, klingt tibetisch ausgesprochen: *Om Mani Peme Hung.* Es verkörpert das Mitgefühl und den Segen aller Buddhas und Bodhisattvas, ruft aber speziell den Segen von Avalokiteshvara, dem Buddha des Mitgefühls, an. Avalokiteshvara ist eine Sambhogakāya-Manifestation des Buddha und sein Mantra gilt als die Essenz von Buddhas Mitgefühl für alle Wesen. So, wie Padmasambhava der wichtigste Meister für die Tibeter ist, so ist Avalokiteshvara ihr wichtigster *Buddha* – die karmische Gottheit Tibets. Der Buddha des Mitgefühls ist derart in das Bewußtsein des tibetischen Volkes eingebettet, daß es sprichwörtlich heißt, daß jeder, der «Mama» sagen kann auch OM MANI PADME HUM rezitieren kann.

Vor zahllosen Zeitaltern, so wird gesagt, haben 1000 Prinzen gelobt, Buddhas zu werden. Einer von ihnen gelobte der Buddha Gautama Siddharta zu werden; Avalokiteshvara legte das Versprechen ab, erst dann selbst Buddhaschaft zu erlangen, wenn alle anderen der 1000 Prinzen Buddhas geworden seien. In seinem grenzenlosen Mitgefühl gelobte er ferner, alle fühlenden Wesen aus den Leiden der verschiedenen Bereiche samsārischer Existenz zu erlösen. In Anwesenheit der Buddhas der zehn Richtungen betete er: «Ich verspreche, allen Wesen zu helfen, und wenn mir diese Arbeit jemals zuviel wird, soll mein Körper in 1000 Stücke zerspringen.» Er begann, so wird gesagt, mit den Höllenbereichen und arbeitete sich dann allmählich durch den Bereich der Hungergeister bis zu den Göttern vor. Von dort blickte er zurück und sah zu seinem Schrecken, daß, obwohl er zahllose Wesen aus den Höllen gerettet hatte, unzählige mehr wieder hineinströmten. Dies stürzte ihn in tiefste Verzweiflung; für einen Augenblick verlor er beinahe den Glauben an sein edles Gelübde, und sein Körper zerprang in 1000 Stücke. In seiner Verzweiflung rief er alle Buddhas um Hilfe an, die – so sagen einige Texte – wie ein sanfter Blizzard aus Schneeflocken aus allen Bereichen des Universums herbeikamen, um ihn zu unterstützen. Mit ihrer großen Kraft setzten die Buddhas ihn wieder zusammen. Seitdem hat Avalokiteshvara elf Köpfe und 1000 Arme, die in jeder Handfläche ein Auge tragen als Symbol für die Vereinigung von Weisheit und angemessenen Mitteln, die wahres Mitgefühl stets auszeichnet. In dieser Form konnte er noch wirkungsvoller allen Lebewesen helfen, und sein Mitgefühl wurde immer stärker, da er vor den Buddhas ständig sein Gelübde erneuerte: «Ich gelobe, selbst nicht in die letztendliche Buddhaschaft einzugehen, bis alle Wesen Erleuchtung erlangt haben.» Es heißt weiter, daß in seinem Schmerz ob der Leiden von Samsāra zwei Tränen aus seinen Augen gefallen seien; durch den Segen der Buddhas verwandelten sie sich in die zwei Tārās. Eine wurde die Grüne Tārā, die aktive Kraft des Mitgefühls, die andere die Weiße Tārā, der mütterliche Aspekt des Mitgefühls. Der Name Tārā bedeutet «Befreierin»: diejenige, die uns aus dem Ozean von Samsāra rettet.

In den Mahāyāna-Sūtras steht geschrieben, daß Avalokiteshvara sein Mantra dem Buddha selbst gegeben habe und Buddha ihm dafür die edle und hohe Aufgabe übertrug, allen Wesen im Universum zur Buddhaschaft zu verhelfen. In jenem Augenblick ließen alle Buddhas Blumen auf sie regnen, die Erde bebte und in der Luft war der Klang von OM MANI PADME HUM HRIH zu vernehmen.

In den Worten des Gedichts:

> Avalokiteshvara gleicht dem Mond,
> dessen kühles Licht
> die brennenden Feuer von Samsāra löscht.
> In seinem Licht öffnet
> der nachtblühende Lotos des Mitgefühls
> seine Blütenblätter weit.

Die Lehren erklären, daß jede der sechs Silben des Mantra – OM MA NI PAD ME HUM – eine jeweils besondere und starke Wirkung besitzt, die verschiedenen Ebenen unseres Seins vollständig zu reinigen. Die sechs Silben reinigen die sechs negativen Emotionen oder Geistesgifte, die alle

Manifestationen der Unwissenheit sind, die negative Handlungen von Körper, Rede und Geist verursachen und auf diese Weise Samsāra und unser Leiden erzeugen. Stolz, Eifersucht, Gier, Unwissenheit, Habsucht und Haß werden durch das Mantra in ihre wahre Natur verwandelt: die Weisheiten der sechs Buddha-Familien, die im erleuchteten Geist manifest werden.[3]

Wenn wir also OM MANI PADME HUM rezitieren, werden die sechs negativen Emotionen, die die sechs Daseinsbereiche von Samsāra erzeugen, gereinigt. Auf diese Weise verhindert das Rezitieren der sechs Silben die Wiedergeburt in den sechs Bereichen und vertreibt außerdem das Leiden aus jedem dieser Bereiche. Gleichzeitig reinigt die Rezitation von OM MANI PADME HUM die Aggregate des Ich, die Skandhas, und vervollkommnet die sechs Arten transzendenten Handelns aus dem Herzen des erleuchteten Geistes, die Pāramitās: Großzügigkeit, harmonischer Lebenswandel, Geduld, Enthusiasmus, Konzentration und Einsicht. Es heißt weiter, daß OM MANI PADME HUM starken Schutz vor allen Arten negativer Einflüsse sowie vor den verschiedenen Krankheiten bietet.

Häufig wird HRIH, die «Keimsilbe» des Avalokiteshvara, dem Mantra hinzugefügt, das dann OM MANI PADME HUM HRIH lautet. Die Essenz des Mitgefühls aller Buddhas, HRIH, ist der Katalysator, der das Mitgefühl der Buddhas aktiviert, um unsere negativen Emotionen in ihre Weisheitsnatur zu transformieren.

Kalu Rinpoche schreibt:

> Einer anderen Deutung des Mantra zufolge ist die Silbe OM die Essenz erleuchteter Form; MANI PADME, die vier Silben in der Mitte, stehen für die Rede der Erleuchtung; und die letzte Silbe, HUM, repräsentiert den Geist der Erleuchtung. Der Körper, die Rede und der Geist aller Buddhas und Bodhisattvas sind in dem Klang dieses Mantra enthalten. Es reinigt die Verdunkelungen von Körper, Rede und Geist und bringt alle Wesen zum Zustand der Verwirklichung. Wenn es mit unserem eigenen Vertrauen und Bemühen in Meditation und Rezitation verbunden wird, entsteht und entwickelt sich die verwandelnde Kraft des Mantra. Es ist wirklich möglich, uns auf diese Weise zu reinigen.[4]

Für diejenigen, die mit diesem Mantra vertraut sind und es mit Vertrauen und Hingabe zu Lebzeiten rezitiert haben, hält das «Tibetische Totenbuch» folgenden Wunsch für die Bardos bereit: «Wenn der Klang der Dharmatā wie tausend Donner brüllt, möge alles zum Klang der sechs Silben werden.» Ähnlich lesen wir im *Shūrangama-Sūtra*:

> Welch süßes Geheimnis ist der transzendente Klang Avalokiteshvaras. Es ist der Urklang des Universums . . . Es ist das gezähmte Gemurmel der beruhigten inneren Gezeiten. Sein geheimnisvoller Klang bringt allen fühlenden Wesen, die in ihrem Schmerz um Hilfe flehen, Befreiung und Frieden; es bringt ein Gefühl heiterer Standhaftigkeit all denen, die nach dem grenzenlosen Frieden des Nirvāna streben.

Anmerkungen

Vorwort des Autors

1 Rinpoche ist ein Ehrentitel und bedeutet «Kostbarer». Er wird hochverehrten Lehrern in Tibet verliehen. In der Zentralprovinz wurde dieser Titel häufig verwendet; in Osttibet hingegen wurde er so hochgeschätzt, daß nur die größten Meister auf diese Weise angeredet wurden.

2 Ein Bodhisattva ist ein Wesen, dessen ganzes Wünschen dem Wohlergehen aller fühlenden Wesen gilt und der deshalb sein oder ihr ganzes Leben, alle Arbeit und die gesamte spirituelle Praxis der Erleuchtung gewidmet hat, um dadurch von größtmöglichem Nutzen für andere Lebewesen zu sein.

3 Jamyang Khyentse war auch eine Führungsperson; er initierte eine Bewegung spirituellen Wandels. In all seinen Handlungen förderte er stets Harmonie und Einheit. Er unterstützte Klöster, wenn sie in wirtschaftliche Schwierigkeiten gerieten. Er entdeckte spirituell Praktizierende mit tiefer Verwirklichung und unterstützte ebenso Meister kleiner, wenig bekannter Übertragungslinien; er gab ihnen Rückhalt und sorgte so dafür, daß sie in der Gemeinde Anerkennung fanden. Er hatte große persönliche Ausstrahlung und war selbst eine spirituelle Zentralfigur. Wann immer ein Projekt zu vollenden war, zog er die besten Fachleute und Handwerker zur Arbeit heran. Von Königen und Prinzen bis zu den einfachsten Menschen schenkte er jedem seine unvoreingenommene persönliche Aufmerksamkeit. Niemand, der ihn je getroffen hat, der nicht seine eigene Geschichte über ihn zu berichten weiß.

1. Im Spiegel des Todes

1 Den Namen Lakar hat die Familie im 14. Jahrhundert vom großen tibetischen Heiligen Tsongkhapa erhalten, als er auf seinem Weg von der nordöstlichen Provinz Amdo nach Zentraltibet in ihrem Haus Station machte.

2 Chagdud Tulku Rinpoche: *Life in Relation to Death*, Cottage Grove, OR (Padma Publishing) 1987, S. 7.

3 Jose Antonio Lutzenberger, zitiert in der Londoner *Sunday Times*, März 1991.

4 Robert A.F. Thurman in *MindScience.* An East-West Dialogue, Boston (Wisdom) 1991 S. 55.

5 Samsāra ist der Kreislauf von Geburt und Tod, in dem alle fühlenden Wesen, getrieben durch ungeschickte Handlungen und zerstörerische Emotionen ihr eigenes Leiden endlos fortsetzen. Nirvāna ist ein Zustand jenseits des Leidens, die Verwirklichung der letztendlichen Wahrheit oder Buddhaschaft.
Dilgo Khyentse Rinpoche sagt: «Wenn die Natur des Geistes erkannt ist, spricht man von Nirvāna, wenn sie von Verblendung verdunkelt ist, spricht man von Samsāra.»

2. Vergänglichkeit

1 Michel de Montaigne: *Essais*, «*Philosophieren heißt Sterben lernen*», übertragen von Johann Joachim Bode, Frankfurt am Main (Insel) 1991, S. 10 ff.
2 Milarepa: *The Hundred Thousand Songs of Milarepa*, Bd. 2, übers. v. Garma C. C. Chang, Boston (Shambhala) 1984, S. 634.
3 *Songs of Spiritual Change: Selected Works of the Seventh Dalai Lama*, übers. v. Glenn H. Mullin, Ithaca, NY (Snow Lion) 1982, S. 61.
4 Kenneth Ring: *Heading Towards Omega: In Search of the Meaning of the Near-Death Experience*, New York (Quill) 1985, S. 69. (Dt.: *Den Tod erfahren – das Leben gewinnen*, Bern u. a. [Scherz] 1985)
5 Raymond Moody: *Life After Life*, New York (Bantam) 1976, S. 65–67. (Dt.: *Leben nach dem Tod*, Reinbek [Rowohlt] 1977)
6 Ring: *Heading Towards Omega*, S. 67.
7 Im Mahāparinirvāna-Sūtra.
8 Gary Zukav: *The Dancing Wu Li Masters*, New York (Bantam) 1980, S. 197. (Dt.: *Die tanzenden Wu Li Meister*, Reinbek [Rowohlt] 1985)

3. Reflexion und Wandel

1 Ring: *Heading Towards Omega*, S. 99.
2 Margot Grey: *Return from Death: An Exploration of the Near-Death Experience*, London (Arkana) 1985, S. 97.
3 R. G. Owens und Freda Naylor: *Living While Dying*, Wellingborough (Thorsons) 1987, S. 59.
4 Tibet hat eine eigenständige naturheilkundliche Tradition mit einem ganz spezifischen Verständnis von Krankheit hervorgebracht. Tibetische Ärzte erkennen Zustände, die nicht allein medizinisch zu behandeln sind. Sie empfehlen in diesen Fällen bestimmte spirituelle Praktiken, um die Behandlung zu ergänzen. Patienten, die sich an diese Praktiken halten, können oft vollkommen geheilt werden, werden aber auf jeden Fall wesentlich empfänglicher für die medizinische Behandlung.
5 Nyoshul Khen Rinpoche: *Rest in Natural Great Peace: Songs of Experience*, London (Rigpa) 1987, S. 27.
6 Portia Nelson, zitiert in Charles L. Whitfield: *Healing the Child Within*, Orlando, FL (Health Communications) 1989.

7 Alexandra David-Neel und Lama Yongden: *The Superhuman Life of Gesar of Ling*, Boston (Shambhala) 1987, Einleitung.
8 Im *Samādhirāja-Sūtra*, zitiert in *Ancient Futures*: Helena Norbert-Hodge: *Learning from Ladakh*, London (Rider) 1991, S. 72.
9 Chagdud Tulku Rinpoche: *Life in Relation to Death*, Cottage Grove, OR (Padma Publishing) 1987, S. 28.
10 His Holiness the Dalai Lama: *A Policy of Kindness: An Anthology of Writings by and about the Dalai Lama*, Ithaca, NY (Snow Lion) 1990, S. 113–114.
11 Ein bekannter Vers Milarepas, den Patrul Rinpoche in seinem Werk *Kunzang Lame Shyalung* zitiert.

4. Die Natur des Geistes

1 Dudjom Rinpoche: *Calling the Lama from Afar*, London (Rigpa) 1980.
2 Chögyam Trungpa: *The Heart of the Buddha*, Boston (Shambhala) 1991, S. 23. (Dt.: *Das Herz des Buddha*, Bern u. a. [O. W. Barth] 1993).
3 Mit dem Wort «Geist» ist in diesem Buch meist der gewöhnliche Geist, *Sem*, gemeint. Das essentielle, innerste, reine Gewahrsein, *Rigpa*, wird «Natur des Geistes» genannt.
4 Nyoshul Khen Rinpoche (Nyoshul Khenpo): *Rest in Natural Great Peace: Songs of Experience*, London (Rigpa) 1989, S. 4.
5 John Myrdhin Reynolds: *Self-Liberation Through Seeing With Naked Awareness*, Barrytown, NY (Station Hill) 1989, S. 10.

5. Den Geist heimbringen

1 Thich Nhat Hanh: *Alter Pfad, Weiße Wolken*, München, Zürich (Theseus) 1992, S. 117.
2 Die wilden Tiere, die in alter Zeit eine Bedrohung waren, sind heute anderen Gefahren gewichen: unseren wilden, ungezähmten Emotionen.
3 Marion L. Matics: *Entering the Path of Enlightenment: The Bodhicaryavatara of the Buddhist Poet Shantideva*, London (George Allen and Unwin) 1971, S. 162.
4 *Ruhiges Verweilen* und *Klares Erkennen* – auf Sanskrit Shamatha und Vipashyanā, auf Tibetisch *Shine* und *Lhaktong* – sind die beiden Stützpfeiler buddhistischer Meditation. Ihre Entwicklung und Vertiefung bildet das Bindeglied zwischen der grundlegenden Meditationspraxis und den weiter fortgeschrittenen Übungen wie Mahāmudrā und Dzogchen (siehe 10. Kap. «Die Innerste Essenz«). Ich hoffe, in einem zukünftigen Buch den Weg der Meditation durch Shamatha und Vipashyanā hin zum Dzogchen detailliert beschreiben zu können.
5 Der zukünftige Buddha Maitreya wird sogar auf einem Stuhl sitzend dargestellt.
6 Selbst wenn Sie diese Übung jetzt noch nicht ausführen, kann das Offenhalten der

Augen günstige Voraussetzungen für diese Praxis in der Zukunft schaffen. (Siehe 10. Kap. «Die Innerste Essenz»)

7 In Anhang 4 findet sich eine Erklärung dieses Mantra.

8 Obwohl ich hier die vollständigen Anweisungen zur Übung gebe, darf doch nicht vergessen werden, daß man Meditation niemals aus einem Buch lernen kann, sondern nur unter Anleitung eines qualifizierten Meisters bzw. einer Meisterin.

9 Rainer Maria Rilke in *Duineser Elegien.*

10 Lewis Thompson: *Mirror to the Light.*

6. Evolution, Karma und Wiedergeburt

1 Abgewandelt aus «Sprüche der Mittleren Sammlung», zitiert in H.W. Schumann: *Der historische Buddha*, Köln (Diederichs) 1982, S. 71.

2 Zitiert aus Hans TenDam: *Exploring Reincarnation*, London (Arkana) 1990, S. 377. Andere Persönlichkeiten der neueren Geschichte, die offensichtlich an Wiedergeburt glaubten, sind: Goethe, Schiller, Swedenborg, Tolstoi, Gauguin, Mahler, Arthur Conan Doyle, David Lloyd George, Kipling, Sibelius, General Patton . . .

3 Einige buddhistische Gelehrte ziehen das Wort «Wiedergeburt» dem Begriff «Reinkarnation» vor, weil letzterer das Konzept einer Seele beinhalte, die sich inkarniere, und damit dem Buddhismus nicht gerecht werde. Die amerikanische Statistik für den Glauben an Wiedergeburt ist erschienen in: George Gallup mit William Proctor: *Adventures in Immortality: A Look Beyond the Treshold of Death*, London (Souvenir) 1983. Eine Umfrage im Londoner *Sunday Telegraph* am 15. April 1997 ergab, daß 28% der Einwohner Großbritanniens an Wiedergeburt glauben.

4 Joan Forman: *The Golden Shore*, London (Futura) 1989, S. 159–163.

5 Ian Stevenson: *Twenty Cases Suggestive of Reincarnation*, Charlottesville (Univ. Press of Virginia) 1974; *Cases of Reincarnation Type*, Bde. 1–4, Charlottesville (Univ. Press of Virginia) 1975–1983; *Children Who Remember Previous Lives*, Charlottesville (Univ. Press of Virginia) 1987.

6 Kalsang Yeshi: «Kamaljit Kour: Remembering a Past Life», in *Dreloma*, Nr. 12, New Delhi, Juni 1984, S. 25–31.

7 Moody: *Life after Life*, S. 94.

8 Grey: *Return from Death*, S. 105.

9 Ring: *Heading Towards Omega*, S. 156.

10 Interessanterweise hat Mozart in einem Brief an seinen Vater den Tod als «den besten und aufrichtigsten Freund der Menschheit» bezeichnet, «den Schlüssel, der uns wahres Glück erschließt». Er schrieb (sinngemäß): «Ich lege mich niemals zum Schlafen nieder, ohne zu bedenken, daß ich (so jung ich auch noch sein mag) den nächsten Tag vielleicht nicht mehr erleben werde, und doch könnte keiner meiner Bekannten sagen, daß ich im Umgang mit ihnen stur oder verdrießlich sei – und für diese Quelle des Glücks danke ich meinem Schöpfer jeden Tag, und ich wünsche meinen Mitmenschen von ganzem Herzen dasselbe.»

11 Platon: *Politeia*, übers. v. Friedrich Schleiermacher, Hamburg (Rowohlts Klassiker, Band 4) 1992, S. 310.
12 Eine Erklärung, die Seine Heiligkeit der Dalai Lama in einer öffentlichen Darlegung im Oktober 1991 in New York gab.
13 S.H. der Dalai Lama in einem Dialog mit David Bohm in *Dialogues with Scientists and Sages: The Search for Unity*, hrsg. v. Renee Weber, London (Routledge and Kegan Paul) 1986, S. 237. (Dt.: *Wissenschaftler und Weise*, Reinbek [Rowohlt] 1992)
14 Schumann: *Der Historische Buddha*, S. 163.
15 Schumann: *Der Historische Buddha*, S. 72.
16 Shantideva: *A Guide to the Bodhisattvas Way of Life (Bodhicaryavatara)*, übers. v. Stephen Batchelor, Dharamsala (Library of Tibetan Works and Archives) 1979, S. 120.
17 His Holiness the Dalai Lama: *A Policy of Kindness: An Anthology of Writings by and about the Dalai Lama*, Ithaca, NY (Snow Lion) 1990, S. 58.
18 *Saddharmapundarīka-Sūtra*, zitiert in Tulku Thondup: *Buddha Mind*, Ithaca, NY (Snow Lion) 1989, S. 215.
19 David Lorimer behandelt dieses Thema ausführlich in seinem Werk *Whole in one: The Near-Death Experience and the Ethic of Interconnectedness*, London (Arkana) 1990.
20 Raymond A. Moody: *Reflections on Life After Life*, London (Corgi) 1978, S. 35.
21 Ring: *Heading Towards Omega*, S. 71.
22 Raymond A. Moody: *The Light Beyond*, London (Pan) 1989, S. 38.
23 P. M. H. Atwater: *Coming Back to Life*, New York (Dodd, Mead) 1988, S. 36.
24 Aus Albert Einstein: *Ideas and Opinions*, übers. v. Sonja Bargmann, New York (Crown) 1954, zitiert in Weber (Hrsg.): *Dialogues with Scientists and Sages*, S. 203.
25 His Holiness The Dalai Lama: *My Land and My People: The Autobiography of the Dalai Lama*, London (Panther) 1964, S. 24.

7. Bardos und andere Wirklichkeiten

1 Das «Ägyptische Totenbuch» ist ebenso ein künstlicher Titel, den der Übersetzer E. A. Wallis Budge in Anlehnung an das arabische *Buch der Verstorbenen* prägte; er hat mit dem Originaltitel, der «*In den Tag treten*» lautet, wenig zu tun.
2 Siehe 10. Kapitel, «Die Innerste Essenz». Die Dzogchen-Tantras sind die ursprünglichen Lehren des Dzogchen. Sie wurden vom ersten menschlichen Dzogchen-Meister, Garab Dorje, zusammengestellt.
3 In Tibet stellten die Meister ihre Verwirklichung nicht zur Schau. Unsere Tradition empfiehlt, geistige Kräfte nicht offen zu zeigen, sondern sie für sich zu behalten. Wahre Meister benutzen ihre Kräfte unter keinen Umständen, um sich selbst größer zu machen. Sie machen ausschließlich dann von ihnen Gebrauch, wenn sie sicher wissen, daß sie anderen damit nutzen; unter besonderen Umständen und in spezieller Umgebung lassen sie in seltenen Fällen einige ihrer engsten Schüler Zeugen dieser Kräfte werden.

8. Dieses Leben: der natürliche Bardo

1 Tulku Thondup: *Buddha Mind*, Ithaca, NY (Snow Lion) 1989, S. 211.
2 Kalu Rinpoche: *Essence of the Dharma*, Delhi, India (Tibet House), o. J., S. 206.
3 Aus William Blake, *Werke*, «Die Hochzeit von Himmel und Hölle», übersetzt von Walter Wilhelm, Berlin (Aufbau Verlag) 1958, S. 281.
4 Die Drei Kāyas sind die drei Aspekte der wahren Natur unseres Geistes. Sie werden im 4. Kapitel als «leere Essenz, strahlende Natur und allumfassende Energie» beschrieben. Siehe auch 21. Kapitel.
5 Shunryu Suzuki: *Zen Mind, Beginner's Mind*, New York (Weatherhill) 1973, S. 21. (Dt.: *Zen-Geist, Anfänger-Geist*, Zürich [Theseus] 1975)

9. Der spirituelle Pfad

1 Tantras nennt man die Unterweisungen und Texte des in Tibet vorherrschenden Vajrayāna-Buddhismus. Die tantrischen Lehren beruhen auf dem Prinzip der Transformation einer unreinen Sicht in eine reine Sicht durch Arbeit mit Körper, Energie und Geist. Tantrische Texte beschreiben gewöhnlich das Mandala und die Meditationspraktiken eines bestimmten erleuchteten Wesens, Gottheit genannt. Obwohl sie auch Tantras heißen, sind die Dzogchen-Tantras eine spezielle Kategorie der Dzogchen-Lehren, die nicht auf Transformation, sondern auf Selbstbefreiung beruhen. (Siehe 10. Kapitel)
2 Dilgo Khyentse: *The Wish-Fulfilling Jewel: The Practice of Guru Yoga According to the Longchen Nyingtig Tradition*, London und Boston (Shambhala) 1988, S. 51.
3 Eine Dākinī ist die weibliche Verkörperung erleuchteter Energie.
4 Ein Stūpa ist ein Bauwerk, das den Geist der Buddhas symbolisiert. Ein Stūpa enthält oft die Reliquien großer Meister.
5 Dilgo Khyentse: *The Wish-Fulfilling Jewel*, S. 11. Dieses Zitat enthält viele traditionelle Elemente; ein ähnlicher Lobpreis des Meisters findet sich auch in den Werken Patrul Rinpoches.
6 Matthäus 7:7.
7 Dilgo Khyentse: *The Wish-Fulfilling Jewel*, S. 3.
8 Aus dem Guru-Yoga in Jikme Lingpas berühmter «Vorbereitender Praxis» auf seinen Zyklus des Dzogchen: *Longchen Nyingtig*.
9 Dilgo Khyentse: *The Wish-Fulfilling Jewel*, S. 83.

10. Die innerste Essenz

1 Ngöndro wird gewöhnlich in zwei Teile gegliedert. Die äußeren Vorbereitungen, beginnend mit der Anrufung des Lama, bestehen aus der Kontemplation der Einzigartigkeit des menschlichen Lebens, der Vergänglichkeit, des Karma und des Lei-

dens von Samsāra. Die inneren Vorbereitungen bestehen aus Zufluchtnahme, Erzeugung von Bodhichitta (das Herz des erleuchteten Geistes), Vajrasattva-Reinigung, Mandala-Opfer und Guru-Yoga. Am Ende stehen die Praxis des Phowa (Übertragung des Bewußtseins) und die Widmung.

2 Es ist nicht möglich, an dieser Stelle auf Details dieser Vorbereitenden Übungen einzugehen. Ich hoffe in der Zukunft einen ausführlichen Leitfaden der Praxis des Ngöndro für alle ernsthaft an dieser Praxis Interessierten veröffentlichen zu können.

3 Das Dzogchen-Kloster wurde im 17. Jh. in Kham, Osttibet, als monastische Universität gegründet. Es war – bis zu seiner Zerstörung 1959 durch die Chinesen – eines der größten und einflußreichsten Zentren der Tradition Padmasambhavas und der Dzogchen-Lehren. Aus seiner berühmten Hochschule gingen hochberühmte Gelehrte und Meister wie Patrul Rinpoche (1808–1887) und Mipham (1846–1912) hervor. Mit dem Segen des Dalai Lama ist das Kloster vom 17. Dzogchen Rinpoche im Exil in Mysore, Südindien, wiederaufgebaut worden.

4 Zitiert in Tulku Thondup Rinpoche: *Buddha Mind*, S. 128.

5 Mandala bezeichnet gewöhnlich die heilige Umgebung, den Bereich eines Buddha, eines Bodhisattva oder einer Gottheit, wie sie von einem Praktizierenden des Tantra visualisiert wird.

6 Ein sicheres Merkmal zur Unterscheidung, ob man sich im Zustand von Rigpa befindet oder nicht, ist die Anwesenheit seiner himmelgleichen Essenz, seiner strahlenden Natur und seiner unbehinderten Energie des Mitgefühls sowie der fünf Weisheiten mit ihren Eigenschaften von Offenheit, Genauigkeit, allumfassender Gleichheit, Unterscheidung und unmittelbarer Erfüllung, wie sie am Anfang dieses Kapitels unter «Sicht» beschrieben werden.

7 Durch die Praxis von Tögal kann ein Praktizierender die Drei Kāyas in einem Leben verwirklichen (siehe 21. Kapitel). Das ist die Frucht von Dzogchen.

8 Aus einer Unterweisung in Helsinki, 1988.

11. Herzensrat zur Sterbebegleitung

1 Elisabeth Kübler-Ross: *On Death and Dying*, New York (Collier) 1970, S. 50.

2 Dame Cicely Saunders: «I Was Sick and You Visited Me», *Christian Nurse International*, 3, Nr. 4, 1987.

3 Dame Cicely Saunders: «Spiritual Pain», Vortrag bei der 4. Internationalen Konferenz des St. Christopher's Hospice, London 1987, publiziert in *Hospital Chaplain*, March 1988.

4 Kübler-Ross: *On Death and Dying*, S. 36.

5 Ich empfehle in diesem Zusammenhang ihr demnächst erscheinendes Buch *Facing Death and Finding Hope.*

12. Mitgefühl: Das wunscherfüllende Juwel

1 Ich werde oft gefragt: «Bedeutet das, daß es falsch wäre, sich um sein eigenes Wohlergehen zu kümmern und die eigenen Bedürfnisse zu befriedigen?» Es kann gar nicht oft genug gesagt werden, daß der Eigennutz, der vom Mitgefühl zerstört wird, das Greifen nach und der Eigennutz eines *falschen* Selbst ist, wie wir im 8. Kapitel gesehen haben. Die Aussage «der Eigennutz ist die Wurzel allen Übels» darf nicht dahingehend mißverstanden werden, daß es selbstsüchtig oder falsch wäre, gut zu uns selbst zu sein, oder daß sich unsere eigenen Probleme einfach auflösen würden, wenn wir nur an andere denken. Wie ich im 5. Kapitel gezeigt habe, ist es sogar ein zentraler Punkt in den Lehren, daß wir lernen, großzügig uns selbst gegenüber zu sein, uns mit uns selbst anzufreunden und unsere eigene Güte und unser Vertrauen zu entdecken. Wir entdecken unser «gutes Herz», unsere grundlegende Vollkommenheit, und das ist der Aspekt von uns, den wir stärken, mit dem wir uns identifizieren. Wir werden später in diesem Kapitel sehen, im Zusammenhang mit der Praxis von «Tonglen», wie wichtig es ist, daß wir zuerst mit uns selbst arbeiten, unsere Liebe und unser Mitgefühl stärken, bevor wir unsere Hilfe anderen geben können. Andernfalls kann unsere «Hilfe» letztlich von subtiler Selbstsucht motiviert und sogar eine Last für andere werden; sie könnte andere nämlich von uns abhängig machen und sie so der Möglichkeit berauben, die Verantwortung für sich selbst zu übernehmen, und damit würden wir ihre Entwicklung behindern.

2 Shantideva: *A Guide to the Bodhisattva's Way of Life*, S. 120–121.

3 The Dalai Lama: *A Policy of Kindness* S. 53.

4 Zitiert in Allegra Taylor: *Acquainted with the Night: A Year on the Frontiers of Death*, London (Fontana) 1989, S. 145.

5 Shantideva: *A Guide to the Bodhisattva's Way of Life*, S. 34.

6 Im 13. Kapitel, «Spirituelle Hilfe für Sterbende», wird erklärt, wie ein Sterbender Tonglen praktizieren kann.

7 Shantideva: *A Guide to the Bodhisattva's Way of Life*, S. 119.

13. Spirituelle Hilfe für Sterbende

1 Dame Cicely Saunders: «Spiritual Pain«.

2 Stephen Levine in einem Interview von Peggy Roggenbuck, *New Age Magazine*, September 1970, S. 50.

3 Jamyang Khyentse Chökyi Lodrö hat dies in seinem *Herzens-Rat* für meine Großtante Ani Pelu geschrieben; Berlin (Rigpa e. V.) 1993.

4 Eine Audiocassette mit Lesungen aus diesem Buch zur Hilfe für Sterbende wird in Kürze verfügbar sein.

5 «Kind aus erleuchteter Familie»: Alle fühlenden Wesen sind auf der einen oder anderen Stufe damit beschäftigt, ihre inhärente Buddha-Natur zu reinigen und zum Vorschein zu bringen. Darum kann man sie insgesamt als «erleuchtete Familie» bezeichnen.

6 Das Sanskritwort *Dharma* hat viele Bedeutungen. Hier bezeichnet es die buddhistischen Lehren insgesamt, das was Dilgo Khyentse «den Ausdruck von Buddhas Weisheit zum Wohle aller Wesen» nennt. Dharma kann Wahrheit oder letzte Wirklichkeit bedeuten, genauso aber auch jedes Pänomen oder geistige Objekt bezeichnen.

7 Lama Norlha in Kalu Rinpoche: *The Dharma*, Albany (State Univ. of New York Press) 1986, S. 155. (Dt.: *Der Dharma*, Mechernich [Kagyü-Dharma] 1990)

8 Marion L. Matics: *Entering the Path of Enlightenment: The Bodhicaryavatara of the Buddhist Poet Shantideva*, London (George Allen and Unwin) 1971, S. 154; Shantideva: *A Guide to the Bodhisattva's Way of Life*, a.a.O., S. 30–32.

14. Die Praktiken für den Zeitpunkt des Todes

1 Lati Rinbochay und Jeffrey Hopkins: *Death, Intermediate State and Rebirth in Tibetan Buddhism*, Ithaca, NY (Snow Lion) 1985, S. 9. (Dt.: *Stufen zur Unsterblichkeit*, Düsseldorf/Köln [Diederichs] 1983)

2 Eine Sammlung von Photos der Menschen und Orte, die in diesem Buch vorkommen, wird in Kürze erhältlich sein.

3 Aus Francesca Fremantle und Chögyam Trungpa: *Tibetan Book of the Dead*, Berkeley und London (Shambhala) 1975, S. 68. (Dt.: *Das Totenbuch der Tibeter*, Düsseldorf/Köln [Diederichs] 1976).

4 In Anhang IV wird dieses Mantra erklärt.

5 Siehe 15. Kapitel, «Der Todesprozeß»

6 In einem Text wird erklärt: «Der Weg, durch den das Bewußtsein entweicht, bestimmt die zukünftige Wiedergeburt. Wenn es der Anus ist, durch den das Bewußtsein den Körper verläßt, erfolgt eine Wiedergeburt in den Höllenbereichen; sind es die Geschlechtsorgane, in den Tierbereichen; ist es der Mund, unter den Hungergeistern; wenn es die Nase ist, im Bereich der Menschen oder der Geister; ist es der Nabel, unter den Göttern des «Begierdebereichs»; wenn es die Ohren sind, im Bereich der Halbgötter; wenn es die Augen sind, unter den Göttern des «Formbereichs», wenn es oben aus dem Kopf entweicht (vier Finger breit hinter dem Haaransatz), dann erfolgt eine Wiedergeburt als ein Gott des «Formlosen-Bereichs». Wenn das Bewußtsein exakt am Scheitel austritt, erfolgt die Wiedergeburt in Dewachen, dem westlichen Paradies des Amitābha. Aus Lama Lodö: *Bardo Teachings*, Ithaca, NY (Snow Lion) 1987, S. 11.

7 Die Untersuchungen wurden als Artikel mit dem Titel «Psychophysiological Changes due to the Performance of the Phowa Ritual» veröffentlicht in *Research for Religion and Parapsychologie*, Nr. 17, Dezember 1987, publiziert von der International Association for Religion and Parapsychology, Tokyo, Japan.

8 Dilgo Khyentse hat mir von einer ganzen Anzahl derartiger Vorfälle berichtet. Als der berühmte Dzogchen-Meister Khenpo Ngakchung noch ein Kind war, hat er einmal den Kadaver eines verhungerten Kalbes gesehen. Er wurde von Mitgefühl erfüllt, betete für das Tier und visualisierte dessen Bewußtsein auf der Reise in das

Paradies des Buddha Amitābha. In dem Moment öffnete sich ein Loch im Schädel des Tieres, aus dem Blut und Flüssigkeit floß.

9 Bestimmte Buddhas haben ein Gelübde abgelegt, daß jeder, der ihren Namen im Augenblick des Todes hört, Hilfe erhalten wird. Einfach ihren Namen in das Ohr eines Sterbenden zu flüstern, kann also hilfreich sein. Man tut dies auch bei sterbenden Tieren.

10 Wörtlich «Prāna-Geist»: ein Meister erklärt, daß in diesem Begriffszusammenhang «Prāna» den Aspekt der Mobilität des Geistes bezeichnet, und «Geist» den Aspekt des Gewahrseins; letztlich aber sind sie ein und dasselbe.

11 Padmasambhavas Erklärung wird von Tsele Natsok Rangdrol in seiner bekannten Abhandlung der Zyklen der vier Bardos zitiert. In englischer Übersetzung erschienen als *Mirror of Mindfulness*, Boston und Shaftersbury (Shambala) 1989.

15. Der Sterbeprozeß

1 Hierbei beobachtet man den eigenen Schatten gegen den Himmel zu bestimmten Zeiten an besonderen Tagen im Monat.

2 *Ambrosia Heart Tantra*, kommentiert u. übersetzt von Dr. Yeshi Dhondhen und Jhampa Kelsang, Dharamsala (Library of Tibetan Works and Archives) 1977, S. 33.

3 In Kalu Rinpoche: *The Dharma*, S. 59.

4 Dilgo Khyentse Rinpoche erklärt, daß die reinen Weisheitswinde zusammen mit den unreinen karmischen Winden fließen. Solange aber die karmischen Winde vorherrschen, sind die Weisheitswinde verhüllt. Wenn die karmischen Winde durch Yoga-Praxis in den Zentralkanal gebracht werden, lösen sie sich auf, und nur die Weisheitswinde zirkulieren noch in den Kanälen.

5 Chögyam Trungpa Rinpoche: *Glimpses of Abhidharma*, Boulder (Prajna) 1975, S. 3.

6 In *Inquiring Mind*, 6, Nr. 2, Winter/Frühjahr 1990, aus einer Unterweisung von Kalu Rinpoche.

7 Die Reihenfolge des Erscheinens von Anwachsen und Erscheinen differiert. Es kann davon abhängen, wie Dilgo Khyentse erklärt, welche Emotion im Praktizierenden vorherrscht: Zorn oder Begierde.

8 Es gibt zahlreiche Erklärungen zu diesem Prozeß der inneren Auflösung. Ich habe hier eine der einfacheren Beschreibungen von Patrul Rinpoche gewählt. Die schwarze Erfahrung wird hin und wieder auch «Erlangen» genannt und das Aufscheinen der Grund-Lichtheit, die von einem geübten Praktizierenden erkannt wird, «Vollständiges Erlangen».

9 His Holiness the Dalai Lama: *The Dalai Lama at Harvard*, Ithaca NY (Snow Lion) 1988, S. 45. (Dt.: *Die Vorträge in Harvard*, Grafing [Aquamarin] 1991)

10 Siehe 21. Kapitel, «Der universale Prozeß», und auch Chögyam Trungpa Rinpoches Kommentar im «Totenbuch der Tibeter» von Francesca Freemantle und Chögyam Trungpa, Düsseldorf/Köln (Diederichs) 1976.

16. Der Grund

1 «His Holiness in Zion, Illinois», in *Vajradhatu Sun,* Bd. 4, Nr. 2, Boulder, CO, Dez. 1981–Jan. 1982, S. 3.
2 Bokar Tulku Rinpoche in «An Open Letter to Disciples and Friends of Kalu Rinpoche», 15. Mai 1989.
3 Die Sūtras sind die Schriften mit den ursprünglichen Lehren des Buddha; sie sind häufig in der Form eines Dialogs über ein bestimmtes Thema zwischen dem Buddha und seinen Schülern verfaßt.

17. Immanente Strahlung

1 In Renée Weber (Hrsg.): *Dialogues with Scientists and Sages,* a.a.O., S. 45–46.
2 Kalu Rinpoche: *The Dharma,* S. 61.
3 Kalu Rinpoche; *The Dharma,* S. 62.
4 Hier ist der Bodhisattva Samantabhadra gemeint und nicht der Ur-Buddha.
5 Siehe 21. Kapitel. Ich möchte Dr. Gyurme Dorje herzlich für seine freundlichen Ratschläge zu diesem Abschnitt danken. Seine Übersetzung des «Tibetischen Totenbuchs», die in Zusammenarbeit mit Graham Coleman entstanden ist, soll 1993 bei Penguin erscheinen.

18. Der Bardo des Werdens

1 Kalu Rinpoche: *The Dharma,* S. 18.
2 Es heißt, daß es nur zwei Orte gibt, an die der Geistkörper nicht reisen kann: den Schoß seiner zukünftigen Mutter und Vajrasana, den Ort, an dem alle Buddhas Erleuchtung erlangen. Diese beiden Orte repräsentieren die Tore zum Samsāra und zum Nirvāna. Denn wiedergeboren zu werden oder Erleuchtung zu erlangen, würde die Bardo-Existenz definitiv beenden.
3 Es gibt Berichte von Meistern, die Bardo-Wesen wahrnehmen konnten, ja sogar in Bardo-Bereiche gereist sind.
4 Chökyi Nyima Rinpoche: *The Bardo Guidebook,* Kathmandu (Rangjung Yeshe) 1991, S. 4.
5 Diese Szene kommt in tibetischen Volksstücken und -Opern vor und wird auch von den sogenannten «Deloks» berichtet (siehe 20. Kap., «Die Nahtod-Erfahrung»).
6 Raymond A. Moody: *Reflections on Life After Life,* S. 32.
7 Kenneth Ring: *Heading Towards Omega,* S. 70.
8 Es heißt, wann immer ein Paar sich liebt, versammeln sich eine Menge Bardo-Wesen, die hoffen, eine karmische Verbindung zur Wiedergeburt zu finden. Einem gelingt es, die anderen sterben vor Verzweiflung; dies kann die wöchentliche Todeserfahrung im Bardo sein.
9 Fremantle und Trungpa: *Tibetan Book of the Dead,* S. 86.

10 Vajrasattva ist die Zentralgottheit der hundert friedvollen und zornvollen Gottheiten. Siehe 19. Kap., «Hilfe nach dem Tod».

19. Hilfe nach dem Tod

1 Siehe Anhang IV für eine Erklärung dieses Mantra.

2 Handelt es sich bei dem Verstorbenen, der nach seinem Tod Gier und Unehrlichkeit bei Freunden und Verwandten sieht, um einen Praktizierenden, dann ist es durchaus möglich, daß er, statt verletzt und zornig zu reagieren, erkennt, daß ihr Verhalten einfach die Natur von Samsāra ist. Daraus kann ein tiefes Gefühl der Entsagung und des Mitgefühls entstehen, was wiederum im Bardo des Werdens von großem Nutzen sein kann.

3 Wenn wir einen Meister bitten, für den Verstorbenen zu praktizieren, dann verbinden wir dies gewöhnlich mit einem Geldgeschenk, das nicht groß zu sein braucht. Dies Geschenk stellt eine faßbare Verbindung zwischen dem Verstorbenen und dem Meister her, der das gesamte Geld ausschließlich für Rituale für den Verstorbenen ausgibt oder um in heiligen Tempeln Opfergaben zu machen, oder der es im Namen des Verstorbenen seiner spirituellen Arbeit widmet.

4 Eine Antwort, die S. H. der Dalai Lama auf Fragen zum Tod gab, findet sich in Anhang II, Anmerkung 1.

5 Traditionelle Praktiken wie die erwähnte müssen lange geübt werden und können keinesfalls nach einem Buch praktiziert werden. Bestimmte Praktiken erfordern darüber hinaus Übertragungen und Einweihungen durch einen qualifizierten Meister. Ich plane in der Zukunft Trainingsprogramme einzurichten, in denen der buddhistische Zugang zum Tod und zur Sterbebegleitung dargelegt werden soll. Diese Programme werden auch einige dieser Methoden vermitteln. Auch eine einfache Zeremonie zur Führung von Verstorbenen auf der Grundlage der Unterweisungen von Dilgo Khyentse Rinpoche wird dann verfügbar sein.

6 Das Hundert-Silben-Mantra lautet: OM VAJRASATTVA SAMAYA MANUPALAYA VAJRASATTVA TENOPA TISHTA DRI DHO ME BHAWA SUTO KHAYO ME BHAWA SUPO KHAYO ME BHAWA ANURAKTO ME BHAWA SARWA SIDDHI ME PRAYATSA SARWA KARMA SUTSA ME TSITTAM SHRIYAM KURU HUM HA HA HA HA HO BHAGAWAN SARWA TATHAGATA VAJRA MAME MUNTSA VAJRI BHAWA MAHA SAMAYASATTVA AH.

7 Judy Tatelbaum: *The Courage to Grieve: Creative Living, Recovery and Growth through Grief*, New York (Harper & Row) 1980.

8 Rainer Maria Rilke: «Für Erika», aus *Sämtliche Werke*, Bd. 3, Insel Verlag, S. 318.

9 Elisabeth Kübler-Ross in «The Child Will Always Be There. Real Love Doesn't Die», von Daniel Goleman, *Psychology Today*, September 1976, S. 52.

10 Raymond A. Moody: *Reflections on Life After Life*, S. 112.

20. Die Nahtod-Erfahrung – eine Himmelsleiter?

1 Bede: *A History of the English Church and People*, übers. v. Leo Sherley-Price, Harmondsworth, England (Penguin Books) 1968, S. 420–421.
2 In George Gallup Jr. mit William Proctor: *Adventures in Immortality: A Look Beyond the Threshold of Death*, London (Souvenir) 1983.
3 Kenneth Ring: *Life at Death: A Scientific Investigation of the Near-Death Experience*, New York (Quill) 1982, S. 55.
4 Ring: *Life at Death*, S. 63.
5 Margot Grey: *Return From Death*, S. 42.
6 Melvin Morse: *Closer to the Light: Learning from Children's Near-Death Experience*, New York (Villard) 1990, S. 115. (Dt.: *Zum Licht*, Frankfurt a. M. [Zweitausendeins] 1992)
7 Grey: *Return from Death*, S. 47.
8 Michael Sabom: *Recollections of Death: A Medical Investigation of the Near-Death Experience*, London (Corgi) 1982, S. 66.
9 Ring: *Life at Death*, S. 59.
10 Grey: *Return from Death*, S. 46.
11 Grey: *Return from Death*, S. 33.
12 Grey: *Return from Death*, S. 53.
13 Morse: *Closer to the Light*, S. 120.
14 Morse: *Closer to the Light*, S. 181.
15 Grey: *Return from Death*, S. 35.
16 Ring: *Life at Death*, S. 45.
17 Sabom: *Recollections of Death*, S. 37.
18 Sabom: *Recollections of Death*, S. 155.
19 Sabom: *Recollections of Death*, S. 37.
20 Sabom: *Recollections of Death*, S. 40.
21 Sabom: *Recollections of Death*, S. 56.
22 Sabom: *Recollections of Death*, S. 54–55.
23 Kenneth Ring: *Heading Towards Omega*, S. 199.
24 Raymond A. Moody: *Reflections on Life After Life*, S. 10.
25 Moody: *Reflections*, S. 14.
26 Grey: *Return from Death*, S. 52.
27 Sabom: *Recollections of Death*, S. 71.
28 Grey: *Return from Death*, S. 50.
29 Moody: *Reflections*, S. 17.
30 Grey: *Return from Death*, S. 51.
31 Grey: *Return from Death*, S. 59.
32 Grey: *Return from Death*, S. 65.
33 Grey: *Return from Death*, S. 63.
34 Grey: *Return from Death*, S. 70.
35 Moody: *Reflections*, S. 19.

36 Françoise Pommaret; *Les Revenants de l'Au-Delà dans le Monde Tibétain*, Paris (Editions du CNRS) 1989.
37 In der Hindu-Tradition bezieht sich Kundalinī auf das Erwachen der feinstofflichen Energie, die psychophysikalische Transformation bewirkt und zur Vereinigung mit dem Göttlichen führen kann.
38 Grey: *Return from Death*, S. 194.
39 Ring: *Life at Death*, S. 145.
40 Morse: *Closer to the Light*, S. 193.
41 Morse: *Closer to the Light*, S. 93.
42 Aus «The NDE: As Experienced in Children», ein Vortrag für IANDS (International Association for Near Death Studies).
43 Aus «The NDE: Can it be Explained in Science?», ein Vortrag für IANDS.
44 Ring: *Heading Towards Omega*, S. 7.

21. Der universale Prozeß

1 J. M. Reynolds: *Self-Liberation through Seeing with Naked Awareness*, S. 13.
2 Aus «Weissagungen der Unschuld», William Blake: *Werke*, übersetzt von Walter Wilhelm, Berlin (Aufbau Verlag) 1958, S. 239.
3 Kalu Rinpoche: *The Dharma*, S. 38.
4 Siehe z. B. der Dalai Lama, *et al.: MindScience: An East-West Dialogue*, Boston (Wisdom) 1991.
5 Renée Weber (Hrsg.): *Dialogues with Scientists and Sages*, S. 93–94.
6 Weber: *Scientist and Sages*, S. 48.
7 David Bohm: *Unfolding Meaning: A Weekend of Dialogue with David Bohm*, London (Ark) 1987, S. 73.
8 David Bohm: *Unfolding Meaning*, S. 90–91.
9 Paavo Pylkkänen (Hrsg.): *The Search for Meaning*, Wellingborough (Crucible) 1989, S. 51; Bohm: *Unfolding Meaning*, S. 93.
10 David Bohm: *Wholeness and the Implicate Order*, London (Ark) 1988, S. XI. (Dt.: *Die implizite Ordnung*, München [Dianus-Trikont] 1985)
11 Bohm: *Unfolding Meaning*, S. 107, 96.

22. Diener des Friedens

1 Thomas Merton: *The Wisdom of the Desert*, New York (New Directions) 1960, S. 11.

Anhang II: Fragen zum Tod

1 Ich habe Seiner Heiligkeit dem Dalai Lama, Dilgo Khyentse Rinpoche und anderen Meistern eine Reihe Fragen über Tod und Sterben vorgelegt. Darunter waren auch Fragen bezüglich der künstlichen Verlängerung des Lebens und der Sterbehilfe. Im Laufe dieses Kapitels gebe ich einige ihrer Antworten wieder. Ich hoffe die vollständigen Antworten bald veröffentlichen zu können.
2 Melvin Morse: *Closer to the Light*, S. 72.
3 Gallup-Umfrage zitiert in *Newsweek*, 26. August 1991, S. 41.
4 Kalu Rinpoche: *The Gem Ornament*, Ithaca, NY (Snow Lion), 1986, S. 194. (Dt.: *Den Pfad des Buddha gehen*, Bern u. a. [O. W. Barth] 1991).
5 In Elisabeth Kübler-Ross: *Questions on Death and Dying*, New York (Macmillan) 1974, S. 84.
6 Dame Cicely Saunders in «A Commitment to Care», *Raft, The Journal of the Buddhist Hospice Trust*, 2, Winter 1989/90, London, S. 10.
7 Kalu Rinpoche: *The Gem Ornament*, S. 194.

Anhang IV: Zwei Mantras

1 Es gibt drei negative Handlungen des Körpers (Töten, Stehlen und sexuelles Fehlverhalten), vier der Rede (Lügen, Fluchen, Verleumdung und Geschwätz) und drei des Geistes (Neid, böse Absicht und falsche Ansichten).
2 Auf Sanskrit *nādī, prāna* und *bindu*, auf Tibetisch *tsa, lung* und *tikle.* Siehe 15. Kap., «Der Sterbeprozeß».
3 Gewöhnlich ist in den Lehren von fünf Buddha-Familien und fünf entsprechenden Weisheiten die Rede. Die sechste Buddha-Familie hier umfaßt die Gesamtheit dieser fünf.
4 Kalu Rinpoche: *The Dharma*, S. 53.

Literaturempfehlungen

Traditionelle tibetische Lehren über Tod und Sterben

Dargyay, Eva K., und Gesche Lobsang (Hrsg.): *Das Tibetische Buch der Toten.* Die erste Originalübertragung aus dem Tibetischen, mit einer Einleitung von Lama Anagarika Govinda, Bern u. a. (O.W. Barth) 1977.

Freemantle, Francesca, und Trungpa, Chögyam (Hrsg.): *Das Totenbuch der Tibeter,* Düsseldorf/Köln (Diederichs) 1976.

Mullin, Glenn H.: *Die Schwelle zum Tod.* Tod und Leben nach tibetischem Glauben, Geleitw. v. Elisabeth Kübler-Ross, Köln (Diederichs) 1987.

Rinpoche, Lati, und Hopkins, Jeffrey (Hrsg.): *Stufen zur Unsterblichkeit.* Tod, Zwischenzustand und Wiedergeburt im tibetischen Buddhismus, Düsseldorf/Köln (Diederichs) 1983.

Hilfe für Sterbende

Bartholomäus, Lore: *Ich möchte an der Hand eines Menschen sterben,* Mainz (M. Grünewald) 1980.

Beutel, Helmuth, und Tausch, Daniela: *Sterben, eine Zeit des Lebens.* Ein Handbuch der Hospizbewegung, Stuttgart (Quell) 1989.

Duda, Deborah: *Für Dich da sein, wenn Du stirbst,* Hamburg (Papyrus) 1986.

Kübler-Ross, Elisabeth: *Interviews mit Sterbenden,* Stuttgart (Kreuz) 1971.

–: *Kinder und Tod,* Zürich (Kreuz) 1984.

–: *Leben bis wir Abschied nehmen,* Stuttgart (Kreuz) 1979.

–: *Verstehen, was Sterbende sagen wollen,* Stuttgart (Kreuz) 1982.

Levine, Stephen: *Sein lassen.* Heilung im Leben und im Sterben, Bielefeld (Context) 1992.

–: *Wer stirbt?* Wege durch den Tod, Bielefeld (Context) o.J.

Saunders, Cicely, und Baines, Mary: *Leben mit dem Sterben.* Betreuung und medizinische Behandlung todkranker Menschen, Göttingen (H. Huber) 1991.

Stoddard, Sandol: *Die Hospiz-Bewegung,* Freiburg i. Br. (Lambertus) 1988.

Tausch, Anne-Marie: *Sanftes Sterben.* Was der Tod für das Leben bedeutet, Reinbek (Rowohlt) 1985.

Tausch-Flammer, Daniela: *Sterbenden nahe sein*, Freiburg i. Br. (Herder) 1993.
Wilber, Ken: *Mut und Gnade*, Bern u. a. (Scherz) 1992.

Zur Nah-Toderfahrung

Delacour, Jean-Baptiste: *Aus dem Jenseits zurück*. Berichte von Totgeglaubten, München (Droemer) 1982.
Moody, Raymond A.: *Leben nach dem Tod*, Reinbek (Rowohlt) 1977.
–: *Nachgedanken über das Leben nach dem Tod*, Reinbek (Rowohlt) 1978.
Morse, Melvin, und Perry, Paul: *Zum Licht*, Frankfurt a. M. (Zweitausendeins) 1992.
Ring, Kenneth: *Den Tod erfahren – das Leben gewinnen*, Bergisch-Gladbach (Lübbe) 1988.

Wissenschaftliche Parallelen

Bohm, David, und Factor, Donald (Hrsg.): *Die verborgene Ordnung des Seins*, Grafing (Aquamarin) 1988.
Capra, Fritjof: *Das Tao der Physik*. Die Konvergenz von westlicher Wissenschaft und östlicher Weisheit, Bern u. a. (O.W. Barth) 1984.
Dürr, Hans-Peter (Hrsg.): *Physik und Transzendenz*, Bern u. a. (Scherz) 1986.
Hayward, Jeremy W.: *Die Erforschung der Innenwelt*, Bern u. a. (Scherz) 1990.
Peat, E. David: *Synchronizität. Die verborgene Ordnung*, Bern u. a. (O.W. Barth) 1989.
Sheldrake, Rupert, McKenna, Terence, und Abraham, Ralph, *Denken am Rande des Undenkbaren*, Bern u. a. (Scherz) 1993.
Varela, Francisco, Thompson, Evan, und Rosch, Eleanor: *Der Mittlere Weg der Erkenntnis*, Bern u. a. (Scherz) 1992.

Bücher des Dalai Lama

Dalai Lama: *Das Auge der Weisheit*, Bern u. a. (O.W. Barth) 1975.
–: *Das Buch der Freiheit*, Bergisch-Gladbach (Lübbe) 1990.
–: *Die Vorträge in Harvard*, Grafing (Aquamarin) 1991.
–: *Logik der Liebe*, München (Goldmann) 1991.
–: *Eine Politik der Güte*, Olten (Walter) 1992.
–: *Weises Erbarmen*. Die Rolle von Mitgefühl und Weisheit für die Erlangung von innerem und äußerem Frieden, Bern u. a. (O. W. Barth) 1994.

Der Buddha und seine Lehre

Goldstein, Joseph, und Kornfield, Jack: *Einsicht durch Meditation*, Bern u. a. (O. W. Barth) 1991.
Kalu Rinpoche: *Den Pfad des Buddha gehen*, Bern u. a. (O. W. Barth) 1991.
–: *Der Dharma*, Mechernich (Kagyü-Dharma-Verlag) 1990.
Shantideva: *Der Eintritt in den Pfad zur Erleuchtung*, übers. v. Ernst Steinkellner, Düsseldorf/Köln (Diederichs) 1981.
Suzuki, Shunryu: *Zen-Geist – Anfänger-Geist*, Zürich (Theseus) 1975.
Thich, Nhat Hanh: *Alter Pfad – Weiße Wolken* Zürich (Theseus) 1992.
–: *Innerer Friede – Äußerer Friede*, Zürich (Theseus) 1992.
–: *Das Wunder der Achtsamkeit*, Zürich (Theseus) 1992.
Trungpa, Chögyam: *Das Herz des Buddha*. Buddhistische Lebenspraxis im modernen Alltagsleben, Bern u. a. (O.W. Barth) 1993.

Andere Bücher über Tod und Heilung

Borysenko, Joan: *Gesundheit ist lernbar*, Bern u. a. (Scherz) 1989.
–: *Ich bin wie ich bin*, Bern u. a. (Scherz) 1992.
Grof, Stanislav, und Halifax, Joan: *Die Begegnung mit dem Tod*, Stuttgart (Klett-Cotta) 1980.
Kabat-Zinn, Jon: *Gesund und streßfrei durch Meditation*, Bern u. a. (O. W. Barth) 1991.
Kushner, Harold: *Wenn guten Menschen Böses widerfährt*, Gütersloh (Gütersl. Verlagshaus) 1990.
Siegel, Bernie: *Liebe, Medizin und Wunder*, Düsseldorf (Econ) 1991.

Um dem enormen Interesse an Sogyal Rinpoches Arbeit und an dem Tibetischen Buch vom Leben und vom Sterben zu entsprechen, erscheint regelmäßig ein Rigpa-Rundbrief in Deutsch und ab Sommer 94 die englische Zeitschrift «The View». Beide halten diejenigen, die «Das Tibetische Buch vom Leben und vom Sterben» gelesen haben, über die damit verbundenen Lehren, Veranstaltungen und Neuigkeiten auf dem laufenden. Auf dem Buch basierend werden eine Reihe von Kursen und Lehrgängen angeboten, die sich mit der spirituellen Hilfe für Lebende und Sterbende befassen. Ein Netzwerk zum Austausch von Informationen und Ideen für Betreuer und Betreuerinnen ist bereits entstanden. Dieses Netzwerk hat es sich zum Ziel gesetzt, Möglichkeiten zur spirituellen Hilfeleistung auszubauen, buddhistisch geführte Hospize einzurichten sowie generell neue Zugänge zu Gesundheitserhaltung und psycho-spiritueller Fürsorge zu erforschen.

Danksagungen

In meinem Ziel, die in diesem Buch enthaltenen Lehren authentisch und dennoch so darzustellen, daß sie auch den modernen Geist erreichen, ist mir Seine Heiligkeit der Dalai Lama und die Art, wie er die Echtheit und Reinheit der Tradition mit einer allumfassenden Offenheit für die moderne Welt verbindet, stets Vorbild und Inspiration gewesen. Worte können meiner Dankbarkeit für ihn nicht ausreichend Ausdruck verleihen; er ist ein ständiger Quell von Mut und Inspiration, nicht nur für das tibetische Volk, sondern auch für zahllose Menschen in der ganzen Welt, deren Herz er mit seiner Botschaft bewegt und deren Leben er verwandelt hat. Mir wurde gesagt, daß die Verbindung, die ich mit ihm habe, über viele Leben zurückreicht, und die Stärke und Vertrautheit der Zuneigung, die ich für ihn empfinde, läßt mich deutlich spüren, daß diese Aussage zutreffen muß.

Ich danke allen meinen Meistern für ihre Inspiration und ihre Unterweisungen, deren Essenz in dieses Buch eingeflossen ist, das ich ihnen hiermit allen darbringe. Jamyang Khyentse Chökyi Lodrö, der mich erkannt und aufgezogen hat, gab mir das Fundament und den Sinn meines Lebens; ihm verdanke ich die beiden kostbarsten Dinge, die ich habe: Hingabe und Verständnis. Auch seine spirituelle Gefährtin, Khandro Tsering Chödrön, die größte Yogini des tibetischen Buddhismus, ist in ihrer Liebe und Fürsorge eine wahre Meisterin für mich gewesen. Für mich ist sie vollständig untrennbar von Jamyang Khyentse, und ich muß nur an sie denken, um seine majestätische Präsenz in ihr gespiegelt zu finden. Sie ist eine spirituelle Mutter für mich: Ich fühle mich dank ihrer Gebete und ihrer Liebe stets geschützt, und ich bete, daß sie noch viele, viele Jahre leben möge. Dann war es Dudjom Rinpoche, der durch seine persönliche Güte und seine Lehre die Samen des Verständnisses, die Jamyang Khyentse in mir angelegt hatte, zum Blühen brachte. Manchmal denke ich, daß er mir seine Zuneigung wie einem eigenen Sohn erwies. Und schließlich kam Dilgo Khyentse, der mein Verständnis noch weiter vertiefte und mir half, ihm beredten Ausdruck zu geben. Im Lauf der Jahre wurde er mehr und mehr zu meinem Lehrer, mit der persönlichen Aufmerksamkeit, die er mir widmete und seinem Rat, den er mir so freizügig erteilte und mit seiner unendlichen, freundlichen Güte. Immer mehr wandte sich mein Geist Dilgo Khyentse zu, wenn ich an «den Meister» dachte. Er wurde für mich zur Verkörperung aller Lehren, ein wahrer lebender Buddha.

Diese großen Meister bewegen und leiten mich noch immer, und kein Tag vergeht, an dem ich ihrer und ihrer unvergleichlichen Güte nicht gedenke und meinen Schülern und Freunden von ihnen erzähle. Ich bete darum, daß etwas von ihrer Weisheit, ihrem

Mitgefühl, ihrer Kraft und ihrer Vision für die Menscheit durch die Seiten dieses Buches, das sie so sehr inspiriert haben, durchscheint.

Niemals werde ich auch meinen Onkel Gyalwang Karmapa vergessen, der mir von Kindheit an besonders zugetan war; der bloße Gedanke an ihn rührt mich zu Tränen. Ich denke auch oft an den großen Kalu Rinpoche, den Milarepa unserer Tage, der mich sehr unterstützte, indem er an mich glaubte, und an seine warmherzige und respektvolle Art, mit der er mich behandelte.

Ich möchte mich auch für die tiefe Inspiration bedanken, die ich anderen großen Lehrern verdanke, wie beispielsweise Seiner Heiligkeit Sakya Trizin, einem guten Freund seit den Tagen meiner Kindheit, der mein Lehrer war und gleichzeitig wie ein Bruder. Ich möchte meinen tiefempfundenen Dank auch Dodrupchen Rinpoche ausdrücken, der ein stetiger Ratgeber besonders für dieses Buch gewesen ist und eine Quelle der Zuflucht für mich und meine Schüler. Einige der kostbarsten Momente der letzten Jahre habe ich mit Nyoshul Khen Rinpoche verbracht, und ich hatte das große Glück, die Lehren im Lichte seiner scheinbar grenzenlosen Gelehrsamkeit und Weisheit klären zu können. Zwei weitere herausragende Meister, die besondere Quellen der Inspiration für mich sind, sind Tulku Urgyen Rinpoche und Trulshik Rinpoche, und ich möchte auch dem sehr gelehrten Khenpo Appey und Khenpo Lodrö Zangpo danken, die eine so bedeutende Rolle in meinen Studien und meiner Ausbildung spielten. Ich werde auch niemals Gyaltön Rinpoche vergessen, der mir soviel Güte entgegengebracht hat, nachdem mein Meister Jamyang Khyentse verstorben war.

Ich möchte besonders die Ermutigungen und die wunderbare Vision von Penor Rinpoche hervorheben, einem hervorragenden Meister, der unermüdlich dafür arbeitet, die ununterbrochene Übertragung der reichen Tradition der Lehren zu erhalten, die direkt von Padmasambhava stammen.

Zutiefst dankbar bin ich auch der Familie Dudjom Rinpoches: seiner Frau, Sangyum Kusho Rikzin Wangmo, für ihre Güte und ihr Verständnis, sowie seinem Sohn und seinen Töchtern, Shenphen Rinpoche, Chime Wangmo und Tsering Penzom, für ihre fortgesetzte Unterstützung. Für ihre freundliche und großzügige Hilfe möchte ich sowohl Chökyi Nyima Rinpoche, dessen Arbeit Teile dieses Buches inspiriert hat, als auch Tulku Pema Wangyal Rinpoche danken, der eine bedeutende Rolle dabei gespielt hat, die Lehren und viele große Lehrer in den Westen zu bringen.

Unter den Meistern der jüngeren Generation muß ich Dzongsar Jamyang Khyentse Rinpoche hervorheben. Er ist die «Aktivitäts-Emanation» meines Meisters Jamyang Khyentse Chökyi Lodrö. Die Brillanz und Frische seiner Unterweisungen fasziniert mich und gibt mir große Hoffnung für die Zukunft. Gleichermaßen möchte ich Shechen Rabjam Rinpoche für seine wunderbare und unmittelbare Hilfe danken. Er ist der Dharma-Erbe Dilgo Khyentse Rinpoches und hat seit dem Alter von fünf Jahren Unterweisungen von ihm erhalten.

Bewegt und ermutigt hat mich auch ein Meister, der meinem Herzen sehr nahesteht, dessen Arbeit mit der meinigen aufs innigste verbunden ist: Dzogchen Rinpoche. Nachdem er den Wiederaufbau des Dzogchen-Klosters in Südindien mit großem Eifer vollendet hat, hat er mit seiner Gelehrsamkeit, seiner erstaunlichen Reinheit und natürlichen Einfachheit bereits jetzt die Haltung des großen Meisters einzunehmen begonnen, der er einmal sein wird.

Einige Meister haben detailliert Fragen in bezug auf spezielle Lehren beantwortet, die in diesem Buch präsentiert werden: Seine Heiligkeit der Dalai Lama, Dilgo Khyentse Rinpoche, Nyoshul Khen Rinpoche, Trulshik Rinpoche, Dzongsar Khyentse Rinpoche, Lati Rinpoche und Alak Dzengkar Rinpoche. Ihnen allen bin ich zutiefst dankbar. Danken möchte ich auch Ringu Tulku Rinpoche für seine jahrelange Freundschaft, seine gütige und unermüdliche Hilfe, die er mir und meinen Schülern entgegengebracht hat, sowie für seine wunderbare Übersetzungsarbeit, die die Übertragung dieses Buches ins Tibetische einschließt.

Ich möchte auch allen Pionieren der Lehren des Buddha im Westen danken und sie grüßen: all die Meister und Meisterinnen der verschiedenen Traditionen, die mit ihrer Arbeit über Jahrzehnte hinweg so vielen Menschen im Westen geholfen haben. Ich denke dabei besonders an Suzuki Roshi, Chögyam Trungpa, Tarthang Tulku und Thich Nhat Hanh.

Ich möchte meiner Mutter und meinem Vater für ihre Unterstützung und all die Hilfe danken, die sie mir in meiner Arbeit bis jetzt haben zukommen lassen: meinem Vater Tsewang Paljor, der seit seinem 18. Lebensjahr Jamyang Khyentses Privatsekretär und persönlicher Assistent gewesen ist, und der selbst ein großer Praktizierender und Yogi ist. Auch meine Mutter, Tsering Wangmo, hat mich immer angespornt und mich in meiner Arbeit ermutigt. Ich bin auch meinen Geschwistern, meinem Bruder Thigyal und meiner Schwester Dechen, für ihre Hilfe und Loyalität dankbar. Meine Dankbarkeit gilt dem Land Sikkim und seinen Menschen, dem ehemaligen König, der Königin-Mutter, dem ehemaligen Kronprinzen Tenzin Namgyal, dem jetzigen König Wangchuk und der gesamten königlichen Familie, ebenso Professor Nirmal C. Sinha, dem ehemaligen Direktor des Sikkim Research Institute.

Eine weitere Quelle großer Inspiration und Ermutigung – ganz besonders für dieses Buch – ist David Bohm, dem ich meine besondere Dankbarkeit ausdrücken möchte.

Ich möchte auch noch einigen anderen Wissenschaftlern und Gelehrten danken: meinem alten Freund Dr. Kenneth Ring, Dr. Basil Hiley und Geshe Thubten Jinpa, dem Übersetzer Seiner Heiligkeit des Dalai Lama, die freundlicherweise Teile des Buches gelesen und wertvolle Vorschläge gemacht haben. Ferner geht mein Dank für ihre Hilfe an: Tenzin Gyeche Tethon, den Sekretär Seiner Heiligkeit des Dalai Lama, Lodi Gyari Rinpoche, Sonderbotschafter Seiner Heiligkeit und Präsident der International Campaign for Tibet, Konchog Tenzin, den Sekretär und Assistenten Dilgo Khyentse Rinpoches, Professor Robert Thurman und Dr. Gyurme Dorje.

Vielen Dank auch meinem Freund Andrew Harvey, einem hochbegabten Autor, für seine selbstlose, leidenschaftliche Art, in der er geholfen hat, diesem Buch Form zu geben und die Majestät der Lehren mit strahlender Einfachheit und Klarheit durch die Worte leuchten zu lassen. Er bringt seine Arbeit seinen eigenen Meistern dar: Thuksey Rinpoche, an den ich mich gut erinnere als jemanden, der wirklich Liebe ausstrahlte, und der mich immer mit soviel Zuneigung bedachte, daß ich stets den Wunsch verspürte, seine Güte zu vergelten, und Mutter Meera und ihrer Arbeit für die Harmonie unter den Religionen in der Welt.

Ich danke Patrick Gaffney für seine nie versagende Geduld, sein hingebungsvolles Durchhaltevermögen, seine Mühe und die persönlichen Opfer, die er gebracht hat, um dieses Buch durch all die Verwandlungen in den vielen Jahren seines Entstehens zu begleiten. Er ist einer der Schüler, die am längsten bei mir sind, und er steht mir besonders nah. Wenn es jemanden gibt, der meine Arbeit und meinen Geist versteht, dann er. Dieses Buch ist ebensosehr sein Werk wie das meine. Denn ohne ihn wäre es wohl kaum zustande gekommen. Ich möchte seine Arbeit seiner eigenen spirituellen Entwicklung und gleichzeitig dem Glück aller fühlenden Wesen widmen.

Dankbar bin ich auch Christine Longaker für all die unschätzbaren Einsichten aus langen Jahren der Sterbebegleitung und ihrer Lehrtätigkeit im Zusammenhang mit Tod und Sterben, die sie mit mir geteilt hat.

Ich möchte Amy Hertz, Michael Toms und dem Team von Harper San Francisco danken sowie all denen, die bei der Vorbereitung und Produktion des Buches und seiner deutschen Übersetzung von außerordentlicher Hilfe waren.

Es ist mir ein Bedürfnis, Doris Wolter meine Wertschätzung und Dankbarkeit für ihren unermüdlichen und liebevollen Einsatz auszudrücken, und ich möchte Tom und Valerie Geist, Herbert Winkler und Helene Wisser-Winkler, Karin Behrendt, Werner, Heinz und Elisabeth Nowotny, Hans und Eva Hofinger sowie Andreas Schulz danken. Mein besonderer Dank gilt auch Ruth Seehausen, Renate Handel, Serena Maifredini, Ruth Hackländer, Eva Jansen und Dorothy Iannone für ihre beständige Fürsorge und Freundlichkeit sowie Norbert Halder, Christian Becker, Dr. Volker Reinecke, Hans Weidemann, Wolfgang Sigel, Suzanne Greeven und Dr. Marianne Kneisl.

Ich möchte die Gelegenheit nutzen, um auch Philip Philipou, Dominique Side, Mary Ellen Rouiller, Sandra Pawula, Ian Maxwell, Giles Oliver, Lisa Brewer, Dominique Cowell, Sabah Cheraiet, Tom Bottoms und Ross Mackay für ihre ausdauernde Hilfe und Hingabe zu danken, sowie John Cleese, Alex Leith, Alan Madsen, Bokara Legendre, Lavinia Currier, Peter und Harriet Cornish, Robin Relph und Patrick Naylor für ihre Weitsicht und Unterstützung.

Ich danke all meinen Schülern und Freunden, die in gewisser Hinsicht Lehrer für mich waren, die dieses Buch durch jede Stufe seiner Entstehung begleitet haben und die sich in ihrer tiefen Hingabe auf mich eingestellt haben. Sie sind eine stetige Quelle der Inspiration für mich. Meine Dankbarkeit geht an alle, die wirklich mit diesen Lehren arbeiten und sie in die Praxis umsetzen, besonders an die, die sich um Sterbende und Trauernde kümmern, denen dieses Buch nützliche Einsichten verdankt. Ich bin tief bewegt von der Mühe, die sich meine Schüler geben, die Lehren zu verstehen und sie anzuwenden, und ich bete für ihren Erfolg.

Ich habe mein Bestes gegeben, das Herz der Lehren hier darzustellen. Wenn etwas fehlen, fehlerhaft oder ungenau sein sollte, bitte ich den Leser um Nachsicht und bete, daß meine Meister und die Schützer der Lehren mir vergeben mögen!

Über den Autor

SOGYAL RINPOCHE wurde in Tibet geboren und von einem der großen spirituellen Meister des Jahrhunderts, Jamyang Khyentse Chökyi Lodrö, wie sein eigener Sohn aufgezogen. Von frühester Kindheit genoß er eine warmherzige und enge Beziehung mit diesem großen Meister und wuchs in einer Atmosphäre von Weisheit, Mitgefühl und Hingabe auf. Diese günstigen Umstände ließen in ihm ein tiefes Verständnis der Herzessenz der buddhistischen Lehren entstehen – ein Verständnis, das in persönlicher Erfahrung begründet ist und sich später mit der traditionellen Ausbildung eines inkarnierten Lama verband und ihn so auf seine zukünftige Rolle als Lehrer vorbereitete.

Nach dem Tode Jamyang Khyentses setzte Sogyal Rinpoche seine Studien mit seinen beiden anderen wichtigsten Meistern, Dudjom Rinpoche und Dilgo Khyentse Rinpoche, fort. Sie wurden zur treibenden Inspiration seiner Arbeit im Westen.

1971 ging er nach England und studierte an der Universität von Cambridge vergleichende Religionswissenschaften. 1974 begann er zu lehren, und seit dieser Zeit lehrt er in West- und Osteuropa, den Vereinigten Staaten, Australien und Asien. Sogyal Rinpoche sieht sein Lebenswerk darin, die Lehren des Buddha in den Westen zu übertragen; in diesem Sinne bietet er eine Schulung an, die auf der Vision basiert, die im vorliegenden Buch dargelegt ist. Diese Schulung soll Menschen in die Lage versetzen, die Darlegungen zu verstehen, zu verkörpern und in ihr Alltagsleben einzubeziehen und so von möglichst großem Nutzen für andere und in der Welt zu sein.

Rigpa

Den Namen Rigpa hat Sogyal Rinpoche einem Netzwerk von Zentren und Gruppen in der ganzen Welt gegeben, die sich dem Studium und der Praxis des Dzogchen unter seiner Leitung widmen. Es ist das Ziel und die Vision dieser Gruppe, die buddhistischen Lehren so vielen Menschen wie möglich – jenseits aller Grenzen von Rasse, Hautfarbe und Glaubensbekenntnis – zugänglich zu machen und förderliche und inspirierende Bedingungen und Orte für Studium und Praxis dieser Lehren zu schaffen.

In vielen Ländern unterhält Rigpa Stadtzentren, in denen regelmäßig Kurse zu Meditation, Mitgefühl sowie allen anderen Aspekten buddhistischer Weisheit für die moderne Welt angeboten werden. In Rigpas «International Center» in London werden neben den buddhistischen Lehren auch verschiedene zeitgenössische Strömungen erforscht, von Psychotherapie und Heilen über Kunst und Wissenschaft bis zum Studium des Todes und der Sterbebegleitung. Im Mittelpunkt des Programms von Rigpa steht eine intensive Schulung unter der Leitung von Sogyal Rinpoche, zu der auch Klausuren (Retreats genannt) von bis zu dreimonatiger Dauer gehören. Diese Klausuren finden jedes Jahr in Europa, Amerika und Australien statt. In Frankreich und Irland hat Rinpoche Klausurzentren in ländlicher Umgebung gegründet.

Rigpa unterstützt darüber hinaus auch die Arbeit vieler großer Meister in Asien sowie das Dzogchen-Kloster und dessen Wiederaufbau in Kollegal, Mysore, in Südindien.

Näheres über Sogyal Rinpoches Lehrprogramm und die Kurse von Rigpa, Informationen bezüglich aller in diesem Buch angesprochenen Dinge, Audiokassetten mit Unterweisungen Sogyal Rinpoches oder Auskünfte darüber, wie Sie eine Zeremonie für Verstorbene veranlassen können, erhalten Sie unter einer der folgenden Adressen:

Deutschland
Rigpa
Hasenheide 9
10967 Berlin
Tel. (030) 6946433

Rigpa
Nibelungenstr. 11
80639 München
Tel. (089) 13 31 20

Schweiz
Rigpa
P.O. Box 253
8059 Zürich
Tel. (01) 4633353

Großbritannien
Rigpa
330 Caledonian Road
London N1 1BB
Tel. (071) 7000185

Niederlande
Stichting Rigpa
Sint Agnietenstraat 22
1012 EG Amsterdam
Tel. (20) 6238022

Irland
Dzogchen Beara
Garranes
Allihies, West Cork
Tel. (027) 73032

Frankreich
Rigpa
22 rue Burq
75018 Paris
Tel. (1) 42545325

Lerab Ling
L'Engayresque
34650 Roqueredonde
Tel. (67) 44 41 99

USA
Rigpa
P.O. Box 7866
Berkeley, CA 94707
Tel. (415) 6443922

Australien
Rigpa
12/37 Nicholson Street
Balmain
Sydney, NSW 2041
Tel. (02) 5559952

In diesen Ländern arbeiten auch zahlreiche lokale Kleingruppen. Bitte holen Sie Informationen bei den obengenannten Adressen ein.

Personen- und Sachregister

Sogyal Rinpoche
Funken der Erleuchtung
Buddhistische Weisheit für
jeden Tag des Jahres

Leben und Sterben, Hoffnung und Zweifel, Achtsamkeit, Mitgefühl, Weisheit und Arbeit. Sogyal Rinpoche bietet hier eine Fülle inspirierender Gedanken zu den wesentlichen Themen des menschlichen Daseins, wertvolle Anstöße, unseren Geist Tag für Tag auf das Wahrhaftige und Beständige, auf Hoffnung und Liebe auszurichten.

«Ein Buch, um jeden Tag spirituell zu bereichern – in einer erlesenen Ausstattung, die dem Inhalt entspricht.»
Natur und Heilen

388 Seiten/zweifarbig
Schmuckeinband mit Lesebändchen
ISBN 3-502-62582-4

O. W. Barth Verlag